Regional Development & Growth Policy

지역발전 정책론

모성은

박영사

머 리 말

지역발전, 지역을 연구하는 학자로서 수 없이 새기고 또 되새겨본 말이다. “지역경쟁력이 곧 국가경쟁력”이 되는 시대에 지역발전이 얼마나 중요한 것인지 누구보다 잘 알기 때문이다.

「지역경제정책론」을 펴낸 후 독자들로부터 줄곧 지역개발 교재가 필요하다는 말을 들어왔다. 하지만 ‘지역개발’은 과거 개발도상시대에 어울리는 용어일 뿐 아니라, 반환경적 의미를 내포하고 있어 약간의 부담감을 가진 것이 사실이었다. 그러던 중 노무현정부가 국가균형발전위원회를 발족시킨 데 이어, 이명박정부에서 지역발전위원회를 출범시키면서 지역발전이라는 용어가 보편화되기에 이르렀다.

따라서 이제는 지역개발 대신 ‘지역발전’에 초점을 둔 새 교과서를 출간할 때라고 인식하게 되었다. 우선 균형발전위원회와 지역발전위원회 전문위원으로 참여했던 경험과 자료를 바탕으로 원고작업을 시작하였다. 이어서 행정안전부 지방행정연수원에 공무원을 대상으로 지역발전과정을 신설・운영하였다. 또 연수원에서 집필하였던 사이버 교재 지역개발론과 지역혁신발전론 원고를 수정・편집하여 지역발전정책론의 기초를 정리하였다. 여기에 학회에서 발표한 원고와 틈틈이 써 둔 원고 등을 덧붙여 총5편 46장에 이르는 지역발전정책론을 완성하기에 이르렀다.

먼저, 제1편에서는 지역발전의 기초논리를 정리하였다. 여기에서는 지역과 공간 그리고 정주체계를 다루었고, 지역성장론, 도시화론은 물론 지역발전의 패러다임을 각각의 장으로 다루었다.

제2편에서는 지역발전의 전략을 다루었다. 하지만 성장거점전략, 대도시권 성장전략, 낙후지역 발전전략과 같은 일반적 내용 외에도, 지역갈등 관리전략과 사회적 자본 확충전략은 물론 지역협력・연계전략, 투자재원 확보전략을 포함시킨 것이 이 책의 특징이라 할 수 있다.

제3편에서는 지역정책을 다루었다. 지역정책의 기본방향과 함께 기존의 주택, 토지, 교통, 공원녹지, 환경정책 외에도 도시방재, 어메니티, 정보화, 도시재생 정책을 다루고 있는 것이 이 책의 특징이라 할 수 있다.

제4편에서는 균형발전과 지역혁신을 담았다. 이는 국가균형발전위원회와 지

역발전위원회에서 주로 다루었던 정책 내용으로서 사실상 본서의 가장 큰 핵심으로 꼽을 수 있는 부분이다. 여기서는 지역경제권의 구분에서부터 지역혁신과 클러스터의 이론적 측면은 물론 혁신도시와 기업도시를 다루고 있으며, 지역전략산업, 지역특구, 신활력사업, 살기좋은 지역만들기, 창조지역은 물론 광특회계와 포괄보조금의 내용까지 다루고 있다.

제5편에서는 녹색성장과 지역발전의 관계를 다루었다. 지속적인 지역발전을 위해서는 환경적 측면을 고려하지 않을 수 없는 일이다. 따라서 우리나라가 녹색성장이라는 개념을 도입한 이래 지금까지 다루었던 전략과 정책들을 소개할 필요를 느낀 것이다. 이에 녹색성장의 기초에서부터 녹색성장의 세계 동향, 녹색성장 국가전략, 녹색뉴딜정책, 탄소시장, 지자체의 녹색성장 실천전략까지 소개하고 있다.

이 책이 나오기까지 역시 많은 분들의 도움이 있었다. 특히 지방행정연수원 사이버 교재를 인용할 수 있도록 허락해 주신 김정삼 원장님과 사이버 교재 공동집필진들께 감사의 말씀을 드린다. 특히, 지역개발론을 함께 집필한 성결대 임경수 교수님과 서울대 이성우 교수님 그리고 지역혁신발전론을 함께 집필한 서울시립대 남기범 교수님과 중부대 강현수 교수님께 다시 한 번 감사드린다. 그 외에도 원고작업을 도와준 노연봉 연구원, 모영민 연구원에게도 감사의 말씀을 전한다. 더욱이 지역경제정책론에 이어 지역발전정책론을 발간하도록 도와주신 박영사 안종만 회장님, 박노일 부장님, 우석진 부장님, 김원국 과장님은 물론 이전에 근무하셨던 이구만 이사님께도 깊은 감사의 말씀을 드린다. 87세의 고령에도 불구하고 매일 새벽 자식을 위해 기도하시는 어머니와 사랑하는 가족, 특히 영준이의 재기를 기원하며 이 책을 바친다.

2012년 8월 광교산 기슭에서

편저자

추천의 글

한 권의 책이 세상에서 빛을 보기까지는 엄청난 노력과 수고가 따르게 됩니다. 그 어려움 속에서도 금번 박영사가 지역발전정책론을 출판한 것에 대하여 지역발전을 고민하는 한 사람으로서 감사와 함께 축하의 말씀을 드립니다.

이번에 출간된 지역발전정책론은 정부가 현재 추진 중이거나, 기 추진했던 지역발전 시책과 정책 내용은 물론, 학계에서 다루고 있는 다양한 내용을 짜임새 있게 구성한 교본이라고 판단됩니다.

이 책은 총 5편으로 구성되어 있습니다만, 그 중 제4편에서 다루고 있는 균형발전정책, 광역경제권, 기초생활권, 혁신도시, 창조지역, 광특회계 및 포괄보조금 등은 현재 우리 위원회가 중점적으로 추진하고 있는 내용입니다. 이 밖에도 제1편 지역발전의 기초, 제2편 지역발전 전략, 제3편 지역정책 그리고 제5편 녹색성장과 지역발전 역시 직·간접적으로 우리 위원회와 밀접한 연관이 있는 내용들로 구성되었습니다.

특히 이 책을 저술한 모성은 교수는 현재 한국지역경제학회 회장을 맡고 있으며, 현 정부의 지역발전위원회는 물론 참여정부의 국가균형발전위원회에서도 중책을 맡아 일을 하던 지역발전 전문가입니다. 더욱이 지방행정연수원에서 지방자치단체 고위공직자들을 대상으로 그동안 지역경제 및 지역개발 분야를 강의하며 실천적·경험적·실용주의적 학문을 강조하던 학자입니다.

따라서 이 책은 무엇보다 관련 행정실무를 담당하는 공직자들에게 큰 도움이 될 것으로 생각합니다. 더욱이 지역발전정책론은 중앙 및 지방자치단체 소관부서의 지침서로서는 물론 대학이나 대학원에서 지역발전정책 관련 교과의 현장중심 교재로 사용될 수 있을 것으로 기대됩니다. 아무쪼록, 이 책을 통하여 공부하는 학도들이나, 지역발전 업무를 담당하는 공직자 그리고 지역발전 정책에 크게 기여하기를 바랍니다. 마지막으로 이 책을 출간한 박영사와 저술을 맡은 모성은 교수에게 다시 한 번 축하의 말씀을 드립니다.

2012년 8월

지역발전위원회 위원장 홍 철

차　　례

제 1 편 … 지역발전의 기초

제 2 편 … 지역발전 전략

| 제 5 장 | 지역발전 전략의 개관

| 제 6 장 | 성장거점전략

| 제 7 장 | 대도시권 성장관리 전략

| 제 8 장 | 낙후지역 발전전략

| 제 9 장 | 지역갈등 관리 전략

| 제10장 | 지역거버넌스와 주민참여 전략

| 제11장 | 사회적 자본 확충전략

| 제12장 | 지역협력·연계 전략

| 제13장 | 투자재원 확보 전략

제 3 편 … 지역발전 정책

| 제14장 | 지역정책의 방향

| 제15장 | 지역주택

| 제16장 | 지역토지

| 제17장 | 지역교통

| 제18장 | 공원녹지

| 제19장 | 지역환경

| 제20장 | 도시방재

| 제21장 | 지역어메니티

| 제22장 | 지역정보화(u-City)

| 제23장 | 도시개발

| 제24장 | 신도시개발

| 제25장 | 도시재생

| 제26장 | 지역사회개발

제 4 편 … 균형발전과 혁신

| 제27장 | 균형발전정책

| 제28장 | 광역경제권

| 제29장 | 기초생활권

| 제30장 | 지역혁신체계

| 제31장 | 산업 클러스터

| 제32장 | 혁신도시

| 제33장 | 외국의 혁신도시

| 제34장 | 기업도시

| 제35장 | 지역전략 · 연고 · 선도산업

| 제36장 | 지역특화발전특구

| 제37장 | 신활력사업

| 제38장 | 살기좋은 지역만들기

| 제39장 | 창조지역

| 제40장 | 광특회계와 포괄보조금

제 5 편 … 녹색성장과 지역발전

| 제41장 | 녹색성장의 기초

| 제42장 | 녹색성장의 세계 동향

| 제43장 | 녹색성장 국가전략

PART 1

지역발전의 기초

CHAPTER 1

지역과 공간 그리고 정주

지역의 발전은 공간을 통해서 일어난다. 지역은 공간을 떠나서 생각할 수 없고, 그 공간은 일정한 흐름을 통해 나름대로의 구조를 띠게 된다. 인구가 공간을 따라 이동함으로써 정주패턴이 형성되고, 자본도 인구를 따라 이동함으로써 경제활동 공간의 입지가 정해진다. 이 장에서는 지역발전론을 다루기 전 기본적으로 정리해야 할 지역의 개념과 문제지역 내지 지역문제를 살펴본 후 공간구조와 정주체계에 대하여 개관해 본다.

1 지역의 개념과 지역문제

(1) 지역의 개념

지역(region)이란[1] 우리가 보고 만질 수 있는 실체적이고 유형적인 지표일 뿐만 아니라, 우리의 머릿속에서 인식되고 구성되는 공간으로서 일종의 추상성을 띠고 있다. 이러한 지역의 개념을 어떻게 파악하고 설정하느냐 하는 문제는 간단하지 않다. 지역의 개념은 시대적 변천과 더불어 다양하게 파악되어 왔다. 그리고 지역이란 용어 이외에도 지구, 지대, 지방, 권역, 유역 등과 같은 유사용어들도 지역의 개념으로 혼용되어 오고 있다.

지역이란 지리학, 인구학, 경제학, 사회학, 도시공학, 정치학, 행정학의 체계가 성립됨에 따라 지역문제는 새로운 학문분야의 연구과제가 되었다. 전공분야의 특수성에 따라 지역개념의 파악이나 접근방법도 매우 다양하다.

---

1) 지역(地域)의 사전적 의미는 일정하게 구획된 어느 범위의 토지나 전체 사회를 어떤 특징으로 나눈 일정한 공간 영역을 말한다.

여기서는 지리학적 개념, 경제학적 개념 그리고 사회학적 개념에 대하여 살펴보고자 한다.

첫째, 지리학적 개념으로 지역이란 한 가지 이상의 특질에 대하여 동질성 내지 균일성이 존재하는 경계 내의 구역이라고 하는 견해이다.

둘째, 경제학적 개념으로 지역을 입지라는 관점에서 접근하고 있다. 경제학은 지역을 영역의 면적보다 경제적인 제 기능의 작용 즉, 생산 · 교환 · 분배의 각 요소를 효율적으로 배치함으로써 지역의 경제문제를 해명하고자 접근한다.

셋째, 사회학적 개념으로 지역은 커뮤니티라 불리는 것과 같은 개념이다. 그러나 커뮤니티가 공동체, 지역사회, 지역공동체, 공동사회, 집단사회 등 여러 가지 용어로 번역되고 있다는 사실은 이에 대한 개념 파악의 방법이 정립되어 있지 못하다는 것을 말해 준다.

결론적으로 지역은 지표면의 일부이며, 고유한 장소적 관계를 가지며, 공간적인 넓이를 갖고, 인접공간으로부터 구별되는 형식적인 성격을 지니고 있다고 할 수 있다.

(2) 지역의 유형

차만스키(S. Czamanski)는 area, zone, region으로 지역의 유형을 구분하였으며, 리차드슨(H. Richardson)은 동질지역(homogeneous region)과 결절지역(nodal or polarized regions)으로 나누었다. 특히 리차드슨은 이질적인 공간 경제의 속성 내지 공간적 차원을 중요한 내용으로 다루었다.[2)]

동질지역이란, 어떤 중요한 특성을 공유한다는 의미로 경제적, 지리적 사회 · 정치적인 동질성을 기준으로 지역을 구분한 개념이다.

결절지역이란, 기능적인 측면에서 공간상의 흐름, 접촉, 상호의존성을 고려하며 분류한 지역개념이다.

결절지역을 분석하는 유용한 기법으로 중력모형(gravity model)이 있는데 흐름의 강도는 결절들 사이의 견인력에 비례하고 거리에 반비례한다는 것으로, 결절 사이의 계층을 결정하기 위해서는 '지배의 원칙(principle of domestic)', '전이의 원칙(principle of transitivity)'이 적용된다.

---

2) 송태수, 『지역경제론』, 지방고등고시연구회, 1995. pp. 12-18.

표 1-1 지역의 유형

구 분	유 형	내 용
Czamanski (1973년)	area	2차원 공간상의 어떤 부분을 지칭
	zone	주변의 공간과는 다른 특징을 가지는 영역 ex) DMZ 비무장지대
	region	보다 엄밀한 개념으로서 공통적인 역사성을 가짐. 즉, 구조에 있어서 포괄적이고 독창적으로 기능을 할 수 있는 국가경제 내의 한 영역을 의미
Richardson (1979년)	동질지역(同質地域) (homogeneous region)	어떤 중요한 특성을 공유한다는 의미, 경제적 지리적 사회・정치적인 동질성을 기준으로 지역을 구분한 개념
	결절지역(結節地域) (nodal or polarized regions)	기능적인 측면에서 공간상의 흐름, 접촉, 상호의존성을 고려하며 분류한 지역개념

표 1-2 국토개발 계획상의 지역구분

구 분	권 역	지 역
1차('72~'81)	4대권	한강권, 금강, 낙동강, 영산강
2차('82~'91)	4권역	수도권, 중부, 동남, 서남권
3차('92~'01)	9권역	수도, 강원, 충북, 대전충남, 전북, 부산경남, 광주전남, 대구경북, 제주권
4차('08~'20)	7권역	5+2 광역경제권, 초광역경제권, 기초생활권

지배의 원칙이란 한 결절의 가장 큰 흐름이 그 결절의 규모보다 작은 곳으로 움직이고 있으면 그 결절은 독립적, 그 반대로 큰 곳으로 움직이고 있으면 그 결절은 종속적인 것으로 간주하는 것이다. 또한 전이의 원칙이란 X가 Y에 종속적이고 Y가 Z에 종속적이면 X는 Y에 종속이 된다는 원칙을 말한다.

지역의 유형 중 계획지역(planning region)은 지역경제 내지 지역정책의 목적을 효과적으로 달성하기 위하여 인위적으로 설정된 영역이며 계획지역의 적절한 규모는 계획기간의 길이에 따라 차이가 나타난다.

그렇다면 지역과 국가 사이의 차이점은 무엇인가? 우선 개방성의 정도이다. 국가 간에는 관세, 수출입 물량통제, 이민통제, 한전통제, 수출입면허, 기타 자본이동에 대한 직접적 통제 등이 부과된다. 그리고 지역에서는 장기경제개발과 공공정책 간에 연계성이 훨씬 더 진하게 된다. 따라서 지역정책 결정자는 지역경제의 장기적인 목표에 관심이 더 많고, 국가정책 결정자는 즉각적인 효과가 나타나는 목표에 더 관심을 가지게 된다. 마지막으로 지역경제는 공간적인 차원에 큰 의미를 부여하고, 국가경제는 종합적이고 거시적인 차원을 중시하게 된다.

(3) 전형적인 문제지역 – 낙후, 침체, 과밀지역

한 나라에 있어 문제지역은 참으로 다양하다. 그러나 가장 일반적인 문제지역의 형태로 낙후지역, 침체지역, 과밀지역을 들 수 있다.

낙후지역(backward regions)이란 산업화의 수준은 미약하고 인구는 산업수준에 비해 상대적으로 과잉상태인 지역을 의미한다. 노동력의 과잉으로 실업문제가 발생하고 저소득으로 인하여 인구가 유출됨으로써 수요의 소득탄력성과 생산성이 낮고 자원이 고갈되며, 기술이 낙후하게 된다. 또한 낙후지역은 자생적 성장과정으로 진입하지 못한 단계의 지역으로 강원 경북의 산간지역, 서부경남지역, 호남의 일부지역이 속하는데 취약한 입지조건을 극복하고 공장 등을 유치하여 지역을 발전시킬 필요가 있다.

침체지역(developed regions in recession)은 산업화된 도시이나 현재의 침체를 겪고 있는 지역으로 침체의 원인은 산업자체 속성과 지역 자체의 특성에 기인한다. 침체지역은 실업률이 높고 만성적이며, 오랜 기간 동안 평균이하의 성장수준을 기록하고 인구의 이출현상이 심각하게 나타난다. 이는 쇠퇴산업에 지나치게 의존하기 때문에 발생된 것으로 산업 구조를 개편하거나 기반시설을 확충하여 지역의 활기를 불어넣을 필요가 있다.

과밀지역(congested region)은 거대한 규모의 이입과 급속한 성장을 겪고 있는 지역으로 치솟는 지가, 대기, 수질 등의 환경오염, 비공식 노동과 슬럼화, 교통혼잡, 청소년 범죄 등의 문제가 발생한다. 과밀지역에서는 집적불경제(agglomeration diseconomies)현상이 발생하여 서비스의 질 저하, 환경의 쾌적성 상실, 환경 파괴, 삶의 질 저하 등의 문제가 지속된다. 특히 과열성장 및 과잉집중은 국토의 다른 부문에 지속성장 저하 및 과소현상을 동반하게 되므로 인구를 새로운 도시나 지역의 소도읍에 분산하는 정책이 필요하다.

(4) 지역문제의 유형과 발생요인

지역발전론은 전형적인 문제지역을 개선시키고 그 지역에 내재하고 있는 지역문제를 해결하기 위함에서 시작된다. 따라서 지역발전의 해는 지역문제를 분석하는 데서 출발한다.

일반적으로 나타나는 지역문제의 유형은 지역 간 소득의 격차, 지역 간 실업률의 차이, 인구이동의 문제, 과밀과소의 문제, 생활환경과 시설의 수준차이 등으로 요약할 수 있다.

첫째, 지역 간 소득의 격차이다. 지역 간의 소득격차는 경제적인 관점에서는 물론 정치·사회적인 관점에서도 우려의 대상이 된다. 지역 간 평균소득의 차이보다 한 지역 내 개인 간 소득의 차이가 더 큰 것이 보통이다. 따라서 지역간 소득격차는 물론, 지역 내 소득균등화도 시급히 개선되어야 할 과제이다.

둘째, 지역 간 실업률의 차이이다. 고용과 실업률은 한 지역의 경제적 기회를 나타내는 주요한 지표이다. 국가 전체로 볼 때도, 실업률이 높은 것은 심각한 경제적 사회적 문제임에 틀림없다. 그러나 지역적 차원에서 특히 문제되는 것은 실업의 지역적 편재에서 비롯되는 경제·사회적 손실이다.

셋째, 인구이동의 문제이다. 경제적으로 부유한 지역으로 인구가 이동하는 것은 한 나라 전체로 볼 때 특히 자원배분의 측면에서 유익할 수 있다. 그러나 지방의 입장에서 유출인구가 유입인구보다 많을 때 지방시장의 침체를 가져오기 때문에 문제가 발생한다. 더구나 이주자들이 고향을 떠나 새로운 생활에 적응하는 데에서 오는 정신적 고통을 포함한 사회적 비용을 고려한다면 인구이동이 무제한적으로 진행될 때는 사회적인 문제를 야기할 수도 있다.

넷째, 과밀 과소의 문제이다. 인구나 산업이 몇 개의 대도시에만 과도하게 집중되고, 다른 지역은 잠재적 자원에 비하여 인구나 산업이 적은 상태에 있다면, 경제의 능률성 차원에서 크게 문제가 된다. 그리고 이러한 불균형적인 국토구조는 사회적 형평성 차원에서도 문제가 된다.

다섯째, 생활환경과 시설의 수준차이이다. 지역문제의 또 다른 측면은 지역 간 생활환경 시설의 수준의 차이이다. 주어진 소득으로 일상생활을 하는데 필요한 의료, 교육, 문화 등 여러 가지 생활편익시설이나 복지서비스의 수준이 지역에 따라 큰 차이가 있다면 그것 또한 정책상 중요한 문제이다.

한편 이러한 지역문제를 발생시키는 원인은 어디서 찾을 수 있는가. 우선, 지리적 여건의 차이를 들 수 있다. SOC(사회간접자본), 접근성, 역사적 유물 등이 이에 해당된다 할 것이다. 다음으로, 경제·사회·문화적 여건의 차이 역시 지역문제의 원인으로 간주된다. 산업기반, 지역정서·신뢰 등 사회적자본이 이에 해당된다. 마지막으로, 지역의 인재와 리더십 그리고 정치·제도적 여건의 차이도 중요한 요인으로 간주된다.

이러한 원인들에 의해 발생한 지역 간 불균형이, 경제의 자율적인 조절기능에 의하여 균형상태를 회복하지 못하고 오히려 시간이 지날수록 더욱 악화되어 성장지역과 낙후지역 간의 발전격차는 더욱 벌어지게 된다. 이처럼 지역격차의 문제는 시장의 자율적인 메커니즘에 맡겨둘 경우, 해소되기는커녕 오히려 악화되는 경향이 있기 때문에 정부의 개입을 통한 지역정책이 요청되는 것이다.

2 공간흐름과 공간구조

(1) 공간흐름의 발생원인

지리적 공간에서 사람, 물자, 자본, 정보 등의 흐름은 필연적으로 나타난다. 이는 지리적 공간의 어떠한 지역에서도 인간생활에 필요한 가용자원을 모두 자급할 수 없으며, 이들 자원의 분포상태가 공간적으로 불균등하고 불연속적이기 때문이다. 따라서 지역간에 흐름(movement)의 수요가 내재하는 한 공간적 상호작용(spatial interaction)은 필연적으로 나타난다.

지리적 공간 위에서의 흐름과 이들 흐름이 초래하는 지역공간구조에 대한 분석은 지역발전론의 이론적 논의를 위해 필수적이다.

(2) 공간구조분석을 위한 이론적 틀

공간흐름과 이로 인해 초래되는 지역의 공간구조는 프리드먼의 분석틀로 설명할 수 있다. 그는 공간상에서의 흐름을 인구이동, 자본이동, 의사결정, 쇄신의 확산으로 보고 각 흐름에 따라 정주패턴, 입지패턴, 권력의 공간구조, 사회·문화

표 1-3 공간구조분석에 대한 프리드먼(J. Friedmann)의 이론적 틀

공간흐름	지역공간구조
인구이동	정주(定住)패턴
자본이동	경제활동 입지패턴
의사결정	권력의 공간패턴
쇄신의 확산	사회·문화적 공간패턴

적 공간패턴으로 지역의 공간이 구조화된 것으로 보았다.

1) 인구이동과 정주패턴

인구이동의 논의에 있어서 중요한 이슈는 ① 인구이동의 대상(누가 이동하는가?), ② 인구이동의 이유(왜 이동하는가?), ③ 인구이동의 방향(어디로 이동하는가?)이다.

먼저 인구이동의 대상은 생의주기, 고용수준, 교육수준, 인구이동 경험의 측면에서 파악될 수 있다. 첫째, 생애주기(life-cycle)로 볼 때 이동인구는 연령의 선별성을 가진다. 즉 이동으로 인한 경제적 편익을 극대화하기 위해 청년층에서의 인구이동이 다른 연령계층에 비해 많이 나타난다. 둘째, 고용수준에서 볼 때 이동인구는 직업의 선별성을 가진다. 일반적으로 저급 노동자는 지방시장에서, 고급 인력 및 전문직 종사자는 전국적인 시장에서 고용된다. 따라서 고급 인력 및 전문직 종사자의 이동이 빈번하고, 이들의 대도시지향성이 대도시 인구의 비대화를 가져온다. 셋째, 교육수준이 높을수록 인구이동의 빈도가 높아진다. 넷째, 과거에 이동 경험이 있는 사람이 거듭해서 이동하는 경향이 있다.

다음으로 인구이동의 이유는 경제적인 것이라는 사실이 일반적으로 알려져 있다. 경제적 이유 외에도 교육·문화·사회적 기회의 추구, 외국의 경우 기후 등의 요인에 의해서도 인구이동이 발생한다. 인구이동의 이유를 설명하기 위한 이론으로 압출과 흡인이론(push and pull theory)이 있다. 압출과 흡인이론에 의하면 인구이동은 인구유출지역의 낙후되거나 혹은 낙후될 것으로 예상되는 경제·사회적 여건이 밀어내거나(push), 인구유입지역의 경제·사회적 비교우위가 끌어당기거나(pull), 아니면 이 양자가 복합적으로 작용해 발생한다는 것이다.

마지막으로 인구이동의 방향은 한국의 경우 해방 후 상당기간 동안 이촌향도(離村向都)의 특성을 나타내었다. 이러한 현상은 도시화율이 높은 선진국에서 지배적으로 나타나는 도시 간 인구이동과 대조적인 현상이다. 한국의 이러한 과도한 이촌향도는 오늘날 커다란 사회적 추가비용을 요구하고 있다. 인구이동의 방향에 대한 대표적인 이론은 인구이동의 이유와 관련이 있는 압출과 흡인이론이다. 즉 인구이동의 방향은 인구유출지역의 저조한 경제여건이 밀어내고, 인구유입지역의 성장세의 경제여건이 끌어당기는 식으로 인구이동의 방향이 결정된다고 본다. 다시 말해 인구의 유・출입지역에서 쌍방으로 작용해서 인구이동을 발생시킨다고 보는 것이다. 인구이동의 방향결정에 있어서 유출지역의 밀어내는 요인과 유입지역의 끌어당기는 요인 가운데 어느 것이 더욱 강하게 작용하는가를 파악하는 것은 지역간 인구배분정책에서 중요한 의미를 갖는다. 왜냐하면 정책당국자들에게 대도시의 과밀을 막거나 과소지역의 문제를 해결하기 위한 정책수단으로서 과연 어떤 정책수단이 효율적인 것인지에 대한 판단의 근거를 제공하기 때문이다.

한편, 정주패턴은 지리적 공간 위에서 인구와 경제활동이 분포되어 있는 모양을 말하며, 그 분포가 어떤 규칙성을 가진 체계(system)를 이루고 있을 때 정주체계(settlement system)라 한다. 인구가 이동함으로써 정주패턴이 체계화된 결과로 정주체계가 형성되고 도시화가 진행된다. 거주지를 단위로 한 인간 정주체계의 계층은 부락(마을), 소도읍(읍・면), 시, 광역시, 거대도시 등이 있다. 재화와 용역을 생산하는 기업들이 집적의 경제를 누리기 위하여 한 중심지에 모이게 되고 그 결과 취락, 소도읍, 도시 등의 계층적인 정주체계가 형성된다. 일반적인 도시 내의 기능들은 소비・소매・도매・운송・교환・통제・지도기능으로 구성되어 있고, 이 기능들이 어떻게 중복되고 포괄되는지 여부에 따라 계층화가 이루어진다.

2) 자본이동과 경제활동의 입지패턴

자본이동(투자)을 통해 공간상에 경제활동이 입지하면 근로자의 인구이동이나 통근유형이 결정된다. 투자 즉 자본의 입지는 대체로 농촌보다는 도시를, 도시 중에서는 중소도시보다 대도시를 선호한다.

자본의 이동은 투자의 형태로 나타나게 되고, 자본의 이동은 더 엄밀히 정의하면 자본의 입지와 자본의 재입지로 나눌 수 있다. 자본의 입지는 생산조건의 지역적 차별화를 통해 초과이윤을 추구하는 과정이다. 자본은 기존에 입지한 공간에서 생산조건이 동질화됨으로써 이윤율이 저하되고 균등화되는 것을 탈피하여 유리한 하부시설, 노동력 등이 있는 장소로 이동하여 초과이윤을 지속적으로 획득하도록 재입지하게 된다. 자본의 이동을 담당하는 주체는 정부 및 민간부문의 투자주체이다. 정부의 공공투자사업과 민간기업의 투자행위가 자본의 이동을 유도한다. 이러한 투자의 결과는 공간상에서 경제활동의 입지로 구조화된다.

참고로 여기서는 경제활동의 입지패턴을 좀 더 다각적으로 살펴보기로 한다.

1차 산업의 입지는 튀넨(J. H. von Thünen)의 입지론에 의해 체계화되었다. 이 이론은 ① 다른 지역과 교역이 전혀 없는 고립된 지역이라고 가정하는 것은 물론, ② 주변으로부터 농산물을 공급받는 농산물의 유일한 판매시장으로서의 도시, ③ 지형과 비옥도의 차이가 없는 토지, ④ 거리와 비례하는 농산물의 수송비용, ⑤ 농민의 이윤극대화를 가정한다. 이 이론에 따르면 유일한 시장인 도시를 중심으로 동심원적인 농업용 토지이용이 일어나게 된다.

2차 산업의 입지는 ① 생산요소, ② 시장, ③ 집적경제, ④ 정부의 영향력, ⑤ 환경요인과 위락경관요인, ⑥ 조직, 행태, 우연적 요인 등에 영향을 받는다. 베버(A. Weber)의 최소비용이론은 수송비, 노동비, 집적경제의 세 가지 요소에 의해 생산비용이 결정되며, 이러한 생산비용이 최소화되는 곳에 입지가 결정된다고 주장한다. 반면 뢰쉬(A. Lösch)의 최대수요이론은 최소비용이론을 부정하고, 수요를 최대로 하는 지점이 이윤을 극대화시키는 최적입지가 된다고 주장한다. 한편 호스델링(Hostelling)의 상호의존이론은 수요의 공간적 변이와 기업 간의 입지적 상호의존도에 따라 입지가 결정된다고 주장한다.

3차 산업의 입지를 설명하는 대표적 이론은 크리스탈러(W. Christaller)의 중심지이론(central place theory)이다. 중심지이론은 다음의 세 가지 가정을 기초로 한다. 첫째, 지형은 평탄하고 모든 방향으로 동일한 지형구조를 가진다. 둘째, 인구는 공간상에 균일하게 분포하고 있다. 셋째, 상품의 수송비용은 거리에 비례하고, 모든 방향으로 수송비용은 같다. 이 이론은 인간이 생활하는 데 필요한 여러 종류의 재화와 서비스를 제공하는 상점과 서비스 기능이 한 곳에 겹치게 되면 그 곳에 중심지가 출현한다고 주장한다.

4차 산업은 사무활동을 의미하는 것으로 후기 산업사회의 대표적인 산업이며 정보의 처리, 취급, 전파에 종사하는 활동을 말한다. 전통적인 입지론은 4차 산업의 입지를 설명하는 데는 부족한 것으로 평가된다. 그러나 4차 산업은 일반적으로

① 대면접촉의 편리성이 확보되는 곳, ② 전문서비스의 활용이 편리한 지역, ③ 전국적인 시장이나 국제적인 시장, ④ 공간적으로 편향된 판단(예를 들면 전통과 위신 등)에 따라 이루어지는 경향을 보이고 있다.

3) 의사결정과 권력의 공간패턴

정부나 기업의 권위는 근로자를 지방으로 전출시키기도 하고, 정부가 정하는 학군(學群) 같은 공공서비스 공급의 공간적 범위는 가구의 공간선택을 제한하기도 한다. 한편 의사결정의 주체 가운데에서도 정부부문이 민간부문에 대해 권위적인 힘을 행사한다. 정부규제, 정부의 재정 및 금융정책이 민간기업의 활동에 영향을 미치는데, 특히 후진국과 같이 정부가 민간의 기업활동에 많이 개입하는 경우는 더욱 그렇다. 기업의 본사들이 수도권에 집중하는 것도 바로 자본의 흐름이 의사결정의 공간흐름에 지극히 종속적임을 보여주는 것이다. 기업의 입지결정에 있어서 중추관리기능과의 대면접촉의 편리성 추구가 바로 수도권에 경제활동이 집중하는 근본적인 원인이다. 공간상에서의 의사결정의 흐름은 권력의 공간구조를 만들어 낸다.

4) 쇄신의 확산과 사회·문화적 공간패턴

쇄신(innovation)은 인간의 창조적 활동을 포괄적으로 지칭하며, 기존의 사회체제에 새롭다고 인식되는 아이디어나 인위적인 것들이 성공적으로 도입되는 경우로서 발명과 모방의 아이디어를 모두 포함한다. 쇄신확산의 관점에서 보면 기업적 쇄신의 확산은 투자와 밀접히 관련되어 있고, 소비적 쇄신은 가구의 소비활동과 밀접히 관련되어 있다.

쇄신의 확산은 거리에 따라 조락(凋落)하는 특성을 가진다. 거리는 정보의 전달에 있어 장벽 또는 마찰의 요인이 된다. 이 경우 거리는 물리적 거리를 지칭하기 보다는 오히려 시간거리(time distance)를 더 중요하게 의미한다. 쇄신은 농촌보다는 도시에서 많이 발생하는 반면, 도시에서 농촌으로 쇄신의 전파는 한계를 가지게 되기 때문에 지역간 격차를 가져오는 하나의 요인이 된다. 따라서 쇄신의 공간 확산을 촉진시키기 위해서 중간규모 도시를 육성하고, 교통망과 통신망을 확충할 필요성이 있다.

3 정주체계론

정주체계는 인간정주의 단위로서 취락이 갖는 일련의 공간적 질서를 의미한다. 정주체계는 인간 생활권의 입지관계, 공간 간의 유기적 관계, 계층적 관계, 위계적 질서에 대한 중층적 포섭관계라고 할 수 있다. 정주체계는 지역발전 및 지역계획 수립의 기초가 되는 분석틀로 지역사회의 정치, 경제, 행정, 문화 등은 장기적인 측면에서 정주체계라는 틀 안에서 변화하게 된다. 여기서는 정주체계론의 기초 모델로서 크리스탈러(W. Christaller)의 중심지이론과 뢰쉬(A. Lösch)의 수정모형에 대해 살펴보기로 한다.

(1) 중심지이론

중심지이론은 시장원리에 의한 경제적 활동에 있어서 생산자의 이윤극대화 원리에 따른 최적공간입지에 관한 이론이다. 먼저 크리스탈러(W. Christaller)는 다음과 같은 가정을 한다.

첫째, 자연적으로 동일한 환경이며 인구와 구매력은 고르게 분포되어 있는 균일한 평야지대(uniform plain)이다.

둘째, 수송비는 거리에 따라 증가한다(transport costs increase with distance).

셋째, 잠재적 구매력은 거리에 상관없다(potential demand does not weaken with distance).

넷째, 인간은 합리적 행동을 하는 경제인(economic man)이다.

위와 같은 기본 가정 하에서 중심지이론의 중심개념을 이루고 있는 최소요구치, 중심지 기능의 도달범위 및 육각형 모양의 배후지 형태, 그리고 중심지 계층에 관한 것을 우선 살펴보아야 한다.

먼저, 최소요구치(threshold size) 또는 임계치(critical level)의 개념은 어떤 지역이 그 주변지역에 재화와 용역을 공급할 수 있는 중심지 기능을 유지하기 위해 주변(배후)지역으로부터 발생하는 최소한의 수요수준을 의미한다. 이는 중심지를 하나의 시장이라고 본다면 필요한 물품을 구매하기 위해 시장을 찾는 사람 수와 같은 개념이다. 그리고 이를 공간개념으로 본다면 하나의 중심지를 둘러싸고 있는 주변 배후지역의 최소규모라고 할 수 있다.

다음으로, 중심지 기능의 도달범위(range of goods and services)는 중심지의 재화와 용역이 공급될 수 있는 배후지의 범위를 의미한다. 이때 배후지의 범위는 소비자가 감당해야 할 교통비가 중요한 결정변수가 된다. 다시 말해서 합리적인 의사결정을 하는 소비자라면 자기 집에서 가장 가까운 중심시장 즉 교통비가 최저가 되는 중심시장을 선택할 것이기 때문이다. 또한 시간개념으로 본다면 중심지로부터 재화와 용역을 공급 받을 때 가장 빨리 받을 수 있는 곳으로부터 시작해서 좀 늦게, 아주 늦게, 그리고 너무 늦어서 다른 중심지를 선택하지 않으면 안 되는 어떤 경계까지를 도달범위로 볼 수 있다. 따라서 중심지 기능의 도달범위는 유효수요의 시간적 한계(the time limit of effective demand)가 나타나는 최대한의 거리와 그 공간이라고 할 수 있다.

그 다음으로, 배후지의 형태는 앞에서의 최소요구치와 중심지 기능의 최대도달범위에 의해 모양이 결정되는데 단일 시장일 경우 가장 이상적인 형태는 원이 되지만 비슷한 규모의 중심지가 여러 개일 경우, 배후지의 형태는 육각형(hexagon)이 된다. 그 이유는 원으로 둘러싸인 배후지가 다수일 때는 그 어떤 중심지에도 소속되지 않은 공간(점이 있는 부분)이 생겨 이들을 흡수하기 위한 중심지간의 배후지 쟁탈이 일어나 매우 불안정한 배후지 중첩형이 되고 끝으로 이와 같은 쟁탈이 끝나고 공간상의 균형이 이루어질 때 육각형의 배후지가 형성되기 때문이다. 이와 같은 육각형 모양은 다른 어떤 모양보다도 ① 동일한 거리마다 가장 큰 수요를 제공할 수 있고, ② 모든 지역에 중심지의 기능을 똑같이 공급할 수 있기 때문에 가장 경제적인 형태(The hexagon is, therefore, the most economical shape for trading areas)라고 한다.

마지막으로, 중심지 계층(central place hierarchy)이란 중심지 간에 그 기능성의 규모에 따라 하나의 계층(hierarchy)이 형성되는 것을 말한다. 이러한 계층상의 차이는 중심지가 공급할 수 있는 최대도달범위와 최소요구치의 크기에 따라 나타나는 데 가장 큰 기능을 갖는 중심지를 고차중심지(higher order central place), 작은 기능을 갖는 중심지를 저차중심지(lower order central place)라고 한다. 이때 최저의 중심지 즉 1차 중심지는 가장 작은 최소요구치의 재화와 서비스만을 공급하지만 차수가 클수록 즉 보다 큰 중심성을 갖는 차상위의 중심지는 그 전단계의 중심지 기능을 포함한 이종의 중심기능을 더 많이 보유하게 된다. 크리스탈러가 계

표 1-4 크리스탈러의 중심지계층구조와 세력권

중심지의 계층	중심지			배후지	
	중심지수	중심지간의 거리	인구수(명)	면적(㎢)	인구수(명)
Market hamlet	486	7	800	45	2,700
Township centre	162	12	1,500	135	8,100
County seat	54	21	3,500	400	24,000
District city	18	36	9,000	1,200	75,000
Small state capital	6	62	27,000	3,600	225,000
Provincial head city	2	108	90,000	10,800	675,000
Regional capital city	1	186	300,000	32,400	2,025,000

산한 중심지 계층과 그 관련 변수를 보면 <표 1-4>와 같다.

<표 1-4>에서 보듯이 최소의 중심지는 'Market hamlet'인데 크리스탈러는 이것을 최저로 하여 이 이상의 도시를 7계층으로 나누어 최상위의 도시를 'Regional capital city'라고 하였다. 이때 최소중심지 'Market town'과 차상의 중심지 'Township center'간의 관계로 'Township center'의 배후지 안에 'Market town' 6개의 육각형이 보완 구역으로 포함되어 있다. 그런데 이 'Township center'가 형성되기 위해서는 'Market town' 배후지의 1/3이 분할되어 'Township center'의 한 변의 1/2에 포섭되면서 언이은 격사무늬를 그리고 있음을 알 수 있다. 이를 수리적으로 표시하면 k값으로 나타내는데 전술한 경우는 'k=(6×1/3)+1=3'과 같이 계산되어 k=3으로 산출된다.

이와 같은 원리를 공간조직체계로 설명하면 포섭원리(nesting principle)라고 하는데 이는 고차중심지의 배후지 안에 보다 저차중심지의 배후지가 포함되는 것을 말한다. 이러한 포섭원리를 크리스탈러는 시장원리(marketing principle), 교통원리(transportation principle), 행정원리(administrative principle)로 나누어 다음과 같이 설명하고 있다.

그림 1-1 중심지 체계: k=3의 원리

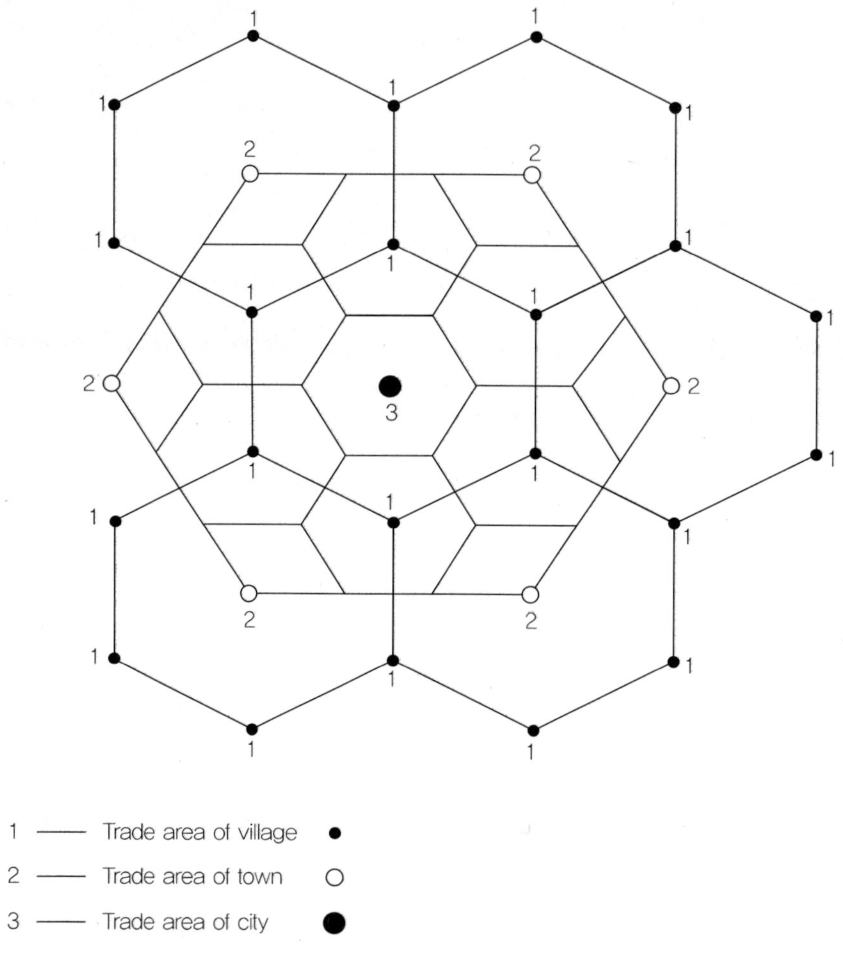

1) 시장원리(marketing principle)

시장원리에 의한 공간포섭은 k=3의 체제로서 이는 공간계층의 모든 수준에서 어느 누구나 가능한 가장 근접하게, 또 가장 이동거리를 짧게 할 수 있는 성향을 가진다.

2) 교통원리(transportation principle)

교통원리는 중심지 계층이 교통로의 계층을 반영하여 형성되는 경우이다. 한편 소비자는 이와 같은 중심지 체계일 경우 중심지와 중심지의 이동은 효율적이긴 하지만 하나의 중심지로의 접근에 있어서는 시장원리보다는 보다 더 많이 움직여야 중심지에 도달할 수 있게 된다.

3) 행정원리(administrative principle)

행정원리는 중심지 배후지가 분할되지 않은 채 완전히 차상위계층의 중심지 배후지 안에 포섭되는 경우를 말한다. 이러한 공간구조는 차상의 중심지가 차하의 중심지를 완전히 지배할 수 있어 정부의 행정통제가 용이할 것이라 하여 행정원리에 의한 공간구조라고 하였다. 이와 같은 공간구조는 교통체계 면에서 상대적으로 비효율적일 뿐만 아니라 소비자의 중심지 접근성에 있어서도 보다 많은 이동거리를 요구하게 된다.

(2) 중심지 이론의 수정모형

엄격한 가정 하에 전개된 크리스탈러(W. Christaller)의 중심지 이론을 보다 현실적으로 발전시킨 것이 뢰쉬(A. Lösch)의 수정모형이다. 기본적으로 크리스탈러와 같은 기저에서 출발하지만(예컨대, 육각형 모형이 배후지의 가장 이상적인 모형이라고 보는 견해) 다음과 같은 점에 있어서 다르다.

첫째, k값 체계가 3, 4, 7만이 아니라 다양한 값을 가질 수 있다. 둘째, 육각형에 대한 경제적인 이론적 근거를 제시한 '뢰쉬의 경제지형(Löschian Economic Landscape)'이 그것이다.

1) k값 체계의 다양성

뢰쉬는 크리스탈러의 k=3,4,7이라고 하는 매우 고정되어 있는 경우를 보다 일반적인 중심체계로 발전시켰는데 이는 육각형을 그 크기와 방위에 따라 재배열시키므로 얻어질 수 있다. 이때 재배열의 가능성은 ① '인구분포는 불연속적이다.', ② '중심재를 공급하는 기업주는 정상이윤만을 얻는다.', ③ '각 중심재의 상품마다

고유한 최소요구치 즉 육각형의 모양이 다르다.'는 현실적인 가정들을 전제했기 때문이다. 이러한 중심재는 최저차의 상품에서부터 최고차의 상품에 이르기까지 다양하여 이 모든 중심재에 대해 k값을 구하면 k값도 k=9,12,13,16,19,21,25 등으로 확산되어 나간다.

2) 뢰쉬의 경제지형(Löschian Economic Landscape)

k값이 각 공급서비스상품에 따라 다양하다는 것은 공급 서비스의 범역이 다양하다는 것이므로 육각형의 모양은 매우 다양하게 중첩되어 점점 큰 고차중심지를 형성해 나갈 것이다. 뢰쉬는 이를 10종의 상품을 예로 하여 최하위 상품 1을 중심점으로 하여 회전을 시킨다.

표 1-5 뢰쉬 경제지역에 있어서의 상품계층과 상응하는 시장지역규모

상품의 계층	1	2	3	4	5	6	7	8	9	10	…n
시장지역의 규모 k=	기본	3	4	7	9	12	13	16	19	21	…m

자료: 홍경희, 『도시지리학』, 법문사, 1993, p. 242.

<표 1-5>에서 ① 공급상품수, ② 공급상품유형, ③ 상품수요지역의 수와 규모 등을 알 수 있다. 중심지에 상품공급이 상대적으로 특화된 부분과 그렇지 못한 중심지로 구분하여 전자의 경우를 '잘 발달된 지역(city-rich sector)', 후자의 경우를 '잘 발달되지 않은 지역(city-poor sector)'으로 구분한다.

3) 중심지이론과 수정모형의 비교

크리스탈러의 중심지이론과 뢰쉬의 수정모형이론에서 공통성을 보이는 삼각형의 취락구조와 육각형 시장지역에 대한 가정은 유사하게 출발하고 있으나 각각의 결론은 상당히 다르다.

먼저 크리스탈러는 하향식의 접근을 통해 최상위계층을 시발로 하여 최하위계층으로 진행하였으나 뢰쉬는 그 반대로 상향식 접근을 통해 최하위계층으로부터 시작하여 최상위계층으로 진행하였다.

둘째, 크리스탈러의 모형이 매우 고정적이고, 이상형임에 비해 뢰쉬의 모형은

유동적이고 현실적이다. 따라서 크리스탈러의 모형은 분화가 덜 된 촌락이나 3차 산업활동의 설명에 적합한 반면 뢰쉬의 모형은 2차 산업활동을 설명하는데 적합하다.

셋째, 도시의 특화기능이나 도시입지론을 설명하는 데는 뢰쉬의 이론이 더욱 합리적이다.

이러한 두 이론은 정주체계에 관한 이론적 틀을 제시하였다는 점에서는 높이 평가할 수 있으나 비현실적인 가성들은 계속 보완·연구되어야 할 것이다.

(3) 우리나라의 정주체계

60년대 이후 경제개발계획 하에 이루어진 국토개발전략은 성장거점개발전략이었다. 이러한 성장거점개발전략은 적은 투자비용을 성장잠재력이 큰 곳에 집중투입하므로 중심지 성장의 극대화를 꾀하고 주변 배후지역에까지 그 발전의 파급효과를 미치게 한다는 전략이다. 그러나 이러한 전략이 갖는 취약점은 파급효과보다 역류효과가 더욱 클 수 있다는 것이다. 실제로 우리나라의 경우 경제적 효율성을 지나치게 강조하여 여러 가지 심각한 문제가 발생하기 시작하였는데 특히 국토개발과 관련하여 대두된 문제는 도시와 농촌 간 그리고 지역 간의 경제, 사회, 문화 등 모든 부문에 걸친 격차로 말미암아 서울을 비롯한 대도시에 과도한 인구가 집중된 것이라 하겠다.

제1차 국토종합개발계획에서는 전국을 4대권, 8중권 및 17소권으로 구분하여 국토공간의 효율적 이용을 시도한 바 있으나 실제적인 개발에는 이르지 못하였다. 이때부터 국토의 균형개발의 차원에서 낙후지역에 대한 경제적, 사회적, 지역적 격차를 완화하기 위한 대책이 중요한 과제로 등장하게 되었다. 다시 말하면 인구의 지방정착을 유도하고 국민생활의 질적 향상을 도모하기 위하여 지역주민의 일상생활을 중심으로 하는 새로운 정주체계를 확립하여 이에 알맞은 개발전략을 수립할 필요성이 대두되었다. 권역중심의 하향적 개발로부터 정주권 중심의 상향적 지역개발의 중요성이 대두된 것이다.

제2차 국토종합개발계획(1982-1991년)에서는 전국을 28개 생활권으로 구분하고 각 생활권에 거점도시를 지정하였다. 그리고 거점도시를 집중개발하고 그 효과가 경제권 내에 고르게 확산될 수 있도록 개발전략을 마련하였다. 이때의 정주생활권이란 자연적 공간 속에 하나의 중심결절을 중심으로 형성되는 인간 정주생활의 공간적 기본단위를 말한다.

하나의 자연적 공간에 인간들의 정주(settlement)가 시작되면서 마을이나 부락 등의 취락이 점으로 나타난다. 이들 점들 간에 흐름이 발생하여 그 흐름이 지속적인 것이 되면서 흐름은 선이 되고 다시 그 선들은 하나의 체계화된 망을 형성한다. 선과 선이 만나는 곳에 결절이 만들어지며 결절들 간의 기능상의 차이 또는 중심성의 차이에 따라 계층이 생기며 높은 계층의 결절이 낮은 계층의 결절들과 점을 포섭하면서 하나의 유기적인 면 또는 권을 형성한다. 이렇게 함으로써 하나의 자연적 공간은 점→선→망→권으로 발전하면서 인간정주생활의 공간으로 바뀌어 간다. 이때 정주생활권의 중심결절을 중심지 또는 중심도시라 한다. 우리나라의 경우 특별시 광역시로 불리어지는 대도시나 도지역에서 시급 도시와 읍 또는 면소재지 등이 여기에 해당된다. 정주생활권은 중심지로서 시·읍·면소재지와 같은 도시를 공유하는 중심도시와 그 배후지가 통합된 기본적인 생활권이라 할 수 있다.

이러한 이론적 토대 위에서 제2차 국토종합개발계획은 5개 대도시 생활권과 17개 지방도시 생활권, 그리고 6개 농촌도시 생활권으로 국토정주공간을 구분하였다. 여기서 대도시 생활권은 지역중심도시의 인구가 현재 100만 이상이거나 1991년대에 100만에 도달할 수 있는 지역권으로서 서울, 부산, 대구, 광주, 대전 등 5대 대도시의 지역권을 말한다. 지방도시 생활권은 현재 시급도시가 지역의 중심을 이루는 지역권으로 춘천, 원주, 강릉, 청주, 충주, 제천, 천안, 전주, 남원, 순천, 목포, 안동, 포항, 영주, 진주, 제주 등 17개이며, 농촌도시 생활권은 읍(邑)급도시가 지역중심을 이루는 지역으로서 영월, 서산, 홍성, 당진, 점촌, 거창 등 6개 도시를 말한다. 이로서 국토공간은 총28개 생활권으로 구획 분류되었다.

제2차 국토종합개발계획은 1987-1991년을 계획기간으로 하는 수정안이 작성되었다. 그 수정의 내용은 종래의 생활권 개념을 보다 확대한 권역 설정인데 이는 생산과 소득에 중점을 두고 행정, 업무, 유통 등 중추기능의 수용을 도모하기 위하여 전국을 4개의 지역경제권으로 구분한 것이다. 이것은 서울, 인천, 경기도를 중심으로 한 수도권과 충남북을 중심으로 한 중부권, 전남북을 중심으로 한 서남권, 그리고 부산, 대구, 경남북을 중심으로 한 동남권 등을 말한다.

1992년에 수립된 제3차 국토종합계획의 기본목표는 ① 지방분산형 국토골격의 형성, ② 생산적, 자원절약적 국토이용체계의 구축, ③ 국민복지향상과 국토환경의 보전, ④ 남북통일에 대비한 국토기반의 조성이었다. 이때의 정주체계는 지방분산형 국토골격의 형성을 위해 지방분산형 정주체계를 형성하는 것을 목표로 수립되었다. 정주체계 계획의 기본방향은 ① 지방대도시의 수도권 견제기능 강화 및 중소도시의 경제력 제고, ② 도농 간, 도시 간 기능적 연계 강화 및 도시권의 광역적 관리, ③ 농어촌의 구조개선과 낙후지역의 개발 촉진, ④ 수도권의 기능분산

표 1-6 제3차 국토종합개발계획의 지방분산형 정주체계 추진계획

추진계획	내 용
지방대도시의 성장관리	- 지방 4대도시의 중추관리기능 특화 육성으로 수도권 비대화 견제 - 4대도시 외 도별 중심도시의 중추기능 강화 - 대도시와 주변영향권을 대도시권으로 설정, 광역적으로 관리
중소도시의 기능 전문화를 통한 성장촉진	- 도시별로 전국적·국제적 수요를 갖는 주력산업 육성 - 관련인력 양성 및 정착기반 조성 - 대도시권 또는 연담도시권 도시간의 상호 보완기능 강화
신도시의 계획적 개발	- 신산업지대·국민여가지대·간선교통망·주택건설·환경보전 등과 연계개발 - 개발주체와 재원의 다변화, 종합적 개발계획의 도입, 개발절차 정립 등 신도시 개발을 위한 제도정비
도농통합적 농어촌 개발	- 농어업 구조조정으로 농어업의 생산성 및 경쟁력 제고 - 도농통합에 의한 취업기회 다양화 및 서비스시설 확충 - 농어촌 주거환경 개선 및 복지시설 정비·확충 - 토지이용 합리화 - 도농통합차원의 계획 및 집행체계 정립
도시계층별 시설이용체계의 확립 및 시가지 환경정비	- 도시계층에 따른 적정 서비스시설 확충 및 이용체계 확립 - 시가지의 토지이용도 제고 및 환경정비 - 관련제도의 정비
특정지역의 개발·관리 및 지방의 인구정착 여건 개선	- 특정지역 대상지역의 체계화 - 지자체와 협력 하에 특정지역으로 지정하여 종합개발계획 수립·시행 - 지방의 교육, 금융, 문화 등을 육성하여 인구정착을 유도
수도권집중의 억제 및 내부공간구조 개편	- 물리적 규제방식의 지속적 추진 - 경제적 규제의 도입 및 지방이전 지원제도의 강화 - 수도권 공간구조의 재편 및 국제적 기능의 보강 - 수도권 내 개발사업에 대한 조정기능 강화

및 내부공간구조 재편이다. 이를 통해 수도권의 집중을 완화하고 상대적으로 침체된 지방의 기능을 활성화하고자 세부적인 추진계획을 수립하였다.

즉, 제3차 국토종합개발계획에서는 과거의 수도권 집중형 국토골격에서 탈피하여 국제화·지방화라는 추세에 맞게 지방의 인구, 문화, 사회, 경제의 역량을 강화하는 지방분산형 정주체계 형성을 위한 추진계획을 마련하였다고 볼 수 있다.

제4차 국토종합개발계획은 2000년에 2000~2020년의 계획기간으로 수립되었다. 계획의 목표는 균형·녹색·개방·통일국토로 하고 '연안국토축'과 '동서내륙축'을 중심으로 하는 개방형 통합국토축으로 국토의 공간구조를 형성하는 것이었다. 이를 위하여 ① 개방형 통합국토축 형성, ② 지역별 경쟁력 고도화, ③ 건강하고 쾌적한 국토환경 조성, ④ 고속교통·정보망 구축, ⑤ 남북한 교류협력기반 조성의 5대 전략을 수립하였다. 특히, 지방을 적극 육성하기 위하여 ① 지방의 10개 광역권을 종합적으로 개발하고, ② 쾌적한 도시생활환경을 조성하며, ③ 살기 좋은 우리 동네 만들기로 전환하여 커뮤니티 중심의 주거환경개선, 서민주거안정, 다양한 주택유형공급, ④ 계획적 개발(선계획-후개발)을 통해 질서 있는 국토이용관리에 중점을 두었다.

하지만 제4차 국도종합개발계획은 2006년에 다시 수정계획을 수립하였다. 수정계획에서는 아름답고 인간적인 정주환경 조성을 목표로 ① 도시민의 삶의 질과 커뮤니티 형성 소홀, ② 도시계획 및 관리체계의 실효성 미흡, ③ 지역별 주택수급불균형 상존 및 주거수준 미흡, ④가구 구조변화에 따른 주택수요의 다양화, ⑤

표 1-7 제4차 국토종합개발계획의 정주체계 관련 계획

세부추진과제	내 용
네트워크형 국가도시체계의 구축	국가도시체계를 수도권 중심의 종주도시체계에서 균형적이고 수평적인 네트워크형 도시체계로 재편 광역도시권 내의 대도시, 중소도시, 농촌 배후지역 간 연계 강화로 네트워크형 도시체계형성
광역도시권 관리와 중소도시 정비	광역도시권이 지역의 중추적 발전 기반이 되도록 적극 유도 지방중소도시의 성장잠재력 제고
도농통합형 정주체계 구축과 농촌지역 정비	중심도시-기초중심지-마을로 연결되는 도농통합적 정주체계를 설정하여 정주 단위별 생활서비스 시설을 정비 농촌지역 소도읍과 면 단위 중심지 정비

저소득층 등 사회적 약자의 주거 불안, ⑥ 부동산시장의 주기적 불안의 문제를 해소하려고 하였다. 수정계획에서도 역시, 균형적인 도시체계 구축과 정주체계 정비를 추진과제로 하여 ① 네트워크형 국가도시체계의 구축, ② 광역도시권 관리와 중소도시 정비, ③ 도농통합형 정주체계 구축과 농촌지역 정비를 세부 과제로 설정하였다.

제4차 국토종합계획의 수정계획은 2008년에 다시 수정되어 재수정계획이 수립되었다. 재수정계획안에서는 국토공간구조를 수도권·충청권·호남권·대경권·동남권·강원권·제주권이라는 「5+2 광역경제권」과, 남북교류접경벨트·동해안에너지관광벨트·서해안신산업벨트·남해안선벨트라는 「초광역경제권」으로 설정하였다. 또 163개 기초자치단체가 수립하는 「기초생활권」을 설정하여 광역경제권과 유기적 발전을 도모하도록 구성하였다. 이와 같이 우리나라의 정주공간체계에 대하여 일치된 견해를 보이고 있지 못하고 정권과 정책입안자에 따라 변화해 온 것이 사실이라 하겠다.[3)]

3) 이 장은 지방행정연수원 사이버교재; 모성은·임경수·이성우, 『지역개발론』을 중심으로 정리하였다.

CHAPTER 2

지역성장론

지역은 시간이 흐름에 따라 양적 · 질적 성장을 하게 된다. 이론가들은 특정 공간의 집중현상 즉 시간이 흐름에 따라 지역불균형은 필연적으로 나타난다고 인식하면서 지역성장이론을 유도해내었다. 이는 다시 자유시장경쟁의 원리에 의해 성장의 속도와 규모가 균형으로 수렴한다는 균형성장론과 시간이 흐를수록 성장격차가 더욱 벌어진다는 불균형성장론으로 전개되었다. 이 장에서는 지역성장의 개념과 지역주의 등 의의를 먼저 살펴보고, 지역성장을 발생시키는 원인과 과정을 설명하는 지역성장이론의 대강을 정리한 후 지역발전의 경향과 지역개발의 방향을 설명하는 재분배이론, 유연적 생산체제론, 내생적 발전론, 지속가능한 발전론 등을 동시에 살펴보고자 한다.

1 지역성장의 의의

(1) 지역성장의 개념

지역은 서로 다른 환경을 지니고 있다. 따라서 지역은 대내외적 환경변화에 따라 서로 다른 양적 · 질적 형태를 보이며 성장을 한다. 지역성장은 환경변화로 이루어지므로 지역이 지니고 있는 사회 · 경제 및 정치적 요소들의 상호작용에 의해 복합적으로 이루어진 산물이라 할 수 있다.

일반적으로 지역성장이란, 지역의 경제적 및 비경제적 구성요소의 양적 · 질적 성장으로 정의할 수 있다. 보다 실질적으로 지역성장이란 지역생산증대, 생산요소 · 생산성증대, 효율적 산업구조 그리고 1인당 지역소득의 증대 등을 주로 뜻한다. 지역단위가 부존자원을 이용하여 지역의 이윤극대화를 위한 경제의사결정단위라 할 때 지역을 하나의 경제단위로 취급하여 생산, 분배, 소비활동을 기업과 같이 분석함으로써 지역성장 정도를 측정할 수 있다.

(2) 지역주의와 지역불균형

1) 지역주의: 성장의 요인

한 국가는 여러 지역으로 구성된 공동체로서 각 지역이 지니고 있는 사회, 경제, 문화 및 역사적 특성을 달리한다. 이로 인해 지역특성에 따른 생산과 소비경제는 지역성장의 주요 요소가 된다. 따라서 지역주의란 지역의 특성에 따른 그 차이를 인정하고 자유시장경쟁을 통하여 서로 다른 지역성장을 도모하는 감정이입을 말한다. 또한 지역주의는 지역의 정치 · 경제 · 사회적으로 독특한 완전분화를 의미한다.

지역주의는 지역성장의 주요 요인이다. 하지만 일반적으로 지역주의의 역기능만 강조되는 경향이 있어 집단이기주의와 혼돈하여 쓰여지고 있다. 특히 최근에는 개방 및 국제화 추세에 비추어 볼 때 지역주의는 세계시장 속의 지역주의 개념으로 확대 해석되는 경향을 보인다.

2) 지역불균형: 성장의 산물

지역경제성장은 특정 공간의 집중현상으로 지역불균형이 나타나기 마련이며, 이러한 지역불균형은 지역주의에 토대를 둔 지역경제성장의 산물이기도 하다.

지역불균형을 보는 시각은 마르크스주의적 접근방법과 지역구조적 접근방법으로 볼 수 있다. 마르크스주의적 접근방법은 라틴 아메리카 제국에서 풍미하였던 국제적 종속이론을 지역에 적용한 것으로 중심지역의 발전으로 말미암아 자본 · 자원 등이 중심지역으로 집중되고 주변지역은 중심지역에 종속됨에 따라 지역의 불균형을 야기한다고 보고 있다.

지역구조적 접근방식은 노동이동이나 지역발전과정에서 지역 간 개발능력의 차이가 계속 누적됨으로써 불균형이 야기된다고 보고 있다.

하지만 허쉬만(A. Hirschman)은 불균형이란 균형점을 찾아가는 과정에서 나타나는 필수불가결한 현상으로서 먼저 좋은 여건의 지역으로 인적, 물적, 재정적 자원이 집중화(polarization)되고 일정기간 경과 후에 점차 주변지역으로 확산(여과

현상: trickle down)된다고 보았다. 예컨대 여건이 좋은 지역은 주변지역의 원자재를 수입, 가공, 수출함으로써 고용기회가 늘어나고 투자이익이 실현되며 이로 인하여 기능인력이 집중하게 되는데, 이러한 중심지 성장에 자극받은 주변지역에서도 노동생산성, 지역소득이 증가된다는 것이다.

2 균형성장론

지역성장과정을 크게 다음과 같이 두 가지로 나누어 볼 수 있다. 균형성장론과 불균형성장론이 바로 그것이다. 지역균형성장론이란 지역 간 불균형이 장기적으로 시장의 기능, 즉 재화와 용역의 지역 간 이동을 통해 자연히 치유되어 지역 간 균형이 이루어진다고 보는 견해이다. 지역균형성장론은 신고전학파 경제학자들에 의해 주장되어 왔기 때문에 이를 신고전파 이론이라고 한다.

(1) 신고전파 이론

신고전파 이론은 지역성장의 원동력으로 공급측면을 강조한다.[1] 지역의 경제성장은 노동, 자본, 기술 등 생산요소의 증가에 의하여 결정되며 이러한 생산요소는 지역 간 이동함에 따라 장기적으로는 지역 간 소득격차를 좁힌다고 주장한다. 1960년대에 많은 지역경제학자들이 국가경제의 성장모형으로 개발한 신고전학파 이론을 지역 간 생산요소의 이동을 특징으로 하는 개방적인 지역경제의 성장에 적용하기 시작하였다.

이 이론은 해로드-도마(Harrod-Domar) 이론을 지역성장에 응용하였다. 특히 미국의 경제학자들 간에는 지역 간 개인소득 차이분석에서 신고전파 모형의 이론적 합리성을 찾으려 하였다. 처음에는 국가성장모형을 그대로 응용한 단순한 모형에서 지역성장 예측모형을 전개하였다. 이 모형은 생산함수에 이론적 기초를 두고 지역 간 생산요소의 이동을 공간경제의 가장 중요한 경제성장 요인으로 취급하고 있다. 그 이외에 사회체계의 분화와 성장 및 생산요소 이동요인 등을 보조적으로 이 모형에 포함시키기도 하였다. 이 모형은 기본적으로 지역생산이란 마치

1) 다음에 서술될 경제기반모형(수출기반모형)은 외부수요를 지역성장의 원동력으로 본다.

기업생산과 같이 자본, 노동 및 기술의 함수이며 자유시장 경쟁원리에 기본가정을 두고 지역성장률이 균형을 이룰 때 지역경제 체계는 균형점을 찾게 된다는 것이다.

신고전파 모형은 지역의 생산성 증대가 곧 지역성장의 기초라는 생산함수에 이론적 기초를 두고 있다. 즉 지역성장의 측정단위인 지역생산은 그 지역이 지니고 있는 생산능력에 달려 있으며 이는 곧 생산요소와 지역경영능력의 함양에 달려 있다는 것이다. 즉 한 지역의 성장은 그 지역 요소생산성 증대, 생산증가에 의해서 결정되며 그것은 기술개발과 기술수용에 따라 달라진다는 것이다. 이 모형의 단순한 가정은 완전고용・완전경쟁・상품의 동질성이다. 또 수송비가 지역 간에 발생되지 않으며, 규모에 대한 수익불변 및 생산기술 정도는 어느 지역에서나 동일하다는 가정으로부터 이론을 전개하였다. 하지만 이러한 가정은 현실적으로 모순점이 없는 것은 아니다. 완전고용과 완전경쟁은 공간거리와 독과점현상을 고려해 볼 때 이루어지기 어렵기 때문이다.

지역경제성장에 영향을 끼친 생산요소들은 생산성에 따른 지역투자 수익률에 따라 지역간 이동이 이루어진다. 즉 생산자는 수익이 많은 지역을 선택하게 될 것이며 노동은 임금이 높은 곳으로 이동하게 된다. 그리하여 지역분화는 그 지역이 지니고 있는 노동과 노동의 성장뿐만 아니라 지역 간 생산요소의 이동에 따라 영향을 받게 된다.

이러한 신고전파 이론은 지역경제성장이론으로서 많은 제약을 지니고 있다. 신고전파 모형은 한 지역만을 대상으로 이론을 전개하였으나 실제적으로는 인근 여러 지역과 서로 경제적 상호작용이 일어나고 있어서 타지역 간 경제행위를 고려하지 못한 점과 지역산업구조를 고려하지 못한 점이 지적되고 있다. 특히 이 모형의 여러 가지 가설 중에서 한 지역이 국가체제 내에서 경제주체로서의 완전경쟁, 기술의 진보 등은 현실적으로 가변적이다. 아울러 지역은 경제공간이기 전에 삶의 공간이기 때문에 지역생산함수를 다른 사회변수의 고려 없이 그대로 적용하기에는 한계가 있다.

또한 투자자나 노동자는 요소가격에 대한 정확한 정보를 얻을 수 없을 뿐만 아니라 설령 정보가 있더라도 생산요소가격의 지역 간 차이에 의해서 생산요소들이 이동하기란 쉽지 않다.

지역성장이론으로서 신고전파 이론은 1960년대에 신고전학파의 국가경제성장이론을 지역의 성장이론에 도입한 것이다. 이 이론은 지역의 개방성을 고려하여 생산요소(자본 및 노동)의 지역 간 자유로운 이동을 전제로 하였으며, 이것이 지역성장의 주요인으로 보았다는 점에서 총량적 경제성장이론과 차이가 난다.

신고전파 이론이 시사하는 바는 다음과 같다. 해당지역의 총생산 증가는 기본적으로 생산요소의 양적 투입 증가로 이루어지며, 이때 지역생산의 요소탄력성이 상대적으로 높은 생산요소를 투입하는 것이 지역성장을 위해 보다 바람직하다. 생산요소의 투입 증가는 주로 해당 지역 내에서의 추가적인 투입뿐만 아니라 생산요소의 지역 간 이동을 통해 이루어진다는 것이다. 즉 지역 간 생산요소의 자유로운 이동 → 해당 지역의 요소생산성 증가 → 지역생산력 증대 → 지역경제성장의 과정을 밟게 되며, 따라서 신고전파 성장이론에서는 지속적 성장을 위한 필수적인 전제조건이 된다.

(2) 경제기반이론(수출기반이론)

경제기반이론은 지역성장의 공급측면을 강조한 신고전파 이론의 단점을 보완하면서, 특히 지역경제의 개방성을 중요시하여 지역의 성장문제를 수요측면에서 접근한 것이다.

경제기반이론은 초기에(1920) 미국의 경제사학자인 이니스(H. Innis)에 의해서 전개되었다. 그 후 호이트(H. Hoyt), 와이머(A. M. Weimer), 티부(C. Tiebout), 앤드류(Andrews) 등에 의하여 더욱 진일보되었으며 그 주요 이론은 다음과 같다.

한 지역의 생산물의 수요와 공급이 비교우위성을 갖는다면 외부수요는 많아져 수출이 이루어질 것이다. 지역수출은 새로운 생산요소의 지역유입을 증대시켜, 지역수출 연관산업이 활성화되고 전문서비스 보조산업이 창출되며, 내적 규모의 경제를 이룩하여 더욱 지역경쟁력은 강화되어, 종국에는 지역고용 창출과 지역소득 증대를 가져와 지역성장을 이룩한다는 것이다.

경제기반모형은 지역경제구조가 단순히 2개 그룹의 활동으로 구성된다는 간단한 가정 하에서 출발한다. 그 하나는 기반활동(basic activity)으로 이는 지역의 성장에 기여하는 활동이며, 나머지 하나는 비기반활동(non-basic activity)으로 이는 지역경제의 안정에 기여하는 활동이다.

기반활동은 당해지역 외부의 기업이나 개인들에게 수출하기 위하여 재화와 용역을 생산하여 판매하는 활동을 말한다. 즉 기반활동은 외부지역으로부터 화폐적 수입을 가져오는 활동으로, 흔히 수출활동(export activity)이라 불린다. 이러한 기반활동에는 다음과 같은 것들이 있다. 첫째는 외부지역으로 재화를 수출하는 활동이다. 둘째는 외부지역에 용역(service)을 제공하고 화폐를 가져오는 활동이다. 셋째는 당해지역 내에서 외부인에게 용역을 제공하고 화폐를 받는 활동이다. 관광산업이 이에 속한다.

비기반활동은 당해지역 내부에서 소비되는 재화와 용역을 생산하여 판매하는 활동을 말한다. 즉 비기반활동은 지역 내부에서 화폐의 유통을 가져오는 활동으로, 지방활동(local activity)이라 불리기도 한다.

이상과 같은 지역경제활동의 양분에 근거하여 경제기반모형은 기반활동만이 지역의 경제력을 결정하는 관건이 되고, 기반활동의 팽창은 비기반활동의 성장을 유도하며 지역 전체의 경제성장을 주도하게 된다는 것이다. 즉 수출이 지역성장의 경제적 기초를 제공하며, 비기반활동은 단순히 지역 내부의 소비활동을 위한 것이므로 지역경제발전의 결과 혹은 영향이라는 것이다.

경제기반이론에서는 수출시장이야말로 지역경제의 원동력으로서 수출시장이 확대되어 수출이 많아지면 수출을 하는 이른바 기반산업(basic industries)에 재화나 용역을 공급하는 지방산업(local industries) 또는 비기반산업(non-basic industries)도 따라서 성장하게 되는 연쇄과정으로서 지역경제의 성장을 설명한다. 지역경제의 성장은, 첫째로 외부의 수요팽창과 그에 따른 수출의 증가에 의하여 결정되며, 둘째로 수출의 증가로 인하여 촉발되는 내부의 팽창과 지방고용 및 소득의 팽창에 의하여 이루어진다고 본다.

경제기반이론의 모형은 케인즈(J. M. Keynes)가 개발한 승수이론의 응용이라 볼 수 있다. 케인즈에 의하면 국민소득의 성장은 정부투자와 재정지출, 그리고 해외수출 등의 증가가 부족한 유효수요를 창출하여 드디어 국민소득의 증가를 가져온다는 것이다. 승수이론과 같은 논리에 의해 경제기반모형은 한 지역의 경제분석을 위해 활용된다.

3 불균형성장론

한 국가는 여러 지역으로 구성된 지역공동체라고 할 수 있다. 그러나 각 지역은 물리적, 사회・경제적, 역사적, 지리적 조건 등이 서로 다르기 때문에 각각 다른 특성을 갖게 된다. 이러한 지역의 특성에 따른 차이를 인정하고 시장기구(market mechanism)를 통하여 서로 다른 지역성장을 도모하는 공간적 분화현상을 가리켜서 지역주의라고 하는데 지역불균형은 국가정책의 결과로 나타나기도 하지만 앞서 설명한 지역주의가 주원인이 된다. 즉 국가경제 전체의 발전을 우선시하는 지역정책은 흔히 지역에서 원하는 지역정책과 부합되지 않을 수 있고, 또한 제한된 자원으로 최대의 정책효과를 얻기 위하여 자본의 공간적 집중화를 추구하는 경우 지역 간 불균형을 야기하게 되는 것이다. 이러한 내용을 바탕으로 한 지역성장이론을 불균형성장론이라고 하는데, 이는 다음과 같이 누적성장이론과 성장거점이론으로 구분할 수 있다.

(1) 누적성장이론

누적성장이론이란 수요적 측면의 지역성장이론이다. 미르달(G. Myrdal)이 말하는 소득의 회전 및 누적원리에 의하면 지역소득이 높은 지역은 상대적으로 구매력도 많아져 생산요소의 수익을 높이고 지역개인소득도 많아지게 된다. 따라서 그 지역은 더욱더 많은 집적력이 형성되어 점점 높은 성장을 이룩한다는 불균형성장론이다.

허쉬만(A. Hirschman)은 여러 가지 생산기술단계에서 산업 간의 상호 복잡성을 강조하고 산업연관 개념을 도입하여 지역성장을 설명하였다. 즉 산업의 복잡성을 전방연관효과(前方聯關效果)와 후방연관효과(後方聯關效果)로 구분하여 설명하였다.

누적성장이론은 칼도-딕슨-털월(Kaldor-Dixon-Thirlwall)에 의한 경제기반이론(수출기반이론)을 그 이론적 근거로 하고 있으므로 흔히 앞에서 살펴본 경제기반이론의 일부로 이해되기도 한다. 그러나 누적성장이론은 지역의 성장을 지역수출에 연관하여 중심지역과 배후지역 사이의 생산・투자・요소이동 등의 상호관계를 설명하고 있으며 또한 개발도상국들의 불균형과정을 비교적 잘 표현하고 있다는 점에서 경제기반이론과 동일한 것으로 이해되기에는 무리가 따른다.

이 이론은 소득이 높은 지역 또는 공업이 발달한 지역에서 규모에 대한 수익체증을 가정한다. 따라서 한 지역이 일단 성장의 잠재력을 계속 유지하는 경향이 있다는 이른바 버돈(P. J. Verdoorn)의 법칙을 이용하고 있다. 즉, 지역생산물에 대한 지역 외 수요의 증가율과 내생요인, 즉 그 지역에 있어서 효율임금(efficiency wages)의 움직임에 달려 있다고 주장한다. 여기서 효율임금은 시장전체에서 이 지역의 점유율이 증가하는가 또는 감소하는가를 결정하는 역할을 하는 생산성지수(index of productivity: T)에 대한 화폐임금(money wages: W)의 상대적 크기(W/T)를 나타낸다.

칼도(Kaldor)는 이 효율임금이 낮을수록 그 지역에 있어서 산출의 증가율이 더 빨라져 지역이 성장한다고 주장한다. 그런데 화폐임금의 증가율은 지역의 고용증가율이 크게 다르다고 하더라도 제도적 환경, 임금격차를 좁히는 지역 간 노동력 이동의 효과, 그리고 전국적 단체협약 등 여러 가지 이유로 인하여 모든 지역에서 비슷하게 움직이지만, 이에 비해 생산성 증가는 규모에 대한 수익체증 때문에 성장지역에서 높게 나타난다. 그래서 효율임금은 평균 이상의 생산성 및 산출증가율을 나타내는 지역에서 상대적으로 낮아질 것이고, 또한 이러한 지역에서 더욱 낮은 효율임금을 갖게 된다는 것이다. 이것이 상대적으로 빠른 성장을 나타내는 지역이 느린 성장속도를 나타내는 지역에 비해 누적적 이익을 얻게 되는 이유가 된다.

(2) 성장거점이론

성장거점(成長據點)은 영문으로 'Growth Poles', 'Growth Center' 등 다양하게 사용되는 용어이다. 따라서 우리의 경우도 성장거점, 성장극, 성장핵 등 여러 용어가 혼용되고 있다. 그런데 현재 이들 용어 간에 실제적인 의미에서는 별 차이가 없고 또한 정부의 국토종합개발계획에서도 성장거점이라는 용어를 사용하고 있기 때문에 이하에서는 성장거점이라는 용어로 통일해서 사용한다.

성장거점이론은 비공간적인 산업성장과정을 공간개념으로 발전시킨 지역성장에 대한 하나의 가설이다. 이는 성장극(成長極), 종속이론, 누적성장모형 등의 이론을 모아서 지역성장 요인을 설명하고, 지역성장에 대한 공간경제적 요건만을 제시하고 있는 것이다.

위와 같은 가설인 성장거점이론을 여러 학자들은 다음과 같이 주장하였다.

먼저 페로(F. Perroux)는 성장을 특정 공간에서 발생해서 다양한 경로로 확산되는 과정으로 이해하였는데, 경제의 역동적 성장을 구현할 수 있는 특정 공간, 즉 '힘의 장'(field of forces)을 성장거점으로 정의하였다. 여기서 성장거점은 추진적 산업(propulsive industries)을 중심으로 상호간에 강한 연계성을 맺고 있는 공간이다.

다음으로 부드빌(J. R. Boudeville)은 페루의 성장거점개념을 지리적 공간개념에 본격적으로 접목시킨 학자로 성장거점에서의 집중투자를 통해 성장의 잠재력을 주변지역으로 확산시켜야 한다고 주장하였다.

토마스(J. Thomas)는 새로운 기술 확산을 통해 중심지의 지역성장이 달성된다고 주장하였는데, 그 과정은 다음과 같다. ① 새로운 산업의 발달을 가져오고 산업간 성장의 파급효과가 크게 나타나고, ② 새로운 재화와 서비스를 생산케 함으로써 지역경제에 다양성을 부여하며 ③ 새로운 산업을 발달시켜 고용을 창출하고 ④ 생산의 공간적 분업을 통하여 지역 간 기능분담을 촉진시킨다.

리차드슨(H. W. Richardson)은 중심지 성장모형을 설명함에 있어서 미르달(G. Myrdal)과 같이 두 가지의 효과로써 설명하고 있는데 첫째는 파급효과이며 둘째는 역류효과이다.

이러한 개념은 미르달과 허쉬만으로부터 유래된 것으로, 성장거점 맥락에 있어서 성장거점의 성장이 성장거점의 주변지역에 유리한 영향을 미치는가 또는 불리한 영향을 미치는가를 각각 뜻하고 있다. 이와 같은 영향은 주로 1인당 소득의 변화와 경제구조에 미치는 효과에 의해 정의될 수 있다.

파급효과는 처음에는 많은 장애요인에 의하여 서서히 파급되다가 일정한 환경이 조성되면 급진적으로 확산되는데 이는 오랜 시간을 두고 일어난다. 역류효과는 지역성장요인의 지역파급과정이 시간경과와 더불어 배후지에서 중심지로 이동하다가 점점 줄어든 경향을 보인다. 파급에서 역류효과를 감하면 순확산효과가 나타난다. 이것을 자세히 관찰해 보면 다음과 같은 특성을 알 수 있다.

주변지역의 입장에서 보면 순확산효과가 처음의 역류효과로 인하여 (−)의 효과가 나타나다가 일정한 시간이 지나면 (+)효과가 나타난다. 이러한 성장거점이론도 완벽한 이론은 아니다. 성장거점이론에 대하여 다음과 같은 반론이 제기되었기 때문이다.

첫째, 1960년대 지역성장이론으로 널리 알려진 성장거점이론은 1970년대에 개발도상국의 실증적 연구에서 반론에 부딪치게 되었다. 개발도상국은 대부분 식민지 통치경험을 가지고 있고, 개발과정에서 자본과 기술을 선진국에서 도입하고 있기 때문에 한 지역의 성장잠재력이 배후지역에 파급되는 것이 아니라 오히려 대도시 자본에 흡수되어 버린다는 것이다.

둘째, 산토스(M. Santos)는 후진국의 도시화 현상에서 도시규모별로 상위산업군(upper circuit)과 하위산업군(lower circuit)이 존재하며, 두 산업군은 서로 다른 도시공간과 상호작용을 하기보다는 종속관계에 놓여 성장거점이론에서 목표하고 있는 개발효과가 일어나지 않는다는 것이다.

4 재분배이론과 유연적 생산체제론

(1) 재분배이론

재분배이론에서의 지역발전의 개념은 경제적 기준, 경쟁적 행태, 외부적 동기부여, 대규모 재분배의 체제차원에서 획일적으로 정의되고 있다. 성장을 통한 재분배를 시현하는 것이 재분배 이론의 기본 취지이다. 이러한 재분배이론의 취지를 바탕으로 70년대에는 경제성장보다 사회적 측면이 중시된 지역발전이 이루어졌다. 이러한 재분배이론을 공간 정책적인 시각에서 바라본 것으로 하향식 및 상향식 접근방법이 나타났으며, 두 접근방법의 기초적 이슈가 되는 '성장'이라는 가치관을 지역발전의 이론적 기초로 만든 것이다. 그러나 재분배 이론은 앞에서 언급한 것처럼 지역발전의 개념을 경제적 기준, 경쟁적 행태, 외부적 동기부여, 대규모 재분배의 체제차원에서 획일적으로 정의한 것이기 때문에 보다 포괄적인 사회적 목표, 협동적 행태, 내생적인 동기부여(endogenous motivation)측면에서 정의될 필요가 대두되었다. 이러한 필요성에 의하여 대안적 접근방법으로서 유연적 생산체제론이 대두된 것이다.

(2) 유연적 생산체제론

제2차 세계대전 이후 성행하던 포드주의는 1970년대 공급과잉, 수요의 포화로 한계에 직면하게 되었다. 이러한 서구 중심부의 포드주의 위기는 자본수익률 감소를 초래하게 되었고, 자본은 노동비용이 저렴한 제3세계로 이동함으로써 서구는 급격한 탈산업화, 실업 증대, 경기침체를 경험하게 된 것이다. 이와 같은 상황 속에서 새로운 부가가치 및 고용 창출원으로 새로운 기술과 제품의 개발에 치중하는 첨단산업 분야와 금융, 마케팅, 디자인 등 전문적 생산자 서비스 부문이 등장하게 된 것이다.

유연적 생산체제는 표준화제품의 대량생산방식, 사회적으로 규범화된 노동시장, 정부의 개입과 지원체제가 무너지고, 표준화 제품보다는 고객의 특수한 욕구에 부응하는 주문제품의 생산과 변화에 대한 효율적 대응생산이 중시되고, 생산활동 자체보다는 연구 및 기술개발, 정보, 금융 및 마케팅 등 지식 및 정보산업이 중시되는 경제체제를 의미한다.[2] 유연적 생산체제론은 규제완화, 지원축소 등을 통한 정부개입의 최소화, 공공부문에 있어 민영화 및 민간부문의 참여를 통한 생산 및 효율성 증대, 그리고 민간부문에 있어서는 기술개발, 생산성 증대를 통한 기업 간 경쟁 촉진 등 시장기능 확대에 바탕을 둔 신자유주의적 성격을 띠고 있다.

기술혁신과 이에 따른 유연적 생산체제의 가장 큰 특징은 경제・사회환경의 급격한 변화와 불확실성의 증대이다. 이를 극복하기 위한 모든 조직의 공통적인 전략은 특성적 변화에의 즉시적인 대응을 위한 분권화전략(decentralization)이다. 이를 위하여 공공분야에서는 권한과 책임을 지방에 분산하고, 지역개발을 지방의 주도로 추진하도록 하고 있으며, 기업은 생산단위를 축소하여 투자의 위험부담을 줄이는 반면, 부족한 부문은 다른 기업과의 연계와 협력을 통하여 충족시켜 나가고 있다. 이에 따라 지역발전전략도 크게 변하고 있다. 그동안 지역발전정책은 케인지안 경제정책에 따른 공공투자의 확대와 대량생산체제의 확대에 의존하여 왔으나 유연적 생산체제에서는 소단위 생산체제의 육성과 지원을 위한 여건확보가 중요시 된다. 포디즘시대의 지역발전정책은 제조업의 육성과 이를 위한 도로, 상하수도, 전력, 공항, 항만 등 경제적 하부구조의 개선이 중시되고 있으나, 유연적 생산체제에서는 정보산업, 금융 등 전문적 서비스와 위락, 교육 등 문화산업 등 다양한 서비스산업의 육성과 쾌적한 자연 및 주거환경의 조성 등 사회적 하부구조의 개선이 중시된다. 특히 기술혁신, 새로운 제품의 개발을 위한 정보와 지식기반의 확대, 전문 인력의 확보와 이들을 위한 문화적 정주기반의 창출, 새로운 기업가

2) P. Hirst and J. Zeitlin, *Flexible specialization: Theory and evidence in the analysis of industrial change*, 1997.

정신 및 창업의 지원체계 확립이 중요하다.

기술혁신의 지속과 개인소비행태의 변화로 시장의 불확실성이 높아지면 기업들은 대규모 자본투자를 회피하며, 핵심기능만을 보유하고 부족한 부문은 타 기업과의 수평적 또는 수직적인 연계와 제휴를 통하여 해결하게 된다. 지역발전의 주요전략은 기업 및 생산단위 간 원활한 네트워크 체계를 형성할 수 있는 공간과 사회·경제적 체제를 형성하는 것이다. 미국의 실리콘벨리, 영국의 캠브리지 등 첨단산업지대와 이태리의 신산업지대(new industrial districts)가 대표적인 예이다. 이들 지역 특징은 전문기술을 지니고 있는 다수의 중소기업이 공간적으로 집적하여 상호 밀접한 교호작용과 연계협력관계를 맺고 있다는 점이고, 이것이 하나의 거대한 통합된 생산체제로서의 기능을 수행한다는 점이다.

5 내생적 발전론과 지속가능한 발전론

(1) 내생적 발전론

내생적 발전이란 내생세력이 외생세력과의 수평적 의존관계 하에서 자기결정성과 자기책임성에 의거하여 발전하는 것을 말한다. 그러므로 내생적 발전론은 성장중심이론과 배분중심이론의 합의이론으로서 복합성, 개방성, 상호의존성, 지역성 및 주민참여라는 개념요소를 포함하고 있다.

지역발전의 목표가 주민의 복지를 증진시키는데 우선순위를 두는 경우, 지역발전은 지역 내 자극과 지역 내 자원과 기술에 의존한 자생적 개발전략을 채택하게 된다. 경제성장이나 산업의 발전보다 주민 개개인의 소득 및 복지를 증진에 우선순위를 두는 지역발전전략으로 '복지 지향적 지역개발(welfare-oriented regional development)'이라고도 한다. 복지 지향적 지역발전전략 하에서 지역주민과 직접적인 연관이 없는 산업의 육성보다는 지역주민이 직접 참여하는 농업 및 수공업 등의 산업육성에 치중하고, 지역개발의 투자도 경제적 하부구조 개선 일변도에서 벗어나 주민의 교육, 보건, 사회복지에 직접적인 영향을 미치는 분야의 개선에 치중한다.

복지 지향적 지역발전전략에서는 지역적 수요충족을 위한 산업생산 투자에 상대적으로 높은 우선순위가 주어지며, 지역경제의 성장을 위한 전략으로 외부자원이나 기술도입보다는 내부적 자원을 활용하여 지역 내 경제 및 산업구조의 개편과 생산방식의 쇄신 등 구조적 개선을 도모한다는 차원에서 전환적 접근방법(transformational approach)이라고도 불린다. 아울러 이 전략은 지역수요와 지역참여 등 내부적인 자극과 자원에 의존하여 자율적으로 추진한다는 차원에서 내생적 지역발전(endogenous development)이라 부른다.

이와 같은 구조 전환적이고 내생적인 지역발전전략은 외부의존적인 발전전략으로 인한 부작용을 해소하고, 지역의 자생력을 키워 자율적인 발전을 도모할 수 있다는 차원에서 장점이 있다. 그러나 개방경제 체제하의 기술 및 경제적 경쟁체제 속에서 내부적인 수요와 자원에만 의존하는 발전전략은 장기적으로 지역의 경쟁력을 약화시켜 지역경제를 쇠퇴화시킬 위험성을 내포하고 있다. 빈곤의 악순환에서 벗어나지 못하는 저발전 지역의 경우, 내부적인 수요유발이 곤란하고 주어진 자원을 삶의 질 개선을 위한 다양한 분야에 투입하는 경우, 규모의 경제 이익을 통한 의미 있는 개선효과를 거두기 어려운 단점이 있다. 경제성장 수준이 성숙된 단계에 이르면서 사회적인 목표가 단순한 경제의 성장보다 환경과 삶의 질 향상에 보다 높은 우선순위를 두고 있어 복지지향적인 내생적 발전전략에 대한 요구가 높아질 것으로 예상된다. 이와 같은 사실은 지역발전전략의 선택이 일반이론에 의거하여 양자택일에 의하여 결정되기보다는 지역의 경제성장 수준, 개발 잠재력과 사회적으로 합의된 발전목표에 따라 다양한 전략적 요소의 조합에 의하여 결정되어야 함을 시사한다.

(2) 지속가능한 발전론

역사적으로 지역발전이 사회경제적으로 관심의 대상이 되기에는 몇 가지 문제점의 인식에서 출발한다. 그 중 가장 심각한 문제는 도시문제의 심화였다. 산업화된 사회에서 도시는 모든 사회적, 환경적인 문제의 근원으로 간주되어 왔다. 도시화 그 자체를 도시문제로 받아들이는 시각만 봐도 알 수 있다. 도시에 대한 이러한 부정적인 시각은 1992년 유엔환경개발회의(UNCED)가 개최되는 시점에서도 지배적이었다. 국제적인 개발원조는 대부분 농촌발전에 집중 투자된 반면 도시발전에 대한 투자는 외면당한 것이 사실이다. 도시의 문제는 유엔의 시각이 반영하듯이 도시화를 억제하기 위해 도시로의 인구유입을 어떻게 억제할 것인가에 초점을 두는데 그쳤다. 이러한 분위기에서 도시의 환경문제를 거론하는 그 자체가 새로운 아이디어로 받아들여지는 경향이 강하였다.

그러나 1992년 지구정상회담 이후 도시에 대한 이러한 시각은 획기적인 변화를 가져왔다. 지속가능한 발전을 위한 도시의 역할과 중요성에 대하여 새로운 시각이 강한 지지를 받기 시작한 것이다. 이렇게 등장한 것이 '지속가능한 발전'이다.

'지속가능한 발전'이 공식어로 등장한 것은 1979년 유엔 심포지엄의 주제로 선택된 뒤부터였으나, 사용되기 시작한 것은 '세계환경 및 개발위원회(WCED, 브룬트란트 위원회)'의 1986년 'Our Common Future', 일명 '브룬트란트 보고서(Brundtland Report)' 이후였다. 이를 바탕으로 지속가능한 발전의 개념은 'Caring for the Earth(1991)'와 'Agenda 21(1992)'에 의하여 더욱 정교하게 발전되었다.

그러나 지속가능한 발전의 개념은 지나치게 광범위하여 모든 사람에게 모든 것을 의미하는 것처럼 인식되어 왔으며, 견고한 이론적 기반을 가지지 못하다는 비판을 받아왔다. 이러한 개념상의 혼란은 자연히 지속가능한 발전을 어떻게 측정할 것인가의 문제(측정과 모니터링), 애매하고 모호한 개념을 어떻게 구체적 행동과 정책으로 옮길 것인가의 문제(정책과 실행계획), 그리고 다루어야 할 수많은 문제 중에서 과연 어떤 문제부터 우선적으로 다루어야 할 것인가 문제(정책우선순위)에 대한 실질적인 도움을 주지 못하였다.

지금까지 가장 널리 인용되고 있는 지속가능한 개발의 개념은 '브룬트란트 보고서'와 'Caring for the Earth(1991)'에서 사용된 개념이다. 먼저 '브룬트란트 보고서'는 지속가능한 발전이란 '미래세대가 그들 스스로의 필요를 충족시킬 수 있도록 하는 능력을 저해하지 않으면서 현재 세대의 필요를 충족시키는 발전', '자원의 이용, 투자의 방향, 기술의 발전, 그리고 제도의 변화가 서로 조화를 이루며 현재와 미래의 모든 세대의 필요와 욕구를 증진시키는 변화의 과정'으로 정의되고 있다. 'Caring for the Earth(1991)'에서는 지속가능한 발전을 '생태계의 환경용량 내에서 인간생활의 질을 향상시키는 발전'으로 정의하고 있다.

이외에도 지속가능한 발전에 대한 정의는 여러 국제기구나 학자들에 의하여 보다 정교하게 발전되어 왔다. 예를 들면 유엔환경프로그램에서는 지속가능한 발전이란 '지구의 환경용량 내에서 삶의 질을 향상시키는 발전'으로 정의되었으며, 국제지방환경자치체협의회(ICLEI, International Council of Local Environmental

Initiatives)는 '자연과 사회체계의 생명력에 위협을 주지 않으면서 기초적인 환경, 사회, 서비스를 모든 공동체 주민에게 제공하는 것'으로 개념을 발전시켜 온 것 등이다. 지속가능성의 개념은 다양한 형태로 규정되어 왔는데, 이러한 개념의 다양성은 환경보전에 대한 기본적인 시각을 어떤 입장에서 취하고 있는가와 밀접하게 관련되어 있다.[3)]

3) 이 장은 지방행정연수원 사이버교재; 모성은 · 임경수 · 이성우, 『지역개발론』과 강현수 · 남기범 · 모성은, 『지역혁신발전론』을 중심으로 정리하였다.

CHAPTER 3

도시화론

도시화는 인구의 도시 집중과 이에 따른 지역적 사회적 변화 양상을 일컫는 개념이다. 각 도시에 거주하는 인구 규모의 증가를 말하기도 한다. 우리나라도 60년대 이후 산업화 단계를 거치면서 급격한 도시화가 진행되었다. 도시화는 그 지역에 거주하는 주민들에게 다양한 편의도 제공하지만, 반면에 다양한 부정적 도시문제도 발생시킨다. 여기서는 도시화의 진행과정과 특징에 대하여 살펴보기로 한다.

1 도시화의 의의

도시화(urbanization)란 도시에 대한 개념정립에서와 마찬가지로 국가나 학자들의 관점과 전공분야에 따라 그 정의가 다양하다.

(1) 일반적 정의

일반적으로 도시화는 오늘날 산업사회의 특징으로서 인구가 도시지역에 집중하는 과정으로 설명되고 있다. 이는 대체로 도시화란 기계문명의 발달됨에 따라 진행되어온 인구의 도시집중과 이 과정에서 나타난 도시지역과 도시사회 내의 여러 가지 변화를 나타내는 뜻으로 쓰이고 있다. 도시화의 정의는 다음과 같이 두 가지로 정리할 수 있다.

첫째, 좁은 의미의 도시화로서 근대산업의 발전으로 농촌적인 지역이 도시적인 지역으로 변화되는 것을 말한다. 둘째, 넓은 의미의 도시화로 지역의 도시적 요소가 점차로 늘어나는 과정을 말한다. 후자의 입장에서 보면 전자가 말하는 촌락으로부터 도시로 변화되는 것은 물론이고, 도시적인 지역이 재개발, 기타 방법을 통해 보다 고차적인 도시지역으로 변하는 과정까지도 포함하게 된다.

(2) 학자들의 견해에 따른 정의

사회학자들은 도시화를 도시적 생활양식의 발전과정, 즉 도시성(urbanism)을 획득하는 과정으로 이해한다. 이때의 도시화는 사람들이 계속해서 도시로 유입되고 도시생활에 참여하게 되는 과정과 도시의 발전에 따라 도시적 생활방식이 강화되는 과정을 의미한다. 사회학자인 워스(L. Wirth)는 도시화를 '도시화란 도시지역으로 인구가 집중하고, 도시의 생활체계로 들어가는 과정만이 아니라 궁극적으로 사람이 어디 있든지 도시적이라고 인정되는 생활양식(way of life)의 변화를 의미한다.'고 주장했다. 이에 대해 경제학자들은 도시화를 경제발전과 기술의 진보, 그리고 농업경제에서 비농업경제로 전환되는 과정으로 인식한다.

경제학자인 미첼(T. E. Mitchell)은 도시화를 '도시로 이어지는 과정(process of becoming urban)'으로 그 개념을 정의했다. 그 구체적인 내용으로는 ① 인구가 농촌에서 도시로 이동하는 것(인구학적 개념), ② 산업구조가 1차 산업에서 2·3차 산업으로 변화하는 것(산업구조적 개념), ③ 인간의 행동유형이 도시적 성질로 변화하는 것(행태론적 개념)이다. 이들 의견을 종합하면, 도시화는 인구 수가 증가하고 인구밀도가 높아지며, 비농업적 산업비율이 늘어날 뿐만 아니라, 도시 수의 증가와 도시권의 확대가 나타나는 현상이라고 정리할 수 있다.

(3) 도시화의 제입장

도시화란 인구의 도시집중과 이 인구집중을 통해 일어난 여러 가지 변화를 나타내는 뜻으로 쓰이고 있다. 이때 특히 어떤 변화를 주목하느냐 하는 문제는 학문분야에 따라 다르다. 즉, 인구학자들은 도시의 인구나 밀도의 변화에 초점을 두고, 사회학자들은 도시민의 의식구조나 사회계층 또는 생활양식의 변화에 초점을 두며, 지리학자들은 도시의 기능과 영향력이 지역에 어떤 변화를 가져오는가를, 경제학자는 산업사회의 변화에 초점을 두고 있다.

1) 생태학적 입장

생태학적 입장에서 본 도시화는 도시의 영향력이 인근 지역이나 농촌으로 침투·확대되어 나가는 현상을 말한다. 이것은 중심도시기능이 주변지역보다 우성

(優性)이므로 열성(劣性)지역인 주변에 그 영향력이 침투・확대되는 것으로 이는 도시기능을 우성생태학적 입장에서 파악하는 것이다.

2) 체제이론적 입장

체제이론적 입장에서 도시화는 도시라고 하는 '시스템'이 분화・융합되어 나가는 과정이다. 도시는 하위체제인 환경과 유기적으로 관련되어 있으며, 또 하위체제구조와 사람이라는 여러 가지 도시구성요소, 즉 도시공간구조, 시설물, 조직 및 제도, 인간활동, 조직구성원의 가치관・동기・지식・기술・경제적 수급 등 하위체제간의 상호작용인 함수관계가 분화되고 통합되는 과정에서 도시의 성장여부에 따라 도시화를 파악하는 것이다.

3) 사회학적 입장

사회학적 입장에서 본 도시화는 도시민의 의식구조나 사회계층 또는 생활양식의 등 인간의 행동유형이 도시적 성질로 변화하는 것을 의미한다. 즉, 주민의 모습・태도・의식구조・성격이 도시에 적응하는 양상을 도시화로 표현한다.

4) 인구학적 입장

인구학적 입장에서 볼 때 도시화란 도시의 인구나 밀도의 변화에 초점을 두고, 특히 도시인구의 증가를 도시화로 파악하고 있다. 이는 일정한 도시지역 내의 인구증가와 인구지역의 확대라는 현상으로 나타나는데, 이는 근본적으로 도시지역 그 자체의 집적이익에 의하여 인구를 끌어당기는 흡인요인(pulling factor)과 집적이익을 갖고 있지 않은 지역에 의해 인구를 밀어내는 압출요인(pushing factor) 등 두 가지 원인에 기인한다.

5) 산업구조적 입장

산업구조적 입장에서 본 도시화란 경제학적관점에서 파악한 것으로 농촌의 1차 산업인 농림어업에서 도시적 산업인 2・3차 산업으로 농촌산업구조가 변화하는 것을 의미한다.

6) 공간구조적 입장

공간구조적 입장에서 도시화란 도시의 공간과 기능과 영역이 중심도시에서부터 변두리 또는 외곽지역으로 확산되는 현상을 의미한다.

2 도시화의 진행패턴과 추세

(1) 도시화의 진행패턴

어떤 현상이든지 그것의 시작과 끝, 그리고 다시 한 번 반복되는 순환과정이 일어나기까지 항상 그 진행패턴이 있기 마련이다. 도시화도 역시 마찬가지이다. 더욱이 도시화는 그 진행패턴에 관한 이론이 매우 다양하다. 여기에서는 이러한 도시화의 진행패턴에 관하여 클라센(L. H. Klaassen)의 도시발전 단계론을 바탕으로 살펴보도록 한다.

도시화가 어떠한 과정을 거쳐 진행되느냐 하는 문제는 도시화에 대한 제입장과 관련되는 학자나 학문분야에 따라 이론이 없지 않으나, 일반적으로 구미제국에서는 도시집중화(urbanization), 교외화(suburbanization), 역도시화(counter-urbanization)의 3단계로 나누어 파악하고 있다.

1) 도시 집중화

도시 집중화는 좁은 의미의 도시화라고도 할 수 있는 것으로서 산업발달에 의해 급성장한 도시가 급격한 인구집중으로 인해 각종 도시문제를 파생시키는 것을 의미한다.

대부분의 국가가 그랬듯이 근대화의 과정에 있어서 시골과 도시 사이에서 이촌향도 현상이 나타났다. 미국이 남북전쟁을 거치면서 노예해방을 이루어 농촌이나 도시 외각지역에서 일하던 노예들이 공업화·산업화 된 도시로 이동한 것과, 한국에서 1960년대 경제개발계획의 붐을 타고 시골사람들이 서울로 무작정 상경했던 것 등이 그 대표적인 예라고 할 수 있다.

이처럼 근대의 도시화는 산업혁명의 결과 공장이 입지하는 지역에 인구가 유입되고, 그곳에 도시가 형성되면서 시작되었다. 그러나 교통수단이 발달되었다고는 하나 그 정도가 불충분함에 따라 비교적 좁은 지역에 인구가 집중하여 주택난・급수난・공해 및 위생 등 기초적 주거환경의 불량뿐만 아니라 도시기반시설이 불충분한 상태의 도시화를 의미한다. 이것이 최초의 도시화라고 한다.

2) 도시 분산화(교회화)

어느 현상이나 그 진행이 계속되어 극에 달하게 되면 더 이상 정상적으로 진행되지 아니하고 변이를 일으키거나 넘쳐나게 된다. 도시화에 있어서도 마찬가지다. 이를 도시 분산화 즉, 교외화라고 말한다.

즉 도시집중이 계속됨에 따라 비좁은 시가지에 집중하는 인구나 산업을 수용할 수 없게 되고, 도시의 주변부에 인구나 산업이 넘쳐흐르게 되어 결국 경제활동의 분산화과정이 시작되는 상태에 이르게 된다. 이것은 교외화(suburbanization)를 의미하는 것으로 "도시 분산화"라 한다. 즉, 도시의 외연적 확대를 뜻한다. 이처럼 도시의 외연적 확대 내지 경제활동의 분산을 가능하게 한 것은 도시교통기관의 발달이다. 특히, 전철과 고속버스가 대표적 예라고 할 수 있다.

3) 역도시화

역도시화는 도시의 쇠퇴라고 할 수 있는 것으로, 인구의 분산화에 이어 고용역시 분산화되고 중심부와 교외를 포함한 대도시권 전체의 인구가 감소하기 시작하는 단계에 이르게 되는 것이다. 즉 도시화는 제2단계인 도시 분산화를 거쳐 제3단계인 역도시화(counter-urbanization)현상을 띠게 된다.

도시화가 역도시화 단계에 이르면 도시문제도 그 성격이 달라진다. 과밀현상보다도 오히려 쇠퇴현상이 뚜렷하게 된다. 인구감소현상은 인구의 노령화현상을 진행시키게 마련이며, 학교와 같은 공공 공익 시설까지도 유휴화 현상이 일어나며, 때로는 저소득층이 유입해 들어와 '슬럼(slum)가'를 형성하게 된다.

(2) 개도국의 도시화 추세

흔히 사회변화의 추세, 지방화 추세와 같이 우리는 추세라는 말을 자주 사용한다. 이렇게 자주 사용하는 추세라는 말은 장기간에 걸친 성장・정체・후퇴 등

변동경향을 나타내는 움직임을 말한다. 도시화도 이렇게 진행되어지는 추세가 있다. 여기에서는 제3세계 및 개도국 도시화 추세의 특징과, 우리나라의 도시화 추세에 대해 살펴보고자 한다.

도시화는 제3세계 국가와 서구 선진국 간에 큰 차이가 있다. 서구의 도시화는 오랜 기간 동안의 산업화 과정을 경험하면서 도시화가 점진적으로 진행되어 왔다. 그러나 제3세계의 도시화는 서구 선진국과는 확연히 차이가 날 정도로 짧은 기간 내에 이루어졌다. 거기에는 식민지경험과 국제사회에서 개도국 또는 후진국으로서의 위치가 배경이 되었다고 할 수 있다. 이러한 배경 하에 제3세계의 도시화는 서구 선진국이 겪은 비슷한 도시화 추세를 보다 급속하게 겪어온 것이다.

앞서 말했듯이 서구 선진국가들은 위에서 언급했던 도시화의 진행패턴과 과정을 그대로 밟아왔다. 그리고 아직도 도시화의 패턴이 추세로 이어지며 반복되고 있는 것이다. 그러나 제3세계의 도시화는 특징이 확연히 드러날 만큼 급속히 이루어진 것이다.

우리나라의 도시화 추세도 제3세계 및 개도국의 특징과 유사한 형태를 보인다. 우리나라 도시화 추세는 제1기의 도시화와 제2기의 도시화로 분류할 수 있다.

1) 제1기의 도시화(1915년–1960년대 초)

1945년까지 도시화 수준은 14.5%에 머물렀는데, 그 당시 도시는 주로 구한말 행정관청 소재지나 대외 무역항이었다. 해방 후부터 1960년까지 해외귀환동포나 6.25 월남 피난민 등이 주로 대도시에 정착하게 되어, 1960년에는 1949년에 비해 인구 2만 규모의 도시수가 거의 2배로 늘어나고 도시화율은 28.3%로 증가하였다. 그러나 전 국민의 2/3가 농촌지역에 거주하는 등 산업화에 입각한 도시인구의 성장은 아직 미약하였다.

2) 제2기의 도시화(1960년대 초–현재)

제한된 자원의 집중투자 위주의 산업화과정에서 도시 내 제조업 및 서비스산업이 급격히 증대되고 취업기회가 확대됨에 따라 도시화의 가속화가 이루어졌다. 인구 5만 명 이상의 도시화율이 1975년에는 50.9%, 1989년에는 73.3%로 급격히 늘어남으로써 전체 인구의 약 3/4이 도시에 거주하게 되었다.

3 도시화의 특징과 문제점

(1) 대도시권의 외연적 확산

개방체제인 지역경제에 있어서 기존의 대도시가 사람 물자 정보의 흐름을 통하여 주변지역에 영향을 미쳐 궁극적으로 이질적인 두 지역이 기능적으로 상호 연결된 통합공간을 형성하게 된다.

<표 3-1>에서 보는 바와 같이 대도시권의 변화과정을 분석하면 도시화 초기에는 이농향도적(移農向都的) 인구이동이 중심도시와 주변부에 정착하는 단계이고, 절대적 집중과정은 중심도시에서의 집적이익과 규모의 경제 등으로 인구가 중심지로 급격히 흡수되는 과정이다. 상대적 집중과정은 성장의 확산효과가 점점 확대되는 단계이고, 상대적 분산과정은 중심지에서의 지가의 급등, 소득수준 향상, 교통 및 통신의 발달 등의 자체적 한계에 기인한다. <표 3-2>에 나타난 우리나라 도시권 인구증감을 통하여 외연적 확산 현상이 두드러지고 있음을 알 수 있다.

표 3-1 대도시권의 변화과정

단 계	중심지	주변지역	변화과정
I	+	+	도시화 초기
II	++	-	절대적 집중과정
III	++	+	상대적 집중과정
IV	+	++	상대적 분산과정
V	-	+	절대적 분산과정

주: ++; 인구급증, +; 인구점증, -; 인구감소

절대적 분산과정은 대도시의 공동화 현상 등으로 주변지역으로의 순인구이동이 자연증가율을 초과하여 결국 대도시의 절대인구가 감소하는 시기이다. 선진사회의 도시들처럼 주거지는 쾌적한 교외로 옮기고 직장 및 문화생활 등은 여전히 대도시에 기반을 두고 있다.

표 3-2 우리나라 5대 도시권의 인구증감(1970-80) (단위: %)

중심도시로부터의 거리	서울	부산	대구	광주	대전
5㎞ 이내	-10.8	8.4	48.6	42.0	60.2
5-10㎞	73.2	82.3	109.1	43.8	33.9
10-20㎞	114.8	178.7	19.5	15.1	3.2
20-30㎞	117.0	15.1	-19.5	-	-
30-40㎞	32.0	-	-	-	-
40-50㎞	5.8	-	-	-	-
50㎞ 이상	-2.7	-	-	-	-

(2) 종주도시화

종주도시화(從主都市化)란 수위 도시에 인구와 기능이 과잉 집중되는 현상으로서, 수위 도시의 인구가 제2위 도시보다 2배가 넘을 때 발생한다.

대도시의 규모가 일정수준을 넘어설 경우 전체 공간구조상의 성극화(polarization) 현상으로 야기되는 경제적 능률성, 지역 간 균형, 환경이나 안보 등의 이유로 지나친 팽창은 억제되어야 한다. 대도시의 적정 규모를 정할 때 비용과 편익의 절대적인 양보다 분포가 우선적으로 고려되어야 한다. 대도시화로 야기되는 지가나 부동산가격의 앙등과 같은 혜택이 지주나 투기꾼 등 소수 계층에게만 돌아가기 때문이다.

(3) 가도시화

가도시화(假都市化, pseudo-urbanization) 현상이란 도시산업의 성장속도에 비해 인구증가 속도가 훨씬 빠르게 나타나 상당수 인구가 비공식 경제부문에 종사하면서 불법불량 주거지역(squatter areas)을 형성하는 것을 말하는데, 여러 가지 도시문제의 원인이 되고 있다.

우리나라의 경우 지난 30여 년간 산업화가 급속하게 진행되었지만 도시로 몰려든 사람들 상당수가 막노동, 노점상, 접대부, 암표상 등 비공식노동으로 생계를 꾸려나갔으며 소득이 낮은 관계로 주로 도시외곽의 불법 · 불량지역에 주거하게 되었다. 당연히 이들 지역은 도시기반시설이 결여되어 있고 비위생적이었기 때문에 각종 질명과 범죄의 온상이 되기 쉽다.

4 도시화의 향후 전망

소득수준의 향상, 자가용 승용차의 대량보급, 첨단 통신기술의 발달 등으로 도시구조는 물론이고 도시민의 분화를 가속화시키고 있다. 기존의 주민과 통근자 외에 도시의 각종 서비스를 특정기간에 불규칙적으로 이용하고 떠나는 부류로서 도시이용자(city users)들이 새로운 제3의 집단으로 부각되고 있다. 이들은 각종 문화 · 공공서비스가 집약해 있는 수도나 대표적인 관광지 등에서 볼 수 있다. 그러나 각종 도시정책이 기존의 상주인구를 대상으로 계획이 입안이 된 경우가 대부분이기 때문에 불규칙적인 도시이용자들이 집중되는 시기에 도시 주민들이 서비스 공급을 제대로 받지 못하는 경우가 발생하게 된다.

도시화 과정에서 주목해야 할 변수로는, 여성 노동인력의 질적 향상, 노동시장 자체의 구조적 변화 등으로 양질의 여성인력에 대한 수요가 급격하게 확대되고 있다는 점을 들 수 있다. 하지만 젊은 여성 노동력의 대도시 이입은 자칫 농촌 황폐화의 원인이 된다는 측면에서 논의가 필요하다. 과거 농촌문제를 소득수준의 향상으로 해결하려 했던 제반 노력들이 실패로 귀착된 점을 거울삼아, '젊은 여성이 없는 곳에 젊은 남성도 없는 것'은 자연현상이므로 적어도 소도읍지 이상을 주거지 내지 생활의 터전으로 개발하여 최소한의 생활의 활력 내지 역동성을 기본적으로 확보함과 동시에 농업을 기업농이나 통근노동의 형태로 접근해 가야 할 것이다. 마지막으로 도시인구의 노령화와 복지수요의 확대 문제도 간과할 수 없는 부분 중의 하나이다.[1)]

---

1) 이 장은 지방행정연수원 사이버교재; 모성은 · 임경수 · 이성우, 『지역개발론』을 중심으로 정리하였다.

CHAPTER 4

지역발전 패러다임

지방 내지 지역이라는 장소는 그동안 국경 안에서의 수도나 대도시의 주변지역 또는 변방으로 인식되었다. 그러나 세계화와 지방자치, IT기술혁명 등으로 인해 지방과 지역은 국가를 거치지 않고도 세계의 중심에 설 수 있는 환경이 조성되었고, 이러한 패러다임을 토대로 발전에 성공한 사례를 심심치 않게 볼 수 있다. 이 장에서는 지역발전 분야의 새로운 패러다임으로 자리 잡은 세계화, 지방자치, 기술혁신이 지역발전과 어떠한 관계를 형성하는 지 살펴보고자 한다.

1 세계화와 지역발전

(1) 세계화의 의의

세계화(globalization)[1)]란 무역 · 자본자유화의 추진으로 재화 · 서비스 · 자본 · 노동 및 아이디어 등의 국제적 이동 증가로 인한 각국 경제의 통합화 현상을 지칭한다.

세계화는 경제활동이 국가경제를 초월하여 확산되고, 이들 경제활동이 기능

1) 세계화는 지난 1983년 미국 하버드 비즈니스스쿨의 데오도르 레빗교수가 「하버드 비즈니스 리뷰」 5월호에 기고한 'Globalization of Markets'이란 글을 통해 처음 등장했다는 것이 정설이다. 레빗 교수는 기고문에서 "지역 소비자의 기호에 맞게 제품을 생산 · 공급하는 '다국적(multinational) 기업' 시대는 가고, 생산 분배마케팅 등에서 '규모의 경제(economics of scale)'를 실현한 글로벌 기업들이 활약하는 세상이 올 것"이라고 예측했으며, 이후 '세계화'는 경제 정치 사회 등에서 가장 널리 사용되는 용어가 됐다. 레빗 교수는 '세계화'를 신기술의 발달로 미디어의 영역이 넓어져 세계가 좁아진다는 의미로 사용했다. 이로 인해 전세계 소비시장에서 국경개념이 무너지고, 글로벌 기업의 표준화된 제품이 휩쓰는 시대가 도래할 것이라고 예고했던 것. 미디어의 발달로 사람들의 욕구나 수요가 균질화되기 때문에 코스트 경쟁력을 갖춘 글로벌 기업이 소비시장을 석권할 것이라는 주장이었다(네이버 지식사전 참고).

적으로 통합되어 나가는 과정에서 나타나는 복합적인 사회·경제·문화적 변화추이를 의미한다. 세계화는 급변하는 대내외 환경 속에서 생존과 번영을 위하여 달성하여야 하는 사회적 목표와 수단이라는 전략적인 의미를 동시에 지니고 있다.

세계화는 기존의 산업구조, 시장환경, 생산양식 등 경제활동뿐만 아니라 자본-노동의 관계, 정부의 역할, 사회·경제적인 관행 등 전반적인 사회체계의 구조적인 변화를 가져온다.

1) 세계화의 전개유형

세계화의 전개유형은 경제적 측면에서 자본·금융·국가 등 세 가지 차원에서 살펴볼 수 있다.

첫째, 자본(생산)의 세계화이다. 자본의 세계화는 궁극적으로 생산의 세계적 확장과 산업자본의 자유로운 이동을 의미한다. 해외직접투자(FDI)의 유형변화를 살펴보면, 1970년대 이래 대부분의 자본수출국은 서구 선진국이었다. 제3세계 국가들은 주요 수입국이었다. 그러나 1980년대 이래 일본과 독일이 자본수출국으로 된 반면, 영국과 미국 등 서구 선진국은 자본수입국이 되었다. 이러한 국제적인 자본흐름의 변화와 더불어 다국적 기업의 생산활동도 더욱 더 세계화되었다.

둘째, 금융의 세계화이다. 자본이나 생산의 세계화는 지구화된 금융체제를 동반한다. 지구화된 금융체제는 지리적으로 분산된 생산활동을 통제하는 수단으로, 미국의 주도권이 부재한 상태에서 국제금융시장을 안정시키는 규제수단의 역할을 수행한다. 금융의 세계화는 화폐, 은행, 시장, 증권회사와 같은 금융기구의 세계화를 의미한다.

셋째, 국가의 세계화이다. 국민국가, 특히 선진국가들은 생산 및 금융의 세계화뿐만 아니라 세계 경제질서를 유럽연합(EU), 북미자유무역협정(NAFTA), 동남아국가연합(ASEAN) 등 새로운 국제적 지역단위로 재편성하는데 있어 핵심적인 역할을 수행하였다.

2) 세계화의 주요특성

경제의 세계화가 지닌 공통적인 특징은 다음과 같다.

첫째, 국가가 지닌 통제력은 점진적으로 감소한다. 생산, 자본의 자유로운 이동과 국가 경제의 국제적 통합과정에서 그동안 국가단위로 지니고 있었던 규제수단이 WTO, EC, NAFTA 등과 같은 국제조직과 지역단위로 점차 이양되고 있다.

둘째, 자본 · 상품 · 정보 및 기타 생산요소 등 경제활동의 국경을 초월한 이동이 증대되고 있다. 경제의 세계화는 산업이나 기업측면에서 볼 때, 시장 및 생산공간이 지구적 규모로 확대됨을 의미한다.

셋째, 경제활동의 기능적 통합이 증대되고 있다. 다국적 기업과 국제 금융업은 국제적으로 분산된 기능을 통합하는데 주도적인 역할을 수행한다. 따라서 다국적 기업이나 국제금융기관, 중추관리기능은 세계화의 진전과 함께 증대된다.

마지막으로, 유연적 생산체제에 근거한 자본주의 생산 양식이 지구적 차원으로 확산되는 경향을 보이고 있다.

(2) 공간정책적 함의

세계화 과정은 경제 · 사회적 구조변화를 통하여 국내와 국제적으로 경제활동과 공간적인 형태에 있어서 본질적인 변화를 수반한다. 여기서는 세계화가 지닌 특성이 공간 및 지역 발전에 미치는 영향과 의미를 살펴보기로 한다.

1) 국가 통제력 약화와 지방 자율성 증대

세계화는 자본 · 생산물 그리고 노동의 이동을 가속시켜왔다. 따라서 그동안 이를 통제한 국가의 통제능력은 세계화를 감퇴시키는 요인이었던 셈이다. 즉, 세계화는 지역 간 균형발전과 복지국가 실현을 위해 자원을 재배분하는 국가의 역할을 위축시키는 결과를 초래하였다. 이러한 역할 변화는 공간구조와 지역발전 차원에서 다음과 같은 시사점을 지닌다.

첫째, 지역 간 경쟁을 강화시켜 공간적 불평등을 확산시킬 소지를 지니고 있다. 도시와 농촌뿐만 아니라 상이한 규모의 도시들 간의 격차가 더욱 심해질 것으로 전망된다.

둘째, 국가보다 지역 혹은 하위지역 공간단위가 세계적 수준에서 보다 중요한 경제단위로 등장할 것이 전망된다.

셋째, 국가 통제력의 약화는 지역발전에 있어서 민간부문의 역할을 확대시키는 경향이 있다.

2) 경제활동의 지구적 확산과 기능적 통합

경제의 세계화는 자본이동을 촉진시키며, 국내자본의 해외유출과 외국자본의 국내유입을 증대시킨다.

세계화는 외국자본의 국내유입을 증대시킬 수도 있으나 이들은 대부분 국내 선진지역의 입지를 선호하는 경향이 있다. 외국인 소유의 기업증가는 지역경제의 외부 의존성을 증대시키고 자율성은 약화시키는 역할을 하게 된다. 따라서 세계화와 관련하여 향후 주요한 지역발전 과제의 하나는 지역경제의 안정성과 자율성을 유지하는 것이다.

세계적으로 분산되어 있는 경제활동은 자본, 정보, 서비스의 자본유통 네트워크에 의해 점차 통합되고 있으며, 이는 중추관리기능과 법률, 회계, 경영상담, 금융서비스 등 전문적 생산자서비스업의 성장에 기여하였다.

3) 유연적 생산양식의 확산

경제의 세계화는 전후 자본주의체제의 위기에 대응하려는 선진 국가들에 의하여 촉발되었다. 전후 자본주의의 생산양식은 자본집약적 생산, 표준화된 생산, 조합화된 노동조직으로 대별된다. 그러나 대량생산과 소비를 바탕으로 하는 포드주의(Fordism)적 생산양식은 임금상승, 수요의 포화, 자본소득의 감소로 위기에 직면하고, 기술혁신과 맞물리면서 소량의 유연생산체제로 변화되었다.

포스트 포디즘(Post-Fordism)으로 불리는 유연생산체제에서는 제품의 생산보다 R&D, 디자인, 마케팅, 전문 서비스가 주요한 부가가치 및 고용 창출원으로 등장하게 된다. 유연생산체제 하에서는 기술혁신이 지속적으로 일어날 뿐만 아니라 시장여건도 수시로 변하기 때문에 투자의 위험부담과 불확실성이 매우 높은 특징이 있다.

(3) 세계화 시대의 지역발전 정책 방향

세계화는 사회경제체계 전반에서의 본질적인 변화를 초래하는 돌이킬 수 없는 추세이며, 국가와 지방자치단체가 효과적으로 미래변화에 적응하기 위한 가장 큰 전략적 과제이다. 세계화 시대에 있어서 지역발전정책의 효율적인 수행을 위한 방안을 제시하면 다음과 같다.

첫째, 지역발전정책이나 계획에서 흔히 혼용하고 있는 다양한 용어의 의미를 명확하게 구분하여 사용할 필요가 있다. 정책결정자, 계획가, 전문가들은 정책이나 계획에서 그들이 사용하고 있는 용어를 구체화 할 수 있어야 한다. 지역발전 목표로서 지방의 세계화를 다음과 같이 정의할 수 있다. ① 지역기업, 제조업 혹은 서비스업의 국가 경계를 넘어선 시장규모나 생산물의 확대, ② 국내나 국제시장을 지향하는 외국자본 및 서비스 활동의 유치, ③ 더 많은 외국 방문객과 국제이벤트의 유치 등으로 설명할 수 있다.

둘째, 도시 및 지역발전 목적과 목표 설정은 지역의 상대적인 비교우위성에 있어서 객관적인 평가에 근거하여야 한다. 즉 국제업무 중심지 발전계획을 수립할 때에는 우리가 계획하고 있는 국제중심지가 인근 국가의 국제중심지와 유사한 기능을 수행하는지 여부를 결정하는 것이 필수적이다. 국제중심지를 목표로 하는 각 지역은 기능면에서 인근 국가의 중심지와 잠재력을 비교해야 한다.

셋째, 경제활동을 촉진할 수 있는 제도, 관행 및 지역사회 협력네트워크 등 사회경제적 환경의 조성에 보다 큰 관심을 가져야 한다. 이러한 유형의 산업은 텔레커뮤니케이션, 정보네트워크, 교통체계와 같은 첨단기반시설뿐만 아니라 전문 서비스와 고도로 숙련된 인력기반을 지닌 다양한 경제집적, 협동적 생산네트워크, 혁신적인 기업환경과 같은 사회경제적인 여건을 요구한다. 첨단 및 지식기반 산업에서는 혁신적 지역여건, 전문인력의 확보가 필요하므로 전문가, 관리자, 과학자, 기술자 등 전문인력을 유치할 수 있는 쾌적하고 문화적인 생활환경의 조성이 중요하다.

넷째, 세계화에 대응한 발전 정책에서는 해외자본 유치 등 국제 경제와의 통합성 증진도 필요하나 내생적 성장기반의 확대가 상대적으로 중시된다.

마지막으로, 세계화에 대응한 지역발전 정책의 시행은 매우 전략적인 차원에서 지방자치단체가 선도하고 지역기업과 주민의 참여에 의하여 이루어지도록 하여야 한다.

2 지방자치와 지역발전

(1) 지방자치의 의의

지방자치는 지역사회 구성원인 지역주민들이 그들의 공통문제를 해결하기 위하여 조직하는 분권화된 지역단위의 정치·행정체제이다. 따라서 지역주민의 자율적인 의사결정 권한뿐만 아니라 지역문제 해결의 책임이 강조된다. 지방자치는 그동안 지속되어 오던 중앙 집권적인 방향과 사고에 있어서 많은 변화를 가져왔다. 지방자치 시대에는 그동안 중앙정부에서 처리해왔던 많은 지역발전사업과 업무를 지방자치단체가 직접 처리하게 되며, 이 과정에서 주민의 직접적인 참여가 증대하게 된다.

지방차치시대의 지역발전 과제는 '그동안 종속적인 지위에 있던 지방자치단체가 어떻게 자율적인 주체로서 지역발전을 주도해 나가며 지역발전의 수행과정에서 정부계층간의 역할을 정립하여 갈등을 해소하고 협력관계를 모색해 나가느냐'하는 것이다. 특히 향후의 지역발전에 있어서는 주변 지방자치단체와의 갈등과 분쟁의 해결뿐만 아니라 공동의 문제 해결을 위한 자원공유와 보완관계를 강화하는 협력과 협동체계 구축이 중요한 과제가 될 것이다.

(2) 지방자치시대의 지역발전 과제

지방자치제 하에서 중앙정부주도에 의한 지역발전전략은 두 가지 측면에서 문제를 지니고 있다. 하나는 중앙정부 주도의 지역발전은 증대일로에 있는 지역주민과 지방자치단체의 자율적인 참여욕구 및 자치권한의 존중의식과 충돌이 불가피하다는 점이고, 다른 하나는 중앙정부 주도의 지역발전계획이나 사업은 획일성과 경직성이 높아 지역 특성이나 주민의 요구가 제대로 반영되지 못하는 점이다.

1) 참여욕구 증대와 지역분쟁 발생

지방자치가 활성화 될수록 주민의 권리의식 증진과 지역 간 개발경쟁이 확대될 수 있으며, 이에 따라 지역 간 마찰이나 정부-주민 간 갈등과 분쟁이 가장 첨예하게 나타나는 분야는 지역과 주민의 생활환경에 직접적인 영향을 미치는 지역개발 분야이다. 지역개발 업무는 주민과 밀착되어 있을 뿐만 아니라 효과가 주변지역에도 미치기 때문에 지역주민과 주변 지방자치단체와의 이해 대립의 여지가 크다. 특히 대부분의 지역개발관련 사업은 대규모 투자비가 소요되기 때문에 지역 간 갈등이나 분쟁으로 인해 사업이 지연되거나 중단되는 경우, 지역적으로나 국가 전체적인 차원에서 막대한 손실을 초래하고, 지역주민의 삶의 질을 저해하는 등 많은 부작용을 발생시킬 우려가 크다.

2) 수요자 중심의 지역발전 요구

기존 공급자 위주의 일방적인 투자정책은 수요자 욕구와 괴리와 함께 투자의 비효율성 등 자원낭비의 요인이 될 수 있다. 지방자치제하의 지역발전전략은 주민의 욕구에 부응하고 수요자의 기호에 맞는 사업의 추진이 중시될 것으로 전망된다.

3) 재원조달과 지방재정의 취약성

지방자치제 하에서 모든 지방자치단체들은 각자 자기지역의 발전을 위하여 경쟁적인 노력을 경주하게 된다. 이와 같이 증대되는 개발욕구의 충족에는 재원의 조달이 선행되어야 한다. 그러나 대부분의 지방자치단체의 재정능력은 극히 취약한 실정이다.

지역개발의 자율적인 추진을 위해서는 지방자치의 원리에 입각한 자주적 지방세원의 개발, 경영수익사업의 확대 등 자주재원의 확보가 주요한 과제가 될 것으로 전망된다.

4) 지역발전 추진능력 미흡

그동안 대부분의 지역개발은 중앙정부의 주도하에 공공부문에 의하여 추진되어 왔으나, 지방자치시대에는 지방자치단체의 주도와 지역사회의 역량에 의하여 이루어져야 한다. 많은 자치단체는 스스로 계획을 수립하고 집행하는 데 따른 기술 및 전문적 능력이 충분하지 못할 뿐만 아니라 이를 뒷받침할 수 있는 제도마저 제대로 갖추지 못하고 있는 실정이다.

지방자치 시대의 지역발전은 국가적인 차원에서 지역 간 갈등과 소비적 경쟁으로 인한 자원의 낭비, 지역 간 발전격차의 심화, 국가정책의 추진 곤란과 지역차원에서 자율권의 제약과 재원, 관리, 기술능력 부족 문제를 얼마나 효율적으로 해결하는가에 좌우될 것으로 전망된다.

(3) 지방자치시대의 지역발전 정책방향

1) 주민욕구에 부응한 지역발전

지방자치제 하의 지역발전정책 목표는 추상적이고 거시적인 것 보다는 지역주민이나 기업에 직결된 문제해결과 욕구의 충족이 중시된다. 주민욕구 증대에 부응한 지역발전을 위하여 첫째, 실질적 효과 중심의 지역발전을 추진하여야 한다. 실질적 효과 중심의 지역발전 사업은 지역경제 및 산업의 양적 성장보다는 취업기회 창출과 소득증대 등 지역주민에게 실질적인 혜택을 가져올 수 있는 사업을 우선시하는 개발사업을 말한다. 따라서 대규모 산업・관광단지의 조성 등 지역발전사업의 추진 시 이들 사업이 주민취업과 복지에 줄 실질적인 효과가 무엇인가를 먼저 생각할 필요가 있다.

둘째, 주민욕구에 부응하기 위하여 수요자중심의 지역발전이 되어야 한다. 일부 대규모 공단이나 관광단지 조성사업의 경우는 막대한 투자에도 불구하고 수요부족으로 엄청난 투자부담과 기회비용의 상실을 초래하고 있다. 향후의 지역발전사업은 수요자와 민간투자자의 요구를 반영해 가면서 전략적으로 추진할 필요가 있다.

2) 지방중심의 지역발전 추진

지방자치시대에 있어서 지역발전의 추진은 지방의 권한과 책임 하에 자율적으로 이루어져야 한다. 여기서 지방은 공공기관만을 의미하는 것이 아니라 지역의 잠재하고 있는 모든 역량을 포괄한다. 지방중심의 발전을 위해서는 첫째, 개성적인 지역발전전략 마련이 필요하다. 지방자치 시대에 가장 바람직한 지역발전정책은 지역마다 독특한 발전목표와 전략을 갖추는 것이다.

둘째, 지역특성과 잠재력에 바탕을 둔 지식기반 산업육성 시책의 추진이 요구된다. 대부분의 지역에서는 서비스업이 지역주민에게 취업기회와 소득을 제공하는 주된 공급원이 되고 있다. 이와 같은 상황 하에서 각 자치단체가 제조업 성장만을 고집하는 경우 지역성장에 있어서 한계에 직면할 우려가 있다.

셋째, 지역발전사업의 추진을 위해서 지역 내 가용자원을 효율적으로 활용해야 한다. 기존의 지역개발투자는 주로 중앙정부와 지방자치단체 등 공공부문과 외부자원 조달에 의존하여 왔다. 그러나 지역개발을 위하여 지역주민, 기업, 금융기관, 상공회의소, 대학, 공공 및 사회단체 등 다양한 지역사회의 참여와 투자가 필요하다.

넷째, 지방인력의 양성과 전문지식, 기술능력의 함양이 선행되어야 한다. 지식정보사회인 21세기의 주요 부가가치 창출원은 제품의 직접적인 생산보다는 기술혁신, 정보처리 및 전달, 마케팅, 금융 등 지식과 정보를 기반으로 하는 전문서비스와 정보산업으로 이전될 것이 예견된다.

마지막으로 지방자치단체와 주민에 의한 자율적인 발전정책의 추진을 위하여 중앙권한의 지방이양과 함께 지방재정의 확충, 계획수립과 집행을 위한 전문인력의 확보 등 제도적 역량강화 조치가 필요하다.

3) 지역갈등의 해소와 협력강화

모든 지역이 보다 나은 생산 및 생활환경 여건을 제공하기 위하여 지역 간 경쟁은 불가피하다. 지역 간 경쟁이 토지이용 및 개발경합 형태로 나타나면 중복투자 등 자원의 비효율성을 초래하게 되고, 지역 간 갈등을 초래하는 원인이 된다. 자원의 효율적인 이용과 관리를 위해서 인위적인 관할구역을 바탕으로 하고 있는 인접 지역 간 협동계획의 수립, 공동연계사업 추진 등을 위한 적극적인 노력이 필요하다. 지역 간 협동과 협력은 지역의 공동문제 해결이라는 차원을 넘어 지역개발투자의 효과를 극대화하고 경쟁력을 높일 수 있는 주요 전략이 된다. 무한경쟁에 대응하고 급변하는 시장환경에 적응하기 위하여 기업 간 제휴와 협력관계가 네트워크화 되어갈 정도로 강조되는 것과 같이 지역, 특히 도시 간 협력과 보완을 위한 네트워크의 형성이 새로운 지역발전전략으로 등장하고 있다.

지방자치는 정부계층 간 역할과 관계의 변화과정에서 중앙과 지방, 지방자치단체 상호 간에 많은 갈등과 분쟁을 초래할 우려가 있다. 분쟁은 이해 당사자 간의 의견의 대립이 심화된 단계를 의미하므로 분쟁의 조정과 해결노력은 갈등의 분쟁으로 확대되는 것을 방지하는 노력부터 시작하여야 한다.

지역개발 분쟁의 효율적인 조정을 위하여 첫째, 당사자 간 자율해결을 위한 협의와 타협이 중요하다. 이해 당사자 간 사전협의강화와 의사결정과정에서 주민참여 확대가 분쟁예방에 효율적 수단이 될 수 있다. 둘째, 지역발전에 있어 많은 갈등과 분쟁은 사업의 추진에 따른 편익과 손실 배분의 불균형 때문에 발생한다. 따라서 해결의 모색도 비용과 편익 배분의 형평성을 도모하는 차원에서 이루어져야 한다. 마지막으로 지역발전과 관련된 갈등과 분쟁의 처리에 있어서 분쟁을 부정적이고 사회병리적인 시각에서만 인식하여 대처하기보다는 다양한 이해의 조정과 통합을 이루는 과정의 산물로 파악하여 합리적인 개선방안을 마련해 나가는 자세가 필요하다.

4) 국내외 성공사례의 활용강화

세계화시대에 지방은 독자적인 경제주체로서 중요성이 커지고 있다. 이에 대응하기 위하여 지방자치단체는 자기 지역에 맞는 분야별 성공사례를 찾아 준거로 삼는 노력이 필요하다. 더욱이 이러한 노력은 지방자치의 경험과 노하우의 축적이라는 차원에서 매우 의미 있는 일이라고 할 수 있다.

3 혁신과 지역발전

(1) 혁신의 의의

혁신(innovation)의 사전적 의미는 제도나 방법, 조직이나 풍습 따위를 고치거나 버리고 새롭게 하는 것을 의미한다. 혁신이라는 말은 슘페터가 정의한 개념이 통용된다. 기술의 발전뿐 아니라 새로운 시장의 개척, 상품공급 방식의 변경 등 경제에 충격을 주어 변동을 야기시키고, 이것에 의해 동태적 이윤을 발생시키는 모든 계기를 뜻한다.

전통적 의미에서의 혁신은 주로 기술적인 측면만이 강조되었다. 그러나 현대적인 의미의 혁신이란 개발, 생산, 마케팅뿐만 아니라 경제적으로 유용한 지식의 창출, 이용, 확산과정에서 이루어지는 체계 내 요소 간의 복합적인 상호작용의 산물을 지칭한다.

혁신이란, 개선과 성장을 위한 새로운 기회를 모색하는 모든 사회·경제적 단계에서 이루어지는 활동의 복합적 통합작용을 의미한다. 혁신은 사회적 체계와 구성요소 간의 상호작용의 산물이기 때문에 혁신에 있어서는 쇄신요인의 공간적 집적과 구성요소 간의 상호작용과 사회적 학습과정이 중요한 의미를 지닌다.

(2) 혁신과 지역발전 과제

1) 소규모 생산체제의 확산

혁신의 가속화는 투자의 위험성을 높일 뿐만 아니라 상품의 수요측면에서 변화가 빠르게 전개되어, 보다 동태적이고 불안정한 시장여건을 조성하는 역할을 한다. 기업들은 기술혁신에 따른 위험부담과 불안정성을 극복하고 심화되는 경쟁에 대응하기 위하여 일시적인 대규모 투자를 바탕으로 한 표준제품의 대량생산보다는 R&D를 통한 새로운 기술과 제품개발, 전문화되고 특화된 제품을 소량으로 생산하는 유연적 생산체계를 채택한다.

2) 부가가치 창출원의 변화

산업생산에 있어 부가가치의 창출원으로서 신제품 개발 및 생산비중이 커지는 반면, 완성기술에 의한 표준제품의 생산비중은 크게 낮아진다. 따라서 21세기 정보화 시대에는 지식기반의 정보 및 서비스산업은 주요한 부가가치 창출원으로 등장할 것으로 예상된다. 상품의 물리적인 생산활동은 기계의 힘이라고 할 수 있으나, 점차 규모가 커지고 있는 R&D, 디자인, 마케팅, 컨설팅, 회계, 금융, 법률 등 생산활동에서 분화된 전문기능은 인적자본, 즉 지식과 정보의 힘이라고 할 수 있다.

3) 지역적 네트워크의 강화

경쟁력 있는 제품의 생산을 위하여 기업들은 다른 기업과의 수평적 또는 수직적인 연계와 제휴를 확대하는 네트워크 체제를 형성한다. 지역발전의 주요전략은 기업 및 생산단위 간 원활한 네트워크 체계를 형성할 수 있는 공간과 사회·경제체제를 형성해 주는 것이다. 이와 같이 지역을 하나의 생산단위로 기업들이 상호협력과 제휴의 네트워크 체계를 형성하는 것을 지역결합 또는 배태성(local embeddedness)이라 부른다.

지역적 연계와 통합현상은 지역의 사회·문화적 관계와 조건에 의하여 많은 영향을 받으며, 이를 촉진하는 지역의 조건과 관계를 제도적 심화현상이라 한다. 미국의 실리콘밸리, 영국의 캠브리지 첨단산업지대와 이태리의 신산업지구가 대표적인 예이다.[2)]

(3) 혁신과 지역발전 정책 방향

1) 지역의 경제·산업집적 형성

지역의 경제 및 산업발전의 자립을 도모하기 위하여 복합기능을 수행하는 경제 및 산업기반이 축적되어 있어야 한다. 복합적 경제 집적(cluster)을 형성하기 위하여 세 가지의 발전전략이 필요하다.

첫째, 제조업 위주의 지역발전정책에서 벗어나 다양한 경제·산업활동의 육성이 필요하다.

둘째, 향후의 지역발전에서는 단순히 지역경제의 규모 확대에 치중하기보다는 상호보완과 연계가 가능한 산업이나 기업군을 육성하는 전문화 및 특화 전략이 필요하다.

셋째, 유연적 생산체계 하에서 경제 및 산업성장을 선도하는 첨단기술 지향적인 지방중소기업의 창업과 육성이 필요하다.

2) 지역적 연계·협력 네트워크 구축

지역발전정책은 지역 내에 입지한 기업의 투자나 생산활동을 다른 기업이나 지역기관과 연계와 협력을 강화할 수 있도록 지원하여 연관분야의 생산유발효과와 지역 내 새로운 일자리의 공급을 극대화하는데 치중하여야 한다.

첫째, 지방업체의 본사 유치, 분공장의 자율성 확대와 지방 중소기업의 창업과 육성을 위한 노력과 지원이 필요하다.

둘째, 지역기업 간의 협력과 연계를 강화하기 위하여 기업 간의 접촉과 정보교류를 원활히 할 수 있는 지역산업 정보망과 기업 간 협력이나 전략적 제휴의 촉진을 위한 제도적 지원체계의 형성이 필요하다.

셋째, 기업의 기술개발, 생산 및 판매 등 전반적인 경영활동에 있어 외부자원

---

2) 최근 들어 미국의 실리콘밸리, 영국의 첨단산업지대, 이태리 신산업지구 등은 클러스터(cluster)라 명명하고 있다(클러스터에 대해서는 '제21장 지역클러스터'를 참고).

의 활용을 극대화하여 환경변화에 유연하게 대처할 수 있도록 지원하여야 한다.

마지막으로 기업 간의 협력과 연계의 촉진을 위하여 기업입지의 공간적인 집중과 상호 간의 접촉을 용이하게 할 수 있는 첨단과학단지 및 산업지구(industrial district) 등 입지여건 및 물적 기반의 조성이 필요하다.

3) 통합적 지역경제 및 생활환경 개선

기술의 혁신성은 복합적인 요소의 상호작용으로 형성되는 지역적 쇄신체계와 밀접히 관련되어 있다. 지역적 쇄신체계는 지역환경과 여건에 달려있다. 지역환경 또는 여건이란 지역 내 기업, 공공기관 및 노동의 상호작용의 결과로 형성되는 사회·경제적 환경을 의미한다. 자연환경의 조성은 노동력의 이동성 증대 등 유연적 노동시장의 확보, 정보연계, 공급자와 고객과의 연계 강화, 중소기업의 상호협력과 연계에 의한 새로운 기술 및 상품개발을 가능하도록 하는 역할을 한다.

지역 환경적 접근 방법에서는 교육과 직업훈련 기관, 보육·혁신센터와 같은 창업 및 기술 이전조직과 제도를 핵심적인 요소로 중요시하고 있다. 유연생산체제하의 지역발전 전략에서는 새로운 제품 및 공정개발 등 기술혁신을 위한 정보와 지식기반의 확대, 전문인력의 확보와 수준 높은 정주기반의 창출이 보다 중요한 의미를 지닌다.[3)]

---

3) 이 장은 지방행정연수원 사이버교재; 모성은·임경수·이성우, 『지역개발론』을 중심으로 정리하였다.

PART 2

지역발전 전략

CHAPTER 5

지역발전 전략의 개관

지역발전전략은 지역문제를 해결하기 위해 일정한 목표를 설정하고 계획을 수립하여 최선의 수단을 구사하게 되는데 이러한 일련의 행동을 의미한다. 정부와 지자체는 다양한 지역발전전략을 수립하여 각종 사업을 추진하게 되며, 전략의 성격과 유형은 정부개입의 유무에 따라 그리고 계획수립 및 집행의 주도권에 따라 차이를 보이게 된다.

1 지역발전 전략의 의의

지역발전 전략은 지역문제로부터 비롯되었다. 따라서 다양한 지역문제는 그 나름대로 독특한 지역발전전략을 수립하고 추진하게 하는 동기가 된다. 개별국가의 역사적 배경, 경제발전의 정도, 지형적 특성, 문화적 배경 등에 따라 지역문제가 다양한 형태로 나타나지만, 한편으로는 특성별로 유사한 형태의 지역문제를 가지고 있는 경우도 있다.

오늘날 사용되고 있는 지역발전 또는 지역개발(regional development)이란 용어는 1920년대 이후 사용된 것이다.[1] 지역발전에 대한 이론이나 전략이 연구되기 시작한 것은 선진국의 경우에도 1930년대 이후부터이고, 발전도상국을 포함하여 널리 사용되고 주목받게 된 것은 1960년대에 들어서부터이다.

'지역발전'과 함께 가장 많이 사용되는 용어 중 하나가 '전략'이라는 단어이다. 우선 '전략(strategy)'이란 '적과 싸움에 있어서 자신에게 가장 유리한 시간 장소

1) 과거 우리나라에서는 'development'를 '개발'이라고 번역하는 것이 일반적이었다. 따라서 기존에는 지역발전이라는 용어 대신에 지역개발이라는 용어를 사용해 왔다. 그러나 1990년대 후반부터 환경문제가 심각하게 대두되면서 지역개발이란 용어 사용을 자제하는 분위기였다. 여기서도 지역개발이라는 용어 대신 지역발전이라는 용어로 통일하고자 한다.

그리고 상황을 만들기 위하여 제반자원을 배치 내지 관리하는 전쟁기술 또는 계획'을 말한다. 이러한 개념의 '전략'이란 용어가 오늘날에는 군사뿐만 아니라 정치 경제 통상 등 여러 분야에서 어떤 목표를 달성하기 위한 계획이나 행동을 뜻하는 일반용어로 널리 사용되고 있는 것이다.

현대적인 의미로 '전략'이란 이미 수립된 목표를 달성하는 과정에서 최선의 수단을 찾아가는 일련의 행동으로 볼 수 있다. 전략은 미래지향적이며 정책이나 사업계획에 대한 포괄적인 접근을 하는 것이다. 전략은 지식과 행동, 이론과 실천을 연계시켜 가는 것이기 때문에 현상에 대한 이해와 전략 및 전략대상을 둘러싸고 있는 환경에 대한 파악이 긴요하다. 이와 같은 과정을 통해서 기술적으로 합리적인 행동계획이 수립될 수 있다. 따라서 지역발전전략은 지역발전의 목표를 달성하기 위한 최선의 수단 내지 행동계획이라 할 수 있다.

2 자유방임-정부개입형 발전전략

앞서 언급했듯이 지역발전은 지역문제로부터 비롯된다. 지역문제는 지역자체에서의 문제뿐 아니라 각각의 한계성과 불균형으로 인하여 지역간의 격차문제를 야기시킨다. 이러한 지역문제를 해결하기 위하여 각 국가의 중앙정부나 지방정부는 그 나름대로의 독특한 지역발전을 추진하게 되는 것이다. 그러므로 지역발전은 정부의 정책적 전략으로 추진되는 경우가 많은데, 그 각각의 전략들은 다음과 같은 성격을 지니고 있다.

(1) 자유방임형 지역발전 전략

지역격차에 대한 정부의 반응은 다양하다. 자유시장 경제체제를 신봉하는 학자들은 생산요소의 자유로운 이동을 통하여 지역 간 불균형은 자율적으로 조정될 뿐만 아니라 상대적으로 단시일 내에 균형회복에 도달되므로 정부개입이 불필요하다고 보았다.

자유방임적 전략의 주된 논리는, 번영지역 내의 생산과 투자활동은 과밀, 혼잡, 임금상승, 자본수익률 감소 등 집적의 불이익 때문에 결국은 저발전지역으로 생산 및 투자활동이 이전됨으로써 지역균형이 이루어진다는 것이다.

따라서 고전경제이론 차원에서 정부의 역할은 시장기능을 활성화 할 수 있도록 장애요인을 제거하는 것이라고 할 수 있다. 현재의 개방경제 체제 하에서도 자본 기업 그리고 노동의 이동에 현실적으로 많은 장애가 있는 것이 사실이다. 정부는 이러한 이동성의 장애를 제거함으로써 자율적인 지역 간 균형을 촉진하는 것이 효율적이라는 전략이다.

(2) 정부개입형 지역발전 전략

그러나 자유방임적 전략에 의한 지역격차의 문제는 시장에 의한 자동적인 해소 가능성이 보이지 않고 있으며, 낙후 및 쇠퇴지역 주민의 고통과 불만이 증대되고 있어 정부의 개입이 불가피해 진다.

정부의 적극적 개입을 주 내용으로 하는 전략은 경제적 정당성, 사회적 정당성, 정치적 정당성과 같은 '정당성'에 그 기반을 두고 있다.

정부개입의 이론적 배경은 미르달(G. Mydal), 허쉬만(A. Hirschman), 프리드만(J. Friedmann)을 비롯한 기타 정치경제학자들이 주장한 지역불균형 발전이론에 근거를 두고 있다. 이들 논리는 경제성장과정에서의 지역불균형은 불가피하며, 경제성장의 진전은 중심부의 자기 강화적인 속성으로 인하여 더욱 강화되며, 정부개입이 없는 경우 지역 간 불균형은 지속될 수밖에 없다는 것이다.

정부개입론자들은 지역 간 불균형이 초래하는 경제・사회・정치적인 부작용을 강조하고, 이에 대한 해결이 국가적인 목표를 실현하는데 기여할 수 있음을 강조한다. 이들 정부개입론자들의 주장하는 개입전략은 다음과 같은 정당성을 지니고 있다.

1) 경제적 정당성

경제성장 과정에서 발생하는 지역격차의 문제점은 크게 두 가지로 구분할 수 있다.

첫째, 지역격차는 번영지역의 과도한 자원활용 내지 저발전지역의 과소한 자원활용에 따른 자원의 비효율적 이용의 결과이다. 지역격차의 축소는 국가 및 지역경제에 큰 의미가 있다. 영국의 국가경제발전위원회(National Economic Development Council, 1963)는 쇠퇴 및 저발전 지역 내 자원을 충분히 활용하는 경우 국가 경제성장에 크게 기여할 수 있는 것으로 보았다.

둘째, 지역격차는 국가경제에 있어 전반적인 인플레이션을 초래한다. 집중지역에서 과도한 수요는 여러 가지 생산요소의 가격 상승을 가져온다. 가격의 앙등은 국가경제에 대한 인플레이션 압력으로서 모든 지역으로 확산된다. 이밖에도 지역 간 불균형은 인플레이션 억제를 위한 정부의 대응력을 제한한다. 인플레이션 억제를 위한 정부조치는 쇠퇴 및 저발전지역에 실업률 증대 등 상대적으로 큰 고통을 유발할 수 있기 때문이다.

그러나 이상의 경제적 논거에 대하여 정당성이 확보되었다고 하기는 곤란하다. 그 논거로는 첫째, 이들은 번영지역의 집적이익, 대도시의 쇄신성 등 반대급부를 고려하지 못하고 있다는 점, 둘째, 개방경제 체제 하에서 정부개입으로 지역격차를 인위적으로 통제·조정하는 데 한계가 있다는 점, 셋째, 막대한 자원이 소요되어 사회 전반적인 이익의 확보가 불확실하다는 점을 들 수 있다.

2) 사회적 정당성

경제성장의 진전과 함께 번영지역과 쇠퇴 및 저발전 지역 간에는 누적적 인과관계로 인하여 지역격차가 더욱 심화되어진다. 쇠퇴 및 저발전 지역은 빈곤의 악순환 구조 속에서 침체의 수렁으로 빠져들게 된다. 특히 경제적 기회의 부족과 불량한 사회 문화 생활환경은 선별적인 인구유출을 촉진함으로써 노약자 등 부양인구 비중을 높이게 된다. 이러한 경우 정부가 개입하여 지역 간 소득격차를 줄이고 사회적 평등(social equality)을 실현함으로써 국가정책 목표를 달성할 필요가 생긴다. 즉, 사회적 평등의 실현 및 지역사회 문제에 대한 정부개입에는 충분한 정당성이 존재하는 것이다. 그러나 정부개입의 정당성 자체가 모든 지역정책 수단을 합리화한다고 볼 수는 없다. 기존의 지역발전정책이 외부기업의 유치에 대한 지원과 지역 내 하부구조의 개선에만 치중해 왔다면, 이들이 얼마나 지역주민의 삶의 질을 높이는데 효과적이었는지는 고려해보아야 한다. 사회적 형평성이 문제가 된다면 쇠퇴지역이나 저발전지역 주민들의 이동을 지원하는 것이 보다 효과적일 수도 있기 때문이다.

3) 정치적 정당성(국가적 통합성)

지역격차에 대한 정부개입의 논의에서 명시적으로 정치적인 논리를 전개하는 경우는 매우 드물다. 하지만 지역정책의 가장 본질적인 정당성은 국가적 통합 증진에 있다. 이러한 국가적 통합성을 다르게 표현하면 정치적 정당성으로 설명할 수 있다. 경제성장 과정에서 지역 간 발전 및 소득수준의 격차는 후진지역 주민들에게 상대적 결핍감을 유발하고, 이것이 심화되면 상호간 적대감을 유발하기도 한다. 그리고 이것이 장기화되면 정치적인 대립상태로까지 발전하게 된다. 특히 문화적 · 인종적 배경이 다른 지역이나 인구로 형성된 국가에 있어서 국가적 통합성은 매우 중요하다. 영국의 경우, 전통적으로 실업률이 높고 소득수준이 낮은 쇠퇴 및 저발전지역인 스코틀랜드와 웨일즈에서 높은 민족주의 경향이 나타나고 있음은 이를 잘 입증하고 있다. 한국의 경우도 영호남 간 지역감정은 상당부문 정치적 주도권의 다툼에서 비롯된 것으로 볼 수 있으나, 경제성장 과정에서 발생한 지역격차도 큰 원인으로 작용하였다고 볼 수 있다. 따라서 지역균형발전정책은 묵시적인 차원에서 정치적 통합이라는 국가목표를 달성하는 역할을 한다고 할 수 있다.

그러나 이와 같은 경제 · 사회 · 정치적 정당성은 일반적이고 모호하기 때문에 정책의 효율성을 판단하기 위하여 보다 구체적이고 계량화된 정책목표의 설정이 필요하게 된다.

3 하향적-상향적 지역발전전략

지역발전전략은 크게 두 가지의 유형으로 구분할 수 있다. 중앙정부 또는 상급기관이 전략수립과 추진에 주도적인 역할을 하는 '하향적 지역발전전략'과, 주민들의 의견을 중심으로 일선 행정기관이 주도적인 역할을 하는 아래로부터의 '상향적 지역발전전략'이 그것이다.

(1) 하향적 지역발전전략

하향적 지역발전전략은 정책목표의 설정과 전략의 추진이 중앙정부, 관료 및 전문가 집단에 의하여 추진되는 지역발전전략을 의미한다. 하향적 접근방법은 1950년대 균형 및 불균형 성장논쟁에 뿌리를 두고 있다. 하향적 지역발전전략의 논리적 근거는 발전도상국이나 저발전국의 경우는 효율성 위주의 발전전략을 채택할 수밖에 없다는 데 두고 있다. 여기서는 경제성장이 가장 우선적인 목표이므로 투자의 효율성이 높은 외부 기술이나 자본에 대한 의존도는 상대적으로 높아지게 된다.

하향적 지역발전전략의 주요특성을 보면 지역발전을 외부수요와 시장에 의존하는 수출지향적 발전전략의 채택, 자본·기술집약적 산업의 발전, 대규모 투자방식에 의한 규모의 경제, 집적경제 기반의 중시와 성장거점전략에 의한 지역발전을 들 수 있다. 이를 위해서 국가 전체적인 차원에서 자원을 동원하고 활용하는 전략의 추진이 요구된다. 따라서 이러한 경우에서의 지역발전전략은 중앙정부 주도에 의한 전략의 채택이 불가피하다.

이와 같이 하향적 지역발전전략은 지역발전의 불균형이론을 근거로 하고 있으며, 지역 간의 균형과 지역 내 발전에 정부의 강력한 개입이 필요하다는 점을 전제로 하고 있다. 그러나 지역이 환경과 자원, 지역주민의 복지에 직접적인 영향을 미치는 지역발전사업의 추진에 있어 하향적 지역발전전략에서는 지방자치단체나 지역주민이 의사결정과 계획과정에서 배제되는 경향이 있어 지역수요와 특성의 반영이 미흡한 것은 물론 권위주의적 정치체제의 산물이라는 비판을 받고 있다.

(2) 상향적 지역발전전략

상향적 지역발전전략은 단순히 지역적 의사결정 수준을 의미하는 것이 아니고, 발전에 대한 기본적인 인식과 철학의 근본적인 전환을 의미한다. 발전의 개념은 경제적 기준, 경쟁적 행태, 외부적 동기부여, 대규모 재분배의 체제 차원에서 획일적으로 정의되어 왔으나, 보다 포괄적인 사회적 목표, 협동적 행태, 내생적인 동기부여(endogenous motivation)측면에서 정의될 필요가 있다.

상향적 접근방법은 대안적 기준에 의한 생산요소의 배분, 상이한 기준에 의한 재화의 교환, 그리고 특수한 형태의 사회경제 조직을 의미한다. 상향적 접근방식은 요소수익의 극대화 차원에서 생산요소의 배분보다는 자원 동원의 극대화 차원에서 생산요소의 배분이 요구되며, 상대적 우위성에 근거한 재화의 교환보다는 교역으로부터 얻을 수 있는 혜택을 동등하게 하는 차원에서 재화의 조직체에서 영토(territory)의 개념으로 인식하여야 한다는 점이다. 여기서 개발 또는 발전은 개인 및 사회적 집단, 영토적으로 조직화된 중소규모 지역사회의 기회를 확대하고 사회・경제・정치적 차원에서 공동의 이익을 위하여 모든 분야의 능력과 자원을 동원하는 통합과정으로 인식하여야 한다. 이는 기존의 경제이론에 입각한 발전 논리와 완전한 결별을 의미한다.

이와 같이 새로운 인식을 바탕으로 한 발전모형은 틴버겐(J. Tinbergen, 1976) 등에 의한 '신국제경제질서(new international economic order)', 너핀(M. Nerfin, 1977)의 '또 다른 발전(another development)', 프리드만과 더글라스(J. Fridemann & M. Douglass, 1978)의 '도농지구개발(agro-politan development)', 삭스(W. Sachs, 1976)의 '생태개발(eco-development)', 하쿠(Haque, 1977) 등의 '농촌개발이론' 등이 있다.

더욱이 최근에는 환경과 생태계의 파괴가 인류 생존을 위협할 만한 수준에 달하고 있다는 인식 하에 지속가능한 발전(sustainable development)이라는 개념의 제기 등 발전패러다임의 전환이 시도되고 있다. 지속가능한 발전이 가능하기 위해서는 기존의 경제성장위주의 발전개념과 철학의 전환이 이루어져야 하며 지역사회의 자율적인 참여와 선도가 필요하다.[2)]

전술한 바와 같이 하향적・상향적 지역발전전략을 각각의 특성별로 구분하여 보면 <표 5 1>괴 같이 정리힐 수 있다.

2) 이 장은 지방행정연수원 사이버교재; 모성은・임경수・이성우, 『지역개발론』을 중심으로 정리하였다.

표 5-1 하향식 및 상향식 접근방법 유형

구분	하향적 발전전략 (top-down approach)	상향적 발전전략 (bottom-up approach)
발전개념	경제성장과 생산확대	기회확대 및 내부적 자원동원 형태 확대
발전목표	생산의 증대 생산증대와 성과의 재분배를 통한 개인복지의 증진	복지의 증진 개인소득 증진, 수요유발을 통한 생산확대
생산요소 배분기준	생산요소별 수익률 극대화 규모 및 집적경제	내부적 자원동원능력 확대 내부적 행태 및 구조전환
발전동기	외부적 동기유발 - 외부수요 - 외부자본 및 기술	내부적 동기유발 - 내부수요 - 내부자본 및 전통기술
의사결정	중앙집권적 - 국가 및 광역단위 - 공간기능 통합	지방분권적 - 하위공간단위(지역사회) - 정주공간 분할
지역성격	기능적 공간	문화 및 정치적 영토
지역격차	구조적 원인에 의한 불균형 발전의 심화	지역내부 자원동원 및 잠재력 발전 미흡
발전전략	외부 의존적 발전전략 - 기술 및 자본집약적 - 재생불능 자원활용 수출주도 산업육성	자생적 발전전략 - 노동집약적 - 재생가능자원 활용 주민복지 및 소비산업육성
발전형태	도시 및 산업발전 - 대규모 투자사업 - 시장제품 생산확대	농촌 및 농업발전 - 소규모 사업 - 주민소득 및 복지확대
발전방식	선도산업 육성 성장거점도시 육성	다양한 생업 및 소비산업육성 지역사회의 여건개선
이론적 근거	지역불균형 발전이론, Myrdal, Hirshman, Friedmann, Schumpeter의 쇄신이론, 수출기반이론	기본수요이론, 도농지구개발이론, Nurke의 균형발전이론, 농촌 및 생태개발이론

자료: 김용웅 · 차미숙, 「지역개발정책의 이론과 실제」, 국토개발연구원, 1998, p. 166.

CHAPTER 6

성장거점전략

성장거점전략은 성장잠재력이 높은 도시나 중심지에 집중적으로 투자하여 해당 중심지나 거점도시가 발전하게 되면 그 효과가 주변지역으로 확산되어 지역 전체의 발전을 유도하게 된다는 지역발전 전략이다.

산업이 발달하면서 자연스럽게 인구와 산업 및 자원이 도시로 집중되어 도시와 농촌 등 지역 간 불균형이 초래된다. 이러한 불균형 성장과 지역격차라는 고질적인 지역문제를 해결하기 위하여 고안된 것이 성장거점전략이지만, 지역격차해소 뿐만 아니라 단순히 낙후된 지역을 살리기 위해서도 사용되는 전략이다. 여기서는 성장거점이론과 함께 우리나라의 성장거점전략의 대표적 사례인 혁신도시 건설 및 지방소도읍육성정책에 대하여 살펴보기로 한다.

1 성장거점이론

거점(據點)이란 주변지역의 발전을 촉진하는 역할을 수행하고 있는 지점을 의미한다. 농촌보다 도시는 다양한 고용기회를 제공하며 그 주변지역 특히 저발전지역에 경제 · 사회 · 문화적 측면에서 많은 영향을 끼치게 된다. 이러한 입지지점을 성장거점 또는 성장극(growth pole)이라고 한다.

페로(F. Perroux)는 이 개념을 경제공간 내에 발전을 주도하고 있는 추진적 산업(propulsive industries) 또는 추진적 기업(propulsive firm)을 의미하는 것으로 파악하고 있다. 그에 의하면 경제공간은 힘의 현장이며 이 공간은 원심력(centrifugal)과 구심력(centripetal)을 지닌 극(pole)으로 구성되며 각 극들은 경제발전에 지대한 영향력을 미칠 수 있다고 한다.[1]

1) E. M. Hoover, *The Location of Economic Activity*, New York, McGraw-Hill, 1963, pp.

이와 같은 성장극은 다음과 같은 개념들을 내포한다.[2)]

① 연관된 산업의 공간적 집적(spatial agglomeration)을 의미한다. 맥크론(Mc Crone)에 의하면 성장극이란 입지적 근접성으로부터 경제적 우위성을 얻을 수 있는 연관된 산업단지(industrial complex)의 일종으로 이해되고 있다.

② 이때의 공간적 집적을 이루는 연관된 산업은 성장추진산업(growing propulsive industry)을 포함한다. 라수엔(J. R. Lasuen)에 따르면 성장극이란 선도산업(reading industries)의 주위에서 투입산출연계(input-output linkages)를 통해 강력하게 연관된 하나의 거대한 산업군이라 한다. 이때 선도산업은 그 자체에 혁신과 성장의 잠재력이 높아 극 외부의 사업들보다도 빠른 성장을 보인다고 한다.

③ 이와 같은 공간적 집적은 주로 도시중심부에 입지하여 그 자체의 확장을 통해 주변부(hinterland)의 성장을 유도한다. 부드빌(J. R. Boudeville)에 따르면 지역적 성장극은 도시지역의 산업을 확장시키는 하나의 장치이며 이는 경제적 활동을 통해 그 주위에 영향력을 행사한다고 한다. 또한 니콜스(T. Nichols Clark)에 의하면 성장도시중심지는 그 자체의 성장을 통해 주변지역으로 성장을 확산시키며 나아가 한 나라의 저발전된 지역으로 성장을 파급시킨다고 한다.

성장거점에 관한 여러 학자들의 주장을 종합해 볼 때 이 이론을 구성하는 중요한 골격은 '선도산업', '극화', '확산효과'의 세 개념으로 압축할 수 있다.[3)]

(1) 선도산업의 개념

선도산업은 다른 경제의 단위에 대해 지배적인 영향력을 갖고 있는 성장극의 중심이 되는 산업을 말한다. 이 선도산업부문 내에는 추진적 기업(propulsive firm)이 내포되어 있고 이 기업들은 선도산업 부문 내에서 중심적 역할을 한다. 이러한 선도산업의 특성은 ① 기술적으로 우위에 있으며 상대적으로 새롭고 역동적이다. ② 이 산업의 생산물들은 수요의 소득 탄력성이 크다. ③ 산업 간 연계성 즉 전후방 연쇄효과가 매우 높다는 점 등을 들 수 있다.

119-127.

2) Charles Gore, *Region in Question-Space, Development Theory and Regional Policy*, Methuen, London, 1984. pp. 88-89.

3) John Glasson, *An Introduction to Regional Planning*(2nd ed.), London, Hutchinson, 1978, pp. 171-180.

그림 6-1 광역경제권 선도산업

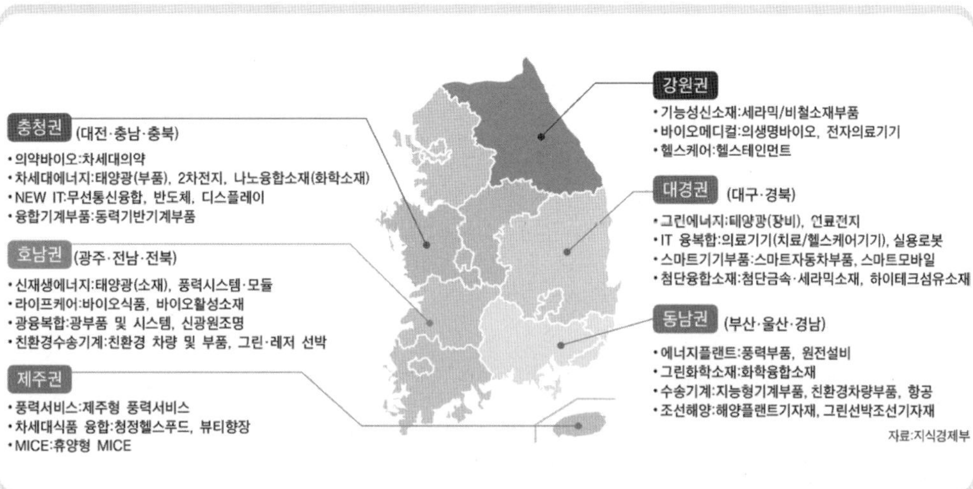

자료: 중앙일보 2012.1.4일자

한편, 추진적 기업의 특성으로는 ① 대규모라는 점, ② 중요한 성장 추진력을 발생시킨다는 점, ③ 혁신창출능력이 높다는 점, ④ 매우 빠른 성장산업에 속해 있다는 점 등을 들 수 있다. 이와 같은 선도산업은 지리학적 입지에 있어서 자연자원(수자원, 주거, 연료 등)의 지역화(localization)가 가능한 곳, 노동력 공급과 지역하부 구조의 우위성을 갖춘 중심지로서 제조업에 보다 유리한 곳, 변화에 즉각적 적응이 가능한 곳에 주로 입지하게 된다.

(2) 극화의 개념

선도산업(추진적 산업)은 성장거점 내에서 다른 경제적 단위들의 극화를 유도한다. 이와 같은 경제적 극화는 필연적으로 자원 흐름의 지리적 극화를 위하여 성장거점지역에 경제력을 집중케 한다. 이러한 극화과정이 암시하는 것은 다양한 집적경제(agglomeration economies) 즉, 규모의 내부적·외부적 경제를 발생시킨다는 것이다. 이때 집적경제는 다음과 같은 형태를 띠게 된다.

① 집적경제는 평균 생산비용의 감소 형태이다. 이는 대규모생산이 기술적 우위성을 쉽게 확보할 수 있고 나아가 분업과 전문화를 통한 기업의 내부적 경제를

획득할 수 있기 때문에 얻어지는 경제적 효과이다.

② 집적경제는 기업의 외부경제로 나타나는 형태이다. 특정지역에 입지하여 산업 확장을 꾀하므로 산출물 단위당 비용을 감소시킬 수 있는 경제적 효과를 말한다. 이는 다시 말해서 기업이 입지적으로 유리한 곳, 숙련공을 쉽게 확보할 수 있고 원료나 상품의 수송체계가 원활한 곳에 입지하므로 '지역화 경제(localization economies)'[4]를 발전시켜 외부경제를 획득하는 형태이다.

③ 집적경제는 도시지역에 입지하므로 얻어지는 내부경제와 산업에서 발생하는 외부경제의 복합적 형태이며 '도시화 경제(Urbanization economies)'[5]로 불린다. 이는 대규모 시장이 근접해 있고 도시노동시장이 발달되어 있으며 사적 및 공적 부문으로부터의 각종 서비스(교통, 시설이용, 재정 및 상업적 서비스, 그 외 의료, 교육, 여가 등 사회, 문화적, 각종 서비스)의 수혜가 가능한 데서 오는 경제적 효과를 말한다.

한편 전술한 집적경제에는 다음과 같은 한계점을 가진다. 즉, ① 집적경제를 유발할 수 있는 적정도시 규모는 어느 정도인가, ② 어느 단계에서 집적불경제가 발생하는가, ③ 집적불경제로 인한 사회적 비용 증가에 관한 대응 방안은 무엇인가 하는 질문에 대해 명료하게 답을 내릴 수 없다는 데 한계가 있다.

(3) 확산효과의 개념

발전과정상의 일정시점에서는 성장극의 역동적인 추진력(dynamic propulsive qualities)이 주변공간으로 외향적 확산(radiate)을 한다. 이를 미르달(K. G. Myrdal)은 확산효과(spread effect), 허쉬만(A. O. Hirschman)은 적하효과(trickling down effect)라고 칭하였는데 이 개념들은 모두 역류효과(backwash effect), 극화효과(polarization effect)와 대조되는 개념들이다. 이들 효과는 실제 지역정책을 수립하는 정책입안자들에게 있어서는 성장거점전략을 채택하도록 하는 매력적인 도구이기도 하지만 이론적인 측면에서는 성장거점이론이 도전받을 수 있는 가장 취약한 개념이기도 하다.

비록 부분적으로 확산이론을 지지하는 경험적 연구가 있으나 지금까지 제3세

---

4) E. M. Hoover, *op. cit.*, 참조.
5) *ibid.*, 참조.

계 국가들이 성장거점전략을 채택하여 경험한 사례들을 보면 확산효과보다는 역류효과가 커서 지역불균형을 더욱 심화시켰다는 지적이 많다. 더구나 이러한 확산 개념은 이론적으로 그것이 발전의 어느 단계에서 나타났는지 또, 확산효과 발생의 제반조건은 무엇인가 등에 대한 명확한 언급이 없다는 취약점도 내포하고 있다.

2 성장거점이론과 지역성장

페로의 경제공간상의 성장극 개념은 그 후 부드빌, 미르달, 허쉬만, 프리드먼 등에 의해 지리적 공간상의 이론으로 발전되어 왔다. 부드빌은 페로의 성장거점 개념을 지리적인 공간개념과 관련시켜 연구하였는데 성장극을 추진력이 있는 산업의 일단으로 정의한다. 추진적 산업은 두 가지의 경제적 성장효과를 유발하는데 하나는 '레온티에프(Leontieff)의 승수효과'이며 다른 하나는 '극화효과'이다. 전자는 산업부문 간 발생하는 경제적 효과이고 후자는 추진적 산업의 생산성 증대에서 발생하는 결과적 효과를 말한다. 이와 같은 추진적 산업은 도시에 입지해 있는 대규모의 산업복합체를 의미하며 도시지역은 이러한 산업으로 인해 그 배후지에 경제적 혜택을 줄 수 있다고 하였다. 그러나 그는 새로운 산업이 초래하는 부정적 효과 즉 대규모 생산체제와 소규모 공장 생산체제간의 경쟁으로 인한 갈등 문제를 간과하였다는 점, 경제공간과 지리적 공간사이의 간격을 연결시키려고 하였으나 그의 이론 자체는 기능적인 성장거점의 위치를 설명해 주지는 못했다는 점 등이 한계점으로 지적되었다.

미르달과 허쉬만은 경제발전의 성장과정에서 중심부-주변부(core-periphery) 지역의 공간개념을 성장이론에 도입하고 양 지역 간의 상호발전과정과 그 영향에 관해서 언급하였다. 특히 미르달은 경제발전을 통하여 중심부가 성장을 시작하게 되면 지역격차는 더욱 심화된다고 하였다. 따라서 한 지역에 경제력이 집중되어 있는 중심지가 생기게 되면 이 중심지역은 점차적으로 발전 잠재력이 커지게 된다. 그렇기 때문에 중심지역과 주변지역의 격차는 더 커진다고 보았다.

따라서 그는 이와 같은 지역불균형은 자본주의 경제체제의 일반적인 경향이기 때문에 강력한 정부의 간섭이 필요하다고 보았다.

한편 허쉬만은 미르달의 확산효과와 역류효과 개념과 유사한 적하효과와 극화효과로서 성장거점이론에 바탕을 둔 불균형발전론을 주장하였다. 그는 생산요소를 배분하는 시장기능의 효율성에 보다 강한 신념을 가지고 있었는데, 어떤 최초의 성장 중심지에서는 발전초기에 분극적 발전이 일어나지만 새로운 자원과 새로운 시장을 모색하다 보면 궁극적으로는 누적효과가 현저히 나타난다고 하였다. 그는 ① 집적경제는 거리마찰 때문에 애초부터 기존 입지들 간에 분극적 성장을 야기할 수 있다. ② 성장은 자체적인 특성 때문에 불평등 또는 불균형이 될 수밖에 없으나 성장은 그 자체가 지리적 확장능력을 가지고 있다. ③ 이와 같은 확장능력은 성장거점 또는 성장극이 출현하면서 발생한다고 주장하였다. 이에 따라 초기의 불균형은 균형으로 이행해 간다는 낙관적 견해를 피력하였다. 따라서 미르달이 강력한 정부의 개입을 주장하였는데 비해 허쉬만은 정부의 역할은 단지 공간적 균형을 조속히 회복하기 위한 유인정책에 한정되어야 한다고 주장하였다.

프리드먼은 그의 '중심지-주변부모형'에서 성장은 소수의 중심지에서 일어나고 그 후에 점차적으로 배후지역으로 확산되어 나간다고 보았다. 그는 여기서 정보의 혁신을 강조한다. 즉 중심지에서 주변지역으로 갈수록 정보의 교환은 낮아진다고 하였다.

윌리엄슨(J. B. Williamson)은 발전의 초기단계에 있어서 지역소득불균형은 강력하게 나타날 것이라고 하였다. 그러나 발전이 진행되는 동안 지역불균형은 감소될 것이라는 가설을 설정하고 이의 검증을 위해 1929년-1956까지 25년간의 24개국 지역소득에 관한 국제적 자료를 사용하여 분석을 행하였다. 그 결과 그는 부유한 나라에서의 지역적 소득불균형은 커다란 변화가 없었으나 가난한 나라에서의 지역소득의 격차는 점차 개선되는 것으로 나타났다. 이를 통해 지역불균형은 발전이 진행되는 동안 역 U자형(inverted-U pattern)을 나타낼 것이라는 그의 가설을 굳게 지지하는 것으로 결론을 맺고 있다.

노스(D. North)는 그의 '지역경제 성장과 입지이론'(Location Theory and Regional Economic Growth)이라는 논문에서 한 지역의 경제는 기반부문(basic sector) 즉 수출부문(export-basic sector)과, 보조부문(auxiliary sector) 즉 지역부문(residentiary sector)으로 구성된다고 보았다. 전자는 지역 외부로 수출할 수 있는 모든 경제활동을 의미하며 후자는 지역 내 수출을 위한 모든 활동을 의미한다. 이때 지역 성장에 중요한 역할을 하는 것은 수출부문으로서 케인즈의 승수효과와 같이 지역승수효과를 유발하여 지역소득을 증대시킨다고 주장하였다.

펄로프(H. S. Perloff)와 그의 동료들은 'Regions, Resources, and Economic Growth'와 'Natural Resource Endowment and Regional Economic Growth'라는 미국을 사례지역으로 한 지역성장에 관한 경험적 연구를 발표하였다. 펄로프는 노스의 수출부문과 지역부문의 개념을 응용하여 지역사업의 평가에 있어서 변화와 할당(shift-and-share)의 개념을 보다 발전시켰다. 그는 한 지역의 운명은 그 지역 내의 경제활동이 왕성한가 그렇지 않은가에 달려있고 이와 같은 경제적 역동성은 지역의 부존자원과 국가 경제와의 상관성에 있다고 보았다. 한 지역이 국가적으로 번창하는 산업을 많이 보유하고 있으면 그 지역은 주변지역과의 경쟁에서 우위에 설 수 있기 때문에 빠르게 성장할 수 있고 그 반대로 한 지역이 국가적으로 사양산업을 많이 가지고 있으면 그 지역은 경쟁에서 불리하기 때문에 성장이 둔화될 것이라고 하였다. 특히 성장지역은 '축적의 장점(cumulative advantages)'을 확보할 수 있어서 더욱 부유한 지역으로 될 가능성이 높다고 보았다. 따라서 그는 오랫동안 국가경제구조의 변화에 잘 대응한 지역은 보다 성장해 가거나 점차 부유해지지만 그렇지 못한 지역은 경제활동의 규모가 점차 절대적으로 줄어들어 생존이 요구되는 지역(survival required region)으로 전락할 것이라고 지적하고 있다.

코라지옹(Coraggion)은 성장거점이론에 신 맑스주의 이론을 적용하였다. 그는 부드빌 이론을 '극화발전의 순수전략'(the pure strategy of polarized development)라고 부르고 지역의 빌진을 싱취하기 위해서는 ① '어떻게 지역 내의 추진직 활동을 확실하게 지역화 할 것인가?', ② '①의 사항이 하나의 영역적(enclave)으로 되는 것으로부터 어떻게 방어할 것인가?'하는 문제가 해결되어야 한다고 보았다. 이와 같은 관점에서 그는 성장거점정책은 발전의 효과를 파급시킬 수 없을 뿐만 아니라 종속적인 공간경제에서 자본을 몰수하고 지배하는 새로운 방법을 사용하여 오히려 실제로는 파급효과를 방해할 뿐이라고 주장하였다. 그리고 성장거점정책이 저발전의 공간유형을 확대하였다고 비관적인 견해를 보였다.

3 성장거점이론의 유용성과 비판

성장거점이론이 지역발전전략으로서 갖는 유용성은 다음과 같은 이유 때문

이다.[6)]

첫째, 다양한 집적경제효과로 인해 발전의 효율성을 기할 수 있다.

둘째, 특정한 성장거점에 대해 집중적인 투자를 함으로써 공공지출을 절약할 수 있다.

셋째, 성장거점에서 일어나는 확산효과는 낙후지역문제를 해결하는데 도움이 될 수도 있다. 이는 성장거점이론이 발전의 승수효과를 기본적으로 전제하고 있으며, 특정규모의 도시로부터 그 주변지역의 발전승수효과가 파급되어 낙후지역을 성장시킬 수 있다고 보기 때문이다.

넷째, 발전에서는 혁신이 매우 중요한 요소이며, 이러한 혁신 채택(innovation adoption)은 대규모 중심지에서 용이하다.

다섯째, 낙후지역은 그 낙후성으로 인해 대도시로의 인구이동이 발생하는데 대도시 배후지역에 중간규모의 지방거점도시를 육성하면 이곳이 차단적 성장거점(interception growth center) 역할을 하여 이출인구(out-migration)를 흡수할 수 있다.[7)]

여섯째, 성장거점지역은 추진적인 산업이나 기업을 가지고 있어 전후방 연계효과가 높아 성장을 용이하게 한다.

일곱째, 대체로 성장거점지역은 지역 내, 지역 간 접근성이 유리하고 노동공급 능력이 충분하여 성장잠재력이 높은 지역일 가능성이 높다. 따라서 이와 같은 조건들은 발전의 확대재생산을 용이하게 하여 주변지역으로의 파급효과가 빠르게 나타날 수 있다.

여덟째, 발전도상국의 경우 국내자본의 빈약, 자원부족, 산업구조의 저위성 등으로 인해 분배문제에 관심을 두기 보다는 성장 문제에 보다 더 많은 관심을 기울이게 되며, 이때 이러한 한정적 상황에서는 성장거점전략이 단기적으로 매우 유용할 수 있다.

그러나 이러한 유용성에도 불구하고 성장거점이론은 많은 쟁점을 일으키면서 비판을 받아왔다. 이러한 비판들을 요약하면 다음과 같다.[8)]

첫째, 인간의 활동은 응집하는 특성이 있고 이것은 규모의 경제(economies of

6) J. Glasson, *op. cit.*, p. 181.

7) Sergio Boisier, 'Growth Poles ; Are the Dead', *National Development and Regional Policy*, edited by Ed.B.Prantalla, Maruzan Asia, 1981, pp. 72-78.

8) 김영모, "지역불균형 개발에 관한 이론적 배경", 「지역연구」, 단국대학교 지역연구소, 1987, p. 43.

scale)를 가져오게 될 것이라고 가정하는 것이다. 그러나 이때 발생하는 사회비용(social cost)에 대해서는 아무런 언급이 없다.

둘째, 성장거점을 통하여 경제성장을 유발시키기 위해서는 일정한 수준의 인구규모와 기준이 필요한데 이에 대한 언급이 없다.

셋째, 성장거점으로 지정된 지역에는 일정한 형태의 투자가 필요하다. 그러나 이에 대한 언급이 되어 있지 않다.

넷째, 페로(P. Perroux)의 경제공간을 지리적 공간으로 바꾸는데 필요한 구체적인 방법이 결여되어 있기 때문에 이것을 실제로 지리적 공간에 적용시킬 수 있을 것인가에 대하여는 분명한 언급이 없다.

다섯째, 성장거점전략은 도시 중심의 공공사업에만 치중하고 저소득층의 보건위생, 저임금 등과 같은 주변지역의 사회복지에는 관심이 부족하다.

여섯째, 성장거점전략은 이미 발전된 공공부문에만 치중하고 발전이 되지 못한 비공식부문에 대해서는 관심을 두지 않는다.

이와 같은 쟁점 이외에도 많은 학자들은 성장거점이론에 대하여 비판을 가하고 있다.

너스(H. O. Nourse)에 의하면 실제로 성장거점전략은 충분한 재원의 조달문제, 지역별 자원분포의 문제, 거점개발에 필요한 적절한 지식의 축적 등 여러 가지 제약이 뒤따르며 거점의 선정문제도 합리적이고 경제적인 측면 보다는 정책적인 측면에서 선정될 우려가 있나는 것이나. 프레드(A. Pred)도 성장거점이론에서 주장하고 있는 성장유도 산업의 파급효과에 대해서 비판하고 있다. 즉 반드시 그 파급효과가 주변배후지에 한해서만 일어날 수 있겠는가라는 도시체계의 관점에서 비판을 하고 있다.

대부분의 발전도상국에서는 거점에 대한 집중적 투자는 성장거점과 그 배후지역간의 누적적 인과관계의 악순환을 되풀이하여 심각한 역류효과를 초래하였다. 계획된 성장거점 도시들은 종주도시와 긴밀하게 연결되어 성장의 파급효과는 상향으로 확산되는 등 파급효과의 가설과는 맞지 않는 결과를 초래하였다. 그리고 다국적 기업의 등장은 지역정책 수립에 있어서 또 다른 문제점을 야기했다. 즉 다국적 자본투자에 의한 산업활동은 지역 내의 타산업과의 상호 관련성이 매우 적었으며 특히, 거점도시로서의 기능 수행에 필요한 조건이 미비한 곳에서 다국적 기업의 힘에 전적으로 의존한 공업화는 그 지역 주민의 생활향상과는 무관한 경

그림 6-2 성장거점전략의 유용성과 한계

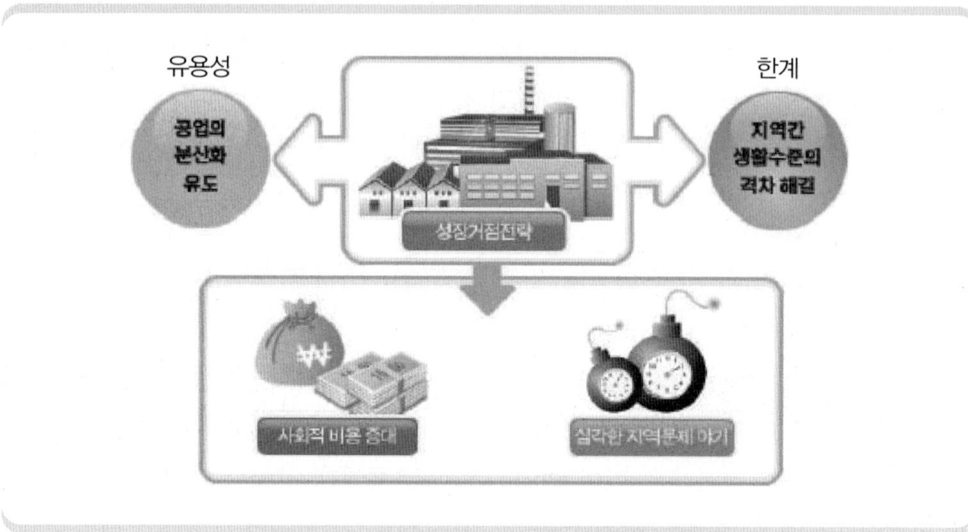

우가 많았다.

무잇보다도 성장거점전략이 공업의 분산화는 유도했지만 지역 간 생활수준의 격차는 해결하지 못하였다. 흔히 해외자본에 의존하고 자본집약적이며 대규모·기계화된 성장거점도시의 공업화는 노동력의 흡수능력이 매우 제한되어 있다. 따라서 아직도 농업이 지배적 산업이며 노동력이 풍부한 발전도상국의 경우, 이 전략은 낙후지역의 발전을 위한 수단이라기보다는 극화 발전을 조장시키는 수단이 되었다고 보여진다. 이같이 성장거점 전략은 상당한 사회적 비용을 수반하였으며, 지역발전을 위한 문제의 해결보다는 오히려 더욱 심각한 문제들을 야기했다고 주장되고 있다.

현재 성장거점전략의 규범적 가치에 대해서는 논쟁이 지속되고 있으며, 성장거점전략이 지역발전을 촉진시키는 데 있어 다른 대안의 전략들에 비해 그 상대적 유용성은 아직 뚜렷하게 밝혀지지 않고 있다.

4 사례: 지방소도읍육성 정책

성장거점전략의 사례는 우리나라에서도 많이 볼 수 있다. 그중 우리나라의 개발도상 연대인 1960-70년에 추진했던 서울과 부산을 양대 축으로 하는 경부축개발전략이 바로 그것이며, 2000년대에 와서는 참여정부의 국가균형발전의 일환으로 추진한 혁신도시건설[9]이 대표적인 사례이다.

그중 경부축개발전략은 국가발전을 위한 성장거점전략이라고 볼 수 있고, 혁신도시건설은 지역균형발전을 위한 성장거점전략으로 볼 수 있다. 여기서는 경부축개발전략과 혁신도시건설사업과는 비교할 수 없을 정도의 소규모이지만, 지역발전을 선도하는 거점소도읍을 육성하는 지방소도읍육성 정책을 살펴보고자 한다.

(1) 의 의

2000년대 들어 지방소도읍이 도시와 농촌을 연결하는 중간지대로서 농어촌·낙후지역 문제를 효과적으로 해결할 수 있는 전략적 개발거점으로 그 중요성이 재인식되었다. 이에 행정안전부는 2001년 1월에 「지방소도읍육성지원법」을 제정하고, 전국 194개의 지방소도읍을 지정하여 '지방소도읍종합육성계획'을 수립하였으며, 2003년부터 소도읍 육성정책을 단계적으로 추진해 왔다.

소도읍 육성정책은 읍지역을 자족적 생산능력을 갖춘 농어촌 지역사회의 중심거점지역으로 육성하기 위한 사업으로서 소도읍을 경제·사회·문화적 거점기능의 자족적 생산능력을 갖춘 중추소도시로 육성하는 것이다.

또한 읍지역의 특성을 개발할 수 있도록 테마별 인프라를 구축하여 지역경제를 활성화하고 지역주민의 삶의 질을 향상시키고자 하였고 도시·농어촌 간 균형발전의 중심축으로 역할 할 수 있도록 육성하고자 하였다.

소도읍이란 「지방자치법」 제3조에 의해 설치된 '읍'지역과 도시계획구역 또는 3㎢면적 안에 인구 3천명이상이 거주하고 있는 '면'지역으로 정의된다(「지방소도읍육성지원법」 제2조). 소도읍은 산업화와 대도시 위주의 개발정책으로 지속적으로 쇠퇴해 왔으며, 도시권에 비해 인구규모가 작고 감소폭이 크게 나타나고 있으며

9) 혁신도시건설에 대해서는 본서 제32장을 참조하기 바란다.

기반시설도 상대적으로 부족한 지역이다.

(2) 추진연혁

1970-80년대에 새마을운동의 일환으로 '도읍가꾸기사업'이 추진되었으며, 이는 다시 1990년대에 '농어촌 소도읍가꾸기사업'으로 전환되었다.

2000년대 들어서면서 「지방소도읍육성지원법」이 제정(2001)되어 본격적으로 사업을 추진할 수 있는 제도적 기반이 마련되었다. 2001년에 전국 194개의 읍을 지방소도읍지역으로 지정・고시하고, 이어서 2002년 말에는 '지방소도읍 종합육성계획 수립'을 수립하여 2012년까지 10년간 12조원을 투자하기로 하였다.

2003년에는 전국 65개 시・군에서 응모한 지역 중 14개 소도읍을 선정하여 2006년까지 육성사업을 추진하였고, 이후 2004년부터 2009년까지 매년 20개 지역이 선정되었다.

표 6-1 소도읍 정책의 전개과정

구분	도읍가꾸기 (1972-1976)	소도읍 가꾸기 (1977-1989)	소도읍개발 (1990-2001)	소도읍육성 (2003-2012)
목표	거점생활권 형성	지역개발거점화 준도시기능향상	지역중심기능강화 지역경제활성화 주민복지증대	중심거점지역육성 주민소득증대 생활복지향상
대상지역	1,505개 도읍 (397개)	1,443개 소도읍 (844개)	1,443개 소도읍 (533개)	197개 소도읍 (년 20개)
중점사업	환경정비	환경정비 생산유통시설	도시기반시설 생산유통시설 환경정비	지역산업진흥 도시기반시설 생활환경・주민복지 문화관광

자료: 이상준 외, "충청남도 소도읍육성사업의 특성", 「대한건축학회지회총연합회 학술발표대회논문집」 제1권1호, 2005에서 재인용.

(3) 사업내용 및 절차

소도읍 육성정책은 2003년부터 2012년까지 10년간 총사업비 12조원(국비 2조,

지방비 2조, 타부처 국비 · 민자 등 8조)을 투입하여 1개 읍지역 당 4년간 국비 50억원과 교부세 50억원을 지원하는 사업이다. 사업내용은 특화산업을 육성하고 유통시설을 현대화하며 읍지역에 도시인프라를 확충하여 지역경제가 활성화될 수 있는 기반을 구축하는 것이다.

소도읍의 유형은 지역의 입지적 특성에 따라 관광, 자원보유, 해안어업, 교육 · 문화, 접경지역 등으로 나누어진다.

소도읍 육성정책은 전국 194개 소도읍 중 공모를 통해 대상지역을 선정한다. 우선 시 · 군별로 사업계획을 수립하고, 시 · 도에서 제1차 심의를 거쳐 추천을 하면 추천지역에 대해 중앙소도읍육성정책심의회의 심사를 거쳐 최종 대상지를 확정하게 된다. 대상지역으로 확정되면 협약체결(장관, 시 · 도지사, 시장 · 군수)하고 사업추진을 추진한 후 성과를 평가한다.

표 6-2 소도읍 육성정책 주요 콘텐츠(예시)

분류	예시	특 성	내 용
관광 소도읍	단양읍 청송읍	문화유적 · 온천 · 공원 등 관광자원이 풍부한 소도읍	· 자연경관 등의 부존 관광자원 보존 중점 · 교통 · 숙박 등 관광 인프라 확충 및 위락시설 등 유치 · 양질의 서비스 제공, 친절의식함양 사업 병행
자원보유 소도읍	상동읍 사북읍	지하자원의 매장 · 채굴 · 생산 등의 특수성이 있는 소도읍	· 채굴한 광물의 저장 · 수송 · 인프라 확충 · 지역주민을 위한 보건위생시설, 문화복시시설 확보
해안어업 소도읍	구룡포읍 주문진읍	어항이라는 입지적 특성을 갖춘 소도읍	· 지역실정에 맞는 어항기반시설 확충 · 수산물의 저장 · 판매시설 및 어가 안정을 위한 냉동 · 가공시설 유치 · 지역여건에 맞는 육운 · 해운 교통체계 구축
교육 · 문화 소도읍	조치원읍 영월읍	교육시설이 다수 위치한 소도읍	· 도서관 · 박물관 등 건전교육환경 조성을 위한 문화교육시설 확충 · 위락시설 등 교육분위기 저해시설 제외
접경지역 소도읍	철원읍 화천읍	대규모 군이 주둔하고 군사시설이 위치한 소도읍	· 군가족 주거생활 지원을 위한 생활기반시설 및 보건위생시설 확충 · 외지 면회객 및 군인 등을 상대로 한 시장유통시설 정비

그림 6-3 소도읍 육성사업 추진체계

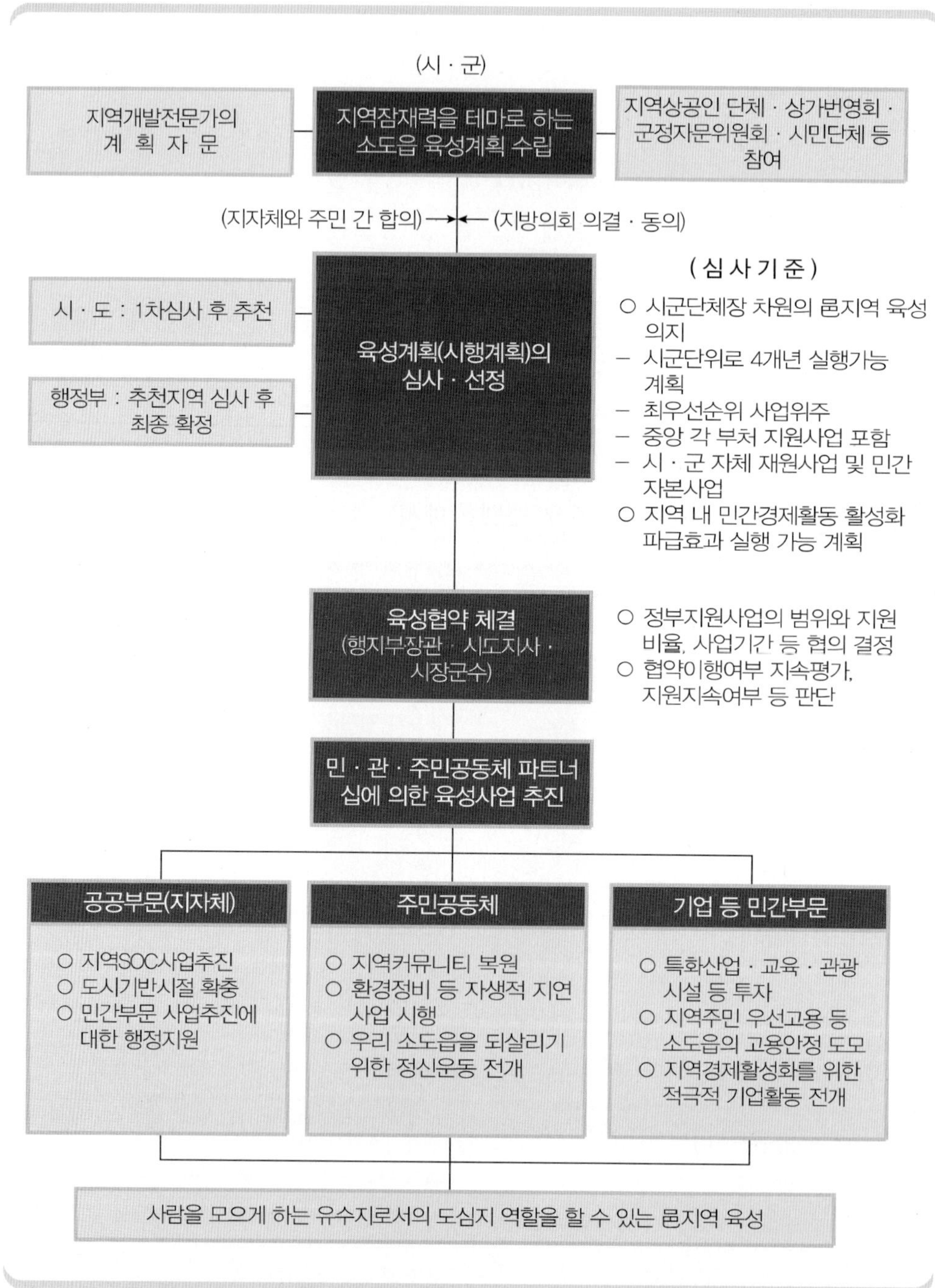

(4) 사업의 특징

소도읍 육성사업은 개발 잠재력이 높은 거점 소도읍과 그에 맞는 테마를 선정하여 집중 지원하는 '선택과 집중' 지원방식으로 추진하였다. 또한 시・군에서 자체적으로 수립한 제안서를 심사하는 '상향식 공모제'를 도입하여 대상지역을 선정하였으며, '육성협약제도'를 도입하여 자치단체장의 책임있는 추진과 안정적 재정지원을 보장하도록 하였다.

중앙의 획일적 추진방식을 탈피하여 지역특성을 고려한 자체개발계획을 수립하고 이를 바탕으로 지역 스스로 협력공동체를 형성하여 자발적 사업을 추진하도록 한 것이 특징이다.

(5) 소도읍 육성사업의 평가

소도읍 육성정책은 '선택과 집중', '상향식 공모제', '육성협약제도' 등 선진적 추진방식을 최초로 도입하여 혁신적인 지역정책의 모델로 평가되었다. 사업의 공정률 및 예산집행 실적이 우수하여 다양한 지역발전효과를 발생시키면서 소도읍 활성화의 기폭제로 작용하였다.

특히 지역특성에 적합한 사업을 추진하고, 관련사업 간의 유기적인 연계 및 선택과 집중으로 투자효과를 극대화하였으며 자발적이고 협력적인 추진방식이 도입되었다. 이로 인해 동 사업의 시행이후 수년간 농림어업인 삶의 질 향상 위원회 등 정부의 각종 지역개발사업 평가에서 최우수 사업으로 선정되기도 하였다.

그러나 새정부 출범과 함께 이루어지는 정부 조직개편과 포괄보조금 제도의 도입 등으로 인하여 그동안 행정안전부가 주관하여 추진하던 사업이 농림부로 이관되면서 소도읍육성사업의 형체는 사라지고 말았다. 소도읍육성정책을 마지막까지 성공적으로 진행하려면 소관부처가 바뀌었다고 하더라도 국비를 안정적으로 확보하고, 부처 간 협력이 증대될 필요가 있으며 지역자문활동이 활발히 전개될 필요성이 있을 것이다.[10)]

---

10) 이 장은 지방행정연수원 사이버교재; 모성은・임경수・이성우, 『지역개발론』을 중심으로 정리하였다.

CHAPTER 7

대도시권 성장관리 전략

지역발전전략은 크게 두 가지 궁극적인 문제로부터 출발한다. 즉, 지역을 어떻게 성장시킬 것인가, 그리고 지역격차를 어떻게 해소하여 균형성장을 달성할 것인가의 문제이다. 여기서는 지역의 적정성장을 통해 지역균형발전을 이루기 위한 전략으로서 대도시권 성장관리, 광역도시권 성장관리, 수도권 성장관리 그리고 개발제한구역제도에 대하여 살펴보기로 한다.

1 대도시권 성장관리의 의의

(1) 대도시권 성장관리의 필요성

대도시를 보는 입장에 따라 부정론과 긍정론 즉, 두 가지 측면에서 접근할 수 있다. 우선 대도시를 부정적으로 보는 견해이다. 이들은 대도시가 비대하게 되면 집적의 불경제가 발생하게 되고 이는 1인당 공공서비스의 공급비용이 증가하게 되어 규모의 불경제로 이어진다는 논리이다. 다음으로 대도시 긍정론자들은 대도시일수록 쇄신의 전파가 급속히 일어난다고 주장한다. 따라서 인구규모가 큰 도시일수록 발전의 잠재력이 크다는 견해를 펴고 있다.

대도시 성장관리의 필요성은 대도시 부정론자들에서부터 출발한다. 첫째, 도시의 물리적 성장한계로 인한 도시문제의 완화를 위해서는 대도시 성장관리가 필요하며, 둘째, 안정된 도시계층 구조의 형성이 쇄신의 공간 확산을 촉진하므로 대도시와 중소도시의 균형발전을 위한 성장관리가 필요하다. 그러나 도시성장에 대한 계획적 관리가 없을 경우에는 집적의 불경제 즉, 교통혼잡문제, 주택문제, 부동산문제, 환경문제, 도시기반 시설의 부족문제 등 각종 도시문제가 발생하게 된다.

즉, 대도시성장관리란, 대도시의 집적불경제(부의 외부효과)는 극소화하는 한편 집적경제를 극대화함으로써 도시가 안정적으로 성장하고 국가전체가 균형적으로 발전할 수 있도록 일련의 방안을 강구하는 것을 말한다.

(2) 대도시권 성장관리의 목표와 접근방법

대도시권 성장관리의 목표는 인구와 산업의 집중억제 즉, 과밀의 분산이다. 이러한 목표를 달성하기 위해 많은 국가들이 각종 공간계획과 토지 이용규제를 시행하여 온 것이다.

대도시 분산을 위한 접근방법으로는 분산대상의 정착지점과 분산의 수단에 따라 구분할 수 있다.

첫째, 분산대상의 정착지점에 따라 지역 내 분산 접근방법과 지역 간 분산 접근방법으로 구분할 수 있다. 여기서 지역 내 분산이란, 종주도시의 우위성을 강화시키는 위성도시를 개발하는 것을 말하고, 지역 간 분산이란 종주도시와 경쟁할 수 있는 다른 지역의 대도시 성장을 촉진시키는 것을 의미한다. 즉, 지역 내 분산의 사례로는 수도권 내의 신도시개발을 들 수 있고, 지역 간 분산은 정부부처를 수도권 밖의 지역으로 이전하는 행정중심복합도시(행복도시)건설 등을 들 수 있다.

둘째, 분산의 수단에 따라 인구이동 촉진을 통한 접근방법과 자본이동 촉진을 통한 접근방법으로 나눌 수 있다. 여기서 인구이동촉진을 통한 접근방법으로는 대학교의 지방분교 설치, 캠퍼스 이전, 주요 공공기관의 지방이전 등을 들 수 있으며 그 사례로는 혁신도시 건설을 꼽을 수 있다. 다음으로 자본이동 촉진을 통한 접근방법으로는 주요산업시설의 지방유치와 성장거점 도시에 대한 대폭적인 재정투자를 시도하는 기업도시 건설을 들 수 있다.

(3) 대도시권 성장관리 사례

우리나라 대도시권 성장관리 즉, 인구 및 산업의 집중억제 내지 대도시 분산정책 사례는 다양하다. 가장 대표적이며 전통적인 방법이 수도권정비계획과 개발제한구역제도이다. 수도권정비계획은 수도권의 인구와 산업의 집중억제를 위해 기업과 대학 등의 입지를 제한하는 것을 골자로 하고, 개발제한구역제도는 무분별한 도시의 확산을 방지하기 위해 도시의 경계와 영역을 넘어가지 못하도록 녹지를 유지하는 제도이다.

이 밖에 서울의 인구를 분산시키기 위해 도입된 신도시개발, 수도권에 소재하는 정부부처를 지방으로 옮기는 행정중심복합도시(세종특별자치시),[1] 공공기관을 지방의 10개 거점도시에 배치하는 혁신도시, 수도권 지역에 소재하는 대기업을 특정지역에 배치하는 기업도시 등의 사례가 있다.

여기서는 대도시 성장관리의 가장 전통적인 사례인 수도권정책과 개발제한구역제도에 대하여 다루고, 행복도시, 혁신도시, 기업도시 그리고 신도시개발 등 나머지 사례는 3편 내지 6편에서 다루기로 한다.

표 7-1 대도시권 성장관리 사례

정 책	방법 및 수단	비 고
수도권정비계획	인구 및 산업의 집중억제	입지규제
개발제한구역제도	도시의 외형적 확산방지	경계 및 영역의 제한
신도시	인구 분산	위성도시 개발(역내이동)
행복도시	정부부처 이전	강제 이전(지역간이동)
혁신도시	공공기관 이전	강제 이전(인구이동)
기업도시	대기업 이전	자율 이전(자본이동)

2 광역도시권 성장관리

(1) 광역도시권 성장관리의 의의

광역도시권이란, 하나의 중심도시를 둘러싸고 몇 개의 주변도시들이 동질적 도시성(homogeneous urbanity)을 띠고 있는 것을 말한다. 교통 및 통신의 발달과 이에 따른 생활권의 광역화는 특정도시의 경계를 초월하는 범도시적 상호의존관

1) 당초 2005.5월에 제정된 「행정중심복합도시 건설을 위한 특별법」에 의거 '행복도시'라고 칭하였으나, 2010.12월 공포된 「세종특별자치시설치등에관한특별법」에 의거 '세종시'라고 도시의 명칭이 바뀌게 되었다. 그러나 이 장에서 혁신도시와 기업도시 등과 비교의 대상으로 명칭을 사용할 경우 행복도시라는 기존의 명칭을 그대로 사용하였다.

계를 낳고 광역도시권을 형성하게 된다. 따라서 기존의 행정구역범위를 초월한 광역적 공공서비스에 대한 수요가 증가하게 되었으며, 이와 같은 맥락에서 광역도시권 성장관리의 필요성이 대두되었다.

대도시권은 보통 하나의 행정구역 경계를 넘어서 형성되는 것이 일반적이다. 이렇게 되면 도시의 성장과 관할권이 일치하지 않아 도시 시설의 입지에 따른 갈등, 공공서비스의 중복 공급, 공공서비스 이용자와 비용 부담자의 불일치 등과 같은 문제가 발생한다.

즉, 도시가 팽창하면 개별적인 자치단체로는 해결하기 어려운 문제가 많이 발생한다. 교통, 상하수도, 쓰레기 처리, 환경오염, 혐오시설의 입지 등은 개별 자치단체의 행정구역 내에서보다는 여러 자치단체를 포괄하는 광역권을 단위로 하여 해결하는 것이 효율적인 경우가 많다. 이러한 문제를 해결하는 것이 광역도시권 성장관리전략이다.

(2) 광역도시시설의 유형

광역도시권 성장관리의 유형이 되는 광역도시시설은 다음과 같이 다섯 가지로 분류할 수 있다.

1) 주변요소 의존형

광역적으로 입지하고 있는 자원 또는 요소들이 어떤 관련시설과 필연적인 연관성을 갖거나 집적되어 투입되어야 하는 시설로서 하수종말처리시설이 여기에 해당된다.

2) 지역 연결형

상수도, 철도, 고속도로 등과 같이 시설 그 자체가 물리적으로 지역 간에 연계성을 유지하지 않으면 서비스를 제공할 수 없는 시설을 말한다.

3) 기능 연계형

시외버스 터미널, 항만, 공항, 유통센터 등과 같이 시설의 물리적 형태가 아니라 그 시설이 수행하는 기능 또는 제공하는 서비스가 인접지역과 연계되는 시설이다.

4) 입지 제한형

쓰레기 매립장, 공동묘지 등과 같은 시설의 입지가 주변지역에 부(−)의 영향을 초래하거나 적정입지가 제한되어 모든 지역에 균등하게 입지할 수 없는 시설이다.

5) 기반규모 의존형

종합병원, 종합운동장 등과 같이 규모의 경제성이 큰 것으로서 이 시설이 입지하는 지역의 수요를 초월하여 공급하는 시설이다.

표 7-2 유형별 광역시설

유 형	광역시설
주변요소 의존형	하수도, 하수처리장, 저수지, 유수지
지역 연결형	고속도로, 철도, 궤조, 삭도, 하천, 운하, 상하수도, 공동구, 전기, 전화, 가스공급설비, 저유 및 송유설비
기능 연결형	터미널, 항만, 공항, 시장, 유통단지
입지 제한형	공동묘지, 화장장, 폐기물처리장, 상수원, 유원지
기반규모 의존형	종합운동장, 대학교, 광역공공청사, 도서관, 도축장, 연구소, 종합의료, 사회복지, 통신, 자동차검사, 문화시설, 정수장, 배수장, 공공직업훈련시설

(3) 광역도시체제의 운영방식

세계 각국에서는 광역도시권의 발전과 관리를 위해 일반적으로 협조 형식, 단일정부 형식, 특별구 형식, 연합제 형식 등 네 가지 방식으로 운영하고 있다.

1) 협조 형식

협조 형식의 행정체계이다. 광역도시권 내에서 관할권을 달리하는 자치단체의 대표자들이 모여 공동문제를 논의하고, 협조적으로 광역문제를 해결하는 방법으로서 이에는 비공식적인 행정협의회와 공식적인 공동위원회 방법이 있다. 이들 사례로서는 우리나라의 도시권 행정협의회, 일본의 수도권 정비위원회, 미국의 시와 카운티 간의 행정협정 등을 들 수 있다.

2) 단일정부 형식

단일정부 형식은 다수의 기존 지방자치단체를 해체하여 단일정부로 통합해 이 단일정부로 하여금 광역업무를 포함한 행정업무를 수행하게 하는 방식이다. 역사적으로 가장 많이 사용되는 것은 지역합병이다. 합병은 광역도시권의 중심도시가 주변도시 또는 농촌지역을 흡수하여 하나의 단일정부를 만드는 것이다.

3) 특별구 형식

특별구란 특정의 광역행정 사무를 처리하기 위하여 행정구역을 초월해 설치하는 일종의 특별자치단체이다. 예를 들면 동일 하천구역에 해당하는 여러 개의 지방자치단체가 치수와 물을 이용하기 위하여 특별구를 설치할 수 있다. 이 특별구는 일정한 구역을 갖고 그 구역 내 주민에 의한 의회구성과 과세권 및 조례제정권 등을 가짐으로써 일반자치단체와 유사하나 특별한 목적수행을 위해 단일기능을 가진다는 점에서 차이가 있다.

4) 연합제 형식

연합제는 기존의 지방자치단체가 각각 독립적인 법인격을 유지하면서 그 위에 광역행정을 전담하는 새로운 지방정부를 신설하는 형식이다. 결과적으로 지방자치단체에 하나의 새로운 계층을 만드는 이원적 구조의 행정체계이다. 이것은 광역도시권을 하나의 정치적 단위로 설정하여 그 권역 내의 모든 자치단체의 존립 권한을 그대로 보유한 채 연합도시를 연방으로 하고 그 구역 내에 있는 기존의 자치단체를 지방으로 하는 연방 도시제(federal urban system)라 할 수 있다.

(4) 광역도시권 성장관리의 발전과제

광역도시권 성장관리는 그 당위성에도 불구하고 실제의 추진과정에서 해결해야 할 여러 가지 과제를 안고 있다.

1) 재원확보와 계획조정기능의 제도화

몇 개의 도시가 동시에 필요로 하는 광역 쓰레기장이나 화장장 등의 혐오시설을 건설하고자 할 때 입지의 결정도 문제가 될 뿐 아니라 비용분담의 문제도 중요한 이슈가 된다. 따라서 광역도시권이 필요로 하는 도시기반시설의 확충과 정비를 위한 수혜자의 공간적 범위설정의 원칙과 자치단체 간 재원배분, 아울러 중앙정부의 재정지원 및 계획조정기능이 제도적으로 확립되어야 한다.

2) 광역도시권 발전계획의 위상과 역할정립

도시기본계획이나 재정비계획에는 토지이용계획, 교통계획, 공공시설물계획 등의 부문별 계획을 포함하고 있다. 따라서 광역도시권 발전계획도 이들 계획과 같은 부문별 계획을 포함할 경우 계획내용의 상충과 계획집행의 혼선이 초래될 가능성이 크다.

따라서 광역도시권 발전계획이 갖는 국토공간계획 체계 속에서의 위상과 역할이 확고하게 확립되어야 한다. 예를 들면, 도계획이나 개별 도시를 대상으로 하는 도시계획과의 관계설정이 명료하게 정립되어야 한다.

3) 계획내용에 관한 법적 체계의 정비

광역도시권 성장관리계획의 내용적 범위에 관한 법적 체계가 정비되어야 한다. 이렇지 못할 경우 광역도시권 성장관리계획은 법적 구속력을 상실하게 되고, 포괄적이고 지침제시적인 계획의 특성만을 가질 가능성이 커지게 된다.

4) 계획입안과 집행주체의 명료화

광역도시권 성장관리계획의 입안과 집행을 위한 주체가 제도적으로 확정되어야 한다. 물론 광역도시권 성장관리계획의 입안권자는 자치단체 간의 협의나 중앙정부의 조정에 의해 쉽게 결정될 수도 있을 것이다. 하지만 계획의 집행과 이에 따른 책임과 권한의 배분이 분명치 않을 경우 광역도시권 성장관리계획은 그 위상과 역할이 불분명하게 될 가능성이 크다.

3 수도권 성장관리

(1) 수도권 문제의 변천

우리나라에서 수도권문제가 대두되기 시작한 것은 산업화 과정을 통하여 서울에 인구가 집중된 1960년대 초로 거슬러 올라간다. 1960년대 초부터 시작된 경제개발정책은 산업의 서울집중과 함께 이농향도적 인구이동을 통한 인구의 서울 유입을 부채질하였다.

그러나 우리의 경우 1960-70년대의 수도권문제와 1970년대 이후의 수도권문제는 다르게 나타났다. 1960년대와 70년대 초반에는 무작정 상경으로 나타난 도시 실업과 빈곤문제, 불량 무허가주택의 문제가 중요한 도시문제로 취급되었다. 그리고 교통문제는 대중교통수단의 승차난과 차내혼잡이 중요한 문제로 나타났다.

한편 1970년대 후반부터는 또 다른 양상의 도시문제가 나타났다. 도심의 혼잡으로 인하여 주거지의 교외화 현상이 나타나기 시작하였다. 이러한 경향은 서울로 집중하던 인구가 서울 외곽의 경기도 지역으로 인구이동이 확산되었고 수도권문제의 유형도 선진국형 도시문제의 양상을 보이기 시작하였다. 자동차가 부족해서 생겼던 문제보다는 오히려 자동차가 너무 많아 생기는 도로혼잡 문제와 교통공해 문제가 새롭게 나타났다. 또 자금부족으로 주택을 지을 수 없던 시절이 지나고 오히려 택지가 없어 집을 짓지 못하는 문제가 나타났다.

(2) 수도권 집중현상

우리나라는 지난 40년간 투입위주의 성장전략, 중앙정부 주도로 경제발전을 추구하는 과정에서 국민 2명 중 1명이 수도권에 사는 세계에서 유례를 찾아볼 수 없는 수도권 집중현상이 발생하였다.

이러한 집중 현상으로 인하여 수도권은 집적의 경제(Agglomeration Economies)를 크게 벗어나 막대한 사회적 비용이 발생하여 경쟁력이 저하되고 있는 반면, 지방은 스스로의 발전동력이 떨어지고 상대적 박탈감이 심화되는 등 국가전체의 경쟁력이 저하되고 있는 실정이다.

인구의 경우를 보면 전국 대부분의 지역에서 인구가 정체 또는 감소하고 있는데 반하여 수도권은 매 10년마다 약 440만 명씩 증가하여 2008년 현재 국토면적의 11.8%에 불과한 수도권에 전국 인구의 49.1%가 집중되어 있는 상태이다.

또한 1000대 기업의 70.1%, 제조업체의 51.5%, 공공기관의 58.5%, 국가 R&D

그림 7-1 수도권 인구집중 추이

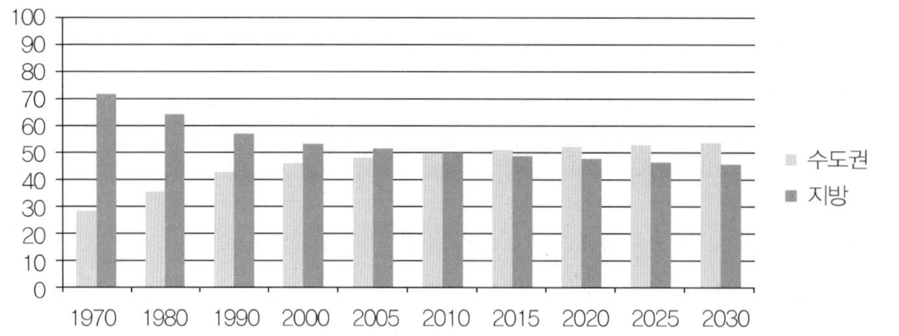

자료: 통계청(2008), 시도별 장래인구 통계

표 7-3 수도권의 집중 실태

항 목	분포(%)	자 료
1000대 기업	70.1	금융감독원, 2008년 기준 매출액 상위 1000대 기업 정보
제조업체	51.5	통계청, 2008년 광업 · 제조업조사
중소기업 대출	67.1	중소기업은행, 2009년 국정감사 자료
서울 · 연세 · 고려대 출신 인재분포	59.9	행정안전부, 2008년 국정감사 자료(국가인재DB)
대학 연구비 지원	56.9	교육과학기술부, 2007년도 대학 연구활동 실태조사
기업연구소	67.8	한국산업기술진흥협회, 2009년 기준
공공기관	58.5	국토해양부, 2005년 지역별 공공기관 입지현황
국가 R&D 예산	45.2	교육과학기술부, 2009년 국가연구개발활동조사분석 보고서 등
국가경제산출액	43.8	한국은행, 2005년 지역산업연관표

예산의 45.2%, 국가경제산출액의 43.0%가 수도권에 집중되어 있다.

(3) 수도권 문제를 보는 두 가지 시각

수도권 문제를 바라보는 시각은 이상론과 현실론으로 대분된다. 먼저 이상론은 '원인제거론'으로도 일컫는데 수도권 문제는 계획의 부재에서 발생한다고 여기고 문제발생 원인을 제거해야 한다고 주장한다. 한편 현실론은 '문제해결론'으로도 불리는데 수도권 문제는 경제의 전 과정에서 생기는 자연스러운 현상이므로 당면 문제 해결에 치중하게 된다는 논리이다.

표 7-4 수도권 문제에 대한 두 가지 시각

구 분	이상론(원인제거론)	현실론(문제해결론)
근본이념	· 격차해소와 균등화	· 지역별 기능발휘의 극대화
문제해결방안	· 인구 및 시설의 강제적 지방분산 · 수도권의 입지규제 강화	· 과도한 집중만 억제 · 적정수준의 시설공급
주요규제수단	· 물리적 · 행정적 규제 등의 강제적 · 직접적 규제	· 경제적 부담증대에 의한 간접적 · 우회적 규제

(4) 수도권 정책의 변화

수도권 정책은 1960년대는 수도권 집중으로 인한 사회문제에 대해 인식하기 시작하였으나 경제개발정책 우선으로 그 효과는 미비하였다. 1964년에 '대도시 인구집중 방지책'을 내 놓았고 1965년에 '특정지역지정계획'을 수립하여 서울 · 인천 · 수원 근교를 지정하고 서울 주변에 위성도시를 건설하여 서울의 기능을 이전하는 정책을 시행하였다.

1970년대는 수도권의 개념이 경기도와 인천을 포함하여 확대되었다. 1971년에는 '제1차 국토종합개발계획'이 작성 · 공포되어 서울 주변에 10개의 위성도시를 개발하고 도시의 무분별한 확산방지를 위해 도시 주변에 '개발제한구역(Green Belt)'을 설정하였다.

1980년대는 확대와 집중 일로에 있었던 수도권에 대한 재정비를 집중적으로 추진한 시기로 「수도권정비계획법」이 제정되었고, '수도권정비기본계획'이 수립되었다. 또한 수도권을 5개 권역으로 구분하여 권역별 차등 규제하였으나 수도권 집중 현상은 지속되었다.

1990년대는 물리적 규제 수단 외에 과밀부담금, 총량규제 등 경제적 규제방식을 도입하였다. 1994년에 「수도권정비계획법」을 전면 개정하였다.

2000년대에는 수도권만을 규제하는 정책에서 벗어나 수도권과 지방의 상생발전을 위한 국토균형발전정책이 추진되기 시작하였다.

표 7-5 수도권 정책의 변화

연도	정 책	내 용
1964	대도시 인구집중 방지책	· 서울 · 인천 · 수원 근교(3,325㎢)지정 · 서울의 기능이전을 위해 위성도시(인천, 수원, 의정부, 안양, 광주, 미금)건설
1965	특정지역지정 계획 공고	
1970	수도권 인구의 과밀집중 억제에 관한 기본지침	· 국토종합개발 계획의 수립추진 · 서울 강남지역 개발촉진
1971	제1차 국토종합개발 계획('72~'81) 작성 · 공포	· 서울 주변 10개의 위성도시 개발 · 도시의 무분별한 확산방지를 위해 도시주변에 Green Belt 설정
1976	반월신도시 건설계획 수립	· 서울의 인구집중 억제, 완화 거점으로 활용
1977	수도권 인구 재배치 계획 작성	· '86년 서울인구를 700만 명 수준으로 억제 계획 · 인구의 지방수용 여건마련을 위해 행정수도의 건설, 반월신도시 건설, 5대 거점 도시권 개발(대전, 전주, 대구, 광주, 마산권)
1981	제2차 국토종합개발계획('82~'91) 작성 · 공포	· 기본목표: 인구의 지방정착 유도 및 개발가능성의 전국적 확대 · 국토의 다핵구조 형성과 지역생활권 조성 · 서울 · 부산 양대도시의 성장억제 및 관리, 후진지역 개발촉진
1982	「수도권정비계획법」 제정	· '84년 수도권 정비 기본계획 수립('85부터 시행) · 수도권의 공간적 범위를 서울, 인천 및 경기도 전역으로 확대 · 일정규모이상의 공장, 학교, 업무시설 등 인구집중 유발시설의 신 · 증설억제 · 수도권을 5개 권역으로 구분, 차등규제 ※ 5개권역: 이동촉진권역, 제한정비권역, 개발유도권역, 개발유보권역, 자연보전권역
1984	제1차 수도권 정비계획 수립	· 수도권의 인구 및 산업의 과도한 집중억제와 기능의 선별적 분산으로 국토의 균형발전 유도

1991	제3차 국토종합개발계획 ('91~2001) 수립	· 과거의 수도권 집중형 국토골격에서 탈피, 지방분산형 국토골격 형성 · 물리적 규제방식을 지속추진 하되 · 과밀부담금 제도와 같은 경제적 규제방식을 도입 · 지방이전 기업에 대한 지원 강화 등
1994	「수도권정비계획법」 전면 개정	· 수도권 정비권역의 단순화, 규제방식의 전환 ※ 5개 권역⇒3개 권역(과밀억제, 성장관리, 자연보전)
1997	제2차 수도권 정비계획 수립	· 수도권의 질서있는 정비와 자족적인 지역생활권 육성 · 세계화에 대비한 수도권 기능제고와 통일대비 기반 구축 · 쾌적한 생활환경의 확보와 자연환경 보전
2002	지역혁신정책	· 혁신도시건설
2005	수도권종합발전대책	· 수도권 인구 안정화를 전제로, 수도권 주민의 삶의 질을 제고하고 산업클러스터 활성화를 통해 경쟁력을 강화 · 수도권 규제는 행정중심복합도시 건설, 공공기관 지방이전 등 지방화 추진속도와 연계하여 단계적으로 개선
2006	제3차 수도권정비계획 수립	· 인구안정화를 전제로 수도권의 '질적 발전' 추구 · 높은 경쟁력을 갖추고 지방과 상생 발전하는 수도권 지향

(5) 수도권정비계획

'수도권정비계획'은 「수도권정비계획법(제4조)」에 따라 수도권 정비의 기본방향, 인구 및 산업의 배치, 권역의 구분 및 정비방향, 광역시설의 정비 등에 관한 기본적인 사항을 정하는 장기종합계획이다. 이는 법정계획 즉, 법률에 의거 반드시 실행해야 하는 계획이다.

'수도권정비계획'은 수도권 정책의 기본 지침서로서, 질서 있는 수도권의 정비와 국토의 균형 발전을 도모하기 위하여 수도권을 과밀억제권역, 성장관리권역, 자연보전권역 등 3개의 권역으로 나누어 개발하기 위한 계획이다.

1) 수도권정비계획의 배경과 목표

'수도권정비계획'은 1984년부터 1996년까지의 제1차 수도권정비계획을 지나 1997년부터 2011년까지의 제2차 수도권정비계획을 거쳐 제3차 계획(2006~2020년)에 이르고 있다.

제2차 수도권정비계획의 계획기간은 1997년부터 15년간으로 하고, 수도권으로의 집중 억제를 목표로 했다. 그리고 수도권을 균형 개발하여 국제, 첨단 기능 지역으로 육성하여 국가 경쟁력을 확보하는 데 목적을 두고 있다. 이와 함께 수도권의 공간 구조를 서울 중심의 단핵구조에서 외곽의 다핵 분산형 구조로 바꿔 남북통일과 세계화, 개방화 등 국내외 여건 변화에 대비하고자 하였다. 이를 위해 지하철 등 도시 철도와 서울 외곽 순환 전철망 등 철도망을 대폭 확충하여 수도권의 교통 체계를 도로 위주에서 광역 철도 중심으로 바꾸고, 도로망·물류·공항·항만·통신 시설도 확충하는 등 장기적 정비 방향을 제시하고 있다.

제3차 수도권정비계획은 인구유발 시설에 대한 규제운영 위주로 수립되었던 과거 계획과는 달리 성장관리의 성격이 대폭 강화되고, 중장기적으로 중앙정부와 지자체가 상호 협력하는 '수도권의 계획적 관리'로 전환하고자 하는 것이 특징이다. 서울 중심의 수도권 공간구조는 10개 내외의 자립적 도시권을 중심으로 한 다핵연계형 공간구조로 개편되고, 서울 중심의 방사형으로 형성되어 온 도로 철도 등 기반시설을 환상격자형으로 전환하는 내용을 담고 있다. 또한 지역별 특성을 고려한 5개의 특성화된 산업벨트 형성을 지원하는 것을 제시하고 있다.

표 7-6 제1·2·3차 수도권정비계획의 비교

구분	제1차 수도권정비계획(1984)	제2차 수도권정비계획(1997)	제3차 수도권정비계획(2006)
기간	· 1984~1996	· 1997~2011	· 2006~2020
배경	· 지역균형개발과 수도권 내 과밀혼잡해소를 위한 방향 제시	· 국제화 지방화시대의 수도권의 바람직한 방향제시	· 국내 여건 변화, 중국의 급속한 성장, 경제 개방화의 진전에 따른 국가경쟁력 강화를 위한 수도권 혁신 · 제4차 국토종합계획 수정계획(2006~2020) 등으로 제2차 수도권정비계획의 조기 종료 필요성 대두
인구	· 1991년 1,572만 명(전국대비 35.0%) → 2000년 1,770만 명(전국대비 35.0%)	· 2001년 2,149만 명(전국대비 47.1%) → 2011년 2,139만 명(전국대비 45.3%)	· 2004년 2,305만 명(전국대비 47.9%) → 2020년 2,375만 명(전국대비 47.5%)
기본 목표	· 인구와 산업의 적정배치에 의한 과밀 없는 수도권 실현 · 한강 이남지역에 인구의 계	· 수도권의 질서있는 정비와 자족적 지역생활권 육성 · 세계화에 대비한 수도권기	· 인구안정화를 전제로 수도권의 '질적 발전' 추구 · 높은 경쟁력을 갖추고 지방

기본 목표	획적 분산 · 다핵적 광역도시복합체 형성 · 수도권 내 도·농 간 생활 환경격차감소	능제고와 통일대비 기반구축 · 쾌적한 생활환경 확보와 자연환경 보전	과 상생 발전하는 수도권 지향
주요 전략	· 광의적 토지이용규제와 5개 정비지역 설정 · 지역경제 안정성장과 산업 고도화 · 산업입지와 환경보전의 병행 등	· 과밀억제권역 내 인구 및 산업의 수도권 외곽으로의 분산 · 다핵공간구조와 자족적 중심도시권 형성 · 정보화, 산업고도화 관련기능 확충 · 국제 및 수도 기능이 미약한 시설 입지 억제 등	· 서울 중심적 공간구조를 '다핵 연계형' 공간구조로 전환 · 지역별 특성을 고려한 클러스터형 산업벨트 구축 · 서울중심의 방사형 교통체계를 환상격자형 교통체계로 전환 · 중장기적으로 현행의 권역제도를 중앙정부와 지자체가 상호 협력하는 '계획관리체제'로 전환
특징	· 이전촉진권역, 제한정비권역, 개발유보권역, 자연보전권역, 개발유보권역으로 구분하여 차등규제 · 인구 및 산업집중의 억제에 초점 · 목표인구와 실제인구의 괴리 발생	· 과밀억제권역, 성장관리권역, 자연보전권역으로 구분하여 차등규제 · 수도권을 분산형의 다핵공간구조로 개편하고 자족적 중심도시권 육성 · 목표인구와 실제인구의 차이 발생	· 인구상한제에 기초한 다핵구조 공간 개편, 정비발전지구제 도입 등으로 획일적 규제에서 벗어나 수도권의 질적 성장 관리 성격 강화 · 목표인구와 실제인구의 차이 발생

2) 수도권의 권역구분 및 정비계획

제2차 수도권정비계획은 과밀억제권역, 성장관리권역, 자연보전권역으로 구분하여 차등적으로 규제하였다. 우선, 과밀억제권역은 인구 집중을 유발시키는 시설의 입지를 규제하고 그 시설들에 대한 외곽 분산을 통해 주택난, 교통혼잡 등 도시문제 해결에 주력하였다. 다음으로, 성장관리권역은 지역특성별로 수도권 입지가 필수적인 시설을 배치해 자족 기능을 확충하고, 마지막으로 자연보전권역은 한강 수계 보전과 주민불편 해소에 중점을 두었다.

제3차 수도권정비계획에서는 단기적으로는 종전과 같은 권역별 규제시책을 유지하되, 공공기관 종전부지, 노후공업지역 등 계획적 정비가 필요한 지역을 대상으로 수도권 규제를 차등 적용하는 정비발전지구 제도를 도입하여 획일적 규제의 문제점을 보완하고 있다. 또한 중장기적으로 현행의 권역제도를 중앙정부와 지자체가 상호 협력하는 '계획관리체제'로 전환하는 것을 내용으로 하고 있다.

그림 7-2 수도권정비계획의 권역 구분

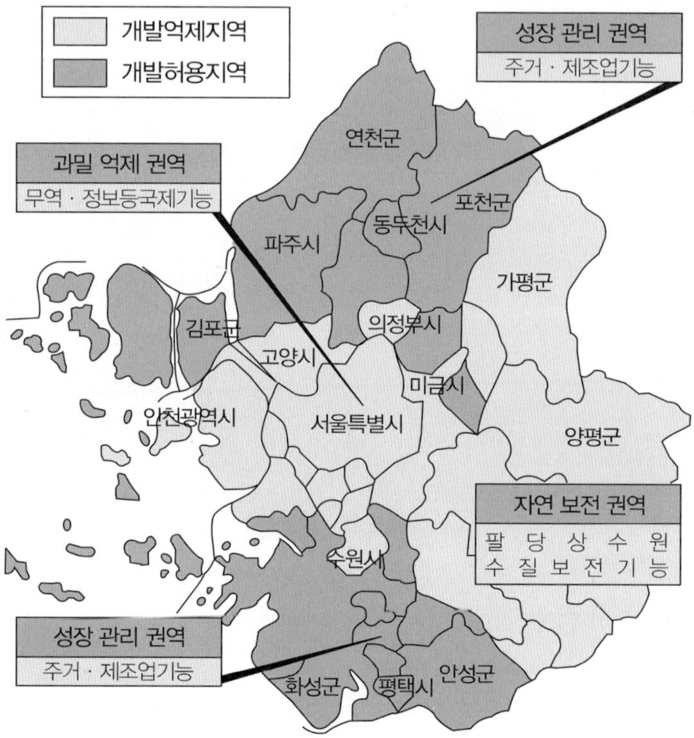

4 개발제한구역제도

(1) 개발제한구역의 정의와 배경

개발제한구역은 건설 및 개발에 대하여 지속적이고 강력한 제한을 가함으로써 공지(空地)로 보전하는 도시주변의 토지로 정의된다. 개발제한구역은 도시의 경관을 정비하고, 환경을 보전하기 위해서 설정된 녹지대로를 말한다. 그린벨트(Green Belt)라고도 하는데, 생산녹지와 차단녹지로 구분되며, 건축물의 신축 · 증축, 용도변경, 토지의 형질변경 및 토지분할 등의 행위가 제한된다.

1960년대 이후 급속한 도시화 및 산업화로 인한 도시의 무질서한 평면적 확산으로 주거·교통난, 환경오염 등 도시문제가 심화되었다. 그리고 중화학 공단 등 국가주요사업 시행지역의 배후지역이 급속하게 발전·팽창될 것이 예상되었다.

이에 영국의 'Green Belt제도'와 일본의 '근교지대제도'를 모델로 하여, 도시의 평면적 확산의 한계를 설정하고 환상(도우넛 형태)의 차단녹지대 기능을 하는 '개발제한구역(Green Belt)'을 지정하기로 하였다. 그리고 1971년 1월「도시계획법」을 개정하여 근거규정을 신설하고 개발제한구역제도를 도입하였다.

개발제한구역제도는 도시규모의 적정성 논리로부터 출발한다. BC 4세기경 플라톤(Platon)은 최적 도시인구 규모를 5,000명으로 보고 이를 넘지 않도록 제한할 것을 주장하였다. 그는 도시가 적정규모를 초과할 경우 시민상호 간의 접촉이 둔화되고 식량의 자급이 곤란하게 되는 문제가 있는 것으로 보았다.

아리스토텔레스(Aristoteles)도 '도시규모제한론'을 주장하였다. 이러한 주장은 16세기 토마스 무어(Thomas Moore)의 'Utopia', 19세기 오웬(Owen)의 소규모 공동체계획, 하워드(E. Howard)의 전원도시계획, 페리(C. A. Perry)의 근린주구 단위계획으로 반영되었다.

(2) 개발제한구역의 근거와 목적

'개발제한구역제도'는 1971년「도시계획법」제21조를 근거로 만들어졌다. 그러나 1998년 개발제한구역을 규정한「도시계획법」제21조가 헌법불합치 판정을 받아 개발제한구역에 대한 전면적인 재검토와 의견수렴절차가 있었으며, 공청회와 연구검토를 통해 1999년에 최종적인 개선안이 확정되었다. 이에 대한 입법조치로 2000년 1월에「개발제한구역 지정 및 관리에 관한 특별법」이 제정되어 시행되고 있다.

개발제한구역은 도시의 무질서한 확산 및 이에 따른 난개발을 방지하고 인접도시 간의 연접을 방지하여 각 도시의 특성을 유지할 수 있도록 하기 위하여 지정한다. 그리고 도시주변의 자연환경과 녹지공간을 보전하여 도시공해를 차단 또는 완화시킴으로써 도시민에게 건전한 생활환경과 휴식공간을 제공함을 목적으로 하고 있다.

(3) 개발제한구역의 지정과 행위제한

개발제한구역(Green Belt)은 1971년 7월 수도권에 최초 지정 후 1977년 4월 전남 여천지역 지정까지 8차례 지정하였다(1971년 7월 30일 서울시 외곽 463.8㎢ 최초 지정 이후 1971~1977년 사이에 수도권 지방대도시, 주요 지방공업도시 등에 확대). 지정면적은 1995년 14개 권역 총 5,397㎢(전 국토면적의 5.4%에 해당)에서 그동안 1,502㎢가 해제되어 2011년 3월말 현재 3,895㎢에 이르고 있다.[2)]

표 7-7 개발제한구역 지정 및 해제 현황(2011. 3월말 현재)

권역별	구 역	지정및해제면적(㎢)			지정일
		당초지정	해제면적	현재면적	
계	전국	5,397,110	1,435,432	3,961,678	
	7대 대도시권	4,294.0	398.6	3,895.4	
수도권	서울특별시, 인천광역시, 경기도 21개 시군	1,566.8	142.6	1,424.2	'71.7.30~'76.12
부산권	부산광역시, 양산시, 김해시, 울산광역시 일부	597.1	162.2	434.9	'71.12.29
대구권	대구광역시, 경산시, 칠곡군, 고령군	536.5	18.7	517.8	'72.8.25
광주권	광주광역시, 나주시, 담양군, 화순군, 장성군	554.7	12.2	428.9	'73.1.17
대전권	대전광역시, 공주시, 계룡시, 금산군, 연기군, 옥천군, 청원군 일부	441.1	35.8	518.9	'73.6.27
울산권	울산시	283.6	12.5	271.1	'73.6.27
창원권	아산시, 진해시, 창원시, 함안군, 김해시 일부	314.2	14.6	299.6	'73.6.27

개발제한구역 안에서는 구역지정 목적에 위배되는 건축물의 건축, 공작물의 설치, 토지의 형질변경 및 도시계획사업 등 도시개발 행위는 원칙적으로 금지되고, 구역지정목적에 지장 없는 건축물·시설에 한하여 제한적으로 허용하고 있다. 주요 규제내용으로는 ① 주택, 공장, 시장 등 인구유발시설의 신축 금지, ② 축산,

2) 국토해양부 홈페이지(http://www.mltm.go.kr) 참조

창고 등의 주택, 공장으로 용도변경 금지, ③ 다량의 토석채취, 토지형질변경 등의 자연환경 훼손 행위금지 등이다.

(4) 그간의 규제완화와 제도개선

1971년 7월 30일 개발제한구역 지정이후 행위규제와 관련한 「도시계획법 시행규칙」은 수 차례에 걸쳐 개정되어 왔다. 특히 1993년 12월 31일(건설부령 제541호) 개정 시행된 「도시계획법 시행규칙」의 개정 내용은 토지 · 건축부분의 행위규제가 상당히 완화되어 구역 거주민들의 농업용시설 건축물의 건축 등 재산권 활용을 촉진하는 계기가 되었으나, 한편으로는 무분별한 축사건립과 이에 따른 불법 용도변경 발생으로 구역 거주민의 대량 범법자 양산이라는 문제점의 발단이 되기도 하였다.

이에 정부에서는 지금까지의 단순 규제완화 조치에서 벗어나 두 차례에 걸쳐 구역해제를 포함하는 대규모의 제도개선을 감행하였다.

1) 1차 제도개선(1998~1999)

개발제한구역은 원래의 목적 이외에 일부 부작용도 발생시켰다. 즉, 도시용지 제약으로 도시발전을 저해하고, 개발제한구역을 뛰어넘는 시가지 확산으로 교통비용 증가 및 정주여건 악화 등이 노정되었다.

이에 1998년 5월 19일(건설교통부령 제13호) 개정 시행된 「도시계획법 시행규칙」 내용은 구역 거주민의 생활편익을 위한 시설과 지역공공시설의 설치가 가능토록 대폭 완화된 경우라 할 것이다(<표 7-8> 참조).

그리고 1999년 1월 9일 도시계획법시행규칙 개정내용은 구역지정 이전에 지목이 대지였던 땅이나, 주택이 있던 토지에 대하여 근린생활시설을 신축 가능하게 함으로써 거주민의 생활편익을 더욱 배려한 경우이다. 특히, 1999년 7월 23일 정부는 개발제한구역제도 운영상 최초로 그린벨트 구역조정(폐지 · 완화)방안을 발표하였고 그 내용은 <표 7-9>와 같다.

1999년도에 발표된 제도개선의 주요내용은 첫째, 지정 실효성이 적은 7개 중소도시권[3)]은 구역제한을 해제하는 것이다. 즉, 도시의 무질서한 확산과 도시주변

3) 7개 중소도시권은 춘천권, 청주권, 전주권, 여수권, 진주권, 통영권, 제주권 등이다.

표 7-8 1998년 그린벨트 규제완화 행위제한 주요내용

구분	완화내용
주택증축	◆ 원거주민 자녀분가용 주택 증축 허용 (기존면적 포함해 연면적 300이하, 3층이하 다세대 주택)
주택이전	◆ 이축제한기간: 폐지 ◆ 나대지 건축시 인근 시・군・구까지 ◆ 대지조성면적: 330㎡
생활편의 시설	◆ 허용대상 - 체육: 시・군・구, 읍・면・동 단위 생활체육시설 - 문화: 박물관, 미술관, 도서관 - 의료: 병원, 한방병원, 의원, 조산소 - 유통: 슈퍼마켓 - 금융: 은행, 신탁, 보험 ◆ 대상지역 - 행정구역 면적의 2/3이상 또는 인구의 1/2 이상이 그린벨트인 시・군・구 또는 인구의 9/10 이상이 그린벨트인 읍・면・동
학교	◆ 공립학교 설치계획이 없으면 사립고등학교 신축도 허용
공공시설	◆ 허용대상 - 마을공동이용시설: 새마을금고 지역의보조합사무소 공동 주차장 농・수・축산물 공판상(환경시설용지에 한함) - 90년 이전 신설돼 청사를 임차하고 있는 교육청, 세무서 ◆ 대상지역 - 행정구역의 2/3이상, 인구의 1/2이 그린벨트인 시・군・구 - 행정구역 또는 인구의 9/10이상이 그린벨트의 읍・면・동
근린생활 시설	◆ 용도변경한 근린생활시설이 법령개정으로 신축이 가능하게 된 경우 다른 근린생활시설도 용도변경 허용 ◆ 주택은 용도변경한 근린생활시설에 대해 주택증축기준에 의거 200㎡까지 허용
기타	- 주유소 안에 설치하는 세차시설 - 화장장 부설 장례식장 - 월드컵 축구장: 대전, 전주

자연환경 훼손의 우려가 적은 7개 도시권은 개발제한구역을 해제 완료하였다. 둘째, 개발제한구역이 필요한 대도시권은 부분 조정하는 내용이다. 즉, 시가지 확산 압력이 높고 환경관리의 필요성이 큰 7개 도시권은 광역도시계획을 세워 부분적으로 조정하였다. 여기서 환경관리의 필요성이 큰 7개 도시권은 수도권, 부산권, 대구권, 광주권, 대전권, 울산권, 마산・창원・진해권을 말한다.

표 7-9 1999년 그린벨트 구역조정 주요내용

구 분	완화 내용(1999.7.23)
지정실효성이 적은 도시권의 해제	◆ 도시의 무질서한 확산과 도시주변 자연환경 훼손의 우려가 적은 7개 도시권은 개발제한구역을 해제 - 先환경평가·도시계획-後해제 - 환경평가와 도시계획을 수립하여 보전녹지지역 등을 먼저 지정한 이후에 해제
개발제한구역이 필요한 도시권 부분조정	◆ 환경평가를 통해 '해제가능한 지역'을 선정한 후 광역도시계획을 수립하여 개발제한구역을 조정 - 선계획·후조정 원칙에 의거 광역도시계획을 수립한 후 조정 - 대규모 취락, 산업단지, 관통취락은 우선적으로 조정
존치지역 지원확대	◆ 주민의 삶의 질과 생활편익을 증진시키기 위한 다각적인 대책을 강구 - 취락지구에 대한 공공시설 지원, 주택신·증축자금 장기저리 융자 - 이중규제지역에 대하여는 건축규제조항의 적용을 배제 - 지정목적에 맞는 범위 내에서 토지이용을 다양화
난개발 및 환경훼손 방지대책	◆ 先계획-後해제의 원칙을 적용 - 광역도시계획을 수립하여 조정 - 해제·조정지역에 대한 친환경·저밀도 개발계획의 수립 - 보전가치가 높은 곳은 보전녹지지역 등으로 지정 - 도시내외의 녹지를 체계적으로 관리하기 위한 녹지·환경 네트워크의 구축

2) 2차 제도개선(2009년)

1999년부터 구역해제를 추진하여 활용성이 높은 지역은 대부분 해제되었으나, 남은 해제예정지는 부정형으로 산재되어 활용이 곤란한 실정이었다. 더욱이 개발압력이 높은 일부 개발제한구역은 불법축사 등이 지속적으로 난립하여 녹지 훼손 및 도시환경을 저해하고 있는 실정이었다.

이에 2009년에는 고용창출 및 지역경제 활성화에 기여하는 산업단지와 서민주택 공급을 위하여 개발제한구역을 추가 해제키로 하였다. 단, 토지특성은 환경평가결과 3~5등급지로서 환경적으로 보전가치가 낮은 지역(우량농지는 농림부와 협의된 경우 포함)으로 하였다. 또 지역여건으로는 기존 시가지·공단·항만 등에 인접하고 간선도로·철도 등 주요 기반시설이 구비되어 대규모 기반시설 설치소요가 적은 지역으로 하고, 단위규모는 난개발 방지를 위해 20만㎡ 이상으로 설정하였다.

해제 가능규모는 지역별로 2020년까지 해제할 수 있는 최대한도를 부여하였다. 우선, 기존 해제계획에 따라 해제하기로 한 면적 중 아직까지 활용하지 못한 잔여면적(120㎢)을 활용하되 소규모로 산재되어 있는 해제예정지는 이를 집단화하여 실제 필요한 지역에서 활용할 수 있도록 허용(전환해제)하였다. 그리고 지역별 개발수요 및 가용토지 등을 고려하여 꼭 필요한 경우에는 최대 188㎢한도 내에서 추가해제를 허용하였다.4)

표 7-10 권역별 해제가능 면적

구 분	계(㎢)	수도권	부산권	대구권	대전권	광주권	울산권	마창진
잔여면적	120.2	26.4	18.5	14.1	18.9	10.6	16.9	14.8
추가해제	34～102	12～37	5～16	3～9	3～9	4～13	2～8	2～7

그동안 '개발제한구역제도'는 다양한 변화를 겪어왔다. 하지만 '개발제한구역제도'는 우리나라에서 가장 성공적 지역발전정책 중 하나로 꼽혀왔다. 그것은 지난 40년간 여러 차례 정권이 바뀌면서 '개발제한구역제도'에 대한 강력한 개편요구와 지정해제 압력이 있었음에도 불구하고 지금까지 제도설치 당시의 정책기조를 그대로 유지해 왔다는 데 있다. 하지만 국민의 정부에 들어 그동안의 불문율에 붙여졌던 구역해제를 감행했다. 이러한 제도개선에 대하여 먼 훗날 학자들이 어떠한 평가를 내릴 지 자못 궁금하다.5)

4) 2020년까지의 개략적 개발수요, 기존 해제예정지 등 가용토지 현황, 지역 역점사업 내용 등을 종합적으로 고려하여 설정하였다.

5) 이 장은 지방행정연수원 사이버교재; 모성은 · 임경수 · 이성우, 『지역개발론』을 중심으로 정리하였다.

CHAPTER 8

낙후지역 발전전략

최근의 농어촌지역을 중심으로 하는 발전전략은 낙후지역 발전에 초점이 맞추어져 온 것이 사실이다. 농어촌종합개발사업, 신활력사업 등은 이러한 맥락에서 진행된 중앙정부 주도의 낙후지역발전 전략이다. 인구가 감소하고 자립경제기반이 부족한 낙후지역의 발전에는 지역 간·계층 간 사회갈등을 해소하는 동시에 지역의 쇠퇴와 침체를 극복하는 전략이 필요하다.

1 낙후지역 발전전략 의의

(1) 낙후지역발전의 필요성

낙후지역에는 일반적으로 인구의 감소 및 노령화 현상이 만연해 있다. 이로 인해 지역경제의 자립기반이 붕괴되고, 청장년층이 없어 지역의 혁신역량마저 부족한 것이 특징이다. 따라서 낙후지역에는 내생적인 발전역량이 부족하고, 자립기반이 상실되어 만성적이고 구조적인 지역침체 현상이 나타난다.

이러한 현상은 낙후지역만이 아니라 국가전체의 문제가 되기도 한다. 지역 간 격차는 물론 계층 간 격차로 인하여 다양한 사회갈등의 요인이 되기도 한다. 따라서 낙후지역의 문제는 엄청난 비용을 발생시켜 국가적 부담이 되기 때문에 낙후지역 발전의 필요성이 강조되고 있다.

(2) 낙후지역의 개념

낙후지역은 지역발전의 역량과 경제성장 정도가 뒤떨어져 인구가 감소하는 것은 물론 지역경제가 침체되어 주민의 경제생활수준이 현격히 낮은 지역을 의미한다. 그러나 우리나라의 경우 지난 40년 간 괄목할만한 경제성장으로 인하여 행정구역 단위로는 절대적 낙후지역을 찾아보기 힘들다. 따라서 낙후지역을 규정하기 위해서는 정책적 기준 내지 상대적 기준이 필요하다.

우선 기존의 제도에서는 낙후지역을 오지지역, 도서지역, 접경지역 그리고 개발촉진지구 등으로 개념화하였다. 첫째, 오지지역은 「오지개발촉진법」에 의해 규정된 지역으로서 도시지역으로부터 상당한 거리에 떨어져 교통이 불편하고 주민의 소득 수준과 생활수준이 현저히 낮은 지역으로 정의하고 있다. 둘째, 도서지역은 「도서개발촉진법」에 의해 규정된 지역으로서 제주 본도를 제외한 해상의 전도서 중에서 상대적으로 낙후된 지역을 의미한다. 셋째, 접경지역은 「접경지역지원법」의 의해 규정된 지역으로서 민간인통제선 이남으로부터 20킬로미터 이내에 소재한 시·군에 속한 읍면동 지역을 말한다. 넷째, 개발촉진지구는 「지역균형개발 및 지방중소기업 육성에 관한 법률」에 의해 규정된 지역으로서 발전수준이 다른 지역에 비하여 현저하게 낮은 지역을 말한다.

그러나 2003년 12월에 제정된 「국가균형발전특별법(이하 균특법)」 제2조에서는 낙후지역을 기존과 같이 우회적인 표현을 사용하지 않고 직접적으로 규정하고 있다. 즉, 균특법에서는 오지, 도서, 접경, 개발촉진지역 등 생활환경이 열악하고 개발수준이 현저하게 저조한 지역을 망라하여 '낙후지역'으로 명명하였다.

한편 2009년 4월 개정되어 시행된 균특법에서는 낙후지역이라는 개념을 다시 '성장촉진지역'으로 변경하여 정의하고 있다. 또한 「오지개발촉진법」이 폐지(2008년)되고 행정안전부의 오지개발사업이 농림수산식품부의 농어촌정주기반확충사업과 통합·이관되어 농어촌생활환경정비사업으로 바뀌었기 때문에 현재는 '오지지역'이 법정용어가 아닌 셈이다.

표 8-1 낙후지역의 개념 및 범위

구분	근 거	내 용(법률)	세부내용(시행령)
오지지역	오지개발촉진법 제2조 (2008년 폐지)	도시지역으로부터 상당한 거리에 떨어져 있는 지역으로서 교통이 불편하고 주민의 소득수준과 생활수준이 현저히 낮은 지역	개발수준이 전국 면지역 평균 이하인 지역으로 지역주민의 1인당 소득수준이 전국 면지역 평균 1인당 소득수준 이하인 지역
도서지역	도서개발촉진법 제2조	제주도 본도를 제외한 해상의 전도서	방파제 또는 교량으로 육지와 연결된 도서로서 육지와 연결된 때부터 10년이 지난 도서는 제외
접경지역	접경지역지원법 제2조	민간인통제선 이남으로부터 20킬로미터 이내에 소재한 시・군에 속한 읍・면・동	다음 각 지표 중 3개 이상의 지표가 전국의 평균지표보다 저조한 지역 - 인구증감률(최근 5년간)/도로포장률/상수도보급률/제조업종사자비율/군사시설보호구역 점유비율
개발촉진지구	지역균형개발 및 지방중소기업육성에 관한 법률 제9조	개발수준이 다른 지역에 비하여 현저하게 낮은 지역	- 인구증가율 또는 재정자립도중 1개 이상이 전국 하위 100분의 30 미만에 속하면서 제조업종사자의 인구비율, 도로율, 승용차의 보유비율, 의사비율, 노령화지수 또는 도시적 토지이용비율 중 1개 이상이 전국 하위 100분의 30 미만에 속하는 지역 - 종래의 지역산업이 급격히 쇠퇴한 농어촌지역으로서 새로운 소득기반이 조성을 위하여 인근 도시지역과 연계하여 개발할 필요가 있는 지역 - 특정지역에 속하는 지역으로서 지역 간 균형있는 개발을 위하여 특히 민간자본을 유치하여 집중적인 개발이 필요한 지역
낙후지역	국가균형발전특별법 제2조 (개정전)	① 오지개발촉진법 제2조의 규정에 의한 오지 ② 도서개발촉진법 제4조제1항의 규정에 의한 개발대상도서 ③ 접경지역지원법 제2조제1호의 규정에 의한 접경지역 ④ 지역균형개발및지방중소기업육성에관한법률 제9조제1항의 규정에 의한 개발촉진지구	행정자치부(행정안전부의 이전 명칭)는 전국 시・군・구 중 연평균 인구감소율, 재정상황, 소득수준 등의 지표를 종합평가하여 생활환경이 열악하고 개발수준이 현저하게 저조한 낙후지역을 3년마다 선정 고시

		⑤ 그 밖에 생활환경이 열악하고 개발수준이 현저하게 저조한 지역으로서 대통령령이 정하는 지역	
성장 촉진 지역	국가균형발전특별법 제2조	생활환경이 열악하고 개발수준이 현저하게 저조하여 해당 지역의 경제적·사회적 성장을 촉진하기 위하여 필요한 도로, 상수도 등의 지역사회기반시설의 구축 등에 국가와 지방자치단체의 특별한 배려가 필요한 지역으로서 소득, 인구, 재정상태 등을 고려하여 대통령령으로 정하는 지역	시·군·구 중 시·군을 대상으로 연평균 인구변화율, 소득수준, 재정상황 및 지역 접근성 등을 지역발전위원회가 5년마다 종합평가한 결과 지역사회기반시설의 구축 등에 국가와 지방자치단체의 특별한 배려가 필요하다고 인정되는 지역 중에서 지역발전위원회의 심의를 거쳐 행정안전부장관과 국토해양부장관이 공동으로 지정·고시하는 지역

(3) 낙후지역 지정 현황

우리나라에서 낙후지역의 개념은 참으로 다양하게 정의되어 왔다. 하지만 이러한 다양한 개념규정 아래서 그동안 정부가 낙후지역의 범위에 포함시키고 있는 낙후지역 지정내역을 보면 <표 8-2>와 같다.

표 8-2 기존 낙후지역 지정현황

기존 낙후지역	선정 대상지역
오지지역	개발수준이 전국 면지역 평균 이하인 지역으로, 지역주민의 1인당 소득수준이 전국 면지역 이하인 지역(총 399개면)
도서지역	제주도를 제외한 해상의 전도서(총 410개 도서)
접경지역	민간인통제선 이남의 시·군 관할구역에 속하는 지역(총 98개읍·면·동)
개발촉진지구	동일 생활권 또는 광역적 개발이 필요한 지역(총 13개시·군)
낙후지역*	기존의 낙후지역 총망라(총 70개 시·군)
성장촉진지역**	낙후도 상위 43%인 70개 시·군

주) 2009년 4월 개정시행된 균특법에 의해 기존 낙후지역*의 명칭을 바꾸어 성장촉진지역**으로 사용하고 있다.

2 낙후지역 발전시책 현황

「국가균형발전특별법」이 제정되기 이전에 우리나라는 낙후지역의 다양한 개념구조 아래에서 다각적인 사업을 추진해 왔다.

개별 법률에 의거한 낙후지역 발전계획은 여러 가지 기준에 따라 분류할 수 있다. 낙후지역 발전계획은 성격과 내용을 기준으로 물적·공간계획과 경제·사회부문 계획으로 구분하고, 계획의 수준에 따라서 기본계획과 실행계획으로, 그리고 법적 근거유무에 따라서는 법정계획과 비법정계획으로 구분할 수 있다. 또 계획대상 공간에 따라 분류하면 전국단위계획, 시도단위계획, 시군단위계획, 읍면단위계획, 지구·마을단위계획으로 구분할 수 있다.

낙후지역사업의 연혁을 보면 먼저, 농어촌정주권개발사업을 들 수 있다. 농어촌정주권개발사업은 1986년 농림부가 발표한 '농어촌종합대책'에 의한 군단위 종합개발사업이 모태가 되어 군단위 사업으로 시작되었다가 1990년에 「농어촌발전특별조치법」과 1994년 「농어촌정비법」에 근거하여 면단위 사업으로 전환된 사업이다.

이에 비해 오지개발사업이나 도서개발사업은 모두 1999년까지 유효한 한시법에 의해 추진되었다. 그러나 오지개발사업은 1999년 1월21일 「오지개발촉진법」을 2004년까지 한시법으로 개정·공포하고 이에 근거하여 그간 1차 10개년(1990년~1999년), 2차 5개년(2000년~2004년) 사업을 완료하였고, 2004년 12월 23일 법 개정을 통해 한시조항을 5년간 연장하여 3차 5개년계획사업(2005년~2009년)을 실시하였다.

도서개발사업은 오지개발사업과 마찬가지로 「도서개발촉진법」이 1999년까지 한시적인 법이었는데, 사업의 계속성을 위해 한시적 제한규정을 삭제하여 연장되었다. 1988년부터 중앙정부 8개 부처 지원사업으로 추진된 도서종합개발사업은 '제1차 도서종합개발계획'이 1988년~1997년까지 시행되었다. '제2차 도서종합개발사업'은 1998년부터 2007년까지 시행되었으며, 제3차 사업(2008년~2017년)은 10년간 351개 도서에 2조 5,208억원 규모로 시행 중에 있다.

이들 사업의 목적을 보면 오지개발, 도서개발 및 농어촌정주권개발사업은 생활기반시설 조성사업이나 주민소득원 개발사업 등 공공적인 성격과 소규모적 사업임을 알 수 있다.

표 8-3 낙후지역 발전시책의 주관부처 및 근거법률

구 분	주관부서	근거법률	사업 목적
농어촌정주권 개발사업	농림부	농어촌발전특별조치법 (1990)	농어촌지역의 생활환경, 산업기반 및 편익·복지시설 등을 종합적으로 정비·확충함으로써 쾌적한 정부생활환경 조성, 안정된 산업구조의 정착, 지역 간 균형발전 도모
오지개발 사업	행안부	오지개발촉진법 (1988)	개발이 뒤떨어진 오지·낙후지역 주민의 소득증대와 복지향상을 위한 기반시설 확충으로 지역 간 격차를 해소하여 국토의 균형있는 발전 도모
도서개발 사업	행안부	도서개발촉진법 (1986)	도서의 생산·소득 및 생활기반시설의 정비·확충으로 생활환경을 개선함으로써 도서주민의 소득증대와 복지향상 도모
접경지역 종합개발사업	행안부	접경지역지원법 (2000)	접경지역의 종합적 이용과 주민복지의 증진, 자연환경의 보전관리 및 통일기반 조성
개발촉진지구 개발사업	국토부	지역균형개발 및 지방중소기업육성에 관한 법률(1994)	개발수준이 현저하게 낮은 지역의 생산기반조성, 주민생활 환경개선, 지역기반시설정비사업, 관광휴양지 조성, 지역특화산업의 육성 등 주민소득증대 및 자연환경 보전
지방소도읍 개발사업	행안부	지방소도읍육성지원법 (2001)	지방소도읍을 주변 농어촌의 중심거점지역으로 육성하여 지역주민의 소득증대와 생활복지 향상을 기하고 국토의 균형발전에 기여

개발촉진지구사업은 1996년도에 1차 사업지구를 지정한 후 2002년까지 31개 낙후지역형 사업지구를 지정하였고 사업면적은 7,039.1㎢에 달한다. 낙후지역형 사업지구의 공간설정은 도별 총면적의 10% 이내에서 지정이 가능하나 개발계획은 매년 도면적의 2% 내에서 수립하도록 하고 있다. 그리고 1지구당 면적은 150㎢이상(약 2개 면 규모)을 원칙으로 하되, 낙도 등 특수한 지리적 여건을 가지고 있는 경우는 예외로 하였다. 한편 2000년대 이후 제정된 접경지역종합개발사업이나 지방소도읍개발사업 등은 '제4차 국토종합계획'에 맞춰 새롭게 착수된 사업이다. 이들 낙후지역발전사업은 지역의 자생력을 제고하면서 지역혁신 능력을 신장시켜 국가혁신체제의 한 부분으로 연계시키므로 전체 국토공간의 균형을 도모하고자 한 것이다.

낙후지역발전시책 내용을 <표 8-4>를 통해 살펴보면 다음과 같다. 이들 사

표 8-4 낙후지역 발전시책의 주요 사업내용

구 분	사업 내용	사업성격
농어촌생활환경 정비사업	· 집단화된 농어촌 주택, 공동이용시설 등을 갖춘 새로운 농어촌마을 건설사업 · 기존 마을의 토지와 주택 등을 합리적으로 재배치하기 위한 농어촌마을 재개발사업 · 분산된 마을의 정비사업 · 간이 상수도, 마을하수도 및 오수·폐수 정화시설의 설치 등 농어촌 수질오염 방지를 위한 사업 · 주민생활의 거점이 되는 지역을 중점적으로 개발하는 정주생활권 개발사업 · 빈집의 정비 · 농어촌 임대주택의 공급 및 관리를 위한 사업 · 치산녹화(治山綠化) 등 국토보전시설의 정비·확충 · 농어촌 주택의 개량 사업 · 그 밖에 농어촌지역과 준농어촌지역의 생활환경을 개선하기 위하여 필요한 사업	공공사업, 정부재정
도서개발사업	생활기반시설, 생산기반시설, 문화복지시설, 환경위생시설, 생활안전시설(이상 행안부), 배수개선(농림부), 전화전기사업(지경부), 식수원, 해상공원, 소각장(환경부), 연육·연도교, 항만·어항시설(국토부), 조림, 육림, 임도사업(산림청)	공공사업, 정부재정
접경지역 종합개발사업	사회간접자본확충, 산림·환경보전, 산업기반·관광개발, 정부생활환경개선, 남북교류 및 평화통일기반조성, 문화재발굴 및 문화유산 보존, 지역별 전략사업	공공사업, 정부재정
개발촉진지구 개발사업	<낙후지역형 사업내용> 관광휴양사업: 골프장, 스키장, 온천, 공원, 휴양지, 위락단지 등 지역특화사업: 복합영농단지, 화훼단지, 유통단지, 민박마을 등 기반시설사업: 도로, 상하수도, 하천정비, 하수처리장 등	공공 및 투자사업, 민자유치
지방소도읍 개발사업	<종합계획의 내용> 소도읍 종합육성계획의 개요, 소도읍의 현황과 개발여건, 기본구상, 부문별 사업계획, 집행 및 관리계획, 개발효과 분석 <부문별 사업계획 내용> 지역산업 진흥 관련사업, 도시기반시설 확충 관련사업, 주민생활환경 개선 및 복지증진 관련 사업, 문화 및 관광육성 관련사업	공공사업, 정부재정

업내용은 각기 다른 개별사업이라 하더라도 모두 낙후지역발전에 관한 것이기 때문에 서로 유사한 사업내용이 중복되어 있다. 특히 종전의 오지개발사업은 대상지구가 다를 뿐 상당 부분 농어촌정주권사업과 중복되었다. 이에 따라 「오지개발촉

진법」이 2008년에 폐지되었고 「농어촌정비법」 상의 농어촌정주기반확충사업과 통합하여 농어촌생활환경정비사업으로 변경된 것이다.

개발촉진지구사업의 경우, 골프장, 스키장, 온천 등 민자유치를 통한 투자성 사업이 비교적 강하게 보인다. 반면에 도서개발사업이나 접경지역개발사업, 지방소도읍개발사업, 농어촌생활환경정비사업 등은 지역주민의 숙원사업적 성격을 지닌다. 즉, 생활기반시설, 생산기반시설, 문화복지시설, 생활안전시설, 농어촌취락의 정비 및 개발, 농어촌도로의 정비 및 개발 등 지역주민 숙원사업들로 구성되어 있다. 따라서 사업에 소요되는 재원도 대부분 국고보조에 의존하고 있다.

한편 접경지역종합개발사업의 경우 정부 예산에 의한 공공사업이 근간을 이루지만 민자유치사업을 시행하는 자에 대하여 국가 또는 지방자치단체가 「지역균형개발 및 지방중소기업 육성에 관한 법률」에 의거하여 지원조치를 할 수 있도록 하고 있다.

3 낙후지역 발전시책의 문제점

지금까지 우리나라가 추진해 온 기존 낙후지역 발전시책의 문제점은 주관부처의 다각화로 인한 사업추진의 비효율성, 유사사업의 중복성, 계획과 실천의 연계 미흡, 예산확보 및 집행 관리상의 문제, 민자유치의 미흡, 종합적 평가부재 등을 들 수 있다.

(1) 제도상의 문제

첫째, 낙후지역발전사업은 주관부처의 다각화로 인한 사업추진의 비효율성을 들 수 있다. 현재 우리나라의 낙후지역에 관한 사업들은 주관부처가 다르고 다수의 법령에 근거하여 수행되어 왔다. 개발촉진지구사업은 건설교통부소관, 접경지역개발사업, 도서개발사업, 지방소도읍개발사업 등은 행안부 소관, 농촌발전계획이나 정주생활권개발계획 등은 농림부 소관으로 되어있다. 여기에 더하여 동일한 발전계획이라 하더라도 세부사업 내용에 따라 예산지원부서가 달라 사업을 집행하는 지방자치단체에서는 예산지원 부서를 찾아다니며 예산 따내기에 열중할 뿐 실제 사업의 집행과 관리에 관해서는 소홀히 하는 경우가 많다.

둘째, 낙후지역발전에 관한 사업으로서 사업 간 중복성의 문제가 있다. 이러한 현상은 <표 8-4>에서도 나타나지만 특히 광역개발계획에서 나눌 수 있는 군, 면단위 개발계획과 개발촉진지구사업, 소도읍육성사업 등과의 중복 가능성이 높다는 점을 지적할 수 있다.

(2) 사업추진상의 문제

첫째, 계획과 실천이 유기적이고 체계적으로 맞물려 수행되지 못하다는 점이다. 대체로 낙후지역발전사업은 지역자원을 활용한 소득증대사업, 사회간접자본시설 확충, 관광휴양지 개발 등으로 이들 사업들은 단위 사업적 성격이 강하다.

둘째, 예산의 확보와 집행과정에 있어서 다소 느슨한 관리가 관행화되어 왔다. 먼저 사업비와 관련하여 계획수립을 담당하는 지방자치단체의 사업계획능력이 현실과 괴리되어 있다. 지방에서는 우선 사업지구 지정에서 선정되기 위해 사업예산을 적게 계상하고 실제 실천하는 과정에서는 과도하게 집행하는 경우이다. 중앙부처의 경우도 해당 부처의 사업계획을 늘리는 것은 바람직한 것으로 여겨져 매년 추가적 예산확보에 심혈을 기울이게 된다.

셋째, 민자유치에 관한 저조한 실적이 문제이다. 중앙부처의 경우 전액 국고로 충당하기에 예산규모가 턱없이 부족하기 때문에 가급적 지방비 확보와 민자유치를 전제로 사업을 추진하게 된다. 그러나 지방의 현실을 감안할 때 민자유치는 일정한 수익이 보장되어야 하나 실제로는 민간기업을 유인할 정도의 수익을 보장하지 못하는 것이 현실이다. 이는 기업 측의 입장을 최대한 고려한 제도가 아니라 정부 측의 입장에서 만들어져 민자유치 제도상의 문제로 지적되기도 한다.

(3) 사업평가 및 사업환경상의 문제

첫째, 낙후지역 발전사업과 관련한 평가는 사업관장부서의 자체평가가 있을 뿐 범정부적인 평가가 이루어지지 못했다는 점이다. 사업부서 자체평가의 경우도 사업의 계속성을 전제한 평가이기 때문에 엄정한 타당성 분석과 평가 수준에는 미치지 못하고 있다. 특히 낙후지역 발전사업이 얼마나 지역의 자체 생산성을 향상시키고 나아가 국가 전체에서 낙후지역 주민의 삶의 질이 실질적으로 도시지역 거주자와 형평성을 이루는 선에서 시행되고 있는지의 평가 등은 찾아보기 힘들다.

둘째, 사업환경상의 문제를 들 수 있다. 다시 말해, 낙후지역 발전사업이 국가 전체의 발전과정에서 너무 늦게 시작되었고, 그나마 정치적인 이유로 밀도 있는 발전전략을 일관성 있게 추진해 오지 못했다는 점이다. 또한 90년대의 낙후지역발전이 비교적 사업자체의 정당성이 있었다 하더라도 그 패러다임은 모방적 근대화론처럼 도시나 발전지역의 모습을 뒤따라가는 발전 패러다임이었음을 부인하기 어렵다는 점이다.

4 사례: 신활력지역과 성장촉진지역 사업

(1) 신활력지역 사업[1]

1) 선정근거 및 배경

신활력지역의 선정은 국가균형발전특별법 제2조 및 동법시행령 제2조에 의거 행안부장관[2]이 신활력지역을 매3년마다 선정·고시하도록 하여 2004년 처음 70개 시·군지역을 선정하였다.

신활력지역이란 산업의 쇠퇴와 인구감소, 취약한 지방재정력 등으로 소외되고 낙후된 지역을 의미하며, 기존의 낙후지역발전의 문제점을 보완하여, 향후 활력있는 지역으로 새롭게 혁신되어야 할 과제를 가지는 지역을 말한다.

2) 선정기준 및 방법

신활력지역은 산업쇠퇴, 인구감소 등으로 소외되고 경제기반이 부족하여 활력이 없을 뿐 아니라 재정이 취약하여 발전지역에 비해 경쟁력이 떨어지는 낙후지역의 기초자치단체를 대상으로 선정하였다.

---

1) 신활력사업의 배경과 추진개요, 정책비전과 목표 등에 대한 자세한 내용은 제37장에서 다루고 있으므로 참고하기 바란다.

2) 신활력사업은 제1기 사업(3년)기간 동안만 행정안전부에서 추진하였고, 제2기 사업부터는 농림부로 이관되어 '농촌활력증진계획'의 부문별 사업으로 추진됨에 따라 당초 사업의 취지가 다소 퇴색된 것으로 평가된다.

신활력지역의 선정은 크게 인구, 산업·경제, 재정 등 세 가지 측면을 고려하였다. 이들 세 가지 측면에서 각 지표를 근거로 신활력지역을 선정하되, 균특회계 지원규모와 외국의 지원현황 등을 고려하여 전국의 234개 자치단체중 하위 30% 즉, 70개 시·군을 선정하였다.

다만, 이들 선정지표의 분야별 가중치는 동일하게 적용하였고, 인구적 측면에서 30년 간의 인구변화율과 인구밀도의 가중치 적용도 50:50으로 동일하게 적용하였다. 종합지수 산정식을 정리하면 다음과 같다.

3) 신활력지역에 대한 지원

정부가 70개 시·군지역을 신활력지역으로 선정, 지원한 목적은 기존 낙후지역발전 시책의 문제점을 보완하고, 낙후지역의 혁신발전역량을 제고함으로써 지역 간 발전격차 해소는 물론, 국토의 균형발전을 도모하기 위함이다. 즉, 농산어촌

표 8-5 신활력사업과 기존 낙후사업과의 차이점

구 분	신활력사업	기존 낙후사업
사업계획 수립 및 평가	· RIS(지역혁신체계) 구축+중기사업계획+연차별 시행계획 · 전문가 컨설팅 등을 통해 지자체 스스로 수립(상향식) · 사업계획에 대한 평가 및 컨설팅	· 단위사업계획 · 중앙부처가 계획수립(하향식) · 사업계획의 타당성에 대한 평가절차 부재
사업주체	· RIS(지역 내 주민, 기업, 연구소, 대학, NGO, 언론 등 산·학·연·관 지역혁신 주체들이 결집할 수 있도록 구축된 시스템) · 지자체 및 지역혁신 협의회	· 중앙부처+지자체
사업내용	· 지역혁신역량 강화를 위한 프로그램 개발 및 지원	· SOC 건설, 생활·정주환경 개선 등
대상지역	· 신활력 선정지역 70개 시·군	· 사업별로 상이
다른 사업과의 연계	· 기존 낙후사업과 합리적 연계·차별 강조 · 장기적으로 통합 유도	· 다른 사업과 별도 추진되고 있어 중복여부 확인 불가
재정지원	· 낙후도에 따라 차등지원 · 신활력사업 전체에 대한 포괄지원	· 사업량에 따라 지원 · 세부사업단위 지원
사업실적 평가	· 평가결과의 환류	· 예산심의 외에 별도 평가 절차 부재

형 지역혁신체계(RIS)를 구축하여 지역주민의 자발적인 참여와 노력을 통해 지역의 혁신적인 발전역량을 새롭게 정립해 나가기 위한 계기를 마련할 목적으로 지원하는 것이다.

이를 위해 정부는 2005년부터 매년 국가재정의 범위 내에서 가능한 최대로 지원하되, 1차 지정시 3년 간 지원하고, 최대 3차에 걸쳐 9년 간 지원할 수 있도록 하였다. 단, 이들 지역을 3년마다 평가하여 대상지역을 재선정하고, 단계적으로 축소해 나간다. 또 이들 지역에 대한 지원은 낙후도를 감안하여 차등지원하고, '낙후지역 졸업제도'를 도입하여 조기 졸업지역에 인센티브를 부여한다. 지원 첫해인 2005년에는 국가균형발전특별회계 중 지역개발사업 계정에서 총 2,000억원의 규모를 지원하되, 신활력 지자체별로 낙후정도에 따라 20~30억원씩 지원하였다.

(2) 성장촉진지역 사업

1) 선정 배경 및 근거

그동안 행정안전부가 주도했던 신활력사업은 노무현정부 말기 국가균형발전위원회의 사업부처 조정을 통해 농림부로 이관되었고, 기존에 농림부가 추진해오던 향토산업육성사업, 특화품목육성사업과 함께 통합되어 농촌활력증진사업으로 바뀌었다.

그 후 이명박정부가 들어서면서 국가균형발전위원회는 지역발전위원회로 개편되었고 또 하나의 새로운 낙후지역발전사업이 만들어지게 되었다. 그것이 바로 성장촉진지역사업이다. 성장촉진지역의 선정과 시책방향은 기존의 신활력사업과 매우 유사한 형태를 띠고 있다.

성장촉진지역이란, 생활환경이 열악하고 발전수준이 현저하게 저조하여 해당 지역의 경제적·사회적 성장을 촉진하기 위하여 필요한 도로, 상수도 등의 지역사회기반시설의 구축 등에 국가와 지방자치단체의 특별한 배려가 필요한 지역을 말한다(「국가균형발전특별법」 제2조).

2) 선정기준 및 방법

성장촉진지역은 시·군(광역시의 군을 포함)을 대상으로 연평균 인구변화율,

표 8-6 성장촉진지역 현황

시 · 도	성장촉진지역
강원(7)	태백시, 삼척시, 횡성군, 영월군, 평창군, 정선군, 양양군
충북(5)	보은군, 영동군, 괴산군, 단양군, 옥천군
충남(5)	서천군, 금산군, 부여군, 청양군, 예산군
전북(10)	남원시, 김제시, 진안군, 무주군, 장수군, 임실군, 순창군, 고창군, 부안군, 정읍시
전남(17)	나주시, 담양군, 곡성군, 구례군, 고흥군, 보성군, 화순군, 장흥군, 강진군, 해남군, 함평군, 무안군, 장성군, 완도군, 진도군, 신안군, 영광군
경북(16)	상주시, 문경시, 군위군, 의성군, 청송군, 영양군, 영덕군, 청도군, 고령군, 성주군, 예천군, 봉화군, 울진군, 울릉군, 영천시, 영주시
경남(10)	의령군, 창녕군, 고성군, 남해군, 하동군, 산청군, 함양군, 거창군, 합천군, 밀양시
합계	70개 시 · 군

자료: 국토해양부 고시 제2009-368호, 행정안전부 고시 제2009-24호, 2009.6.12.

소득수준, 재정 상황 등을 지역발전위원회가 5년마다 종합평가를 실시한다. 그리고 기반시설 구축 등에 특별한 배려가 필요하다고 인정되는 지역 중 지역발전위원회의 심의를 거쳐 행정안전부장관과 국토해양부장관이 공동으로 지정 · 고시하고 있다. 이러한 절차에 의해 2009년 최초 선정된 성장촉진지역은 <표 8-6>과 같다.

3) 성장촉진지역에 대한 지원

성장촉진지역은 행정안전부와 국토해양부가 공동으로 선정한다. 성장촉진지역에서 추진하는 기초생활권기반 확충 사업에 대해서는 100% 국고보조를 하며, 여타 포괄보조사업(시도자율편성사업)에 대해서도 예산신청 한도 내에서 국고보조율 10%P 상향 적용이 가능하다.

다만, 정부는 기초생활권(시 · 군)을 지역특성별로 특수상황지역, 도시활력증진지역, 일반 농산어촌 등 3개 지역유형으로 구분하고 있다. 이들 3개 유형의 지역은 각각 행정안전부, 국토해양부, 농수산식품부가 그 주관부처로 되어 있는데, 성장촉진지역은 3개 지역 구분과 별도로 인구, 재정, 소득, 접근성 등의 지표를 토대로 저발전지역을 선정하여 기초인프라에 대한 추가 지원을 제공하는 것이 특징이다.[3)]

3) 이 장은 지방행정연수원 사이버교재; 모성은 · 임경수 · 이성우, 『지역개발론』을 중심으로 정리하였다.

표 8-7 성장촉진지역의 지원 대상 사업

사 업	비 고
관광 휴양사업 기반시설 지원	시 · 군 권역별 개발사업
관광이나 휴양사업 지구의 활성화를 위한 도로, 용수공급, 하수도 시설 등 기반시설 지원	민자유치 사업 포함
지역 특화 사업 지역의 기반시설 지원	시 · 군 권역별 개발사업
산업단지나 지역특화 사업 지역의 기반시설지원	-
소득증대사업 지역의 기반시설 지원	시 · 군 권역별 개발사업
지역소득증대 사업지역의 도로, 용수공급, 하수도 시설 등 기반시설 지원	-

CHAPTER 9

지역갈등 관리 전략

우리 사회에 팽배한 여러 가지 문제 중에 가장 심각한 것으로 이기주의를 들 수 있다. 이는 서양의 개인주의와는 달리 남에 대해 배려하지 않고 자신의 이익만을 추구함으로써 타인에게 피해를 끼친다는 데 문제가 있다. 이런 이기주의는 개인적 혹은 집단적 형태로 나타난다. 특히 지역사회에서 지역발전사업과 연계되어 발생하는 지역이기주의는 봉합하기가 매우 어려운 것이 사실이다. 여기서는 지역갈등의 원인이 되는 지역이기주의와 이를 해결하기 위한 협상전략에 대하여 살펴보고자 한다.

1 갈등과 지역이기주의

(1) 지역이기주의의 배경

1) 정치·행정의 민주화

정치·행정의 민주화로 인하여 권력구조가 분권화됨에 따라 집단민원이 증가하기 시작하였다. 이는 사회의 기본틀 유지를 위하여 필요한 여러 공공사업의 시행을 어렵게 할 정도가 되었다. 민주화의 물결은 과거의 권위적인 해결방법을 더 이상 용인하지 않으며 그만큼 주민의 저항을 무마하기 어렵게 되었다.

2) 산업화의 진전과 시민의식 부재

도시화가 급속히 이루어졌고 사회적 분화가 심화되어 유동성이 제고된 반면 정신문화는 상대적으로 지체되었다. 인간적 소외가 팽배하였고 공동체 의식이 약화되었으며, 지역적 이해관계의 첨예한 대립을 가져오게 되었다. 그리고 아직도 국민들은 절차보다 결과를 더 중요시하는 가치체계에 머물러 있다.

3) 환경의식의 증대

환경에 대한 관심의 고조는 과거 개발지상주의 하에서는 전혀 문제시되지 않았던 필요불가결한 공공정책의 집행을 가로막는 것으로 전이되었다. 시민의 권리의식이 신장되고 환경에 대한 관심이 높아지면서 공해유발시설이나 환경위해시설 입지에 대해 오염을 제거하는 시설을 설치함에도 불구하고 입지 자체를 원천적으로 반대하는 경우가 빈번해지고 있다.

4) 행정의 대응력 부족

정치 · 행정의 지방화가 강조되고 국가나 지방 공무원들에게 분권화된 관리방식의 필요성을 절감시키고는 있으나 실제 행태나 정책수행은 아직 이런 의식을 따라가지 못하는 '인식상의 부조화'(cognitive dissonance)가 계속되고 있다. 공식적 · 제도적으로는 공개행정과 참여행정이 강조되고 있지만 실제 이를 잘 운영하지 못함으로써 지역이기주의를 유발시키기도 한다.

(2) 갈등과 지역이기주의의 개념

갈등이란 행동주체 간의 대립적 내지 적대적 상호작용을 말한다. 여기서 행동주체는 개인이나 집단일 수도 있고 조직일 수도 있다. 갈등은 심리적 대립감과 대립적 행동을 포괄하는 개념이다. 지역정책의 갈등에서 가장 보편적인 현상은 혐오시설조성사업 추진과정에서 계획주체인 정부와 지역주민 간에 발생하는 대립적 내지는 적대적인 상호작용이다.

한편, 지역이기주의란 산업화와 민주화 과정에서 '삶의 질'에 대한 주민들의 욕구가 다양화되고 있는 가운데 공동체적 이익과 발전을 생각하기보다는 지역주민 자신들만의 이익을 집단적인 힘을 통하여 관철시키려는 것이다. 지역이기주의는 님비(NIMBY: Not In My Backyard)라고도 불리며 내 집 뜰, 내가 거주하고 있는 동네, 내가 속해 있는 지역 내에는 혐오시설을 절대로 입지시킬 수 없다는 사회적 증후군을 의미한다.

여기서는 지역이기주의로부터 시작되어 지역발전과정에서 불거지는 갈등을

'지역이기주의적 갈등'이라고 명명하기로 한다.

(3) 지역이기주의적 갈등 유형

1) 행동주체의 기준

갈등 당사자를 기준으로 한 세 가지 기본적인 지역이기주의 유형은 정부와 주민 간의 갈등, 중앙정부와 지방자치단체 간의 갈등, 지방자치단체들 간의 갈등이다. 우리의 경우 과거에는 지방자치단체의 장이 지역주민에 의해 선출되지 못하고 중앙정부에 의해 임명되었기 때문에 중앙정부와 지방자치단체 또는 지방자치단체 간의 갈등은 거의 없었다. 그러나 지방자치단체의 장이 지역주민에 의해 직접 선출되기 때문에 단위정부 간의 갈등양상은 늘어나고 있다.

2) 갈등관계 진행과정의 기준

갈등은 갈등관계의 진행과정에 따라 잠재적 갈등(latent conflict), 지각되는 갈등(perceived conflict), 감정적으로 느끼는 갈등(felt conflict), 표면화된 갈등(manifest

그림 9-1 갈등의 유형

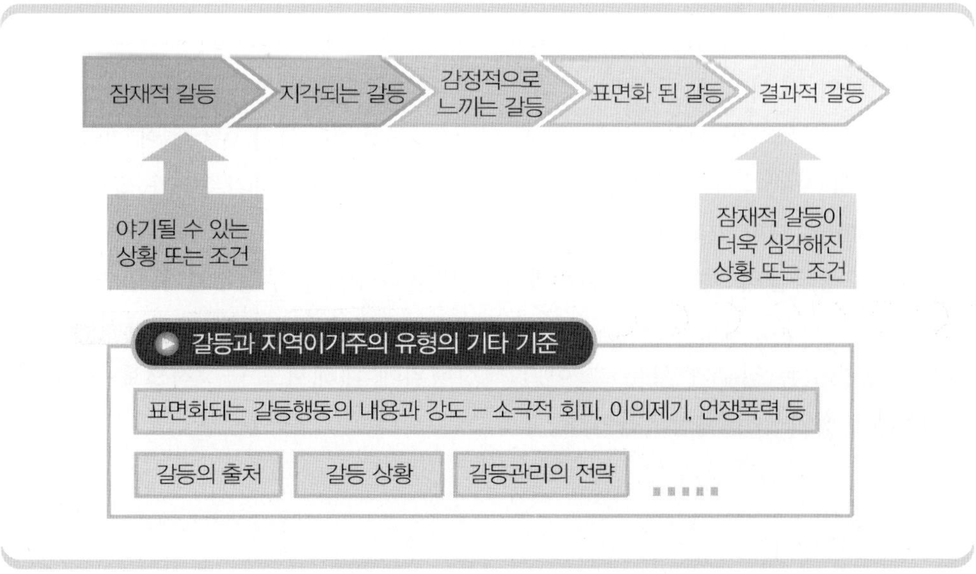

conflict), 결과적 갈등(conflict aftermath)으로 구분된다. 여기서 잠재적 갈등은 야기될 수 있는 상황 또는 조건을 말한다. 결과적 갈등은 갈등관리의 결과로 잠재적 갈등이 더욱 심각해진 상황 또는 조건을 말한다. 이 외에도 표면화되는 갈등행동의 내용과 강도에 따라 소극적 회피 · 이의제기 · 언쟁 · 폭력 등으로 유형화하고, 갈등의 출처, 갈등상황, 갈등관리의 전략 등을 기준으로 갈등의 유형을 분류할 수도 있다.

2 지역이기주의적 갈등 원인과 대립적 시각

(1) 지역이기주의적 갈등 원인

1) 심리적 요인

가) 피해의식

지역주민들이 정부의 지역정책으로 인하여 어떠한 피해를 입는다고 느끼는 것이다. 그러나 지역주민들이 느끼는 피해는 실제 발생하는 것일 수도 있고 그렇지 않은 것일 수도 있다. 이러한 피해의식은 대부분 일회적 · 단기적으로 나타나는 것이 아니라 누적적 · 지속적으로 나타나는 것이 특징이다.

나) 공동체의식 약화와 개인주의 팽배

산업화와 도시화가 급속히 이루어짐에 따라 개인주의적 사상이 팽배해졌고 공동체의식은 약화되었다. 지역사회의 기반인 공동체의식이 무너짐에 따라 지역사회의 존립 자체가 위협을 받게 되었고 주민들의 배타적 이기주의가 급증하였다.

다) 행정에 대한 불신감

발전도상국들의 특징은 정부체제가 권위주의적이며 부정부패가 만연되어 있는 것이다. 그리고 국민들은 정부의 정책에 대해 불신하는 풍조가 일반적이다. 이러한 불신풍조는 정부가 하는 그 어떤 행정행위에 대해서도 긍정적으로 받아들이지 않고 부정적이며 비협조적이다.

2) 경제적 요인

가) 부의 외부효과

정부가 입지시키려고 하는 혐오시설은 그 지역주민들에게 소음, 악취, 지가하락 등 부(負)의 외부효과를 가져온다. 이러한 부의 외부효과는 곧바로 지역주민의 피해의식과 연결된다.

나) 미흡한 보상

정부의 지역정책으로 인하여 부의 외부효과가 발생하면 정부는 이에 대한 보상체계를 마련해야 한다. 그러나 일반적으로 정부의 보상체계는 물리적(가시적)인 보상에만 국한되고 정신적(비가시적)인 보상은 제외시키는데, 물리적인 보상 자체도 일반적으로 부족한 실정이다.

3) 동원화 요인

가) 리더십

지역정책으로 인하여 주민들의 심리적 요인과 경제적 요인이 충족되지 않았다고 해서 반드시 그것이 지역이기주의 행태, 즉 집단행동으로 나타나는 것은 아니다. 집단행동으로 나아가게 하는 데는 우선 의도된 리더십의 요구된다. 즉, 리더십이 작용해야 지역이기주의 내지 집단행동으로 나타나는 것이다. 지역이기주의의 경우 국수적이고 토착적인 리더십이 지대한 역할을 한다.

나) 조직화

조직화에 있어 가장 중요한 요소는 무임승차(free-riding) 문제이다. 어떤 집단행동에서 만약 자신이 기여하지 않더라도 편익을 누릴 수 있는 소지가 있다면 그는 기여하지 않으려 들것이다. 이때 그를 집단행동에 참여시킬 유인 즉, 무임승차자를 배제시킬 조직화가 필요한 것이다.

다) 외부 지지집단과 동맹

지역이기주의가 강력한 집단행동으로까지 발전하는 데는 외부 지지집단과의 동맹이 매우 중요하다. 이는 보통 연대투쟁이라고도 불리는데 간접적으로 피해를 입는 지역주민 · 환경운동단체 · 종교단체 등이 이러한 연대투쟁의 지지집단이 된다.

4) 행정적 요인

가) 주민참여 및 정보공개 미흡

지역정책 수립과정에서 주민참여가 실질적으로 제한되어 있고 행정정보의 공개가 미흡하다면 이는 지역이기주의를 태동시킬 수 있는 기초가 된다.

나) 하향식(top-down) 정책결정과정

정부의 정책결정이 권위주의적인 하향식으로 이루어진다면 주민참여의 기회가 감소하게 되고 정책결정과정에서 주민들은 소외를 느끼게 되어 이는 결국 지역이기주의의 기반이 된다.

다) 홍보활동의 미흡

지역정책에 대해 홍보활동이 미흡하게 되면 정책에 대한 오해와 불신이 발생하게 된다. 이러한 오해와 불신의 여건 속에서 주민들의 갈등이 야기되고 증폭되는 것이다.

(2) 지역이기주의 갈등에 대한 대립적 시각

1) 부정적 견해

전통적으로 우리사회는 '반갈등적 가치'(anti-conflict value)가 지배하여 왔다. 갈등은 순전히 부정적인 사건이고 사회의 건강을 해치는 파괴적 현상으로 간주되었다. 이러한 고전적 갈등관은 지역이기주의가 최대다수의 최대행복이라는 공리주의 윤리관에 위배되는 것으로 인식되었다. 구체적으로는 입지선정의 질적 저하, 환경문제 유발, 사회통합 및 행정의 효율성 저하, 행정의 안정성과 민주성 저해, 행정에 대한 국민의 불신감 심화 같은 역기능을 초래한다고 주장한다.

2) 긍정적 견해

최근에는 전통적 접근방법과 달리, 갈등을 소극적 시각으로만 보지 않고 신중한 진단과 적극적인 검토가 필요하다는 견해가 많다. 적당한 갈등은 더 좋은 생각을 낳게 하고 상대방 모두에게 유리한 방법을 채택할 수 있도록 하는 등의 긍정적인 기능도 한다는 견해이다. 이들은 지역이기주의의 정당한 근거로서 지역주민의 지역에 대한 지식과 애정, 지역문제에 대한 관심, 지역정책과정의 불합리성 폭로,

지역의 상호연계성 인식, 합리적 보상의 유도, 밀실행정과 위장행정에 대한 도전 등을 들고 있다.

3 지역이기주의적 갈등관리 방안

갈등해결의 기본방향은 크게 두 가지로 구분해 볼 수 있다. 하나는 사회갈등 통제방식이고 또 다른 하나는 사회갈등 관리방식이다. 사회갈등 통제방식은, 정부가 사회갈등의 발생을 근원적으로 억제하고 사회갈등이 표면화되었을 경우에는 이를 강압적 수단으로 해결하는 방식이다. 사회갈등 관리방식은, 갈등이 확산되거나 악화되는 것을 막고 유익한 결과가 나타나기 용이하도록 여건을 조성하는 방식이다.

그림 9-2 갈등관리방안

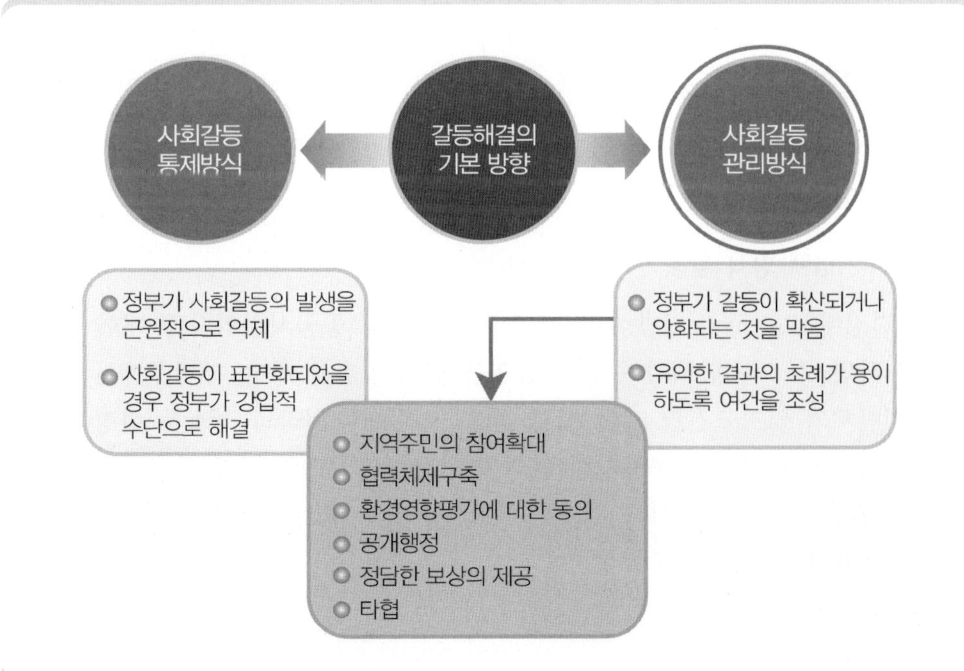

여기서는 사회갈등 관리방안에 초점을 맞추어 보기로 한다. 지역주민의 갈등관리를 위해서는 원칙적으로 지역주민의 참여 확대, 협력체제 구축, 환경영향평가에 대한 동의, 공개행정, 정당한 보상의 제공, 타협 등이 제시되고 있다.

(1) 행정·제도적 방안

1) 주민참여의 제도화

지역정책 수립과정에서 주민참여의 필요성은 주민의 주체적 지위 인정, 계획수립을 위한 의사결정의 합리화, 계획의 정당성 확보, 주민의 건전성 향상, 주민이해의 조정과 협동의 증진, 사회적 형평성의 확보 등이다.

2) 정보공개의 제도화

행정정보의 공개는 주민과 행정 간에 신뢰관계를 구축함으로써 역동성을 가진 협력관계로 발전시킬 수 있다는 점과 행정에 주민참여를 촉진시키기 위한 점에서 필요하다. 그러나 현행 지방자치단체는 정보공개에 대한 법적보장이 없어 정보공개에 소극적일뿐 아니라, 공개를 하더라도 주로 사후적 성격의 정보를 공개하고 있다. 더욱이 행정홍보 수단으로서 정보공개 역시 합리적으로 이루어지지 못하고 있다. 이를 위하여 정보공개 청구와 정보공포의 의무화 내지 제도화를 고려할 필요가 있다.

3) 부지경매 방식 활용

부지경매(site-auction)방식은, 개발주체가 어떤 공공시설입지에 대한 경매가를 제시하면, 각 자치단체가 주민의 동의를 얻어 입찰을 하고, 개발주체는 입찰한 각 자치단체의 입지조건과 제반 상황 등을 고려하여 최적의 장소를 선정하는 입지결정 방식이다. 즉, 그 공공시설의 입지가 낙찰된 지방자치단체에는 그에 따른 금전적 보상이 따르는 것이다. 그러나 이런 방법이 실효성을 거두기 위해서는 우선 개발주체가 각 자치단체의 요구수준을 충족시킬 수 있는 재원을 마련할 수 있어야 한다.

4) 손실보상체계 확립

지역정책은 어떤 토지소유자에게는 개발이익이 발생하게 하는가 하면 어떤 토지소유자에게는 개발손실이 발생하게 하다. 이런 불합리한 점에 대한 대책으로 1989년 1월부터 설치·운영 중인 '지역개발기금'에 개발(손실) 특별회계를 설치하여 운영할 필요가 있다.

5) 찬성 지역주민의 동원

지역이기주의에 대한 하나의 해결방안으로 일정한 시설입지를 희망하는 지역주민들을 정치적으로 동원하는 것이다. 즉 지역정책에 반대하는 세력보다 찬성하는 세력을 더 강화시키는 전략이다. 지역이기주의 내지 집단행동에서도 동원화 요인이 있듯이 이를 해결하기 위한 한 가지 방안으로 동원화 전략을 펴는 것이다.

6) 주민과의 협력체제 구축

이 해결방안은 시설입지결정을 민주적·공개적·참여적·상향적·협조적·경합적 방법으로 하는 것이다. 여기서는 특히 대상주민과의 협력선택(opting for cooperation)을 강조한다.

7) 행정의 신뢰성 구축

이 해결방안은 행정의 신뢰성을 구축하여 이러한 신뢰성에 바탕을 두고 지역이기주의를 극복하려는 것이다. 이러한 전략은 자연히 시간이 오래 걸리며 일면 비능률적으로 보일 수도 있다. 행정기관이 신뢰성을 구축하기 위하여 지역이기주의에 대응하는 방식은 일반적으로 3단계로 나누어진다. 1단계는 인간적인 접근으로서 공무원이 면식이 있는 주민들을 직접 만나 설득한다. 2단계는 인간적인 접근에 의해 대화의 분위기가 조성되게 되면 합리적이고 과학적인 접근을 한다. 3단계는 사후 관리 및 감독을 철저히 하는 것이다.

8) 상급기관의 명령

하부기관들의 의견대립에 의한 갈등을 공식적 권한에 의거한 상급기관이 명령에 의해서 해소시킬 수 있다. 그러나 상급기관의 명령에 의한 갈등해소는 갈등

당사자 간의 합의를 항상 전제로 하는 것은 아니다.

(2) 협상·타협적 방안

1) 협상의 의의

협상은 평화적으로 분쟁을 해결하여 모든 당사자에게 이득을 가져오게 한다는 목적을 가지고 있다. 이는 지역이기주의에 대한 접근에서 권위주의 혹은 능률성 일변도의 기존관리방식에서 탈피하여 대상집단이나 개인의 의사를 적극 존중하는 상호성의 원칙을 실현시키기 위한 것이다.

2) 협상의 단계

협상은 크게 4가지 단계를 거쳐 이루어진다. 정보교환의 단계를 제외할 경우 모두 3단계의 협상의 단계를 거치는 셈이다.

첫째, 정보교환 단계이다. 이 단계에서는 '협상의 역설' 현상이 나타나는데, 각 협상당사자는 상호간에 먼저 자신이 많이 노출되어 파악되는 것을 피하게 되어 상대방에게 가능한 한 자신에 관한 정보를 교환하려고 하지 않는다. 그러나 성공적인 협상을 위해서는 상대방에 대한 고려가 필수적이다. 초기 정보교환활동은 일정계획에 따라 이루어지는데 전문적 협상에서의 정보교환도 이러한 일정계획에 따라 관례적인 순서를 밟게 된다. 여기에는 협상대표의 구성, 협상테이블의 좌석배정, 협상안건의 작성, 안건처리 순서의 결정 등이 포함된다.

둘째, 균형화 단계이다. 이는 협상당사자들이 상호 자신의 입장을 주장하는 단계이다. 이 단계에서는 협상 상방간의 의견대립이 워낙 거세어서 서로가 줄을 당기면서 팽팽한 상태 즉, 양쪽의 어느 쪽에도 기울어지지 않는 균형상태를 의미한다.

셋째, 상호양보 단계이다. 이 단계에서는 협상당사자는 상호간에 양보할 수준을 교환하는 활동을 하게 된다. 협상당사자들이 서로 팽팽하게 줄을 당기다가 결렬될 것을 우려한 나머지 조금씩 자신의 주장을 양보하는 단계를 말한다.

넷째, 협상종결 단계이다. 협상의 종결은 일반적으로 신속하게 이루어지며 그 내용이 구체적으로 명시되게 된다.

그림 9-3 협상의 단계

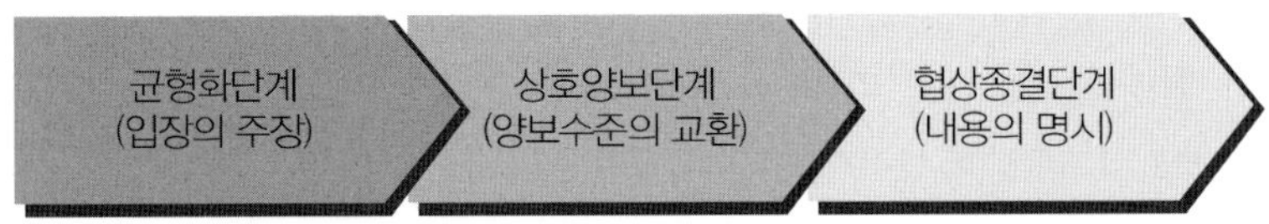

3) 협상의 전략[1)]

협상에 사용될 전략으로서 협상전략의 형태는 협상당사자의 목적과 상대방의 목적, 상황적 요인에 따라서 여섯 가지 전략으로 구분할 수 있다.

첫째, 기술적 전략을 들 수 있다. 협상에 임하는 기술적 전략으로는 다시 협력, 유화, 회피, 강압, 타협 등 5가지 전략이 있다. 먼저, 협력(cooperative strategy)은 협상참여자들이 협동과 통합으로 문제를 해결하고자 하는 전략이다. 분쟁이 된 문제도 해결하고 분쟁 당사자들이 상호 호의적인 관계도 유지하기 위해서 협상당사자들이 서로 협력하여 합의를 도출하는 것이다.

유화(smoothing strategy)는 상대방이 제시하는 것을 일방적으로 수용하여 협상의 가능성을 높이려는 전략이다. 상대방의 욕구와 주장에 자신의 욕구와 주장을 순응시켜 굴복한다. 유화전략은 협상으로 인해 돌아올 결과보다는 상대방과의 인간관계 유지를 선호하여 상대방과 충돌을 피하고자 할 때 사용할 수 있다. 회피(avoiding strategy)는 협상을 피하거나 잠정적으로 중단하거나 철수하는 전략이다. 이는 상대방에게 돌아갈 결과나 자신에게 돌아올 결과에 대해 전혀 관심을 가지지 않을 때 사용할 수 있고, 자신이 얻게 되는 결과나 인간관계 모두에 대해서 관심이 없을 때 상대방과의 협상을 거절할 수 있다.

강압(forcing strategy)은 상대방의 주장을 무시하고 자신의 힘으로 일방적으로 밀어붙여 상대방에게 자신의 입장을 강요하는 전략이다. 자신이 상대방보다 힘에 있어서 우위를 점유하고 있을 때 자신의 이익의 극대화를 위한 공격적 전략이다. 타협(compromising strategy)은 협상 참여자가 자신의 초기 입장에서 서로 조금씩 양보하여 서로의 이익을 보장할 수 있는 가능성을 높이기 위한 절충안을 개

1) 천대윤, 『갈등관리와 협상전략론』, 선학사, 2005, pp. 315-344.

발하는 전략이다. 이는 강압전략이나 문제해결전략 등을 사용할 수 없을 때 대안으로 사용할 수 있다.

둘째, 배분과 통합전략이다. 배분과 통합전력은 기존 파이(pie)를 단순히 배분하기 위해서 협상할 것이냐, 파이 자체를 크게 하여 전체의 이득을 통합적으로 증대시키는 방향으로 배분협상을 할 것이냐의 사상에 기반을 둔 협상전략이다. 여기서 배분전략(distributive strategy)은 협상 당사자들이 자신의 이득을 중요하게 여기며, 이미 정해진 총 이득 가운데서 각자 자신의 몫을 배분해 주기를 주장하며, 서로가 경쟁적이 되는 협상전략이다. 이는 대화나 인간관계보다 상대방을 압도할 전략적 영향과 정보를 더 중요하게 취급하는 협상전략이다. 한편 통합전략(integrative strategy)은 문제에 대한 공동이해와 욕구를 통합하는 전략으로 공동 이득의 증대를 위해 노력하는 전략이다. 협상당사자들은 서로가 신뢰를 기반으로 협상하고 상대방을 믿으며 정보를 공유하고 가치 있는 이득은 공정하게 교환한다.

셋째, 회유와 위협전략이다. 회유와 위협(carrot & stick)전략은 상대방을 상황에 따라 회유하기도 하고 위협하기도 하여 협상의 목적을 이루려는 전략이다. 이 전략에는 적대적 관계에서 아주 적은 수준의 양보를 협상당사자 간에 서로 교환하고 상대방도 이에 호혜적으로 보답함으로써 극한 상황으로 갈등이 확대되는 것을 막음과 동시에 점차적으로 갈등을 해결하려는 점차적 호혜전략(gradual reciprocation in tension-reduction)이 있다. 그리고 상대방이 취하는 행동과 똑같은 행동으로 맞대응함으로써 상대방 스스로 행동변화를 야기하도록 하는 되갚음 전략(tit-for-tat strategy)이 있다. 특히 권모술수를 사용하는 마키아벨리언 전략(Machiavellain strategy)은 목적만 정당하다면 어떠한 교활한 수단을 사용해도 괜찮다는 사상에 입각한 협상전략이다.

넷째, 적대적 및 비적대적 전략이다. 여기서 적대적 전략은 자신과 상대방을 적대적 관계로 보고 자신의 권리와 힘을 기반으로 교섭전략을 주로 사용하여 협상을 전개한다. 이는 자신이 이기면 상대방은 패하게 되는 강압전략이 된다. 한편 비적대적 전략은 서로에게 이익이 되도록 이해관계를 협동적으로 조정하는 전략이다. 상대방과 자신의 관계를 호혜적 관계로 보고, 서로의 이해관계를 기반으로 조정전략을 주로 사용하여 협상을 전개한다.

다섯째, 설득전략이다. 설득은 상대방을 자신의 의도하는 방향으로 움직이게 하는 것으로 이는 이성적인 요인도 있지만 감정적인 요인도 존재한다. 과학적인 논리보다도 동료나 사람들의 행동에 의해서 상대방 설득을 진행하는 것이 갈등해결이 더 쉬울 수도 있으며, 갈등상태가 발생했을 때 갈등을 야기한 사람과 갈등관리자를 연결하면 갈등해결이 용이해질 수도 있다. 그리고 직위나 전문성, 외모 등을 이용하면 갈등해결에 도움이 될 수도 있다.

여섯째, 혼합전략을 들 수 있다. 혼합전략(mixed strategy)은 상황에 따라 여러 협상전략들을 혼합하여 사용하는 전략이다. 이를 위한 구체적인 전술에는 화해와 대립의 교대, 융통성, 실무관계개발 등이 있다.[2)]

2) 이 장은 지방행정연수원 사이버교재; 모성은 · 임경수 · 이성우, 『지역개발론』을 중심으로 정리하였고 박호숙, 『지방자치단체의 갈등관리』, 다산출판사, 1996.을 참조하였다.

지역거버넌스와 주민참여 전략

21세기의 성공적인 지역발전 전략의 중심부에는 주민참여가 자리잡고 있다. 개발도상시절의 관주도형 하향식 발전전략은 그 의미를 상실한 지 오래이다. 이제 계획의 시작단계에서부터 사업수행과정 그리고 사업의 모니터링과 마무리에 이르기까지 주민참여는 필수적인 요소이다. 여기서는 민관 협력의 지역거버넌스를 통한 주민참여방안에 대하여 살펴보기로 한다.

1 지역거버넌스의 의의

(1) 거버넌스의 등장배경

거버넌스라는 용어는 1989년 세계은행이 아프리카 지역의 개발실패 문제를 '거버넌스의 위기'로 지적하면서부터 사용되었다. 그 후 세계은행은 '개발'의 개념을 보다 전문적인 행정으로 이해되는 정부의 역할 진흥과 시민사회의 역량 강화를 포함하는 새로운 개념으로 인식하였다.[1)]

전통적인 국가-시민 관계에 변화를 야기한 거버넌스의 등장 배경은 국가의 재정위기, 시장 지향적 이념의 확산, 세계화와 지방화의 대두, 국가의 정책실패, 정책결정의 부분화와 전문화 그리고 시민참여의 확대와 환경보호 등 사회적 변화와 복잡성의 증가 등 다양한 관점에 두고 있다.[2)]

세계화에 따른 신자유주의의 확산은 국민국가의 활동영역을 축소하고 그 역

1) 주성수, 『글로벌 가버넌스와 NGO』, 아르케, 2001, p. 129.
2) 김정렬, "정부의 미래와 거버넌스: 신공공관리와 네트워크", 「한국행정학보」, 제34권 제1호, 2001, pp. 21-39.

할을 시민사회나 시장 및 국제체계가 분담하게 되었다. 전통적인 국가의 주권과 통제는 점점 약화되고 갈수록 다양해지고 복잡해지는 사회의 변화를 수용하고 갈등을 조절할 수 있는 새로운 통치모델이 요구된 것이다. 또한 정보화의 확산은 지식 노동자계급의 등장으로 노동과 자본의 경계를 무의미하게 하였으며 노동자이면서 자본가인 계층의 증가를 통해 시민사회를 확대시켰다. 그리고 보다 많은 국가들이 민주화로 이행되면서 세계인들이 점차 '글로벌 시민'으로 편입되었다.[3)]

거버넌스의 등장은 전통적 정부의 기능과 역할에 대한 새로운 변화의 필요성과 당위성을 반영하고 있다. 1990년대 들어서면서 세계적으로 거버넌스라는 개념이 사회체제나 정주의 역할 변화를 설명하는 중요한 개념으로 등장하고 있다.[4)]

(2) 지역거버넌스의 개념

거버넌스(governance)는 원래 국가의 여러 업무를 관리하기 위해 정치 · 경제 및 행정적 권한(authority)을 행사하는 방식으로 국정관리 체계를 의미하였다. 즉, 넓은 의미에서의 거버넌스는 일반적인 국정관리 체계를 가리키는 개념이나, 요즘은 네트워크식 국정관리 체계를 의미하는 뉴-거버넌스의 의미로 사용되기도 한다.

넓은 의미의 거버넌스가 가지는 주요 양식으로는 전통적 형태의 정부조직, 시장, 네트워크(network) 등이 있다. 정부에 의한 일방적 통치를 의미하는 전통적인 거버넌스와 대비되는 뉴-거버넌스는 공공의 문제와 갈등을 해결하기 위해 정부, 시민사회, 여러 공사조직들이 연결된 네트워크를 강조하는 개념으로 발전하였다. 거버넌스의 의미는 다양한 시각에서 정의되고 있으며 다접근성과 다차원성을 가진 개념이라고 할 수 있다.

거버넌스는 관련행위자들이 참여하여 사회적 가치를 배분한다는 점, 공동결정을 통해 사회적 가치를 배분한다는 점, 이익을 모색하고 차이를 조정하는 메커니즘, 과정, 관계, 그리고 제도라는 점 등의 특징이 있다.

---

3) 라미경, "거버넌스, NGO, 그리고 지역사회", 「한국거버넌스학회보」 제13권 제3호, 2006, pp. 229-230.

4) 주재복 · 한부영, 「갈등유형별 협력적 로컬 거버넌스의 구축방안」, 한국지방행정연구원, 2006, p. 29.

| 참고 | UNDP의 거버넌스에 대한 개념 정의

> 모든 차원에서 한 국가의 업무를 관리하기 위한 경제적, 정치적, 행정적 권위의 행사이며 동시에 국가가 사회적 유대와 통합을 진흥하며 국민의 복리를 진흥하는 수단이다. 거버넌스는 권력을 배분하고 공공자원을 관리하기 위해 이용되는 모든 방법들과 정부를 구성하는 모든 조직들 그리고 정책의 집행 등을 포용하며, 또 시민들과 단체들이 자신들의 이해 표출 및 법적 권리를 행사하고 의무를 충족하며 자신들의 차이점들을 조정하는 메커니즘, 과정 및 제도들이다.

결론적으로 거버넌스는 전통적인 정부(government)와 대조되는 새로운 통치방식을 의미하는 것으로 정부와 시장이라는 이분법적 사고에서 벗어나 정부, 시민, 시민단체 등이 수평적이고 협력적인 관계로 협력주체 간에 의사소통을 중시하는 분권화되고 다원화된 네트워크로 이해할 수 있다.

따라서 지역거버넌스는 공공선을 성취하기 위해 정보 및 자원을 공유하고 의사결정 및 집행의 일상적 과정에서 일련의 협동을 증진하기 위한 지방자치단체 및 다른 공공기관, 비영리단체와 영리기관들이 연결된 네트워크라고 할 수 있다.[5)]

지역거버넌스는 지역적 차원의 문제 및 갈등 해결을 위한 수평적 · 협력적 네트워크로서 정부정책 및 지역정책에 대한 공동의 의사결정을 의미한다고 할 수 있다.

(3) 지역거버넌스의 필요성

정보화와 세계화가 지배적 위치를 정하게 되면서 사회는 더욱 복잡하고 다양화되어 여러 하위체계들이 활성화되었으나 이에 대한 정부의 통제나 규제의 역량에는 뚜렷한 한계를 드러내고 있다. 정부정책의 결과를 예측하기란 대단히 어렵고 또 정책추진에 따른 부작용을 줄이는 것도 쉽지 않다. 때로는 정부가 부적절한 기준을 설정하거나 적절한 수단을 갖고 있지 않으며 다른 집단들이 대행하도록 하는 데 필요한 정통성을 더 이상 갖고 있지도 않다. 이러한 '통치불능'에 따른 사회문제의 심각화와 정부에 대한 시민들의 불신이 팽배해지고 있다.[6)]

사회가 복잡해짐에 따라 지역사회가 직면하게 된 문제는 정부, 기업 그리고

5) 박희봉, "시민참여와 로컬 거버넌스", 「한국정책과학학회보」, 제10권 제2호, 2006, p. 4.
6) 주성수, 전게서, pp. 130-131.

비영리조직 간의 문제해결을 위한 상호간의 긴밀한 협조를 요구하고 있다. 따라서 지역사회의 능력을 증진하기 위해서는 지역사회자본을 개발하고 가꿀 필요가 있으며, 협조하고 협력하는 지역거버넌스를 형성하여야 한다.7)

2 거버넌스의 유형

UNDP의 공식적인 개념정의에는 거버넌스가 경제적, 정치적, 행정적 유형으로 구분되어 있는데 여기에 마지막 유형인 '체계' 거버넌스를 포함시켜 4가지 유형으로 구분지어 볼 수 있다.8)

표 10-1 UNDP의 거버넌스의 유형

유 형	내 용
경제 거버넌스	빈곤, 형평성, 삶의 질과 같은 사회적 이슈들에 많은 영향력을 행사하는 것으로, 한 국가의 경제적 활동 혹은 다른 국가들과의 경제적 관계에 직접적 혹은 간접적으로 영향을 미치는 정책결정 과정을 포함한다.
정치 거버넌스	정통성을 가지고 권위적인 국가의 정책결정 및 정책집행에 관련되는 것으로, 국가는 독립적인 입법부, 사법부, 행정부를 구성해서 다원주의적 정체의 이해관계를 대표하며 시민들이 자신들의 대표를 자유롭게 선출할 수 있도록 허용해야만 한다.
행정 거버넌스	효율성, 독립성 및 책임성을 가지고 개방적인 공공섹터를 통해 수행되는 정책집행의 체계이다.
체계 거버넌스	문화적, 종교적 신념과 가치를 보호하고, 또 건강, 자유, 안전과 더불어 모든 사람들에게 보다 나은 삶으로 유도하는 개인적 역량을 행사할 기회와 환경을 제공하기 위해 정치적, 사회적, 경제적 관계들을 가이드하는 사회의 과정들과 구조들을 총괄하는 것이다.

거버넌스의 유형을 거버넌스 주체, 공간 규모, 관심 주제 등에 따라서 구분할 수 있다. 우선, 거버넌스 주체 측면에서는 ① 국가들이 중심이 되어 후원하는 형태의 거버넌스, ② 국가가 아닌 다른 행위자들, 즉 기업들이나 NGO들이 주체적으로 구축하는 거버넌스, ③ 국가와 기업, 시민사회단체들이 공동으로 형성하는

7) 김세훈 · 김환철, "로컬거버넌스 형식의 영향요인 연구", 「한국거버넌스학회 춘계학술대회」, 2007, p. 10.

8) 주성수, 전게서, pp. 150-151.

파트너십 거버넌스 등이 있다. 다음으로, 거버넌스가 구성되는 지리적 공간 규모에 따라 글로벌 거버넌스, 국가 거버넌스, 지역 거버넌스, 도시 거버넌스, 지역사회 거버넌스 등이 있을 수 있다. 그리고 관심 주제에 따라서는 기후 거버넌스, 개발 거버넌스, 환경 거버넌스, 인권 거버넌스 등 다양한 거버넌스가 있을 수 있다.

지방자치단체 거버넌스 유형으로는 첫째, 공익형 NGO 형성수준 및 정책참여 네트워크 형성에 대한 정부의 태도에 따른 유형, 둘째, 정부와 정책참여 집단 간의 관계를 중심으로 한 유형으로 구분할 수 있다.[9] 전자는 통치형 거버넌스, 대립형 거버넌스, 참여형 거버넌스, 친화형 거버넌스 등으로 분류할 수 있고, 후자는 일방적 거버넌스, 특혜적 거버넌스, 집합형 거버넌스, 통합형 거버넌스, 네트워크형 거버넌스, 별거형 거버넌스 등으로 구분할 수 있다.

표 10-2 정부의 태도에 따른 거버넌스 유형

유 형	관계유형	위기유형	내 용
통치형 거버넌스	지배관계	체제위기	정책참여 네트워크 형성에 대한 정부의 태도가 부적절하고 지역에 제대로 된 공익형 NGO가 형성되지 못한 경우에 발생하는 유형
대립형 거버넌스	갈등관계	정당성위기	정책 참여 네트워크 구성에 대한 지방자치단체의 태도가 부정적이지만 공익형 NGO가 형성되어 일정한 참여 욕구가 발생하고 있는 경우에 나타나는 유형
참여형 거버넌스	공동생산관계	조정위기	공익형 NGO가 상당히 잘 형성되어 있고 그 단체의 정책참여에 대한 지방정부의 태도가 긍정적일 경우에 형성되는 유형
친화형 거버넌스	독려관계	참여위기	정책 참여 네트워크 형성에 대한 지방정치인의 태도는 호의적이나 지역사회의 시민의식이 낮아 공익형 NGO의 형성이 제대로 되지 않은 경우에 형성되는 유형

9) 전영평, "지방정부의 거버넌스 모형 구축", 「서울대 행정논총」, 제41권 제1호, 서울대학교 행정대학원, 2003, p. 59-65.

표 10-3 정부와 정책참여 집단 간의 관계로 본 거버넌스 유형

유 형	내 용	모 형
일방적 거버넌스	정부가 일방적으로 자발적 조직을 통제하고자 할 경우에 나타나는 유형	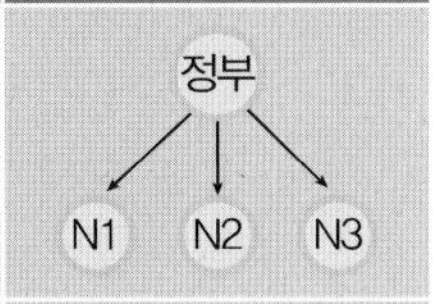
특혜적 거버넌스	정부가 자발적 조직에게는 정책 참여를 허락하면서 여타 자발적 집단에 대해서는 정책 참여를 거부하는 경우에 발생하는 유형	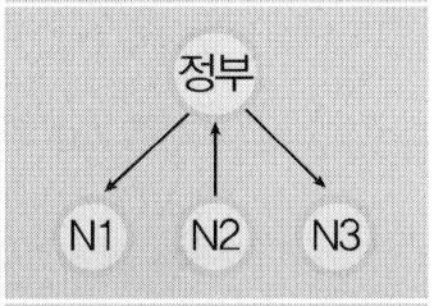
집합형 거버넌스	지역 내에 어느 정도 다양한 자발적 조직이 형성되고 있고, 자발적 조직의 참여에 대한 정부의 자세도 대체로 개방적일 경우 형성되는 유형	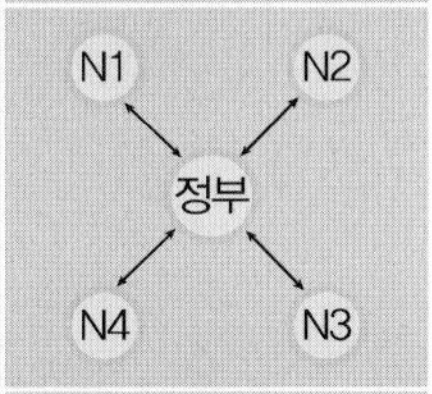
통합형 거버넌스	정부가 정책을 주도하는 점에서는 집합형 거버넌스와 같으나 자발적 조직 간의 의사소통의 창구가 열려있다는 점이 다름	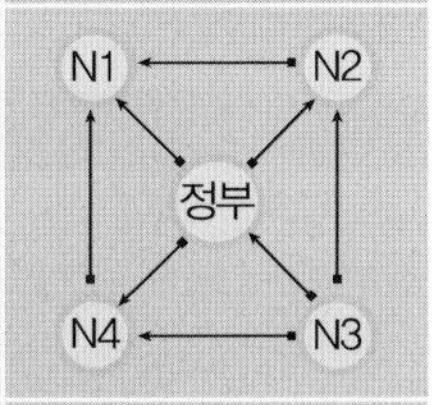
네트워크형 거버넌스	정부와 자발적 조직이 함께 정책네트워크의 구성요소가 되며, 자발적 집단 간의 의사소통과 협력이 활발하게 나타나는 유형	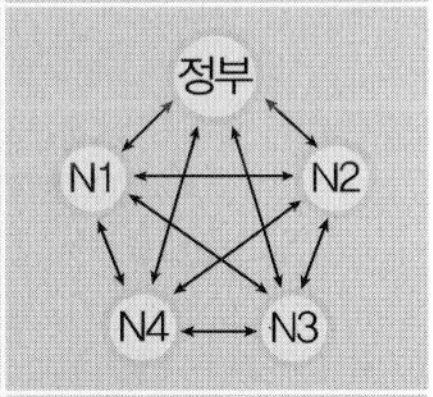
별거형 거버넌스	자발적 집단 간의 의사소통 네크워크는 열려 있으나 정부와의 정책 네트워크는 열려있지 않은 상태의 유형	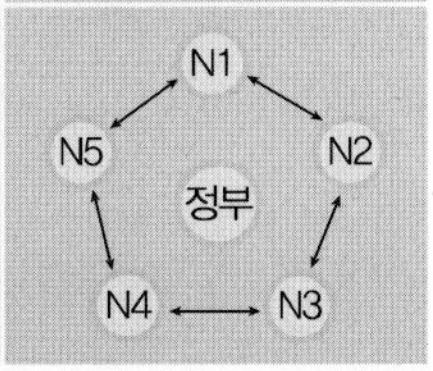

3 지역거버넌스를 통한 주민참여

과거의 지역정책이 정부 중심으로 이루어진 공급자 지향 중심의 하향식 정책

이었다면, 근래에는 정부가 서비스 공급자로서 주민만족, 경쟁력 제고 등 주민 지향적인 지역정책을 펼치고 있다. 이에 따라 지역주민이 참여하는 지역거버넌스의 구성이 불가피하게 되었으며, 형성된 지역거버넌스를 통해 주민의 참여가 활발해지고 있다. 여기에서는 지역거버넌스를 구성하는 주체로서 시민단체의 유형과 주민참여의 유형에 대해 살펴보고자 한다.

(1) 거버넌스에 참여하는 비영리 시민단체의 유형

지역거버넌스에 참여하는 주체는 크게 정부, 시민사회, 민간기업 등이 있다. 이 중 시민사회는 구성인력, 고유의 업무를 기준으로 몇 가지 다른 시민단체들로 구분될 수 있다.

표 10-4 다양한 비영리단체들의 특징

조 직	주요 특징 및 활동영역	관련법	국가와의 관계
비영리단체 (Non-Profit Organization)	· 모든 종류의 비영리 활동 · 가장 포괄적 개념	-	다양함
민간비영리단체 (Private Non-Governmental Organization)	· 비영리단체에서 준공공조직을 제외 · 사적으로 운영되고 재원이 조달됨	-	다양함
비영리법인 (Non-Profit Organization)	· 법적 개념 · 공익법인과 유사하나 더 다양함	민법 개별 법률	다양하기는 하지만 비영리단체, 민간비영리단체 보다는 제한적
공익법인 (Public Interest Corporation)	· 법적 개념 · 교육, 학술, 자선, 사회복지 및 보건관련 조직	공익법인의 설립에 관한 법률(1975)	사안에 따라 협조적
민간단체 (Non-Governmental Organization)	· 교육, 사회서비스 및 보건관련 조직을 제외한 모든 비영리단체	없음	다양하기는 하지만 가끔 경쟁적이기도 함
시민단체 (Civil Society Organization)	· 대중조직(grass root) · 주로 advocacy 영역 · 경성 및 연성조직으로 구분	없음	경쟁적임

시민운동단체 (Civil Movement Organization)	· 개혁지향적, 정치적 advocacy 조직 · 1980년대 후반 이후 설립 · 경성유형의 시민단체	없음	시민단체의 경우보다 더 경쟁적임
관변단체 (Quasi-Autonomous NGO)	· 정부로부터 재정지원을 받고 정부의 영향을 받음 · 종종 교육캠페인, 시위 등에 참여, 우익 성향	개별설립법	매우 협조적임

자료: 김준기, 「비영리부문의 성장과 정부와의 관계에 관한 연구」, 한국행정학회, 2000.

(2) 주민참여의 유형

지역의 주민이 참여하는 유형은 참여방식, 참여주체, 참여단계에 따라 나눌 수 있다. 참여방식에 의한 유형은 제도적 참여, 준제도적 참여, 비제도적 참여로 나눌 수 있고, 참여주체에 따라서는 피해집단의 참여와 일반집단의 참여로 구분할 수 있다. 참여단계에 의한 유형은 계획단계에서의 참여, 집행단계에서의 참여, 평가단계에서의 참여로 나눌 수 있다.[10)]

표 10-5 주민참여의 유형

기준	참여유형	내 용	참여방법
참여 방식	제도적 참여	관련법에 의해 보장되는 참여	공청회, 공람 등을 통한 의견제출
	준제도적 참여	관련 법에서 구체적으로 규정한 참여방식이 행정제도상 보장되는 참여	민원, 청원, 진정 등
	비제도적 참여	제도적으로 참여가 보장되지 않을 때 문제를 해결하기 위해 주민들이 선택하는 가장 극단적인 방법	시위, 점거, 농성 등
참여 주체	피해집단의 참여	개발이나 계획으로 인하여 생존권에 피해를 입게 된 집단과 재산권에 피해를 입게 된 집단에 의한 참여	-
	일반집단의 참여	개인의 신변 문제나 직접적인 이해관계에서 비롯된 문제들이 점차 보편적인 문제로 확대되면서 그 개방성이 넓혀진 형태의 참여	-

10) 서태성, "지역발전과 주민참여형 거버넌스체제 구축방안", 「월간국토」, 제252호, 2002, pp. 24-26.

참여단계	계획단계에서의 참여	도시계획 등 사업의 계획단계에서 이루어지는 참여로 이는 다시 입안단계, 검토단계, 승인단계로 구분	-
	집행단계에서의 참여	계획이 확정되고 계획대로 개발 등이 이루어지는 단계에서의 참여	-
	평가단계에서의 참여	계획되고 집행된 것을 평가하는 단계에서의 참여	-

(3) 거버넌스를 통한 주민참여 방안

지방자치를 활성화시키기 위한 주민참여제도로 주민투표, 주민발안, 주민소환, 주민감사청구 등이 도입되었으나 제도 도입의 본래 취지가 제대로 발휘되고 있지 못하고 있는 것이 사실이다. 이들 제도의 경우 투명한 정보의 공유를 통한 사전적 의견수렴보다는 사후적인 감시와 비판의 대상으로 한정되고 있다. 또한 거버넌스의 일환으로 진행되고 있는 다양한 위원회 등도 행정가 및 전문가의 편중된 참여와 형식적으로 운영되고 있는 것이 보통의 현실이다.

1) 정보의 공개

거버넌스의 핵심은 지역사회의 주체가 참여하는 수평적 네트워크라는 점이다. 거버넌스를 통한 주민참여를 바람직한 방향으로 이끌어 가기 위해서는 무엇보다도 행정이나 사업의 전 과정에 대한 정보가 투명하게 공개되어야 한다. 지역갈등의 시작은 정보의 불투명으로 인한 불신과 오해에서 비롯된다고 해도 과언이 아니다.

2) 협의를 통한 분쟁해결 시스템 마련

거버넌스 주체들이 합리적인 협의와 결론에 도달할 수 있는 시스템을 구축하기 위하여 협의와 조정의 룰이 정비될 필요가 있다. 협의와 동의를 거쳐 지역정책을 수립해 나가는 것이 원칙이지만 이해의 대립으로서 더 이상 커뮤니케이션이 곤란하여 국가적, 지역적 중요시책을 끊임없이 지연해야 하는 경우 이해관계가 없는 중립의 입장에 있는 제3자가 교섭을 지원하도록 하는 대체분쟁해결방법 등도 도입할 필요가 있다.[11]

11) 상계서, p. 26.

3) 주민자치센터의 활성화

지난 1999년부터 시범실시된 주민자치센터는 양적·질적으로 상당한 발전을 이루어 왔다. 그럼에도 불구하고 주민참여에 의한 센터 활성화가 미흡하고, 아직도 공무원이 주도하고 있는 것이 사실이다. 주민자치센터라는 주민참여의 소중한 통로와 장을 전국에 마련해 놓고 있으면서도 이를 제대로 활용하지 못하고 있다.

지역사회의 주민들이 주민자치센터를 주도적으로 운영할 만한 역량을 키우고 주민들이 주민자치센터의 활동에 자발적으로 참여하며 나아가 주민자치센터 운영을 주도할 수 있도록 다양한 대안이 마련될 필요가 있다. 우선 주민자치위원회를 월례회의 수준에서 탈피하여 실질적인 운영을 담보하는 위원회로 발전시키고 주민자치센터의 담당 공무원에 대해 전문성과 책임성을 높이는 것이 필요하다. 그리고 주민자치센터의 여러 가지 프로그램을 주민수요에 부응하는 프로그램으로 채우고 지역자원 및 자원봉사를 적극적으로 활용할 필요가 있다.

4) 주민자치에 대한 홍보 및 교육 강화

주민자치 활성화를 위한 여러 제도와 사업이 시행되고 있으나 일반 주민들의 참여가 저조한 것이 현실이다. 이를 극복하기 위해 주민자치위원회, 주민자치센터의 활동에 대해 홍보하고 주민자치에 대한 관심과 참여를 높이기 위한 홍보 및 교육 프로그램을 강화하는 것이 필요하다. 주민자치는 지역사회의 발전과 문제해결에 대해 함께 참여하여 개선하고자 하는 지역주민의 인식변화와 작은 실천에서 시작되기 때문이다. 아울러 주민자치위원들과 자치센터 근무자에 대한 전문성을 강화할 수 있는 전문교육프로그램의 개발과 시행이 필요하다.

주민이 참여하는 거버넌스를 통해 주민이 객체가 아닌 주체로서 시민사회에 능동적으로 참여하기 위해서는 네트워크의 수평성을 유지하기 위한 평등한 권력관계를 유지하고자 하는 인식과 노력이 선행되는 것이 무엇보다도 중요하다.

CHAPTER 11

사회적 자본 확충전략

청렴, 신뢰, 윤리 등 사회적 자본이 국가발전과 국가브랜드의 핵심이 되고 있다. 우리나라는 그동안 세계에서 유래를 찾아볼 수 없는 경제성장을 달성하여 세계 10위권의 경제대국으로 발전하였으나 선진국 대열에 진입하였다고 자부할 수 없는 이유는 다른 선진국에 비해 신뢰, 공정 등의 사회적 자본의 형성이 아직 부족하기 때문이라고 볼 수 있다. 눈에 보이지 않는 사회적 자본이 한 국가의 경제성장과 지역발전에 중요한 의미를 갖는다는 것이 여러 학자들에 의해 검증되었고, 지역의 경쟁력을 가늠하는 잣대가 되고 있다.

1 사회적 자본의 개념

최근 사회적 자본(Social Capital)에 대한 연구가 하나의 '산업분야'가 될 만큼 성황을 이루고 있다. 부르디외(P. Bourdieu)와 콜만(J. Coleman)에 의해 사회학적으로 체계화된 이 개념은 이후 퍼트남(Robert D. Putnam), 후쿠야마(F. Fukuyama) 등에 의해 확장·응용되면서 정치학, 경제학, 경영학 분야에서도 널리 사용되는 개념이 되었다.[1]

부르디외가 말하는 사회적 자본은 현실적 자본 또는 잠재적 자원의 집합으로서의 상호 면식과 인식이 제도화되고 지속화된 관계망을 소유하는 것(특정 집단에의 멤버십)과 연결되어 있다. 그러한 제도화된 관계망은 집단적으로 소유된 자본의 후원, 즉 신용을 부여해주는 보증을 소속원에게 제공한다.[2] 사회적 자본은 보다

1) 김상준, "부르디외, 콜만, 퍼트남의 사회적 자본 개념 비판", 「한국사회학」, 제38집 6호, 2004, pp. 63-95.

2) Bourdieu, Pierre, "The Forms of Capital", *Handbook of Theory and Research for the Sociology of Education,* Westport, CT: Greenwood Press, 1986.

포괄적인 사회관계 속에서 각 개인이 갖고 있는 연결망과 집단소속이 해당 당사자에게 주는 다양한 사회적 기회 자원을 총칭하고 있다.[3]

콜만은 사회적 자본을 사회적 집단이 특정한 목적을 달성하도록 해주는 내재적 자원으로 사회적 관계나 사회적 구조로 정의하였고, 퍼트남은 상호이익을 위한 협력과 조정을 촉진하는 신뢰, 규범, 네트워크로 보았다. 후쿠야마는 경제선진국이 되기 위해선 법과 제도, 인적·물적 자본으로만 부족하며 사회적 자본을 확보해야 한다고 주장하였다.

사회적 자본에 대한 다양한 개념을 정리해보면, 사회적 자본이란 사람들이 서로 신뢰하고 협동하게 만드는 사회 규범이나 가치를 말한다. 이는 청렴, 신뢰, 윤리, 공유, 공정 등 공동목표를 효율적으로 달성할 수 있도록 해주는 사회규범이나 가치를 통해 사람과 사람 사이의 협력이나 사회적 거래를 촉진하는 것을 의미한다. 눈에 보이는 자연자본, 생산자본과는 달리 사회적 자본은 무형의 자산으로 사회 구성원 간의 신뢰, 법과 질서를 준수하는 시민의식, 기업윤리 등 사회가 공유하는 가치와 규범으로 국부를 구성하는 자본이 된다.

2 사회적 자본의 구성요소와 유형

(1) 사회적 자본의 구성요소

사회적 자본의 대표적인 구성요소는 청렴, 신뢰, 사회규범, 사회적 네트워크 등이 있다. 2000년 브라질에서 열린 세계경영경제학회에서는 신뢰성, 진실성, 단결성, 개방성을 사회적 자본의 4대 구성요소로 꼽았다. 이러한 구성요소들은 '사회'를 기반으로 하여 존재하고 발전한다는 공통점을 가진다.

청렴은 사전적으로 '성품과 행실이 높고 맑으며, 탐욕이 없음'을 의미한다. 청렴도가 높은 국가가 국민소득도 높게 나타나는 경향이 있는 것으로 나타났다. 2007 세계은행이 발표한 『국부는 어디에서 오는가(Where is the Wealth of Nations)』에 따르면 국민소득 수준이 4만 달러 이상인 네덜란드와 핀란드는 청렴도가 가장 높은 것으로 나타났다.[4] 청렴은 국가이미지 및 대외신인도에 크게 영향을 미친다.

---

3) 김상준, 전게서, p. 69.

4) The World Bank, *Where is the Wealth of Nations?*, 2006.

신뢰의 구성요소는 위험에도 불구하고 신뢰대상이 신뢰자의 이해에 부합하도록 행동하리라는 주관적 기대와 그러한 기대를 근거로 자신을 취약한 상태에 두려는 자발성으로 요약할 수 있다. 결국 신뢰는 위험이 예견되는 상황에서 위험회피가 아닌 위험감수의 가능성을 감수하는 의지로 볼 수 있다. 그리고 이 의지에는 신뢰대상에 대한 불완전한 존재로서의 협력의 필요성을 열어두는 한편, 예측 가능한 상황에 대한 주관적 확신을 포함하고 있는 것이다. 따라서 협력, 확신, 예측 가능성, 신빙성, 위험 감수의 교집합이 바로 '신뢰'이다.[5)]

후쿠야마는 신뢰(Trust)를 사회구성원들이 공동의 목표를 위해 함께 일할 수 있도록 이끌어주는 협동의 규범으로 정의하여, 신뢰가 있는 사회는 사회적 거래에서 나타나는 중개비용, 예상치 못한 손해에 대비할 필요성, 분쟁 등이 줄어들 것이라고 보았다.

사회규범은 사회생활의 준칙인 도덕, 관습, 법 등을 총칭하는 것이다. 사회가 안정적으로 존속되기 위해서는 사회에서 일반적으로 받아들여지고 있는 사회규범을 따르지 않으면 안 된다. 사회규범은 사회를 바람직한 방향으로 이끌고자 사회구성원이 동의한 규준으로 당위성, 다양성, 상대성 등을 가지고 있다.

사회규범 중에 하나인 관습은 일정한 행위가 사회 구성원들 사이에서 오랜 세월 동안 반복됨에 따라 사회적 행위의 일반적 기준으로 받아들여진 것이다. 이는 사회규범의 상대성으로 인하여 시대가 변화함에 따라 달라질 수 있다. 도덕은 사회의 존속과 평화를 위하여 필요한 가치의 기준 또는 규범으로 인간의 양심에 바탕을 두고 있다. 법은 흔히 최소한의 도덕이라고 불리는데 그 내용과 집행 및 제재의 방법을 명확하게 제도화시켜 놓은 규범으로 국가에 의해 강제된다.

사회적 네트워크는 개인들 혹은 조직들 상호 간 관계에서 구조화된 패턴을 의미한다. 사회적 네트워크는 얼마나 많은 사람들이 혹은 조직들이 서로 연결되어 있는가를 따지는 연결성(connectivity) 자체도 중요하지만 그 연결의 양상이 어떤가도 또한 매우 중요하다. 그렇기 때문에 네트워크의 연결 양상에 대한 다양한 측정치들이 존재한다. 네트워크를 구성하는 사람들의 수, 연결되어 있는 정도인 밀도, 구성원의 연령, 친인척비율 등이다.[6)]

---

5) 한종희, "공적 영역에서의 저신뢰 요인 연구", 「건국정치학회보」 제17집, 건국정치학회, 2004, pp. 128-129.

6) 한준, "사회적 자본의 국제비교", 「*THE HRD REVIEW*」, 10권3호, 한국직업능력개발원, 2007, p. 19.

(2) 사회적 자본의 유형

사회적 자본의 형태를 보다 구체적으로 살펴보면 '관계적 자본'과 '시스템 자본'으로 구분할 수 있다. 관계적 자본은 각 주체의 투자 정도에 따라 가치가 결정되는 개인 차원의 자본이라고 할 수 있으며, 시스템 자본은 공동체를 효율적으로 통제하기 위하여 존재하는 공동의 사회적 규범을 의미한다.[7)]

'관계적 자본'은 각 주체가 다른 주체의 직·간접적인 관계에서 얻을 수 있는 혜택의 합계가 같으며, 특정 형태의 소득으로 일정한 범위 내에서는 개인이 투자한 규모에 따라 증가한다. 각 주체가 속한 그룹의 구성원이 많아지고 구성원 간의 협력관계가 활발할수록 관계적 자본은 증가한다. 관계적 자본은 네트워크 내 개인의 전략적 지위에 따라 결정되는 지위자본, 구성원 간의 신뢰 정도에 따라 형성되는 신뢰자본, 네트워크 내 구성원 간의 책임의식에 따라 생성되는 책임자본으로 구성된다.

'시스템 자본'은 관계적 자본과 달리 개인의 소유가 불가능하며, 개인의 직접적인 노력과 투자의 결과로 형성되지 않는 공공재적 성격을 가지고 있다. 시스템 자본은 사회 통제의 정도를 나타내는 시스템 통제와 사회 시스템 전체에 대한 신뢰, 시스템 내부의 규범에 따라 결정된다. 사회적 통제는 시스템 자본을 형성하는 기술적인 기반이 되며, 효율적인 통제장치가 없이는 시스템의 신뢰와 도덕성도 기대할 수 없다.

사회적 자본은 다양한 형태로 정의되며, 자본의 형태에 따라 어떻게 사회적 자본을 극대화하고 효율적으로 활용할 수 있는지에 대한 적정화 문제가 복합적으로 나타나게 된다.

3 우리나라의 사회적 자본 현황

우리나라 사회적 자본의 현주소는 그리 양호한 편이 아니다. 세계은행이 2006년에 조사한[8)] 국민 1인당 사회적 자본 순위는 118개국 중 26위였다. OECD 국가

7) 이동원 · 정갑영 외, 「제3의 자본 사회적 자본은 어떻게 증진되는가?」, 삼성경제연구소, 2009.
8) World Bank. *Where Is the Wealth of Nations*. Washington D. C.: World Bank, 2006.

평균 사회적 자본의 크기가 1인당 35만 달러이나 우리나라는 11만 달러로 선진국의 3분의1 수준이다.

삼성경제연구소는 사회적 자본의 개념을 '선(善)인프라스트럭처' 개념으로 새롭게 고안했는데 한국인들이 사회적 효율 증대를 위하여 중요시하는 요인들을 정리해 지수화한 것이다. 선(善)인프라스트럭처를 약자에 대한 배려, 공정성, 개방성, 시스템적인 규율 등 네 가지 카테고리로 추출하여 OECD 30개 국가와 비교한 결과 종합순위 28위로 최하위권을 기록했다.

한국개발연구원(KDI)은 2009년 5.5점인 우리나라의 청렴도가 7.0점으로 개선될 경우 경제성장률은 최대 1.4%포인트 높아질 것으로 분석했다. 한국행정학회는 국가청렴도가 1점 올라가면 1인당 국민소득이 4천 713달러 늘어난다고 전망했다. 서울시립대 반부패행정시스템연구소도 청렴도가 1점 상승하면 외국인투자관심도가 26% 상승하고, 1인당 교역이 31% 오르고, 1인당 GNP도 25% 높아질 것으로 예측했다.

또한 국제투명성기구(TI)의 국가청렴도(CPI, 부패인식지수)평가는 2010년도에 5.4점으로 조사대상 178개국 중 39위를 차지하였다.

그림 11-1 우리나라의 연도별 CPI 점수 및 순위

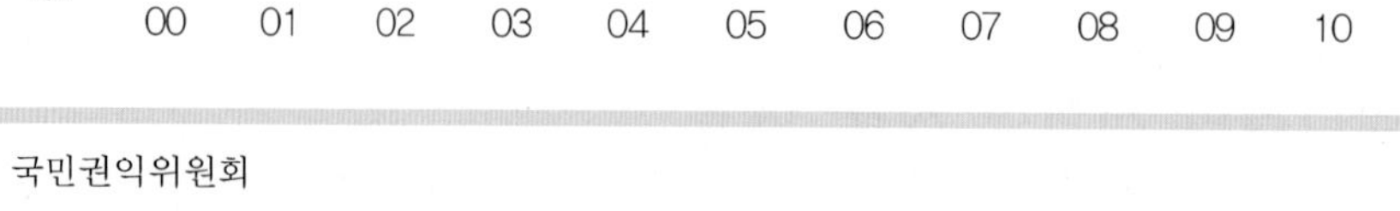

자료: 국민권익위원회

국가청렴도는 OECD 평균 6.97점에 비해 1.57점 낮아 30개국 중 22위로 하위권을 차지하고 있다.

표 11-1 OECD 주요 국가별 CPI 현황

구분	OECD평균	뉴질랜드	덴마크	스웨덴	미국	프랑스	스페인	한국	폴란드	이탈리아
2010	6.97	1위 (9.3점)	1 (9.3)	4 (9.2)	22 (7.1)	25 (6.8)	30 (6.1)	39 (5.4)	41 (5.3)	67 (3.9)
2009	7.04	1위 (9.4점)	2 (9.3)	3 (9.2)	19 (7.5)	24 (6.9)	32 (6.1)	39 (5.5)	49 (5.0)	63 (4.3)

자료: 국제투명성기구(TI), 2011년 부패인식지수(CPI) 현황사료

한국인들은 가족과 친구에 대한 신뢰가 가장 높으며 학교동창과 이웃, 직장동료와 직장상사에 대한 신뢰도는 비슷한 수준으로 보이고 있다. 낯선 사람에 대해 그다지 신뢰하고 있지 않는 것으로 나타나 미시수준에서 거시수준으로 갈수록 사람에 대한 신뢰가 낮아지고 있다.

그림 11-2 집단 및 사람에 대한 신뢰도

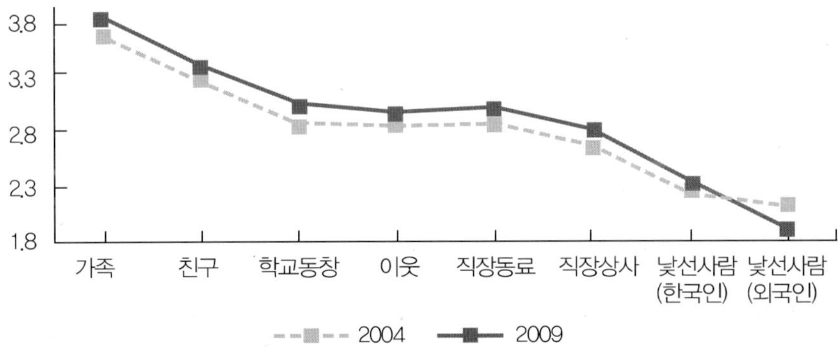

자료: 한국교육개발원

전반적으로 2004년에 비해 2009년도의 신뢰도가 상승하였다. 정당과 국회에 대한 신뢰가 낮은 수준이며 군대, 경찰, 법률체계, 교육제도 순으로 높은 신뢰도를 나타내고 있다.

그림 11-3 사회제도 및 기관에 대한 신뢰도

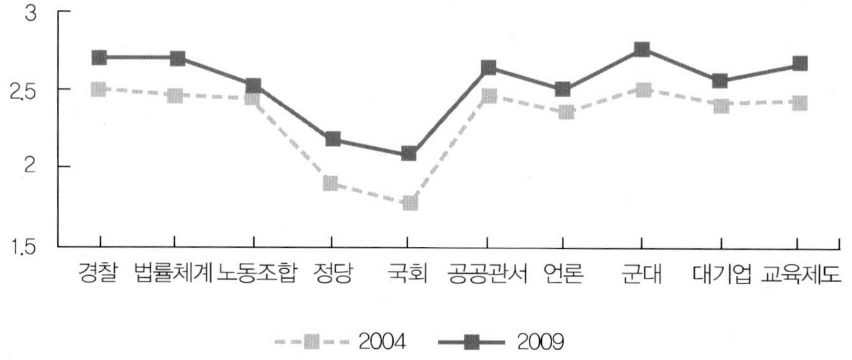

자료: 한국교육개발원

한국인들은 출신지역이 다른 사람, 학력이 다른 사람과 의사소통에 어려움을 느끼고 있으며 종교나 정치성향이 다른 사람과는 상대적으로 의사소통에 어려움을 덜 느끼고 있는 것으로 나타났다.

그림 11-4 의사소통에 대한 어려움

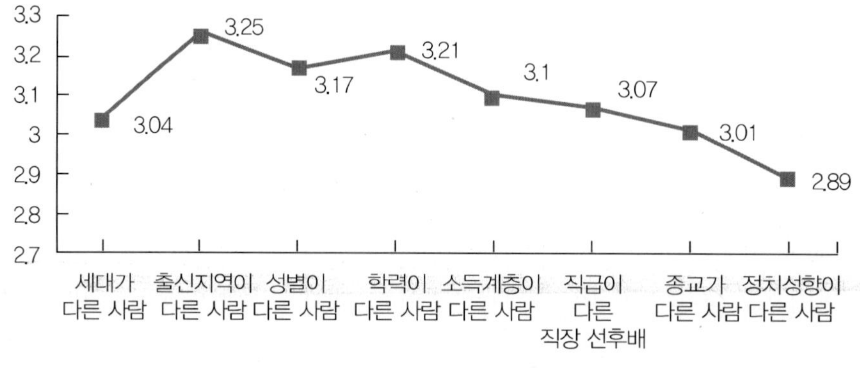

자료: 한국교육개발원

그림 11-5 소속감 정도

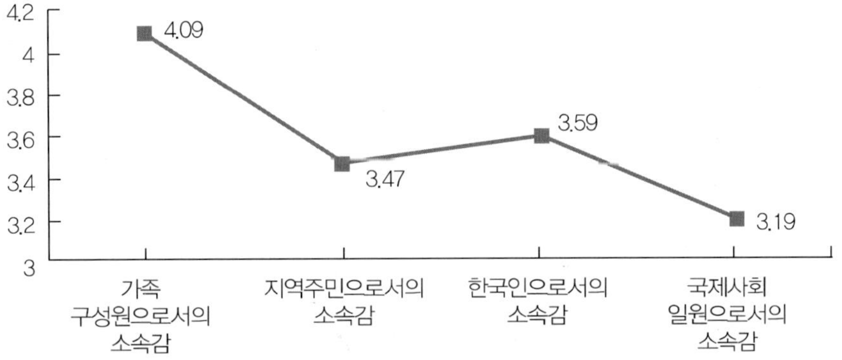

자료: 한국교육개발원

한국인들은 가족구성원으로서의 소속감은 높은 편이나 지역주민이나 국제사회 일원으로서의 소속감은 상대적으로 낮은 편이다. 전반적으로 연령이 높을수록 소속감이 높은 것으로 조사되었다.

그림 11-6 지역사회 만족감

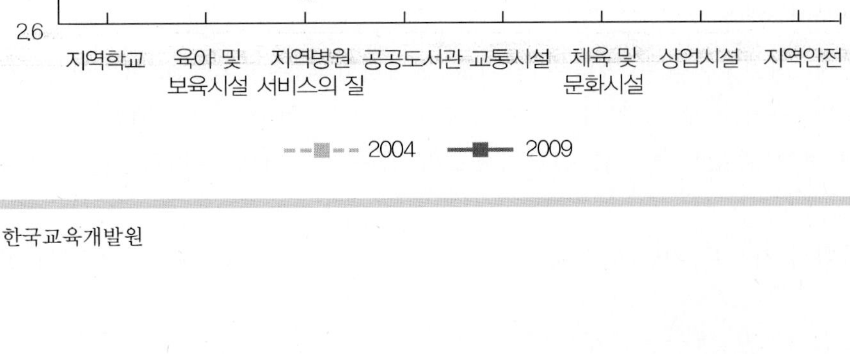

자료: 한국교육개발원

지역사회 만족감은 2004년에 비해 2009년에 전반적으로 높아졌다. 2009년에는 교통시설, 지역병원 서비스에 대한 만족감이 높은 반면 2004년에 높았던 상업시설, 지역안전에 대해서는 만족감이 낮았다.

4 사회적 자본 확충방안

사회적 자본은 우리나라가 진정한 선진국으로 나가는 데 반드시 필요한 것으로 사회적 자본을 확대하고 공고히 하는데 다양한 정책적 수단과 민관협력이 요구된다. 특히 지역의 발전을 위해서는 지역주민 간, 지자체와 주민 간 신뢰와 협력을 증진하는 정책과 지원이 필요하다.

첫째, 국가수준의 교육목적에 대한 사회적 재논의가 필요하다. 우리나라의 입시위주의 교육현실로는 국민들이 신뢰, 청렴 등 사회적 자본을 인식하고 실천하는데 형식적이고 피상적인 교육수준 밖에 도달할 수 없다. 올바른 전인교육을 통해 사회적 자본을 확충해 나갈 필요가 있다. 특히 중앙정부가 주도하기보다는 지방과 지역사회가 중심이 되어 평생학습, 교육과 훈련, 자발조직의 활성화 등을 통해 인적자원을 개발하는 것이 중요하다.

둘째, 사회적 자본의 축적이라는 정책적 목표를 달성하기 위해서는 국가 및 지역사회의 현실에 맞는 사회적 자본의 개념을 정립하고 객관적으로 측정하여 우리나라 지역의 현실에 맞는 내용이나 수준을 규명할 필요가 있다. 특히 지역단위 사회적 자본의 현황자료를 작성하고 구축할 필요가 있을 것이다.

셋째, 중앙정부나 자치단체의 정책 공정성을 더욱 강화하여 정책과 기관이 국민이나 지역주민들로부터 신뢰를 받는 것이 필요하다. 공정한 법 집행을 통해 사회적 논란과 불신을 줄여나감으로써 사회적 비용의 낭비를 막고 사회적 자본을 축적하여야 한다.

넷째, 지역주민들의 자발적 조직을 활성화하고 의사소통을 강화하는 것이다. 봉사모임, 동호회 등을 활성화하여 주민이 참여를 통한 지역사회의 일원임을 인식하게 하고 가능한 정보를 공유함으로써 지역주민 간의 네트워크를 강화하여야 한다.

사회적 자본은 지금까지 국가적 과제로만 여겨져 왔다. 하지만 21세기 선진지역의 발전을 공고히 하기 위해서는 지역단위에서도 사회적 자본의 확충에 대하여 구체적으로 논의할 필요가 부각되고 있는 것이다. 이를 위해서는 지역의 사회적 자본에 대한 측정이 전제되어야 할 것이다.

CHAPTER 12

지역협력 · 연계 전략

자치단체 간 교류가 활성화되고 생활권이 광역화 추세를 보임에 따라 지방행정의 각 분야에서 주변 자치단체와의 협력사업 수요가 급속하게 증대되고 있다. 하지만 협력에 대한 부정적 가치관이나 태도 때문에 행정의 광역적·탄력적·능동적 대응이 어려워지고 있는 실정이다. 더욱이 중앙정부 차원에서 협력을 조장 · 촉진하는 법제도적 기반이 취약하고 행 · 재정적 지원마저 미흡하여 기존 제도상 협력사업 수단마저 실효성이 높지 않은 실정이다. 자치단체 간 협력사업의 추진은 개별자치단체의 내부적 역량한계를 극복하고 비용절감과 중복투자의 방지는 물론 개발사업 추진과 행정서비스제공 등에 있어 효율성과 사업연계성을 제고할 수 있다는 점에서 매우 큰 의의를 갖는다.

1 지역협력의 의의

(1) 자치단체 간 협력의 개념

일반적으로 협력이란, 자율적인 조직들 간의 개별적 목표의 공동적 성취를 위한 긴밀한 관계(deliberate relations)로 정의된다.[1] 즉, 각 단위 간의 상호작용을 통하여 협력의 내부적 과정인 교환과 협상(exchange and negotiation)이 이루어지며, 이는 상호 의존관계를 통하여 각 구성 부분들이 그들의 업무와 활동을 달성하기 위해 자원, 권한 및 역할을 교환하여 상호이익을 증진시키는 것을 의미한다. 물론 협력이라는 개념은 조정과 유사한 개념으로 종종 혼용하여 사용되기도 하지만 몇

1) 사득한, "정부간 관계(IGR)변화와 지방정부간의 환경협력방안", 「한국지방 자치학회보」, 제14권, 제1호(통권 37호), 2002, p. 673.

가지 점에서 차이가 있다. 즉, 협력은 조정에 비해 일회적이고 비공식적이며, 특히 협력의 결과 조직의 자율성이 거의 침해받지 않는다는 측면에서 다를 뿐만 아니라 협력은 조정에 비해 비용도 상대적으로 적게 드는 특징을 가지고 있다.[2)]

협력은 사회를 구성하는 모든 사회실체 간에 발생한다. 특정한 목적을 지닌 둘 이상의 사회실체 간에 의사와 의견의 소통 등을 토대로 상호 형태적 · 제도적 협력, 또는 정신적 · 물질적 협력 등 주체와 대상에 따라 광범위하게 협력이 발생한다. 그러므로 자치단체 간 협력이란 지방자치단체의 공공서비스 제공 업무를 두 개 이상의 지자체가 협조 및 교류를 통해 공동으로 처리하는 활동을 의미한다.[3)]

(2) 자치단체 간 협력의 필요성

자치단체 간 협력의 필요성은 여러 가지 측면에서 제시될 수 있다.

첫째, 종래 중앙집권적 행정체제가 붕괴되고 분권화된 행정체제로 전환되는 과정에서 새로운 변화에 능동적으로 대응하기 위해 자치단체 간 협력관계 형성은 필수적이다. 자치단체 간 공정한 게임룰(game rule)에 입각하여 수직적(광역-기초), 수평적(기초-기초) 경쟁을 촉진하고 성과의 공정배분을 도모한다. 이로써 과거 중앙정부에 의한 직접관리관계 · 수직적통제관계 · 일방적 관계를, 간접관리관계 · 수평적경쟁관계 · 상호의존적 협상관계로 전환함으로써 세계화 · 지방화 · 정보화라는 새로운 환경변화에 능동적으로 대처할 수 있다.[4)]

둘째, 중앙정부의 획일적인 사회적 가치의 배분전략, 즉 하향식의 지방발전전략에서 벗어나 협력주체 간의 공동이익을 지향하는 이른바 공생전략(win-win strategies) 형성이 필요하게 되었다. 수평적이고 대등한 관계에 입각한 공생적 발전전략의 추구는 자치단체 간의 경쟁에 능동적으로 대처하기 위한 효과적인 수단으로서도 기능할 수 있다. 여기에서 자치단체 간 협력관계 구축이 절대적으로 요구되는 것이다. 자치단체 간 협력은 상호단점의 보완과 결합이득을 교환할 수 있는 중요한 수단으로서 기능할 수 있기 때문에 광역-광역 간, 기초-기초 간 수평적

---

2) Roger, David. L. and David A. Whetten, *Interorganization Coordination: Theory, Research, and Implementation.* Ames: Iowa State University Press. 1982, p. 12.

3) 박종찬, "지자체간 협력을 통한 지역경제 활성화 방안 연구", 「2005 경기도 정책세미나 지방화 시대의 상생발전전략」, 2005, p. 31.

4) 경기도, 「지방자치단체간 협력활성화 방안 연구」, 1999, pp. 16-20.

상호경쟁 및 협상적 관계의 구축과 활성화를 도모해야 한다.

셋째, 자치단체 간 협력은 일정규모의 유·무형의 사업추진으로 구체화됨에 따라 결국 지역 간 중복투자를 방지하고 규모의 경제효과를 기대할 수 있기 때문에 국가자원의 효율적 활용을 위해서 필요하다. 아울러 지방자치단체 입장에서 인접자치단체와 행정서비스의 공동제공을 추진함으로써 경제성, 효율성, 효과성을 제고할 수 있다.[5)]

끝으로, 자치단체 간 협력은 협력과정에서 협상과 토론을 활성화시키기 때문에 협상과 토론문화 정착을 촉진할 수 있다. 우리나라에서 아직까지 협상과 토론문화가 정착되지 않은 것은 권력의 불균형, 사회적 신뢰성, 관행 등이 협상을 근본적으로 불가능하게 만들고 있기 때문이다. 협상은 상호의존관계와 협력이 가능한 통로로서 역할을 하기 때문에 활발한 협상을 통하여 자치단체 간 협력증진을 도모하고, 협력과정에서 다양한 협상과 토론경험이 누적되어 종국적으로 협상과 토론문화가 정착되는데 기여할 수 있다.[6)]

(3) 협력의 특성과 유형

관계의 일반적 유형을 시장, 위계, 협력 및 네트워크로 나눌 때 '지역간의 협력'은 시장과 위계의 중간적 위치를 차지하고 있다. 위계처럼 강제적이지도 않고 그렇다고 시장처럼 완전히 자유로운 활동을 전제로 하지도 않기 때문이다. 또한 협력에 대한 약속이나 상호간의 협약에 의해 적정한 구속을 전제로 하고 있기도 하다. 특히, 상호간의 보완적인 강점을 추구하며 상호의존적인 속성을 지니고 있다.[7)]

그리고 협력의 범위가 좁다고 가정하면, 협력의 내용이 명확한 경우가 그렇지 못한 경우에 비해 지역 간 협력이 수월하고 활성화될 수 있다.

지역 간 협력의 유형은 협력의 범주, 협력의 주체, 협력의 강도, 기능적 연계와 공간적 연계의 조합 등의 관점에 따라 다양한 유형으로 구분할 수 있다.

첫째, 협력의 범주에 따라 '지역단위(regional framework operation) 협력', '개별사업(individual project) 협력', '네트워크(network) 협력'으로 구분할 수 있다. 지

5) McCall, C. H. *Local Government Cooperative Service Provision, Office of the State Controller*, State of New York, 1994, p. 4.

6) 사득환, 전게서, pp. 687-688.

7) 오은주 외, 『지역간 경제협력의 실태분석과 활성화 방안』, 한국지방행정연구원, 2008, pp. 34-38.

표 12-1 시장, 위계에 비추어 본 지역협력의 특성

주요특성	협력 · 네트워크	위 계	시 장
규범적 근거	보완적 강점	고용관계	계약-재산권
의사소통수단	관계적 측면	일상루틴	가격
	상호주의 규범(평판)	명령(감독)	소송(사법기구)
유연성	중간	저	고
당사자간 약속, 협약	중간 내지 많음	중간	적음
풍토	개방적, 상호이익	공식적, 관료적	정확성, 의심
행위자	상호의존적	의존적(종속적)	독립적
혼합된 형태	지위, 위계 (복수의 당사자, 공식적 규칙)	비공식적 조직 (시장유사특성, 이익센터, 이전가격)	반복거래 (위계적 문서로서의 계약) 의사소통수단

자료: 오은주 외(2008), 「지역간 경제협력의 실태분석과 활성화 방안」, 한국지방행정연구원, p. 34.

역단위 협력은 다수의 사업에 대해 지역전체가 협력을 추진하는 유형이다. 개별사업의 협력은 복수의 지역이 개별사업의 성공적 추진을 위해 협력하는 것이며, 네트워크 협력은 공간적으로 분리된 지역이 단수 혹은 다수의 사업을 추진하기 위해 협력하는 형태이다.

둘째, 자원동원 방식에 의해서는 '자원 교환형(resource exchange)'과 '자원 공유형(resource sharing)'의 지역 간 협력으로 나눌 수 있다. 자원 교환형 지역 간 협력은 지역이 필요한 영역에서 필요한 자원을 교환하는 낮은 단계의 협력방식인 반면, 자원 공유형은 지역 간 협력영역을 형성하고 여기에 서로의 자원을 투입하는 보다 높은 단계의 협력방식이다.

셋째, 용이성 측면에서 비공식적 협력, 지역 간 서비스 계약 등 협력이 비교적 용이한 방법이 있을 수 있고, 기능이전, 특별구역 설정 등 다소 어려운 방법이 있을 수 있으며, 지역 간의 통합 등 매우 어려운 방법의 유형도 있다.

넷째, 기능적 연계와 공간적 연계의 조합에 따라 [그림 12-1]에서 보는 바와 같이 4가지 유형으로 구분할 수 있다. 그 중에서 지역 간 협력의 정도가 높은 '인접지역형(그림의 A)'과 '분리된 네트워크형(그림의 B영역)'이 협력의 유용성은 가장 높다고 할 수 있다.

그림 12-1 기능적 연계의 강도와 공간적 인접성에 의한 협력유형

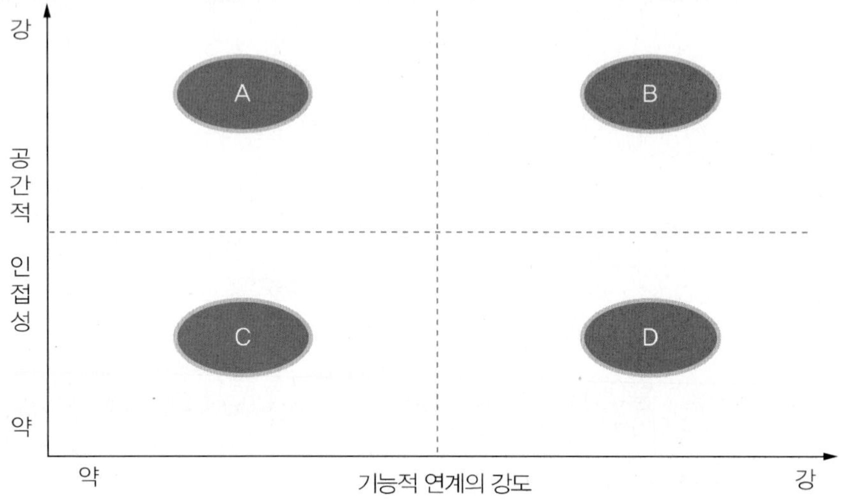

다섯째, 지역의 층위나 범위 차원에서는 기초자치단체와 기초자치단체 간의 협력에서부터, 기초자치단체와 광역자치단체, 광역자치단체 간 협력까지의 유형화가 가능하다.

여섯째, 주체의 폭과 깊이의 관점에서 소수가 참여하는 좁은 폭의 협력유형과 다수가 참여하는 넓은 폭의 협력유형이 가능하다. 깊이에 있어서는 소수의 지역이 협력하는 유형과 다수의 지역이 참여하는 유형으로 구분할 수 있다. 지역 내의 구성원에 따라서도 지자체 등 제한된 주체가 참여하는 '한정형'에서부터 지방정부를 포함하여 중앙정부, 민간, 기업, 시민단체 등 다양한 주체가 참여하는 '포괄형'이 있을 수 있다.

2 협력사업의 추진방법

(1) 행정협의회

행정협의회는 우리나라에서 가장 널리 활용되고 있는 자치단체 간 협력방식이다.「지방자치법」 제152조에서는 2개 이상의 지방자치단체에 관련된 사무의 일부를 공동으로 처리하기 위해 관계 자치단체 간 행정협의회를 구성할 수 있도록 규정하고 있다.[8)]

행정협의회는 일반적으로 자치단체 간의 협의에 의해 규약을 정하여 자발적으로 운영되는 협력방식에 기초하고 있지만 우리나라의 지방자치법은 행정협의회의 협의 및 사무처리의 효력에 관한 규정(제157조)과 미합의사항에 대한 직권조정에 관한 규정(제156조) 등을 통해 보다 강한 법적 구속력을 부여하고 있는 것이 특징이다.

행정협의회는 자치단체 간 구역을 넘는 광역사무를 공동으로 처리함이 목적이지만 별개의 법인격을 갖지 아니하므로 권리의무의 주체가 아니고 관련 자치단체의 독자성에 원칙적으로 제한을 두지 않는 느슨한 협력방식인데다 행정협의회의 협력대상에 제한이 없기 때문에 가장 널리 활용되는 협력방식이다. 다만 지방자치단체조합이나 사무위탁과 같이 행정기구 또는 사무처리의 간소화를 일차적인 목적으로 하는 것이 아니라 행정구역을 넘어서는 광역행정의 집행을 합리화하는데 목적을 두고 있어 보다 집중적이고 본격적인 협력의 전 단계로서 의미가 크다.

통상 행정협의회에 적합한 사무로는 자치단체의 전 구역에 걸쳐 공동으로 집행하는 것이 보다 합리적인 사무(예컨대 조세의 체납처분, 인사교류, 직원연수 등)와 개별적으로 처리하는 것보다 공동으로 집행하는 것이 행정을 능률적이고 경제적으로 처리할 수 있는 사무(물품의 집중구매, 농산물검사사무 등)를 꼽을 수 있다.

행정협의회는 협력대상사무에 제한이 없어 주민의 생활영역이 점차 확대되어 가는 추세에 비추어 활용도가 증가할 것으로 예상되어지지만 제도자체가 갖는 분쟁해결능력과 실무적 집행력의 부족과 관련하여 본질적인 문제점이 해결과제로 지적되고 있다.[9)]

---

8) 한표환·김선기·김필두,「자치단체간 협력사업 활성화방안」, 한국지방행정연구원, 2002. pp. 39-40.
9) 김명현·유지태,「지방자치단체간 협력에 의한 사무처리제도의 개선방향」, 한국법제연구원, 2000, p. 40.

(2) 지방자치단체조합

지방자치단체조합은 2개 이상의 지방자치단체가 하나 또는 둘 이상의 사무를 처리할 목적으로 관계지방자치단체의 협의를 거쳐 규약을 정하여 설립하는 공법상 사단법인이다(「지방자치법」 제159조).[10] 지방자치단체조합은 사무의 공동처리를 위한 주체로서 특별히 법인격을 부여한 특별지방자치단체의 성격을 지니며 독립된 행정주체로서 자신의 의사결정기관과 집행기관을 가지고 있다. 그러므로 별개의 법인격을 형성하지 않는 행정협의회에 비해 집행력이 뛰어나고 종국적인 사무처리에 매우 유용한 협력수단으로 평가받고 있다.[11]

지방자치단체조합의 구성원은 지방자치단체이며(주민이나 자치단체의 장은 아님), 구성원이 되는 지방자치단체에 특별한 제한은 없다. 또한 처리사무의 종류도 자치사무는 물론 기관위임사무나 단체위임사무[12] 모두가 가능하다.

지방자치단체조합이 외국에서와 달리 활용이 극히 부진한 이유는 첫째로는 자치단체로서 독립법인의 지위가 확실히 보장되어 있지 않고, 독립적 의결기관의 성격을 조합회의가 갖지 못하고 있는데 있다. 둘째, 조합구성에 있어서 선출직인 지방의회의원 중심이 아닌 공무원과 전문가가 참여하는 등 책임소재가 불분명하고 조합의 설립, 조직, 운영에 관한 법적규정이 미비해 활동에 제약을 받을 수밖에 없다. 셋째, 행정안전부장관의 조합에 대한 설립승인권과 지나치게 강력한 감독권을 인정함으로써 조합의 자율성이 침해될 우려가 있을 뿐 아니라 조합의 설립과 운영에 대한 조합자체의 자율성이 제약(행정처분권, 직원채용권, 파견공무원에 대한 선택・거부권 등의 제약)되어 있어 활용이 부진해지는 원인이 되고 있다.[13]

---

10) 한표환・김선기・김필두, 전게서, pp. 45-47.

11) 상게서, pp. 45-47.

12) 국가에서 지방자치단체에 위임처리하고 있는 '국가위임사무'는 '기관위임사무'와 '단체위임사무'로 구분된다. '단체위임사무'는 법령의 규정에 의하여 자치단체에 위임된 사무로 법령에 '시・도, 시・군・구에게 … 을 위임한다.' 와 같이 규정되고, '기관위임사무'는 국가적 이해관계가 현저한 사무로서 시・도지사, 시장・군수・구청장이 위임받아 처리하는 사무로 법령에 '시・도지사(시장・군수・구청장)에게 위임한다.'와 같이 규정된다. 경비부담에 있어 단체위임사무는 사업비의 일부를 국가가 부담하나, 기관위임사무는 전액 국비보조로서 교부금의 성격을 가진 사무로 전액 국가 부담을 원칙으로 한다. 특히, 기관위임사무의 경우 사무수행에 필요한 경비부담에 관한 사항 이외에는 지방의회의 관여가 불가하다.

13) 강인성, 「협력적 행정서비스 전달을 위한 광역행정체제 연구」, 한국지방행정연구원, 2007, pp. 43-44.

(3) 사무위탁

사무위탁은 1988년 「지방자치법」이 만들어질 때부터 명문화된 제도로서 현행 「지방자치법」 제151조에서는 지방자치단체 또는 그 장은 소관사무의 일부를 다른 자치단체 또는 그 장에게 위탁하여 처리할 수 있도록 규정하고 있다. 사무위탁은 자치단체 간에 걸친 광역문제에 가장 간편하게 대응할 수 있다는 점에서 가장 유력한 협력수단의 하나이다. 무엇보다도 지방자치단체의 협력 및 분업의 가능성을 확보하면서 지방자치단체조합과 같이 새로운 권리주체를 탄생시키지 않아 비용이 덜 들며 당사자의 의사에 따라 구체적인 내용의 결정이 가능하기 때문에 융통성과 적응성이 큰 장점을 가지고 있다.

사무위탁의 수요가 발생하면 관계 지방자치단체와의 협의에 따라 규약을 정하여 이를 고시한 후 위탁처리할 수 있으며 동법 제151조 제3항에 사무위탁에 관한 규약에 포함할 사항을 규정하고 있다. 현행 사무위탁은 법적으로 공법상 계약에 해당하며 행정협정방식의 일환이면서 행정응원의 주요 수단이 되지만 「지방자치법」 제151조에 의하기보다는 관례에 따른 협약의 체결, 조례, 규칙의 제정을 통해 시행되는 것이 대부분이다.[14)]

사무위탁은 제도 자체가 까다롭지 않고 당사 간에 융통성이 큰 장점을 가진다. 그러나 현실적용에 있어서는 정형화된 절차나 형식이 없이 관례에 따라 당사자 간 협약에 대부분의 결정사항이 위임됨에 있어 협력경험이 부족하고 협상문화가 발달하지 못한 우리 형편에서는 오히려 제도적 융통성이 적극적 활용을 제한하는 요인으로 작용하고 있다.[15)]

3 지방자치단체 간 협력사업

(1) 협력사업 현황

자치단체 간 협력사업은 2개 이상의 지방자치단체가 협약 등을 체결하여 자

14) 한표환, 「광역개발사업의 효율적 추진을 위한 자치단체 간 협력방안」, 한국지방행정연구원, 1997, p. 31.
15) 한표환 · 김선기 · 김필두, 전게서, p. 38.

기 책임 하에 공동으로 사업을 추진하는 사업방식이다. 협력사업은 공통의 사무를 공동으로 처리하며 기존의 행정구역을 유지한 채로 권리주체의 형성이나 변경을 요하지 않고 자발적으로 필요 당사자 간에 계약을 통하여 사무를 처리할 수 있다.

민선자치제 이후 지방자치단체 간 협력사업은 참으로 다양하다. 먼저 1995년부터 2006년까지 전체 254개의 협력사업이 실시되었고 1999년도에 가장 많은 29건의 사업이 실시되었고 다음으로 2003년도에 28건의 협력사업이 실행되었다.

분야별로 협력사업의 현황을 살펴보면 우선 단일 분야로 행정협의회나 사무위탁과 마찬가지로 지역개발 관련 협력사업이 75건으로 가장 많았고 행정기능을 포함한 기타의 분야가 100건으로 숫자적으로 가장 많은 사업이 실시되었다. 그 이외에도 폐기물처리(29), 상수도관리(28), 그리고 하수처리(22) 분야도 많은 사업이 이루어졌다.

협력기관별 현황을 보면 사무위탁에서와 마찬가지로 주로 같은 계층수준에서 협력사업이 수행되었음을 알 수 있다. 광역자치 간의 협력사업이 전체 254건의 사업 가운데 157건으로 가장 많았고 기초자치단체 간의 협력사업도 80건에 이르렀다. 반면에 계층수준을 달리하는 협력사업은 광역과 기초 간의 사업이 16건 그리고 지방과 중앙정부 간의 사업이 1건으로 활발하지 못한 것으로 나타났다.

표 12-2 협력사업 연도별 현황

합계	'95	'96	'97	'98	'99	'00	'01	'02	'03	'04	'05	'06
254	11	4	12	22	29	23	57	8	28	20	16	24

표 12-3 협력사업 분야별 현황

합계	상수도 관리	하수처리	폐기물 처리	지역개발	행정 기능 등
254	28	22	29	75	100

표 12-4 협력사업 기관별 현황

합계	광역-광역 간	광역-기초 간	기초-기초 간	지방-중앙 등
254	157	16	80	1

지방자치단체 간 협력사업의 가장 큰 장점은 협력대상, 협력형태, 협력내용 등에 특별한 제약이 없다는 점이다. 즉, 자치단체 당사자 간 자유로운 합의에 기초하여 협력을 추진할 수 있다는 점에서 자율성을 가장 많이 보장하는 제도라 할 수 있다. 하지만 협력사업이 자치단체 간의 상호신뢰와 신의성실의 원칙에 입각한 자율성을 보장하는 협력체제이지만 다른 제도들과는 달리 아직까지 「지방자치법」 등 별도의 법률에 협력의 세부절차나 방식이 규정되어 있지 않다. 이러한 상황 속에서 문제점을 구체적으로 살펴보면 다음과 같다.[16]

첫째, 협력사업의 활성화에 걸림돌은 협력사업을 통해 경제적 효율성이나 비용절감을 추구하기보다는 확보된 예산은 지출하고 보자는 사고가 만연되어 있어 협력사업의 활성화를 위해 노력하기보다는 많은 예산을 확보하여 사업수행과 비용지출에 만족하는 경우가 많다.

둘째, 자치단체의 장이나 담당 공무원이 자치단체 간 협력사업으로 인해 권한이나 성과가 축소되지 않을까 우려하는 것도 협력사업에 소극적인 동인으로 작용한다. 또한 즉흥적이고 선거를 의식한 전시적이고 단기간 성과를 낼 수 있는 사업에 치중하는 경향이 있어서 시간과 노력이 소요되는 협력사업을 기피하는 경향이 있다.

셋째, 지역이기주의와 지리적 경계에 사로잡혀 가급적 독자적으로 사업을 추진하고 자치단체의 경계를 뛰어넘는 사업을 회피하는 경향이 뚜렷하다. 그리고 무엇보다도 자기 자치단체라는 편협한 인식 속에서 상대 자치단체에 대한 인내와 양보에 기반을 둔 협상전략과 문화가 형성되지 못해 협력사업을 위한 합의에 도달하지 못하고 중도에서 포기하는 경우가 빈번하다.

(2) 협력사업의 사례[17]

1) 대구 – 경북 경제통합

대구광역시와 경상북도의 경제난이 지속화되면서 지나친 경쟁을 멈추고 지역협력의 폭을 넓히며 구체적인 협력사업을 펼치기 위해 2006년에 대구경북경제통합 양해각서(MOU)를 체결하면서 대구와 경북 간 협력사업이 시작되었다.

---

16) 강인성, 전게서, pp. 46-47.

17) 오은주 외, 전게서, pp. 52-65.

가) 협력의 주체 및 동기

기본적인 협력 동기는 일차적으로 비슷한 지리적 환경과 경제발전수준에 있는 대구와 경북이 기업 유치나 중앙정부 공모사업 등에서 상호 경쟁함으로써 양쪽에 모두 손실을 가져오고 있다는 문제의식 하에서 시작하였다. 이러한 문제의식을 본격적으로 제기한 것은 대구경북연구원에 의한 것이었으며, 이는 대구경북연구원이 대구시와 경상북도 모두에게 경제발전계획을 수립하거나 조언하는 위치에 있기 때문에 가능하였다.

대구경북연구원에 의하여 대구와 경상북도 간 경제협력의 필요성이 제기되어 대구경북경제통합포럼에서 통합의 방향과 내용을 논의하게 되었다. 경제통합에 관한 양해각서가 체결된 후 경제통합사무국이 설치되고(2006년 11월), 시·도경제통합 추진조례 제정(대구시 2007. 12. 31), 경북도(2008. 1. 10) 등을 통하여 추진기반이 마련되었다.

기본적인 협력체계를 구축하는데 참여한 주체는 대구시장과 경북도지사, 그리고 각 관련 실·국장 등의 자치단체 소속 공무원과 함께 대구경북연구원 등의 학계와 연구소, 시·도 의회의원들, 그리고 상공회의소 인사가 참여하였으며, 이 과정을 통해서 지역 내 의견을 수렴하였다고 할 수 있다.

그러나 이 단계까지는 협력 주체에 직접적인 이해당사자인 대구시와 경북도 주민의 참여는 미흡한 편이라 제한적인 협력거버넌스를 구성하였다고 볼 수 있다.

경제통합에 대한 법적 근거 마련을 위해 추진되었던 경제통합추진조례제정단계에서 지역 주민의 의견이 표출되기 시작하였다. 대구시의 경우 지역주민의 반발이 존재하지 않았으나 경북도는 경북 북부지역에서 반발하게 되어 조례제정이 계속 지연되었다.

경북도 북부지역은 경북도 내 낙후지역으로 경북 북부 지역 주민에게 대구경북 통합은 자신들과는 거리가 먼 선도산업 육성 전략으로 인식되었다. 더욱이, 대구경북 통합사업이 추진될 경우 대구경북 통합에서 제안되는 공동사업에 재원을 조달하기 위하여 경북 북부지역에 지원되던 낙후지역 발전재원이 축소될 것을 우려하는 상황이었다.

이러한 문제를 해결하기 위하여 경북도는 도민 공감대 형성을 위한 세미나를 수차례 개최하고 시·도 의회 의원 간담회를 수시로 갖는 등 합의 도달에 적극적인 노력을 하였다.

대구경북 경제통합은 2단계의 과정을 통하여 협력 주체가 확대되고 더욱 긴밀한 관계를 형성하게 되었다. 조례 제정 이전에는 시·도와 시·도의원, 학계 및 연구원, 민간 기업체 인사 등이 참여하여 통합의 방향을 결정하였고 지역 내 엘리트그룹들 간의 협력 네트워크가 형성되기 시작하였다. 이러한 제한적인 협력 네트워크는 조례 제정 과정을 통하여 지역주민으로 확대되고 합의에 이르는 통합적 거버넌스를 구축하였다.

나) 협력의 범위

2005년 이후 경제분야를 중심으로 협력이 용이하거나 협력으로 인한 시너지 효과가 큰 공동사업을 발굴, 추진하였다. 2006년에는 19개 공동사업을 추진과제로 선정, 추진하였으며, 2007년에는 14개 과제를 추진하여 그 중 4개 과제를 완료하였으며, 2008년에는 29개 사업을 협력추진하였다.

대구경북경제통합의 협력 범위는 직접적인 산업개발에만 제한되어 있는 것이 아니라 지역경제발전 수준을 향상시키고 지역 주민의 삶의 질을 개선하는 사업들까지 포함시키고 있다. 그에 따라 ① 경제산업분야, ② 생활분야, ③ 균형발전분야 등 3가지로 구분하여 기획되고 있다.

경제산업분야는 대구경북 공동투자유치, 중소기업 해외마케팅 중점지원, 산업단지 연계 활성화, 산학연 연계 효율화, 벤처중소기업 창업활성화, 통합 DB구축, 금융분야 공동협력 방안, 공동인력개발 등의 분야를 포괄한다.

생활분야는 인프라 연계성 부족을 막고 동일 생활권내 동질성 및 효율성을 극대화시키는 방향으로 생활관련 투자를 수립하는 것으로 대구광역교통권교통카드 호환 및 공동환승할인제 시행, 권역별 관광개발계획 공동수립 등이 포함되어 있다.

균형발전분야에서는 북부지역 균형발전 공동네트워크 설치, 낙동강 그린프로젝트(에코벨트) 추진, 대구경북 도농상생교류 협력사업, 그린 BT 클러스터 구축, U-헬스케어 시스템 구축을 통한 지역의료체계 등이 기획되었다.

그동안의 사업성과는 국책사업인 국립과학관과 모바일 특구를 유치하였다. 또한 컨벤션산업 육성을 위하여 EXCO Daegu 확장사업의 공동 추진 협약을 체결하였고, 2011년 세계육상선수권 대회 유치 지원, 대구경북 지식경제자유구역지정 등을 꼽을 수 있다.

다) 협력의 기반

제도적 기반으로 경제통합조례가 전국 최초로 제정되었다. 조례는 추진위원회와 사무국의 설치, 추진위원회의 기능, 사업비 조달 방안 등 총18조로 구성되어 있다.

추진 조직으로는 경제통합추진위원회와 경제통합사무국이 설치되어 있다. 조직의 위상은 지방자치단체조합이나 행정협의회 형태가 아니라 협약에 따른 임의적 형태의 기구이다. 경제통합사무국은 각 시·도에서 추진하려고 하는 사업들 가운데 지역 간 경쟁이 야기되리라 예상되는 사업이나 소극적인 협조가 필요한 사업들에 대하여 경제국 등 소관 실·과에서 통합추진위원회에 안건을 상정한다. 통합추진위원회에 상정된 사업계획서를 보고 양 시·도는 상호 인지하고 협력을 약속하는 형태로 진행된다.

2) 부산진해 경제자유구역

부산진해 경제자유구역은 2003년 10월 30일 재정경제부(현 기획재정부)에 의해 승인된 지역으로 국제 비즈니스 사업, 항공물류, 레저산업 등의 발전을 목표로 설치되었다.

부산진해경제자유구역청은 신항만지역(물류, 유통, 국제업무, 해사), 명지지역(항공물류 및 첨단부품소재), 지사지역(외국인전용 첨단산업, R&D센터 육성), 두동지역(메카트로닉스, 전문교육, R&D), 웅동지역(물류, 유통, 여가, 호양) 등으로 구분하여 외국인 투자유치를 노력하고 있으며 이를 위한 산업단지 개발, 기반시설 구축, 그리고 경영·기술 서비스 등의 지원 서비스 공급을 추진하고 있다.

가) 협력의 주체 및 동기

부산진해경제자유구역청은 「경제자유구역법」 제27조에 의하여 시·도의 사무를 위임받아 처리하는 행정기구로 「지방자치법」에 규정되어있는 지방자치단체조합의 성격을 지닌다. 부산진해경제자유구역청의 조합회 위원은 총 13인으로 부산 6인, 경상남도 6인 그리고 지식경제부 1인으로 구성되어 있다.

부산과 경상남도는 자유구역으로 지정받기 위하여 공동으로 협력한 것이 주요 동기가 되었다. 경제자유구역청은 경제자유구역 내에서 개발사업을 추진하고 있으며 특히 외자유치를 목적으로 설치되었으므로 외자유치 및 민원행정 기능을 담당하여 지방자치단체의 고유 영역을 위임받아 사업을 추진한다.

경제자유구역청은 지방자치단체 간 자발적인 조합 형태에 그치지 않는다. 경제자유구역은 중앙정부 시책 하에 추진되는 것이므로 중앙부처와 지방자치단체 간의 결합 형태라고 할 수 있다. 그에 따라 경제자유구역 내 사업 집행에 여러 주체들이 복잡하게 결부되어 있다. 부산시와 경상남도가 주요 경제협력 주체이기는 하나 지식경제부, 행정안전부, 그리고 개발사업 성격에 따라 관련 소관부처(국토해양부 등)가 경제자유구역의 운용에 개입하게 되어 있다.

나) 협력의 범위

부산진해경제자유구역청은 개발계획의 수립과 구체적인 사업계획을 조합회의를 통하여 논의하고 사업을 직접 실행한다. 그런데 사업의 집행은 해당 관할 구역에 따라 구획된다.

협력의 범위는 외관상으로는 계획에서 사업의 공동 집행으로 경제개발의 모든 영역에 해당되나 사실상 각자 개발계획을 수립하고 조합회의에서는 상정된 개발계획을 승인하는 형태에 머무르고 있다. 사업 집행을 각 지방자치단체가 독자적으로 수행하고 있어 상호 간에 경제 및 시장관련 정보를 공유하거나 하는 부차적인 협력 활동이 미흡하다.

다) 협력의 기반

부산진해경제자유구역청은 지방자치단체조합이므로 규약을 구성하고 조합회의가 의사결정을 수행하는 제도적 절차를 따른다. 조합회의에서 심의하는 안건은 개발사업, 투자사업, 시·군으로부터 위임된 특례 위임사무, 국가위임사무 등이다.

조합규약은 조합회의의 구성 및 의결사항, 조합의 사무, 조합장과 사무기구의 설치, 경비부담 및 예산 회계 등 전문 18조로 구성되어 있다.

재원조달을 살펴보면, 경제자유구역청의 운영경비는 중앙정부 지원금, 지자체의 분담금, 기타 수입 등으로 충당하고 있으며, 직접 사업비는 해당 지자체가 부담하도록 되어 있다. 중앙정부가 대응자금(matching fund) 형태로 재정 지원이 이루어지는 사업의 경우에 부산시와 경상남도 각각 자신의 구역에서 해당 사업을 집행하려고 하는 경향이 존재하여 대체로 사업비와 규모를 반반으로 조절하고 있다.

이러한 재원조달과 사업 운영은 각 지자체가 해당 지역의 사업을 독자적으로 추진하는 것을 의미하여 지역 간 경제협력 추진에 한계를 보이고 있다.

4 협력사업 활성화 방안

(1) 협력사업 추진을 위한 기반조성

1) 단체장 및 관련공무원의 인식전환

자치단체장을 비롯해 관련공무원들의 협력에 대한 전문적 가치관, 심리적 만족도 등과 같은 행태적 성향에 의해 크게 좌우되고 있다. 이러한 성향은 새로운 행정수요에 대해 같이 고민하고 경험을 공유하는 과정에서 형성되나, 반드시 협력에 따른 가시적인 재정적 이익의 발생여부와 관련이 있는 것은 아니다.[18)]

협력사업 추진과 관련된 공무원의 경우에도 공동수행방식이 자율권 즉, 권한이나 영향권의 침해를 우려하거나, 문제해결 및 서비스개선에 별다른 도움이 되지 않을 것이라는 부정적 견해를 갖는 경우가 많다. 또 인근 자치단체와의 긴장 및 경쟁관계가 유지되어 곤경에 빠질 것이라는 등의 이유로 현실적으로 회피하는 경향이 있다. 협력사업 추진에 관한 이와 같은 경향을 불식하기 위해서는 자치단체장 및 관련공무원에 대한 지속적이고 체계적인 교육(학습)과 체험을 통하여 긍정적 가치관과 태도를 견지하도록 하는 방안이 강구되어야 할 것이다.

2) 협력사업관련 정보지식교류 활성화

자치단체 간 협력사업 촉진을 위해서는 협력사업을 중심으로 개별 자치단체가 조직차원에서 축적해 온 핵심적인 지식정보 및 기술을 일정한 상호전달 체계를 통하여 수시로 교류하는 것이 필요하다. 이렇게 함으로써 협력사업 추진에 있어 신속한 의사결정과 전문성 확보를 용이하게 하고 또한 이들을 획득하는데 소요되는 비용을 절감할 수 있는 이점이 발생한다. 협력사업 추진과 관련되어 개별

18) 한표환 · 김선기 · 김필두, 전게서, pp. 168-169.

적으로 축적되어 온 자치단체의 정보와 지식 등의 교류체계는 공동작업을 통한 교류와 정보전달 매체를 통한 교류로 대별될 수 있다. 전자의 경우에는 시간적 공간적 제약 때문에 특수한 상황 하에서는 활용될 수 있으나 향후 협력사업의 대상과 참여 빈도수가 계속 증가할 것을 감안할 때 전달매체를 통한 교류에 주안점을 두어야 할 것이다.[19]

(2) 협력사업 지원체제 확립

1) 관련법제의 보완정비

현재 「지방자치법」에는 자치단체 간 협력에 관한 조항이 들어있고 이를 구체적으로 실현하기 위한 제도적 기제 즉, 행정협의회, 자치단체조합, 사무위탁 등에 관한 방안도 제시되고 있다. 「지방자치법」에서 제시된 다양한 협력방안에도 불구하고 이의 현실적 활용이 매우 미흡하며, 일부 기제의 경우에는 구체적 적용에 필요한 후속적 사항이 갖추어지지 않아 선언적 내용만을 담고 있는 것도 있다. 자치단체 간 협력사업의 활성화 방안으로 「지방자치법」의 개정을 통해서 그 실효성을 확보할 수 있다.[20]

아울러, 자치단체 간 협력사업 가운데 상당수가 광역계획 가운데 주요시설의 배치계획에 포함된 사업에 해당된다. 따라서 계획적 기법을 잘 활용함으로써 즉, 「도시계획법」 및 「지역균형발전 및 지방중소기업육성에 관한 법률」의 개정을 통하여 자치단체 간 큰 마찰과 갈등 없이 광역적 시설을 설치 · 운영하는데 기여할 수 있다. 광역계획체제에서의 시 · 도권한의 강화나 광역계획의 시설할당제 도입은 광역적 시설설치를 자치단체 간 사전자율에 맡겨서 최종적 합의가 이루어지지 않을 경우에 상급자치단체가 개입하여 사후조정하기 위함이다. 따라서 상급자치단체의 조정과 결정과정에서는 해당자치단체가 충분히 설득이 되고 최종적 조정에 수긍할 수 있도록 비용과 편익의 분석에 객관적이고 타당한 기법이 동원되어야 하며, 이러한 내용들이 관련법의 개정 시 동시에 포함되어야 할 것이다.[21]

---

19) 상게서, pp. 170-171.
20) 상게서, pp. 193-194.
21) 상게서, p. 194.

2) 재정지원 수단의 강화

자치단체 간 협력사업을 촉진하기 위해 사업추진에 소요되는 투자자금의 일부를 정부차원에서 지원할 자금원이 필요하다. 현재와 같이 협력사업 필요성에 대한 인식의 미흡, 협력사업 추진제도의 미비, 자치단체의 기금출연능력 취약 등으로 사업추진 여건이 조성되지 않은 초기단계에는 중앙단위에 '자치단체 협력사업기금'을 설치하여 운영하는 집중화 시스템을 선택하고, 여건성숙이 이루어진 후 정착화단계에서는 광역자치단체에 설치하여 분산화된 관리시스템을 유지하는 것이 바람직할 것으로 판단된다.[22)]

자치단체협력사업기금을 설치할 경우에 재원은 ① 중앙정부의 출연금, ② 공공관리기금으로부터의 차입, ③ 일반회계 전입금(국비보조금), ④ 채권발행, ⑤ 기타 관련기금 및 특별회계로부터의 전입금 등으로 한다.

그리고 지방재정조정제도의 배분규칙을 조정하여 사업추진의 협력화를 유도하는 것이 필요하다. 개별자치단체나 관련자치단체가 협력사업 추진을 위해 지방채 발행을 신청하는 경우 승인부서의 기채승인 심사과정에서 광역적 파급효과를 확보하기 위해 우선 승인이 될 수 있도록 심사에 관한 운용내규 제도화 내지 공론화하는 것이 바람직하다.

(3) 지역 거버넌스의 협상과 조정의 강화

지방자치단체 간의 관계는 일방적 지시와 통제형태로는 유지될 수 없으며 기본적으로 상호의존과 협력적 동반자 관계를 지향해야 한다. 거버넌스에 있어 자율적 참여를 통한 지방분권이 내실을 거두기 위해서는 기획단계에서부터 구체적인 정책개발 및 사업착수 과정에 이르기까지 적극적으로 참여할 수 있는 가능성을 만들어 놓아야 한다. 특히 특정 사업 기획, 필요한 재원 조달 및 관리, 사업성과의 배분에 있어 중앙정부나 특정 지방자치단체만이 주도하여 권한이나 영향력이 행사되지 않도록 주의하여야 할 것이다. 정책과 정책을 시행하기 위한 사업에 참여하는데 있어 모든 참여주체에게 공평하고 동일한 기회가 보장되어야 한다. 즉, 국가 혹은 상위 정부의 권력으로부터 자율성을 가지고 문제의 당사자가 스스로 해

22) 상게서, pp. 195-196.

결해 나가는 것이다. 현재는 국가의 과도한 개입을 자제하고 민간이나 시장원리를 통해 문제해결을 시도하고 있는 신자유주의 철학이 지배하고 있는 단계이므로 상호신뢰와 타협을 통한 자율해결의 원칙을 우선시하고 그 이후에 조정에 들어가야 한다.

자치단체 간 협상과 조정이라는 협력적인 관점에서 거버넌스를 살펴보면, 정치적·사회경제적·행정적, 그리고 전문분야별 이해의 갈등관계가 상존한다. 따라서 관리를 책임져야 할 지자체의 입장에서는 정책과 이해관계자로서의 다양한 의사결정참여자 간의 수직적 · 수평적 분화에 의한 의견의 차이를 극복하고 통일해야 하는 조정의 기능이 중요한 역할로 대두되고 있다. 지방자치단체에 의한 규제 위주의 전통적인 관리로부터 관리주체 상호간 자율적 조정과 협력을 강조하는 방향으로 전환되는 시점에 있다.

이 시점에서 협상과 조정과정 및 방식에 있어 지역주민이나 시민사회단체, 대중매체 등 다양한 참여주체들의 자율적 의지에 기초한 관리가 중요하게 간주되고 있다. 조정은 하되 중앙 또는 지방자치단체 주도의 규제가 아닌 참여 당사자들 스스로의 필요와 의지에 따라 조정이 이루어져야 할 것이며, 중앙정부뿐만 아니라 지자체는 관리과정에 있어 더 이상 조정의 주도적 역할을 수행하지 않도록 요구되고 있다. 즉, 중앙정부를 비롯한 지자체, NGO, 지역주민 모두가 조정에 참여할 수는 있으나 일방적인 관리와 감독의 주도권을 갖는 것이 아닌 하나의 주체로서 관여할 필요가 있을 것이다.[23)]

---

23) 강인성, 전게서, pp. 128-129.

투자재원 확보 전략

지역발전을 이루기 위해 가장 필수적인 것은 투자재원 확보이다. 전통적으로 지방의 투자재원은 지방자치단체와 중앙정부의 예산으로 조달되어 왔다. 근래에 사회간접자본시설 투자에 민간자본의 투입이 활발해지고 있으나 공공재정 투입이 아직 대부분을 차지하고 있는 것이 사실이다. 지방의 투자재원은 구체적인 지역개발사업뿐만 아니라 지역주민의 소득분배, 경제활동, 문화 및 복지활동에 직간접적인 영향을 미치는 것으로 지역발전에 필수불가결한 요소라고 할 수 있다. 여기서는 지역 투자사업과 투자재원 조달방법의 대강을 학습한 후 민자유치와 프로젝트 파이낸싱에 대하여 구체적으로 살펴보고자 한다.

1 투자사업과 재원조달

(1) 지역 투자사업과 투자재원

지역 투자사업이란 지방자치단체가 지역주민의 복지증진을 위하여 추진하는 여러 활동 중 자본설비를 생산하는 사업을 말한다. 지역투자사업의 대상은 ① 주민의 생활과 직결되는 사업(도로, 교통, 상·하수도, 통신, 전기, 쓰레기 처리시설, 의료, 중·고등학교의 설치) ② 지역경제 활성화를 위한 사업(산림개발, 특용작물 개발, 공업단지 조성, 관광산업 개발, 경영치수 사업, 도시개발 및 재개발사업, 구획정리 사업, 에너지 공급시설의 건설)이다.

투자재원을 마련하는 방안에는 자체재원을 조달하는 방안과, 의존재원 조달(중앙정부로부터 재원을 확보하는 방안)이 있다. 의존재원 조달방안은 다시 세원을 재조정하는 방안과 이전재원을 확보하는 방안이 있다.

표 13-1 지역투자사업의 투자재원 조달 방안

구 분		투자재원
1. 자체재원 조달 방안		지방세, 세외수입, 지방채
2. 의존재원 조달방안	중앙-지방 간의 세원을 재조정하는 방안	- 일부 국세의 지방세로의 이양 - 중앙과 지방 간 세원의 공동이용을 통한 재원확충 방안
	정부 간 관계를 통한 이전재원 확보 방안	지방교부세, 국고보조금, 지방양여금

표 13-2 지방세 체계

구 분		특별·광역시세 (13개)	자치구세 (3개)	도세 (7개)	시·군세 (9개)
보통세 (11개)	취득세	○		○	
	등록세	○		○	
	레저세	○		○	
	면허세		○	○	
	주민세	○			○
	재산세		○		○
	자동차세	○			○
	주행세	○			○
	농업소득세	○			○
	담배소비세	○			○
	도축세	○			○
목적세 (5개)	도시계획세	○			○
	공동시설세	○		○	
	사업소세		○		○
	지역개발세	○		○	
	지방교육세	○		○	

자체재원을 조달하는 방안은 지방세, 세외수입, 지방채 등이 있다. 지방세는 지방자치단체가 재정수요를 충당하기 위하여 지방자치단체의 과세권에 의하여 관

할구역 내의 주민, 재산 또는 수익, 기타 특정 행위에 대하여 특정한 개별적 보상 없이 강제적으로 부과・징수하는 재화이다.[1] 우리나라의 지방세는 보통세 11개와 목적세 5개로 구성되어 있다.

세외수입은 통상적으로 지방자치단체의 자체수입 중 지방세를 제외한 다른 수입으로서 지방세와 대응되는 개념으로 지방세와는 달리 수익자 부담적 수입과 비권력적 수입이 많으며, 그 예로 재산수입, 사용료, 수수료, 분담금, 기부금 등이 있다.[2]

(2) 자체재원 조달

1) 신세원의 발굴 및 제도화

지역 간 비용-편익의 누출로 인한 마찰이 빈발하고 있다. 이러한 마찰을 해소하는 동시에 지방의 지역개발투자를 위한 재원도 확보하려는 방안으로 몇몇 특정 지역에서는 자원세, 환경세, 발전세(發電稅) 등 새로운 지방세 신설이 검토되고 있다. 이들 특별지방세는 수익자부담원칙에 충실한 부담체계를 정립함으로써, 공공서비스의 비용-편익의 누출문제를 효과적으로 조정할 수 있을 뿐만 아니라, 수혜계층과 피해계층 간에 효과적으로 보상원리를 적용할 수 있다.

2) 지방세외수입의 기능강화

공공투자의 결과로 공급되는 서비스가 사적재의 성격을 띠고 있는 경우, 사용료나 수수료를 적정수준으로 부과함으로써 투자 및 운영자금을 공평하고 효율적인 방법으로 조달할 수 있다.

3) 경영수익사업에 의한 조달

경영수익사업이란 지방자치단체가 공공목적을 위하여 지역의 공유 부존자원을 효율적으로 이용하여 확보할 수 있는 세외수입을 말한다. 즉, 경영수익사업을 통해 지역개발과 투자재원의 확보라는 두 가지 목표를 동시에 달성할 수 있다.

1) 권형신・이상용・이재성, 『한국의 지방재정』, 해남, 2006, p. 52.
2) 상게서, p. 94.

4) 지방채에 의한 재원 조달

지방채는 재정수입의 부족을 보충하고, 지역개발과 지역환경개선에 소요되는 투자재원을 확보하기 위해, 증권의 발행을 통하여 차입하는 재원을 말한다. 투자재원으로서의 지방채는 적어도 상환기간이 1년 이상인 중・장기 공채를 의미한다.

5) 지역개발기금의 설치

지역개발기금은 지방자치단체가 지역개발을 위한 각종 투자사업을 수행하는 데 필요한 재원을 공급하기 위해 적립한 투자지원재원을 의미한다. 지역개발기금은 일관성 있고 체계적인 지역개발을 위해 필요한 자금을 지원하기 위한 장치이다.

6) 차관도입

차관은 장기저리의 자금이기 때문에, 지역개발기금을 조성하는 데 적합한 재원이다. 그러나 그동안 각 지방자치단체가 차관선과 개별적인 교섭을 통해 이를 시도했으나, 전문적인 지식과 인력의 부족으로 성공한 사례는 몇 건에 불과하다.

(3) 의존재원 조달

1) 국고보조금

국고보조금이란 국가사업과 지방사업의 연계를 강화하고, 국가정책적 필요에 따른 지방사업의 지원 또는 국가위임사업의 수행을 위하여 사업비의 일부 또는 전부를 지방자치단체에 보조하는 것으로, 이에는 정률보조금과 정액보조금이 있다. 국고보조금에는 균형발전특별법에 의한 광역지역발전특별회계[3](광특회계)가 포함되어 있다.

2) 지방교부세

지방교부세는 자치단체 간의 재정적 불균형을 시정하려는 목적으로, 지방자치단체의 부족한 재원을 보전하기 위해, 중앙정부에서 지방자치단체로 배분하는

3) 당초에는 균형발전특별회계(균특회계)라 명명되었으나, 2009년 지역발전위원회의 출범과 함께 그 명칭이 광역지역발전회계로 바뀌었다.

일반적인 재정지원금이다. 이에는 보통교부세, 특별교부세, 분권교부세, 부동산교부세 등 네 가지 종류가 있다. 여기서 보통교부세는 지방재정부족액을 보전해 주는 제도이고, 특별교부세는 재해·재난 등 특별사태가 발생했을 경우 이에 대해 중앙재원을 교부해 주는 제도이다. 한편 분권교부세는 기존의 지방양여금이 없어지면서 국고보조사업을 지방으로 이양하면서 이에 필요한 재원을 보전해주는 것이다. 부동산교부세는 종합부동산세가 도입되면서 예전의 종합토지세의 세원을 지방으로 환원하기 위해서 도입한 제도이다.

2 민간참여와 재원조달

(1) 민간참여의 필요성

경제성장과 함께 주민들의 요구는 더욱 다양해지고 고급화되어가는 추세에 있다. 그러나 이러한 주민수요를 지방자치단체가 단독으로 처리하기에는 공급능력 및 재정여건상 많은 어려움이 있다. 또한 한정된 자원을 활용하여 공공목적을 달성하기 위해서는, 더욱 합리적이고 투자효과가 큰 사업으로 자원이 배분되어야 한다. 따라서 대규모 개발사업을 추진하는 데 있어서는, 공공부문 뿐만 아니라 민간부문의 적극적인 참여와 협조가 따라야 한다.

(2) 민간참여 방법

지역개발에 민간이 참여하는 방법은 ① 민간자금 활용 ② 민간위탁 운영 ③ 민간직접 시행 ④ 민관 합동방식 등이 있다.

1) 민간자금 활용

민간부문이 자본참여만을 하는 방식이다. 시급하게 지역발전사업을 시행할 필요가 있지만 정부나 지방자치단체가 재원이 없는 경우 민간의 자금을 폭넓게 활용하기 위해 사용된다.

공공부문이 주도적인 역할을 수행하고 후에 민간자본을 상환하는 형태를 취

그림 13-1 지역개발사업에 대한 민간참여 방법

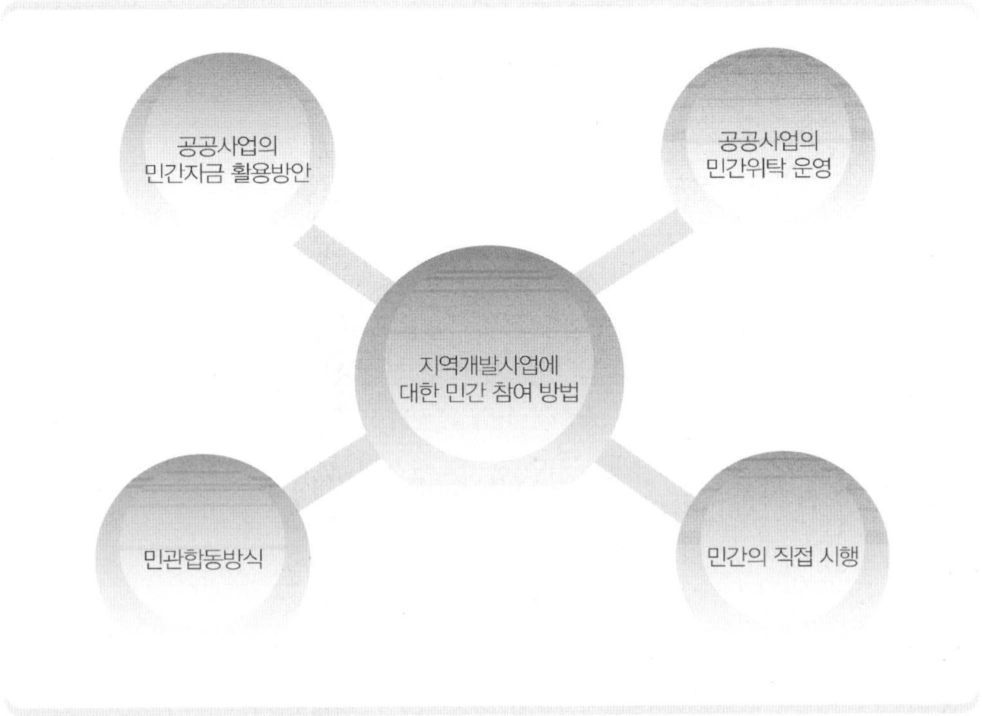

하는데 공채발행, 민간차입 등이 그 예이다.

2) 민간위탁 운영

민간기업에 공공사업의 전부 또는 일부를 위탁하는 형태이다. 민간부문의 기술력이나 경영능력을 활용하여 사업의 전문성과 효율성을 높이고, 경비를 절약하는 동시에 서비스의 질도 높이려는 목적에서 활용된다.

우리 주변에서 민간위탁은 흔히 볼 수 있는 민간참여 형태로 탁아소 운영, 쓰레기 수거, 각종 협회 등의 정부사업 대행, 조사업무, 공항운영 등 다양하다.

3) 민간 직접시행

민간부문에서 공공사업을 직접 시행하는 형태로 민간부문이 자금조달, 건설, 운영까지 책임을 진다. 요즘 많이 활용되고 있는 방법으로 민자고속도로, 유료터널 등이 사업의 예이다.

민간기업의 사업이므로 민간기업이 수익성 확보에 치우쳐 자칫 공공성이 약화될 우려가 있어 국가가 가격과 서비스를 통제하는 것이 보통이다. 그러나 이것도 공급의 감소를 유발하여 공공성을 해칠 우려가 있어 그 적용에 신중을 기하여야 한다.

4) 민관 합동방식

이는 지역문제를 해결하기 위해서 공공과 민간이 협력하여 제3섹터방식으로 사업을 추진하는 형태이다. 제3섹터방식은 공공과 민간의 중간에 위치하여 공익성과 수익성을 동시에 추구하고자 하는 민관혼합출자형태의 사업체나 그 방식을 말한다.

특히 대규모의 개발사업이나 지역협력사업에서 민간의 자본과 기술력, 경영능력을 활용하여 사업의 효율성을 높이는 동시에 공공성도 보장받고자 활용이 증가하는 추세이다.

그림 13-2 민관공동출자 사업의 유형

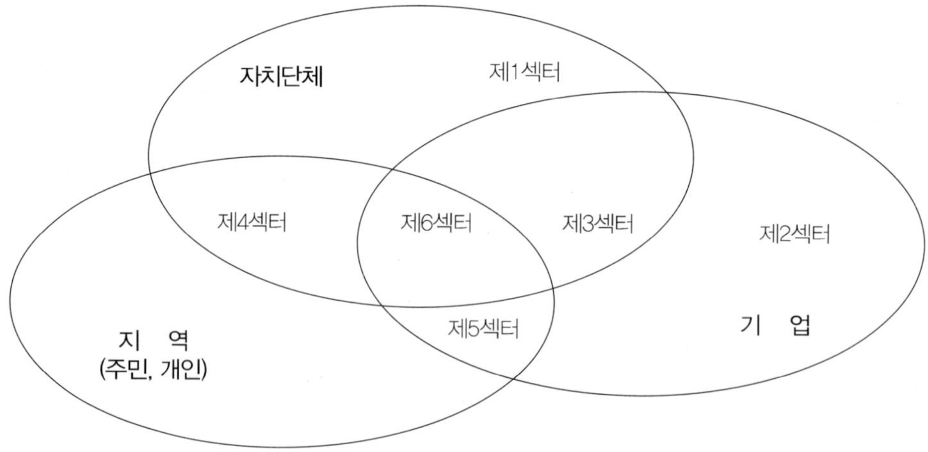

3 민자유치

(1) 민자유치의 개념

1) 민자유치의 개념

민자유치는 앞서 설명된 민간참여에 의한 재원조달 방법 중 민간 직접시행 방법을 말한다. 민자유치(民資誘致)란 정부 또는 지방자치단체가 민간자본을 유치하는 것 즉, 민간의 투자를 유치하는 것을 의미한다. 최근에 정립되고 있는 일반적인 개념은 국가 또는 지방자치단체 등 공공부문이 공공시설의 건설과 운영을 위하여 부족한 재원의 전부 또는 일부를 민간부문으로부터 조달하고 대신 민간부문에게 일정범위 내 공공시설의 운영 및 수익을 보장하는 제도라고 할 수 있다.[4)]

사회간접자본의 건설 및 운영은 기본적으로 정부가 담당해야 할 주요 기능이라는 것이 전통적인 견해다. 대부분의 사회간접자본은 공공재나 공익재에 속하므로 이의 공급은 정부의 몫이라 할 수 있다.

즉, 사회간접자본 투자는 다른 일반적인 시설투자와는 달리 소요자금 규모가 대규모이고, 건설기간과 투자자금의 회수기간이 수 십 년에 달할 정도로 매우 길어서 투자수익의 예측이 매우 까다롭다. 또한 대부분의 시설은 준공과 더불어 국가에 귀속되는 까닭에 계획시설의 물적 담보 취득이 어려운 경우가 많고, 사회간접자본 관리 운영권의 담보취득이 가능하더라도 역시 일반 물적 담보에 비해 채권회수가 어렵고 회수기간이 길다.

따라서 사회간접자본은 이러한 공공재나 공익재를 대상으로 하는 건설 및 운영의 특성상 공공성과 외부효과의 속성을 내재하고 있기 때문에 원칙적으로 정부가 공급을 담당해야 한다는 것이 전통적인 견해이다.

그러나 반면에 민간부문에서 사회간접자본을 공급하면 몇 가지 문제를 해결할 수 있다. '정부 실패'가 발생할 가능성을 줄이며, 재원의 조달을 용이하게 할 뿐만 아니라, 공공부문보다 효율적인 민간부문의 참여를 촉진하여 장래의 불확실성을 줄일 수 있다. 다시 말해 민자유치의 요체는 민간의 참여이다. 따라서 민간 대

4) 모성은, "지방의 민자사업 활성화 전략", 「지방자치」, 현대사회연구소, 2000.12., p. 67.

정부, 민간 대 민간, 사업자 간의 경쟁이 유발되어 사회간접자본 건설과 운영의 효율성을 높이고, 동시에 서비스질의 제고를 기대할 수 있다는 장점을 갖고 있다. 아울러 사회간접자본의 건설에 있어 혁신을 기대할 수 있고, 시설의 사용자 위주로 서비스 제공이 가능하다는 장점도 가지고 있다.

2) 민자유치의 특징

민자유치는 그 개념상 사업의 주체와 대상 그리고 사업방식 등에서 몇 가지 특징을 지니게 된다.

첫째, 민간자본을 유치하는 주체는 국가 또는 지방자치단체 등 공공부문이라는 점이다. 그리고 민간투자자는 시설의 건설과 운영을 담당하는 주체로서 지위를 갖게 된다. 국가나 지방자치단체는 민간기업에게 시설의 건설과 운영을 허가해 주는 인가자로서의 역할을 하며, 전 과정을 주도하며 민자유치시설의 관리·감독권을 행사한다.

둘째, 민자유치 방식으로 시행하는 사업은 공공성이 강한 개발사업 즉 공공사업을 대상으로 한다. 따라서 민간자본을 유치하여 공공시설을 건설·운영함으로써 궁극적으로 국민생활의 향상에 기여함을 목적으로 한다.

셋째, 민간부문은 민자사업 참여를 통하여 공익사업에 소요되는 재원의 전부

그림 13-3 민자유치의 개념적 범위

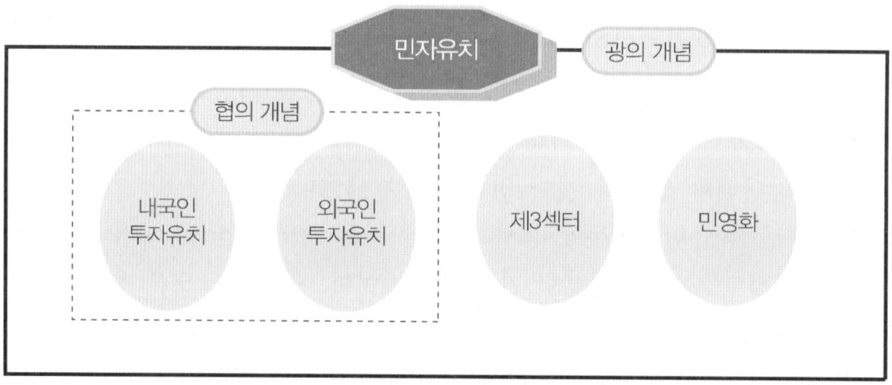

또는 일부를 조달하는 대신, 일정범위 내에서 공공시설의 운영 및 수익권 등을 가진다.

넷째, 민자사업의 경우는 계약에 의해 이루어진다는 점이다. 정부 또는 지자체와 민간기업 당사자 간에는 해당사업 추진과 관련된 각종 조건에 대하여 협약을 체결한다. 계약내용에 있어서는 시설의 설계에서부터 공사기간, 공사비, 부대비 등 총사업비 규모 및 내역, 자금투입일정, 운영비, 운영수익, 운영기간, 시설의 소유형태, 각종 위험분담방법 등 모든 사업시행조건에 대해 종합적인 계약이 이루어진다.

(2) 민자유치의 대상사업과 추진절차

1) 민자유치 대상사업

대부분 사회간접자본시설의 경우 사용요금의 부과가 가능하므로 민자유치 대상사업으로서 가능하다고 하겠다. 민자유치의 역사가 긴 외국의 사례를 통해 볼 때 유료고속도로, 공항, 항만, 지하철 등 교통시설과 상하수도, 전력, 통신 등 공익재 부문에서 민간부문의 참여를 시도하고 있다. 특히 통신, 상하수도, 전기 등과 같은 공익재의 경우에는 공공부문 대신 민간부문이 생산을 직접 담당하고 서비스를 제고하는 추세가 전 세계적으로 확산되고 있다.

우리나라에서 민자유치(민간투자)대상이 되는 사회간접자본시설은 각종 생산활동의 기반이 되며, 국민생활의 편익을 증진시킬 수 있는 시설로서 도로, 철도, 항만, 공항, 수자원, 정보통신, 에너지, 환경, 유통, 문화관광분야, 교육, 국방, 주택, 복지, 산림, 기타 분야에 속하는 52개 시설이 해당된다(<표 13-3> 참조).

이외에도 사회간접자본을 광의의 개념으로 보아 소방, 경찰, 공원, 쓰레기 처리 등을 포함할 경우 이들 시설도 민자유치 대상을 고려해 볼 수 있다.

민자유치에 적합한 사업인가에 대해 고려해야 할 사항은 수익성, 대체성 외에도 사업수행에 따른 계층 간 형평성, 그리고 요즘 크게 주목받고 있는 환경적 요소도 포함된다. 예를 들어 생활의 기본적인 편익시설인 경우 과도한 요금부과로 저소득층의 부담이 크게 는다면, 이 경우 민자유치사업 대상으로는 적절하지 않을 것이다.

동시에 환경을 훼손하는 것과 같은 외부불경제가 초래될 경우에도 민자유치

표 13-3 민자유치 대상사업(사회기반시설에 대한 민간투자법 제2조)

분야	소관부처	사회기반시설 유형
도로분야(3)	국토해양부	도로 및 도로의 부속물, 노외주차장, 지능형교통체계
철도분야(3)	국토해양부	철도, 철도시설, 도시철도
항만분야(3)	국토해양부	항만시설, 어항시설, 신항만건설 대상시설
공항분야(1)	국토해양부	공항시설
수자원분야(3)	국토해양부	다목적댐, 하천시설
	환경부	수도 및 중수도
정보통신분야(5)	방송통신위원회	전기통신설비, 정보통신망, 초고속정보통신망, 유비쿼터스도시기반시설
	국토해양부	지리정보체계
에너지분야(3)	지식경제부	전원설비, 가스공급시설, 집단에너지시설
환경분야(5)	환경부	하수도, 공공하수처리시설 및 분뇨처리시설, 폐기물처리시설, 하천시설, 폐수종말처리시설, 재활용시설, 공공처리시설
유통분야(2)	국토해양부	물류터미널 및 물류단지, 여객자동차터미널, 국가기간복합환승센터, 광역복합환승센터 및 일반복합환승센터
문화관광분야(9)	문화체육관광부	관광지 및 관광단지, 청소년수련시설, 전문체육시설 및 생활체육시설, 도서관, 박물관 및 미술관, 국제회의시설, 문화시설
	교육과학기술부	과학관
	국토해양부	도시공원
교육분야(1)	교육과학기술부	유치원 및 학교
국방분야(1)	국방부	군 주거시설 및 그 부속시설
주택분야(1)	국토해양부	공공임대주택
복지분야(3)	보건복지가족부	노인주거복지시설 · 노인의료복지시설 · 재가노인복지시설, 공공보건의료시설, 보육시설
산림분야(2)	농수산식품부	자연휴양림, 수목원
민간투자법시행령에서 정한 시설(3)		장애인복지시설, 신 · 재생에너지설비, 자전거도로

사업으로서 적합하지 않을 것이다. 특히 경제사회발전과 함께 환경은 삶의 중요한 부분으로 인식되고 있고 국민의 환경에 대한 관심이 고조되고 있기 때문에 더욱 주의를 요한다고 하겠다.

또한 재화의 형태 측면에서도 사회간접자본시설은 순수한 공공재는 아니더라도 준공공재, 클럽재 또는 사적재의 특성을 다양하게 가지고 있다. 따라서 사적재에 가까울수록 민간이 담당할 가능성은 커진다고 하겠다.

2) 민자유치 사업의 방식

민간투자사업을 추진하는 방식은 BTO, BOT, BOO, BTL방식과 기타 민자시설사업기본계획에서 제시하는(BLT, ROT, ROO)방식으로 구분할 수 있다.

첫째, BTO(Build-Transfer-Operate)는 민간투자회사가 SOC 시설을 건설하여 소유권을 국가나 지방자치단체에 양도하고, 민간투자회사는 일정기간(통상 30년) 시설관리운영권을 부여받아 운영하는 방식이다. 신분당선 전철 건설사업이 대표적인 사업이다.

둘째, BOT(Build-Own-Transfer)는 민간투자회사가 SOC 시설을 건설·소유하여 시설을 운영하고 계약기간 종료 시에 시설소유권을 정부에 양도하는 방식이다. 파주 수도권북부 내륙화물기지의 내륙컨테이너 건설사업이 이에 해당된다.

셋째, BOO(Build-Own-Operate)는 민간투자회사가 SOC 시설을 건설하고 소유하여 그 시설을 운영하는 방식으로, 파주 수도권북부 내륙화물기지의 복합화물터미널 건설사업이 이에 해당된다.

넷째, BTL(Build-Transfer-Lease)은 민간투자회사가 SOC 시설을 건설하여 당해 시설의 소유권을 정부에 기부채납의 형식으로 이전하지만, 그 대신 민간투자회사는 일정기간동안 정부로부터 리스(Lease)료 명목으로 시설투자비를 회수한다. 충주비행장 군인아파트 사업이 이에 해당된다. 그 밖에도 민간투자기업과 정부가 건설과 소유, 운영권을 어떻게 나누어 갖느냐에 따라 다양한 방식으로 분류한다.[5)]

한편, 기타 민간투자시설사업기본계획에서 제시한 방식으로서 BLT(Build-Lease-Operate)은 사업시행자가 시설준공 후 일정기간 동안 운영권을 정부에 임대하고, 임대기간 종료 후 시설물을 국가 또는 지방자치단체에 이전(예, 철도시설)시키는 방식을 말하고, ROT(Rehabilitate-Operate-Transfer) 방식은 국가 또는 지방자치단체 소유의 기존시설을 정비한 사업시행자에게 일정기간 당해 시설에 대한 운영권을 인정하는 방식이다. 그리고 ROO(Rehabilitate-Own-Operate) 방식은 기존시설을 정비한 사업시행자에게 당해 시설의 소유권을 인정하는 방식이다.

5) 기획재정부, 『시사경제용어사전』, 2010.

3) 민자유치 사업 추진절차

민간투자사업은 크게 정부고시사업과 민간제안사업으로 구분할 수 있다([그림 48-3] 참조). 먼저, 정부고시사업의 추진 절차를 살펴보면, ① 대상사업 선정(주무

그림 13-4 민자유치사업(정부고시사업) 추진절차

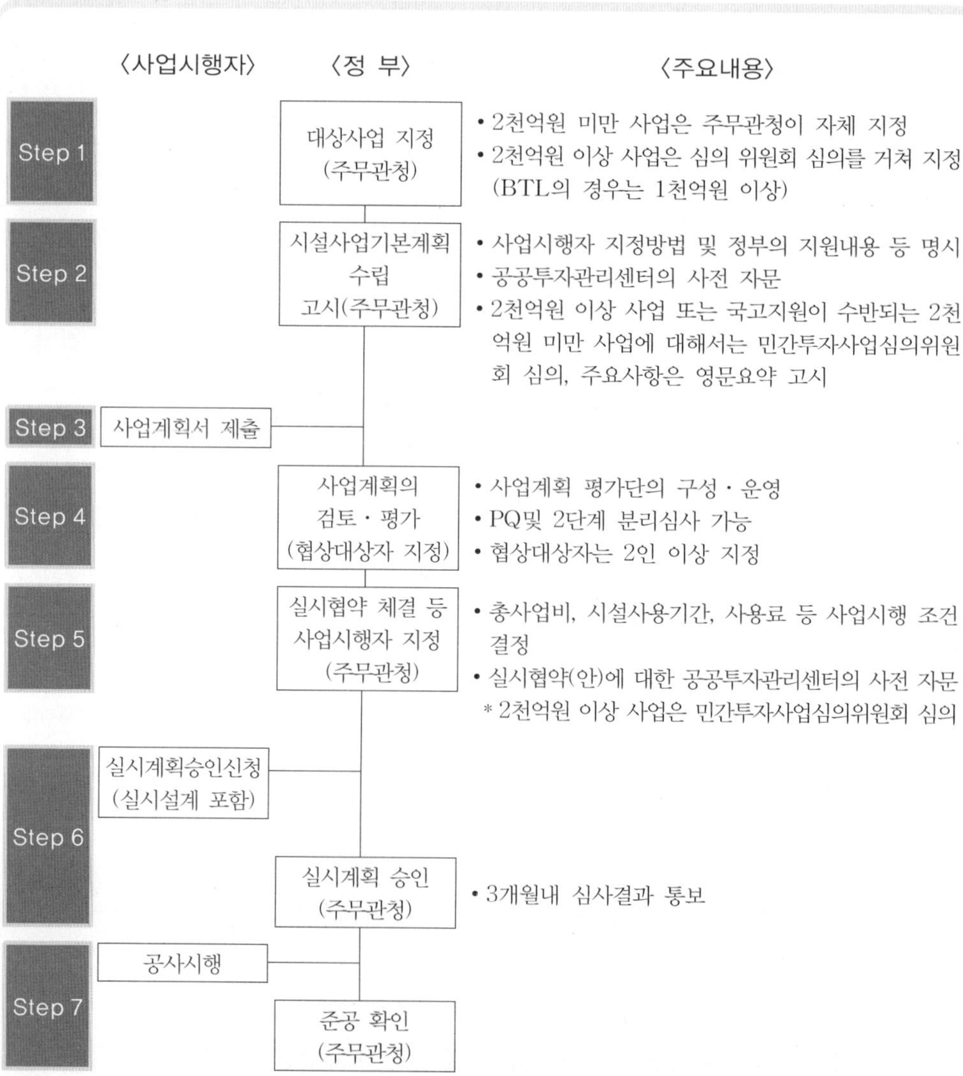

관청), ② 시설사업기본계획 수립 고시(주무관청), ③ 사업계획서 제출 ④ 사업계획의 검토·평가(협상대상자 지정), ⑤ 실시협약 체결 등 사업시행자 지정(주무관청), ⑥ 실시계획승인신청, ⑦ 실시계획 승인(주무관청), ⑧ 공사시행, ⑨ 준공확인(주무관청) 등의 추진단계를 거치고 있다.

한편, 민간제안사업은 ① 제안서 접수(주무관청), ② 제안서내용 검토의뢰(주무관청→공공투자관리센터), ③ 제안서 내용 검토(공공투자관리센터), ④ 검토의견 제출, ⑤ 제안내용 공고(주무관청), ⑥ 협상대상자 지정, ⑦ 사업시행자 지정, ⑧ 실시계획 승인, ⑨ 준공확인(주무관청) 등의 단계를 거치게 된다.

(3) 민자유치 사업의 지원제도

민간투자 유치 활성화를 위하여 민간투자사업 참여자에 대한 정부와 지방자치단체의 지원 제도는 다양하다. 지원제도로서는 조세감면 및 부담금 감면, 재정지원, 위험분산, 매수청구권 및 협약해지, 토지확보 지원, 기타 규제완화 지원 등을 들 수 있다.

첫째, 조세 및 부담금 감면 지원이다. BOT방식으로 추진되는 사업의 경우 부동산에 대한 취·등록세 면제, 농지보전부담금, 대체산림자원조성비는 전액면제 또는 50%감면 등이 있으나, 이러한 조세 및 부담금 감면 지원책은 대내외 경제여건과 국내 경기상황에 따라 적절하게 가감 조절하는 것이 일반적이다.

둘째, 귀속시설에 대한 재정지원으로는 보조금 교부 또는 장기대부를 지원한다. 그리고 조기준공에 대한 인센티브를 부여하기도 한다.

셋째, 위험의 분산을 위한 지원으로는 위험에 대한 결과를 어느 일방이 모두 책임지는 것이 아니라 귀책사유에 따라 사업주체들 간에 그 책임을 분담하기로 한다.

넷째, 매수 청구권 및 협약 해지이다. 즉, 사업 또는 공사가 완료된 후 매수청구권을 가지게 하고 협약을 해지할 경우 지급금을 지급하기로 약속한다.

다섯째, 토지확보 등에 관한 지원이다. 사업시행자에 대한 토지 수용권을 부여하고, 국·공유재산을 활용하도록 한다.

여섯째, 기타 규제완화 지원이다. 즉, 동일인이 지배하는 기업집단의 범위에서 제외해주고, 주식취득한도 또한 예외를 인정하며, 채무보증을 허용하기도 한다.

4 프로젝트 파이낸싱

프로젝트 파이낸싱은 지역개발사업에 대한 민간자본투자 방식의 하나로서 종래의 직접차입 방식과는 다른 금융방식이다. 프로젝트 파이낸싱은 지역개발사업의 현금흐름과 사업성을 담보로 대주(貸主)가 사업에 투자하는 형식으로 이루어진다. 사업주와 대주단이 협의하여 별도의 특수목적회사를 설립하고 이를 통해 자금을 투입하여 개발사업을 진행하되 사업으로부터 들어오는 수익은 최우선적으로 투자금의 상환에 쓰인다.

(1) 프로젝트 파이낸싱의 개념과 특징

프로젝트 파이낸싱(PF: Project Financing)이란 특정 프로젝트의 사업성 즉, 해당 프로젝트가 창출할 것으로 예상하는 미래의 현금 흐름을 담보로 하여 해당 프로젝트에 소요되는 자금을 조달하는 금융 기법을 의미한다.

전동적인 금융에서는 금융기관이 프로젝트의 수익성이나 부채 상환 능력과는 별도로 프로젝트 추진 주체의 신용도 및 물리적 담보능력에 의거하여 자금을 대출해 주었으나, 프로젝트 파이낸싱은 대출자의 담보능력이 아닌 프로젝트 자체의 수익성과 향후의 부채 상환 능력에 기초하고 있다.

이러한 특성으로 인해 사업주체의 담보능력이나 신용을 능가하는 장기간의 대규모 투자가 요구되는 에너지 관련 또는 천연자원 개발 사업과 사회간접자본시설의 건설 및 운영을 목적으로 하는 프로젝트, 그리고 부동산 개발과 건설 및 연구 개발(R&D) 등 다양한 프로젝트에 대한 금융 기법으로 널리 사용되고 있다.

프로젝트 파이낸싱의 특징[6]은 첫째, 비소구금융(non-recourse financing)[7]이라는 점, 둘째, 부외금융(off-balance sheet financing)[8]이라는 점, 셋째, 당사자 간의 적절한 리스크 배분이 전제되어야 한다는 점, 넷째, 복잡한 계약과 금융절차가 따

---

6) 박동규, 『프로젝트 파이낸싱의 개념과 실제』, 명경사, 2007.

7) 비소구(非訴求)금융 즉, 소송에 의해 권리를 행사할 수 없는 것을 의미한다.

8) 법적·강제적으로 별개의 법인에 의해 프로젝트가 진행됨으로써 프로젝트로부터의 현금 및 부채 흐름이 여타 기업 및 사업 부문들의 대차대조표에 나타나지 않아 이들의 대외적인 신용도에 영향을 주지 않는 것을 의미한다.

표 13-4 일반금융과 프로젝트파이낸싱의 비교

구 분	일반 기업 금융	프로젝트 파이낸싱
차주	사업주	프로젝트회사
담보	차주의 자산 및 신용, 금융기관의 지급보증 등	해당 프로젝트의 자산 및 현금흐름
상환재원	차주의 전체 재원	프로젝트 자체의 수익성
소구권 행사	가능	배제 또는 제한
대규모 자금조달 용이성	채무지급능력에 따라 제한	소구권 제한으로 대규모 자금조달 가능
채무수용능력	부채비용 등 기존차입에 따른 제약	부외금융으로 채무수용능력 제고
사업성 검토	정밀검토 없이 차주의 담보 또는 신용위주의 심사	외부기관의 객관적 검증
사후관리	채무불이행시 소구권 행사	사후관리 엄격
자금관리	차주가 관리	자금공여단이 결제위탁계정(Escrow account)을 통해 관리
리스크 부담	대주금융기관이 전적으로 책임	이해당사자 간 리스크 분산
사업분야	일반사업 부문	공공사업, 기업인수, 부동산개발 등

른다는 점 그리고 상대적으로 높은 금융비용이 요구된다는 점을 들 수 있다.

(2) 프로젝트 파이낸싱 유형[9)]

프로젝트 파이낸싱을 통한 자금조달의 유형에는 지분참여, 신디케이트론(syndicate loan),[10)] 채권발행, 후순위대출, 리스(lease)방식 등이 있다.

프로젝트 파이낸싱 회사에 대한 지분참여를 통하여 자금을 조달하는 형태는 통상 사업주의 지분참여 비율이 전체 소요자금의 20~30%에 불과하여 나머지는 대출자가 부담하게 된다. 위험도가 낮을수록 상업은행의 참여도가 높고 공공사업일 경우 정부보증, 국내금융기관 참여, 국제개발금융기관(ADB등)의 참여도가 높다.

9) 이현섭, "최근 해외 Project Finance 동향 및 주요 자금조달 유형", 「수은조사월보」, 한국수출입은행, 1998, pp. 74-77.

10) 두 개 이상의 은행이 차관단을 구성하여 공통의 조건으로 일정한 금액을 중장기적으로 융자해주는 대출이다.

상업은행 중심의 신디케이트론으로 자금을 조달하는 형태는 프로젝트의 조건 변화에 유연한 대처가 가능하고 필요시 사업주에 대한 자문이 가능하며 다양한 규모의 프로젝트에 대하여 자금조달이 가능하다는 장점이 있다. 그러나 채권발행에 비해 대출심사과정이 엄격하고 복잡하며, 대출기간이 제한되거나 프로젝트가 지연될 경우에 관리비 지출이 증가하게 된다는 단점이 있다. 프로젝트의 정치적 위험, 사업위험 등을 줄이기 위하여 상업은행 이외에 수출입은행 등 공적 수출금융기관이 참여하는 경우가 많다.

채권발행에 의한 자금조달은 기대현금흐름의 예측이 용이하고 현금흐름이 안정적이며 정부지원이 많은 발전소, 기반시설, 석유화학 플랜트와 같은 제한된 영역에서 이루어진다. 이는 장기자금확보 및 저렴한 자금조달 비용이라는 장점은 있으나 채권투자자의 특성상 투자자들이 위험부담을 기피하므로 프로젝트의 건설기간 경과 후에 차환형태의 리파이낸싱이 이루어진다. 차입 후에는 장기간 금액 및 조건이 고정되어 유연성이 떨어지는 단점이 있다.

후순위 대출은 다른 차입금보다 채무상환 우선순위가 낮지만 대출자의 이자비용을 손비로 처리할 수 있고 사업주 프로젝트의 신뢰도를 제고할 수 있다.

리스방식에 의한 자금조달은 프로젝트 자산의 취득이나 융사에 세약이 있거나 리스시설에 대하 특별 감가상각 및 투자세액공제, 리스비용의 손비처리, 시설 진부화 위험 등이 큰 경우 등에 활용된다.

(3) 프로젝트 파이낸싱의 방식과 계약구조

1) 프로젝트의 추진 방식[11)]

SOC 민간투자 프로젝트에 활용되는 프로젝트 파이낸싱은 해당 시설의 소유권 귀속여부 및 시기에 따라 BOT(Build Operate Transfer), BTO(Build Transfer Operate) 그리고 BOO(Build Own Operate) 등 다양한 방식으로 구분된다.

2) 프로젝트 파이낸싱의 기본구조

대출금의 상환을 보장받기 위해 결제위탁계정(Escrow Account)을 통해 관련 자금을 철저하게 관리한다. 결제위탁계정을 통해 모든 현금 수입과 지출이 이루어

11) 송병록 · 주재홍, 「민간투자사업 업무수행 일반지침 수립」, 국토연구원, 2004, pp. 62-66.

그림 13-5 프로젝트 파이낸싱의 구조

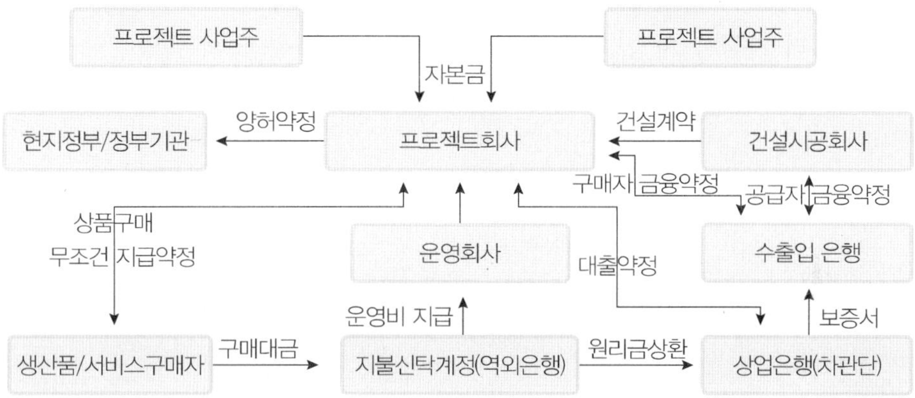

표 13-5 프로젝트 파이낸싱의 이해당사자

구 분	내 용
사업주	출자능력을 갖추고 실질적으로 프로젝트를 추진하는 사업주로서 복수의 사업주 가능
사업시행회사	사업추진을 위한 법적인 주체로서 규모에 따라 법인 형태의 자회사, 컨소시엄 또는 현지자본과의 합작기업형태를 취함
대주단	프로젝트 내용에 따라 수출금융기관, 국제금융기관, 민간상업은행 등의 여러 타입이 있으며 가장 핵심적인 역할을 담당하는 금융자문기관도 통상 대주단에 속함
금융자문기관	사업주가 스스로 감당하기 어려운 프로젝트의 수행을 위한 자금조달 방안을 검토 및 추천
프로젝트 참가자	사업주와 같이 사업시행회사에 직접 투자하지는 않으나 프로젝트에 소요되는 자재의 공급자, 생산물의 구매업자와 같이 사업시행회사에 직·간접적으로 신용을 공여하는 자
보증인	사업시행회사는 대부분 신설회사이고 타인자본 의존도가 높아 신용상태가 좋지 않으므로 이를 보완하고자 보증을 제공
현지정부	프로젝트 소재지의 정부 또는 지자체로서 사업에 대한 규제당사자가 되며 사업주가 당해 프로젝트 계약을 체결하는 상대방이 됨

진다.

프로젝트 파이낸싱은 사업주가 일부자본금을 출자하여 별도의 사업시행회사(Project Company)를 설립하고, 이 회사가 차주의 자격으로 대주단이나 제3자의 사업주로부터 자금을 차입, 프로젝트를 건설하고 공사완공 후 운영수익금으로 대출원리금 상환과 사업주에 이익배당을 하는 것이다.[12]

---

12) 이 장은 지방행정연수원 사이버교재; 모성은 · 임경수 · 이성우, 『지역개발론』을 중심으로 정리하였다.

PART 3 지역발전 정책

CHAPTER 14

지역정책의 방향

지역정책은 지역문제 해결을 위한 국가와 지방자치단체의 구체적이고 체계적인 행동노선이라 할 수 있다. 지역정책의 목표는 지역 간 격차와 불균형을 해소하고 지역의 경제발전을 통한 지속적인 성장 및 소득분배, 삶의 질 개선 등을 달성하기 위한 정책의 지향점이다. 하지만 이러한 정책의 목표를 달성하기 위해서는 형평성과 효율성의 원칙을 지켜야 한다. 지역개발은 이러한 지역정책의 기조 하에서 진행되며 그 결과는 다시 지역정책에 환류·개선된다.

1 지역정책의 의의

지역정책은 국가적 목표 달성을 지향하면서 경제의 공간적 조직에 초점을 맞추어 모든 지역의 발전을 위한 일반 정책의 한 부분으로서 구체적인 지역문제의 해결을 추구하는 일련의 행동노선이라고 말할 수 있다(Friedmann, 1966). 즉 지역정책은 경제발전에서 입지적 측면인 장소문제를 다루는 것이다. 그리고 지역적 문제를 국가적 차원에서 다룰 필요성을 강조하고, 지역경제에 기여하는 가장 유용한 국가적 정책변수의 조작을 중요시한다.

국가는 동질적이지 않기 때문에 지역 간 격차와 불균형문제가 항상 나타나며, 국가의 발전은 전 부문에 걸쳐 두루 영향을 미치지 못해 지역 간 격차가 발생할 수밖에 없다. 또한 계획가는 고립된 지역사업계획을 국가적 목표에 연결시키는 것이 필요하다. 이러한 문제들을 해결하기 위해서 지역정책이 생기게 되었다.

2 지역정책의 목표

지역정책의 목표는 경제성장, 소득재분배, 자립도 제고, 생활의 질 개선이라는 네 가지의 측면에서 살펴볼 수 있다.

그림 14-1 지역정책의 목표

(1) 경제성장

초창기 지역정책의 목표는 경제성장을 이룩하는 것으로서 1960년대 후반까지 지속적으로 채택되어 왔다. 경제적으로 빈곤한 후진국은 선진국이 되기 위하여 근대화 및 산업화를 통하여 경제성장을 이룩하기 위해 노력하였고, 개발도상국들은 국가자원을 효율적으로 배분하고, 기술혁신을 가져오도록 노력하였다. 하지만 이러한 경제성장 위주의 지역정책목표는 많은 비판을 받게 되었다. 빈부격차의 증가와 지역 간의 불평등 그리고 환경오염이라는 새로운 문제들을 야기하게 된 것이다. 따라서 단순히 경제성장이라는 목표만으로는 지역정책이 충분하지 못하였다.

(2) 소득재분배

각 나라들은 경제성장에 초점을 두고 지역개발을 추진한 결과 계층 간 · 지역

간 소득분배의 불균형이 심화되는 문제에 직면하였다. 개발에 따른 이익은 소수에게만 집중되고 이들은 권력까지도 움켜잡아 일반인들은 경제적 · 사회적 기회를 박탈당하는 결과를 가져오게 되었다. 이러한 문제들이 점점 불거져 일부 사람들은 의식주라는 기본욕구조차도 충족하지 못하게 되었다. 따라서 소득재분배가 공평하게 이루어져야 한다는 논의가 대두되었다. 즉 소득과 기회의 불균형을 감소시키고 모든 주민들의 기본욕구를 충족시키도록 해야 한다는 것이다. 또한 상대적으로 낙후된 농촌의 개발에도 신경을 써야 하며, 산업 간에 균형적인 발전이 이루어지도록 해야 한다.

(3) 자립도 제고

각 나라들은 경제성장을 추진하기 위하여 외국과의 교류를 확대하였다. 그러한 결과 개발도상국들의 경제적 종속문제가 중요한 문제로 대두된 것이다. 각국은 경제성장을 위해 자본축적을 해야 하는데 이를 위해 외국자본에 의존하게 된다. 따라서 개발도상국들은 선진국과의 경제적 의존관계를 끊도록 노력하여 외국의 자본이나 원조를 점차적으로 줄이고 일정한 시기에는 완전 자립하도록 해야 한다.

지역정책도 이와 동일한 선상에서 바라보아야 한다. 중앙집권제 하에서는 국가의 도움과 지원으로 지역경제성장과 지역발전을 도모하고 이룩해 왔다. 그러나 지방자치시대를 맞이한 지금에는 점차 시간이 지날수록 지역이 국가에 의존하는 것이 아니라 스스로 자립하는 형태로 지역이 발전되어 가야한다. 따라서 국가는 지역정책을 지역 스스로 자립할 수 있는 방향으로 유도해 나가야 한다.

(4) 생활의 질 개선

경제성장을 통하여 물질적 번영뿐만 아니라 정신적인 측면을 동시에 강조함으로써 생활의 질 또한 개선하는 데 목표를 두어야 한다. 개발의 궁극적인 목적은 인간을 위한 것이므로 의식주라는 기본욕구에서부터 사회간접자본에 이르는 것까지 인간생활의 전반적인 개선이 중시되어야 한다. 또한 인간자원이 개발되고 또 이것이 생산적으로 이용될 수 있도록 하여야 한다(Friedmann, 1966). 경제성장 이외에도 인간이 보다 높은 수준의 생활을 유지하기 위해서는 사회 · 복지 · 문화 ·

예술 · 교육 · 환경 등 각 부문에서 합리적인 수준의 혜택을 향유할 수 있도록 계획이 이루어져야 한다. 특히 지역개발의 전과정에서 가장 파괴되기 쉬운 것이 환경이다. 환경은 파괴하기는 쉽지만 이를 회복시키기는 매우 어렵다. 그러므로 개발을 함에 있어서 자연이 수용 가능한 범위 내에서 추진되게 하여 환경보전에도 관심을 두어야 한다.

지금까지 지역정책의 4대 목표를 살펴보았다. 그러나 이러한 목표를 달성함에 있어 간과할 수 없는 지역정책의 추진방법이 있다. 공급자 위주의 개발이 아닌 수요자 위주의 개발방식 즉, 상향식개발방식이 바로 그것이다. 그동안 경제성장을 급속히 이룩하기 위해서 정부가 주도적으로 개발계획을 수립하고 이를 집행하는 하향식 개발이 시행되었다. 하지만, 이는 지역정책에서 주민보다는 장소를 더 중요시하는 장소 중심적 개발이 되었으며, 오히려 주민의 삶의 질을 개선하기보다는 종종 주민의 불만을 초래하였다. 따라서 수요자 위주의 개발을 위해서는 하향식 개발방식이 지양되고 상향적 개발방식이 채택되어야 한다. 지역에서 지역계획을 수립하고 지역민이 원하는 방식으로 지역개발을 추진하는 것이다. 이렇게 하여 개발계획과정에서 주민참여의식을 고취시키고 계획의 내용에 지방적 요구가 포함될 수 있게 하여야 한다. 보통 지역주민들은 경제적 수준이 낮고 조직화되어 있지 못하여 지역정책과정에서 배제된다. 이들이 지역정책의 실시로 불이익을 받지 않도록 해야 한다.

3 형평성의 원칙

경제성장, 소득재분배, 자립도제고, 생활의 질 개선은 가장 보편적인 지역정책의 4대 목표이다. 하지만 이러한 지역정책의 목표를 달성하기 위해서는 무엇보다 형평성과 효율성이라는 2가지 원칙을 지켜야 한다. 형평성과 효율성은 개념상 다소 상반된 의미를 가지고 있지만, 지역정책을 계획하고 집행함에 있어 이들을 적절하게 조화시켜야 한다.

그림 14-2 지역정책의 원칙

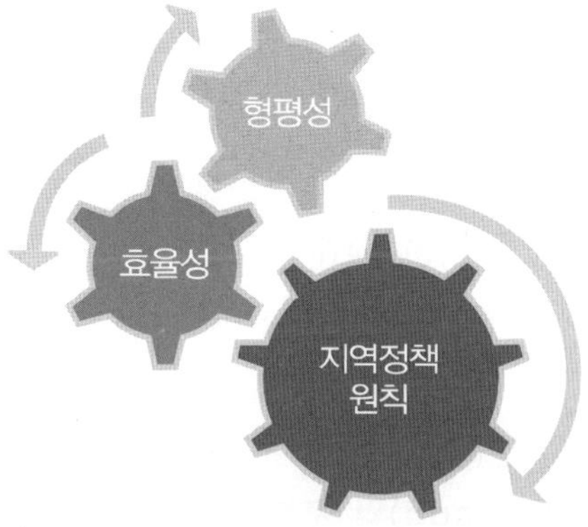

(1) 형평성(equity)의 의의

형평성은 효율성 개념과 함께 사회과학에서 오랫동안 중요하게 이슈가 되어 온 개념이다. 그러나 지금까지 형평성에 대한 기술적 논의가 지역발전 및 지역개발분야에서 많지 않았다. 이는 지역발전론이나 행정학의 전통적 관심이 시민참여와 같은 과정에 있었으며, 결과의 평가에는 소홀하였기 때문일 것이다(Campbwll, 1976).

그러나 최근에는 이러한 과정에 대한 관심과 더불어 결과에 대한 관심이 고조되고 있다. 지역정책의 형성과정에 대한 연구뿐만 아니라 그 결과에 대한 분배적 측면이 매우 중요한 관심사가 되고 있다. 여기서는 형평성을 지역공간적 측면에 초점을 맞추어 살펴보기로 한다.

형평성이라는 개념 자체가 매우 복잡하고 가치 내재적이기 때문에 이를 정의하기란 쉽지 않은 일이다. 하지만 일반적으로 형평성이란, 동등하게 또는 공정하게 배분된 상태를 말한다. 이러한 형평성이 존재한다고 말하기 위해서는 사회 내 일반사람이 공공서비스의 비용과 편익의 배분이 공정하거나 정의로운 것으로 간주하고 있어야 한다. 하지만 공공서비스의 배분상태의 공정성에 관해 합의를 하는 것은 사실상 불가능한 일이라 할 수 있다.

(2) 형평성의 유형

학자들이 여러 가지 기준에 따라 정리한 형평성의 유형을 살펴보면 다음과 같다.

1) 루시(W. Lucy)의 구분

루시(1981)는 형평성을 동일한 서비스, 욕구에 알맞은 서비스, 수요에 알맞은 서비스, 선호에 알맞은 서비스, 지불할 의사에 관련된 서비스라는 다섯 가지 유형으로 분류하고 있다.

2) 치트우드(S. R. Chitwood)의 구분

치트우드(1974)는 형평성을 모든 사람에게 동일한 서비스, 비례적으로 동일한 서비스, 상이한 서비스라는 세 가지 유형으로 구분하였다. 여기서 '비례적으로 동일한 서비스'는 공공서비스를 어떤 구체적인 특성에 따른 단순 증가함수로 공급하는 서비스를 의미하고, '상이한 서비스'는 수혜자가 소유한 어떤 특성의 차이에 따라 서비스 공급을 차별화하는 서비스를 의미한다.

3) 툴민(Llewellyn M. Toulmin)의 구분

툴민(1988)은 서비스 공급체계에 초점을 맞추어 형평성을 투입 형평성과 산출 형평성으로 구분하고 있다. 여기서 투입 형평성은 지역의 단위영역에 걸쳐 특수한 서비스분야에 투입된 자원의 양을 동등하게 하는 것으로 일종의 동등한 기회로 간주된다. 산출 형평성은 서비스의 수혜 후에 상태나 조건을 동등하게 하는 것이다.

4) 벤네트(Bennett)의 구분

벤네트(1980)는 공공재정 연구에서 형평성이 모든 사람을 위한 공공재의 동일한 몫을 의미하지 않으며, 모든 사람에게 동일한 조세부담을 의미하지도 않고 상이한 욕구를 가진 상이한 집단에 상이한 비율로 재화를 공급하는 것을 의미한다고 주장하였다.

5) 치트우드(S. R. Chitwood)와 트루러브(M. Truelove)의 구분

치트우드(1974)와 트루러브(1993)는 형평성 개념을 수평적 또는 수직적 두 가지 차원에서 접근하였다. 수평적 형평성은 동일한 조건에 있는 사람은 동일하게 처리되어야 한다는 것으로 비록 방법론상 문제가 없는 것은 아니지만 형평성의 다른 측면에 비해 덜 비판적이다. 이를 지역 공간적 차원에서 보면 형평성은 사람들이 어디에 거주하든 관계없이 동등한 것을 동일하게 처리하는 것을 의미하는 것으로 사실 더 많은 개념적 어려움을 제기한다. 수평적 형평성의 목적은 상이한 지자체에게 교부금을 지급하는데 합리성의 기초가 되는 것이다.

수직적 형평성은 상이한 조건에 있는 사람들 간에 서비스를 할당하기 위한 합리적 근거를 개발하려는 노력과 관련이 있다. 사회 내 각 개인들은 소득, 교육, 능력, 연령, 지리적 입지 등에 의해 규정되는 여러 개인적 속성 면에서 매우 이질적이다.

물론 상이한 조건에 처한 개인들 사이에 서비스를 공정하게 할당하는 방법에 대해 의견일치를 본다는 것은 매우 어려운 일이다.

표 14-1 학자별 형평성의 유형 구분

학자별	형평성의 유형
루시(W. Lucy)	동일한 서비스(형평성)/욕구에 알맞은 서비스(형평성)/수요에 알맞은 서비스(형평성)/선호에 알맞은 서비스(형평성)/지불할 의사에 관련된 서비스(형평성)
치트우드(S. R. Chitwood)	모든 사람에게 동일한 서비스(형평성)/비례적으로 동일한 서비스(형평성)/상이한 서비스(형평성)
툴민(Llewellyn M. Toulmin)	투입 형평성/산출 형평성
벤네트(Bennett)	상이한 형평성(상이한 욕구를 가진 집단에게 상이한 비율로 재화를 공급하는 형평성)
치트우드(S. R. Chitwood)와 트루러브(M. Truelove)	수평적 형평성/수직적 형평성

(3) 형평성 측정기법

사회적 형평성을 측정하는 기준으로는 과거와의 비교, 다른 정부 단위와의 비교, 계획된 형평성과 실제 형평성의 비교, 시민 만족수준과의 비교 등의 방법이 있다(S. R. Chitwood, 1974). 여기서는 지역공간적 측면에서 다른 정부 단위와의 비교방법과 관련하여 살펴보고자 한다.

형평성 측정에는 편익귀착(benefit incidence)이 핵심이라 할 수 있다. 즉 편익과 욕구 사이의 관계가 초점이다. 편익과 욕구를 비교하기 위해서는 다양한 방법이 사용되어질 수 있다. 지역공간의 형평성을 측정하기 위하여 일반적으로 네 가지 상호 관련된 방법이 사용되어지는데 각 접근방법은 서비스와 욕구에 있어서의 변이를 약간 다른 방법으로 측정하고 있다.

1) 지역 도식화

기존시설의 규정된 범위를 초월하는 지역을 도식화하는 방법이다. 이 측정방법은 간단하지만 명확하고 시각적으로 호소하는 특징이 있다. 이 방법에는 일부 자의적인 접근의 정의가 일치된 기준을 나타내기 위하여 사용되어지며, 시설에 규정된 거리기준을 초월하는 지역은 불리한 입장에 놓여 있는 것으로 간주되며 시설이 공평하게 입지해 있다고 간주되지 않는다. 여기서는 욕구가 측정되지 않으며 지도에서 공평하게 배분되어 있다고 가정한다. 만약 기존시설에서 너무 멀리 떨어진 지역이 밝혀지면 이 지역은 자세히 조사될 수 있는데, 예를 들면 입지상[1]이 이 지역에 대해 계산될 수 있다.

2) 욕구 대 서비스 비율

이 측정방법은 각 구역에 대해 욕구 대 서비스 비가 계산되는 것으로 예를 들어보면 취학 전 아동 1,000명당 어린이집의 수이다. 이것은 매우 단순한 형평성 측정 방법으로 특정구역 내의 어떠한 변이를 나타내주지 못하고 감추어 버린다. 욕구 대 서비스 비율의 개발은 지역공간의 사회적 정의기준을 형성하기 위한 초보적 시도이다.

---

1) 입지상(Location Quotient; LQ)이란 어떤 지역의 산업이 전국의 동일산업에 대한 상대적인 중요도를 측정하는 방법으로서 그 산업의 상대적인 특화정도를 나타낸 지수이다.

3) 상관관계분석

이 측정방법은 서비스의 배분이 욕구와 연관되어 있는지의 여부를 평가하는 것으로서 상관관계가 높으면 높을수록 서비스 배분이 더 공평하게 배분되어 있다는 것을 나타낸다. 예를 들면, 만약 구역당 어린이집의 수가 구역 당 가계소득과 강한 부(−)의 상관관계를 가지고 있다면 어린이집이 하나의 욕구 측정에 따라 배분되어 있다는 의미이다. 여기서 어려움은 공간적 총화의 적절한 수준을 규정하는 것이다. 왜냐하면 이것이 상관계수의 값에 영향을 미치기 때문이다.

4) 지수방법

지수방법에 의하면 각 지역에 대해 서비스 수준이 측정되고 지역 간 서비스 수준의 차이가 비교된다. 지수방법에서 공간적 형평성을 측정하는 가장 간단한 지수는 수처(Suchutz)지수이다. 수처지수는 로렌츠 곡선에 입각해 있지만 지니계수에 비해 계산하기가 더 용이하다. 공간적 형평성을 나타내는 수처지수는 다음과 같이 계산된다.

수처 지수들(S, S')은 0(평등)에서 200(완전 불평등)까지의 범위의 값을 가진다. 이는 대각선으로부터 로렌츠 곡선의 기울기의 편차의 합이다. S값은 제공된 편익이 모든 지역에 공평하게 배분되었는지의 여부를 나타낸다. 만약 그러하다면 S=0이 된다. S' 값은 공식 속에 욕구개념을 포함시킨다. 만약 편익과 욕구가 모든 지역에 동일한 비율로(반드시 공평할 필요는 없다) 배분되어 있다면 S'=0이 된다.

사회공간적 의미까지를 내포하면 인구욕구치가 방정식에 포함된다. S나 S' 값은 반드시 0에서 200까지의 단일차원 척도에 따라 해석되어져야 한다. 이것은 사실 서열화된 척도이다. 따라서 120값은 60값에 비해 두 배 불평등한 것은 아니다.

4 효율성의 원칙

(1) 효율성(efficiency)의 의의

효율성이란 일반적으로 투입(비용)에 대한 산출(편익)의 비율을 의미한다. 형평성 외에도, 지역계획에 의해 공급되는 지역기반시설과 공공서비스는 효율적으로 공급되어야 한다.

효율성은 투입이나 산출의 양자 관계를 파악하는 것이다. 지역개발에 투입된 인력, 비용 등과 그로 인해 산출되는 편익, 효과 등의 관계를 측정하여 평가하는 것을 효율성이라고 할 수 있다. 일정한 투입에 대한 최대의 산출 또는 일정한 산출에 대한 최소의 투입으로 효율성을 평가할 수 있는데, 지역개발 등 공공행정과 관련된 사업에서는 반드시 투입과 산출이 계량적으로 파악되는 것은 아니다. 특히 산출은 계량화될 수 있는 요소보다 지역주민의식, 만족도 등 정성적인(qualitative in nature) 경우가 많다.

일반적으로 효율성을 생산성과 비교하여 그 의미를 파악하는데 연구자에 따라 그 내용이 다양하다. 생산성을 효율성과 동일한 개념으로 보는 경우와 효율성을 효과성과 능률성으로 보는 경우, 생산성을 효율성이 포함된 폭넓은 개념으로 정의하는 경우도 있다.

(2) 효율성의 유형

1) 기술적 효율성

기술적 효율성은 물리적 투입에 대한 물리적 산출의 비율을 측정하는 것으로, 물리적 산출과 관련된 물리적 자원사용을 측정하는 것을 의미한다. 투입측면에서는 정해진 생산량을 최소의 투입요소를 사용하여 생산하는 것이고, 산출측면에서는 정해진 투입량으로 최대의 산출물을 생산해내는 것을 의미한다. 여기서는 투입 또는 화폐단위로 환산하지 않고 측정단위 그대로 사용한다.

2) 배분적 효율성

배분적 효율성은 투입과 산출의 균형을 추구하는 것을 의미하는데 배분적으로 효율적인 상태란 완전경쟁시장을 가정하여 자원배분의 총비용이 최소화되는 상태인 파레토 최적상태가 되는 것을 의미한다.

즉, 산출품가격 및 투입요소가격이 주어졌을 때 적합한 배합의 투입요소를 사용하여 적정한 배합의 산출물을 생산하는 것을 의미한다.

3) 공공부문에 있어서의 효율성

공공부문에서는 산출물이 공공재적인 성격을 가진 것이 대부분이기 때문에 단위산출물의 가격을 획득하기 어려워 공공부문의 효율성을 측정할 때는 가격요인을 고려한 배분적 효율성보다는 투입량과 산출량을 대상으로 하는 기술적 효율성을 의미하는 것이 일반적이다.[2)]

(3) 효율성 측정방법

효율성을 측정하는 방법은 다양하다. 일반적으로 최대생산치(frontier)를 상정하고 그와 비교하여 효율적인지 비효율적인지 측정하는 프런티어적 접근법과 프런티어를 상정하지 않고 계산된 수치에 의해 개별조직의 생산량과 비교하는 비프런티어 접근법을 다루고 있다.

프런티어 접근법에는 확률전선모형(SFM, Stochastic Frontier Model)과 자료

표 14-2 효율성 분석기법의 장단점

분석방법	장 점	단 점
비용-편익분석	· 대안들 간 선택을 위한 비교 · 단일사업의 투자가치 판단에 유리	· 화폐단위를 사용해야 함 · 할인율 결정이 어려움 · 예측력이 결핍
비용-효과분석	· 물리적 단위의 사용	· 지표선정의 자의성 · 평가의 공정성 결여
회귀분석	· 산출과 투입의 양 측면에서 설명 가능	· 평균적 생산관계만을 나타냄 · 개별조직의 비효율 정도를 측정하기 어려움
DEA	· 투입산출의 가격이 불필요 · 복수의 산출물 생산 시 유리	· 시계열 자료를 이용한 분석이 불가능 · 비효율성의 정도가 과대하게 계산 · 가치의 차이를 구분하지 못함
확률프런티어 모형	· 최대생산량을 기준으로 효율성 평가 · 시계열자료를 이용한 추세분석 가능	· 단년도 자료를 사용하는 경우 오차항의 분포를 가정하여야 함

자료: 김재홍 · 김태일(2001), 『공공부문의 효율성 평가와 측정』, 집문당

2) 김재홍 · 김태일, 『공공부문의 효율성 평가와 측정』, 집문당, 2001, p. 7.

포락분석(DEA, Data Envelopment Analysis) 등이 있다. 비프런티어 접근법으로 대표적인 것은 비용-편익분석이 있으며 그 외에 비용-효과분석, 회귀분석 등이 있다.

각 방법에는 장·단점이 있으며 비용-편익분석이나 비용-효과분석은 특정사업이나 프로젝트의 타당성평가에 주로 사용되며, 공공부문의 효율성 측정에는 회귀분석, 확률전선모형, 자료포락분석 등이 주로 사용된다.

1) 비용-편익 분석(CBA)

비용-편익 분석(cost-benefit analysis)은 다수의 대안적 투자사업(alternative projects) 가운데 하나의 투자사업을 선택하거나, 고려중인 여러 가지 투자사업의 우선순위를 결정하고자 할 때 판단의 기준을 제공한다. 또한 비용-편익 분석은 오직 하나의 투자사업에 대해서 투자할 만한 가치가 있는 사업인지 혹은 아닌지를 평가할 때도 유용한 판단의 기준을 제공한다.

지역개발의 목표를 달성하는데 자원을 효율적으로 사용할 수 있는 대안 즉 순편익을 극대화시킬 수 있는 대안을 선정하는 데 사용된다.

2) 비용-효과 분석

비용-효과분석은 비용-편익분석과 크게 다르지 않으나 투입은 시장에서 교환가치로 측정될 수 있으나 산출은 교환가치로 측정하기 어려운 경우에 사용된다. 일정한 자원 제약 하에서 효과를 최대화하는 대안을 찾는 것을 목적으로 한다. 이는 비용-편익 분석과 마찬가지로 전체비용과 전체효과에 대한 비율을 사용한다.

3) 회귀분석(regression analysis)

회귀분석은 한 변수가 다른 여러 변수들에 의해 설명 또는 예측되는 양태를 알아보기 위한 통계적인 방법이다. 평균적 효율성을 측정하고 이와 비교하여 지역개발사업의 효율성을 측정하는 것으로 주로 예측 목적으로 사용된다.

회귀모형에 의해 측정된 평균적 효율성과 각 조직이나 사업의 실제 관찰치를 비교하여 추정치보다 높은 관측치를 보이는 조직은 효율적인 것으로, 추정치보다 낮은 관측치를 보이는 조직은 비효율적인 것으로 판단하는 것이다.

4) 자료포락분석

자료포락분석법은 상대적 효율성을 평가하는 방법으로 선형계획법에 근거하며, 특정한 함수형태를 가정하지 않고 일반적인 생산가능집합에 적용되는 몇 가지 기준 하에서 경험적 효율경계를 도출하고 효율변경과 평가대상을 비교하여 효율성을 측정하는 방법이다.[3)]

공공부문은 민간부문과는 달리 투입과 산출을 화폐가치로 나타낼 수 없는 경우가 많기 때문에 효율성 측정에 어려움이 있다. 그러나 자료포락분석법은 투입요소 및 산출물의 가격자료가 없더라도 투입과 산출의 양적 자료만을 사용하여 상대적인 의미의 기술적 효율성을 측정할 수 있기 때문에 공공부문 효율성 측정에 많이 사용되고 있다.[4)]

자료포락분석법에 의하여 측정되는 가장 효율적인 경우는 지표값이 1인 경우로 이를 기준으로 측정하고자 하는 지역개발사업의 효율성은 0～1의 값으로 상대적으로 표시된다.

5) 확률전선모형

확률전선모형은 현재의 기술수준 하에서 일정한 양의 생산요소를 투입했을 때 생산가능한 최대의 생산량을 나타내는 함수이다. 최대 생산량을 프런티어(frontier)라고 하고 이러한 프런티어로부터 관찰된 실제생산량과의 차이는 '0'보다 크거나 같은 값으로 기술적 비효율성을 의미한다.

확률전선모형은 평균생산량을 기준으로 하는 회귀분석과 다르며 상대적 효율성을 측정하는 자료포락분석과도 다르다.[5)]

---

3) 상게서, p. 11.

4) 이창균 · 하능식, 「지방자치단체 재정효율성 제고방안」, 한국지방행정연구원, 2008, p. 11.

5) 이 장은 지방행정연수원 사이버교재; 모성은 · 임경수 · 이성우, 『지역개발론』을 중심으로 정리하였다.

CHAPTER 15

지역주택

주택은 인간생활의 근본이 되는 의·식·주 3요소 중의 하나이면서 많은 의미를 내포하고 있다. 주택은 개인을 외부로부터 보호해주며 가족과 친지들이 지내도록 해 주는 공간이다. 그리고 주택이란 여러 가지 면에서 그 나라의 정치·경제·사회·문화의 수준을 나타내는 가장 기본적인 요소가 된다. 따라서 주택정책은 국가의 주요정책일 수밖에 없다. 이 장에서는 주택정책을 주택불량 측면과 주택공급 측면에서 학습하기로 한다.

1 지역주택정책의 의의

(1) 주택정책의 필요성과 근거

산업화와 도시화에 따른 주택수요의 급증과 불량주택의 증가에 따른 주택공급 부족현상은 서민의 주거불안 초래 등 많은 문제점을 나타내고 있다. 불량주택은 개별가구의 문제가 아니라 그 지역사회의 발전에 사회비용의 증대를 가져온다. 이를 해결하기 위해 시장경제기능만으로는 어렵고 정부가 개입할 수밖에 없다. 정부는 주택시장에 개입하여 주택건설계획을 수립하여 양적인 주택공급 확충과 주거복지·환경 및 주택관리 분야를 포괄하는 주택정책이 필요하다.

주택에 대한 정부정책의 필요성은 크게 세 가지로 압축된다. 첫째, 주택은 그 사회의 생산적 자원으로서 배분적 형평성을 유지해야 한다. 시장기능에만 의존할 경우 주택이라는 희소자원이 불공평하게 배분될 수밖에 없고, 이는 지역 간·계층 간·산업부문 간 갈등을 유발하는 중요한 원인이 될 수도 있다. 둘째, 주택의 생산과 배분이 장·단기적으로 안정되어 있지 못한 경우 국민경제에 큰 영향을 미치게 된다. 한 국가경제를 안정시키고 성장을 유지시키기 위해서는 정부개입을 통한 주택시장 및 주택관련 산업의 안정이 필수적이다. 셋째, 주택은 인간의 기본적 권리요, 삶의 조건이기 때문에 국가가 개입하여 최소한의 주거수준을 영위할 수 있도록 하고 이를 보장하는 정책수단을 강구하는 것이다.

우리나라 주택정책체계의 근본이 되고 있는 법으로는 「주택법」이 있다. 동법의 목적은 제1조에 "주택이 없는 국민의 주거생활의 안정을 도모하고 모든 국민의 주거수준의 향상을 기하기 위하여 주택의 건설·공급과 이를 위한 자금의 조달·운용 등에 관하여 필요한 사항을 규정함을 목적으로 한다."라고 명시하고 있으며, 제2조에서는 "국가는 국민의 주거생활의 안정과 향상을 보장하기 위하여 필요한 시책을 종합적으로 계획·실시하여야 한다"고 규정하고 있다.

이외에도 특정주택의 건설과 공급을 규정하는 수단으로는 「임대주택법」, 「주거환경개선을 위한 임시조치법」, 「도시재개발법」 등이 있으며, 주택의 소비부문으로는 「주택임대차보호법」, 「노동자 주거안정과 목돈마련지원에 관한 법률」 등과 금융 및 조세지원에 연관된 법령 등이 있다.

(2) 지역주택문제: 불량·부족 문제

인간의 삶의 질에 있어 주거는 중요한 문제이다. 의식주가 풍부한 사회는 적어도 물질적인 면에 있어서는 그만큼 국민의 생활의 질이 윤택하다고 말할 수 있다.

그리고 국가가 존재하는 중요한 이유 중의 하나도 이러한 인간의 기본적인 욕구를 최소한도나마 충족시켜 주는 데 있다. 그러나 대부분의 국가에서 주거는 양적 및 질적 양 측면에서 심각한 사회문제가 되고 있다. 이러한 주택문제는 상호연관되어 결국 불량주택과 주택부족문제로 나타나며 이는 사회 내부의 가지지 못한 자의 주택구매능력 부족과 밀접한 관련을 맺고 있다. 한국의 경우 특히 1960년대 이후 도시화가 급속히 진전됨에 따라 많은 농촌인구가 도시로 집중하여 도시의 새로운 노동자로서 도시에 거주하였지만 이들이 사용할 수 있는 기존의 재고주택은 매우 제한적이었다. 따라서 이들은 대개 도시 내 열악한 주거환경 속에서 거주하고 있으며, 주택부족과 불량촌 형성이 지역주택문제의 핵심을 차지하고 있다.

(3) 불량주택의 개념과 특성

1) 불량주택의 개념

일반적으로 불량주택이라 함은 수준 이하의 집(substandard housing)으로서 주택지구의 외형, 부대시설 등의 물리적인 상태가 건전한 주거공간으로서의 기능을 다하기에 부적합한 건축물을 말한다. 「도시 및 주거환경정비법」에서는 노후·불량건축물을 다음과 같이 정리하고 있다. ① 건축물이 훼손되거나 일부가 멸실되어 붕괴 그 밖의 안전사고의 우려가 있는 건축물, ② 주변 토지의 이용 상황 등에 비추어 주거환경이 불량한 곳에 소재하는 건축물, ③ 건축물을 철거하고 새로운 건축물을 건설하는 경우 그에 소요되는 비용에 비하여 효용의 현저한 증가가 예상되는 건축물, ④ 도시미관의 저해, 건축물의 기능적 결함, 부실시공 또는 노후화로 인한 구조적 결함 등으로 인하여 철거가 불가피한 건축물 등이다. 그러나 이러한 개별적인 불량주택이 단순히 존재한다고 해서 반드시 도시지역의 주택문제가 되는 것은 아니고, 불량주택들이 일정한 공간상에 연속적으로 위치해 있고 그 비율이 높은 지구인 불량촌 혹은 불량주거지가 주택문제의 핵심을 이룬다.

2) 도시 불량주거환경의 특성

도시 불량주거환경의 특성으로 물리적 특성과 사회·경제적 특성 등 두 가지를 들 수 있다.

첫째, 물리적 특성이다. 도시 불량주거환경의 물리적 특성으로는 경사가 급한 고지대, 홍수, 침수위험이 있는 하천변 등에 입지함으로써 주거입지에 부적합한 재해의 위험이 내재된 지역에 입지하게 된다. 또 물리적 환경의 측면에서 주택의 질적 수준이 일정수준에 달하지 못하는 주택의 수가 정해진 비율 이상 밀집하고 있는 일단의 주거지를 말하는데, 이때 기준은 건물의 노후상태, 구조적인 결함, 또는 시각적인 불량상태 등에 따라서 결정되는 것이 보통이다. 이러한 불량주택지구는 1945년 이후 1950년대 말까지는 하천변과 공원이나 녹지로 이용되어야 할 산중턱을 불법으로 점유하여 집단주거지역을 형성하였다. 그리고 1960년대 이후 현재까지는 도시화의 진전으로 인한 도심의 인구과밀 압박에도 불구하고 중간계층이 교외화가 광범하게 일어나지 못한 결과 중산층은 도심과 그 주변의 정상택지에, 도시저소득층은 도심의 유휴 공한지에 무허가 판자촌을 형성하여 도심 내 주거지 분화가 이루어져 왔다.

둘째, 사회·경제적 특성이다. 불량촌 주민들은 대부분이 농촌을 지역적 배경으로 갖고 있는 이농민 출신들이다. 도시불량촌의 사회적 특성은 주로 한계성과 관련하여 논의되어 왔다. 불량촌 거주자들은 일반 도시민과 다른 사회적·정치적 성향을 나타낸다고 주장되어 왔다. 그러나 실제조사연구에 의하면 이들은 새로운 삶의 기회와 방식에 대한 강한 욕구를 지닌 집단으로 형성되어 있는 것으로 나타나고 있다. 이들 가구의 특성은 여성가구주가 상당히 많다는 점과 가족 중 환자가 많다는 점이다. 그리고 가구주의 학력은 낮지만 자녀들에 대한 교육열은 상당히 높은 것으로 나타나고 있다. 이들의 직업구조는 단순노무직, 판매서비스직, 노점상과 행상이 주류를 이루고 있다. 이들은 모두 절대 빈곤층이 아니라 잠재적 중산층도 상당히 있다.

(4) 지역주택 수급 현황(주택보급률)

지역별 주택보급현황을 살펴보면 2008년 기준으로 주택보급률은 서울, 부산, 대전, 경기, 제주를 제외한 지역에서는 100%를 넘어서 전국 평균은 101.2%이다. 전국 평균 주택보급률로만 보면 우리나라의 주택공급은 양적으로 충분하다고 할 수 있으나 수도권 지역의 주택보급률은 95.4%로 100%에 미치지 못하고 있고 전북 등의 지역은 110%를 넘어 주택이 남아도는 실정으로 지역적 편차가 심하다. 이는 지역의 과소화와 수도권의 과밀화와 관련되어 있는 것으로 보인다.

주택건설 확대 정책으로 절대적인 주택 부족문제는 크게 완화되었으나, 선진국에 비해서는 아직 미흡한 수준으로 소득수준 증가와 노령화에 따른 1인 가구의 증가에 대비하여 더 많은 주택공급이 필요한 상황이다. 미혼가구와 이혼가구의 증가는 수도권의 주택부족문제를 더욱 심화시킬 수 있는 요인이다. 수요가 많은 수도권과 일부 광역시는 주택공급을 더욱 확대할 필요가 있으며, 주택공급이 충분한 지역에서는 빈집을 활용하는 지역활성화 대책이 필요하다고 본다.

표 15-1 지역별 주택보급현황(2008)

구분	가구수	주택수	보급률
전국	16,862.3	17,071.3	101.2
수도권	8,168.9	7,795.5	95.4
서울	3,500.9	3,258.4	93.1
부산	1,218.2	1,214.5	99.7
대구	834.6	871.1	104.4
인천	892.4	894.4	100.2
광주	485.1	502.8	103.7
대전	516.0	503.7	97.6
울산	359.5	376.5	104.7
경기	3,775.6	3,642.8	96.5
강원	530.0	588.0	111.0
충북	524.6	578.4	110.3
충남	698.4	789.3	113.0
전북	615.6	698.2	113.4
전남	653.3	725.9	111.1
경북	957.7	1,072.5	112.0
경남	1,110.9	1,172.8	105.6
제주	189.5	181.9	96.0

표 15-2 주요국의 주택보급률 현황

국가	한국('09년)	일본('08)	미국('08)	영국('07)	독일('02)
보급률(%)	101.2	115.2	111.4	106.1	100.6

자료: 한국토지주택공사, 『2008 주택도시통계편람』

2 불량주택 개선 정책

(1) 불량주택의 형성과정

1) 일제식민기

불량지구의 시초는 일제 때 조선의 도시와 농촌에 있었던 빈민촌의 원시적 형태였던 토막민[1]촌이었다. 일제의 수탈적 농업정책에 의해 강압적으로 도시에 이주한 빈민들은 토굴을 파거나 거적을 이용한 토막집에서 생활하였다.

2) 해방과 한국전쟁기

일본 식민지하의 무단수탈정치로 인하여 만주나 일본으로 이주한 사람들이 해방 후 고국으로 돌아와 대부분 서울을 비롯한 대도시에 불량촌에 재정착하였다. 그리고 한국전쟁으로 인한 피난민의 대부분도 불량촌인 판자촌에 정착하였다. 이들 대부분은 도시빈민으로 전락하면서 국·공유지를 무단으로 점령하여 불량한 목재조각이나 흙으로 건축한 판자촌을 형성하였다.

3) 산업화기

1960년대 박정희 정권에 의한 급속한 산업화의 추구로 많은 농촌인구가 도시로 집중되었다. 그러나 도시는 이들 노동자들을 수용할 수 있는 기반시설과 주택을 갖추지 못한 상태였다. 이들 도시로의 이주민들은 주로 도시 내 비공식부문에 종사하였으며, 저임금과 불완전고용으로 빈곤의 상태에 머물러 있었다. 따라서 이들은 정상적인 주거생활을 할 경제적 여유가 없었으므로 주로 국·공유의 하천부지나 가파른 산비탈에 집단적으로 무허가촌을 형성하게 되었는데, 이는 산동네 또는 달동네로 불리게 되었다.

---

1) 토막민(土幕民)은 일정한 깊이로 땅을 파고 그 위에 거적 내지 짚을 덮어서 겨우 비·바람을 피할 정도의 형상만 갖춘 가옥(토막)에서 거주하였다. 대도시 주변의 공유지 및 민유지의 공지에서 불법적으로 토막을 짓고 사는 이들은 인간으로서 최저라 생각되는 비참한 빈곤생활을 하지만 다른 계층의 사람들과 마찬가지로 일반사회와 긴밀한 연관 아래 생활양식도 같기 때문에 백정사회(白丁社會)나 일본의 부락민과 같은 특수한 사회적 집단이 아니다. 다만 식민지시대 이후 경제적으로 몰락한 단계에서 형성된 계층이다.

4) 후기 산업화기

1980년대까지 상당수 불량촌이 재개발되었지만 아직 많은 불량촌이 도시에 남아 있다. 그리고 이들 외에도 도시의 저임금노동자들이 집단적으로 비좁은 자취방이나 셋방에 거주하면서 주거비를 절약하고 있다. 이들은 대부분 열악한 고용상태에서 소득이 불규칙하거나 여러 명의 노동자들이 한 방에서 숙식한다. 주로 2-3평 규모의 셋방이 한 지붕 밑에 10-20개씩 연결되어 있고, 화장실과 수도 등을 공동으로 사용하는 주거지로서 1980년대에 급격하게 발생한 새로운 형태의 불량촌이다.

(2) 불량주택 개선책

한국의 도시지역 주거정책은 불량촌 재개발을 중심으로 실시되었으며, 이는 각 시대의 사회경제적 배경에 따라 독특하게 추진되었다.

1) 전면철거(1950-1965년)

도심이 점차 개발되고 확대되면서 정부는 도심 내 불량촌이 도시계획적 측면에서 토지이용의 고도화와 효율화에 걸림돌이 된다고 생각하여 이들을 철거하고 동시에 이들 주민들을 도심 외곽지로 재정착시키려는 정책을 시도하였다. 이러한 정책들은 도심 내의 불량촌을 제거하는 데 초점을 두고 시행되었으나 결과적으로 재정착지역들이 다시 불량화되어 불량촌의 '장소적 이전'이라는 악순환만 계속되어 재개발의 근본적인 목표를 달성하지는 못하였다. 이러한 전면철거방식의 빈곤층 주거정책은 정부가 불량촌 거주민들을 위하여 이전할 수 있는 재정착지를 도시 외곽에 마련해 주었다는 점이 특징이다. 이러한 사실은 결국 이들이 재철거당할 때 철거에 대한 정당성을 제공해 준 셈이 되었다.

2) 시민아파트 건립(1965-1972년)

1960년대 중반부터 대도시에는 새로운 주거형태로서 아파트가 각광을 받기 시작하였으며 정부에서도 도시저소득층 주택문제를 해결하기 위하여 도시정부가 주체가 되어 시영아파트를 건립하여 보급하였다. 이러한 시영아파트의 건립은 기존의 철거재개발로 인한 불량촌 주민의 상당수가 도심지로 다시 돌아온 문제점을 보완하고 현지정착을 도모한 새로운 재개발방법이었다. 이 정책은 불량촌 주민들의 일자리, 교통문제, 그리고 토지이용의 효율화 등을 고려하여 시유지를 점유하고 있는 무허가 건물을 철거하고 도시정부가 그 장소에 시민아파트를 건립함으로써 불량촌 주민의 주거생활을 안정시키는 데 목적을 두었다.

3) 대규모 단지조성(1969–1972년)

빈곤층을 위한 시민아파트 건립사업과 병행하여 시도된 재개발정책이 광주대단지 이주정책이었다. 광주(현재: 성남시) 대단지 조성과 집단이주정책은 서울시의 불량촌 주민을 집단으로 도시 외곽지에 이주시키는 인구 분산책과 도시빈민 주거안정이라는 두 가지 목표를 가지고 있었다. 그러나 문제점은 도시기반시설이나 행정서비스의 공급 없이 대단위 주거지를 조성함으로써 도시빈민을 수용한다는 것이 불가능했다는 점이다. 또한 반 실업상태의 도시빈민들은 일자리가 있는 서울로 재진입할 수밖에 없어, 이 정책은 도시저소득주민의 사회경제적 속성과 상황을 무시한 지극히 행정편의주의적인 발상이었다고 볼 수 있다.

4) 양성화 및 현지개량사업(1968–1973년)

정부는 도시빈곤층 주거지역을 위한 '철거에 의한 재개발방식'이 한계를 노정하자 이를 중단하고 가능한 한 기존주택을 정비하고 양성화시키는 정책을 시도하였다.

그러나 이러한 양성화정책은 개별주택의 개량 및 외형적 환경개선에 치중한 결과 본질적으로 불량촌 전체지구의 계획적인 재개발을 어렵게 만들었다. 또한 정부의 공공서비스 확충과 기반시설 등을 정상 주거지와 비교해 보았을 때 수준 이하로밖에 개량하지 못한 점도 한계점이었다. 뿐만 아니라 무허가 불량건물이 입지한 국·공유지의 불하가 순조롭게 이루어지지 못한 점도 한계점으로 지적되고 있다.

5) 주택개량 및 철거재개발(1973–1982년)

정부는 1973년 「주택개량촉진에 관한 임시조치법」을 제정하여 불량주택지구에 대한 정비사업 기법을 다양화하기 시작하였으며, 도시재개발사업에 대한 종합적이고 기본적인 방향을 제시하였다. 이러한 법에 의해 지방정부는 불량주거지 내의 국·공유지를 현재의 점유자에게 불하함과 동시에 공공시설을 설치하는 비용을 지원하였다. 1974년부터 1983년까지 약 10년간 주택개발 및 개량사업은 주민이 자력으로 주택을 건립하는 자력 재개발사업을 중심으로 추진되었다. 이 사업의 성공여부는 주택개량을 지원하는 재원에 달려 있었지만 별다른 재원조달방법을 갖지 못한 채 사업에 소용되는 비용부담을 주민에게 의존하면서 재개발사업을 시행하였기 때문에 주민의 반발을 초래함은 물론 본래의 목표와 달리 많은 역효과를 초래하였다.

6) 합동재개발사업(1983년 이후)

합동재개발방식은 도시재개발법상 도시재개발의 시행자인 토지 등의 소유자 또는 그들이 설립한 조합, 지방자치단체, 공사, 특수법인 및 제3개발자 등이 설립한 개발조합이 시행자가 되어 주택건설촉진법의 규정에 의한 국민주택사업자를 참여조합원으로 가입시켜 시행하는 기법이다. 기존의 공공시설재개발법에 의한 재개발사업이 주민의 경제적 영세성과 지방자치단체의 재정능력 부족으로 인해 부진한 점을 고려하여 주민에 의해 설립된 조합을 시행자로 하여 민간이 주도적으로 재개발사업을 추진하도록 구성하는 방법이다. 그리하여 정부는 이 사업의 전면에 나서지 않을 수 있었다. 이때 토지소유자는 사업시행자로서 토지제공, 사업동의, 지장물 철거 및 이주, 사업시행인가신청, 관리처분, 청산 등을 맡고, 건설업자는 시공자로서 개발계획수립, 주택건설, 시공감리, 공사비회수 등을 맡게 된다. 그러나 합동재개발의 목표와는 달리 민간기업이 초기 투자비용을 전담하게 됨으로써 현지주민의 정착이 이루어지지 못하였고, 세입자에 대한 거주대책의 부재, 개발이익의 소수주민 배분, 국·공유지의 저가매각과 고밀개발에 의한 사업주체의 과다한 이윤추구 및 부동산투기의 유발 등 역기능이 발생하였다. 특히 1980년대 이후 불량주거환경개선을 위한 정부의 노력으로서 도시불량주택 재개발사업을 실시하면서 건설업체의 과다한 이윤추구로 인하여 도시저소득층 주민들의 경제적 부담능력을 초과하는 아파트가 주로 건설되어 대부분의 주민은 입주가 불가능하여 전매하였기 때문에 이 과정에서 투기가 성행하였다.

3 주택공급 확대 정책

(1) 주택정책 목표의 변화

그동안 우리나라의 주택정책은 정부가 독점적으로 수립하는 장기계획인 '국토종합개발 10개년 계획', 중기계획인 '경제개발 5개년 계획', 단기계획으로는 정부가 매년 수립하는 '주택건설종합계획'과 특정계획인 '주택건설 10개년 계획'(1972~1981년, 주택 250만 호 건설계획), '공공주택건설 및 택지개발 기본계획'(1981~1995, 주택 500만 호 건설계획), '주택 200만 호 건설계획'(1988~1992) 등에 의한 계획을 바탕으로 추진되어 왔다.

이를 종합적으로 분석해 보면, 지난 40여 년간 주택부문의 각종 계획에서 제시한 우리나라의 주택정책의 목표는 주택공급을 확대하는 데 정책의 최우선을 두었다. 특히 1970년대부터 주택가격의 안정과 주거소비 및 주거환경의 개선에 중점을 두었으며, 1980년 말부터는 소비계층 간・지역 간 주택서비스 소비수준의 형평성 제고가 주택정책의 새로운 목표로 추가되었다.[2)]

(2) 주택공급정책의 과정

1) 1960년대 주택공급

1960년대 이전에는 체계적인 주택정책이 거의 존재하지 않은 시기였다. 한국전쟁 이후 소멸된 주택복구와 난민용 주택을 건설하는 정도였다. 이후 1960년대 들어서면서 주택문제는 관련산업에 대한 파급효과를 기대하는 성장위주의 경제정책에 일부분으로 당시 '제1차 경제개발 5개년 계획'(1962~1966)에 포함되어 추진하게 되었다.

2) 1970년대 주택정책

1970년대의 주택정책은 정부가 본격적으로 주택문제에 관심을 갖고 당시의 '경제개발 5개년 계획'과는 별도로 장기적인 주택건설계획의 마련 및 「주택건설촉

---

2) 하성규, 『주택정책론』, 박영사, 1999. 및 건설교통부 주거복지본부 인터넷 사이트 자료 참조.

진법」과 같은 제도적 정비까지 강구하는 등 적극적인 정책을 추진한 시기라고 볼 수 있다. 이 같은 정책추진은 1960년 말 이후 이촌향도 현상에 따른 급속한 산업화와 도시화로 주택부족률이 심화되었기 때문이다. 특히 1978년에는 부동산 투기로 인해 주택시장이 과열되자 정부는 5월과 8월에 각각 주택가격 안정과 투기억제를 위한 주택공급에 관한 규정의 제정과 부동산 투기억제 및 공급대책(8·8조치)을 발표하였다. 이를 통하여 정부가 주택의 공급조건과 방법을 직접 통제하는 계기를 마련하게 되었다.

3) 1980년대 주택정책

1980년대의 주택정책은 조세정책의 적극적인 활용을 통하여 주택시장의 과열방지와 부양 등을 도모하고, 주택공급을 적극적으로 확대하였다. 즉 주택경기가 위축되면 부양대책을 시행하고, 다시 주택시장이 과열되면 투기억제 대책을 세우는 등의 조치가 이루어진 것이다. 1978년의 투기억제대책으로 1980년 초에 미분양이 발생하는 등 주택경기가 침체되자 1981년 1월과 1982년 5월에 양도소득세 면제기간을 연장하고 주택자금 융자조건을 완화하는 등의 조세 및 금융정책 변화를 통하여 주택경기부양대책을 시행하였다.

그러나 이러한 부양대책으로 주택경기가 과열되자 당해 12월에 다시 투기억제대책을 마련하고, 1983년 4월에 민영주택에 대한 채권매입제도를 도입하기에 이르렀다. 이러한 변화과정을 겪으면서 1980년대 후반에는 88서울올림픽과 같은 대규모 국제행사가 열리고, 이와 관련하여 경기가 호전되자 부동산 시장이 다시 과열되기 시작하였다. 이에 주택을 포함한 부동산 경기 과열을 억제하기 위한 정책이 1988년의 '8·10부동산 종합대책'과 1989년의 일산·분당 등 수도권 내 5개 신도시를 건설하는 '200만 호 주택건설 계획'으로 이 기간 동안에는 주택건설 비중에 있어서 민간위주에서 공공위주로 전환되기도 하였다.

이 시기에도 정부는 8·10조치를 통하여 주택의 양도소득세 면제기간을 3년 거주에서 5년 거주로 연장시키는 조세 강화정책과 1989년의 주택공급확대정책을 통하여 수급불균형 상태의 주택가격 상승을 억제시키고자 하였다.

4) 1990년대 주택정책

1990년대의 주택시장은 1980년대 말의 주택가격급등에 따른 각종 투기억제대책 및 주택공급확대 대책의 영향으로 부동산시장이 전반적으로 안정세에 들어섰다. 즉 주택전산망 구축이나 부동산 투기 억제를 위한 토지공개념 법제의 제정 및 시행 등과 맞물려 과거의 주택가격 급등과 같은 사회경제적 폐해가 재발되지 않도록 한 것이다. 특히 지속적인 주택공급을 통하여 주택시장의 수급불균형을 해소하기 위해 가용택지의 확보차원에서 준농림지의 전용확대 등 토지이용규제 완화가 이어지고, 자율화 조치가 시행되었다. 결국 이 기간 동안에 주택정책은 '200만 호 주택건설 계획'을 근간으로 하여 지속적인 주택공급과 주택시장 안정세를 도모한 시기라고 할 수 있다.

그러나 200만 호 주택건설과 같은 대규모 주택공급정책이 단기간 내에 추진됨으로써 건축자재의 급등, 또한 분양제도를 통한 시장가격보다 싼 주택이 대량 공급되어 주택수요의 폭발적인 증가를 가져왔고 이로 인하여 부동산 투기 붐이 조성되고 단기적으로는 급격한 주택가격의 상승이 초래되었다. 그렇지만 이러한 과정을 거치면서 주택가격은 1991년부터 1997년 말 외환위기를 초래하기 전까지 하락 내지는 안정세를 유지하게 되었다.

1997년 IMF로 인하여 중도금 미납·해약 등으로 위축되고 있는 주택건설을 원활히 하여 고용을 창출하고 주택시장의 안정을 도모하기 위하여 국민주택기금 운용규모를 확대하는 등 공공부문의 역할을 강화했다. 또한 서민주거안정대책(1999.8)과 전세가격안정대책(1999.9), 임대주택활성화대책(2001.5)로 주로 주택경기의 부양정책이 주를 이루었다. 부동산경기활성화대책으로 양도소득세면제(25.7평이하) 등 세제혜택이 주어졌으며, 아파트 분양가 전면자율화로 집값 상승의 요인이 되었다.

5) 2000년대의 주택정책

2003년 10·29대책 이후 안정세를 지속하던 주택 가격이 2005년 2월부터 상승세로 전환, 특히 아파트는 전체 주택보다 높은 가격상승세를 보였으며, 강남 및 분당에서 시작된 아파트 가격상승세가 강북 일부·수도권 남부지역까지 확산되었다. 이들 지역의 주택 가격 상승은 수요·공급 측면과 심리적 요인이 복합적으로 작용한 결과로, 부동산시장 안정정책을 추진하였다.

그 중 가장 대표적인 대책이 '8·31부동산제도 개혁방안'(2005.8)과 '3·30 서민 주거복지 증진과 주택시장 합리화 방안'(2006.3)이다. 8·31 부동산제도 개혁방안은 <표 15-3>과 같이 크게 서민주거안정, 부동산거래투명화, 주택시장안정대책과 토지시장 안정대책으로 나누어진다.

표 15-3 8 · 31 부동산제도 개혁방안

대책	대책내용
서민 주거안정	1. 무주택자 지원강화 ① 국민주택기금 지원확대 ② 주택담보대출 관련 합리화 ③ 실수요자 위주 청약제도 개편(무주택, 소득, 자산, 가구현황 고려) 2. 국민임대주택 건설 활성화 ① 국민임대주택특별법 적용 면적기준 현행 30만평 → 50만평 확대 ② 건설자금 지원 강화로 입주자 부담 평균 30% → 24% 인하 ③ 다가구 매입임대 건설 활성화: 당초 1 → 5만호(필요시 10만호) 3. 민간임대주택 건설 활성화 ① 장기임대주택 건설시 용적률 20% 인센티브(국계법시행령 개정중) ② 매입임대사업자 지원요건 등 강화(주택 2 → 5호, 의무임대 3 → 5년) ③ 다가구 매입임대 건설 활성화: 당초 1 → 5만호(필요시 10만호)
부동산 거래투명화	1. 부동산거래시 실거래가를 시군구에 신고 의무화 2. 부동산등기부에 시군구에 신고된 실거래가를 기재 3. 국세청에 관련조직을 신설, 상습 투기자 상시 감시체계 구축
주택시장 안정대책	1. 주택수요정책 ① 보유세 강화: 종부세 대상자 실효세율 '09년까지 1% ② 양도세 강화 ③ 거래세 인하 ④ 종부세 세수를 지역균형발전에 활용 2. 주택공급 정책 ① 공공택지 공급확대 방안 ② 기존 도심지역 광역개발(공공시행시 규제완화) ③ 주택공영개발 ④ 공공택지내 아파트 분양가 결정 ⑤ 판교 공급방식 변경

8 · 31정책 발표 이후 부동산 시장은 전반적으로 안정세를 유지하며 실수요자 중심으로 재편되는 과정이었으나 2006년 들어 강남지역 재건축 아파트를 중심으로 국지적인 불안 양상이 재연되었다. 8 · 31정책의 효과가 아직 본격화되지 않은 상황에서 막연한 규제완화 심리와 재건축 시장을 중심으로 주택가격이 상승하기

시작하였다. 이 같은 시장 불안을 해소하기 위해서는 재건축 제도와 주택담보 대출방식의 변화가 필요하여 대책 마련이 요구되었다. 이에 3·30 서민 주거복지 증진과 주택시장 합리화 방안이 <표 15-4>와 같이 발표되게 되었다.[3] 여기서 수도권 등 부동산 투기지역에 DTI(Debt To Income) 제도를 도입했는데, DTI란, 돈을 빌린 뒤 1년 동안 갚아야 할 원리금(원금+이자)이 소득의 일정 비율을 넘지 않도록 대출액을 제한하는 것이다. 즉, DTI는 대출자의 채무상환 능력을 반영해 대출금을 결정하는 제도로 수도권 지역의 집값 상승과 대출 증가세를 억제하려는 조치이다.

표 15-4 3·30 서민 주거복지 증진과 주택시장 합리화 방안

분야	내 용
서민 주거복지	- 영세민 전세자금 수혜가구 연간 2만5천~3만 호로 확대 - 도심 내 다가구 매입 임대주택 연간 4,500호 공급 - 서민·중산층 아파트(전용면적 25.7평형) 분양가 인하 추진
금융정책	- 투기지역 6억 원 초과 아파트 구입시 LTV외 DTI[4] 적용
재건축제도	- 안전진단 강화 - 재건축 부담금 등 개발이익환수제도 도입
주택거래 투명화	- 거래신고지역 내 주택 취득시 자금조달계획 신고 의무화

6) 2010년대 주택정책(보금자리주택)

'보금자리주택'은 공공이 짓는 중소형분양주택과 임대주택을 포괄하는 새로운 개념의 주택이다. 공공이 재정 또는 기금의 지원을 받아 건설, 매입하여 분양 또는 임대를 목적으로 공급하며, 과거 공급자 위주의 일방적인 공급에서 벗어나 소득계층별 수요에 부응하는 다양한 주택을 공공이 신속하게 공급하는 수요자 맞춤형 주택이다.[5]

---

3) 국가기록원 홈페이지(http://contents.archives.go.kr) 참조.
4) LTV(Loan To Value)란 담보인정비율을 말하며, 즉 담보대출 한도로 1금융권에서는 한도 60~70%까지 대출이 가능하다. 하지만, DTI(Debt To Income)란 소득대비 총부채비율을 뜻하는데, 가계의 연간 소득에서 부채가 차지하는 비중을 정한 비율이며 따라서, DTI를 적용할 경우 대출가능 규모가 더욱 작아진다.
5) 보금자리주택 홈페이지(http://www.newplus.go.kr) 참조.

그림 15-1 2010년대 주택정책

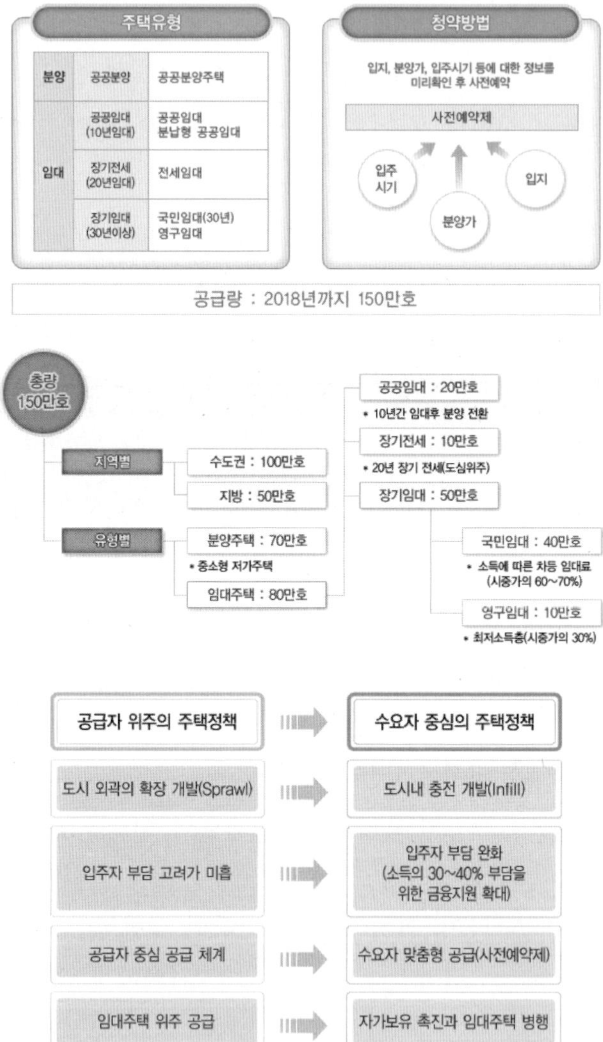

'보금자리주택정책'의 목표는 집 걱정 없는 대한민국을 건설하는 것이다. 즉, 보금자리주택이 단계적으로 추진될 경우, 선진국 수준의 주거 복지가 실현되어 집 걱정 없는 대한민국을 만드는 데 있다.

그림 15-2 선진국 수준의 주택공급: 2018년 정책 추진 목표

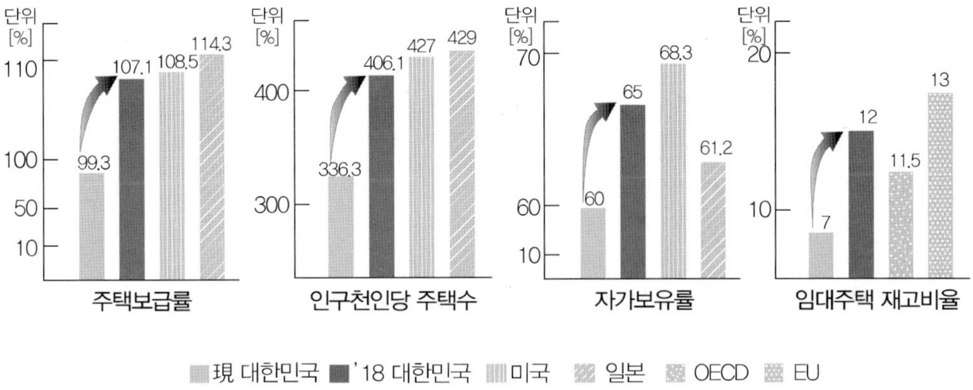

4 지역주택정책의 방향

(1) 도시재개발사업의 지속적 추진

기존의 재개발형태는 철거재개발이 대부분이었고 보존재개발 · 수복재개발도 얼마간 사용되었다. 철거 위주의 도시재개발은 도시빈곤계층의 삶의 기반인 생활환경을 파괴시키고 지역을 무너뜨렸다. 이는 결국 그들을 위한 주택재고를 감소시켰고 이는 그들의 주거비부담을 가중시키는 결과를 가져왔다. 이러한 현실을 감안한다면 앞으로 재개발을 지속적으로 추진해 나가되 이들을 강제로 철거하여 집단이주시키는 것이 아니라 이들을 현지에 수용할 수 있는 재개발기법이 채택되어야 할 것이다. 철거재개발기법을 도입하더라도 '선대책 후철거' 방식이 모색되어야 할 것이다.

(2) 영구임대주택공급의 지속적 확대

1980년대 후반에 들어와서 실시되었던 영구임대주택사업은 그동안 학계나 언

론계 등 사회 각층에서 많은 문제점이 지적되어 오면서 이에 편승하여 정부는 이 사업을 더 이상 추진하는 것을 중단하려 하고 있다. 그러나 주택은 자본주의 시장에서의 이윤추구를 위한 수단으로서의 상품이 아니라 인간의 기본적인 생활을 위한 필수품으로서 인간의 권리이다. 주택은 인간의 삶에 있어서 가장 필수적인 요소인 의·식·주 중 하나의 요소이다. 그리고 주택은 순수한 사적재가 아니라 사회적 가치재로서 이는 외부효과를 지니고 있어 사회 전체적인 편익측면에서 중요하므로 정부가 공급의 책임을 질 필요가 있다. 공공주택의 공급으로 민간부문의 건축위축이 반드시 발생하지는 않는다. 공급주택은 민간주택시장에서 경쟁할 능력이 없는 인구계층에만 서비스가 주어지는 것이다. 즉 그들은 민간주택시장에서 일반 소비자와 구별되는 상이한 소비자 계층이다.

(3) 현금보조정책과 주택가 안정정책의 병행 추진

빈곤층에게 주택서비스를 포함하여 사회복지서비스를 지원해 주는 방법은 크게 현물급부와 현금급부가 있다.

현물급부(price grant)는 생활보호 및 사회보장급부 중 물품의 지급 또는 대여, 의료급부, 시설이용, 서비스제공 등 금전급부 이외의 방법으로 제공되는 급부이다. 공적부조제도는 경제적 독립을 전제로 금전급부를 원칙으로 하지만, 인구고령화에 따라 사회보장서비스나 의료서비스 등의 현물급부가 증대하는 경향이 있다. 금전급부는 최저보장을, 현물급부는 최적보장을 각각 근거로 한다.

현금급부(cash grant)는 생활보호에 있어 금전급여와 같은 뜻이다. 광의로는 사회보장에 있어서 현물급부, 서비스급부와 비교해서 금전으로 행하는 급부를 말한다. 「생활보호법」의 금전급부를 비롯하여 사회보험에 있어 연금과 수당금 등이 이에 포함된다.

정부가 아무리 주택공급을 원활히 하고 주택보급률이 100%를 넘어선다 하더라도 우리 사회에서는 만성적인 주택 부족사태가 발생한다. 이것은 주택가격의 앙등과 직접적인 관계에 있다. 주택이 주거의 개념이 아니라 투기의 개념으로 인식되기 때문이다. 따라서 주택의 만성적인 부족사태를 해결하기 위해서는 원활한 주택의 공급보다 주택가격의 안정이 더욱 중요한 것이다.

(4) 금융지원정책 실시

현재 한국의 경우 도시저소득층의 주거안정을 위하여 특별히 금융적으로 지원해 주는 정책은 없다. 대부분의 경우 금융지원프로그램은 중산층 이상을 위한 것들이다. 주택은행의 경우에도 담보를 위한 재산이 있어야만 융자가 가능한 실정이다. 결국 도시빈민들의 상환능력의 한계로 인하여 직접적인 융자확대정책만으로는 효과가 적으므로, 그들이 주택마련을 위하여 융자를 할 때 정부가 지불보증을 해준다든지 아니면 이율을 낮게 융자해주는 정책을 펼 수 있을 것이다.[6)]

6) 이 장은 지방행정연수원 사이버교재; 모성은・임경수・이성우, 『지역개발론』을 중심으로 정리하였다.

CHAPTER 16

지역토지

토지는 경지나 주거지 등 사람의 생활과 활동에 이용하는 땅을 일컫는다. 토지가 소유의 대상으로서 받아들여지는 경우 못이나 늪, 하천 따위를 포함해서 이르기도 하며, 소유권은 지상과 지하에까지 미친다. 이렇듯 토지는 인간생활과 정주여건을 형성하는데 있어 기반이 된다. 특히 토지는 그 특성에 따라 알맞은 용도로 사용하기 위한 토지이용계획이 필요하다. 즉, 토지이용은 지역개발정책에 있어서도 근간이 되며 토지이용 적합도에 따라 지역개발정책의 성패를 판가름 하는 관건이 되기도 한다.

1 토지시장의 특성과 정부개입

(1) 불완전경쟁적 토지시장

완전경쟁시장의 조건은 다음과 같다. 첫째, 시장이 수많은 수요자와 공급자로 구성되어 있어 어떤 수요자나 공급자도 시장가격의 형성에 결정적인 영향을 미칠 수 없어야 한다. 둘째, 해당시장에서 거래되는 재화는 동질적이어서 누구에게 사든 차이가 없어야 한다. 셋째, 파는 사람과 사는 사람 모두 팔거나 사려고 하는 재화에 대한 정확한 정보를 가지고 있어야 한다. 넷째, 재화나 서비스의 공급자가 해당산업에 들어가고 나오는 것이 자유로워야 완전경쟁시장이라 할 수 있다.

하지만, 토지시장은 토지가 가지는 특성과 결부된 구조적 결함 때문에 여러 가지 측면에서 완전경쟁시장과는 거리가 멀다. 첫째, 토지라는 자원의 여러 가지 특성으로 인해 토지시장에서 토지공급자가 독점적 영향력을 행사할 여지가 많다. 둘째, 토지시장에 대한 정보가 불완전하다. 셋째, 토지시장에의 진입과 퇴거가 완전경쟁시장이 요구하는 것처럼 자유롭지 못하다. 따라서 토지시장은 완전경쟁시장의 요건을 충족하지 못하므로 자원의 효율적인 배분을 위해 정부의 개입이 정당화된다.

(2) 시장실패적 토지시장

토지시장이 가지는 불완전경쟁적 시장특성과는 별도로 토지시장이 시장실패(market failure)의 요소를 갖추고 있을 경우에도 정부의 개입이 정당화된다. 일반적으로 시장기구가 자원의 최적배분을 달성하기 위해서는 첫째, 모든 재화를 생산함에 있어서 규모의 경제가 존재하지 말아야 한다. 다시 말해서 생산규모를 크게 할수록 단위당 생산비용이 적어지는 현상이 없어야 한다. 둘째, 외부효과나 공공재가 없어야 한다. 셋째, 경제여건의 변화에 수요와 공급이 신속히 대응함으로써 시장이 안정적 균형을 유지할 수 있어야 한다. 그러나 대부분의 토지개발은 도로, 상하수도, 배수로 등 공공설비의 설치를 포함하는데, 이러한 것들의 설치는 규모의 경제를 수반하며, 이때 민간기업들은 그럴만한 경제력이 없거나 반대로 독점적 영향력 행사의 문제가 발생한다. 또 주택가의 공해나 소음과 같은 토지에 대한 외부효과가 존재한다. 더구나 토지는 시장여건에 따라 수요와 공급이 신속히 대응할 수 없다.

2 지역토지정책의 목표

(1) 효율성의 제고

지역토지정책은 한정된 토지의 효율적 이용을 목표로 한다. 1960년대 초반 이후의 각종 계획관련법, 토지수용법, 개발제한구역(green belt) 등과 아울러 각종 용지의 수급을 원활히 하기 위한 몇 가지 개발촉진법 등이 이에 해당한다. 1960년대 이후 1980년대까지 토지정책의 근본철학은 토지이용의 효율성을 추구하는 데 초점이 맞추어져 왔다는 것을 부인할 수 없다.

(2) 형평성의 확보

지역토지정책은 토지의 소유와 이용에서 발생하는 소득과 부의 공정분배를 목표로 한다. 건국직후의 농지개혁이 이에 해당한다. 농지개혁은 농업이 주가 되었던 사회에서 농지로부터 발생하는 소득을 농민들에게 가급적 균등하게 배분하고자 한 것이다.

1970년대부터 나타나기 시작한 토지투기와 급격한 지가의 상승은 토지의 개발로 인한 소득과 이익의 분배과정에서 심각한 형평의 문제를 야기하였고, 이로 인하여 1980년 중반 이후 효율성 혹은 생산성 위주의 토지정책이념으로부터 계층 간 혹은 개인 간 부의 분배기능으로서의 토지 정책적 의미가 부각되기 시작하였다.

(3) 효율성과 형평성

한국에서의 토지정책사를 보면 형평성, 효율성의 토지정책이념이 때로는 강하게 때로는 약하게 사회적 요청에 따라 부각되어 왔다고 볼 수 있다. 효율성과 형평성의 정책이념은 어느 한 쪽이 강조될 때 다른 한 쪽이 위축될 수밖에 없는 상충관계에 있는 것이 아니며, 오히려 운영하기에 따라 두 이념은 서로 보완적인 관계에서 서로를 향상시켜 줄 수 있는 관계로 발전될 수 있다.

지역토지정책의 추구하고자 하는 구체적인 목표는 토지의 효율적 이용, 다양한 토지수요에 대응한 원활한 토지공급과 이를 통한 토지가격의 안정, 토지보유의 저변확대 등이 있다.

3 토지이용규제

(1) 토지이용계획과 용도지역·지구제(zoning control)

토지이용계획은 현재의 토지이용패턴과 지역주민의 활동패턴을 파악하고 분석하여 장래의 용도별 토지수요를 추정하고 이를 한정된 토지에 합리적으로 배치하는 것이다. 한편 용도지역·지구제란 토지이용계획을 구체적으로 실현하는 법적・행정적 수단 중의 하나이다. 용도지역・지구제는 서로 양립할 수 없는 토지의 이용은 분리시키고 토지의 특성에 맞는 용도를 지정한다. 그리고 이를 통해 토지이용을 방임함으로써 발생할 수 있는 토지이용의 혼란과 비효율성을 사전에 배제하고, 합리적이고 효율적인 토지이용을 유도하여 궁극적으로 쾌적한 도시환경을 유지시켜 주는 제도라고 볼 수 있다.

(2) 용도지역・지구제의 근거

용도지역・지구제의 근거는 재산가치이론과 계획이론에서 찾을 수 있다.

재산가치이론(property value theory)은 개인의 토지는 인접한 다른 토지의 재산가치를 하락시키지 않는 범위 내에서, 시장기능에 의해 결정되는 대로 최대한의 가치를 가질 수 있는 방도로 활용되어야 한다고 보는 이론이다.

한편, 계획이론(planning theory)은 용도지역・지구제를 공공계획의 집행수단으로 보고 있다. 즉 정부가 개발목적이나 각 용도의 개략적인 위치 등을 규정해 놓은 기본계획을 집행함으로써 그 지역의 성격을 정부의 계획대로 형성시켜 주는 법적 수단이라는 것이다.

(3) 용도지역・지구제의 내용

용도지역・지구제에 관한 내용은 「국토의 계획 및 이용에 관한 법률」에 규정되어 있다. 이는 전국의 토지를 아래와 같이 4개의 용도지역 및 12개의 용도지구로 구분하고 있다. 동법 제2조는 용도지역・지구제도란, 토지의 이용 및 건축물의 용도・건폐율・용적률・높이 등을 제한함으로써 토지를 경제적・효율적으로 이용하고 공공복리의 증진을 도모하기 위하여 서로 중복되지 않게 도시관리계획으로 결정하는 지역으로 정의하고 있다.

1) 용도지역의 구분

가) 도시지역

도시지역이란 인구와 산업이 밀집되어 있거나 밀집이 예상되어 당해 지역에 대하여 체계적인 개발・정비・관리・보전 등이 필요한 지역이다. 이는 다시 주거지역, 상업지역, 공업지역, 녹지지역으로 구분한다.

나) 관리지역

도시지역의 인구와 산업을 수용하기 위하여 도시지역에 준하여 체계적으로 관리하거나 농림업의 진흥, 자연환경 또는 산림의 보전을 위하여 농림지역 또는 자연환경보전지역에 준하여 관리가 필요한 지역이다. 관리지역은 다시 보전관리지역, 생산관리지역, 계획관리지역으로 구분한다.

다) 농림지역

도시지역에 속하지 아니하는 농지법에 의한 농업진흥지역 또는 산지관리법에 의한 보전산지 등으로서 농림업의 진흥과 산림의 보전을 위하여 필요한 지역이다.

라) 자연환경보전지역

자연환경・수자원・해안・생태계・상수원 및 문화재의 보전과 수산자원의 보호・육성 등을 위하여 필요한 지역이다. 용도지역은 아래와 같이 세분된다(용도지역별 건폐율 및 용적률은 별도의 자료를 참고).

표 16-1 용도지역의 세분

용도지역	세 분	
도시지역	주거지역	제1・2종 전용주거지역, 제1・2・3종 일반주거지역, 준주거지역
	상업지역	중심상업지역, 일반상업지역, 근린상업지역, 유통상업지역
	공업지역	전용공업지역, 일반공업지역, 준공업지역
	녹지지역	보전녹지지역, 생산녹지지역, 자연녹지지역
관리지역	보전관리지역	-
	생산관리지역	-
	계획관리지역	-
농림지역	농림지역	-
자연환경보전지역	자연환경보전지역	-

2) 용도지구

용도지구는 토지이용의 입지배분을 위해 지정되는 용도지역과는 달리 도시에 있어서의 국부적이거나 특별한 목적의 달성이나 구체적인 사업을 도모하기 위해 지정된다. 용도지구는 용도지역의 역할을 보완하기 위해 개별목적을 가지고 지정되는 것으로서 반드시 어떤 용도지역과 겹쳐서 지정된다. 용도지역은 모든 토지에 대하여 지정되지만, 용도지구는 그 성격에 따라 특정한 토지에 한정시켜 지정함을 원칙으로 한다.

용도지구의 종류는 모두 12가지로서 「국토의 계획 및 이용에 관한 법률」에 의해 10가지, 「국토의 계획 및 이용에 관한 법률 시행령」에 의해 2가지를 지정할 수 있도록 되어 있다. 용도지구의 종류와 지정목적은 <표 16-2>와 같다.

표 16-2 용도지구의 세분

용도지구	지정목적
경관지구	경관을 보호・형성하기 위하여 필요한 지구
미관지구	미관을 유지하기 위하여 필요한 지구
고도지구	쾌적한 환경조성 및 토지의 고도이용과 그 증진을 위하여 건축물의 높이의 최저한도 또는 최고한도를 규제할 필요가 있는 지구
방화지구	화재의 위험을 예방하기 위하여 필요한 지구
방재지구	풍수해, 산사태, 지반의 붕괴, 그 밖의 재해를 예방하기 위하여 필요한 지구
보존지구	문화재, 중요 시설물 및 문화적・생태적으로 보존가치가 큰 지역이 보호와 보존을 위하여 필요한 지구
시설보호지구	학교시설・공용시설・항만 또는 공항의 보호, 업무기능의 효율화, 항공기의 안전운항 등을 위하여 필요한 지구
취락지구	녹지지역・관리지역・농림지역・자연환경보전지역 또는 개발제한구역 안의 취락을 정비하기 위한 지구
개발진흥지구	주거기능・상업기능・공업기능・유통물류기능・관광기능・휴양기능 등을 집중적으로 개발・정비할 필요가 있는 지구
특정용도제한지구	주거기능 보호 또는 청소년 보호 등의 목적으로 청소년 유해시설 등 특정시설의 입지를 제한할 필요가 있는 지구
위락지구	위락시설을 집단화하여 다른 지역의 환경을 보호하기 위하여 필요한 지구
리모델링지구	노후된 공동주택 등 건축물이 밀집된 지역으로서 새로운 개발보다는 현재의 환경을 유지하면서 이를 정비할 필요가 있는 지구

3) 용도구역

용도구역이란 토지의 이용 및 건축물의 용도·건폐율·용적률·높이 등에 대한 용도지역 및 용도지구의 제한을 강화하거나 완화하여 따로 정함으로써 시가지의 무질서한 확산방지, 계획적이고 단계적인 토지이용의 도모, 토지이용의 종합적 조정·관리 등을 위하여 도시관리계획으로 결정하는 지역을 말한다.

용도구역의 지정은 국토해양부장관, 농림수산식품부장관 및 시·도지사가 도시관리계획으로 결정·고시하도록 되어 있다. 용도구역은 도시개발의 시기나 개발을 위한 공간적 범위를 조절할 수 있게 하는 시차적 지역제(time zoning)적인 성격을 가진다. 용도구역은 개발제한구역, 시가화조정구역, 수산자원보호구역 등 중앙부처 장관이 지정하는 3종류와, 시·도지사 대도시시장 등이 지정하는 도시자연공원구역(1종류)으로 구분된다.

표 16-3 용도구역의 세분

용도구역	지정권자	지정목적
개발제한구역	국토해양부장관	도시의 무질서한 확산을 방지하고 도시주변의 자연환경을 보전하여 도시민의 건전한 생활환경을 확보하기 위하여 도시의 개발을 제한할 필요가 있거나 국방부장관의 요청이 있어 보안상 도시의 개발을 제한할 필요가 있다고 인정되는 경우 지정
시가화조정구역	국토해양부장관	도시지역과 그 주변지역의 무질서한 시가화를 방지하고 계획적·단계적인 개발을 도모하기 위하여 대통령령으로 정하는 기간 동안 시가화를 유보할 필요가 있다고 인정되는 경우 지정
수산자원보호구역	농림수산식품부장관	수산자원을 보호·육성하기 위하여 필요한 공유수면이나 그에 인접한 토지에 대해 지정
도시자연공원구역	시·도지사 대도시시장	도시의 자연환경 및 경관을 보호하고 도시민에게 건전한 여가·휴식공간을 제공하기 위하여 도시지역 안에서 식생이 양호한 산지의 개발을 제한할 필요가 있다고 인정되는 경우 지정

(4) 전통적인 용도지역·지구제의 문제점 및 개선방향

전통적인 용도지역·지구제는 다음과 같은 문제점을 안고 있다.

첫째, 용도지역·지구제가 안고 있는 근본적인 문제는 대부분의 계획행정가들이 용도지역·지구제를 토지이용계획의 큰 방향을 구체화시켜 실제에 옮겨 가는 계획기법이 아니라 토지이용계획 자체로 착각하고 있는 데서 발생하고 있다.

둘째, 용도지역 지정면적을 보면 단위용도지역의 면적이 지나치게 넓게 지정되어 심지어는 하나의 구 전체가 한두 개의 용도지역으로 모두 지정되어 있는 예를 흔히 볼 수 있다.

셋째, 용도지역·지구제는 각 도시의 규모, 성격, 여건 등의 차이에도 불구하고, 용도지역 및 지구의 지정에 따라 전국적으로 획일적인 규제조치가 적용됨으로써 도시의 구조적·기능적 특성이 전혀 반영되지 못하고 있다.

넷째, 대개의 용도지역과 지구는 어떤 현상이 나타난 추후에 지정되는 경우가 많기 때문에 바람직한 계획방향으로의 유도기능이 약하며, 부적격 용도에 대한 규제력이 불충분하다.

다섯째, 전통적인 용도지역·지구제는 부적합한 개발을 막는데 효과적이긴 하나 필요한 개발을 유도할 수 있는 적극성을 갖지 못하고 있다.

여섯째, 도시활동 및 토지이용의 상호보완적 기능을 무시한 채 토지용도의 지나친 분리로 인하여 불필요한 교통발생을 유도하고, 통행거리의 장거리화를 부채질하고 있다.

4 토지개발사업의 종류

토지개발사업이란 토지를 인간의 생활과 생산활동을 위한 용도로 이용하기 위하여 그 토지의 형질을 용도에 적합하게 변경시키는 일련의 사업이라 할 수 있다.

토지개발사업은 여러 가지 방법으로 분류될 수 있는데, 사업의 시행주체에 따라 민간개발과 공영개발로 분류될 수 있고, 개발되는 토지의 용도별로 분류될 수도 있다. 또한 관련법규에 따라 분류되기도 하는데, 가장 대표적인 것은 「도시개발법」에 의한 도시개발사업이며, 이외에도 「택지개발촉진법」에 의한 택지개발예정지구 지정에 의한 사업, 「주택법」에 의한 국민주택용 대지조성사업 등이 있다. 특히 「도시개발법」에 의한 도시개발사업은 「도시계획법」에 의한 각종 조성사업(일단의 주택지조성사업, 일단의 공업용지조성사업, 시가지 조성사업 등)과 「토지구획정리사업법」에 의한 토지구획정리사업을 통합·보완한 사업으로 2000년대 이후 토지개발사업의 중심을 이루고 있다.

여기서는 토지구획정리사업과 공영개발사업 그리고 도시개발사업을 순서대로 살펴보고자 한다.

표 16-4 토지개발사업의 분류

구 분	토지개발사업
시행주체에 따른 분류	민간개발사업
	공영개발사업
개발용도에 따른 분류	토지의 용도별 사업 분류
관련법규에 따른 분류	「도시개발법」에 의한 도시개발사업
	「택지개발촉진법」에 의한 택지개발예정지구 지정에 의한 사업
	「주택법」에 의한 국민주택용 대지조성사업

(1) 토지구획정리사업

1) 개 념

토지구획정리사업은 토지의 합리적 이용증진과 지역생활환경의 향상을 도모하기 위하여 도로·공원·상하수도·학교·광장 등의 시설을 설치 혹은 변경하거나 토지의 교환·분합·구획변경·지목변경·형질변경 등을 행하는 것이다. 이는 사업시행 전에 존재해 온 권리관계에 변동을 가하지 아니하고 각 토지의 위치·지적·토질·이용 상황 및 환경 등을 고려하여 사업시행 후의 대지에 이전시키는 행위, 즉 환지를 수반하는 사업이다. 이때 토지소유자는 사업비를 충당하기 위한 체비지와 공공시설용지의 확보를 위하여 토지가치 또는 면적에 비례하여 보유토지의 일부를 내놓게 되는데, 이를 감보(減步)라고 한다.

2) 내 용

토지구획정리사업의 시행절차는 크게 ① 계획, ② 개발, ③ 환지의 3단계로 나눌 수 있다. 계획단계에서는 먼저 사업시행 대상지구를 정하고, 사업의 기본계획과 환지계획을 확정하여 공고한다. 개발단계에서는 철거작업과 토지개발사업이 이루어진다. 마지막으로 환지단계에서는 구획정리된 토지로 환지하고, 권리면적과 환지면적 간의 차이를 현금으로 정산하는 청산이 이루어진 후 등기가 이루어진다.

3) 과 제

토지구획정리사업은 원래 지주들의 토지소유권 보호, 공공용지 확보의 용이성, 저렴한 토지개발비용으로 말미암아 도시토지의 개발을 위해 활발히 시행되었으나 다음과 같은 개선과제(문제점)를 가진다.

첫째, 토지구획정리사업에서 발생하는 개발이익의 배분과정에서 불공평성의 문제가 초래될 소지가 크다는 점이다. 둘째, 토지소유자의 반발을 염려하여 사업시행자가 최소한의 체비지와 유보지만을 확보할 경우, 토지소유자에게 지나친 개발이익을 허용하게 할 뿐 아니라, 학교·공원 등의 공공시설의 부족을 초래하기 쉽다. 셋째, 체비지를 매각하여 발생한 사업잉여금이 당해 사업지구에 재투자되거나 토지소유자들에게 재분배되지 않고 다른 용도로 전용되기도 한다. 넷째, 토지구획정리사업의 시행자가 재원조달의 어려움 때문에 시가지를 조성하기도 전에 높은 가격으로 체비지를 매각할 경우, 토지가격의 상승과 부동산 투기를 조장하게 된다. 다섯째, 사업주체가 공공기관인 경우 토지소유자가 환지계획에 직접 참여할 길이 없다.

(2) 공영개발사업

1) 개 념

공영개발사업이란 국가 및 공공단체가 사회·정책 목적에 따라 민간의 토지를 모두 매수하여 개발하고, 개발한 상업용지나 주택용지를 민간에게 임대 또는 분양하거나 스스로 주택을 건축하여 분양 또는 임대하는 개발사업을 말한다.[1] 공

1) 부동산용어사전(2011) 참조.

영개발사업은 계획적이고 효율적인 토지이용, 부동산가격의 안정 및 원활한 택지 공급 등의 목적을 달성하기 위하여 추진된다. 그러나 자본주의 사회에서 공공개입의 정당성을 확보하기 위해서 다음과 같은 두 가지 기본적인 요건을 충족시켜야 한다.

첫째, 토지개발사업으로 인하여 발생하는 개발이익을 합리적으로 흡수할 수 있어야 한다.

둘째, 국토계획·도시계획 등과 같은 상위계획과 연계시킴으로써 무질서한 도시 확산과 난개발을 방지할 수 있고, 종합적인 시가지의 조성이 가능해야 한다.

2) 유 형

공영개발사업의 유형은 보통 4가지로 나뉘는데 첫째는 공공기관이 대규모의 토지를 보유하고 이를 개발하여 실수요자에게 임대한 후, 실수요자가 임대조건대로 건축하여 이용토록 하는 방법이다. 둘째는 공공기관이 토지를 개발한 후 토지수요자에게 분양하여 이들이 개략적으로 정해진 토지용도에 따라 자유로이 건축물 또는 구조물을 건설하여 이용토록 하는 방법이다. 셋째는 공공사업주체가 토지를 소유한 후 개발뿐만 아니라 주택·상업시설·공장 등의 건축물까지도 건설하여 이를 분양하는 방법이다. 넷째는 세 번째 유형의 공영개발과 같이 일단 공공부문이 토지를 취득하여 각종 건축물 등을 건설하지만, 공공이 계속 소유하면서 실수요자에게는 임대만 하는 방법이다.

3) 과제(문제점)

공영개발사업 역시 다음과 같은 과제(문제점)를 가진다. 첫째, 공영개발사업은 막대한 투자자금이 소요된다는 점이다. 둘째, 공영개발사업은 토지의 취득을 위하여 주로 전면매수의 방식을 취하게 되는데 이때 해당 토지를 공공사업용 토지에 대한 보상액산정의 기준이 되는 공시지가로 매입할 경우 토지소유자들의 반발이 생겨날 소지가 크다. 셋째, 공영개발사업은 초기에 투자되는 막대한 자본금의 신속한 회수가 불가능하다. 또한 토지의 실수요자 여부를 가리지 않고 분양하거나 임대하는 경우에는 토지구획정리사업의 경우처럼 개발이익의 사유화가 발생한다. 넷째, 택지 등을 임대 혹은 분양할 경우 개발주체가 의도한 바의 용도와 시기에 맞는 건축물의 개발이 일어나지 않는 사례가 발생되기도 한다.

(3) 도시개발사업

1) 도시개발법의 제정 취지

도시개발사업은 도시개발구역내에서 주거, 상업, 산업, 유통, 정보통신, 생태, 문화, 보건 및 복지 등의 기능이 있는 단지 또는 시가지를 조성하기 위하여 시행하는 사업을 말한다.[2)]

기존의 개별법은 하나의 목적을 달성하기 위한 사업법으로서 체계적으로 토지를 개발하는 데는 한계를 보였다. 「도시계획법」에 의한 각종 조성사업(일단의 주택지조성사업, 일단의 공업용지조성사업, 시가지조성사업 등)과 「토지구획정리사업법」에 의한 토지구획정리사업 간에도 조성목적이 중복되고 시행절차의 미비 등으로 원활한 사업시행에 어려움이 제기되었다. 이러한 문제점을 해소하기 위하여 「도시계획법」에 의한 각종 조성사업(일단의 주택지조성사업, 일단의 공업용지조성사업, 시가지조성사업 등)과 「토지구획정리사업법」에 의한 토지구획정리사업을 통합・보완하기 위해 2000년 1월 28일 「도시개발법」이 제정되고, 2000년 7월 1일부터 시행되기 시작하였다.

2) 도시개발사업의 시행자 및 시행방식

도시개발사업의 시행을 위해서는 국가 또는 지방자치단체, 정부투자기관, 토지소유자 또는 이들이 설립한 조합, 민간사업시행자 등이 시행자가 될 수 있다. 한편 도시개발사업의 시행을 위해서는 「택지개발촉진법」 등의 개별법과는 달리 하나의 방식이 아니라 ① 수용 또는 사용방식, ② 환지방식, ③ 혼용방식 등 세 가지 방식이 사용될 수 있다. 따라서 수용 또는 사용방식은 공영개발사업의 시행방식과 유사하다고 볼 수 있고, 환지방식은 토지구획정리사업의 시행방식과 같은 것으로 볼 수 있다. 결과적으로 공영개발사업은 현행법상 「도시개발법」에 의한 도시개발사업과 개별법에 의한 토지개발사업[3)]으로 이원화된 것으로 볼 수 있다.[4)]

---

2) 「도시개발법」 제2조 참조.

3) 개별법에 의한 토지개발사업은 「택지개발촉진법」에 의한 택지개발예정지구 지정에 의한 사업, 「주택법」에 의한 국민주택용 대지조성사업 등과 같은 토지개발사업을 말한다.

4) 이 장은 지방행정연수원 사이버교재; 모성은・임경수・이성우, 『지역개발론』을 중심으로 정리하였다.

CHAPTER 17

지역교통

교통은 사람이나 재화(財貨)의 장소적 이동을 총칭한다. 인간의 생활은 항상 일정한 공간적인 거리를 가진다. 이 공간적 거리를 극복하는 행위가 교통이다. 교통의 기능은 이와 같은 공간적 거리를 가능한 한 가장 작은 시간적 · 경제적 손실에 의해 극복하는 데 있으며, 교통수단의 발달은 그 기능의 강화를 가져온다. 교통에 의한 인간이나 재화의 이동은 장소적인 효용을 창조하므로 경제학상 교통은 생산의 일부라고 간주된다. 특히 지역에 있어 교통은 지역발전을 담보하는 주요 요소로 꼽힌다.

1 지역교통과 토지이용

(1) 지역교통의 의의

교통은 인간생활의 영위에 필요한 통근, 쇼핑, 레크리에이션, 사교, 관광 등의 활동을 지원하고 각종 물자의 수송을 위해 발생한다. 교통은 그 자체가 목적이 아니고 사람들의 삶의 영위를 위하여 필요한 활동, 즉 목적을 보조해 주기 위한 수단적인 의미를 가진다. 이와 같은 관점에서 교통수요는 유발수요(derived demand)라고 불린다.

교통문제는 크게 지역 내 교통문제와 지역 간 교통문제의 두 가지로 구분된다. 지역 내 교통문제는 제한된 지역 내의 교통문제로서 도로교통혼잡, 주차문제, 대중교통수단의 공급부족과 서비스 문제, 교통공해, 교통사고 등이 대표적이며, 이들 교통문제는 비도시지역보다는 특히 도시지역에서 심각하게 나타난다. 지역 간 교통문제는 지역 간 승객 및 화물수송의 정체문제가 대표적이며, 이들 문제는 철도・고속도로・항공수송의 문제로 나타난다.

(2) 교통체계와 토지이용체계

도시를 지탱시키고 유지시켜 주는 가장 중요한 두 가지 물리적 요소는 교통체계(transportation)와 토지이용체계(land use system)이다. 토지이용계획은 다양한 도시활동이 필요로 하는 토지의 양을 분석하여 이를 합리적으로 공간상에 배분시킴으로써 도시활동의 원활화와 적절한 생활환경의 수준을 유지하는데 그 목적을 두고 있다. 반면, 교통계획은 지리적 공간상에서 이루어지는 다양한 인간활동을 서로 신속하게 연결시켜 접근성(accessibility)을 높여 주는 데 그 목적이 있다.

토지이용과 교통의 관계에 관해서는 세 가지 관점이 있다. 첫 번째 관점은 인간의 활동패턴을 지원하기 위한 서비스체계로서 교통을 보는 입장이다. 두 번째 관점은 토지이용이 교통수요의 중요한 결정인자로 간주되고, 또한 토지이용이 교통체계의 성과(performance)를 부분적으로 결정짓는 것으로 보는 입장이다. 세 번째 관점은 교통이 토지이용에 미치는 영향을 부각시키는 관점으로 앞서 두 가지 관점과는 반대되는 관점이다.

2 지역교통문제

(1) 도로교통혼잡

우리나라 대도시의 도로교통혼잡, 즉 교통체증은 급격한 차량의 증가에 따라 점차 심화되어 교통애로구간이 도심지뿐만 아니라 도시전역에 걸친 주요 간선도로에까지 확산되어 가는 추세이다. 이러한 교통체증현상은 지역주민들의 기동성 저하 및 물류비용을 증가시키는 동시에 교통사고 유발가능성을 높인다. 또한 에너지 소비량을 증대시키고 매연 배출량을 증가시켜 교통체증으로 인한 사회적 비용도 크다고 볼 수 있다.

(2) 주차문제

주차수요의 발생이 높은 도심에서는 주차공간의 부족으로 인하여 불법주차가 성행하고 주차장을 찾아 배회하는 차량들로 인해 교통소통과 안전에 큰 장애가 되고 있다. 주차문제를 야기하는 근본적인 원인은 주차수요와 주차시설 간의 수급 불균형에서 찾을 수 있다. 특히 주차수요가 많은 도심에서의 주차장 부족현상은 도심에서의 주차장 부지확보의 어려움에 근본원인이 있긴 하다. 하지만, 현재 운영되고 있는 대부분의 노외주차장이 공한지를 이용한 평면식 주차장으로 운영되고 있다는 점이나, 많은 건축물부설 주차장 역시 평면식 주차방식에 의존하거나 입체화가 미흡하다는 점에도 그 원인이 있다.

(3) 대중교통수단의 문제

대중교통수단의 공급부족과 서비스의 문제는 우리나라 대부분의 도시에서 출퇴근 시간에 주로 심각하게 나타난다. 우리나라 대부분의 도시에서 교통수단별 통행분담률을 보면 아직도 대중교통수단이 압도적인 위치를 점하고 있는데, 교통문제를 다루는 정책당국자들은 주로 도로교통 혼잡문제에만 집착한 나머지 지하철이나 버스의 서비스수준 향상에는 적극성을 보이지 않는 것이 현실이다. 정책당국자들은 대중교통수단의 서비스수준 향상이 장기적으로 자가용 승용차의 이용확률을 줄이고 궁극적으로는 도로교통혼잡의 완화에 도움을 줄 수 있다는 사실을 간과한 채 다양한 소득계층의 다양한 교통수요에 부응할 수 있는 대중교통서비스의 공급에는 소홀한 것이 현실이다. 도시대중교통의 또 다른 문제점은 버스노선이 과다하게 도심으로 집중되어 있어 도심교통혼잡을 가중시키는 요인이 되고 있다는 점이다. 한편 지하철이 운행되고 있는 일부 도시에서는 지하철과 버스노선 간에 연계수송체계가 미흡하고, 이들 두 대중교통수단의 보완관계가 효율적이지 못한 문제점을 나타내고 있다.

(4) 교통공해

지역경제가 성장할수록 교통체증 · 교통공해 등이 주요 정책과제로 부각된다.

특히 교통공해의 문제는 일반적으로 선진국형 교통문제로 분류된다. 교통에 의한 대기오염문제는 1960년 중반부터 문제가 되었으며, 산업화에 따른 급격한 도시화와 자동차의 증가 때문에 배기가스로 인한 건강문제가 지역주민의 관심사로 대두되자 이에 대한 규제의 필요성이 부각되었다. 한편, 교통소음도 차량대수 증가로 인해 점차 그 피해범위가 확대되고 있는 추세이다.

(5) 교통사고

지난 1980~2010년 사이의 주요 도시별 교통사고 발생추이를 보면 도시마다 대체로 증가추세를 보이고 있다. 교통사고건수·교통사고 사망자수와 부상자수는 이 기간 동안에 도시마다 약간의 차이는 있지만 작은 규모의 도시일수록 더 큰 증가율을 나타내고 있다.

2008년 기준으로 우리나라 교통사고 사망자수는 자동차 1만 대당 2.9명으로 멕시코와 칠레를 제외한 30개 OECD 회원국 중 28위를 차지했다. 또 다른 지표인

그림 17-1 OECD회원국 자동차 1만 대당 교통사고 사망자수(2008년)

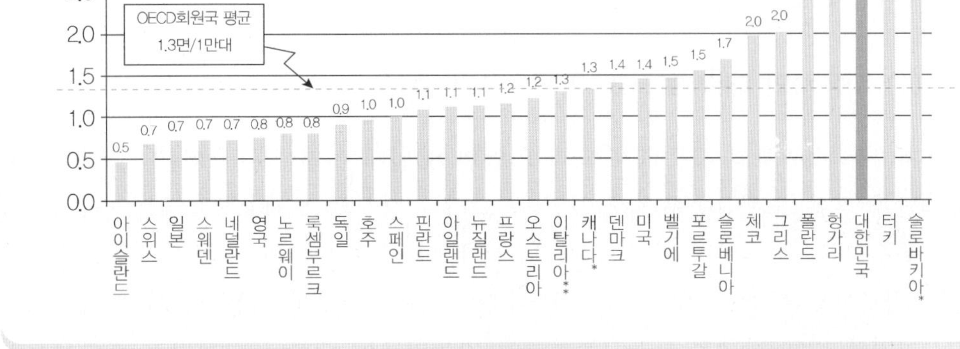

자료: 교통사고종합분석센터(2010), 「2010 OECD회원국 교통사고 비교」, 도로교통공단.

그림 17-2 OECD회원국 자동차 1만 대당 교통사고 발생건수(2008년)

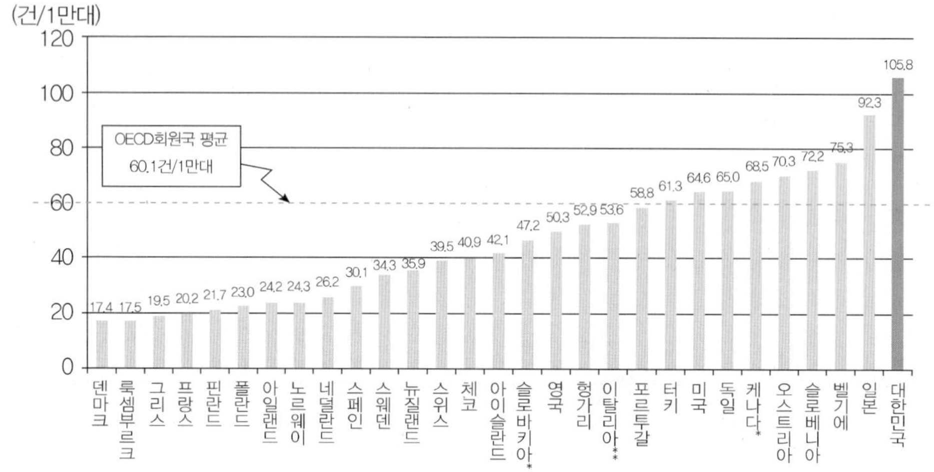

자료: 교통사고종합분석센터(2010), 「2010 OECD회원국 교통사고 비교」, 도로교통공단.

우리나라의 인구 10만 명당 교통사고 사망자수는 12.1명으로 칠레를 제외한 31개국 중 28위를 차지했다. 교통사고 발생건수는 자동차 1만 대당 105.8회로 OECD 회원국 중 최하위를 차지했다.

3 지역교통문제의 원인

(1) 자동차의 대량 보급과 통행수요의 증가

자가용 승용차의 대중화가 되지 않았던 80년대 이전에도 출퇴근 시 대중교통 승차난과 같은 도시교통문제가 있었다. 그러나 당시의 도시교통문제는 단순히 대중교통수단 공급의 양적 부족에 기인했는데 이 같은 문제의 해결은 대중교통수단의 공급증대라는 비교적 단순한 정책수단을 통해 해결이 가능한 것이었다.

여기에 비해 작금의 도시교통문제는 자동차화에 대한 도시계획적 측면에서의 대비가 불충분한 상황에서 밀어닥친 자가용 승용차의 대량 보급에 기인하는 것이다. 이로 인한 도로교통혼잡, 주차문제, 교통공해 등과 같이 주로 물리적 환경의 용량을 초과함으로써 나타나는 문제들은 단기간에 걸친 해결이 불가능하다는 특징을 가진다.

또 자동차 보유대수의 증가 못지않게 도시교통혼잡을 가중시키는 요인은 비통근 통행의 비중이 증가한다는 사실이다. 출근 · 등교 · 귀가 등과 같이 시민들의 가장 기본적인 활동을 위한 통행량의 비중은 줄어드는 반면에, 업무 · 여가활동 등과 같은 비필수적인 활동을 위한 비통근 통행의 비중은 증가하고 있다.

(2) 도시구조와 교통체계 간의 부조화

우리나라 도시들의 교통시설은 장기적인 안목에서 도시성장을 주도하였다기보다 도시 확대로 인한 필요성에 따라 주로 애로구간의 해소에 치중하여 왔다. 도시교통문제의 근본적인 원인은 자동차화에 대비하지 못한 채 도시구조가 결정된 데다, 문제를 인식한 후에도 도시기능의 분산이 미흡하여 문제의 심각성을 더해주고 있다. 이러한 문제점을 구체적으로 살펴보면 아래와 같다.

첫째, 도시가 단핵도시로 형성되어 왔기 때문에 도시기능이 도심지에 편재되어 교통집중을 야기하고 있다. 둘째, 도시의 공간 확산으로 인해 직장과 주거지가 멀어짐에 따라 교통시간이 증가하고 있다. 셋째, 도시구조가 간선도로 위주로 형성되었기 때문에 간선도로 이외의 도로는 교통을 처리할 능력이 갖추어져 있지 않다. 넷째, 교통영향을 감안하지 않고 도심지에 빌딩건축을 허가하여 교통유발과 이로 인한 교통혼잡이 가중되고 있다. 다섯째, 아파트단지를 한 곳에 집중시켰으나 직장이나 공단이 인접되지 않아 직장과 공간의 주변도로에 심한 교통체증을 일으키고 있다. 여섯째, 최근의 대도시주변 위성도시와 도시외곽지역의 신규택지개발은 중추관리기능의 도심 집중 추세와 함께 시민들의 평균 통행거리의 증가를 가져오고, 아울러 교통체증현상의 광역화를 부채질하고 있다.

(3) 교통시설의 공급부족과 교통체계관리의 미흡

우리나라 도시구조를 급격히 변화시킨 도시화는 전근대적인 도시골격 위에서 형성되었기 때문에 교통시설이 체계적으로 자리잡을 수 있는 토대가 마련되지 못하였다. 따라서 교통시설의 공급부족과 교통시설의 졸속공사 및 설계에 따른 많은 문제가 수반되었다. 대표적인 도시교통시설이라고 볼 수 있는 도로의 공급은 우리나라 대부분의 도시에서 미흡한 수준이다. 우리나라 도시의 도로율은 20% 내외로 뉴욕의 35%, 파리의 24%, 런던의 23%에 비하여 낮다. 또한 대부분의 도시들에서 간선도로는 잘 정비되어 있으나 이면도로의 미정비로 교통량이 간선도로에 집중하여 간선도로의 교통혼잡을 가중시키고 도로별 기능분담이 불분명한 문제점을 나타낸다. 도시교통수요는 국지적 · 국시적 집중현상을 나타내기 때문에 교통시설이 이 같은 현상에 능동적으로 대처하기는 힘들다. 일정한 교통수요를 지역적으로 적절히 배분하고 교통수단별로 분담시키기 위해서는 도시기능의 공간분산, 대중교통수단체계의 확충 등과 같은 장기적인 대안도 검토될 수 있으나, 단기적으로는 비록 제한된 시설이라 하더라도 운영기술에 의해 교통체계의 효율성을 제고시킬 수 있다.

4 지역교통정책의 과제

우리나라의 지역교통문제는 크게 자동차의 대량 보급과 통행수요의 증가, 단핵의 도시공간구조, 교통시설의 공급부족과 교통체계관리의 미흡 등 세 가지 원인에 연유하고 있다. 이러한 지역교통문제를 해결하기 위해서는 대중교통체계의 정비와 교통시설의 확충은 물론 도시공간구조의 개편과 지능형 도시교통체계의 도입에 이르기까지 실로 다양한 노력이 필요하다.

(1) 지하철시대의 대중교통체계정비

지하철은 버스와 달리 일단 건설되고 나면 노선의 융통성이 없고 역에서 역까지의 수송만 가능하므로 다른 교통수단과의 보완체계 성립이 효율적인 통행배분을 가능하게 하는 관건이 된다. 현재 우리나라 대부분 도시의 시내버스 운송체계는 간선(幹線)운행 혹은 지선(支線)운행 등의 구분이 없고 일정 지역분담 등의 체계가 정립되지 않은 실정이다. 따라서 지하철과 시내버스의 연계수송체계가 마련되어야 하고, 이를 위해 지하철역과 인근지역을 연결하는 지선버스(feeder-bus)

의 운행이 활성화되어야 한다. 그리고 지선버스는 노선연장이 짧기 때문에 저렴한 요금으로 운영되어야 한다. 지하철시대에 있어서 지하철과 자가용 승용차 및 영업용 택시의 연계수송체계도 충분히 확충되어야 한다. 이를 위해서는 키스 앤 라이드(Kiss & Ride)[1]와 파크 앤 라이드(Park & Ride)가 가능하도록 역세권 주차장의 충분한 확충과 저렴한 주차요금체계의 확립이 필수적이다. 특히 이들 역세권 주차장은 도시외곽이나 부도심에 있는 지하철역 주변에 충분히 확충되고 공급되어야 한다. 지하철의 등장과 함께 노로망제계의 정비도 도심보다는 도시외곽지역에 초점이 맞추어져야 한다.

그림 17-3 키스 앤 라이드(Kiss & Ride)와 파크 앤 라이드(Park & Ride)

자료: 위키백과사전

(2) 도시공간구조의 다핵화

현재의 도시공간구조의 문제점을 해결하기 위해서는 도심의 중추관리기능과 상업기능을 부도심으로 이전하는 등 부도심개발이 활성화되어야 한다. 아울러 도심에는 교통유발효과가 큰 대형건물들의 신축은 가급적 억제되어야 하고 교통영

1) Kiss and Ride(키스 앤 라이드)는 기차역이나 공항 근처에 차를 임시로 주차하고 안전하게 타고 내릴 수 있도록 만들어 놓은 장소이다. 즉, 혼잡한 도심으로 차량의 진입을 줄이기 위한 수단으로 활용되는데 즉, 아내가 출근하는 남편을 자동차로 역까지 태워다주고 저녁에 퇴근하는 남편을 데리고 오는 것이다.

향의 측면에서 충분한 검토가 이루어진 후에 허용되어야 한다. 부도심을 개발할 때 권장할 수 있는 토지이용의 방향은 시민들의 다양한 활동욕구를 한 곳에서 만족시킬 수 있는 다목적 센터의 건설이다. 도시기능의 공간 분산이 우리나라의 도시가 당면하고 있는 가장 중요한 과제라면 도로교통망의 개발도 이와 보조를 맞추어야 한다. 현재와 같은 방사형 도로 위주의 도로망체계는 차량의 통행이 불필요하게 도심을 통과하도록 되어 있다. 이와 같은 도로체계는 부도심 또는 외곽 주거지역간의 연계가 강화될 수 있도록 하여 차량의 불필요한 도심통과를 억제시키고 부도심 중심의 자족적 생활권형성이 가능하도록 유도해야 한다.

(3) 교통시설의 확충과 정비

도심우회 통과교통의 처리를 위한 도시순환도로의 확충은 물론 바람직하다. 그러나 도심지향적인 간선도로의 확충은 도심통과교통의 유발로 현재의 교통체증을 완화시키지는 못하고 주요 간선도로와 연결된 도심의 일부 중로나 소로에 교통체증을 악화시키는 부작용을 유발할 수도 있다. 따라서 도로의 계층구조와 기능을 고려한 도로망의 체계적인 정비가 필요하다. 우리나라 대부분의 도시에서는 간선도로인 광로와 대로는 비교적 잘 정비되어 있으나 중로와 소로는 정비가 미흡하다. 따라서 중로의 기능을 부활시키는 것도 중요한 정책과제이다. 또 지방자치단체가 안고 있는 도시재정상의 어려움을 극복하고 주차장의 안정적 공급을 도모하기 위해 주차산업에 민간부문의 자율적 참여를 확대하는 방향으로도 정책의 초점이 맞추어져야 한다.

(4) 교통체계관리기법

도로·주차장 등과 같은 교통시설의 공급만으로는 늘어나는 교통수요를 만족시킬 수 없다. 도시교통문제의 해결을 위한 1차적 과제는 역시 기존의 시설을 효율적으로 이용하는 방법이며, 이는 다양한 교통체계관리(Transportation System Management: TSM[2]))기법을 운용함으로써 가능하다. 도시의 교통체계관리는 교통

2) 기존교통시설을 최대한 이용하여 교통수요를 통제하고 교통공급시설을 최적화시키는 일련의 교통개선대책을 말한다. TSM의 특징으로는 저렴한 비용, 빠른 효과와 용이한 효과측정, 기존시설의

시설의 운영방법을 개선하여 도심의 교통혼잡을 줄이는 방안, 특히 피크타임대에 교통혼잡을 줄일 수 있는 방안이 검토되어야 한다. 한편 최근에는 교통수요관리(Transportation Demand Management: TDM)의 개념이 많이 사용되고 있는데, 이는 시민들의 통행행태의 변화를 통해 교통체계에 대한 부담을 줄여서 도로교통혼잡을 완화시키는 관리기법을 말한다. 이 교통수요관리는 과거에는 교통체계관리의 일부분으로 인식되어 독립적인 개념으로 파악되지 않았으나 최근 들어 교통수요관리의 중요성이 부각되면서 독립적인 개념으로 자리를 잡아가고 있다.

(5) 교통영향평가

교통영향평가는 특정시설물의 신설 또는 개발사업이 사업지역 또는 주변지역의 교통체계에 미치는 영향을 분석하고 평가하는 것으로 다음과 같은 목적을 가진다.

첫째, 지역적 차원에서 주변의 토지이용과 교통체계의 현황에 비추어 사업의 규모 · 성격 등이 적절한가를 사업시행 전에 살펴보는 것이다. 둘째, 사업지구 내 혹은 주변지역 교통체계에 미치는 각종 부의 영향을 검토하고 이를 최소화하는 방안을 찾아 이를 계획과정에서 고려되도록 한다. 셋째, 사업의 시행이 주변지역의 교통체계에 파급효과를 가져오거나 또는 이로 인하여 공공투자의 필요성이 요청된다면 그 정도와 원인자 및 수혜자를 판별하고 비용부담의 원칙을 결정하기 위한 목적도 가진다.

(6) 도시교통행정체계

현재의 우리나라 도시교통문제에 대해서는 중앙정부 차원에서 많은 정책대안들이 제시되고 있는 것이 사실이다. 그러나 이러한 정책대안들은 지역적 특성에 부합하지 못하는 것이 많고, 대규모 투자재원이 소요되는 일부 정책대안들을 제외하고 지방도시의 교통체계관리는 지방도시 차원의 특수성과 창의가 발휘될 소지가 없는 것이 현실이다. 이러한 문제는 도시교통문제를 다루는 행정체계의 다원화와 중복에 기인한다고 볼 수 있다. 따라서 여러 기관으로 분산된 교통행정체계의

최대이용 등을 들 수 있다.

기능을 일원화하고 새로운 지방행정체계의 구축에 따라 중앙정부와 지방정부 간에 교통관련기능의 적절한 업무배분과 조정이 요청된다.

(7) 첨단 경량전철시스템

첨단 경량전철시스템(light-rail transit system)은 교통수요를 버스로는 충분히 충족시킬 수 없고 지하철의 건설은 대중교통서비스의 과다공급을 초래하여 비경제적인 투자가 될 것으로 판단되는 상황에서 도입될 수 있는 대중교통수단이다.

(8) 지능형 교통체계

지능형 교통체계(Intelligent Transportation System: ITS)는 주어진 교통시설을 운영할 때 효율성을 극대화시키기 위한 것으로 최근 여러 나라에서 활발히 연구 혹은 개발 중에 있다.

1) 첨단 교통관리시스템(Advanced Traffic Management System: ATMS)

도로구간의 교통여건 · 신호체계 · 고속도로 진입통제 등 모든 교통상황을 통합 관리하는 시스템으로 실시간으로 수집된 정보를 바탕으로 도로구간의 교통혼잡을 예측하고 각 차량에게 대체도로에 대한 정보를 전달해 준다. 고속도로나 간선도로를 대중교통체계와 연결시켜서 교통수요와 교통체계의 용량 및 변동하는 교통환경과의 균형을 유지시켜서 교통사고의 신속한 관리 및 교통혼잡 완화를 주요내용으로 한다.

2) 첨단 여행자 정보시스템(Advanced Traveller Information System: ATIS)

통행자가 승용차 또는 대중교통수단을 이용하여 최종 목적지까지 도달하는데 필요한 정보, 즉 교통여건에 대한 정보, 새로운 교통경로에 대한 정보 및 기타 유용한 정보를 적시에 공급하는 것을 목표로 한다.

3) 첨단 차량제어시스템(Advanced Vehicle Control System: AVCS)

운전자가 안전하고 효율적으로 운행할 수 있도록 차량에 내장된 장치가 운전자를 제어하는 것으로, 충돌우려가 있을 때 주의경보를 줄 수 있고 속도조절을 하여 사고방지 및 사고로 인한 지체를 감소시킬 수 있다. 현재 자동운행속도장치, 사고경보장치, 자동정지장치, 차선변경 경보장치 등의 개발에 관한 연구가 진행되고 있다.

4) 첨단 대중교통시스템(Advanced Public Transportation System: APTS)

APTS는 첨단 교통관리시스템(ATMS), 첨단 여행자 정보시스템(ATIS), 첨단 차량제어시스템(ACVS) 기술을 이용하여 대중교통수단의 운영을 개선시키는 것으로 대중교통수단 이용자에게 통행스케줄 및 비용, 환승정보 등을 알려주고 대중교통수단 운전자에게는 도로상황정보 등을 제공하여 운행효율을 극대화시킨다.

5) 영업용 차량운영(Commercial Vehicle Operation: CVO)

CVO는 화물차, 버스, 택시, 긴급차량 등의 생산성을 높이며, 이들 차량이 안전하고 효율적으로 운영될 수 있도록 하는 것이다. 차량위치를 운송정보센터에서 알 수 있도록 하는 자동차량위치시스템(automated vehicle location)이나 통행료를 자동으로 부과하는 자동차량인식시스템(automated vehicle identification) 등을 통하여 교통흐름을 개선하고 배차 등을 적절하게 조절할 수 있다.[3]

---

3) 이 장은 지방행정연수원 사이버교재; 모성은 · 임경수 · 이성우, 『지역개발론』을 중심으로 정리하였다.

CHAPTER 18

공원녹지

급속한 경제성장은 생활의 향상과 도시발전으로 일상생활의 편리함과 물질적인 풍요로움을 가져다주었다. 하지만 대도시 주변에는 급격한 인구 집중으로 무질서한 시가지들을 형성하게 되었다. 또한 각종 개발에 따른 자연환경의 파괴와 도시의 환경오염은 환경의 질을 악화시키고 있다. 이에 따라 쾌적한 생활환경에 대한 주민들의 욕구 증대와 더불어 주변 환경의 질을 높이는 쾌적한 환경의 확보가 중요한 정책과제로 등장하고 있다. 이러한 관점에서 쾌적한 도시환경과 생물의 다양성을 증진시킬 수 있는 공원녹지의 중요성이 인식되고 있으며, 공원녹지의 증대와 효율성 도모 및 네트워크 구축의 필요성이 강조되고 있다.

1 공원녹지의 개념

(1) 오픈 스페이스

오픈 스페이스(open space)는 도시 및 자연환경에서의 비건폐지(非建蔽地)를 의미하는데 일반적으로 공원과 녹지를 총괄하는 의미로 쓰인다. 공원녹지란 공원(park)과 녹지(green space)의 합성어로 볼 수 있으며, 좁은 의미로는 「도시계획법」과 「도시공원법」에 지정된 공원과 녹지를 말하지만, 넓은 의미로는 법규상의 공원이나 녹지뿐만 아니라 광장, 운동장, 하천, 산림, 농경지 등을 포함한 오픈 스페이스 또는 녹화된 공간 전부를 말한다.[1)]

공원과 녹지의 가장 큰 특징은 건축물과 구조물이 많지 않아서 거의 공지로 유지된다는 점이다. 즉 '지붕이 없이 하늘을 향해 열려 있다'는 오픈 스페이스의

1) 김봉원, "공원녹지의 계획과 설계", 『그린조경학』, 문운당, pp. 174-210.

개념과 일치하며, 공원은 시민의 이용 의의가 있다면 녹지는 주로 자연환경의 존치와 연계, 복원에 의의가 있다.

그림 18-1 오픈 스페이스와 녹지의 분류

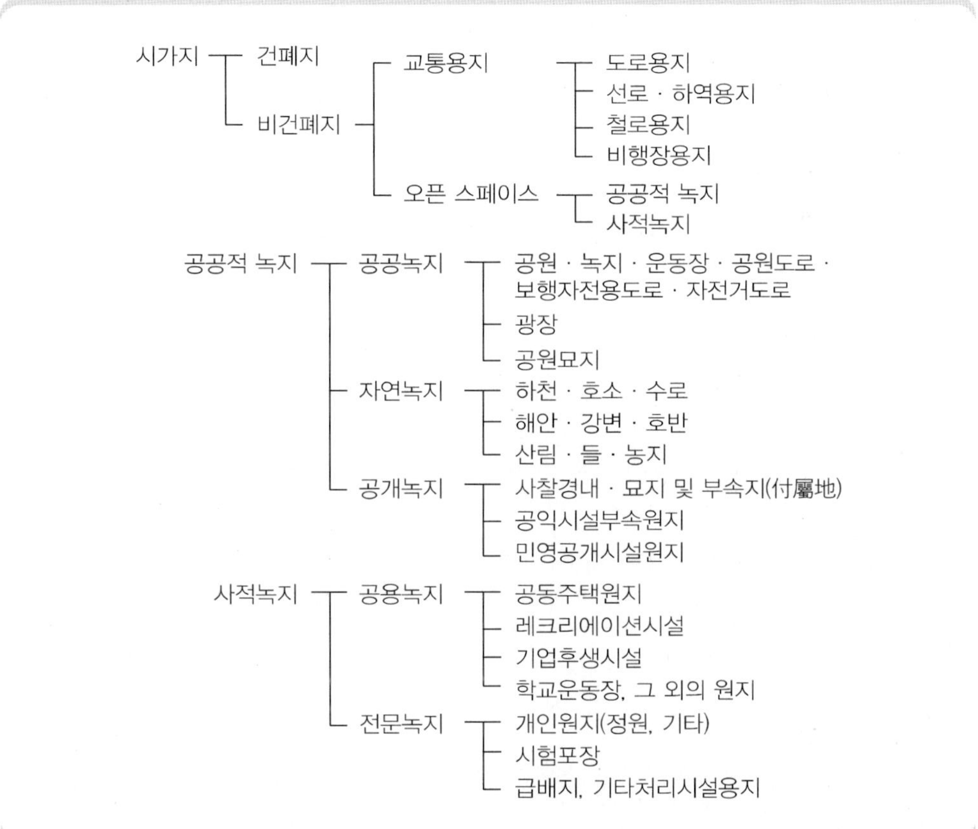

(2) 도시공원

도시공원은 '도시지역 안에서 도시자연경관의 보호와 시민의 건강 · 휴양 및 정서생활의 향상에 기여하기 위해 도시관리계획으로 결정된 것'이라고 「도시공원법」에서 규정하고 있다.

「도시공원법」에서 도시공원은 그 기능 및 주제에 따라 생활권 공원과 주제공원으로 구분하고 생활권 공원은 소공원, 어린이공원, 근린공원으로, 주제공원은 역사공원, 문화공원, 수변공원, 체육공원, 묘지공원, 기타공원으로 세분한다.

(3) 도시자연공원구역

도시자연공원구역은 도시의 자연환경 및 경관을 보호하고 도시민에게 건전한 여가 · 휴식공간을 제공하기 위하여 도시지역 안의 식생이 양호한 수림의 훼손을 유발하는 개발을 제한할 필요가 있는 지역을 지정할 수 있도록 「국토의 계획 및 이용에 관한 법률」에 규정하고 있다.

도시자연공원구역은 자원성 및 경관성, 계획적 적합성을 종합적으로 고려하여 지정하도록 한다.

표 18-1 도시자연공원구역의 지정기준

항 목	기 준
양호한 자연환경의 보전	1. 동식물의 서식처 또는 생육지로서 생태적으로 보전가치가 높은 지역 2. 자연의 보호 상태가 양호하여 훼손 또는 오염이 적으며, 양호한 소생태계(비오톱)이 형성되어 있는 지역 3. 1 또는 2의 조건을 가진 지역의 주변지역으로 양호한 생태계 또는 식생을 보호하기 위한 완충지역
양호한 경관의 보호	1. 지형의 경관미가 수려한(지형 등이 뛰어난 풍치 또는 경관을 형성하고 있는) 지역 2. 해당 도시 또는 지역에서 주요한 조망대상 또는 상징적 경관이 되는 지역 3. 지역의 역사 등과 깊은 관계를 갖고 있는 문화재 또는 유적 및 유물이 입지한 지역으로, 주변의 자연경관과 조화되어 보전할 만한 가치가 있는 경관적 특성을 형성하고 있는 지역
도시민의 여가 · 휴식 공간의 확보	도시민의 여가공간으로 효율성을 높이기 위하여 필요한 지역 1. 주민이 일상적으로 접촉하는 빈도가 높은 산 또는 도시민이 자연과의 접촉의 장이 되는 녹지 2. 지역주민의 건전한 심신의 유지 및 증진에 관계되는 녹지로서 지역주민의 건전한 생활환경 확보를 위하여 적정하게 보전할 필요가 있는 지역 3. '도시기본계획', '공원녹지기본계획'에서 도시민의 여가 · 휴식공간, 보전할 만한 녹지축이나 거점 등으로 계획된 지역

(4) 녹 지

녹지는 「도시공원 및 녹지 등에 관한 법률」에서 '도시지역 안에서 자연환경을 보전하거나 개선하고, 공해나 재해를 방지함으로써 도시경관의 향상을 도모하기 위해 도시관리계획으로 결정된 것'으로 규정하고 있다. 도시계획시설로서의 녹지는 상충하는 용도의 토지를 분리하고 각종 오염원을 차단하며 재해나 시설의 파손을 방지하는 등의 기능을 담당한다. 주로 철도·고속도로·국도·하천·공업단지·공항 주변에 설치되며 흔히 시설녹지라고도 하며 「도시공원법」에서는 녹지의 기능에 따라 완충녹지, 경관녹지, 연결녹지로 세분한다.

1) 완충녹지

대기오염·소음·진동·악취 그 밖에 이에 준하는 공해와 각종 사고나 자연재해 그 밖에 이에 준하는 재해 등의 방지를 위하여 설치하는 녹지를 말한다.

2) 경관녹지

도시의 자연적 환경을 보전하거나 이를 개선하고 이미 자연이 훼손된 지역을 복원·개선함으로써 도시경관을 향상시키기 위하여 설치하는 녹지를 말한다.

3) 연결녹지

연결녹지는 도시 안의 공원·하천·산지 등을 유기적으로 연결하고 도시민에게 산책공간의 역할을 하는 등 여가·휴식을 제공하는 선형의 녹지를 말한다.

2 공원녹지의 기능과 효과

도시에 있어서 토지이용상황의 변천을 조사해 보면 현재는 시가지로서 번창하고 있는 장소나 주택단지 등도 당초에는 대부분 수림지나 농경지와 같은 녹지로 구성되어 있었다.

도시는 발전과정에서 수림지나 농경지와 같은 녹지들이 상업용지나 주택지 등으로 변하여 점차 녹지를 감소시켰지만 그 일부는 오늘날에도 시가지 속에 수

림이나 농경지의 상태로 남아 자연생태계를 유지하고 있는 것을 볼 수 있다. 또 규모가 큰 하천이나 호수·늪 등이 있는 도시에서는 하천의 둔치 및 호수나 늪의 주변이 녹지로 남아 있으며 공원·녹지, 골프코스나 운동시설 등의 각종 회원제 레크리에이션 시설 등도 녹지로 조성되어 있다.

이와 같이 도시에는 여러 종류의 녹지가 있고 그 녹지들은 물리적 위치, 면적 규모의 대소, 역사의 유무, 자연 상태의 차이, 자연의 녹지와 계획적으로 정비한 녹지 등 각각의 특성이 있으며 그 특징이 도시의 환경형성에 영향을 주고 있다.

오늘날의 도시는 대기오염, 소음, 수질오염, 녹지의 파괴 등에 의해 거주하기 어려운 생활환경이 되고 있다. 현재 '녹지'를 대표로 하는 공원녹지의 다면적인 효용은 대단히 중요한 의의를 갖는 일이며 그 기능·효용 및 효과를 인식할 필요가 있다.

표 18-2 공원·녹지의 기능과 효용

기능·효용	존재효과1)	이용효과2)
환경보전적 기능·효용 (물리적 효과)	수원함양 자연재해방지 차폐 기상완화 대기오염정화 환경지표 야생동물보호	농림자원공급효과 공간구성효과
보건휴양적 기능·효용 (심리적 효과)	풍치효과	레크리에이션적 효과 윤리적(인간성회복) 효과 교육적 효과

주) 1. 공원·녹지가 통합·정리되어 존재하고 그 안에서 식물의 생리 및 존재면으로부터 오는 부차적인 효과.
2. 공원·녹지를 방문하여 이것을 이용함에 따라 얻어지는 생리적·심리적인 쾌감과 인간성의 육성 효과.

도시의 공원녹지는 환경의 보전 및 개선이라는 도시문제 해결을 위한 하나의 메커니즘인 동시에 공원 자체로서도 다양한 사회적 역할을 수행하고 있다. 그러므로 공원녹지의 기능과 효과는 계획목적 및 분류방법에 따라 차이가 있을 수 있겠으나, 공원녹지의 일반적인 기능과 효과는 다음과 같다.

(1) 공원녹지의 기능

공원녹지의 기능은 일반적으로 위락성, 안전성, 쾌적성의 제 측면을 충족시켜야 하는데, 과거에는 보다 자연적인 풍경 속에서 정적인 위락제공 중심의 기능이었으나, 점차 정적인 활동은 물론 동적이고 능동적인 위락활동이 공원의 기능에 포함되었다. 더구나 최근에는 급증하는 도시환경오염에 따라 환경보전 측면의 기능까지 추가되는 경향을 보이고 있다.

공원이나 녹지가 갖는 기능이나 효용은 그 성격이나 계획목적의 중점을 어디에 두는가에 따라 여러 방법이 있지만 도시계획상의 관점에서 본다면 다음과 같다.

첫째, 도로나 광장 등과 일체가 되어서 도시의 골격을 형성하고 또 그 외주(外周)에 있어서 시가지의 무질서한 외연적(外延的) 확대를 방지한다.

둘째, 개성 있는 풍치・경관을 갖춘 지구(地區) 환경을 형성하고 자연과의 접촉을 통해 정서・체육 등의 면에서 인격형성에 소용되는 등 교육적・보건적 가치를 지닌다.

셋째, 환경오염 및 재해의 발생을 방지하고 재해시의 피난・구조활동의 역할과 더불어 대기의 정화나 부유(浮遊)물질의 포착, 방음 및 차열(遮熱) 등의 기능을 갖는다.

넷째, 공원이나 녹지가 갖는 본래의 기능과 인간과의 관련에 의한 기능 양면을 고려한다. 바꾸어 말하면 공원이나 녹지에는 환경보전적인 기능・효용과 보건・휴양적인 기능・효용을 고려한다.

(2) 공원녹지의 효과

공원녹지의 효과는 물리적 효과와 심리적 효과, 이용 효과와 존재 효과, 고유 효과와 대응 효과, 광역적 효과와 국지적 효과 등 다양한 효과를 설명하기 위해 여러 가지 분류가 제안되고 있다. 여기서는 공원녹지의 효과를 4개의 범주로 구분하였다.

이들 효과는 식물에 의한 효과와 오픈 스페이스의 확대에 의한 효과로 대별할 수 있지만, 보통 이 두 가지 효과가 상호 관련되어 상승적으로 작용한다. 따라서 녹지의 기능을 최대한으로 발휘시키기 위해서는 녹지의 배치와 조경 공간 내부의 식물 및 시설의 효과적인 배치가 중요하다.

1) 심리적 효과

공원녹지의 존재는 존재하는 것만으로 심리적 안정감을 주고, 콘크리트와 아스팔트로 덮인 무미건조한 도시에 정서적인 면을 부여한다. 또한 도시의 역사도 이야기해 주며, 독특한 도시경관을 만들어내는 녹음은 주민에게 심리적 안정과 인간성 회복, 향토애를 고취하는 데 필수적인 요소이다.

2) 환경보전 효과

가) 도시형태의 규제·유도효과

도시발전의 규제는 시가화 구역이나 용도지역지구를 기본으로 하여 전체 도시시설의 계획적인 배치로서 행하지만, 시가지 발전의 후보지가 대체로 오픈 스페이스인 이상, 적절한 공원녹지의 정비야말로 규제를 하는 데 가장 중요한 역할을 한다고 말할 수 있다. 즉, 무질서한 도시화를 방지하고, 도시를 적정한 규모・형태로 한정시켜 짜임새 있는 시가지로 형성하기 위해서는 시가지 주변의 녹지를 계획적으로 보전하는 것이 중요하다. 나아가 시가지 내에서 서로 다른 토지이용 간의 상호환경을 보전하기 위해서는 그 사이를 녹지로 차단하는 것이 효과적이다. 또한 저습지 같은 개발 부적지를 공원녹지로서 적극 개발하여 주변지역의 환경을 개선함으로써 시가화를 유도할 수도 있다.

나) 도시기후에 미치는 효과

에너지 소비량의 증대와 미세먼지나 탄산가스 등에 의한 온실효과와 열전도율과 열용량이 큰 각종 건설자재의 사용으로 도시의 온도는 해마다 상승하고 있다. 여름 낮의 경우 수림의 표면온도를 콘크리트 포장면과 비교해 볼 때, 약 10℃ 이상 낮다. 이는 수림에서는 증산작용이 일어나고 있고, 또한 열전도율이 낮으며 열용량이 작기 때문이다. 도심부와 비교해 볼 때, 도심부는 여름, 일출 전후에도 3～4℃ 높고, 낮에는 이 차이가 더욱 커진다. 이러한 현상은 독립수나 가로수 또는 소규모의 잔디밭 등으로도 국부적으로 복사열의 흡수, 일조의 완화, 기온의 미기상 개선 등의 효과를 충분히 기대할 수 있다.

다) 환경오염에 대한 완충효과

환경오염에 대한 주요 완충효과는 대기오염의 정화와 소음 및 진동에 대한 완충효과이다. 우선 대기오염의 경우 SO_2나 NO_x 등의 가스상 대기오염물질은 주로 나뭇잎의 기공에 흡착된다. 또한 분진 등의 입자상 오염물질은 가지의 잎에 흡착할 뿐만 아니라 수림에 의한 풍속의 저하로 인해 지상으로 낙하하는 등의 대기 정화효과를 가져온다. 그 흡착·부착 능력은 수종, 잎의 질, 잎의 위치, 잎의 밀생도, 잎의 나이 등에 따라 다르다. 또한 전술한 바와 같이 수림지에서 하강기류를 일으키는 경우 필터효과를 발휘하여 대기오염의 정화작용[2)]이 한층 효과적이다. 환경오염에 대한 완충효과 가운데 또 하나는 소음완화효과이다. 도심지에서 건수가 가장 많은 주민의 민원사항은 소음이다. 한편, 토지이용에 따라 소음에 대한 환경기준[3)]이 정해져 있다. 주거 지역에서 간선도로에 접하고 있어 환경기준치를 초과하는 경우 교통규제나 기타의 조치로 소음을 완화시킬 필요가 있다.

3) 방재효과

대부분 도시는 재해에 대해서 취약하고, 특히 대지진에 따른 화재에 대해서는 전혀 무방비적인 상태이다. 과거의 대화재가 멈춘 선을 조사해 보면 약 60%가 오픈 스페이스에 의해서 방지되었는데, 이는 오픈 스페이스가 불씨방지효과, 식재수목에 의한 복사열 차단효과가 있고, 이외에도 소화활동에 이바지한 공지효과가 매우 큰 비중을 차지하고 있다.

또한 재해시에 훌륭한 피난처의 역할을 했던 일본 관동대지진의 예를 보더라도 명백하다. 지진의 경우 최소한 1인당 $1m^2$ 이상이고 전체 4ha 이상의 공원녹지를 확보할 필요가 있지만, 작은 화재에 대해서는 근린공원, 어린이공원 등에서 충분히 그 기능을 다할 수 있다.

화재발생시에는 광역피난처에 도달하는 피난로의 확보가 중요하고, 교통량이 많은 간선도로는 자동차화재를 유발하여 교통이 두절될 뿐만 아니라 오히려 위험을 증대시킬 수 있으므로 이를 대비해 보행자전용도로가 충분히 확보된다면 이 또한 안전한 피난처로서 매우 가치있는 공간이 될 수 있다.

2) 식물의 탄소동화작용에 의한 탄산가스의 소비와 산소의 방출은 대기오염의 정화기능으로서 매우 중요하다. 또한 자료에 의하면 1ha의 상록활엽수림은 약 80인에게 필요한 산소량을 방출한다.

3) 자동차 소음을 예로 들면, 차량 중심에서 7m 떨어진 위치는 70~80폰(phone)이고, 이는 차종, 속도, 교통량, 포장의 상태, 도로 기울기, 주변의 상황, 기후 등에 따라 다르지만, 대형차가 많은 가속지점에서는 90폰을 초과하는 예도 드물지 않다.

4) 이용효과

개인의 경제수준 상승, 주 5일 근무제의 확대, 여름휴가 등에 따라 근로여건의 향상과 함께 여가시간의 급속한 증가, 건강에 대한 자율적·적극적 해결 등 개인의 레크리에이션 구조가 크게 변모하고 있다. 즉, 레크리에이션은 단순한 비노동시간의 휴양적 여가이용에서 인간이 본래의 삶을 충족시키기 위한 동적 여가이용으로 크게 변화하고 있다. 또한 이용자층의 확대와 이용대상의 다양화 등에 따른 레크리에이션 수요의 증대와 변화에 대응하기 위해서는 레크리에이션 활동의 장에서 가장 기본이 되는 공원녹지의 양을 가능한 많이 확보해야 한다.

그리고 레크리에이션의 다양화에 대응하기 위해서는 도시공원 등의 단순한 녹지의 확충뿐만 아니라 개별 공원녹지의 질적 향상은 물론, 각 공원이나 녹지에서 선 또는 면적인 공원이나 녹지 간의 관련성 강화나 일체화를 꾀하여, 점적인 공원이나 녹지에서 선 또는 면적인 공원이나 녹지로 체계화할 필요가 있다.

한편, 놀이를 즐기는 중에 심신의 건강, 운동신경의 발달, 사회에의 순응, 자연에 관한 지식 등을 학습하는 어린이들에게 안전한 놀이터는 반드시 필요한 공간이고 이의 부족은 많은 청소년 문제를 발생시키는 커다란 원인의 하나라고 할 수 있다.

그림 18-2 공원에서의 레크리에이션 활동

공원녹지는 노인이나 주부에게도 산책이나 휴식장소로 제공되며 남녀노소 모두에게 대화의 장 또는 심신의 건강유지 및 증진과 인간성의 회복에 관련되는 중요한 역할을 한다.

3 공원녹지계획과 체계

(1) 공원녹지계획의 정의 및 유형

1) 공원녹지계획의 목적 및 정의

공원녹지계획은 자연환경, 인문환경 등의 지역특성과 실정을 충분히 감안하여, 주민과 더불어 독자적이고 중장기적인 계획을 수립함으로써 인간과 자연이 공생하고 지속가능한 자연환경을 유지관리하면서 인간의 여가활동 · 휴식의 장을 형성해 가는 데 목적이 있다.

법제적으로는 도시계획시설계획으로 도시계획시설인 공원과 녹지를 조성 · 개량 · 정비하는 일들을 도시계획으로 결정하고 도시계획사업으로 이루어져야 한다. 결국 기능적으로는 자원계획 또는 시설계획으로 볼 수 있으며, 토지자원을 적정하게 배분하고 그 형질을 보존 · 개선 · 변경하기 위해 각종 공공시설을 설치하는 계획이다.

그러나 공원녹지계획은 이러한 물적 시설 위주의 계획에서 탈피하여 시민의 생활자체와 그 생활을 담는 환경 자체를 다루는 프로그램과 서비스 위주의 계획으로 진화하고 있어, 여러 요소를 총체적으로 다루는 환경계획으로 인식되고 있다(황기원, 1997).

2) 공원녹지계획의 특성과 유형

공원녹지계획의 특성은 정책계획과 전략계획, 실천계획, 지침계획이라는 4가지로 구분할 수 있다. 첫째, 자연, 인문환경을 종합적으로 고려하여 미래의 변화를 예측하고 대비하는 공원녹지에 대한 정책계획이다. 둘째, 광역도시기본계획과 도시기본계획 등 상위계획의 내용을 수용하여 공원녹지에 대해 지향하여야 할 바람직한 미래상을 제시하고 이를 달성하기 위한 장기적인 발전방향을 제시하는 전략계획이다. 셋째, 공원녹지에 대한 조성, 보전, 확충 및 관리의 지표 및 목표를 달성하기 위한 구체적인 실천방안을 제시하는 실천계획이다. 넷째, 공원녹지조성 및 사업계획의 기준이 되는 지침계획이다.

이러한 측면에서 공원녹지계획을 먼저, 대상의 성격·규모·목적에 따라 두 가지로 구분할 수 있다. 첫째, 정책계획과 체계계획으로 전체 도시구조를 대상으로 공원녹지체계가 가져야 할 성격·기능·규모·질적 수준·개발 프로그램·집행 등에 관한 얼개를 제시하고 계획·조성·관리주체인 지방자치단체의 의사결정 과정에 필요한 정책자료를 제공한다. 둘째, 사업계획과 조성계획으로 도시전체의 공원녹지체계의 차원이 아닌 특정한 공원이나 녹지를 개별적으로 조성하는 구체적인 계획이며 실무차원에서 다루어진다.

다음으로 계획의 내용에 따른 유형을 지표계획과 물적계획, 집행계획, 관리계획으로 구분할 수 있다. 첫째, 지표계획은 공원녹지의 성격·기능·역할 등 목표체계를 세우고, 도입활동과 이용자의 규모·구성·행태, 시설의 종류·규모·질 등에 관한 사항을 주로 계량적으로 제시한다. 둘째, 물적계획은 지표계획의 결과를 주어진 땅에 적절히 배치하고 조직하는 작업이다. 셋째, 집행계획은 실제 시공을 하기 위해 공사의 종류·규모·비용·공사방식 및 주체, 재원조달, 공정 및 공구, 토지확보와 보상, 이주 및 철거 등에 관한 지침을 제시한다. 넷째, 관리계획은 공원녹지를 조성하여 시민들에게 제공한 후 질적·양적 수준을 유지하기 위하여 운영관리과 유지관리에 관한 지침을 제시한다(황기원, 1997).

(2) 공원녹지계획의 기원

도시공원의 시초라고 볼 수 있는 것은 고대 그리스의 아고라(agora)나 김나지움(gymnasium)과 고대 로마의 포럼(forum)에서 찾아볼 수 있다. 그 후 중세 성곽도시에서는 성 밖에 전원지대가 마련되어 시민이 이곳에서 휴양을 할 수 있도록 하였다.

일반인에게 개방되는 근대적인 의미의 시민공원은 1830년경 영국에서 시작되었다. 당시의 공원들은 거의 모두 왕실소유로서 일반인의 이용이 제한되었으나, 산업혁명이 진행 중인 영국사회에서 노동자의 건강과 안전에 관한 관심이 높아지면서 왕실공원을 일반인에게 공개하게 되었다. 이와 더불어 런던의 빅토리아 공원

(Victoria Park)과 리버풀의 비켄헤드 공원(Birkenhead Park)이 새로이 조성되었는데, 이 두 공원은 처음부터 시민의 이용을 목적으로 조성된 시민공원의 효시가 된다. 시민을 위한 본격적인 공원은 1857년 뉴욕에 조성된 센트럴 파크(central park)이며 이는 세계 각국에 커다란 영향을 주었다.

우리나라에서는 1897년 영국인 브라운에 의해서 탑골공원(파고다공원)이 최초로 대중을 위한 공원으로 조성되었으며, 1906년 영국인 하딩(G.R. Harding)에 의해 덕수궁 석조전 앞뜰에 프랑스식의 침상정원(沈床庭園)이 조성되었다. 그 후 일제시대인 1910년에 남산에 한양공원(1930년대 이후 남산공원으로 불림)과 1919년 장충단공원, 1921년 사직공원, 1924년 효창공원, 1933년 삼청공원이 각각 조성되었다.

지방에는 1916년 소록도에 약 20,000m^2의 공원을 조성하였으며 청주에는 1920년경 서・동공원을 조성하기도 하였다(그림 18-3). 또 부산에서는 부산, 동래, 해운대를 연계시키는 회유공원을 계획하여 동양의 낙원으로 조성하고자 했으나 계획에 그치고 말았다.

지역구분 및 토지구획정리사업 등을 포괄하는 도시계획인 조선시가지계획령이 1934년에 고시된 후 1940년에는 도시계획공원에 관한 내용이 삽입되었다. 이 계획은 1920년대 영국의 '도시 및 전원계획법'을 모방한 것으로 일본이 자국의 도시계획법의 결점을 보완하여 한국에 적용시켜 본 것이다.

이는 일제의 식민지 정책의 일환으로 책정된 것으로서 바람직한 도시계획법이라 할 수 없다. 일제의 계획공원의 지정은 보건・휴양의 순수한 공원 이용만을 목적으로 한 것이 아니라 식민도시로서 전시에 대비하여 방공적인 목적으로 구성하기 위함이었다.

이후 공원계획제는 1960년대에 이르기까지 사회의 혼란과 전쟁 등으로 정비의 여지를 찾지 못하고 조선시가지계획령을 그대로 답습하게 되었다. 그러나 1962년 「도시계획법」이 제정・공포되고 공원계획도 병행하여 실시되면서 본격적인 도시공원 발달의 계기가 되었다. 1967년에는 「공원법」이 「도시계획법」에서 분리・제정되면서 공원정책의 일대 전기를 맞이하기도 하였는데, 이후 1980년 「도시공원법」이 제정・공포됨으로써 도시공원과 자연공원으로 분리되었다.

「도시공원법」의 제정 목적은 "쾌적한 도시환경을 형성하여 건전하고 문화적인 도시생활의 확보와 공공의 복리증진에 기여함을 목적으로 한다."라고 규정하고 있다. 해방 후 1960년대에 들어서면서 5개의 고궁을 근린공원으로 지정하였으며, 1970년대에 들어와서 낙성대공원과 서소문공원, 도산공원 등이 조성되었는데, 이것이 본격적인 공원의 개발이라 할 수 있겠다. 그러나 이러한 고궁이나 역사적 기념물 또는 애국선열·지사의 묘역 등은 근린공원으로 지정하기보다는 국가기념공원으로 지정하는 것이 바람직하다고 할 수 있겠다.

그림 18-3 청주 서·동공원

신도시개발과 더불어 공원이 조성되기도 하였다. 그 후 수요와 욕구의 급증으로 인해 위락시설을 포함하는 종합대공원이 등장하기에 이른다. 어린이대공원은 서울 컨트리클럽의 부지를 기증받아 계획된 것이며, 1980년대에 들어와서 서울대공원이 개원되었고 강남과 강동지역에 근린공원이 다수 개원되었다. 1980년 공원조성의 특징은 민간에 의한 공원조성과 국제화 추세에 의한 기념공원의 조성이라 할 수 있다. 이외에 학교 이전에 의해 생긴 이전지를 공원으로 조성한 결과 경희궁공원(구서울고), 보라매공원(구공군사관학교) 등이 조성되기도 하였으며, 1988년 올림픽을 계기로 많은 공원이 조성되었다.

산업화 및 경제성장으로 인하여 우리의 생활이 도시적 정주형태로 변화됨에 따라 도시민의 여가·휴식 등을 위한 도시공원, 녹지 등 도시계획시설 결정면적은 꾸준한 증가 추세를 보이고 있다.

2008년 12월 현재 전체 도시계획시설 결정면적은 2,002㎢며, 이 가운데 공원이 51.7%(1,035.2㎢), 녹지 3.4%(69.0㎢), 유원지 5.5% (109.5㎢)를 차지하고 있고, 우리나라의 도시공원은 도시화의 진전으로 계속 증가하는 추세를 보이고 있다. 그러나, 공원의 경우 결정면적(1,035.2㎢) 대비 집행면적(211.5㎢)이 20.4%에 머무르고 있다.

2009년 현재 공원은 17,616개소에 1,111.6㎢이고, 녹지는 13,665개소에 153.0㎢, 유원지는 221개소에 159.8㎢에 달하고 있다. 하지만 1인당 공원 면적(7.4㎡)은 선진외국에 비하여 매우 낮은 수준이다.

이는 도시지역의 높은 지가로 인한 과도한 토지매입비, 지방자치단체의 열악한 재정형편 등으로 도시공원에 대한 투자가 미흡한 데 원인이 있다.

이러한 문제를 해소하기 위하여 2005년 「도시공원법」을 전면 개정하여, 도시공원을 시설공원과 도시자연의 관리를 위한 도시자연공원구역으로 이원화하고, 공원녹지기본계획 수립 의무화, 일정규모 이상의 개발사업시 공원녹지확보 의무화 등 공원녹지 확충을 위한 제도적 기반을 마련함으로써 공원녹지의 확충 및 조성률 향상에 기여하고 있다.

(3) 공원녹지체계

미국의 옴스테드(F. L. Olmsted)는 비켄헤드 공원(Birkenhead Park)의 성공에 영향을 받아서 뉴욕의 센트럴 파크(1858), 프로스펙트 파크(1867)를 설계했는데, 이는 미국 전역에 도시공원을 확산시키는 계기가 되었다. 이어서 옴스테드는 보스톤의 공원녹지체계(The Emerald Necklace)를 계획하였는데, 이는 지금까지 개개의 독립된 공원에만 기울이던 관심을 공원의 연결을 통한 공원녹지체계로 확대시키는 계기가 된다. 따라서 보스톤 공원녹지체계(park system)는 근대적인 의미의 공원녹지체계의 효시가 된다(황기원, 1998). 여기서 공원과 정원, 몰(Mall) 등으로 오픈스페이스 개념을 확장하고 공원과 광장을 연계하여 녹지체계를 구축하였다.

그림 18-4 보스턴 공원녹지체계

자료: 대한국토도시계획학회(1998)

그림 18-5 Howard의 전원도시

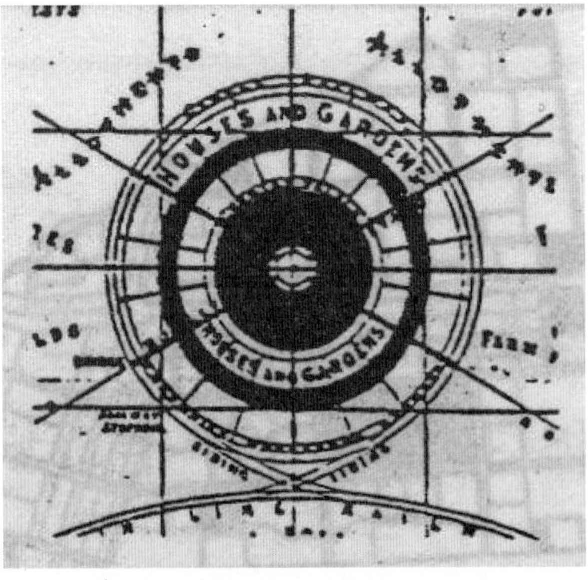

자료: 대한국토도시계획학회(1998)

보스턴의 공원녹지체계에서 보여준 옴스테드의 '연결된 녹지의 개념'은 영국의 계획가들에게 깊은 영향을 미치게 되어 하워드(E. Howard)의 전원도시이론 및 아버크롬비(P. Abercrombie)의 런던계획(1943)에 '연결된 녹지개념'이 나타나고 있다. 전원도시이론에서는 주거단지의 중앙을 지나는 대상의 녹지가 연결되어 환상형을 이루고 있으며, 런던계획에서는 런던 및 주변지역의 녹지들이 거미줄같이 연결되어 있음을 볼 수 있다.

4 공원녹지계획의 발전방안

공원녹지계획이 발전하기 위한 대안을 몇 가지 살펴보면 첫째, 공원녹지에 대한 기초자료를 데이터베이스화 하는 것이 필요하다. 우리나라 공원녹지에 대한 현황과 실태를 파악하여 정리한 기초자료가 바탕이 될 때 창의적이고 혁신적이며 장기적인 공원녹지계획의 수립이 가능할 것이다.

둘째, 생활수준이 향상되면서 환경과 여가에 대한 욕구가 지역사회에서 확대되어 공원녹지의 계획단계에서부터 주민참여를 확대하는 것이 필요해졌다. 공원녹지의 이용자인 주민의 의견을 수렴하여 계획단계에서부터 반영할 때 공원녹지는 더욱 훌륭한 주민의 여가·환경공간으로 발전할 것이다.

셋째, 도시계획시설로 결정되었으나 재원 부족 등의 이유로 오랜 기간 동안 집행이 미루어지고 있는 공원구역에 대한 대책이 필요하다. 설치되지 않고 방치된 공원녹지 구역 안의 토지 소유자 재산권을 침해하는 문제를 해결하고 선진국 수준에 미치지 못하는 공원면적 확대를 위해서 장기미집행공원구역에 대해 집행이 필요한 곳은 조속히 집행하고 그렇지 않은 지역은 해제할 필요가 있다.

넷째, 지역적 특성을 살리는 공원녹지가 되도록 지역의 공원녹지계획의 자율성을 확대하고 중앙정부의 지원을 늘릴 필요가 있다. 공원녹지의 양적인 확대도 중요하지만 공원녹지의 배치, 설계, 조성 등에 지역의 특색을 반영한 질적 차별화가 필요하다.

CHAPTER 19

지역환경

환경이란 인간을 둘러싸고 있으며 인류에게 직·간접적으로 영향을 끼치는 자연적·생활적 환경을 말한다. 「환경정책기본법」에 의해 지방자치단체는 국가의 환경보전계획에 따라 당해 지방자치단체의 계획을 수립하여 시행할 책무를 진다. 그리고 헌법 제35조 1항에 따라 모든 국민은 건강하고 쾌적한 환경에서 생활할 권리를 가진다.

오늘날 인류가 직면하고 있는 환경문제는 문제 자체가 시간적·공간적 측면에서 급변하는 동적 과정에 있는 것이다. 따라서 절대적이고 결정적이라고 할 만한 환경문제에 대한 해결책을 찾기는 어렵다. 이러한 환경 관련 정책은 복잡한 문제의 복합체라는 하나의 시스템으로 파악해야 할 일이다.

1 지역환경보존의 의의

(1) 환경보존의 의의

인간은 경제적으로 풍요로운 생활을 하기 위해 대기·해양·육지 등 지구의 자연환경을 이용하거나 개발하고 있으며, 주택·공장·도로·철도 등을 건설한다. 그러나 지나친 이용과 개발 때문에 환경이 파괴되어 생태계의 평형이 깨어지고, 이러한 변화된 환경에 의해 인간이 피해를 입게 되었다. 인간은 환경으로부터 많은 이익을 얻고 있으며, 인간이 변화시킨 환경은 다시 인간의 생활에 또 다른 영향을 준다. 그러므로 인간은 환경과 조화를 이루며 살 수 있도록 노력해야 한다.[1] 특히 지방자치단체는 「환경정책기본법」에 의거 국가의 환경보존계획에 연계

1) 환경전문신문 에코저널(www.ecojournal.co.kr) 및 oaigo 블로그(http://blog.naver.com) 참조.

되는 지방 환경보존계획을 수립하여 시행하여야 한다.

(2) 환경보존의 필요성

인류의 역사 발전과정은 환경에 대한 인간의 끊임없는 도전과 정복, 개발의 과정이었다. 특히, 근대 이후 급속히 진행된 산업화와 도시화 과정에서 인류는 환경을 이용 대상으로 여기고 무분별하게 개발하고 오염시켜 왔으며, 그 결과 인간과 환경의 유기적인 균형 상태는 붕괴되고 말았다. 그리하여 오늘날 인간의 '삶의 질'은 심각한 위협을 받기에 이르렀다.

현대의 여러 가지 혹독한 환경적 결과는 급속한 기술적 진보가 주된 원인이지만, 그보다 더 근본적인 원인은 환경에 대한 가치관 또는 윤리 의식의 결여와 안이한 태도에 기인한다고 볼 수 있다. 그러므로 기술적·정치적 또는 법적인 측면에서의 개선만으로 이러한 환경 문제를 해결하기 어렵다. 따라서 하나밖에 없는 지구를 잘 보존하기 위해서는 보다 근본적인 차원에서의 노력이 요구되고 있다.

우리나라는 1960년대부터 압축적 혁명으로 표현되는 성장 위주의 집중개발정책을 채택하여 왔다. 공해문제에 대한 인식이나 환경오염에 대한 염려보다는 성장위주의 불균형개발정책이 지배적이었으므로 개발과 환경보전의 적절한 조화가 이루어지지 못하였다. 산업화의 초기단계에서는 집중개발에 의한 지역불균형개발방식이 다소 불가피하고 그 단계에서는 환경문제를 생각할 여유나 관심이 없다는 사실도 부인할 수 없다. 그러나 성장단계별로 개발과 환경보전의 적정한 균형점이 존재할 것이고 더 나아가서는 적절한 환경보전이 궁극적인 개발효과를 가져다 줄 수 있다.

2 지역환경의 실태

(1) 대기오염실태

급속한 산업화·공업화로 인하여 대도시 및 공업단지의 대기오염은 날로 심각해지고 있다. 우리나라에서는 아황산가스, 일산화탄소, 이산화질소, 미세먼지, 오존, 납, 벤젠 등 7개 항목에 대하여 장·단기 환경기준치가 설정되어 있다.

표 19-1 전국 시도별 오염물질 배출량(2007년) (단위: ton, 비산 먼지 제외/식생 제외)

시도명	CO	NOx	SOx	PM10	VOC
전 국	808,862	1,187,923	402,525	98,143	874,699
서울특별시	143,110	113,086	7,835	3,920	91,459
부산광역시	52,421	62,959	32,879	2,959	40,411
대구광역시	38,272	35,210	5,465	1,993	31,056
인천광역시	58,041	64,851	17,300	2,466	58,285
광주광역시	15,401	14,243	1,072	652	14,788
대전광역시	22,653	19,917	2,382	820	16,238
울산광역시	34,615	64,198	63,110	9,797	96,851
경기도	148,019	207,461	27,342	8,475	161,614
강원도	32,468	81,099	23,652	9,485	23,418
충청북도	34,188	63,761	15,525	5,097	33,226
충청남도	44,293	105,296	51,904	3,814	56,044
전라북도	29,595	42,383	10,739	1,923	32,450
전라남도	36,225	98,207	71,892	25,352	77,137
경상북도	58,730	99,822	39,690	16,923	52,904
경상남도	51,175	104,159	28,768	4,006	82,355
제주도	9,656	11,270	2,968	462	6,463

미국의 경우 한 조사에 의하면 대기오염으로 인한 만성기관지염 및 폐기종으로 사망하는 인구가 크게 증가하고 있으며, 천식환자 20인 중 1인은 대기오염이 원인인 것으로 밝혀지고 있다. 따라서 장기적으로 환경기준치를 충족하고 도시생활의 쾌적성을 유지하기 위해서는 오염도에 영향을 미치는 인위적 원인에 대한 우선순위를 설정하여 단계별로 대책을 마련하되 문제해결과정에 시민들의 적극적이고 자율적인 참여를 유도할 필요가 있다.

(2) 수질오염실태

수질오염원은 생활하수, 산업폐수, 기타 농·축산폐수로 구분할 수 있다. 더구나 최근에 문제가 되고 있는 수질오염은 각종 독성화학물질, 중금속, 합성세제, 농약, 폴리염화비페닐(PCBs) 등의 미세유기화합물들에 의한 것이 많은데 이들은 인

표 19-2 하천의 생활환경기준

등급		기준							
		수소이온 농도(pH)	생물화학적 산소요구량 (BOD) (mg/L)	화학적 산소요구량 (COD) (mg/L)	부유 물질량 (mg/L)	용존 산소량 (mg/L)	총인 (T-P) (mg/L)	대장균군 (군수/100mL)	
								총 대장균군	분원성 대장균군
매우 좋음	Ia	6.5~8.5	1이하	2이하	25이하	7.5이상	0.02이하	50이하	10이하
좋음	Ib	6.5~8.5	2이하	4이하	25이하	5.0이상	0.04이하	500이하	100이하
약간 좋음	II	6.5~8.5	3이하	5이하	25이하	5.0이상	0.1이하	1,000이하	200이하
보통	III	6.5~8.5	5이하	7이하	25이하	5.0이상	0.2이하	5,000이하	1,000이하
약간 나쁨	IV	6.0~8.5	8이하	9이하	100이하	2.0이상	0.3이하	-	-
나쁨	V	6.0~8.5	10이하	11이하	쓰레기 등이 떠 있지 아니할 것	2.0이상	0.5이하	-	-
매우 나쁨	VI	-	10초과	11초과	-	2.0미만	0.5초과	-	-

[등급별 물 상태]

매우 좋음: 용존산소가 풍부하고 오염물질이 없는 청정상태의 생태계로 간단한 정수처리 후 생활용수 사용

좋　음: 용존산소가 많은 편이며, 오염물질이 거의 없는 청정상태에 근접한 생태계

약간 좋음: 약간의 오염물질은 있으나 용존산소가 많은 상태의 다소 좋은 생태계로 일반적 정수처리 후 생활용수 또는 수영용수 사용

보　통: 용존산소를 소모하는 오염물질이 보통수준에 달하는 일반 생태계로 고도의 정수처리 후 생활용수로 이용하거나 일반적 정수처리 후 공업용수 사용

약간 나쁨: 상당량의 용존산소를 소모하는 오염물질이 있어 영향을 받는 생태계로 농업용수로 사용하거나, 고도의 정수처리 후 공업용수로 이용, 낚시 가능

나　쁨: 과량의 용존산소를 소모하는 오염물질이 있어 물고기가 드물게 관찰되는 빈곤한 생태계로 산책 등 국민의 일상생활에 불쾌감을 유발하지 않는 한계이며, 특수한 정수처리 후 공업용수 사용

매우 나쁨: 용존산소가 거의 없는 오염된 물로 물고기가 살 수 없음

체에 나쁜 영향을 미친다. 이러한 수질오염물질은 식수, 농작물, 어류 등 다양한 형태를 통하여 인체에 침투하여 나쁜 영향을 미친다.

하천의 오염도를 알 수 있는 생활환경기준은 수소이온농도, 생물화학적 산소요구량, 화학적 산소요구량, 부유물질량, 용존산소량, 총인, 총대장균군, 분원성대장균군 등이 있다.

(3) 폐기물발생 및 처리실태

1) 폐기물의 개념

이론적으로 폐기물이란 부(負)의 가치를 갖는 상품을 말한다. 폐기물의 법적 정의는 「폐기물 관리법」 제2조 제1항에 '폐기물'이라 함은 쓰레기, 연소재, 오니, 분뇨, 폐유, 폐산, 폐알카리 및 동물의 사체 등으로서 사람의 생활이나 사업활동에 필요하지 아니하게 된 물질을 말한다고 규정되어 있다. 최근까지 폐기물이란 성상별(性狀別) 분류방식을 채택하고 위해성정도에 따라 일반폐기물과 특정폐기물로 구분하여 일반폐기물은 지방자치단체, 특정폐기물은 국가가 관리하여 왔다.

그림 19-1 폐기물의 종류

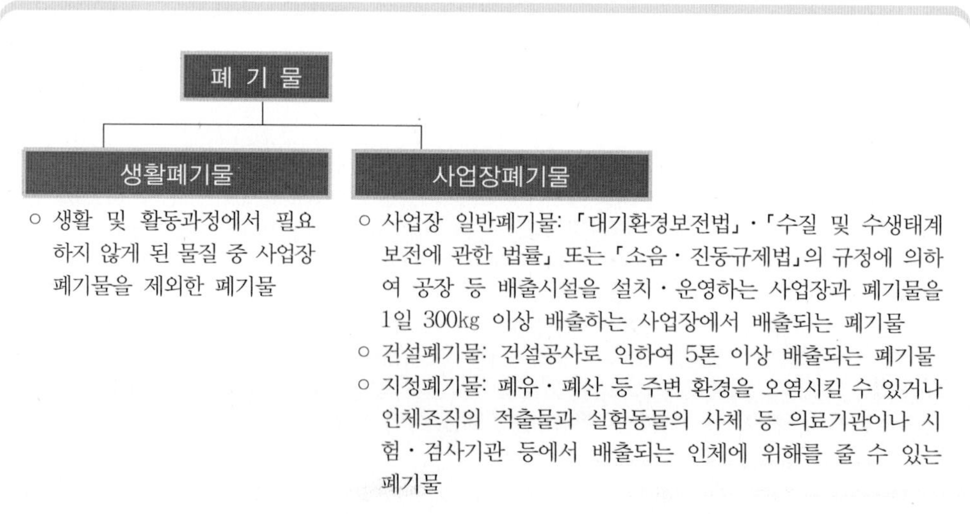

그러다 1995년 8월 개정된 「폐기물관리법」에서는 발생원에 따라 생활폐기물과 사업장폐기물을 분류하여 원인자처리책임 및 발생지처리책임을 강조하고 있다.

2) 폐기물 처리방안과 매립

폐기물 처리방안은 크게 폐기물 최소화, 재활용·매립 그리고 소각방안으로 나눌 수 있다. 폐기물의 감량최소화가 가장 이상적인 폐기물 처리방법이지만 이것은 단기간에 해결되기 어려운 문제이다. 재활용 역시 바람직한 방안이지만 이것은 시장에서 재활용품이 대체 신상품에 비해 가격경쟁력을 가지거나 또는 적어도 수요자에게 전달과정에 소요되는 처리비용(processing costs)을 상회하는 가치를 가져야 하는데, 이와 같은 재활용품이 그렇게 많지 않다는 데 문제가 있다. 따라서 재활용률을 더 높이는 방향으로 정책이 이루어져야 한다. 또 아직 50% 이상을 매립 또는 소각의 방법으로 처리하고 있는데, 이 두 방안은 혐오시설기피현상인 소위 님비(NIMBY) 현상과 지역주민들의 권익보호 주장에 적절하게 대처를 하지 못해 큰 어려움에 봉착하고 있다.

그림 19-2 생활 및 사업장폐기물 발생현황

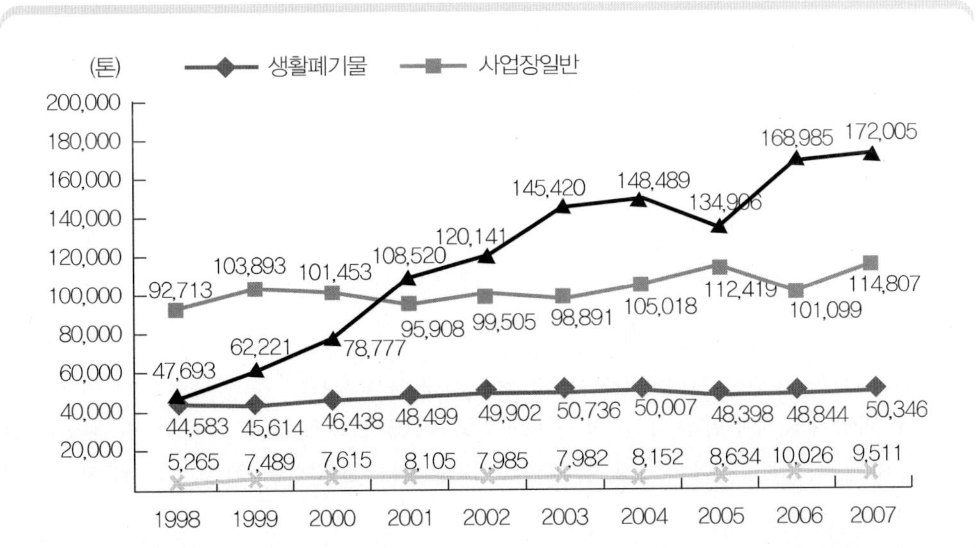

자료: 환경부, 2007 전국(지정)폐기물 발생 및 처리현황

3 지역환경정책과 발전과제

(1) 지역환경정책의 기본방향

1) 체계적이고 종합적인 환경관리체제의 확립

복잡하게 서로 연계되어 있는 환경문제를 해결해나가기 위해 지역환경정책은 우선 관리체제를 기능적인 측면에서 합리적으로 정비하여 종합화・체계화시켜 나가야 한다.

2) 개발정책과 환경대책 간의 연계성 제고

환경오염이 악화되고 있다 하더라도 어떤 특정시점에 생산 또는 개발행위를 전면중단 또는 정체시킬 수는 없다. 개발행위에서 발생되는 오염물질의 특성・양・영향권 등을 기초로 환경대책을 수립하고 개발정책과 환경대책 간의 연계성을 높여 궁극적으로 개발과 환경보전 간에 보완관계를 확립해 나가야 한다. 환경보전이 개발 내지 생산을 제약하는 것이 아니라 장기적으로 지속가능한 경제성장의 원동력이 되도록 추진해 나가야 한다. 경제규제와 행정규제, 사후적 규제와 사전적 규제 등이 적절하게 활용되어야 하며, 특히 현재 실시되고 있는 환경영향평가제도의 효율적인 운영이 요청된다.

3) 환경에 대한 투자확대

환경재가 가지고 있는 공공재적 속성 때문에 환경에 대한 투자는 시장메커니즘을 통해서는 부족하게 되고, 대부분의 재원은 어느 나라에서든 조세 등을 통한 일반재원에 기초하고 있다. 따라서 우리의 경우에는 경제 전체의 왜곡을 최소화하는 방안으로 공공재원을 마련하여 환경투자를 확대해가야 할 것이다. 수익자부담원칙과 원인제공자부담원칙을 기본원칙으로 하면서 피해의 영역이 광범위하고 원인제공자의 확인이 곤란하거나 불분명한 경우에는 국가적인 차원에서 대처방안이 모색되어야 한다.

4) 혐오시설 입지문제의 해결

모든 사람이 하수처리시설, 폐기물처리소각시설, 매립지 등의 시설이 필요하다는 데는 동의를 하지만, 그 시설이 자기가 살고 있는 근린지역에 입지하는 것은 용납하지 못하겠다는 태도가 팽배하고 있다. 따라서 부담과 편익의 일치를 통한 적정보상체계를 확립해야만 이 문제에 대한 근본적인 해결책이 될 수 있을 것으로 보인다.

(2) 대상분야별 대책

1) 수질보전대책

수질보전을 위해서는 우선적으로 수계영향권별로 얼마의 오염물질을 어느 정도 줄여야 하는지에 관한 오염물질 삭감량 산정이 요구되는데, 전반적인 수질관리체계가 수계별 특성을 고려하지 않은 채 행정구역별로 관리되어 왔으므로 종합적인 대책수립이 사실상 어려웠다. 이 문제를 개선하기 위하여 전국의 수계를 4개 대권역과 114개 중권역으로 구분하여 관리하는 방식을 시도하고 있다. 보다 세부적으로는 하수, 공단폐수, 분뇨나 축산폐수, 농공단지공동폐수 등의 종말처리시설들을 계속 확충하고, 수질관리나 규제의 적합한 정도나 시기를 제대로 포착하기 위하여 정보관리시스템을 계속적으로 확충해 가는 방안이 있을 것이다. 장기적으로는 수질이 제대로 보전되어야 하는 것은 물론이지만, 우선 시민들에게 공급되는 물을 수질에 따라서 대략 이원화해서 공급하는 방안을 고려할 수 있을 것이다. 즉 양질의 식수를 일반생활용수와 분리해서 생산 및 공급하는 방안을 고려할 수 있다.

2) 대기질 개선대책

대기질의 개선을 위한 정부대책은 아래와 같이 요약될 수 있다. 첫째, 정부는 청정연료의 공급량을 확대하고 사용의무지역을 계속 넓혀간다. 둘째, 아황산가스 오염도를 낮추기 위하여 정유회사에 대하여 탈황시설을 설치하도록 하고, 연료의 황함유량 허용기준을 강화한다. 셋째, 자동차 매연에 대한 농도기준 강화뿐만 아니라 경유사용 소형차에 대하여는 연료를 휘발유 또는 액화석유가스(LPG)로 대체하는 방안을 강구한다. 넷째, 대기오염 현황을 시민에게 신속하게 공개하여 기업・시민・행정의 적극적인 협조를 유도하고 유사시에 경보기능을 수행할 수 있도록 대기오염 옥외전광판 등 대기오염 상시공개제도를 활성화한다. 그리고 공단 등 대기오염도가 높은 지역은 특별대책지역으로 지정하여 보다 강화된 기준을 적용하는 것이다.

3) 폐기물 관리대책

폐기물의 배출행위는 사적 비용에 비해 사회적 비용이 크게 된다. 따라서 사회적으로 적정한 상황을 초과하는 수준에서 폐기물 배출이 이루어지게 된다. 따라서 그와 같은 문제를 해결하기 위해서 사전적이든 사후적이든 규제에 의존하게 되는데, 규제의 형태로는 행정규제와 경제규제가 있다. 행정규제는 적정한 수준으로 폐기물 배출을 억제하기 위하여 공권력을 이용한 규제를 말하고, 처벌・행정명령에서부터 환경영향평가에 이르기까지 다양한 방식이 있다. 경제규제란 유인지향적 접근법(incentive-oriented approach)을 통하여 개인 또는 기업이 스스로 폐기물 배출을 줄이도록 유인하는 규제방식을 말하며, 범칙금, 오염유발부담금에서부터 오염배출권 거래제도에 이르기까지 다양한 방식들이 있다. 그런데 폐기물의 속성상 규제시기는 사후적인 규제에서 사전적인 규제로 바뀌어 가고, 규제형태는 정부규제의 한계인식의 제고와 더불어 행정규제에서 경제규제 쪽으로 변화되는 추세에 있다.

그림 19-3 폐기물 관리대책

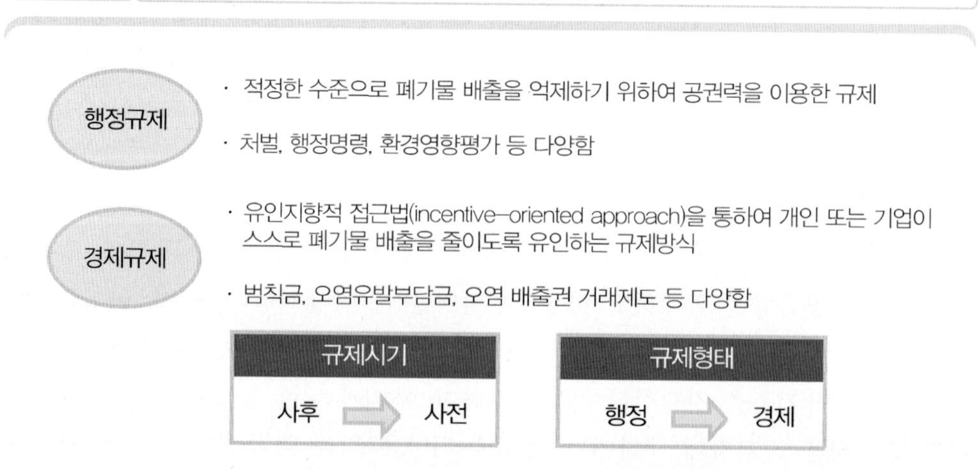

4) 환경영향평가

우리는 이제까지 지역개발, 산업입지 및 공업단지의 조성 등 각종사업을 시행함에 있어서 사업의 필요성, 경제적 · 기술적 · 상업적 · 행정적 측면의 실현가능성 그리고 효율성 등을 집중 검토한 후 그 사업을 추진하는 것이 관례처럼 되어 있었다.

그러나 이와 같은 형태의 사업추진은 그 사업의 기능적 효율성만을 고려하고 그 사업이 장기적으로 환경에 영향을 미치는 부분을 간과함으로써 자연환경과 보전을 위하여 막대한 규모의 사후투자를 초래하게 되었다. 결국 삶의 질을 높이기 위하여 인간과 환경의 조화를 이루어야 한다는 것을 자각하게 되었고, 그 수단 중의 하나로 최근 강조되고 있는 것이 '환경영향평가제도'이다. 우리나라의 '환경영향평가제도'는 1977년 12월 제정된 「환경보전법」 제5조에서 행정기관의 장이 시행하는 도시의 개발, 산업입지의 조성, 에너지 개발 등 3개 사업에 대하여 사전협의 근거를 규정함에 따라 도입되었지만, 단일법으로서의 「환경영향평가법」은 1993년 6월에 제정되고 그 해 12월부터 시행되고 있다.

환경영향평가란 정부기관 또는 민간에서 대규모 개발사업 계획을 수립하는 경우 이로 인해 환경에 미칠 영향을 미리 평가 · 검토하여 환경오염을 최소화하는 방안을 강구하는 것이다. 환경은 일단 파괴되면 원상회복이 거의 불가능하고, 또한 복구에 막대한 비용이 소요되므로 환경오염에 대한 사전예방이 매우 중요하다. '환경영향평가제도'는 이러한 환경오염 사전예방제도로 각종 사업계획을 시행할 때 환경적 요인도 종합적으로 비교 · 검토하도록 하는 것이다.[2)]

(3) 지역환경정책의 한계와 발전과제

지역환경정책의 애로점 내지 한계점은 다음과 같이 정리될 수 있다. 첫째, 비용과 부담의 분리현상으로 무임승차(free riding)의 유인이 높다. 둘째, 문제의 발생과 대책이 효과를 발생할 때까지의 시차(time-lag)가 길다. 셋째, 환경정책 내부

---

2) 현행 「환경영향평가법」에 의한 환경영향평가 대상 사업은 국가, 자치단체와 같은 공공기관 및 민간사업자가 시행하는 17개 분야, 63개 세부사업으로 구성되어 있다. 도시개발 · 에너지개발 · 수자원개발 · 관광단지개발 · 공업단지조성, 도로 · 항만 · 철도 · 공항 건설, 폐기물 및 오물처리시설 설치 등이 여기에 속한다.

의 상충관계(trade-off)와 오염원 파악에 어려움이 있다. 넷째, 환경오염의 최적규제수준을 모색하는 것이 어렵다. 다섯째, 환경오염은 피해의 범위가 대개 광역적이고 피해자가 건강상의 피해를 인지했을 때에도 가해자를 밝히기가 대단히 어렵다는 점 등을 들 수 있다.

세계경제의 급속한 변화와 함께 이제 환경문제는 국경을 초월하여 전 지구적 문제로 확산되고 있다. 이제는 인류 생존차원의 문제로 대두된 환경위기의 심각성을 깊이 인식하고, 더 많이 쓰고 버리는 것이 미덕으로 치부되고 크고 빠를수록 좋으며 무한한 성장이 최고의 가치로 여겨지던 지난 세기의 사고에서 벗어나야 한다. 이를 위하여 정부와 지방자치단체는 그간의 성장위주 정책을 탈피하고 환경행정의 효율성과 투명성을 높이는 방향으로 정책을 추진하고, 기업은 자원남용과 생산의 비효율을 제거하고 제품생산의 전 과정에서 자원을 절약하고 환경영향을 최소화하면서 제품의 경쟁력을 강화시키는 경영전략을 추구하여야 한다. 또한 우리 국민 각자도 사회에 만연되어 있는 과소비와 허례허식을 추방하고 환경친화적 소비문화를 정착시켜 나가야 할 것이다.[3)]

---

3) 이 장은 지방행정연수원 사이버교재; 모성은 · 임경수 · 이성우, 『지역개발론』을 중심으로 정리하였다.

CHAPTER 20

도시방재

2011년 발생한 일본 관동지방의 대지진으로 도시방재에 대한 중요성이 더욱 부각되고 있다. 일본 대참사에서도 볼 수 있듯이 도시재난의 형태는 지진에 의한 직접적인 피해보다 쓰나미(tsunami)에 의한 홍수 피해가 상상을 초월할 정도로 컸으며, 화재 정전 등에 의한 2차 피해와 원전사고로 인한 방사능 피해 등으로 매우 복합적이고 광범위하다. 특히 세계화의 급속한 진전으로 세계경제에 미치는 효과는 빠르게 진행되고 있다.

1 도시방재의 의의와 개념

(1) 도시방재의 의의

도시에 발생한 재난에 의한 피해는 도시화로 인한 피해 특성이 두드러지게 나타난다. 산업화 · 도시화가 심화됨에 따라 도시의 토지이용은 더욱 집약적 · 광역적으로 이루어지고 있는데 이에 따라 자연환경이 인공 구조물로 대체되어 수해 등의 직접적인 피해가 증가하고 있다.

특히 지역여건이나 장기적 기후변화를 고려하지 않은 난개발로 수해 등에 의한 피해 규모 확산, 화재의 확산 및 진화의 어려움, 건물붕괴로 인한 위험성 증가, 비상시 대피 곤란 등의 문제가 발생하고 있다.

1995년에 발생한 삼풍백화점 사고는 이러한 도시 재난의 피해를 직접적으로 보여준 사례로 사망자 502명을 포함하여 1,440명의 인명 피해와 함께 약 3,549억원의 재산 피해가 발생하였다.

도시화로 인한 피해는 단순한 물리적 피해와 인명 피해에 그치는 것이 아니라 산업 및 생산 활동이 직접화되면서 경제활동의 마비와 혼란으로 인한 경제적 손실이 빠르게 그리고 세계적으로 확산되고 있다.

인터넷 등의 정보시스템 발달과 항공기 등 교통기관의 발달로 세계 경제가 네트워크화되고 자본의 이동이 국제화됨에 따라 재난으로 한 도시가 피해를 입게 되면 다른 도시의 경제활동에 필요한 물자와 정보의 공급이 막히는 등 세계적으로 영향을 받게 되었다. 특히 서울 등의 주요 도시에 있어 재해의 발생은 국가 경제의 마비를 유발하고 이는 세계 경제의 혼란을 초래할 가능성 있다.

(2) 도시방재의 개념

방재는 사전적으로 폭풍·홍수·지진·화재 따위의 재해를 막는 일을 의미한다. 도시방재란 도시의 지역적 특성상 발생하는 각종 자연 재해나 인적재난에 관한 예방, 수습 및 복구 등 일체의 방재활동을 일컫는다.

도시지역에 막대한 피해가 발생했을 때 시민 개개인이나 단위시설만의 대응으로는 충분한 해결이 어려우므로 광역적인 해결이 필요하다고 인식되면서 도시방재란 개념이 사용되기 시작하였다.

도시방재의 목적은 도시재해를 예방하고 재해를 수습하여 피해를 최소화하는 것이다. 그러므로 도시방재는 재난에 대한 방어적 측면에서 재난발생의 최소화 및 피해 경감을 위한 행정적·기술적 조치나 대책의 총체라고 할 수 있다.

재해가 발생하기 위해서는 '재해유발충격'과 '재해위험요소'가 있어야 한다. 재해유발충격은 인간생활을 구성하고 있는 물리적·비물리적 사회시스템에 통상적으로 존재하지 않는 외력이 불시에 가해지는 경우를 의미한다. 그리고 재해유발충격을 받아들여 그것을 흡수하여 감퇴시키지 못하고 확대하여 외부로 발산시키는 물리적·비물리적인 인간생활 환경 구성 요소를 재해위험요소라고 한다. 재해위험요소에 재해유발충격이 가하여져서 사회 시스템의 일부가 피해를 받고 정상적인 작동이 불가능하게 되거나 인명과 재산의 피해가 발생되는 상태를 재해라고 부른다. 비정상적인 상태의 발생이라는 점에서 재해와 사고의 경계는 애매하지만, 사고의 규모가 커져서 사회적으로 공포 분위기를 조성하게 되면 그 사고는 재해로 분류된다.[1)]

---

1) 강양석·김현주, "도시성장과 재해방지", 「도시정보」, 통권 279호, 대한국토·도시계획학회, 2005,

「재난 및 안전관리 기본법」에서는 재난을 국민의 생명·신체·재산과 국가에 피해를 주거나 줄 수 있는 것으로서 다음 각 항에 해당하는 것으로 정의하고 있다.

① 태풍, 홍수, 호우(豪雨), 강풍, 풍랑, 해일(海溢), 대설, 낙뢰, 가뭄, 지진, 황사(黃砂), 적조(赤潮), 그 밖에 이에 준하는 자연현상으로 인하여 발생하는 재해(자연 재해)

② 화재, 붕괴, 폭발, 교통사고, 화생방사고, 환경오염사고, 그 밖에 이와 유사한 사고로 발생하는 대통령령으로 정하는 규모[2] 이상의 피해(인적 재난)

③ 에너지, 통신, 교통, 금융, 의료, 수도 등 국가기반체계의 마비와 감염병 확산 등으로 인한 피해(사회적 재난)

그림 20-1 재난 및 안전관리 기본법 상 재난의 종류

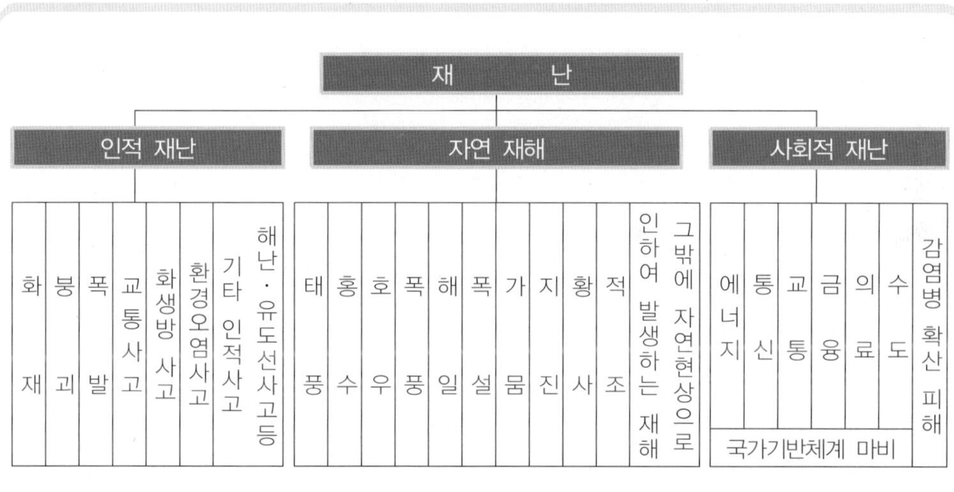

이 법에서는 자연 재해와 인적 재난으로 이원화되어 사용해오던 종전의 재난 개념을 통합하고, 현재의 사회적 환경이나 과학기술 수준에서 예상하지 못했던 새로운 유형의 재난까지도 포함하여 확대 일원화된 재난의 개념을 정의하였다.[3]

pp. 144-145.

2) 대통령령으로 정해진 피해규모는 1. 국가 또는 지방자치단체 차원의 대처가 필요한 인명 또는 재산의 피해와 2. 그 밖에 제1호의 피해에 준하는 것으로서 소방방재청장이 재난관리를 위하여 필요하다고 인정하는 피해를 말한다.

3) 강양석·김현주, 전게서, p. 145.

지속적인 도시화로 인한 도시의 고층화와 고밀화는 도시재난의 피해를 확대시키는 요인이 되고 있다. 또한 첨단과학기술 발전으로 연결・통합되고 복잡해진 도시 구조는 2차・3차 재해로 확산될 우려가 크며 도시 기능이 마비될 가능성이 점점 커지고 있어 사회적 재난에 대한 도시 방재는 더욱 중요해지고 있다. 또한 자연 재해가 자연 재해로 끝나는 것이 아니라 인적 재난과 사회적 재난으로 확대되고 있어 도시방재는 더욱 복합적이고 종합적인 조치와 활동이 필요하게 되었다.

2 우리나라 재난피해 현황

지난 10년 동안 재난으로 인한 피해액은 연평균 약 2조원이며 피해 복구에 소요된 비용은 연평균 약 3조2천억 원 수준이다. 10년 동안 피해가 가장 컸던 해는 2002년과 2003년으로, 태풍 루사와 매미에 의한 것이었다.

최근 10년간 원인별 인명 피해 및 피해액 현황은 태풍과 호우에 의한 것이 대부분이었다. 인명 피해와 피해액은 태풍에 의한 경우가 가장 많고 그 다음으로 호우에 의한 피헤가 많아 우리나라의 재난은 수해에 집중되었음을 알 수 있다. 이는 우리나라에서 발생한 대규모 자연 재난의 현황이 태풍과 호우에 집중되어 있는 것에서도 알 수 있다.

우리나라에 피해를 주는 재난은 주로 수해에 집중되어 있으나 최근 일본 지진으로 인해 지진에 대한 우려와 공포가 확산되었다. 우리나라는 비교적 지진에 대해 안전하다고 인식되어 왔으나 지진에 의한 피해는 규모가 상당히 크고 연쇄적으로 피해가 확산되는 경향이 있어 이에 대한 대책이 새롭게 조명될 필요가 있다.

우리나라는 지난 16년간 총169회의 지진이 발생하여 연평균 40회가 발생하였다. 그러나 일반인들이 느끼지 못하는 진도 4이하의 지진이 599회로 97%를 차지하고 있다. 진도 6이상의 강진은 발생하지 않았다.

우리나라에 발생한 주요 지진은 7회 정도로 1980년 북한 평북지역에 발생한 지진이 진도 5.3으로 가장 강하였으며 1978년 충남 홍성에서 발생한 지진에 의한 피해규모가 컸다.

그림 20-2 최근 10년 간 피해액 및 복구액 부담 현황

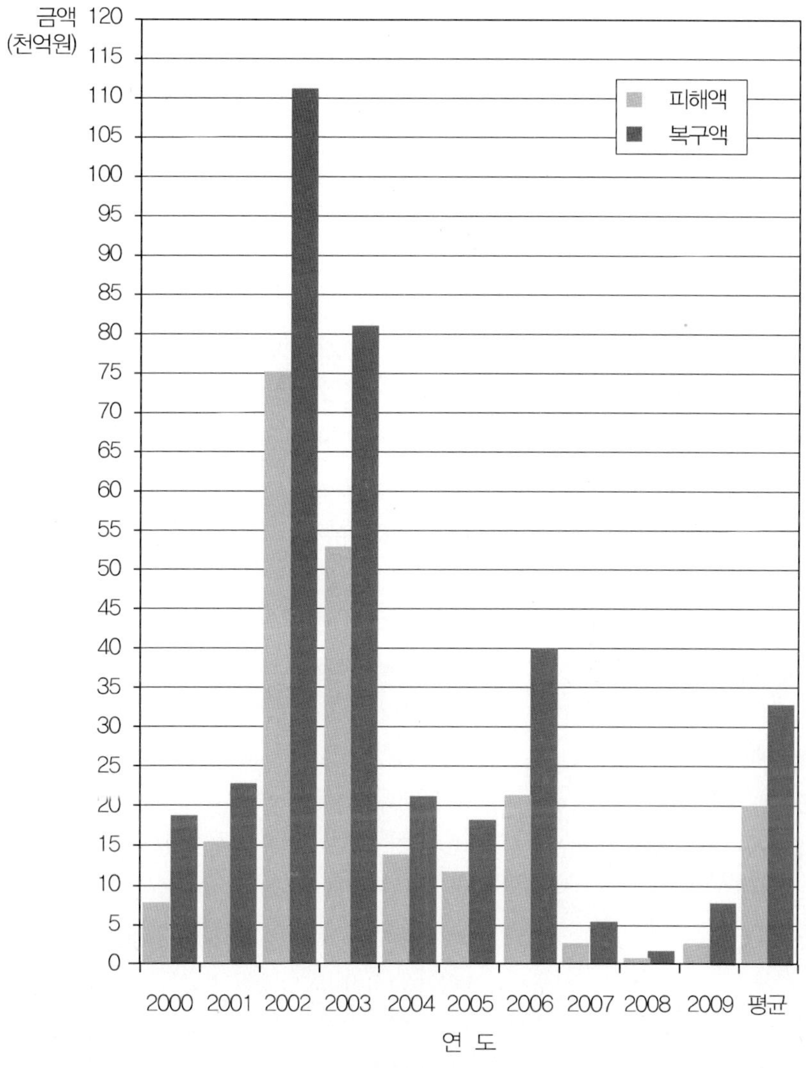

자료: 소방방재청, 「2009 재해연보」

표 20-1 대규모 자연재해 현황 (단위: 명, 억원)

재해명	발생년월일	우심피해 지역
1. 을축년 대홍수	'25. 7.18~ 9. 7	중부
2. 태풍 「사라」	'59. 9.15~ 9.17	영동, 영남, 호남
3. 안양, 시흥지구 수해	'72. 8.19~ 8.20	서울, 경기, 강원, 충북
4. 태풍 「쥬디」	'79. 8.25~ 8.26	제주
5. 호우	'80. 7.21~ 7.23	충북, 충남, 경기, 강원
6. '84 대홍수	'84. 8.31~ 9. 4	서울, 경기, 강원
7. 태풍 「셀마」	'87. 7.15~ 7.16	남해, 동해
8. 중부지방 호우	'87. 7.21~ 7.23	중부
9. 영·호남 호우	'89. 7.25~ 7.27	충남·북, 전남·북, 경남·북
10. 태풍 「쥬디」	'89. 7.28~ 7.29	서울 외 전지역
11. 한강 대홍수	'90. 9. 9~ 9.12	서울, 경기, 강원, 충북
12. 중부 호우	'91. 7.20~ 7.26	경기, 강원, 충북
13. 태풍 「글래디스」	'91. 8.22~ 8.26	부산, 강원, 경북, 경남
14. 태풍 「재니스」 및 호우	'95. 8.19~ 8.30	서울, 경기, 강원, 충남·북
15. 경기·강원 북부 호우	'96. 7.26~ 7.28	경기, 강원
16. '98 대홍수	'98. 7.31~ 8.18	전국(제주 제외)
17. 태풍 「예니」	'98. 9.29~10. 1	전북, 전남, 경북, 경남
18. 집중호우·태풍 「올가」	'99. 7.23~ 8. 4	전국
19. 집중호우·태풍 「프라피룬」	'00. 8.23~ 9. 1	전국(대구, 울산 제외)
20. '01 폭풍설	'01. 1. 7~ 1. 9	전국
21. 8.4~8.11 호우	'02. 8. 4~ 8.11	경기, 강원, 충북, 경남·북 등
22. 태풍 「루사」	'02. 8.30~ 9. 1	전국
23. 태풍 「매미」	'03. 9.12~ 9.13	전국(서울, 인천 제외)
24. 대설	'04. 3. 4~ 3. 5	충남, 충북, 대전, 경북 등
25. 대설	'05.12. 3~12.24	광주, 충남, 전북, 전남
26. 2006년 태풍 「에위니아」 및 호우	'06. 7.11~ 7.20	경기, 강원, 충북, 전남, 경북, 경남

자료: 소방방재청(2010), 소방방재 주요 통계 및 자료.

표 20-2 우리나라 연도별 지진발생 현황 (단위: 회)

규모별 / 년도별	계	2≤M<3	3≤M<4	4≤M<5	5≤M<6
계	619	471	128	18	2
1994	25	14	7	4	-
1995	29	18	10	1	-
1996	39	25	12	2	-
1997	21	13	7	1	-
1998	32	25	6	1	-
1999	37	21	15	1	-
2000	29	21	8	-	-
2001	43	36	6	1	-
2002	49	38	10	1	-
2003	38	29	6	2	1
2004	42	36	5	-	1
2005	37	22	14	1	-
2006	50	43	7	-	-
2007	42	40	1	1	-
2008	46	38	7	1	-
2009	60	52	7	1	-

자료: 소방방재청(2010), 소방방재 주요 통계 및 자료

표 20-3 우리나라에서 발생한 주요 지진

발생년월일	규모(M)	진 앙 지
1978. 9. 16	5.2	충북 속리산부근지역
1978. 10. 7	5.0	충남 홍성군 홍성읍지역
- 홍성피해: 인명 → 부상 2명, 재산 → 3억원(당해년도 산정금액) ※ 건물파손 118동, 성곽 25m 파손, 학교 9개교 149개 교실 파손		
1980. 1. 8	5.3	평북 서부 의주, 삭주-귀성지역
1982. 2. 14	4.5	황해도 사리원 남서부지역
2003. 3. 30	5.0	인천광역시 백령도 서남서쪽
2004. 5. 29	5.2	경북 울진 동쪽 약 80km 해역
2007. 1. 20	4.8	강원도 평창군 도암면-진부면 경계지역

자료: 소방방재청(2010), 소방방재 주요 통계 및 자료.

3 우리나라 방재제도

(1) 방재제도의 연혁

우리나라의 재난업무는 1961년 7월에 경제기획원 산하에 국토건설청이 신설되고 같은 해 8월에 영주수해복구사업소가 설치되어 수해복구사업을 시행함으로써 출발하였다.

정부적 차원에서의 본격적인 방재업무는 1963년 7월 건설부(현 국토해양부)에 수자원국 방재과에서 시작되었다. 1967년 2월에는 「풍수해 대책법」이 제정·공포되면서 재해대책본부가 설치되었다. 1990년 풍수해 대책업무가 내무부(현 행정안전부)로 이관되면서 중앙재해대책본부 업무기능도 이관되었고, 1995년 12월 「풍수해 대책법」을 「자연재해 대책법」으로 개정하여 공포하였다.

2004년 3월에 제정된 「재난 및 안전관리 기본법」은 방재관련 기본법으로서 그동안 자연 재해와 인적 재난으로 이원화되어 사용되어 재난 개념을 통합하고, 국가재난관리시스템의 기본틀을 구축하기 위한 법적 근거를 마련하였다. 그리고 2004년 6월에 소방방재청이 개청하여 국가재난관리 총괄기관으로 출범하였다.

(2) 재난관리체계

각종 재난의 대형화, 빈발화로 국민생활의 안전에 대한 불안감이 증대되고 정부의 재난관리 능력에 대한 국민의 기대욕구가 증폭하여 성수대교 및 삼풍백화점 붕괴사고를 계기로 재난을 사전적·근원적으로 예방하기 위해 재난관리기구를 발족하였다.

재난관리기구는 「재난 및 안전관리 기본법」에 의거하여 안전관리위원회가 중앙과 시·도 및 시·군·구에 설치되었고, 종합적인 실무를 담당하는 재난안전대책본부와 사고수습본부가 있다. 재난안전대책본부는 행정안전부장관을 본부장으로 하는 중앙재난안전대책본부가 있으며, 중앙사고수습본부장은 해당부처 장관이 맡도록 되어 있다.

재난으로 인한 긴급구조 상황에 대응하기 위하여 「재난 및 안전관리 기본법」

그림 20-3 우리나라의 재난관리 체계

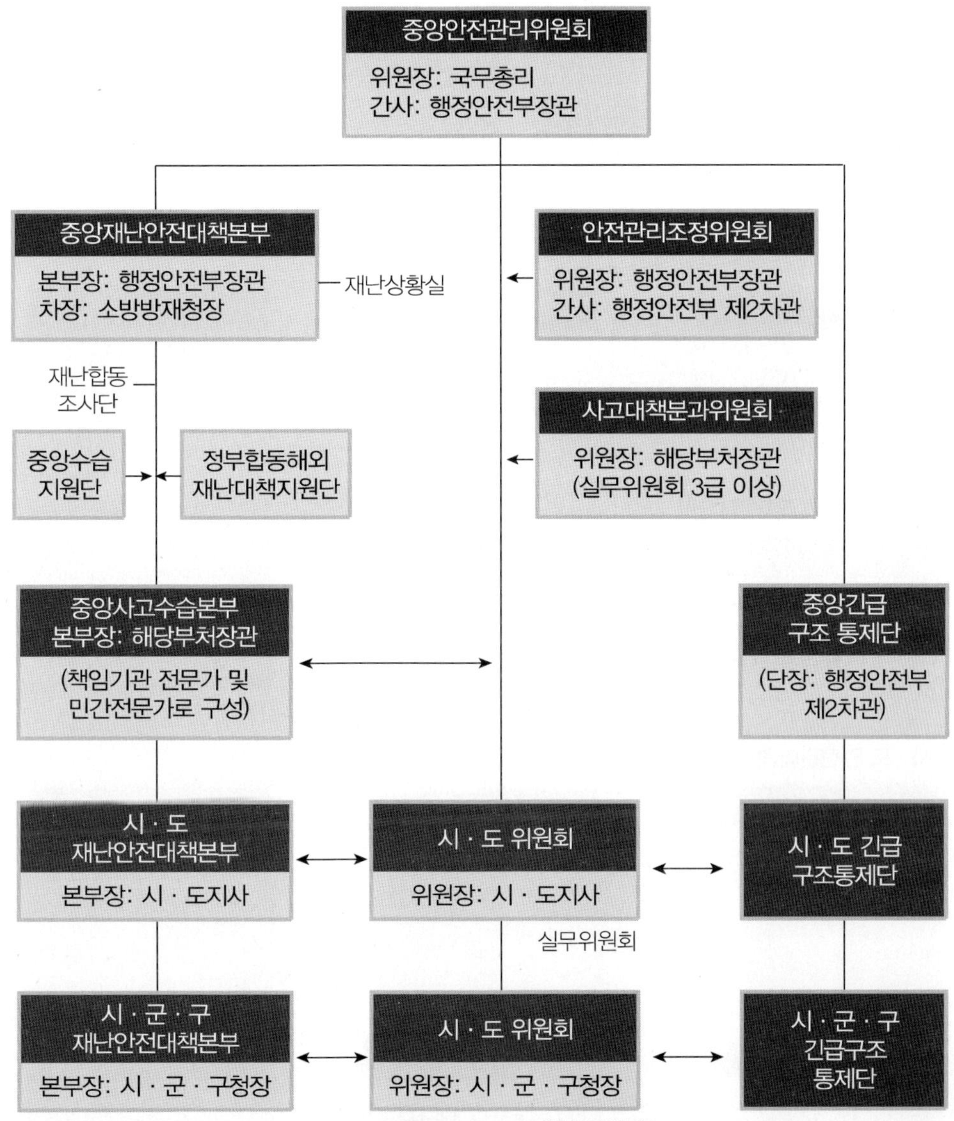

자료: 소방방재청(2010), 소방방재 주요 통계 및 자료.

에 의거하여 소방방재청장을 단장으로 하는 4부 1대로 구성된 중앙긴급구조통제단을 두고 있으며 지자체 단위의 긴급구조통제단을 두고 있다.

「재난 및 안전관리 기본법」에서는 국가와 지방자치단체는 재난으로부터 국민의 생명 · 신체 및 재산을 보호할 책무를 지고, 재난을 예방하고 피해를 줄이기 위

그림 20-4 국가안전관리계획의 종류 및 수립절차

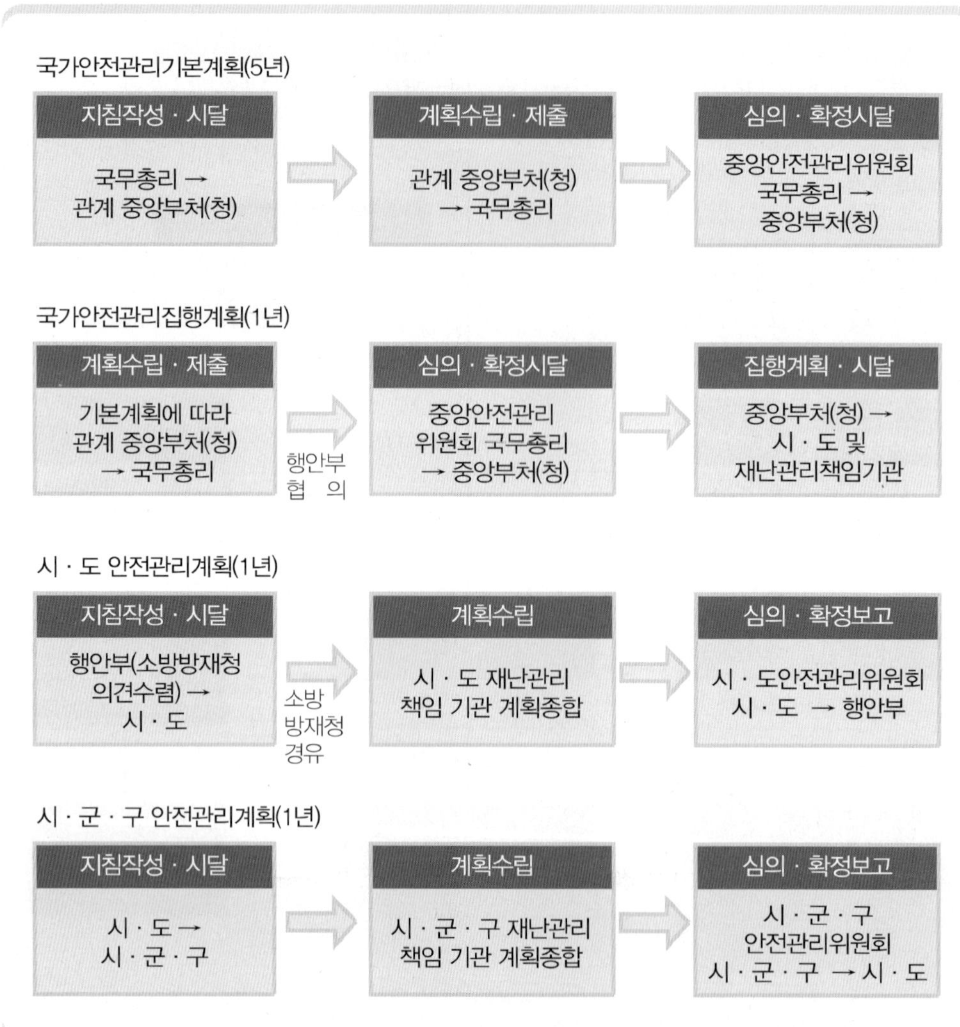

자료: 소방방재청(2010), 소방방재 주요 통계 및 자료.

표 20-4 국가안전관리기본계획의 내용

구분	국가안전관리기본계획(총 34개 유형)		국가안전관리집행계획 (우리청 소관 11개 유형)
	재난대책	주관기관	
유형별 (16개)	풍수해대책	소방방재청	풍수해대책
	설해대책	소방방재청	설해대책
	가뭄재난대책	소방방재청	가뭄재난대책
	지진재난대책	소방방재청	지진재난대책
	해일대책	소방방재청	지진해일(쓰나미)대책
	항공재난대책	국토해양부	해일(폭풍해일)대책
	철도재난대책	국토해양부	황사대책
	도로재난대책	국토해양부	폭염대책
	해상재난대책	국토해양부	폭발·대형화재대책
	방사능방재대책	교육과학기술부	건축물 등 시설물재난대책
	전기·유류·가스재난대책	지식경제부	유·도선 안전대책
	폭발·대형화재대책	소방방재청	
	건축물 등 시설물재난대책	소방방재청	
	통신재난대책	방송통신위원회	
	유독물·환경오염사고대책	환경부	
	산업재난대책	노동부	
해외재난 (6개)	재외공관 등 해외재난대책	외교통상부	
	북한방문 국민 안전대책	통일부	
	해외재난 사상자 지원대책	보건복지가족부	
	해외건설현장 안전대책	국토해양부	
	해외관광객 안전대책	문화체육관광부	
	해외진출기업체 재난대책	지식경제부	
기타 중요 재난 (12개)	재난방송대책	방송통신위원회	
	방재기상대책	기상청	
	유·도선 안전대책	소방방재청	
	생물재난대책	보건복지가족부	
	산불 방지대책	농림수산식품부 (산림청)	
	문화재 안전대책	문화재청	
	수리시설 및 방조제 재난대책	농림수산식품부	
	문화·레저 관련시설 안전대책	문화체육관광부	
	교통안전대책	행정안전부	
	보육시설 등 안전대책	보건복지가족부	
	어린이안전 종합대책	교육과학기술부	
	군 인력·장비지원 및 자체 시설 재난대책	국방부	

자료: 소방방재청(2010), 소방방재 주요 통계 및 자료.

하여 노력하여야 하며, 발생한 재난을 신속히 대응·복구하기 위한 계획을 수립·시행하도록 규정하고 있다. 이에 국무총리가 시달한 국가의 안전관리업무에 관한 기본계획(이하 '국가안전관리기본계획')의 수립지침에 따라 관계 중앙행정기관의 장은 그 소관에 속하는 안전관리업무에 관한 기본계획을 작성하여 국무총리에게 제출하여야 한다. 또한 소재지를 관할하는 특별시·광역시·도·특별자치도와 시·군·구의 재난 및 안전관리업무에 협조하여야 한다.

관계 중앙행정기관의 장은 국가안전관리 기본계획을 5년마다 수립하여야 하며 그에 대한 집행계획을 1년마다 수립하여야 한다. 각급 지방자치단체의 장도 해당 지자체의 안전관리계획을 매년 수립하여야 한다.

국가안전관리 기본계획은 유형별로 16개가 수립되어 있으며, 기타 중요 재난에 대한 대책과 해외 재난에 대한 대책이 수립되어 있다.

4 방재도시 조성방안

(1) 방재도시 조성의 필요성

도시화·산업화·정보화 등에 따른 인구 및 시설의 밀집으로 도시가 고밀화되어 평상시에는 기능적으로 편리하지만 재난시에는 여러 가지 피해가 복합적·연쇄적으로 발생할 위험이 상존하게 되었다. 피해가 복합화되고 그 영향은 한 도시 내 전역은 물론 다른 지역 및 국가 전체에 영향을 미칠 수 있다. 따라서 도시방재는 더욱 중요성이 더해지고 있다.

방재 및 안전계획은 삶의 질 향상과 직결되고 지속발전 가능한 도시기반을 구축하는 가장 핵심적이고 기본적인 요소라고 할 수 있다. 그러므로 방재 시가지를 조성하는 것은 비교적 발생빈도가 높은 화재, 침수, 붕괴, 폭설 그리고 지진 등을 비롯하여 각종 자연재해 및 인적재난에 대해 잠재적 위험도의 감소와 발생 피해를 최소화하기 위한 공공과 민간의 총체적 대응이라고 할 수 있다.

방재시가지 조성은 도시계획적인 가로계획이나 정책·건축시설물 방재 등을 포함하여 주민 방재의식 제고를 기반으로 공공의 정책과 제도적·기술적 지원 하에 주민이 주체가 되어 방재를 목적으로 이루어지는 환경개선 활동이다.

결국 각 도시가 처한 상황에 기초하여 방재상 과제를 해결하고 나아가 도시 주민의 일상적 안전성, 쾌적성 등을 제고하는 종합적인 삶의 질에 대한 개선 과정이라고 할 수 있다.

(2) 방재도시 계획과 조성방안

방재도시를 조성하기 위해서는 우선 개별적인 대책으로서 방재대책이 아닌 종합대책으로서 도시계획측면의 방재계획 수립이 필요하다. 효율적인 방재도시계획은 기초현황조사, 재해유형화, 재해위험도분석을 통해 구체적인 방재대책이 수립되고, 이는 토지이용계획 등 전체 도시계획과의 효율적 결합을 통해 완성된다.

효율적인 방재도시계획을 수립하기 위해서는 광역도시계획, 도시기본계획, 도시관리계획 등 도시계획 체계상의 방재도시계획 내용을 계획위계, 계획범위를 고려하여 차별화하고, 각 도시계획이 추구하는 기본이념에 부합하도록 해야 한다.[4]

그리고 방재도시를 조성하기 위해서는 평상시에 지역주민 개개인의 재난에 대한 대응력을 높이는 것이 필요하다. 그 외에 지역차원의 대응력을 향상하기 위하여 지역의 방재 과제를 인식하고, 지역주민의 공동체 의식을 높일 필요가 있다. 또한 방재에 필요한 기자재와 물품을 지역적 차원에서 비축하고 방재훈련 등을 통해 지역의 방재체제를 확립할 필요가 있다.

이러한 방재도시의 계획수립과 구체적인 실천을 위해서는 중앙정부 및 지자체 차원의 방재정책이 지역주민에게 잘 전달되고 이해되도록 하기 위하여 방재관련 계획 및 각종 규제, 도시개발과 관련된 각종 정보를 제공할 필요가 있다. 이러한 정보의 공유를 통하여 공공과 민간이 협력하여 네트워크를 구성하고 전문가 집단의 지원을 받아 방재도시 조성에 효율성을 증진할 수 있다.

---

4) 심우배 외, 「재해에 안전한 도시조성을 위한 방재도시계획 수립방안 연구」, 국토연구원, 2008, p. 109.

그림 20-5 효율적인 방재도시계획 수립절차

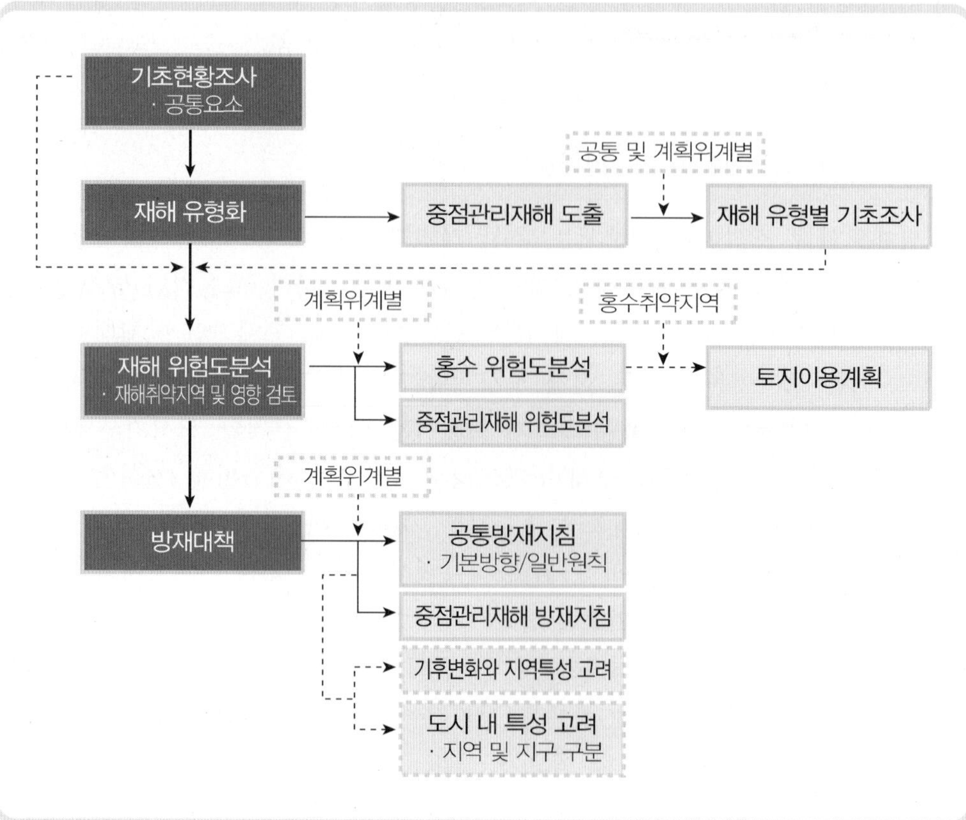

자료: 심우배 외, 「재해에 안전한 도시조성을 위한 방재도시계획 수립방안 연구」, 국토연구원, 2008.

CHAPTER 21

지역어메니티

종래의 지역 활성화 수단은 더 이상 효과적인 수단으로서 역할하지 못하고 있다. 이에 따라 다른 지역들이 쉽게 모방하고 갖출 수 없는 지역의 특수한 환경이나 어메니티(amenity) 등이 새로운 지역발전의 핵심요소로 부각되고 있다. 이 때문에 유럽 및 일본에서는 어메니티를 지역발전의 수단으로 적극 채택하고 있고 우리나라 일부 자치단체들도 어메니티를 지역발전의 핵심자원으로 활용한 지역발전전략을 수립하고 있다.

1 어메니티의 기초

(1) 어메니티의 개념

어메니티는 인간이 느끼는 쾌적성, 편리성, 친환경성, 안전성의 개념을 가지는 유무형의 자산이다. 어메니티는 수려한 자연경관일 수도 있고, 멋진 구조물일 수도 있으며, 잘 배치된 도시 전체가 될 수도 있다. 어메니티는 '정의하는 것보다 인식하는 것이 더 쉽다'고 할 만큼 정의하고자 하는 사람의 수만큼이나 다양하다. 이처럼 합치되고 정형화된 개념은 존재하지 않지만, 어메니티의 일반적 개념을 도출해보면 다음과 같다.

첫째, 어메니티는 총체적인 환경의 질이다. 즉, 어느 한 특성을 말하는 것이 아니라 쾌적한 상태로서 종합적인 환경의 질을 일컫는다.

둘째, 어메니티는 인간이 기분 좋다고 느끼는 물리적 환경의 상태이다. 따라서 어메니티는 문화환경의 충족감과 함께 쾌적한 자연의 순수함과 매우 밀접한 관계가 있는 개념이다.

셋째, 어메니티는 상대적 개념이다. 즉, 시간 · 공간에 구애받지 않는 절대적이고 고정된 개념이라기보다는 한 사회의 경제, 정치, 문화, 사회의 발전수준과 사회구성원들의 가치관과 습관에 따라 변화할 수 있는 상대적인 개념이다.

넷째, 어메니티는 경제적 가치를 지니는 개념이다. 어메니티는 이용자들의 소득향상, 문화적 욕구 증대에 따라서 양적 · 질적으로 증대된다. 그리고 어메니티가 있는 시간과 공간의 희소성이 있기 때문에 경제적인 관점에서 추상적 가치를 지니고 있다.[1)]

(2) 어메니티의 특성

어메니티는 환경, 생태 등 자연적인 것은 물론이고 문화, 역사, 교육 등 인위적인 것 모두를 포함한다. 어메니티는 개인이 공급할 수도 있고 공공이 공급할 수도 있다. 정부나 지방자치단체가 통제, 관리 가능한 것도 있고 그렇지 못한 것도 있다. 계층적으로는 상위층이 수요하는 어메니티가 있고 그렇지 못한 사람들이 수요하는 것이 있으며, 지역적으로는 도시 어메니티와 농촌 어메니티가 있을 수 있다. 주체 측면에서는 기업 어메니티가 있을 수 있고, 주거 어메니티가 있을 수 있다. 하지만 이렇게 다양한 차원의 어메니티는 '장소정책(place policy)'의 대상이 되고 정책활용의 토대가 되는 일련의 특성을 지니고 있다(Gottlieb, 1995; Boarnet, 1998). 장소 특수성, 비배제성 · 비경합성, 비가역성 등을 포함한 주요한 특성을 간추리면 다음과 같다.[2)]

표 21-1 어메니티의 특성

구 분	특 성
장소 특수성	• 장소나 지역 간 비대체성, 소비하기 위해서는 현장으로의 이동이 필요
비경합성, 비배제성	• 무임승차로 인해 지역적 편익이나 부가가치창출보다 과소공급, 활용으로 인해 '장소정책' 필요
비가역성	• 훼손되거나 파괴된 어메니티 회복 어려움, 개발 및 활용에 대한 신중 필요
소득의 정상재	• 생활수준 및 소득향상에 따라 수요가 증가하는 속성을 지님
부가가치 창출	• 경제적 가치를 지닌 자원으로 지역발전 요소

자료: 김현호 · 오은주, 「어메니티를 활용한 지역발전 방안」, 연구보고서 2007-15(제410권), 한국지방행정연구원, p. 13.

1) 조상필, 「농촌 어메니티를 활용한 농촌 활성화 방안」, 광주전남발전연구원, 2004, pp. 27-28.
2) 김현호 · 오은주, 「어메니티를 활용한 지역발전 방안」, 한국지방행정연구원, 2007, p. 11.

(3) 어메니티의 유형

어메니티 유형은 개념적 다의성만큼이나 연구자의 관심과 초점에 따라 다양하다. 우선, 어메니티의 유형은 생성기원, 존재형태, 소유권 등에 따라 구분할 수 있고, 또 자연・문화・사회적 형태에 의해 구분할 수 있다.[3]

표 21-2 OECD의 복합적 관점에 의한 구분

기 준	내 용
생성기원	• 자연적으로 형성된 것 • 자연과 인간의 상호작용으로 형성된 것 • 인위적으로 형성된 것
존재형태	• 점 어메니티 • 비점 어메니티
소유권	• 사유재 어메니티 • 공공재 어메니티

자료: 김현호・오은주, 「어메니티를 활용한 지역발전 방안」, 연구보고서 2007-15(제410권), 한국지방행정연구원, p. 14.

표 21-3 자연・문화・사회적 형태에 의한 구분

구 분	내 용
자연적 자원	• 대기질, 수질, 소음이 없는 환경, 기후, 수자원, 식생, 토양, 지형, 동물
문화적 자원	• 전통건조물, 전통주택, 문화시설, 역사, 제반 경관
사회적 자원	• 놀이, 공동생활시설, 기반시설, 생활공동체, 특산물 생산 등

자료: 농촌자원개발연구소(2004)

이 밖에도 어메니티의 유형은 어메니티의 여건에 따라 도시형과 농촌형으로 구분할 수 있고, 활용형태에 따라 장소마케팅, 도시재생, 기함전략형으로 분류할 수도 있다.

먼저, 어메니티 여건을 감안해서 도시형과 농촌형 전략으로 나눌 수 있다. 도시지역에서는 산업화 과정에서 어메니티가 소실되었거나, 제대로 보전되지 못해

3) 상게서, p. 13.

어메니티 기반이 열악한 것으로 인식하고 있다. 반면 농촌지역은 도시에 비해 상대적으로 어메니티가 적게 소실되고 제대로 보존되어 있어 어메니티가 풍부한 것으로 인식하고 있다. 이런 인식의 차이는 어메니티 활용유형에 대한 차이를 가져오고 있다. 도시의 경우 어메니티로 인해 공간의 질이 향상되면 거주민의 만족도가 높아지고 고급두뇌의 유치로 지역의 경쟁력이 강화된다. 반면 농촌지역은 지역회생 내지 재생의 중요한 수단으로 어메니티 활용전략을 추진하고 있으며, '관광'이나 어메니티 자원의 '제품화'를 통한 부가가치 창출의 형태로 구체화되고 있다.

그림 21-1 도시 및 농촌의 어메니티 전략

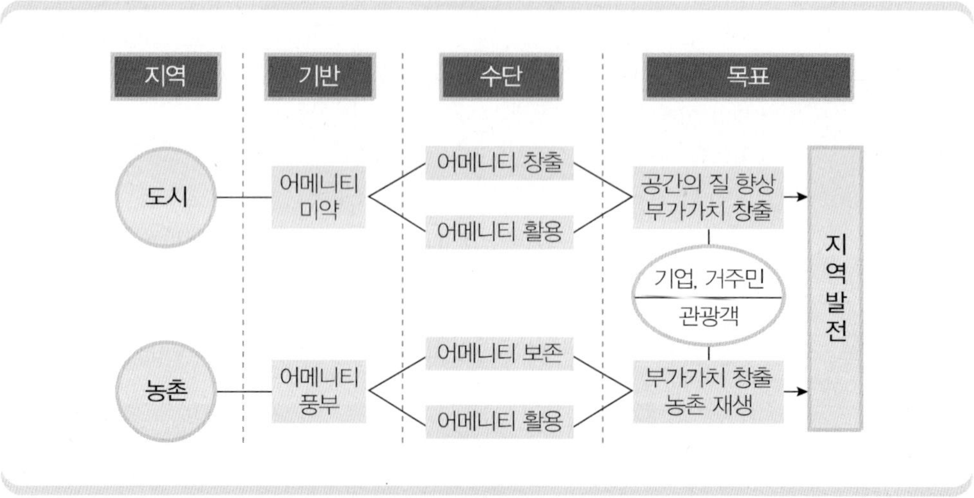

자료: 김현호 · 오은주, 「어메니티를 활용한 지역발전방안」, 한국지방행정연구원, 2007, p. 24.

다음으로, 활용형태에 따라 장소마케팅형, '도시재생(urban regeneration)형, 기함전략(flagship strategy)형 등으로 구분할 수 있다.[4] 장소마케팅형은 어메니티 요소를 상품화하여 사람과 기업에게 마케팅하는 형태이고, 도시재생형은 어메니티 요소를 지역재개발 및 지역재생에 활용하는 형태이며, 기함전략형은 어메니티에 의해 특정지역을 선발 · 발전시키고 그 발전을 파급시키는 데 활용하는 유형이다.

4) 상게서, p. 24.

표 21-4 어메니티 활용형태에 따른 전략유형

구 분	활용내용
장소마케팅	• 문화, 생태자연, 산업요소 등의 어메니티 요소를 상품화하여 사람, 기업에게 마케팅
도시재생	• 문화, 생태자연 등 어메니티 요소를 통한 지역재개발을 통한 지역재생
기함전략	• 어메니티에 의해 특정지역 선발발전 후 발전을 파급

자료: 김현호 · 오은주, 「어메니티를 활용한 지역발전방안」, 한국지방행정연구원, 2007, p. 25.

2 정부 및 지자체의 어메니티 시책

(1) 중앙부처

도시와 농촌 지역 등의 어메니티 증진 및 활용에 대한 중앙정부 시책은 부처별로 어메니티의 특성들 중에서 서로 다른 포커스를 가지고 시행되고 있다. 어메니티라는 개념 아래에 일관되게 하나의 시책이 추진되지 않고 관련 부처가 개별사업으로 추진하고 있기 때문이다. 우선 지역발전위원회를 중심으로 행안부, 국토부, 농림부 등 범부처 차원의 형식을 띠면서 살기좋은 지역만들기[5] 관련 정책이 추진되고 있다. 이 시책은 명시적으로 어메니티정책을 표방하고 있지는 않지만 과도한 산업화로 인하여 피폐화된 국토(도시어메니티의 저하, 농촌지역의 피폐화 문제)를 회복하여 주민들이 살기좋으며 기업을 유인하고 인구유입을 촉진하기 위해 시행되고 있다.[6]

그러나 어메니티 관련 정책을 시행하고 있는 개별부처들은 상당히 공통적인 목표를 위해 정책을 추진하고 있음에도 불구하고 그 내용에 있어서는 차별성을 두고 있다. 행안부는 '살기좋은 지역만들기'를 통하여 지역 내 종합적인 삶의 질 개선과 궁극적으로는 지역경제 활성화를 도모하고 있다. 국토부는 행안부와 유사하게 '살고싶은 도시만들기' 정책을 추진하면서, 한편으로는 도시계획적 원리로서

5) 정책의 구체적인 사업 목적과 비전은 자연환경의 복원과 삶의 질을 개선하고 지역공동체를 복원하여 "아름답고, 쾌적하고, 특색있는 지역공동체"로 발전시키는 목표를 지향하고 있다. 즉, 삶의 정주공간으로서 안락하면서 경제적으로 경쟁력 있고 사회적으로 역동적인 지역으로 발전하도록 하는 내생적 지역발전 전략을 추구하고 있다.

6) 김현호 · 오은주, 전게서, p. 36.

의 어메니티 개념(즉, 쾌적성, 안전성, 편리성, 친환경성 등)에 초점을 두어 도시화 과정에서 감소되었던 도시 및 국토어메니티 차원에서의 정책이나 제도를 강구하고 있는 상황이다. 농림부는 농촌의 회생수단 측면에서 농·산·어촌에 보편적으로 존재하고 있는 환경자원이나 농수산물자원 등을 어메니티 자원으로 파악하고 이를 활용하여 농촌 경제와 농촌마을 활성화 노력을 경주하고 있다.

1) 부처별 주요시책 현황

가) 행안부: 살기좋은 지역만들기, 생활여건 개선

행안부에서는 2006년 말부터 '살기좋은 지역만들기'사업을 추진하기 시작하였다. 이는 쾌적한 지역공동체, 아름다운 지역공동체, 특색있는 지역공동체라는 목표 달성을 위해 5개 과제를 설정하고 그에 따른 관련 사업을 추진하고자 하는 내용이다. 살기좋은 지역만들기는 9개 모델(산업형, 교육형, 정보형, 생태형, 전통형, 문화형, 관광형, 건강형, 가족형)로 구분하여 지자체 대상으로 우수계획공모전을 추진하고 있으며, 2007년에 국가지정 30, 도지정 17개의 살기좋은 지역만들기 대상지역을 선정하여 정책을 추진하고 있다.7)

표 21-5 살기좋은 지역만들기 지정현황(국가지정, 도지정)

구분	생태형	문화형	관광형	산업형	가족형	교육형	전통형	건강형	기타형	계
국가	9	6	5	2	3	1	2	1	1	30
도	3	4	2	6	0	1	0	1	0	17
계(%)	12(25.5)	10(21.3)	7(14.9)	8(17.0)	3(6.4)	2(4.3)	2(4.3)	2(4.3)	1(2.1)	47

나) 국토부: 살고싶은 도시만들기, 국토 어메니티 창출

국토부는 살고싶은 도시를 10가지 유형으로 구분하여 살고싶은 도시만들기 '시범마을'사업과 '시범도시'사업을 추진하고 있다. 10가지 유형은 지역 내 삶의 질 향상을 위해 변형할 수 있는 여러 차원들을 기준으로 구분되었다. 10가지 유형은 생태·환경형, 경관·미관형, 건축문화형, 역사문화형, 정보·과학형, 녹색교통형, 관광·레저형, 방재·안전형, 교육·학습형, 도시정비형 등으로 어메니티의 각 구

7) 권영섭 외, 『살기좋은 지역만들기』, 국가균형발전위원회, 2006, p. 127.

성요소들을 특화발전시키는 것을 목적으로 하여 추진되고 있다.[8]

다) 농림부: 살기좋은 농촌만들기(전원마을), 삶의 질 개선 관련사업

농림부는 도시에 비해 상대적으로 풍부하게 남아있는 농촌자원을 어메니티 자원으로 규정하고 이를 구축, 활용하기 위한 정책을 추진하고 있다. 이는 무역자유화를 거스르기 힘들다는 판단 하에 1990년대 후반부터 북미나 유럽에서 나타난 농촌개발정책의 변화를 수용하기 시작히면서 시도되었다. 북미와 유럽의 농촌지역은 국제적 농업환경 변화 속에서 종래의 농업생산 방식에서 벗어나 농촌 지역의 자연적, 사회적, 문화적 유산들을 보호하고 이들 지역유산들을 이용한 농촌관광, 생태관광 그리고 유기농산물 수출로 선회하기 시작하였다(OECD, 1993, 1999).[9]

구체적인 사업으로 전원마을조성사업, 농촌마을종합개발사업, 녹색농촌체험마을사업 등을 시행하고 있다.

2) 제도기반

중앙부처 차원에서 수행되는 어메니티 관련 사업들은 사업마다 그 때 개별법에서 명시한 지역들을 차용하여 사용하고 있기는 하나, 개별사업이 아니라 어메니티의 증진 및 활용을 주요 내용으로 하는 법률이나 규칙 등이 거의 마련되어 있지 않다. 다만, 국토부는 「국토의 계획 및 이용에 관한 법률」에서 제시하고 있는 법률에 기반하여 도시계획 원리로서의 어메니티를 차용하고 있으며, 농림부는 「농림어업인 삶의 질 향상 및 농산어촌 지역개발 촉진에 관한 특별법」에서 어메니티 자원의 활용에 대한 부분적인 법적, 제도적 기반이 형성되어 있는 정도라 할 수 있다. 이에 따라 어메니티와 관련하여 부처별 파편적이고 단편적인 법률적 기반의 문제를 시정하기 위하여 입안된 「경관기본법」[10]이 2007년 4월 국회에서 통과되었다.[11]

---

8) 김현호 · 오은주, 전게서, p. 38.

9) 상게서, p. 40.

10) 그 주요 내용은 경관계획의 목표와 추진체계(공청회, 지방의회, 경관위원회의 심의 등), 경관사업의 내용(야간경관의 형성, 걷고 싶은 거리 조성 등), 경관지구의 설정, 경관사업추진협의체(지역주민, 시민단체, 전문가 등으로 구성), 경관사업의 재원조달 방안 등이다. 경관계획이 법적인 근거를 가지고 경관협정의 법적 효력 등이 발생함에 따라, 도시 어메니티의 증진이라는 측면에서는 성과라고 할 수 있으나, 경관사업의 주요 대상이 도시계획의 어메니티 개념 가운데 미관적인 부분에 치우쳐 있다는 한계가 존재한다.

11) 김현호 · 오은주, 전게서, pp. 44-45.

표 21-6 중앙정부와 지자체의 어메니티 활용 시책

사업명	사업성격	사업내용	추진주체	지역범위
살기좋은 지역만들기	복합형	• 산업형, 교육형, 생태형, 문화형 등 9가지 유형에 따른 마을만들기사업	행안부	마을
살고싶은 도시만들기	복합형 또는 도시계획형	• 생태·환경형, 경관·미관형, 건축 문화형, 역사문화형 등 10가지 유형	국토부	시범도시, 시범마을
농촌마을 종합개발사업	복합형 (농촌정주공간개선 + 인구유입)	• 경관개선, 기초생활환경개선, 소득기반 확충 등 마을 활성화 종합적 시책	농림부	생활권역 (3~5개 법정리)
전원마을 조성사업	부가가치창출형 (인구유입)	• 전문화된 전원마을(맞춤형 정원주거단지, 체제형 주말농장, 은퇴농장 등) 건설 후 도시민·은퇴민 인구유입 유도	농림부	유형에 따라 단지규모 차등
녹색농촌 체험마을	부가가치창출형 (체험관광)	• 농촌체험기반시설, 마을경관조성 등 사업지원	농림부	-

(2) 지방자치단체

1) 주요시책 현황

지방자치단체의 어메니티 관련 시책 역시 중앙정부 시책과 마찬가지로 도시계획적 측면의 어메니티 계획과 지역경제 차원의 어메니티 계획 그리고 복합형으로 구분할 수 있다. 일반적으로 대도시나 중소도시에 해당되는 지자체는 주민 삶의 질 향상을 위하여 도시 계획적 측면의 어메니티 계획을 수립하는 경향이 있다. 특히, 1990년대 후반 이후 도시 전체 차원에서 도시민의 삶의 질 향상을 위하여 종합적인 어메니티 플랜을 추진하기 시작하였는데(이재준, 2006), 부산은 1984년에 시작하였고 1998년에 의정부, 부천, 안양, 수원, 성남, 안산 등 경기도의 6개 시가 어메니티 플랜을 수립·추진하고 있다. 어메니티 플랜은 도시계획 측면의 어메니티 효과, 즉 쾌적성, 심미성, 안전성 등에 강조점을 둔 반면에 농촌지역이나 소도시들은 기업 및 인구 유입을 유도하여 지역을 활성화시키려는 목적 하에 지역 내 존재하는 어메니티를 개발, 활용하려는 시도를 보이고 있다. 지역경제 활성화의 대표적인 어메니티 사례로 서천, 함평 등을 들 수 있다.[12]

12) 상게서, p. 48.

2) 제도기반

1990년대 후반 이후 어메니티 관련 계획들이 지방자치단체에 의해 도입되고 종종 적극적으로 추진되어오고 있음에도 불구하고, 제도적인 정비가 미약한 편이다. 서천 등 몇 개 지방자치단체만이 어메니티를 지원하는 조례를 제정하여 제도적인 기반을 구축하고 있을 뿐이다. 대체로 단체장의 결정에 의해 어메니티 관련 시책이 추진되고 있다. 또한 조례 역시 법적 기속력이 강하지 못하여 어메니티 조례가 선언적인 형태에 그칠 개연성이 많다. 그러나 2007년 제정된 「경관기본법」이 적용, 시행되면서 지방자치단체가 추진하는 어메니티 활용 지역발전전략의 제도적 기반이 되었다. 그럼에도 「경관기본법」은 분명 심미적이고 건축적이고 거리 조성차원 등 특정 지구(경관지구와 같은)의 사업 추진에 적용될 수 있을 뿐 경관의 개선이나 경관 조성 등과 무관한 어메니티 전략(어메니티 홍보나 상업화를 위한 축제 및 관광 사업 추진)의 추진에 대한 제도적 기반을 제공해 줄 수 없는 한계가 존재한다.[13]

3 국내외 어메니티 활용 사례

(1) 외국사례: 프랑스 망똥

1) 개 요

망똥(Menton)은 프랑스 남부 지중해에 자리한 인구 3만 명의 지역이다. 니스에서 동쪽으로 30킬로미터 거리에 있는 해안도시로 이탈리아와 국경을 맞대고 있다. 뒤는 산으로 둘러쌓여 북쪽 알프스에서 불어오는 찬바람을 막아주고, 앞은 지중해의 쪽빛 해안(Cote d'Azur)을 바라보고 있다. 이 같은 지형조건으로 인해 당도 높은 오렌지와 강렬한 신맛의 레몬을 생산하고 있다. 주변의 이탈리아나 스페인, 그리고 코르시카의 그것과는 현격히 구별된다는 자부심의 밑바탕에는 이 지역 사람들이 레몬을 포함한 지역의 양호한 어메니티를 활용한 지역발전에 기울여 온 정성이 깔려있다. 이 지역이 어메니티 자원을 활용하여 지역발전을 달성한 이면에

13) 상게서, p. 49.

는 기후조건도 있었지만 어메니티 활용의 창발적인 아이디어, 활용에 대한 지역주민의 적극적인 참여, 어메니티에 적합한 활용전략 등이 있었다.[14)]

2) 활용특성

망똥의 지역 어메니티는 지중해의 맑은 공기와 온화한 날씨, 빼어난 자연풍광, 쪽빛 바다, 그리고 휴양도시란 지역의 이미지, 상품화가 가능한 오렌지와 레몬, 깨끗하게 정돈된 도시경관 등이라고 할 수 있다. 이 같은 심미성을 제공하는 어메니티 요소를 다양한 방법으로 시장가치를 실현하여 부가가치를 창출하고 있다. 1929년 라비에라 호텔(Riviera Hotel)을 경영하던 호텔업주는 지역의 어메니티 자원인 꽃과 감귤류를 이용한 전시회를 착안했고 이를 실행에 옮겼다. 그리고 이것이 사람들로부터 좋은 호응을 얻게 되었고, 망똥 시 당국이 어메니티를 활용한 축제의 시장성을 면밀히 검토, 분석하여 레몬축제의 틀거리를 만들었다.[15)]

이렇게 시발된 망똥축제는 74회째를 맞고 있다. 축제의 착안이 지역의 특색있는 어메니티 자원의 활용에 있었듯이, 축제의 개최시기도 기획력을 발휘하여 어메티니 지형을 십분 활용하고 있다. 매년 2월 축제 상품화는 두 가지 이점이 있었다. 하나는 따뜻한 지중해성 기후로 인해 피한객(避寒客)들을 불러 모을 수 있는 겨울 휴양지로서의 지역적 특성을 살릴 수 있는 점이며, 다른 하나는 프랑스 코뜨다쥐르 해변의 2대 축제 중의 하나인 '니스 카니발'을 구경 온 사람들을 불러 모을 수 있는 연계관광의 이점이었다. 어메니티를 활용한 축제는 주제를 달리하여 개최되고 있다. 2002년에는 피노키오(Pinocciho)가, 2003년은 이상한 나라의 엘리스, 2004년은 월트 디즈니(Walt Disney) 스튜디오, 2005년은 비바 에스퍄나(ViVa Espana), 2006년에는 슈렉이 주제였다.[16)]

망똥시를 포함하여 축제 전문가, 지역주민, 망똥 관광사무소 등이 참여하여 어메니티 활용전략을 선정한다. 이렇게 해서 어메니티를 개발할 주제가 정해지면 다양한 방면의 사람들이 어메니티 상품화를 도모한다. 망똥은 어메니티의 축제 상품화를 통해서 여기에 소비되는 레몬과 오렌지를 참여자들에게 팔고 있다. 그리고 가로수, 정원수로 오렌지, 레몬 등을 심어 황금빛 레몬의 경관 어메니티를 창출할

---

14) 상게서, p. 73.
15) 1934년에 축제를 활용한 어메니티 자원의 개발이 시작되었다.
16) 김현호 · 오은주, 전게서, pp. 74-75.

뿐 아니라, 구름다리, 조명, 꽃, 잔디 등 도시의 가구(urban furniture)의 어메니티도 향상시켜 주거환경을 개선하고 있다.[17)]

3) 발전요인

망똥시의 전략이 성공하게 된 요인으로는 첫째, 지역의 장소 특수적인 어메니티를 차별화된 전략을 통해 상품화하고 있다는 점이다. 지역의 어메니티 자원인 오렌지와 레몬을 동화의 나라 캐릭터 주인공을 형상화하는 역발상을 통해 어메니티 활용의 부가가치를 고도화하고 있다. 아울러 오렌지와 레몬이 창출하는 어메니티와 관련성이 높은 꽃, 정원, 가로수 등 연관성이 높은 경관 어메니티를 창출해 이것을 추가적인 부가가치 창출로 연결시키고 있다.

둘째, 지역의 어메니티를 생활여건 개선과 상품화의 상호 시너지 효과를 창출시키는 복합화 전략을 추구하고 있는 점이다. 지역이 구축하는 양질의 어메니티는 주변의 어메니티와 연계되어 매력을 창출하고 있다.

셋째, 다양한 파생상품을 개발하고 있다. 축제에 쓰였던 오렌지와 레몬을 직접거래를 통해 판매하고 있을 뿐 아니라 전시회를 상품화시키고, 야간경관, 거리경관, 캐릭터 상품 등 다양한 어메니티 파생상품을 개발하고 이를 지역의 경제발전으로 활용하고 있다.[18)]

(2) 국내사례

중앙정부 시책과 마찬가지로 지자체의 어메니티 활용 전략 역시 ① 도시계획형, ② 부가가치창출형, ③ 복합형 등의 세 가지로 구분될 수 있다. 첫째, 도시계획형 어메니티 활용 시책의 사례로는 서울 양재천 공원화사업, 대구의 도시녹화사업인 '푸른 대구 가꾸기 사업' 등의 특정 지역에 한정한 어메니티 증진사업이 있으며, '부산 어메니티 플랜(1994)', '경기 어메니티 플랜(1998)'에 의한 6개 도시(부천, 성남, 수원, 안산, 안양, 의정부) 어메니티 플랜 등 도시 전체를 대상으로 하는 어메니티 플랜이 있다. 둘째, 부가가치창출형 어메니티 활용 전략으로는 서천군의 어메니티 선포나 함평군의 나비축제 등이 있다. 마지막으로 복합형 어메니티 활용의

17) 상게서, pp. 76-77.
18) 상게서, p. 78.

대표적인 사례로 서울시의 청계천복원사업이 있다. 복합형은 도시계획형 어메니티 증진과 이를 통해 지역 활성화를 추구하는 등 부가가치를 창출하는 혼합적·복합적 형태를 보이게 된다.[19)]

1) 서천군

가) 개 요

서천군은 서해안과 금강을 접하고 있으면서 인근에 산지를 보유하고 있어 농산어촌의 특징을 모든 갖춘 지역으로 다양한 음식문화가 발달해 있는 지역이다. 전체 면적의 40%인 평지에서는 쌀을 비롯한 각종 곡물 등 농산물이 생산되고 전체 13개 읍면 가운데 6개 읍면이 바다와 맞닿아 있어 수산업 등 해양수산 자원이 풍부한 지역이다. 그러나 서천군은 풍부한 해양수산 자원을 보유하고 있음에도 불구하고 지속적인 인구 감소를 보이고 있다. 서천군은 1차 산업에 지역의 인력과 생산체계가 집중되어 있다. 그에 따라 우리나라 전반적인 경향인 농촌 공동화 등으로 인해 인근도시로의 전출이 늘고 있어, 2008년 서천군 인구는 61,196명으로서 지난 10년간 연평균 2.7% 수준으로 감소하고 있다. 이러한 지역경제의 침체와 지역발전이 성체된 것에 대응하기 위하여 서천군은 우리나라에서 최초로 2003년에 '어메니티 서천'이라는 비전을 공식적으로 선포하면서 새로운 지역발전 패러다임을 추구하기 시작하였다.[20)]

나) 활용특성

서천은 '어메니티 서천'이라는 비전을 공식적으로 표방하면서 지역 내에 존재하는 자연자원, 문화자원, 농수산자원들에 어메니티 개념을 접목시켜서 지역 경제 활성화와 지역 내 쾌적한 환경을 지향하는 것을 장기적인 발전전략으로 잡고 있다. 서천군은「서천군 경제사회발전 5개년계획(2003)」과「어메니티 서천만들기 종합계획(2005)(이하 종합계획)」을 수립하고 어메니티 자원을 발굴하고 증진시키는 계획을 추진해 왔다.[21)]

19) 상게서, p. 94.
20) 상게서, p. 95.
21) 상게서, pp. 95-96.

그림 21-2 어메니티자원 발굴 방법

1단계: 예비조사 및 자원분류

⇓

2단계: 자원별 조사방법 개방

문헌조사 관찰조사 면접조사 실험조사

⇓

3단계: 본격적 자원조사(계절별)

⇓

4단계: 조사된 자원의 리스트 구축

⇓

5단계: 어메니티 자원 유형화 및 계획 수립

- 직접상품화가 가능한 어메니티 자원
- 문화콘텐츠로 변환이 가능한 어메니티 자원
- 관광자원화가 가능한 어메니티 자원
- 아이디어신상품 개발이 가능한 어메니티 자원
- 지역 이미지 향상에 기여하는 어메니티 자원
- 교육자원화가 가능한 어메니티 자원

자료: 서천군, 「어메니티서천 만들기 종합계획」, 2005, p. 23.을 참조하여 수정 · 작성하였음.

활용가능성이라는 실용적인 관점에서 분류된 서천의 어메니티 자원은 ① 직접 상품화가 가능한 어메니티 자원(한산소곡주, 한산모시 등 농특산물), ② 문화콘텐츠로 변환이 가능한 어메니티 자원(고인돌, 돼지고개와 청상과부 등 스토리텔링이 가능한 문화역사 자원이나 송정산, 해지는 풍경 등 시각 자원 등), ③ 관광자원화가 가능한 어메니티 자원(갯벌체험장, 해수욕장 등 장소를 가장 적극적으로 상품화할 수 있는 자원), ④ 아이디어신상품 개발이 가능한 어메니티 자원(음이온처럼 아직 상품화되지 않은 송정산 자원의 상품화), ⑤ 지역 이미지 향상에 기여하는 어메니티 자원(서천의 브랜드인 '미감쾌청' 등), ⑥ 교육자원화가 가능한 어메니티 자원(지역 청소년들을 대상으로 귀감이 될 만한 역사나 역사문화 경관의 자원화) 등으로 파악되었다.

이 각각의 자원에 맞추어 ① 자원의 보전 및 이용부문, ② 정주환경부문, ③

경제자원화부문, ④ 사회문화부문, ⑤ 체험관광부문 그리고 ⑥ 권역별 어메니티에 대하여 종합계획이 제시되었다. 특히 경제자원화 부문은 주로 농산물과 관련된 계획으로 서천이라는 지역브랜드와 서천 고유의 산업인 농업을 결합시켜 부가가치를 창출하는 것을 목표로 하고 있다.[22)]

2) 함평군

가) 개 요

함평군은 전형적인 농업지역으로 인구가 2003년에서 2008년 사이에 42,338명에서 37,868명으로 감소하고 있으며 지역발전의 잠재력이 풍부하지도 않으며 풍부한 부존자원을 갖고 있지도 못한 침체하는 전형적인 농촌지역의 하나였다. 그런데 이 함평군이 일반 대중에게 함평나비축제를 통하여 널리 알려지기 시작하였다. 함평나비축제는 장소이미지를 인위적으로 창출하여 새로운 영역 자산을 만든 사례이기는 하나, 근본적으로 따져보면 함평나비축제의 출발점은 종래의 전통적인 '농촌 이미지'와 산업화의 사각지대로서 오염이 되지 않은 '환경 어메니티'의 결합이라고 볼 수 있다.[23)]

나) 활용특성

함평군은 전형적인 농촌마을로서 1990년대 중후반부터 시작된 농산물의 시장자유화에 따라 한국농업 발전의 한계를 극복하기 위한 획기적인 전략을 필요로 하였다. 90년대 말부터 환경농업이나 저공해 또는 무공해 농산물에 대한 관심이 고조되기 시작하면서 함평군은 환경을 상품화하기로 방향을 정했다. 함평군의 종래 이미지는 넓은 들을 지닌 농업마을이라는 이미지였다. 이러한 이미지만으로는 다른 농업지역과의 차별성을 가질 수 없었고 특히 친환경 농산물 또는 유기농산물이라는 이미지를 가질 수 없게 되었다. 그에 따라 종래에 방치되어 있던 함평천이라는 하천자원을 개발하기로 결정하였다. 처음에는 잡초가 무성했던 6㎞의 하천부지에 유채꽃을 심으려고 하였으나, 제주도와 견주어볼 때 경쟁력이 없다는 판단 하에 자운영을 함평천을 포함하여 양쪽 농경지 500만평에 파종하였으며, 이 함평천과 그 들판의 시각적인 경관자산을 기반으로 나비축제가 1999년에 처음으로 개최되었다. 그런데 나비축제는 함평이 보유하고 있는 환경 어메니티를 활용한 전

22) 상게서, pp. 97-99.
23) 상게서, p. 102.

략의 결과로만 끝나지 않는다. 나비축제는 환경어메니티에서 기인한 것이었으나 또다시 인위적이고 가상적인 환경어메니티를 증진시키는 효과를 낳게 되었다. 나비축제의 생태적 기반인 '자운영'은 토양오염에 민감한 식물로 환경의 지표식물이며, 자운영의 이러한 특징은 함평이 얼마나 환경 차원에서 안전하고 쾌적한 곳인지를 알리는 좋은 매개 역할을 수행한다. 이에 따라 '친환경'이라는 장소이미지가 창출되는데 나비대축제가 많은 부분 기여하게 되었다. 이러한 친환경적 장소이미지 창출은 결국 '함평=나비-친환경'이라는 등식을 성립하게 하여, 어메니티 자원의 브랜드화를 성공시키는데 일조하였고 '나르다'라는 브랜드를 개발하였다. 이에 따라, 나비대축제는 친환경농업 및 가상적인 어메니티 상품화를 통한 특산품 판촉을 강화시키고 있다.[24)]

그림 21-3 함평 어메니티 활용 전략[25)]

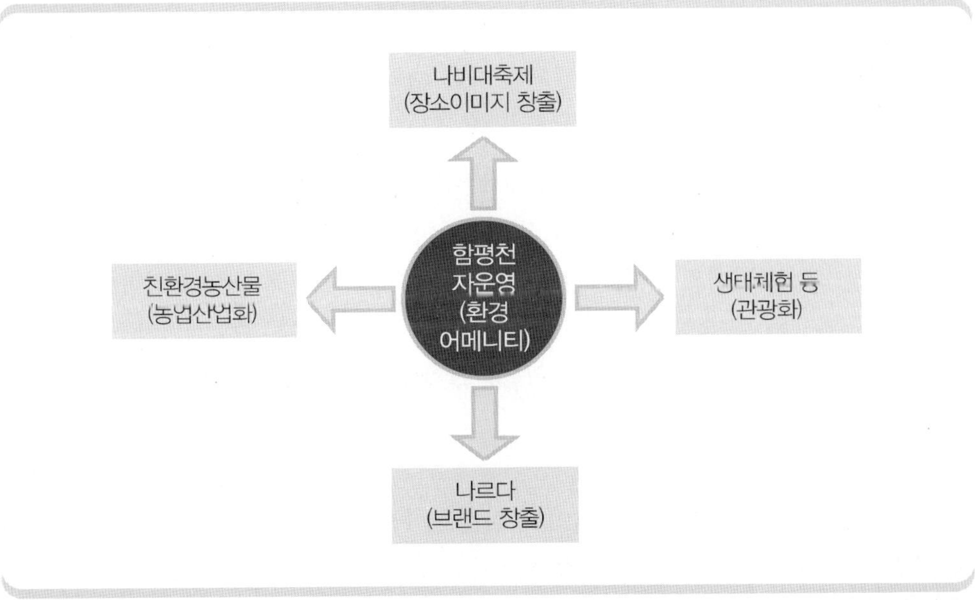

24) 상게서, pp. 102-104.
25) 상게서, p. 104.

3) 청계천

가) 개 요

청계천복원사업은 2002년 지방자치단체장 선거과정에서 이명박 서울시장 후보가 '청계천복원사업'을 자신의 제1공약으로 제시하면서부터였으나, 실상은 청계천살리기연구회가 1999년부터 주도해온 일련의 연구활동에서부터 시작되었다. 청계천복원사업은 단순한 토목공사가 아니라 도시계획적 측면에서 그리고 지역활성화 측면의 다차원적인 목적 하에 구상되었다. 도시계획 차원에서의 안전성과 소음・공해 등의 환경상의 문제를 해결하는 차원에서 단기적인 목적은 청계천을 깨끗한 물이 흐르는 하천으로 복원하고 그 주변지역을 개발하는 전형적인 수변공간 개발이었다. 그러나 궁극적인 목적은 서울 시민의 삶의 질 향상과 정체성 확립을 통한 이미지 메이킹, 그리고 이를 통한 동북아 거점도시로서의 위상 정립 등으로 다층적인 목표체계를 가지고 있었다. 즉, ① 생태공간의 제공, ② 청계천지역에 존재하는 유적의 발굴・복원을 통하여 역사문화공간의 제공, ③ 청계천복원과 함께 외국기업 활동여건의 완화, 기업하기 편리한 환경 조성 등을 목적으로 하는 복합형 어메니티 활용 전략의 일환으로 청계천 복원 작업이 추진된 것이다. 이러한 다차원적인 목적을 실현하기 위하여 서울시는 '서울 도심부 관리 기본계획', '서울시 도심재개발 기본계획(2001)' 등을 수정・통합하는 '도심부 발전계획(2004)'을 수립하였다. 도심부 발전계획은 청계천과 도심부 지역을 지역특성을 고려하여 4개 지구(가회동・인사동 등 특성보존지구, 자율갱신지구, 재개발지구, 종합정비지구 등)로 구분하여 이들 지구에 대한 개발밀도규제, 스카이라인 규제, 종각공원화사업 등을 추진하였다.[26]

나) 활용특성

청계천복원사업은 인간주의적이고 환경친화적인 도시공간을 마련하고 문화역사 관련 랜드마크와 유적지 등을 복원하여 서울의 하나의 상징공간으로 자리매김시킴으로써 서울의 위상을 높이는 것을 주목적으로 하였다. 환경 부문의 설계 방향은 자연성이 풍부한 친환경적 생태 공원 도입, 소극적이나 일상적으로 이용할 수 있는 소규모공간으로 조성, 자연학습 및 체험을 할 수 있는 공간으로 조성, 안정적인 생태계 천이가 이루어질 수 있도록 유도 등이었다. 이를 위하여 환경 어메

26) 상게서, pp. 106-107.

니티의 증식을 위하여 버들습지, 생태둔치, 조류서식처, 어류서식처, 여울과 소 등이 인공적으로 설계되어 제공되어졌으며 이에 대한 접근성을 높이기 위한 산책로 등이 추가적으로 설계되었다. 한편 문화역사부문의 어메니티는 주로 문화재 중심으로 발굴과 복원을 유도하였는데, (재)중앙문화재연구원에 의해 발굴조사가 실시되었으며 6개 문화재(양안석축, 광통교, 수표교, 하랑교, 효경교, 오간수문)가 발굴되었다. 또한 도시상징공간으로 자리매김하기 위하여 대표적인 랜드마크가 외국의 미술가에게 의뢰하여 제작되었으며(올덴버그 조형물), 벽화가 청계천의 가로벽에 그려졌다.[27)]

4 어메니티 정책 발전방안

어메니티를 활용한 지역발전정책에 토대가 되고 우선순위가 높은 핵심 사안에 한정해서 발전방안을 제시하고자 한다. 첫째, 지역의 어메니티 자원에 대한 DB화를 신속히 추진해야 한다. 어메니티에 기반한 질적발전전략이 기본적으로 지역의 어메니티에 기반하고 있어 어메니티를 활용한 시책시행의 근간이 되기 때문이다. 여기서 어메니티에 대한 지역주민의 관심과 참여를 제고시키는 어메니티 보물찾기 방식을 추천할만하며, '지역 어메니티 위원회'를 활용해야 할 것이다.

둘째, 자치단체는 '어메니티를 활용한 지역발전계획'을 수립해야 한다. 전략의 내용에는 지역발전을 위한 핵심적 어메니티의 선정 및 발굴, 어메니티 전략, 어메니티를 활용한 제품・관광 등 상품화 방향, 개발주체 및 재원확보 방안, 상품화를 위한 전문적 지원의 확보방안, 마케팅 및 홍보방안 등을 포함하고 있어야 한다.

셋째, '생활환경개선-지역경제활성화 선순환 시스템'을 개발, 운용해야 한다. 상당수 자치단체가 어메니티를 생활환경 개선과 부가가치를 창출하기 위한 방안을 병행해서 복합적으로 활용하고 있음을 감안하여, 지역이 보유하고 있는 어메니티가 생활환경개선과 부가가치 창출의 두 가지 목적을 달성할 수 있게 활용할 필요가 있기 때문이다. 이를 위해서는 이들 양자를 감안한 어메니티 활용계획을 수립하고 양자의 전문가로 구성되는 '어메니티 선순환 위원회'를 조직, 운용할 필요가 있다.

27) 상게서, pp. 108-109.

넷째, '중앙-지방의 협력적 사업체계' 구축이 필요하다. 현재는 중앙의 제도적 기반이 미약한 상태에서 어메니티 활용사업을 자치단체가 추진하고 있다. 그러다 보니 다양한 측면의 어려움이 있다. 이를 해소하기 위한 현실적인 방안이 중앙과 지방의 협력적 사업체계의 구축이다. 중앙과 지방의 전문성을 바탕으로 지방의 자율적 사업추진을 최대한 지원하는 방향에서 중앙정부는 정책기획, 컨설팅, 재정지원, 법제지원 등을 통해 자치단체의 사업 활성화를 지원하고, 자치단체는 사업계획, 재원의 효율적 집행, 주민협력 확보, 자체평가 등을 통해 성과를 창출할 수 있게 사업을 추진해야 한다.

다섯째, 사업추진에 대한 주민참여를 활성화해야 한다. 기본적으로 어메니티를 활용한 사업은 사업의 대상공간이 지역주민의 생활현장이고 주체가 주민이기 때문에 주민의 자발적 참여 없이는 소기의 성과를 달성할 수 없는 장소 밀착적이고 장소 특수적인 특성을 지니고 있다. 따라서 이 같은 점을 고려하여 '어메니티 전략 전 과정 주민참여제'나 '어메니티 쿠폰제' 등의 시행을 통해 어메니티 사업에 대한 지역주민의 자발적 참여를 활성화시켜야 할 것이다.

여섯째, 직거래 등 다양한 루트를 통한 '수요지향적 감성 마케팅'의 추진이 필요하다. 어메니티의 감성요소적 비중이 높은 점에 착안하여 어메니티를 활용한 상품이나 매력을 수요자 관점에서 마케팅 해야 한다. 이를 위해서는 수요자나 방문자의 기호를 면밀히 파악하여 정보화할 필요가 있으며, 소비자의 감성을 자극할 수 있는 '방문자 파일 작성'을 통한 메일발송, '오너제나 지분제', '직거래 마케팅' 등을 활용해야 한다.

일곱째, 살기좋은 지역만들기 등 '관련사업과의 연계적 사업추진'이 긴요하다. 현재 어메니티를 활용한 사업과 살기좋은 지역만들기, 지역주민의 생활서비스 개선사업 등이 중앙부처의 칸막이식 사업기획과 관리로 인해, 자치단체 단위에서 통합, 연계되어 추진되지 못하고 있다. 그러다 보니 사업추진의 비효율성이 발생하고 있다. 이를 위해서는 순차적 접근이 가능한데 일차적으로 어메니티 활용시책과 살기좋은 지역만들기를 통합해서 추진하고, 이차적으로 관련사업의 통합추진에 대한 사회적 인식이 증가하면 관련사업의 통합추진을 보다 확대해야 한다.

마지막으로, 어메니티 활용에 대한 관련 법률을 정비하고, 재원지원을 확대해야 한다. 관련 법률의 정비는 단기적으로 어메니티 활용 지원법의 개정이 용이치 않음을 고려하여 어메니티 활용에 대한 지원의 실효성을 강화하는 쪽으로 '관련조항'을 개정해야 한다. 또, 어메니티를 적극적으로 활용하고 있는 자치단체에 대한 인센티브도 보다 강화해야 한다.[28]

28) 상계서, pp. 145-147.

CHAPTER 22 지역정보화(u-City)

우리는 첨단 IT인프라와 정보기술을 도시 공간에 융합해 교통·방범·방재 시스템의 자동화와 혁신적인 지방행정 서비스가 가능해지는 미래형 첨단도시를 꿈꾸고 있다.

지역정보화는 지역 간, 지역 내 정보 격차를 해소하는 지역의 정보화와 정보의 지방화로 구분할 수 있다. 지역정보화는 정보사회로 이행되어 가는 시대적 상황에서 기존의 산업화 과정에서 나타난 지역 간 격차를 해소하고, 모든 국민이 언제 어디서나 좀 더 쉽게 각종 생활 정보를 이용할 수 있도록 하기 위해 지역의 정보화 사업을 중점 추진함으로써 지역 간 균형 발전을 구현하고자 하는 주요 시책이다. 이 장에서는 지역정보화와 동일한 맥락에서 추진되고 있는 u-City시책에 대하여 살펴보고자 한다.

1 u-City의 의의

(1) u-City의 개념

최근에 유비쿼터스(ubiquitous)는 정보화의 시대적 패러다임이 되었다. 원래 유비쿼터스란, '신은 언제 어디에서나 존재한다'라는 뜻의 라틴어에서 온 말인데, 정보분야에서 활용되면서 '사용자가 시간과 장소에 관계없이 자유롭게 컴퓨터를 이용하거나 네트워크에 접속함으로써 서비스를 받을 수 있는 환경'을 의미하게 되었다. 한편 2008년 3월 28일에 공포된 「유비쿼터스 도시의 건설 등에 관한 법률」 제2조에 따르면, u-City란 '도시의 경쟁력과 삶의 질의 향상을 위하여 유비쿼터스 도시기술을 활용하여 건설된 유비쿼터스 도시기반시설 등을 통하여 언제 어디서

나 유비쿼터스 도시서비스를 제공하는 도시'로 정의되어 있다.[1)]

u-City의 u(ubiquitous, 유비쿼터스)는 마크 와이저(Mark Weiser)[2)]가 색인표(Tabs), 패드(Pads), 보드(boards)를 유비쿼터스 컴퓨팅의 도구로 비유하고 그 개념을 사용하면서 유래되었다(P. W. Warren, 2004). 유비쿼터스 환경을 도시개발 측면에서 접목시킨 u-City에 대한 연구에서는 대부분 u-City에서 적용할 기술적 측면과 적용서비스 및 관리운영, 제반 법적요건 등 주로 이론적 측면에 대해 언급하였다.[3)]

u-City의 개념에 대한 다양한 정의가 시도되고 있어 구체적인 사업시행에 있

표 22-1 u-City의 개념분석과 강조점

구 분	개념분해	강조점
u-지역정보화 (행정안전부)	• 목적: 지역의 발전도모 • 수단: uT+정보화기반조성 → 정보화와 관련된 일련의 활동	지역정보화사업의 확장 및 고도화
ETRI의 조병선 외(2006)	• 목적: 도시기능과 관리 효율화 → 주민편의 • 수단: 기존 인프라 혁신+u기술 → 실시간 처리	인프라와 기술과의 관련성
NIA의 김정미 · 정필운(2005)	• 목적: 자생력있는 도시 • 수단: 인프라, 서비스, 정책	인프라와 u정보서비스가 도구가 아닌 환경
SERI의 전용옥 (2006)	• 목적: u-서비스 제공하는 도시 • 수단: u컴퓨팅+any where, any time	정보서비스 제공
국토연구원의 김정훈 외(2006)	• 목적: 도시가 지능화, 서비스 전면제공 • 수단: BcN(초기) → N/W(발전)	확정된 개념정의보다 단계별 개념정의 시도
성남판교 u-City 보고서(2006)	• 목적: 안전하고 편리한 도시 • 수단: 종합상황실+u-N/W → any where, any time	종합상황실 개념, u-서비스에 대한 언급
김태진(2006)	• 목적: 인간 삶의 질 제고 • 수단: 물리적 환경+전자공간+도시활동 → 결합	물리적 환경과 전자공간, 그리고 활동무대의 결합

자료: 이병기 · 김건위, 「지방자치단체의 u-City 추진전략과 과제」, 한국지방행정연구원, pp. 30-31 재구성

1) 김균태, "u-City 활성화를 위한 제언", 「건설관리」 제10권 제1호 통권 제47호, 한국건설관리학회, 2009, p. 11.
2) 마크와이저는 1952년 7월 시카고에서 출생, 미시간대학 컴퓨터분야에서 석사와 박사학위를 받았다. 36세가 되던 1987년에 제록스사에 연구원으로 참여하게 되었고, 1988년에 유비쿼터스 개념을 제안하였다.
3) 성도현, "신도시개발에 있어서 u-City 적용에 관한 연구: 화성동탄 신도시 사례를 중심으로", 경원대학교 대학원 지역개발학과, 2009, p. 8.

어 혼란을 초래할 가능성이 있으므로 이를 위해 먼저 각 연구별로 개념 정의한 기술내용을 토대로 공통적인 요인과 특성화된 요인을 구분해서 정리할 필요성이 있다. 기존 연구에서 먼저 정의한 내용을 목적과 수단으로 구분해서 분해하고, 각 연구별 강조점을 정리하면 <표 22-1>과 같다.[4)]

기존연구의 개념을 보면, 목적은 인간 삶의 제고, 주민편의, 지능적인 도시 등으로 압축될 수 있다. 그리고 수단의 경우 기존 IT기술과 함께 이를 토대로 네트워크로 연결되어 서비스를 제공하는 것, 즉, 인프라적인 기반 하에 이를 지원하는 정책의 필요성, 이를 통해 물리공간과 전자공간의 연계 등을 강조하는 도식으로 구분될 수 있다. 하지만 이에 대해서는 단지 한 번에 이루어지는 것이 아니라 단계적으로 초기에는 기반시설(BcN 등)의 토대를 구축하고, 이후 발전시켜서 네트워크로 연결 짓는 과정이 필요한 것으로 정리를 할 수 있다. 추가적으로 이를 위해 종합상황실의 설치 등도 모색할 수 있을 것이다.

그림 22-1 u-City개념의 도식화[5)]

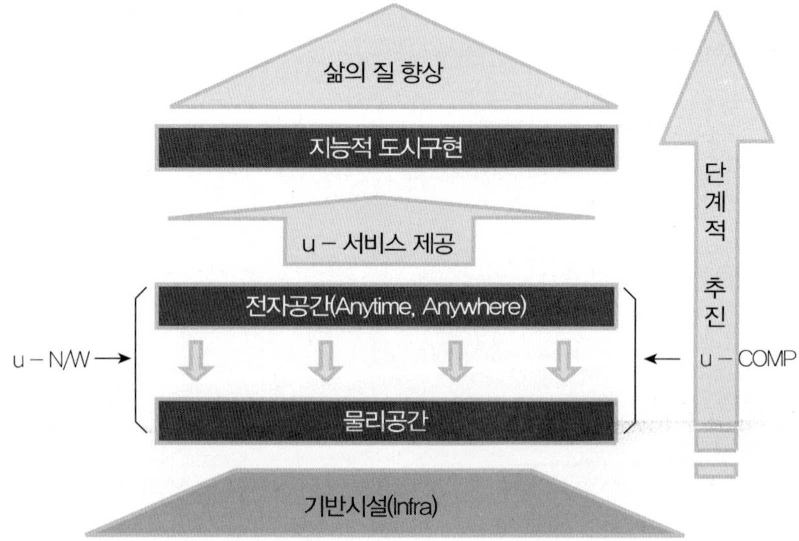

4) 이병기 · 김건위, 「지방자치단체의 u-City 추진전략과 과제」, 한국지방행정연구원, 2007, p. 30.
5) 상게서, pp. 31-32.

u-City는 궁극적으로는 언제 어디서나 u서비스를 제공하여 해당지역주민들이 삶의 질 제고와 지능적인 도시를 구현함을 목표로 하며, 이를 위해 물리적 공간상에 전자공간을 접목시키기 위해 단계적으로 IT정보기술의 기반 하에 네트워크를 연계시킨 지능형 도시를 말한다.6)

(2) u-City의 기대효과

2003년 일본 총무성, 후생노동성, 경제산업성, 국토교통성 등이 사단법인 일본 tele-work협회를 통해 실시한 'tele-work 모델 도시(지역) 조사결과'에 따르면 텔레워크가 도입될 경우 도시환경, 기업, 개인 등에 미치는 경제 · 사회적 효과가 매우 클 것으로 전망하고 있다. 이에 따라 일본은 2003년 7월 'e-Japan 전략Ⅱ'을 수립하고 2010년까지 tele-worker의 숫자를 전체 취업자의 20%가 되게 한다는 야심찬 목표를 설정하고 있다. 보고서에 따르면 tele-work로 인해 조사지역의 통근량이 2002년도 대비 8.2%가 감소할 것으로 전망되었으며, 그 결과 교통혼잡, 과밀완화 등 도시문제 해결에도 크게 기여할 것으로 나타났다.

한편 통근혼잡의 감소에 의한 온난화가스의 감소로 1998년 16,361만 톤에 이르던 여객자동차부문 온실가스 배출량도 2.7%(2442만 톤)이상 감소할 것으로 나타났다. 그 밖에 2002년과 비교하여 여성취업자 수는 24만 명, 노인취업자(60-64세) 수는 10만 명 증가하여 여성과 고령자의 취업이 크게 촉진될 것으로 내다보았다. 유비쿼터스 관련 산업의 지속적인 성장이 전망되는 가운데 u-City는 건설산업과의 컨버전스로 주목받고 있다. 유비쿼터스 관련 산업은 네트워크를 구축하기 위한 장비 및 단말기, 플랫폼 등의 시장과 이를 응용한 서비스나 전자상거래 등을 포함하고 있다.

첨단 정보통신망은 전기, 도시가스 등과는 달리 공공서비스 외에 콘텐츠와 새로운 부가서비스를 전달하여 높은 부가가치를 창출할 필요가 있다. 도시인프라를 활용하여 u-홈네트워크, u-Health, u-교육 등 다양한 부가서비스 창출이 가능할 것이다.7)

---

6) 상계서, pp. 31-32.
7) 상계서, p. 34.

2 국가 및 지자체의 u-City 추진실태

(1) 중앙부처의 유비쿼터스 관련 사업 추진현황

1) 행정안전부

행정안전부는 전자정부 사업의 후속으로 이동전화와 디지털 TV를 통해 언제 어디서나 전자정부 서비스를 받을 수 있는 유비쿼터스 정부(U-정부)프로젝트를 본격 추진할 계획이다. 양방향 서비스가 가능한 디지털 TV를 활용, 중앙정부의 뉴스 및 재해방송, 민원서비스와 공과금 납부, 지역 커뮤니티서비스, 보건소 병원 예약 등 편의서비스를 제공하는 강남구 T-정부 시범사업에 행정안전부와 강남구는 161억 원을 투입해 케이블 TV셋톱박스를 보급하고 전자정부 시스템과의 연동을 추진하게 되었다. 또 M-정부 서비스 시범사업에 77억 원을 투입, 4500여종의 모바일 민원서비스를 휴대폰을 통해 안내받을 수 있도록 하고 민원사무 1종의 경우 민원신청을 직접 할 수 있도록 제공하였다.[8)]

2) 지식경제부: IT839 전략

IT산업의 가치사슬에 의한 8대 신규 서비스,[9)] 3대 인프라, 9대 신성장 동력에 대한 정부의 적극적 정책 추진을 통해 국민소득 2만 불 달성을 목표로 한 IT839 전략은 국가경쟁력 강화를 위해 특히 네트워크 인프라 기반을 확충해 산업 육성과 투자성과 및 고용을 극대화하는 목표를 가지고 있다.[10)]

3) 교육과학기술부

교육과학기술부는 uT(ubiquitous Technology) 세계기술 선도 5위권 진입을 목표로 휴먼 디지털 라이프 신시장 산출 및 uT 인력 고도화, uT 세계 시장 20% 점유, 인간 환경 친화적 그린 휴먼 소사이어티 실현을 통한 초일류 uT 기술강국

---

8) 상게서, p. 65.

9) 8대 서비스는 2.3GHz 휴대인터넷, 위성 · 지상파DMB, 홈네트워크, 텔레매틱스, 전파식별(RFID), W-CDMA, 지상파 DTV, 인터넷전화(VoIP) 등이며, 3대 인프라는 BcN(광대역통신망), USN(유비쿼터스 센스 네트워크), IPv6(internet protocol version 6) 등이다.

10) 이병기 · 김건위, 전게서, pp. 66-68.

건설이라는 비전을 실행하기 위해 2003년 9월부터 2013년까지 10년 간에 걸쳐 연간 200억 규모의 추진을 계획하고 있다. uIT 서비스 운영 및 테스트베드, uIT 서비스를 위한 인터페이스 및 지능 처리기술개발, uIT컴퓨팅, 통신엔진기술 개발, uIT 인프라 네트워크 기반 상황적응접속 기술개발 등 4개 테마를 가지고 세부과제를 구성하고 있다.[11)]

4) 국토해양부

2003년 12월 유비쿼터스 사이버 국토 실현을 위한 공간정보 DB 구축 및 활용시스템 개발을 골자로 2004년 국가지리정보체계(NGIS) 사업 시행계획을 민·관·학계 의견수렴을 거쳐 확정·발표하였다. 이는 국가기반지리정보의 지속적 확충과 활용시스템 간 연계뿐만 아니라 유비쿼터스라는 환경에 대비하고자 하는 데 목적을 두고 기본지리정보 구축, GIS 활용 및 유통체계 구축, 표준화 및 전문인력 양성, 기술개발 및 연구 등 11개 중앙행정기관의 47개 사업에 포함해서 진행되게 된다.[12)]

5) 문화체육관광부

'공공도서관 디지털자료실 구축사업 추진계획'을 2001년 7월부터 2003년 10월까지 총 3단계에 걸쳐 진행하였다. 그 중 2단계 사업에서 4개 도서관(국립중앙도서관, 부산시립도서관, 대구시립도서관, 대전한밭도서관)에 RFID[13)] 시스템을 구축하는 등 관련 u-도서관 사업을 추진한 바 있다. RFID를 활용한 u-도서관 서비스는 자료관리 및 운영을 편리하게 만들어 도서관 사서의 과중한 단순 업무를 경감시키고 인력 재배치를 통해 이용자들을 위한 고급 서비스 창출에 기여하였고 24시간 대출 반납이 가능한 무인 시스템을 구축해 시간적 제한사항을 감소시키고 자료 관리의 효율성으로 관리 비용 절감과 이용의 편의성을 제공하였다. 더불어 보

---

11) 상게서, p.67.

12) 상게서, p.68.

13) RFID(Radio-Frequency IDentification) 기술이란 전파를 이용해 먼 거리에서 정보를 인식하는 기술을 말한다. 집적회로 안에 정보를 기록하고 안테나를 통해 판독기에게 정보를 송신한다. 이 정보는 태그가 부착된 대상을 식별하는 데 이용된다. RFID가 바코드 시스템과 다른 점은 빛을 이용해 판독하는 대신 전파를 이용한다는 것이다. 따라서 바코드 판독기처럼 짧은 거리에서만 작동하지 않고 먼 거리에서도 태그를 읽을 수 있으며, 심지어 사이에 있는 물체를 통과해서 정보를 수신할 수도 있다.

안이 견고해 도서관 자료 분실을 차단할 수 있다.[14)]

6) 농림수산식품부

농림수산식품부는 농축식품안전 관련정보의 체계적이고 종합적인 실시간 모니터링을 통해 원스톱 식품안전정보체계를 구축하고 농축식품관련 유관기관 단체간 역할분담을 통한 협업체계 기능강화 및 추진체계 상설화를 목적으로 '농축산식품안전관리정보체계'를 구축할 계획이다.[15)]

(2) 지자체 u-City 추진사례

1) 서울특별시

가) 상암 DMC(Digital Media City)

서울시는 2004년부터 상암동에 디지털미디어시티(Digital Media City: DMC) 건설을 추진해 오고 있다. 상암동 DMC 프로젝트 목표는 첨단 IT기술과 문화콘텐츠의 결합을 통해 기술과 경제혁신의 전진기지로 만드는 것이다. 이러한 프로젝트를 통해 서울 월드컵경기장은 월드컵 경기 뒤 첨단시설을 갖춘 복합문화 시설로 활용되고 있는 바, 서울시는 이 지역을 동아시아의 세계를 이을 교두보, DMC를 건설하고 IT와 문화의 만남을 통한 부가가치 창조의 중심점으로 만들려는 의도에서 추진하고 있다. 서울의 DMC는 세계 최고수준의 정보통신망을 발판으로 ① 세계 최고의 디지털미디어콘텐츠 개발 및 생산기지, ② 세계 수준의 디지털미디어 기술 관련 산·학·연 센터, ③ 동북아 최고의 비즈니스 센터 구현이라는 3대 비전을 가지고 추진 중이다.[16)]

나) 서울시 신교통정보서비스(NBMS)

서울특별시 신교통정보서비스는 정확하고 편리한 신교통체계 구축, BMS(Bus Management System)에 의한 대중교통활성화, '신교통카드 시스템' 구축 등을 목표로 하고 있다. 첫째, 정확하고 편리한 신교통체계의 구축이다. ITS를 구축하여 교통과 운행관련 정보를 운전자에게 제공하여 운전편의와 안전운행에 도움을 주

14) 이병기 · 김건위, 전게서, p. 69.
15) 상게서, p. 69.
16) 상게서, p. 73-74.

고 이와 병행해서 도로 굴착 정보(전기, 통신, 가스 등) 등 각종 공사 현황에 대한 통합시스템을 구축하여 실시간으로 이용자에게 인터넷 및 모바일 시스템으로 정보를 제공한다. 또한 화물차량 대상으로 서울시내 최적경로 정보를 제공하는 한편, 주차시설의 관리, 주차난 해소 및 도심업무, 상업지역의 주차수요관리를 하는 것이다. 둘째, 대중교통의 활성화이다. 버스에 GPS와 무선 송수신기를 설치, 버스의 운행상황을 실시간으로 파악하여 버스위치, 운행상태, 배차간격, 도착예정시간 등의 정보를 시민에게 제공하는 것으로 간선버스에 대한 운행정보를 인터넷, 휴대폰, PDA, ARS로 제공하게 된다. 셋째, 신교통카드이다. 교통, 전자화폐, 장애인카드, 노인카드, 청소년카드 등 하나로 통합된 카드를 보급함으로써 버스, 지하철, 택시, 기차, 주차장 사용료, 통행료, 범칙금, 자판기까지 결재될 수 있는 통합서비스를 제공하는 것을 목표로 하고 있다.[17)]

2) 부산광역시 및 경남지역

가) 부산광역시

부산시는 2006년 3월 KT와 '유비쿼터스 도시(u-City)' 추진을 위한 양해각서(MOU)를 교환하고 1단계로 30억 원을 공동 투자해 종합추진전략을 마련했다. 부산시는 일부 지역이나 국가에서 유비쿼터스 개념을 접목한 것을 넘어 항만·교통·산업·관광·컨벤션·전자정부·시민생활 등 도시 전체에 종합 적용하기 위한 목표를 세웠다. 부산시는 KT외에도 IBM·HP·마이크로소프트(MS) 등 세계적인 IT기업들과 컨소시엄을 구성하는 한편, 세계 유수의 파이낸싱 회사들을 통해 추가 자원을 조달할 계획이라고 밝히고 있다. 특히, 부산항에는 전자태그(RFID/ USN) 등 첨단기술을 적용해 화물정보를 실시간으로 제공하는 'u포트'와 휴대인터넷 단말기로 국제회의·관광·통역서비스까지 가능한 'u컨벤션' 시스템을 갖추고 지능형 교통정보 시스템 'u트래픽'과 생산개발 및 공급관리를 통한 'u오토모티브' 등도 마련할 예정이다.[18)]

나) 경남지역

경남지역 도시들 중 김해시는 최근 차세대 IT기반의 유비쿼터스 도시건설을 위한 전략계획을 수립하고 1억2,000만원을 들여 용역사업자를 선정, 추진기획단

17) 상게서, pp. 74-75.
18) 상게서, pp. 77-78.

및 자문단을 구성, 공청회 등을 통한 여론을 수렴한 후 최종적으로 기본계획을 확정해 유비쿼터스 기반을 구축하기로 했다. 이에 따라 우선 장유신도시를 시범지역으로 선정한 후 단계적으로 시 전역에 확대할 방침이다. 경남도청이 소재한 창원시 역시 시민들이 언제 어디서든 자유롭게 네트워크에 접속할 수 있는 유비쿼터스 환경을 만들기 위해 '제2차 지역정보화촉진기본계획'을 수립하였고 2006년부터 2010년까지 '창원정보화 마스터플랜'을 연도별 추진 로드맵과 함께 수립하였고 각각의 목표를 구체화할 수 있는 분야별 세부 실행계획을 도출하는 한편 추진 과제는 상위계획과 연계해 실현 가능성과 파급효과를 판단해 선정하는 등 효율적인 계획을 마련할 예정이다.[19)]

3) 경기도 화성시 동탄지구

경기도 화성시 동탄택지개발지구에서는 '동탄 u-시티'를 계획하고 있다. 구체적인 사업기간은 2005년 9월~2011년 12월까지로, 규모는 면적이 273만평이고, 세대수는 4만 세대가 되는 것으로 파악되고 있다. 지능형교통시스템(ITS), 홈네트워크, 지리정보시스템(GIS), 지능형빌딩시스템(IBS) 등 첨단정보기술을 집약한 실험적 'u-City' 건설을 추진 중이다. 이 계획에 따르면 각 가정은 현재의 초고속인터넷 기술보다 빠른 차세대 통신네트워크가 구축되고, 가정 내 TV·냉장고·난방시설 등이 홈네트워크로 연결돼 리모컨이나 휴대전화 등으로 간단하게 조작할 수 있는 첨단 디지털 주거공간이 구현될 예정이다. 운전자들은 GIS와 ITS·LBS 등이 접목된 교통서비스를 이용하고, 도시 내 신호등은 교통의 흐름에 따라 신호가 바뀌고, 버스정보시스템(BIS)과 교통정보제공시스템이 구축되어 목적지까지 걸리는 시간과 최적의 운전코스 등을 쉽게 파악할 수 있게 된다. '동탄'은 여타 도시와는 달리 삼성그룹에서 유비쿼터스 관련 기술을 이식한 기업형 도시로 구축되고 있는 지역이다. 삼성이 u-City에서 제공하는 관련 서비스(u-서비스)는 홈 네트워크, 지리정보 시스템(GIS), 지능형 교통 시스템(ITS), 광대역통신망, 지능형 빌딩시스템(IBS) 등이다.[20)]

---

19) 상게서, p. 81.
20) 상게서, pp. 85-86.

4) 광주·전남

광주는 광산업과 디지털 정보가전·첨단부품·소재 등 유비쿼터스 도시를 조성할 수 있는 미래 기술형 산업기반을 활용해 국내 최고 수준의 디지털 공동체를 건설한다는 목표를 세우고 있다. 광주시는 광산업과 전자 산업, 다른 지역보다 우수한 인프라 등을 최대한 활용해 u-City 구축사업을 추진함으로써 향후 문화중심도시(문화수도)와 함께 광주를 한 단계 업그레이드시켜 나간다는 전략을 가지고 '광주 u-City 구현 10대 전략 프로젝트'를 대외적으로 발표하였다. 광주시는 먼저 2006년 9월 '김대중 컨벤션센터' 개관에 맞춰 정보기술(IT) 관련 기업 등과 연계해 홈 네트워크·휴대 인터넷·DMB·FTTH 서비스 등 유비쿼터스 기술과 최첨단 정보서비스를 직접 체험할 수 있는 박람회를 개최하였고 광주첨단산업단지와 하남산업단지, 평동 산업단지 일대를 '홈네트워크 산업 클러스터'로 조성할 계획으로 이를 위해 2006년부터 2010년까지 3,054억원을 투입해, 디지털 정보가전 산업을 시의 주력산업으로 중점 육성할 계획이다.

광주의 목표가 디지털 공동체라면 전라남도의 전략은 'RFID 테스트센터 구축을 통한 지역 특성화 산업 육성 및 경제 활성화'로 요약된다. 전라남도가 마련 중인 IT산업 육성계획에는 광양만권 경제자유구역 일대에 제철과 컨테이너 물류, 중화학산업 등을 고도화하기 위한 RFID 테스트 센터 구축사업이 포함돼 있다. 이와 함께 장성과 담양, 화순 등지에서는 2006년부터 2010년까지 5년 간 총 592억원의 사업비를 투입해 임베디드 소프트웨어와 센서 네트워크 산업을 육성하고 순천과 목포, 담양 등지에 300억원을 투입해 유비쿼터스 기반의 문화관광 가이드 시스템을 구축할 예정이다.[21)]

3 지방자치단체 u-City 전략

우리나라는 Cyer Korea, e-Korea, u-Korea와 같은 유시티 전략을 수립하였으며, 그 각각의 비전과 모토는 다음과 같다(국토해양부, 2007).

먼저, Cyber Korea는 창조적 지식기반 국가의 건설을 모토로 국가경쟁력과

21) 상게서, pp. 93-94.

국민의 삶의 질을 선진국 수준으로 향상시킬 것을 비전으로 하고 있다. 다음으로, e-Korea는 글로벌리더 e-Korea를 모토로, 정보활용 능력 제고를 통한 국민의 디지털 기회 확대, 성장을 주도로 하는 디지털 경제 실현, 정보인프라 고도화 및 IT 산업 육성으로 성장여건 조성, 국제협력 강화를 통한 글로벌 정보사회 주도를 비전으로 하고 있다.

그리고 u-Korea는 세계 최고 수준의 u-인프라 위에 세계 최초의 u-사회(The First u-Society on The Best u-Infrastructure)의 실현을 모토로 제시하고 있다. 모두를 위한 따뜻한(universal) u-Korea, 누구나 손쉽고 편리한(usable) u-Korea, 조화로운(unisonous) u-Korea, 가치 창조적인(upgrade) u-Korea를 비전으로 제시하고 있다. 이러한 전략에 맞추어 공공기관과 지방자치단체에서 다양한 유시티를 추진하고 있다.[22)]

(1) 기술적 측면의 과제

1) 기술적 호환성 제고를 위한 중앙정부의 지침 마련

u-City사업은 기존의 정보화사업과 같은 차원으로 다루어지고 있다. 따라서 현재의 상황에 대한 문제점이 바로 u-City사업에서 나타날 가능성이 크다고 볼 수 있다. 현재의 대부분의 자치단체는 다양한 정보화 사업을 수행해오고 있다. 정보화 사업 현황에서 보면 자치단체는 어떤 사업의 경우 몇 년에 걸쳐 또는 단 연도 사업으로 매우 다양한 정보화 사업을 수행해오고 있다. 또 어떤 과제는 전자정부과제로 수행되므로 자치단체가 사업의 주체가 되기보다는 사업의 단순한 참여 형태로 이루어지고 있다. 가장 큰 문제는 역시 소규모의 예산과 정보화인력 때문에 자치단체 정보화는 구조적 어려움에 직면해 있다는 사실이다. 개별적 시스템 구축은 전체의 최적화(global optimization)보다는 부분 최적화(local optimization)를 추구하는 것이다. 중앙정부 소속으로 u-City 관련 표준화 및 인증기관을 지정하여 u-인프라 및 u-서비스의 표준화, 인증관리 및 사업화 심의 등을 책임지고 수행하여야 한다. u-City사업 역시 유비쿼터스 등 첨단기술 사업을 여러 부처가 경쟁적으로 도입하고 사업화하려 하나 이에 대한 공통 표준이나 비즈니스 모델

22) 이상호 외, "유시티 전략의 경향, 철학, 비전, 개념 특성에 관한 비교 연구", 「국토계획」 제44권 제2호, 대한국토・도시계획학회, 2009.4., p. 248.

등에 대한 기준 등이 없는 상태로 추진되고 있다. 따라서 자치단체가 힘을 합쳐 기준을 설정하고 이를 중앙부처가 수용하는 형태로 추진할 필요가 있다.[23)]

2) 단계적 추진의 필요성 인식

u-City사업의 성공적 추진을 위해서는 기술 중심의 '무엇이 가능한가' 보다는 사회 중심의 '무엇이 필요한가'에 초점을 두어야 한다. u-City사업은 전자정부 및 모바일 정부의 고도화 기반 위에서만 그 효과를 발휘할 수 있으며, 관련 기술의 개발 정도에 따라 민간 부문과의 적절한 역할배분과 효과적인 추진체계의 정립을 통해서만 성공적으로 추진될 수 있다. 무엇보다, u-City 사업추진은 전자정부와 모바일 정부의 건실한 토대 위에서 효과적으로 실행될 수 있으므로, 유비쿼터스 기술의 조급한 활용보다는 기존 전자정부 및 모바일 정부 추진을 내실화·고도화 하는 것이 더 시급한 과제이다. 따라서 u-City 사업에 대한 실현가능성이 무르익었을 때 많은 사람들이 합의를 통하여 적절한 응용분야와 시기를 선택하고 공감대를 구축한 후 추진하는 전략이 필요하다.[24)]

3) 기술발전에 대응할 수 있는 유연한 도시계획 시스템 구축

도시개발 초기 단계부터 유비쿼터스 추진계획을 수립하여 최적의 통합된 도시 인프라를 구축하고 신기술을 수용할 수 있는 기반을 마련해야 할 것이다.

첫째, u-City 내에서는 기존 인프라 구축 시 각 통신사업자별로 별도의 통신시설을 구축하는 것을 지양하고 통신시설의 공동구축 및 이용을 권장해야 한다.

둘째, 가로시설은 기술을 전달하는 중요한 매개체로서 다양한 신기술을 수용하는 탄력적인 공간으로 활용해야 한다. 인공지능가로등은 무선랜의 AP(Access Point)로 만들어 통신의 수·발신 기지로 활용해야 한다. 벤치에서는 휴식 뿐 아니라 주변상가 정보검색, 정보수신, 홈 네트워크 연결 등 보다 많은 활용이 가능토록 해야 할 것이다. 이를 위해 지리정보시스템(GIS)[25)]의 구축을 검토해봐야 할 것이다.

---

23) 이병기·김건위, 전게서, pp. 245-246.

24) 상게서, pp. 249-250.

25) 지리정보시스템(GIS: Geographic Information System)은 종이지도 및 각종 대장에 수록되어 있는 정보를 전산화하여 컴퓨터로 통합관리하는 시스템을 말한다.

표 22-2 지하시설물 GIS 구축현황(2005.12 기준)

구분	통신	도시가스	난방열관	상수도	광역상수도	하수도	전기
구축비율(%)	57.1	99.3	86.9	78.7	100.0	79.8	100.0

자료: 국토해양부, 「2006 지하시설물 GIS 구축현황자료집」.

지리정보시스템은 기본적으로 좌표와 축적을 가지는 도면을 컴퓨터로 이용할 수 있도록 수치화하고 효율적인 관리를 위하여 DB화하는 것이다. 지하시설물의 위치정보 관리의 필요성이 제기됨에 따라 GIS기술이 본격 도입될 필요가 있다.[26] u-City전역의 지리정보는 GIS로 구축되어 u-City내에서 제공되는 모든 서비스의 기본 데이터로 활용될 수 있을 것이다.

셋째, 민간건축주들은 건물의 전면이나 벽면을 발전된 기술의 시연장으로 활용할 수 있도록 적극적 지원을 검토해야 할 것이다. 기반시설 지원, 세제상의 혜택, 각종 부담금 면제 등의 조치를 검토하여 주요 가로에 신기술을 적용할 수 있도록 해야 할 것이다. 단, 지구단위계획 등을 통해 구체적인 경관지침을 마련하여 경관저해요소가 되지 않도록 유도해야 할 것이다.[27]

4) 네트워크의 고도화

가) 유선망 구축의 공공성 구현방안 모색

먼저, 기존의 정보통신 인프라는 기간통신사업자의 고유영역으로서 민간부문이었지만, u-City를 조성하기 위해서는 공공성도 동시에 고려되어야 할 것이다. 현재는 기간통신사업자[28]가 유선망을 구축하고 가입자가 제공된 유선망 서비스에 대해 사용료를 지불하는 구조이다. u-City 전역에서 양질의 인터넷 서비스를 제공하기 위해서는 도시전체에 균일하게 유선망을 구축할 필요성이 대두된다.

다음으로, 사업시행자와 기간통신사업자는 유선망을 도시 전체에 균일하게 구축할 수 있는 최적의 방안을 모색해야 한다. 공동주택 및 단독주택을 포함하는 주거지역 전체에 동일한 품질의 서비스를 제공할 수 있도록 구축할 필요성이 있

26) 상게서, pp. 251-252.

27) 상게서, p. 252.

28) 전기통신사업법에서 기간통신사업은 '전기통신회선설비를 설치하고, 그 전기통신회선설비를 이용하여 기간통신역무를 제공하는 사업'으로 정의하고 있다.

표 22-3 공공자가망의 특성

구 분	공공자가망	상용통신망의 임대
서비스 제공지역	• u-City 개발방향에 따라 필요한 지역에 선로를 포설 • 서비스 목적에 따라 자유로운 운영	• 기간통신사업자의 통신망 위치에 따른 제약 • 통신망이 포설되어 있지 않을 경우 서비스 제공이 불가능
선로포설 및 장비구입	• 초기구축비용 발생	• 구축비용 없음
운영유지	• 자체 운영유지 비용만 발생	• 데이터양 및 회선수에 따라 지속적인 임대비용 발생 • 운영을 맡게 될 지방자치단체의 부담
보안성	• 폐쇄망으로 보안성이 높음	• 기간통신사업자의 보안기술에 따름
확장성	• 초기 구축용량 초과시 확장공사 필요	• 소요 발생시 추가 통신망 임대비용 발생

자료: 한국토지공사외(2006),「성남판교 u-City 구축방안 연구보고서」.

다. 셋째, 수익이 발생하기 어려운 공원과 같은 장소에서 공공서비스를 제공하기 위해서는 공공자가망을 구축하는 방안을 검토해야 할 것이다.[29]

나) 가정까지의 광케이블 연결

우선, 댁내광케이블을 연결해야한다. 댁내광케이블(FTTH: Fiber to the home)은 광케이블을 가정까지 연결함으로써 향후 개발될 u-City의 핵심 인프라이다. 현재 초고속인터넷 통신망은 가입자 가정 직전까지는 광선로로 전송된 후 가정까지는 구리선으로 연결되어 있다.

다음으로, 개별건물에 대한 초고속정보통신건물 인증제도를 활용하여 홈 네트워크 등 u-City 내에서 제공되는 다양한 서비스가 활성화될 수 있는 기반을 마련해야 한다. 과거정보통신부는 2006년 3월까지 4,208건의 초고속정보통신건물 인증을 부여하여 209만 세대의 구내통신망을 고도화하였다. u-City 내의 공동주택은 세대 단자함까지 광통신망이 구축되는 특등급 이상으로 설비하도록 제도화하는 것이 필요할 것이다.[30]

29) 이병기 · 김건위, 전게서, pp. 253-254.
30) 상게서, p. 255.

표 22-4 초고속정보통신건물인증 실적(2006년 3월말 기준)

구 분		예비인증		정식인증		합 계	
		건수	세대수	건수	세대수	건수	세대수
특등급	소계	95	74,360	6	1,802	101	76,162
	공동주택	95	74,360	6	1,802	101	76,162
	오피스텔	-	-	-	-	-	-
	업무시설	-	-	-	-	-	-
1등급	소계	701	380,994	1,443	674,401	2,144	1,055,395
	공동주택	674	377,850	1,443	674,610	2,013	1,025,460
	오피스텔	20	3,137	80	26,768	100	29,905
	업무시설	7	7	24	23	31	30

주: 예비인증은 설계도로 심사하며, 완공 후 정식인증을 받도록 되어 있음
자료: 지식경제부 내부자료

다) anywhere, anytime의 무선망 구축

국내 무선 인터넷 서비스는 크게 이동전화 무선인터넷 서비스와 무선랜 서비스를 중심으로 시장을 형성하고 있다. 이동통신망을 이용한 무선인터넷은 단말기 기능의 향상, 새로운 콘텐츠 개발 등에 따라 이용이 증대된다.[31]

표 22-5 무선인터넷 이용률 (단위: %)

구 분	2002	2003	2004	2005
이용률	32.3	36.1	40.2	42.8

주: 이동전화, PDA, HPC 또는 미니노트북 등의 단말기를 통해 이동통신사업자가 제공하는 서비스를 6개월 동안 1회 이상 접속률
자료: 한국인터넷진흥원(2005.10)

첫째, 휴대형 무선단말기를 이용하여 실내외의 정지 및 이동환경에서 광대역 무선인터넷 접속이 가능한 와이브로 시범서비스를 제공해야 한다. 휴대무선인터넷(WiBro: Wireless Broadband Internet)은 언제, 어디서나 이동 중에도 저렴하게 무선인터넷에 접속할 수 있는 서비스이다.

31) 상게서, pp. 256-257.

둘째, u-City 전역에서 저렴한 무선인터넷 서비스가 제공될 수 있도록 무선망을 구축해야 한다. 현재 이동통신망은 전파기지국에서 공용기지국으로 철탑, 전원시설 등을 90% 이상 구축하여 운영을 대행하는 구조이다. 무선랜은 공용무선랜 방식을 활용하여 통신사업자 무선랜 기지국(Hot Spot)[32]을 설치하고 운영할 수 있도록 유도해야 할 것이다.[33]

(2) 경제적 측면의 과제

1) 다각적인 투자재원의 확보

u-City 사업추진은 도시를 구성하는 각 요소의 통신망을 이용하여 네트워크화하고, 이를 유비쿼터스 기술로 지능화하여 시민에게 편의를 제공하고 도시 자체가 경쟁력을 가질 수 있는 환경을 구축하는 것이다. 이는 중앙정부, 지방자치단체, 도시개발사업자, 민간사업자 등이 함께 건설과정에 참여하여 추진해야 하는 사업이다. 또한 단기적인 정보화사업이나 도시개발사업이 아니라 지역경쟁력 강화 및 주민의 삶의 질 향상이라는 비전을 가지고 지속적으로 추진해야 하는 사업이다. 따라서 u-City 사업은 특정사업자에게 일방적으로 부담을 하게 하는 것은 바람직하지도 않고 또한 불가능하다.

u-City 구현을 위한 관련 재원조달의 기본원칙으로 일반적 도시개발 시 인프라 부담의 원칙을 적용할 필요가 있다. 첫째, 중앙정부로부터 재원을 확보하기는 쉽지 않기 때문에 민간자본을 도입하는 방안을 적극적으로 검토하여야 한다. 둘째, 예산확보를 위한 제도적 지원 장치가 검토되어야 한다. 국가적 차원에서는 u-IT 산업의 지원 및 활성화 정책수립이 필요하고, 기술 및 서비스의 수익성 측면을 고려하여 수익자 부담 및 공공과 민간의 공동부담비율에 대한 가이드라인을 제공할 수 있어야 한다. 셋째, 재원조달 방안에 관하여는 근본적으로 주체가 국가든, 지자체든 아니면 민간이든 필요한 서비스의 수혜를 위해서는 자체적으로 그 비용을 지불해야 한다는 인식 상의 전환이 필요하다.[34]

---

32) 2011년 기준, KT는 전국 13,000여 개소의 NESPOT Zone(Hot Spot)을 운영하고 있다.
33) 이병기 · 김건위, 전게서, pp. 257-258.
34) 상게서, pp. 258-263.

2) 대안적인 PPP 방식의 도입 검토

최근 공공부문이 민간자본과 전문인력 및 경영기법을 공공사업에 도입하여 공공이 부족한 투자재원을 조달하고 업무의 효율성 향상을 향상시키기 위하여 민관협력(PPP)모델이 다양한 방법으로 활용되고 있다. 만약 공공기관이 민간기업의 전문성, 자본의 원활한 공급, 운영관리의 노하우, 그리고 사용자와 밀착된 서비스 제공 등의 장점을 받아들이면, 공공서비스의 수혜자인 시민에게 다양한 양질의 서비스를 제공할 수 있을 것이다. 따라서 u-City사업의 궁극적 목적을 달성하기 위해서는 공공부문과 민간부문이 상호이익을 위해 신뢰관계 속에서 지속적으로 서로 협력해야 할 것이다. 공공부문의 관점에서 보면 민관협력은 공공부문이 공익을 위하여 민간부문의 자본, 인력, 기술 등을 도입・활용하는 민관협력(PPP: Public-Private Partnership)방식의 추진전략이라고 할 수 있다.[35]

(3) 정책적 측면의 과제

1) 관련부처 간 연계

가) 정부 간 공조체계 확립

u-City사업이 효과를 거두기 위해서는 어느 한 자치단체의 노력으로는 어려우며, 범부처의 노력을 강제할 수 있는 강력한 추진체제가 확립되어야 한다. 따라서 지방자치단체의 u-City의 수립에 중앙정부와의 협력적 관계가 필요하다. 이것의 중요성은 미국의 연방과 주정부 간의 정보공동활용을 위한 DB연계 작업에 있어서 핵심적 요소로 자리매김을 하고 있는 사실에서 확인할 수 있다(Landsbergen & Wolken, 2001: 214).[36]

나) 데이터 통합

먼저 운영DB는 자체 시스템과 데이터 관점에서 개발되어야 하며, 이를 위해서는 단일 플랫폼에서의 통합DB환경으로 이전해야 한다. 그리고 중앙정부 및 광역자치단체에서 도입된 응용시스템의 경우, 해당 보급기관과의 긴밀한 협조 하에 보급된 시스템의 데이터 구조를 파악하여 자체DB와 연동할 수 있도록 추진해야

35) 상계서, pp. 263-264.
36) 상계서, pp. 300-301.

한다. 이러한 일련의 작업이 가능하기 위해서는 먼저 전면적인 데이터 모델 구축(Data Modeling)을 통해 데이터의 온전성(integrity)을 도모함으로써 중복과 불일치를 차단해야 한다. 또한 DD 및 전반적인 DB테이블 구조를 체계적으로 관리해야 한다. 외부시스템의 경우 시스템 도입 전에 관련 데이터 구조에 관한 자료를 개방토록 요구를 해야 한다. 미국의 자원관리체제와 같이 전문DBA(Data Base Analysist)를 영입하거나 아웃소싱을 통해 지속적인 유지관리를 해야 한다.[37)]

2) 이해관계자 참여활성화와 기존 계획과의 연계

다양한 이해관계자들을 참여시키기 위해서는 궁극적인 원칙은 상생(win-win)의 전략을 통해 전략적으로 접근하고 조정해나가야 할 것이다. 우선적으로 범시민적 참여와 공감대 확산이 중요하다고 할 수 있다. 또한 지방자치단체와 민간사업자의 적극적인 참여를 도모하기 위한 지원방안을 마련해야 할 것이다. 각 u-City별로 재정적 부담을 완화시키기 위해 국가의 IT산업관련 지원과 연계하거나 u-City 내의 각종 정보전달매체(미디어보드 등)를 통한 광고수익모델 등을 강구해야 할 것이다. 민간사업자가 다양한 부가서비스를 개발할 수 있도록 제도적 지원이 필요하다.[38)]

3) 법제도 개선

지속가능한 u-City의 구현을 위해서는 제도개선도 병행되어야 한다. 중앙정부는 u-City의 계획 및 건설과 관련한 제도기반의 제공에 치우치고 있는 현행 u-City 법을 u-City 서비스의 개발 및 u-City 건설 이후 관리운영과 관련한 제도적인 기반마련까지로 확대해야 한다. 적어도 시행령에 규정된 관리운영방안과 관련한 지침수립과정에서 수익모델과 부대사업 등의 허용 및 이를 통한 운영비조달방안을 명확하게 규정하고, 향후 제도개선을 통해 법률 수준에서 u-City의 지속가능한 운영과 관리를 위하여 수익사업과 부대사업의 시행이 가능하도록 규정되어야 할 것이다.[39)]

37) 상게서, pp. 301-302.

38) 상게서, pp. 302-303.

39) 김복환 · 구지희 · 곽인영, "지속가능한 u-City 운영을 위한 선순환 u-City 모델의 개발방향 연구", 「한국공간정보시스템학회논문집」, 제11권 제1호, 2009.9., p. 152.

4 u-City 발전방안

지방의 u-City추진의 걸림돌은 중앙정부 간의 연계조율이 없고 명확한 지침이나 개념 정립이 없는 상태에서의 추진으로 사업의 실패 가능성이 매우 높다. 이제는 지방자치단체의 u-City사업은 정보지식 국가 건설을 위한 중요한 정책수단으로 인식되고 본격적으로 추진되어야 한다.

첫째, 기술적 호환성 제고를 위한 중앙정부의 지침 마련이 시급하다. 이를 위해 중앙정부 소속으로 u-City 관련 표준화 및 인증기관을 지정하여 u-인프라 및 u-서비스의 표준화, 인증관리 및 사업화 심의 등을 책임지고 수행하여야 한다. u-City사업 역시 ubiquitous 등 첨단기술 사업을 여러 부처가 경쟁적으로 도입하고 사업화하려 하나 이에 대한 공통 표준이나 비즈니스 모델 등에 대한 기준 등이 없는 상태로 추진되고 있다. 따라서 자치단체가 힘을 합쳐 기준을 설정하고 이를 중앙부처가 수용하는 형태로 추진할 필요가 있다.

둘째, 다각적인 투자재원의 확보노력이 필요하다. 서비스 상당부문을 수익자부담 원칙으로 하여 민간의 투자를 유도해야 하며, 공공의 이익을 위해 반드시 필요한 부문의 경우 공공 부문에서 정책적으로 적극 지원할 필요가 있다. 아울러 예산확보를 위한 제도적 지원 장치가 검토되어야 한다. 중앙정부로부터 재원을 확보하기는 쉽지 않기 때문에 민간자본을 도입하는 방안을 적극적으로 검토하여야 한다.

셋째, 중복투자 방지를 위한 S/W 협의·조정지원시스템의 개선이 이루어져야 한다. 각 부처는 나름대로 예산을 책정하여 사업을 추진하고 있는데, 자치단체 입장에서는 중앙정부 차원에서 추진되는 사업들과 연계할 필요가 있고, 중앙정부 차원에서도 관련 부처 간 업무 연관관계를 지방자치단체와 명확히 하여 중복투자나 예산의 낭비가 없도록 해야 한다.

넷째, 국가차원에서 현재 논란이 많이 일어나고 있는 지역통합관리센터에 대한 전반적인 지침을 제시해주어야 할 것이다. 정보공유센터·자치단체전산실·정보화마을 등 지역의 공공정보를 연계하여 다양한 대국민서비스를 제공하는 '지역통합관리센터'를 구축해야 할 것이다.

다섯째, 중앙의 관련부처가 개별적으로 u-City를 추진하는 지자체들의 애로사항들을 지원함과 아울러, 국가적인 차원에서의 u-City활성화와 이를 국가적 성장 동력 또는 상품으로서 만들어가는 노력이 필요하다.

여섯째, 이해관계자 참여활성화와 기존 계획과의 연계가 필요하다. 다양한 이해 관계자들을 참여시키기 위해서 궁극적인 원칙은 상생(win-win)의 전략을 통해 전략적으로 접근하고 조정해나가야 할 것이다. 많은 사업비를 들이지 않고도 짧은 시간에 가시적인 성과를 이룰 수 있는 콘텐츠를 제공함으로써 u-City의 추진 분위기를 자치단체 지역주민에게 확산해 나가는 것이 중요할 것이다.[40]

---

40) 이병기 · 김건위, 전게서, pp. 326-331.

CHAPTER 23

도시개발

1960년대 이후부터 개발에만 역점을 둔 도시정책은 시민의 불만을 야기했으며, 이는 주민저항이라는 위기를 수반하게 되었다. 이제는 지금까지의 개발과 성장 위주의 도시정책에 대한 반성과 함께 새로운 개발전략을 모색할 때가 되었다. 도시정책에 있어서 개발과 보전이라는 측면에서의 올바른 합의점을 찾는 선택의 기로에 놓인 것이다.

1 도시개발의 의의

(1) 도시개발의 개념

전통적으로 도시개발론자들은 개발(development)이란 용어를 경제에 초점을 맞추어 단순한 경제적 총량의 증가 그리고 효율성의 증대를 의미하는 것으로 인식하였다. 그러나 최근에는 개발개념을 이러한 단순한 양적 수준을 넘어선 질적 수준 내지 시민 복지의 증진까지를 포함하는 넓은 의미로 사용하기 시작하였다. 여기에는 경제적 의미의 효율성과 부(富), 소득의 증가뿐만 아니라 소득분배, 형평성, 안전, 건강한 생활, 환경보전 등을 포함하게 된다. 즉 진정한 의미의 개발은 단순한 경제적인 양적 측면만이 아니라, 정치 · 사회 · 문화 · 환경 등 모든 부분의 균형적이고 종합적인 발전을 동시에 내포하고 있는 것이다.

도시개발정책(urban development policy)이란 국가를 포함한 공권력이 도시의 물리적 공간구조에 투자하거나 도시의 토지이용을 통제함으로써 지역사회 형성에 기여하는 일련의 실천적 행위들을 의미한다고 볼 수 있다. 때로 어떤 정책이 도시개발정책에 속하는 것인지 분명하지 않을 수 있지만 대표적인 몇 가지 예를 들면 용도지역제, 교통을 포함한 도시기반시설에 대한 투자, 슬럼지역의 철거 내지 재개발 등이 이에 포함된다. 이러한 도시개발정책이 이미 형성된 공간을 재형성하는 것이기 때문에 엄밀한 의미에서 보면 재개발정책(redevelopment policy)이라고 할 수 있다. 그러나 재개발정책이라고 할 경우 일반적으로 미국에서 사용되어 온 특정한 도심지 슬럼지역의 재개발을 연상하기 때문에 이것과 생성양식을 달리하는 한국의 무허가지역 철거정책을 포함하는 용어로서 도시개발정책이란 용어를 사용하기로 한다.

(2) 도시개발 전략의 유형

도시개발 전략의 유형은 각 국가뿐만 아니라 한 국가 내에서도 정부의 성격에 따라 다르게 나타날 수 있다. 개발전략의 유형은 크게 뉴욕시로 대표되는 맨하튼전략, 파리시로 대표되는 추축전략, 런던시로 대표되는 봉쇄전략 등 세 가지로 구분해 볼 수 있다.

첫째, 맨해튼전략은 도시 내 특정지역을 집중적으로 투자·개발하는 전략이다. 도시 내 몇몇 지역을 지정하여 집중개발하고 이들과 짧은 거리에 있는 지역과 연결하여 연쇄적이고 지속적인 개발을 도모한다. 또한 특정지역을 집중적으로 개발하는 데 중점을 두어서 기획의 범위에 있어 공간적 제약을 받게 된다. 그리고 이 전략에서는 한 도시를 인근 지역과 연결짓는 노력을 매우 미약하게 여기므로 스스로 범위를 봉쇄한다.

둘째, 추축전략(axes strategy)은 고도의 투자와 개발에 입각하는 전략이다. 그러나 맨해튼 전략과의 큰 차이점은 이 전략에서는 광범한 교통망에 의해 직선적으로 연결되는 인공환경의 경계를 확장하는 것을 강조한다는 것이다. 추축전략은 확장적인 전략이며, 전반적으로 새로운 개발물결을 확립하는 의도를 지닌다.

셋째, 봉쇄전략은 도시, 준도시, 비도시 환경으로 구분함으로써 시작한다. 봉쇄란 지정된 환경 간의 동심원적 혹은 직사각형적 경계를 확정하는 것이다. 봉쇄전략은 영토의 통합을 보호하고 주어진 성장수준에 적절한 지역의 개발을 유도한다. 이 전략의 핵심은 비례, 적당, 점진주의이다.

우리의 도시개발사업은 이러한 전략 유형적 측면에서 살펴볼 때 맨해튼전략과 추축전략의 성격을 강하게 내포하고 있다. 이러한 전략에서 영토보존이나 환경

보전 등은 전혀 고려되고 있지 못하다. 그리고 이해관계의 대립으로 도시 내 특정 지역을 집중적으로 개발하지도 못하고 있다.

(3) 도시개발의 문제점

우리나라 도시개발의 일반적인 문제점으로는 다음과 같이 세 가지를 들 수 있다.

첫째, 도시개발의 가치상의 문제를 들 수 있다. 지금까지 도시는 소위 개발지상주의였다. 그러나 이러한 개발지상주의는 지양되어야 하고, 주민의 욕구를 최우선시하며 건강한 도시를 위한 형평성, 균형성, 건강성 등의 가치를 최우선적으로 추구하여야 할 것이다. 이것은 결국 환경보전을 우선하는 것이다.

둘째, 주민참여의 실질적 한계를 들 수 있다. 우리나라는 아직까지 참여문화가 성숙되지 못한 실정에 있다. 주민의 자생적 조직의 형성과 이들이 실제 정책결정과정에 참여할 수 있는 여건이 조성되어 있지 못하다.

셋째, 개발목표가 쉽게 전도된다는 점이다. 우리나라의 경우 도시개발이 도시재정의 확보수단으로 이용되어 본래 의도였던 개발목표가 전도되는 경우가 많다.

2 도시재개발

(1) 도시재개발의 개념

도시재개발(Urban Renewal)이란 용어는 미국이나 영국 등 여러 다른 나라에서 중심업무지역(CBD)을 포함한 오래된 도시지역, 또는 오래되어 '참을 수 없는' 지경에 이르러서 '새 것'으로 재개발(redevelopment)하거나, 도시기능을 회복(rehabilitation)시키는 것을 의미한다. 따라서 도시재개발은 계속적으로 도시지역(urban area)을 좋은 상태로 유지하고 발전시키기 위하여 취하여야 하는 모든 공공적이거나 사적인 행동의 총체라고 본다.

도시재개발이란 넓은 의미에서 정태적인 기존 도시의 물리적 환경을 사회·경제구조, 기술 등 동태적인 사회·경제적 환경에 적응시켜 나가는 도시의 지속적인 성장 및 발전과정이라 말할 수 있다. 그러나 근래에 와서 도시재개발이 물리환경적 개선을 위한 도시계획적 수단으로 제도화됨에 따라 보다 협의의 개념으로 이해되고 있다. 협의의 개념으로서의 도시재개발이란 제도적으로 허용된 도시환경의 변화만을 의미하므로 다음과 같이 정의할 수 있다.

즉, '도시인구의 증가 및 산업기술의 발달 등 도시의 사회적 · 경제적 변화에 의하여 기존시설을 충분히 활용할 수 없게 되어 개인의 안전, 위생과 사회복지 및 도시기능상 장애를 초래하고 도시를 쇠퇴화시킬 우려가 있을 때, 공권력으로 기존의 도시환경을 변화시키는 도시계획 사업'이다.

(2) 도시재개발의 변천 과정

1950년대부터 대도시에서 불량주택 재개발사업이 시행되었으나 이 당시에는 제도적인 뒷받침이 없이 사업이 시행되어 왔다. 그 후 점차 도시재개발이 도시문제로 인식되고 도시의 전반적이 계획이 필요해짐에 따라 1965년 도시계획법 시행령 개정에서 재개발지역 설정에 관한 항목을 신설하여 도시재개발이 법적 뒷받침을 받게 되었고 정부의 정책에 반영되게 되었다. 그러나 제도적인 차원의 대응이 실제 현실을 따라가지 못하여 불량촌은 더욱 증가하였다.

1971년 「도시계획법」을 개정하면서 도시재개발사업 조항을 신설하고 재개발사업에 관한 시행요건, 실시계획, 관리처분계획, 청산 등에 관한 1978년을 시한으로 하는 「특정지구 개발촉진에 관한 임시조치법」을 제정하여 개발촉진지구를 지정할 수 있도록 하여 재개발사업 시행자에게 면세의 특혜를 주어 재개발사업을 촉진시키고자 하였다.

그러나 본격적인 전환점은 1973년에 1981년까지를 시한으로 하는 한시법으로서 「주택개량촉진에 관한 임시조치법」을 제정하여 주택개량사업을 도시계획사업으로 규정하고, 무허가주택지를 양성화할 수 있는 법적 근거를 마련하였으며, 국 · 공유지를 해당 자치단체에 무상으로 양여하여 재원마련을 가능하게 하였고, 재개발사업에 각종 세금을 면제해 주는 등 지원제도를 강화하였다.

그러다가 재개발사업을 더욱 효과적으로 시행하기 위해 1976년에 「도시계획법」에 규정되어 있던 재개발사업 관련 조항과 새로운 조항이 보완되어 「도시재개발법」이 독립된 단일법으로 제정되었다. 여기서 도시재개발 기본계획의 수립과

제3자의 개입 및 사업 시행자별 시행절차를 구체화하였다. 이때 재개발사업은 주택개량재개발과 도심지재개발로 구분되었다.

그 후 1977년에는 도시재개발법 시행령을 제정하여 구체적인 사항을 정하였고, 1981년과 1982년에 「도시재개발법」을 개정하여 토지 건축 등 소유자들의 동의요건강화, 재개발지역의 분할시행기능을 정립하였다. 그러나 사업시행과 갈등이 노출되고 재개발의 실효성에 대한 의문이 제기되어 이를 시정하는 새로운 재개발 방식의 도입을 위하여 1989년 4월에 「도시 저소득주민의 주거환경개선사업을 위한 임시조치법」이 제정되었는데, 이에 따라 주거환경개선사업이 새로이 실시되었다. 주거환경개선사업은 도시 저소득 주민이 거주하는 노후 혹은 불량건축물 밀집지역에 공공시설 정비 및 주택의 건설과 개량, 그리고 소득원의 개발 등을 목적으로 1999년까지를 유효기간으로 하여 시행되었다.

2003년에는 종전에 시행되던 주택재건축사업(「주택건설촉진법」), 주택재개발사업(「도시재개발법」), 주거환경개선사업(「도시저소득 주민의 주거환경개선을 위한 임시조치법」)을 「도시 및 주거환경정비법」으로 일원화하였다. 이 법은 인구 50만 명 이상의 시는 '도시주거환경정비기본계획'을 수립하여 재건축사업, 재개발사업, 주거환경개선사업이 시행될 구역의 개략적인 범위, 사업시기, 용적률 등을 미리 정하도록 규정하고 있다. 특히 선계획-후개발의 원칙에 따라 도시를 재개발하는 것에 중점을 두고 있다.

2006년에는 이른바 '뉴타운(new town)법'이라 불리는 「도시재정비 촉진을 위한 특별법」을 제정하여 도시의 낙후 지역에 대한 주거환경 개선, 기반시설 확충 및 도시기능 회복을 위한 사업을 광역적으로 계획하고 효율적으로 추진하도록 하고 있다.

(3) 도시재개발의 유형

1) 전면재개발

전면재개발은 철거를 위주로 하는 사업으로서 슬럼화되어 시가지로서 필요한 기능과 환경을 상실한 지구의 건축물을 제거하고 합리적인 토지이용계획을 세워 새로운 지구에 시가지를 조성하는 작업이다. 이것은 건축물이 전반적으로 악화되어 있는 지구, 건축물의 배치나 이용 및 지구 전체의 설계가 나빠서 충분한 생활환경 또는 경제활동의 장으로서의 조건을 잃어버린 지역에 대해 재개발을 실시한다.

2) 수복재개발

수복재개발은 어떤 지역이 생산활동이나 생활환경 측면에서 악화될 가능성이 있을 때나 지역 자체의 기능이 저하되어 갈 때 기존의 골격을 대체로 유지하면서 필요한 부분을 수리하고 개조하는 사업이다. 수복재개발의 대상지역은 구조적으로는 아직도 견딜 수 있지만 유지 및 관리가 충분히 행해지지 않아 불량화될 가능성이 많은 건축물이 있는 지역이다.

3) 보전재개발

보전재개발이란 충분한 기능과 건전한 환경을 가지고 있지만 그대로 방치하면 장래에 악화될 염려가 있는 지구 또는 역사적 혹은 문화적으로도 훌륭한 건축물이 많은 지구에 대해서 건축 및 도시계획의 행정지도에 의해 악화를 예방하는 사업이다. 지구의 악화를 예방하는 조치로서는 건축물 유지관리의 강화 및 거주인구밀도 등의 적정화, 용도지역・지구제의 강화 등의 방법이 있다.

3 도시지하공간의 개발

(1) 지하공간의 개념

지하공간은 경제적 이용이 가능한 범위 내에서 지표면 하부에 자연적으로 형성되었거나 또는 인위적으로 조성한 일정 규모의 공간자원으로서, 이 공간자원 내에 일정 목적의 시설이 첨가된 경우가 지하시설 또는 지하시설공간이다.

지하공간은 주로 사람의 손에 의해 만들어지는 공간적 자원이자 새로운 제3의 토지(제2의 토지는 지상의 인공지반 또는 공중권이 설정된 가상적 공간 내지는 건축물의 바닥공간)라고 말할 수 있다. 이러한 관점에서 앞으로 지하 공간에 관하여 지상토지와 차이가 나는 점을 명확히 밝혀 나가야 할 것이다.

(2) 지하공간의 필요성

지하공간은 인류사에 있어서 중요한 자원으로 활용되어 왔지만 특히 오늘날에는 지하철, 터널, 지하상가, 지하주차장, 지하도시계획에 이르기까지 광범위한 지하공간개발이 이루어지고 있다. 이러한 지하공간의 필요성은 다음과 같다.

첫째, 지상공간의 공급시설 수요 충족을 위해 필요하다. 도시 내 지상의 토지이용의 고도화와 다양한 도시활동은 일정지역 토지의 급속한 수요증대를 가져왔지만 토지는 그 자체의 속성으로 인하여 공급이 제한되어 있다. 따라서 지하공간은 이러한 다양한 도시생활의 요구증대에 부응하기 위한 하나의 공간활용 방안이 되었다. 이를 위해 지하상가, 지하위락시설, 지하도 등이 건설되고 있다.

둘째, 국가의 전략시설로서 필요하다. 각 국가는 자국을 보호하기 위해 전략무기를 개발하여 왔다. 따라서 핵무기를 포함한 새로운 전략무기에 대한 방어수단으로서 지하공간의 이용이 필요하게 되었으며, 안보적 차원에서도 활용되고 있다.

셋째, 환경오염의 방지시설로서 필요하다. 날로 발전하는 물질문명으로 환경오염이 심각해졌다. 이러한 오염을 방지하는 각종 폐기물처리시설을 지하에 설치함으로써 자연보호가 용이하며, 소음, 진동, 악취 등의 각종 피해를 주거시설로부터 격리 차단하여 지하공간이 오히려 환경오염의 방지책이 되고 있다.

넷째, 시설의 경제성이 높아져 지하시설의 수요가 늘어난다. 눈부신 과학기술의 발전은 터널개발기술의 발달을 가져와 지하공간 개발을 경제성있게 만들었고 지하시설의 시공비는 기술진보에 의해 점차 감소하는 추세에 있다.

다섯째, 도시교통문제의 완화를 위해 필요하다. 현대사회에서는 날로 교통혼잡문제가 대두되고 있다. 이러한 문제를 해결하기 위하여 지하공간을 개발하여 지하철, 지하터널, 지하도, 지하주차장 등의 시설을 개발할 수 있다.

(3) 도시계획과 지하공간의 개발

미래 도시들은 계속해서 토지의 고도이용을 필요로 할 것이다. 그래서 한정된 공간에서 도시의 모든 기능을 최대로 살릴 수 있게 하기 위해서는 지하공간의 이용이 불가피한 일이 될 것이다.

많은 국가들이 지하공간 이용을 국영사업으로 선정하여 중심적인 사업을 전개해 나가고 있음을 인식할 때 우리도 다른 어느 국가보다도 지하공간을 최대로 활용할 수 있는 방안이 강구되어야 한다.

지하공간을 이용함에 있어서 앞으로 예상되는 전개방향은, 첫째, 지표로부터 지하 깊은 곳으로의 수직방향으로 인공공간을 연장시켜 가는 이용으로서 인간의 이용의 공간적 확대라는 방향이다. 이는 대규모 지하가 빌딩지하층의 다층심층화, 지하주차장 등으로 평면적 입체적인 구조물로의 유인적 지하이용이다. 둘째, 도시의 기능적 측면에서 생각한 최적의 경제적인 토지의 고도이용으로서 도시 기반시설 수용공간으로서의 지하공간의 이용이다. 지하철, 지하도로, 홍수조절로서의 지하하천, 하수처리, 쓰레기처리, 에너지, 물류, 정보통신, 수자원, 용수확보 등 도시 기반시설로서의 무인적 지하이용이며 다목적 공공시설이용이다.

4 지속가능한 도시개발

(1) 지속가능한 개발의 개념

지속가능한 개발의 개념으로 가장 널리 쓰이고 있는 것은 브룬트란트 보고서에서 사용한 개념으로 지속가능한 개발이란 '미래세대가 그들 스스로의 필요를 충족시킬 수 있도록 하는 능력을 저해하지 않으면서 현재 세대의 필요를 충족시키는 개발', '자원의 이용, 투자의 방향, 기술의 발전, 그리고 제도의 변화가 서로 조화를 이루며 현재와 미래의 모든 세대의 필요와 욕구를 증진시키는 변화의 과정'으로 정의되고 있다.

(2) 지속가능한 도시개발의 과정

현 세대는 물론 미래 세대에게도 건강한 도시를 건설하기 위한 지속가능한 도시개발의 과정은 비전의 설정, 원칙 · 지침의 설정, 임무의 설정 및 역할분담, 행동계획, 실천, 평가의 순으로 이루어지며, 이는 다시 환류하는 과정을 거친다. 이러한 과정들을 간략히 살펴보면 다음과 같다.

비전(vision)은 지역이 추구하고자 하는 미래상에 관한 묘사이다. 비전은 지역

구성원 전체의 의지가 함축되어야 하는데 이를 위해서 인내심을 갖고 공동의 목표 하에 함께 노력하여 합의에 도달해야 한다.

원칙은 설정된 비전을 실현하기 위한 제반 지침이다. 원칙은 지속가능한 도시개발의 시작으로서 지방정부의 각 부서가 임무를 수행하는데, 그리고 사업체, 민간단체 및 주민들의 역할을 분담하는데 구체적인 지침을 제공한다. 그러므로 지역의 원칙을 설정할 때는 지방정부와 관련전문가 이외에 지역주민의 의견을 수렴해야 할 것이다.

설정된 원칙에 입각하여 임무와 역할분담이 완료되면 이를 실천하기 위한 행동계획을 수립한다. 행동계획에는 개발가이드라인, 예산, 종합계획안, 지구지정, 토지이용 등이 포함된다.

이를 바탕으로 정책과 행동이 실행된 이후 그 성과를 평가하는 것은 매우 중요한 업무이다. 평가를 위해서는 적정한 지표가 필요하다. 지속가능성을 측정하는 지표는 경제, 환경, 사회시스템의 효율성과 통합성의 수준을 기반으로 한 지역사회의 장기적 생존능력을 파악하도록 해야 한다. 이러한 평가는 정책의 조정으로 연결되는 환류과정을 거치도록 한다.

(3) 지속가능한 도시개발의 원칙

지속가능한 도시개발을 이루기 위한 원칙은 각 단체나, 학자들마다 다소 견해차이가 있을 수 있다. 여기서는 WCED(World Commission On Environment and Development)가 'Our Common Future(1987)'에서 지속가능한 발전이 갖추어야 할 조건으로 선정한 것을 간략히 살펴보고자 한다.

첫째, 정책결정과정에 시민들의 참여를 보장하는 정치제도를 확립해야 한다. 둘째, 자급자족적인 기반을 바탕으로 이익과 기술을 창조하는 경제시스템 구축해야 한다. 셋째, 자연의 생태자원을 보존하는 것을 존중하는 생산시스템을 확보해야 한다. 넷째, 새로운 해결책을 끊임없이 추구하는 기술체계를 확립해야 한다. 다섯째, 지구의 지속가능한 발전을 촉진할 수 있는 국제무역과 국제금융의 이동을 추구해야 한다. 마지막으로, 융통성 있고 자기수정적인 기능을 가지고 있는 행정체계의 확보가 필요하다고 지적하였다.[1)]

1) 이 장은 지방행정연수원 사이버교재; 모성은 · 임경수 · 이성우, 『지역개발론』을 중심으로 정리하였다.

CHAPTER 24

신도시개발

신도시개발은 역사적으로 경제 · 사회 · 군사적 목적에 의해 세계 여러 지역에서 있어 왔다. 신도시건설의 주요 목적은 대도시 인구와 산업의 집중을 완화하여 혼잡과 무질서를 방지하는 건전하고 쾌적한 도시환경을 조성하고자 하는 것이다. 즉, 신도시개발은 국가차원에서는 국토를 효율적으로 이용하고, 인구를 합리적으로 재배분하고, 지역차원에서는 지역이 발전할 수 있는 거점을 개발하는 것이며 각종 도시문제를 해결하기 위해 진행되어 왔다.

우리나라의 경우 초기에는 산업기반을 확충하기 위한 공업단지의 배후로서 신도시를 개발하기 시작하였으며, 산업과 국가의 성장과 더불어 서울을 비롯한 중심도시의 인구집중을 완화하고 행정 및 산업기능을 분담하기 위하여 신도시의 개발이 활발히 이루어졌다.

1 신도시(new town)의 개념

신도시는 하워드(E. Howard)가 19세기 말 영국 '전원도시' 건설을 제안했을 때 사용했던 개념으로 거슬러 올라갈 수 있다. 하지만 신도시에 대한 명확한 개념이 설정된 것은 아직 없다. 각국의 사회 · 환경에 따라 그 개념을 다르게 적용하고 있기 때문이다. 하지만, 일반적으로 알려진 신도시 개념은 광의의 개념과 협의의 개념으로 나누어 볼 수 있다.

광의의 신도시는 계획적으로 개발된 거주지를 의미하므로 위성도시(satellite city)나 교외 베드타운(bed town)등 새로이 개발되나 모도시(母都市) 의존적인 도시는 물론 기존의 소도시에 계획적 개발이 행하여진 확장도시까지도 포함하는 경향이 있다. 그러나 협의의 신도시는 생산, 유통, 소비의 모든 기능을 자족적으로 갖춘 독립도시로서 새로이 개발된 것만을 의미한다. 따라서 신도시란 사전에 예정된 기간 내에 특정 지역범위 안에서 다양한 사회경제적 활동과 물리적 요소를 계획적으로 개발한 일단의 지역을 의미한다고 할 수 있다.

2 우리나라 신도시개발 과정

(1) 1960년대 이전: 행정·군사도시

1960년대 이전에는 행정기능의 배분과 정비 및 체계 확립을 위해 법령과 제도 운영의 결과적 산물로 몇 개의 신도시가 개발되었다. 해방 후 비교적 시세가 강했던 강경, 공주, 안동과 같은 도시가 쇠퇴하고 대조적으로 진해, 의정부, 논산, 대전 등지가 강력한 행정 및 군사도시 즉, 신도시로 발전하였다.

이 시기는 계획론적인 입장에서 볼 때 규범적인 계획은 없었으나 행정기능의 배분과 정비가 매개 요인이 되어 신도시를 출현시켰던 시기라 할 수 있다.

(2) 1960년대: 공업단지 배후도시 – 울산·성남

우리나라에 신도시가 건설되기 시작한 것은 1960년대 후반부터라고 할 수 있으며, 크게 두 가지 정책목표에 의해 추진되었다. 하나는 공업단지 조성에 따른 배후도시로서 신도시를 건설하는 것이었고, 다른 하나는 수도권의 과밀문제를 해소하기 위한 것이었다.

공업단지의 배후도시로 건설된 최초의 신도시는 1962년부터 석유화학단지가 조성되면서 신설된 울산이고, 과밀해소를 목표로 추진된 최초의 신도시는 1968년 서울시가 불법건축물 정리방안의 일환으로 건설한 광주주택단지(성남시)라 할 수 있다.

(3) 1970년대: 신공업도시 – 안산·구미·창원·여천

1970년대는 지역 간의 균형발전을 위해 소도읍 기능화 계획이 새마을사업의 일환으로 추진되었고, 대도시의 인구 분산과 공업발전을 병행시킬 수 있는 신도시

개발이 시도되었으며 국토개발의 합리화를 목표로 광역화 계획이 입안되었다.

1972~1981년의 제1차 국토종합개발계획에서는 산업와의 초기단계에 걸맞은 산업기반의 구성이 국토정책의 기본방향이었으며, 이러한 배경 하에 1970년대에는 수도권, 대구권, 부산권, 광주권의 4대 권역에 대규모 신공업도시(안산, 구미, 창원, 여천)가 건설되었다.

인구문제의 해결과 지역발전을 목표로 하는 현대적 추세의 신도시계획이 출현하였으나 경제개발과 국토개발 계획이 합류된 혼합기였으며, 결과적으로 계획은 있었으나 성과는 경미하였던 시기이다.

(4) 1980년대 후반~1990년대 중반: 목동·상계, 분당·일산·평촌·산본·중동

1982~1991년의 제2차 국토종합개발계획 기간 중에는 서울을 중심으로 한 대도시의 꾸준한 인구증가로 주택난이 심각해졌다. 이에 따라 정부는 산업기반의 조성과 함께 정주환경의 개선을 주요정책방향으로 설정하고 서울시의 주택부족문제를 해소하기 위해 목동신시가지(1983), 상계신시가지(1986)와 같은 대단위 주택단지 건설계획을 추진하였다.

1980년대 후반 '3저 호황'에 따른 부동산 투기 붐으로 주택문제가 초미의 관심사로 대두되자 1989년 정부는 수도권 지역에 택지 공급을 늘리고 수도권 주택공급 확대 및 부동산 투기 억제 그리고 서울의 인구 분산을 목적으로 분당, 일산,

표 24-1 1980년대 후반 신도시 개요

구 분	분당	일산	평촌	산본	중동
목적 및 성격	수도권 중심업무, 상업기능의 자족도시	수도권 서부의 자족도시, 예술문화전원도시	안양시의 신중심업무지역 내 신시가지	신업무중심지 내 신시가지	신업무중심지, 도시근교주거지 내 신시가지
위치	경기도 성남	경기도 고양	경기도 안양	경기도 군포	경기도 부천
면적(㎡)	19,691,008	15,735,711	5,105,904	4,189,365	5,212,821
수용인구(명)	390,000	276,000	168,000	170,000	170,000
수용세대(호)	97,500	69,000	42,000	42,500	42,000

평촌, 산본, 중동 등지에 신도시 건설을 추진하였다.

(5) 2000년대: 판교·동탄·파주·광교

2000년대 들어서 추진되고 있는 대표적인 신도시 개발에는 판교, 화성, 김포, 파주 등 수도권 5개 신도시를 들 수 있다. 향후 신도시 개발의 방향으로는 난개발 초래 등 과거 신도시에 대한 부정적 이미지의 전환 및 소규모 분산적 개발을 대체하는 '계획도시' 개념의 신도시를 건설하는데 주안점을 두어야 할 것이다. 그리고 국토 통합축 형성 및 지역균형발전, 지방도시 육성과 수도권의 분산화, 남북 교류 협력지대의 조성이라는 개발목적 하에 신도시 개발을 추진하여야 할 것이다.

표 24-2 2000년대 신도시 개요

구 분	판 교	동 탄	파 주	광 교
목적 및 성격	수도권의 택지난 해소를 위한 신주거단지 계획, 성남시의 도시중심성 확보를 위한 도시 공간구조 마련	수도권 과밀해소와 공간구조 재편, 신주거단지 계획	도농통합형 환경 시범도시 조성	구시가지의 도시기능 재배치, 첨단 지식기반산업 위주의 자족형 도시
위치	경기도 성남시	경기도 화성시	경기도 파주시	경기도 수원시
면적(㎡)	9,376,490	9,036,525	9,549,000	11,282,521
수용인구(명)	89,100	120,000	124,000	77,500
수용세대(호)	29,700	40,000	46,000	31,000

3 신도시 관련 이론

(1) 도시성장관리(urban growth management system)

도시의 무질서한 확산을 방지하고 도시주변의 자연환경을 보존하며 개발수요를 적절히 관리할 수 있는 도시성장관리 체계구축이 필요하다. 도시성장관리제도는 도시전체의 보전과 개발에 대도시권 차원에서 어느 곳에 개발을 제한하고 어느 곳에 개발을 유도할 것이냐에 대해 장기적으로 접근하는 전략계획이 요구되며 지자체간의 토지이용을 통합 관리할 수 있는 체계 제시가 요구된다.

도시성장관리는 여러 지자체 및 국민의 삶의 질에 막대한 영향을 미침으로써 지역 차원 또는 국가 차원에서의 지자체와의 상호협조 체계를 구축하여야 한다. 더욱이 지자체 이외의 지역주민들은 의사결정에 참여할 수 없기 때문에 도시성장관리제도는 중앙정부에서 직·간접적으로 지자체의 의결사항을 검토, 허가할 수 있도록 하고 있다.

따라서 도시성장관리는 지자체 및 중앙정부 내의 개발을 질서있게 성장·개발시켜 공공시설의 효율적 이용과 교통혼잡을 방지하고 자연자원을 보존한다. 또한 교통과 토지이용의 조화를 이룬 대표적인 협조체제일 뿐만 아니라, 토지이용관리를 통하여 도시확산 및 난개발을 예방하는 대표적인 정책사례라 할 수 있다.

특히 도시성장관리는 개발의 장소와 시간을 통제하고 개발 방향을 조절하여 도시 및 지역의 질서 있는 개발을 유도한다. 도시성장관리제도를 운용하는 나라에서는 신규개발에 따른 각종 공공시설 수요와 환경에 미치는 부정적 영향을 최소화하기 위하여 기존의 기반시설을 효율적으로 이용하고 자연훼손을 최소화함으로써 도시확산 및 난개발을 사전에 예방하고 있다.

(2) 스마트 성장(smart growth)

스마트 성장은 1980년대 후반 미국 교외의 저밀도 개발로 인한 스프롤(sprawl) 문제를 해결하기 위해 도입된 도시성장관리 수단의 한 유형이다. 스마트 성장은 강한 경제유지를 통해 지속적 경제성장과 고용창출에 기여하고, 자원절약과 오염방지를 통해 환경을 보전하며, 근린의식, 매력적인 생활환경의 제공을 통한 삶의 질 향상을 목표로 삼고 있다.

따라서 스마트 성장은 도시민의 공동체의식을 끌어올리고, 도시경제를 강화하는 것은 물론, 자연환경을 보호함으로써 도시확산 부담을 경감시키는 데 초점을 맞춘 도시발전운동이다. 이러한 스마트 성장의 특징은 다음과 같다.

첫째, 도시경제 발전을 위한 참여와 계획 그리고 질서있고 예측 가능한 방법으로의 정책 결정이 가능하다.

둘째, 충분한 거주, 상업, 여가, 산업 그리고 환경적으로 민감한 지역을 보호하고 의미있는 공공녹지를 확보할 수 있도록 각 지자체의 장기종합계획을 수립한다.

셋째, 고밀건축, 혼합토지이용 개발, 교외와 기존 도시와의 관계를 고려한 개발이 가능할 수 있도록 방해물 제거 및 토지이용계획 기술을 개선한다.

넷째, 현재와 미래의 주택수요에 맞추어 새로운 학교, 도로, 상하수도시설을 계획하고 건설하며 전체 지역사회에 이익이 되는 공정하고 광역적 차원에서 기반시설비용을 보증한다.

다섯째, 환경보호, 녹지보존, 교통흐름 개선, 과밀학교 경감과 모든 주민에게의 삶의 질 향상을 위하여 개선된 계획개념을 이용하고 효율적 토지이용계획을 수립한다.

여섯째, 토지개발허가서 검토과정이 공정하고 예측가능하며 이성적으로 이루어지는가를 확실히 검증하는 운동이다.

(3) 뉴어반이즘(new urbanism)

뉴어반이즘은 지나친 도시 확산에 의한 도시문제의 대안으로서 1980년대 미국과 캐나다에서 시작되었다. 이는 교외화 현상이 시작되기 이전의 인간적인 척도를 지닌 근린주구가 중심인 도시로 회귀하자는 것이다.

뉴어반이즘의 목표는 계획적 기법을 통해 현대 도시가 안고 있는 교외화, 무분별한 외연적 확산, 심각한 교통 체증, 범죄, 슬럼화, 주거지 분리 등과 같은 사회문제를 치유하고 기존의 경직된 토지이용계획의 한계를 극복하여 도시 중심을 복원하는 것이다.

특히 1996년 미국 주택개발부(HUD, department of Housing and Urban Development)가 뉴어반이즘을 도심의 빈곤밀집 지역인 공공임대주택에 적용함으로써 앞으로의 도시개발에서 이의 역할에 새로운 기대를 갖게 하였다.

뉴어반이즘은 1996년 뉴어반이즘협회(CNU)의 총 27개조의 헌장을 통해 상당한 수준으로 진전되었으며 특히 뉴어반이즘의 핵심이라 할 수 있는 근린주구 설계는 아래의 요소들에 의해 구체화되었다.

뉴어반이즘의 계획은 전통적인 근린주구 구성기법에 근거를 두고 대중교통수단과 에너지를 효율적으로 이용(TOD, Transportation Oriented Development)하며,

표 24-3 뉴어반이즘의 원칙

원 칙	내 용
walkability	도로는 상대적으로 좁고 가로수가 위치해야 하며 보행자와 자전거 이용자에게 적합한 환경을 창조함
connectivity	근린주구에 위치한 도로는 교통량을 분산시키는 상호 연계된 네트워크를 형성할 필요가 있음
mixed-use & diversity	주거를 포함한 2~3개 용도의 적절한 혼합을 통해 중심지에 새로운 활력을 제공함
mixed-housing	사회적 융합을 위한 다양한 주택유형이 있어야 함
quality of architecture & urban design	잘 정비된 실외 공간을 창조하면서 도로에 가까이 위치해야 함
traditional neighborhood structure	기본적으로 전통적인 근린주구이론에 적합한 구조와 생활에 기반을 둠
increased density	고밀개발로 이동시 에너지 소모와 환경 악화를 방지함
transportation	인식가능한 중심지를 가지고 있으며 대중교통의 정거장은 이 중심지에 위치함
sustainability	모든 주거에 접근 가능한 작은 운동장 혹은 공원을 조성하여 환경의 질을 모색함

표 24-4 뉴어반이즘 주요계획개념 비교

구분	근린주구이론	TOD	TND	MUD
이용권(반경)	400m	600m	400m	900m
근린의 밀도 (세대/ha)	20~25	45	45	60~120
중심	초등학교	커뮤니티 시설, 상업시설, 대중교통지점		
토지이용	단일용도	용도혼합(가로활성화)		
주요교통수단	자동차 중심	대중교통중심수단 중심		
블록체계	슈퍼블록	중규모 블록		
가로	보・차 분리	보・차 혼용(보행자 우선의 가로)		
건축물	단독주택 단일용도건물	집합주택 및 복합용도 건축물 party wall housing perimeter block housing		

전통적인 도시들에서 흔히 볼 수 있는 기밀하게 연결된 도시조직(TND, Traditional Neighborhood Development)을 적용하고, 보행거리 내에 상업, 업무, 위락, 주거시설 등의 용도를 혼합(MUD, Mixed Use Development)한다.

(4) 압축도시

압축도시라 함은 개발밀도를 고밀화하고 복합적 토지이용과 대중교통체계를 확립함으로써 토지이용의 효율성을 제고하고 도시의 자족기능을 향상시키는 지속가능한 도시개발 방안을 말한다.

지속가능성을 위해 저에너지 소비구조, 저이동 유발 도시구조, 저오염 배출구조를 지향하는 도시공간구조로 핵심 개념은 직주접근이다. 압축형 도시는 도시의 과도한 성장을 막고 복합적인 토지이용을 추구하며 이는 지역공간을 재구조화하는데 바람직한 방향인 '분산적 집중' 형태와도 잘 조화될 수 있다. 그러나 지나친 인구과밀로 인한 규모의 불경제성, 국소적 환경오염, 고지가 등의 문제가 없는 것은 아니다.

(5) 자족도시

자족도시라 함은 인구규모에 어울리는 도시기능을 보유하고 적절한 경제활동과 도시기반시설을 확보함으로써 지속적 성장의 잠재력과 활력을 갖춘 도시를 말한다. 나아가 지역 내의 다양한 취업기회뿐만 아니라 지역사회 전체를 위한 교육, 사회, 문화, 휴양서비스 그리고 쾌적성까지 포괄하는 것을 의미하기도 한다. 도시의 자족성은 크게 경제활동, 기반시설, 환경의 측면에서 접근할 수 있다. 이들은 각각 충분한 고용기반, 편리한 생활기반, 쾌적한 환경기반이 균형적으로 갖추어지는 것을 의미한다.[1)]

기능적으로는 도시의 기본적인 기능을 갖추고 있으면서 도시 내 경제활동인구가 50% 수준에서 도시 내에 취업하고 있는 도시를 말한다.

자족성의 지표는 타도시 의존성, 기본수요의 충족, 개발수요의 충족으로 구분할 수 있다.

---

1) 계기석 · 전영옥, 「자족적 신도시 개발을 위한 기업의 참여방안 연구」, 국토연구원, 2004.

표 24-5 자족성 지표

지 표	구체적 기준
타도시 의존성	• 고용성: 도시 내 취업자 비율 • 통근자족성: 통근자족율
기본수요 충족	• 상업 · 서비스 공급 • 주택공급 • 편의시설 공급
개발수요 충족	• 고용시설 확충 • 편의시설 확충

자족성을 구성하는 요건은 도시 내 취업기회, 기존 도시와의 거리, 도시기반시설 등이 있다.

표 24-6 자족성 구성 요건

구성요건	내 용
도시 내 취업기회	• 공장, 상점, 업무, 서비스, 정부기관, 연구소
기존 도시와의 거리	• 20~48㎞ 사이분포, 평균 34㎞
도시기반시설	• 경제적, 복지적: 고용, 구매시설, 건강, 교육 • 사회생활: 공공서비스 등

자족도시는 인구 규모가 크면 클수록 자족성이 크다. 자족도시의 최소 인구규모는 20~30만 정도라고 알려져 왔다. 면적은 약 1,000ha 정도라고 한다.

표 24-7 외국 자족신도시 개발규모

도시	면적(ha)
Letchworth(영국)	800
Cumbernauld(영국)	923
Hook(영국)	1,400
Jondthan(미국)	1,200
Woodland(미국)	4,200

이상에서 살펴본 것 외에도 지속가능한 개발, 유비쿼터스 도시 등이 신도시 개발과 관련되어 더 논의될 수 있을 것이다.

4 신도시개발계획

(1) 인구·주택·밀도계획

인구·주택·밀도계획은 계획지구 내 일정 수준의 주거환경을 위한 공간계획의 기초로서 용도별 토지이용률, 공공시설, 상업시설, 도시기반시설 등의 규모와 용량판단의 근거가 된다.

1) 인구계획

계획지구의 수용인구는 주택건설량, 주거환경 수준, 각종 공공시설의 규모 및 용량 설정에 기준이 되어 계획지구의 물리적 특성을 형성하게 되며 소득, 연령, 가족생활주기, 여가 및 소비패턴과 같은 인구의 사회경제적 특성이 계획지구의 사회경제적 성격을 규정짓게 된다.

계획지구의 물리적 특성과 사회경제적 특성은 최종적으로 토지이용계획에 영향을 미친다. 용도별 토지이용률은 미래 해당 개발지구의 거주자가 누구이며 이들이 이용하게 될 시설이 무엇인가에 따라 결정된다. 인구계획이란 바로 이러한 거주자의 특성과 이들의 행동을 예측하는 작업이라고 할 수 있다.

인구를 산정하는 방법은 크게 인구밀도에 의한 방법과 주택계획에 의한 방법이 있다. 먼저, 인구밀도에 의한 방법에는 ① 상위계획지침에 의한 방법, ② 신시가지계획지침에 의한 방법, ③ 주변 기개발 지역의 밀도에 근거한 방법 등이 있다. 다음으로, 주택계획에 의한 방법에는 ① 주택건설용지 배분에 따른 방법, ② 주택용지율에 근거한 방법 등이 있다.

표 24-8 인구 산정 방법

구 분	종 류	계획 인구 산정 방법
인구밀도에 의한 방법	상위계획지침에 의한 방법	• 지자체의 계획상 총밀도×해당사업면적
	신시가지계획지침에 의한 방법	• 신시가지계획상의 밀도×해당사업면적
	주변 기개발 지역의 밀도에 근거한 방법	• 인근 기개발지의 평균개발밀도×해당사업면적
주택계획에 의한 방법	주택건설용지 배분에 따른 방법	• 주택용지율 가정(대개 50%) • 단독주택 대비 공동주택 비율 확정 적용 • 단독주택지의 평균 평형 결정 • 공동주택용지 배분(60㎡, 60-85㎡, 85㎡이상) 적용 • 공동주택용지의 평균 평형 결정 • 가구원수 적용
	주택용지율에 근거한 방법	• 전체적으로 토지이용계획과 관련

2) 주택계획

주택계획은 계획지구의 주택유형, 규모, 배치 및 형상을 구체화시키는 단계로 거주자의 쾌적한 주거환경 조성과 커뮤니티 형성 그리고 조화로운 도시 경관 만들기에 중요한 작업이다.

주택계획은 계획지구가 건전한 도시로 발전할 수 있도록 지자체의 도시기본계획 등에 의한 도시지표와 당해 생활권의 인구배분계획 그리고 주변지역의 개발현황 및 장래 개발계획 등을 고려하여 작성한다. 주택공급의 기본방침은 인구 배분계획과 거주자의 인구·경제·사회적 특성에 근거한다.

주택계획은 공동주택건설호수와 단독주택건설호수를 결정하게 되는데 공동주택건설용지에 대해서는 가구(블록)별로 호수, 평형, 층수, 용적률을 정하여 계획을 수립하고 가구(블럭)별로 규모별 배분계획을 수립한다. 일반적으로 공동주택의 건설호수는 '규모별 공동주택용지 면적×용적률÷규모별 주택평균평형'으로 구해진다.

단독주택건설용지에 대해서는 필지단위 또는 블록단위로 계획한다. 단위 블록의 수용세대수는 거주자의 공동체의식 형성, 주택건설의 사업성 확보와 단지관리의 효율성 등을 감안하여 50세대 미만으로 하도록 되어 있다.

3) 밀도계획

밀도는 개발지구의 개발규모, 수용인구 및 주택건설호수와 직접적으로 관련 있으며 토지이용의 강도와 시설의 공간적 배분에 영향을 미치는 중요한 요소이다. 개발밀도는 상위계획, 기존 개발지구 현황, 개발지구의 자연 및 인문환경, 소득수준 및 지역여건을 감안하여 결정된다.

개발밀도란 단위 토지에 대한 개발의 정도, 즉 수용되는 시설물이나 사람들의 활동이 밀집된 정도를 말한다. 밀도에는 인구밀도, 호수밀도, 순밀도, 건축밀도가 있다.

가장 보편적으로 사용되는 밀도 개념은 개발지구 내 인구분포를 나타내는 인구밀도로서 총개발면적에 대한 수용인구(거주인구)로 산출되며 이를 총밀도(gross density)라고 한다. 순밀도(net density)는 순수 주택용지의 인구 밀집정도를 나타내며 호수밀도는 총개발면적에 대한 주택수이다. 건축밀도(building density)는 용적률을 말하며 총개발면적에 건축되는 건축물의 밀집도를 나타낸다.

표 24-9 밀도의 종류

유 형	개 념
총밀도(인/ha)=인구밀도	계획대상지의 총면적에 대한 인구수=해당지구의 수용인구/전체 택지개발면적
순밀도(인/ha)	공공시설용지를 제외한 순수 주택건설용지에 대한 인구수=해당지구의 수용인구/주거지역면적
호수밀도(호/ha)	계획대상지 총면적에 대한 주택수
건축밀도=용적률(%)	계획대상지 총면적에 대한 주택의 총연면적 합계

(2) 토지이용계획

토지이용계획은 계획지구의 토지이용상황을 면밀히 조사・분석하여 그 토지공간에서 거주하게 될 사람들의 미래 제반 활동을 예측하고, 그에 따른 토지공간 수요를 추정하여 이를 합리적으로 배치, 유도하는 계획이다.

토지이용계획은 토지가 갖고 있는 물리적 효용성과 공간적 기능에 따라 그

토지가 가장 유효하게 사용되도록 토지의 용도를 배분하는 계획이다. 이는 계획지구에 주택지, 상업지, 공공편익시설, 공원, 녹지 등의 배치, 생활권 설정, 인구밀도 및 용적률 등 밀도계획 수립, 토지이용을 지원하고 토지이용에 영향을 미치는 교통계획, 도시시설계획 및 인근 토지이용과의 연계성을 고려하는 것이다.

계획지구의 토지이용계획 수립과정은 [그림 24-1]과 같이 환류작업(feed back)을 통해 결정된다. 즉, 대안의 작성 및 평가단계에서 문제가 발생하면 목표설정단계로 다시 환류하여 새로이 토지이용계획을 구성하게 된다.

그림 24-1 토지이용계획의 절차

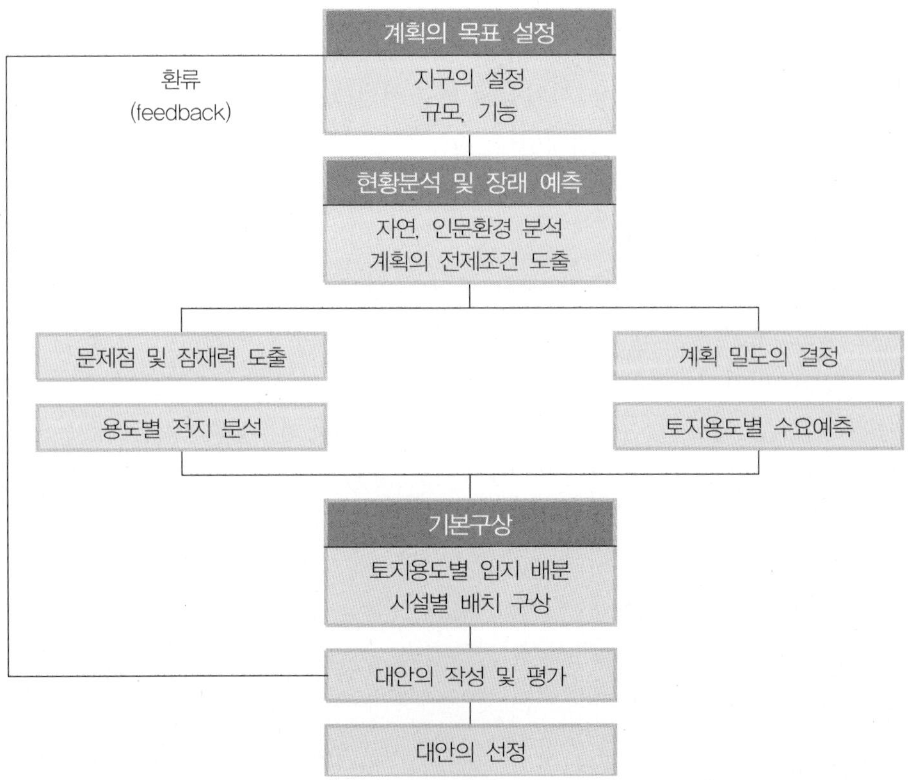

1) 계획목표의 설정

계획지구의 토지이용계획의 목표는 개발 목적, 시기, 규모, 기능, 지역적 여건에 맞게 부여한다.

2) 현황분석

토지의 현황분석은 장래 예상되는 각종 활동과 기능별 토지수요를 추정하는 단계로 자연환경조사, 인문환경조사 그리고 기타 자료수집조사로 구분하여 이루어진다.

3) 기본구상

토지이용 구상은 구체적으로 기본구상, 주거용지 배치구상, 상업용지 배치구상을 포함하여 이는 토지이용 절차상의 반복적인 과정을 통해 선정된 몇 가지 대안들을 상호 비교 평가하여 결정된다.

4) 대안의 평가 및 선정

기본구상 단계와 각 용도별 배치 구상이 완료되면 여러 토지이용 대안을 작성하게 되며, 몇 가지 기준에 따라 각 대안들을 평가하여 최종적인 안을 결정하게 된다. 대안의 평가기준은 해당 토지의 특성에 따라 다르지만 일반적으로 ① 중심축/공간구성, ② 가로망/주변연계, ③ 토지이용/기능, ④ 공원/녹지체계 등의 4요소에 근거하고 있다.

(3) 가구 및 획지계획

가구 및 획지계획은 계획지구의 토지를 건축물 또는 토지이용의 용도에 적합하게 분할하는 계획이다.

가구(街區, block)는 도로에 의해 구획되는 하나의 토지단위로서 보통 여러 필지로 구성되며 집산도로 이상의 도로로 구획되는 대가구(大街區)와 그 내부에 있는 수개의 소가구(小街區)로 구분할 수 있다. 한편, 획지(劃地, lot)는 개발지구 토지분할을 위한 최소단위의 토지로서 물리적으로는 건축물의 구조와 형태 등을 달리하는 개별단위의 토지이고, 경제적으로는 다른 토지와 구별되어 동일한 가격으로 평가되는 단위이다.

1) 가구계획

가구계획은 토지이용의 효율을 높이고 부근의 통행과 각 필지로의 접근 및 서비스가 잘 이루어지도록 하며 장래변화에 적응할 수 있는 방향으로 계획한다.

보조간선도로 이상의 도로에서는 교통소통에 방해가 되지 않도록 도로에 인접한 대지로 직접 차량이 진출입되는 것을 피하고 뒷면에 차량진입을 위한 도로를 따로 계획한다.

가구길이가 길어 보행거리가 길어질 때에는 필요한 곳에 가구를 횡단하는 보행자전용도로를 계획하여 보행자가 편리하게 다닐 수 있도록 한다.

2) 획지계획

획지계획은 건축물의 용도에 맞게 적정한 규모가 되도록 획지규모를 정한다. 공동주택단지는 근린편익시설과 공급처리시설의 이용편익, 효율성, 경제성 및 교통량의 분산 등을 고려하여 적정한 규모가 되도록 한다.

조화로운 가로경관 조성을 위하여 가구별로 비슷한 규모로 획지를 정함으로써 가로를 따라 고른 규모의 건축물이 건축되도록 한다.

3) 아파트용지 가구계획

하나의 근린분구(아파트단지)는 공급처리시설의 효율적 공급, 주거환경의 쾌적성, 최소한의 생활편익시설(소규모 근린상점, 어린이 놀이터)의 확보, 경제성 등을 감안하여 500～1,000세대를 기준으로 구획하며, 3～4개의 근린분구가 모여 하나의 근린주구를 형성하도록 한다.

근린분구는 인구 약 700세대(약 2,000명)가 생활하는 공간으로 설정하고 근린분구 중심과의 최대거리는 100～150m로 설정하도록 한다.

근린주구는 2,000～4,000세대(약 6,000～12,000명)규모로 간선도로 또는 녹지에 의하여 다른 근린주구 또는 용도지역과 구분하고, 근린주구 중심과의 최대거리는 약 300～400m로 설정하도록 한다.

표 24-10 근린주구와 근린분구의 구분

구 분		인구규모	고려사항
근린 생활권	근린분구	약 2천인 정도	• 근린상점, 어린이 놀이터 설치 • 국지도로 등으로 다른 분구와 구별 • 중심까지의 최대거리 100m~150m
	근린주구	약 5천~1만인	• 초등학교와 근린상가 설치 • 보조간선도로 또는 집산도로에 의하여 다른 주구와 구별 • 중심까지의 최대거리는 300~400m

4) 근린생활시설용지의 획지 및 가구 계획

근린생활시설용지는 개발지역 주민을 대상으로 근린생활시설, 판매시설 그리고 업무시설 등의 소요시설 용지로서 획지는 보조간선도로 또는 집산도로를 따라 1열로 배치되며 가로미관의 적정유지와 보행공간의 쾌적성을 위해 중소형 건축물이 입지한다. 따라서 근린생활시설용지의 획지분할은 주변의 토지이용과 연접도로의 기능에 따른 입지특성 및 실수요자별 입지요구를 감안하여 계획한다.

그린생활시설용지의 가구규모는 인접도로의 성격과 가구의 위치, 건축물의 용도 등을 고려하여 가구의 규모를 결정하며 가구형상은 가로망계획에 맞추어 획지배열시 도로에 따라 1열 배열이 되도록 계획한다. 일반적으로 장방형의 가구규모는 단변 20m, 장변 100m로 면적규모는 1,200~2,000㎡로 계획한다.

5) 상업용지의 획지 및 가구 계획

상업용지의 획지 및 가구는 개발지구 중심지의 간선도로 또는 보조간선도로의 교차로 주변에 입지하여 간선도로 또는 보조간선도로를 따라 1열 배열이 되도록 한다. 또한 그 뒷면에 2열 배열로 하여 도로에서 접근이 용이하도록 하고 가능한 정형화된 형태를 유지하도록 한다.

가구 규모는 시설입지에 따른 다양한 요구를 충족시킬 수 있도록 하되 건축물 용도에 적합한 건축계획 수립이 가능하도록 다양한 규모로 계획한다.

획지 규모는 도로위계에 큰 영향을 받게 되며 동일 용도의 경우 도로규모와 비례하여 규모가 증가한다. 건물의 용도나 토지소유자의 개발능력 측면에서 획지규모가 과대하거나 과소할 경우 경제적 손실과 환경의 질적 저하를 초래할 소지가 있어 상업용지의 건축물 용도, 상업시설 수요, 지역적 특성을 고려하여 결정한다.

(4) 공공·편익시설계획

공공·편익시설은 개발지구 내의 주민을 대상으로 일상생활에 필요한 공공시설과 생활편익시설로 구성되며, 개발지구 차원에서 필요한 시설의 규모산정과 주민의 이용특성을 고려한 시설의 적정배분 및 입지계획 등으로 이루어진다.

공공·편익시설이란 공공서비스시설, 주민문화복지시설, 공공시설, 도시계획시설 등과 자주 혼용되는 용어로 기본적으로는 지역주민들에게 서비스를 제공하는 물리적인 시설로서 주민들의 생활편익을 도모함과 동시에 공공의 복리증진을 위한 시설이라 할 수 있다. 대표적으로 교육시설, 공공청사, 도서관, 문화시설, 사회복지시설, 종교시설, 의료시설, 판매시설, 운동시설, 자동차터미널 등이 있다.

공공·편익시설의 계획과정은 개발지구의 수용인구에 대한 인구특성, 생활수준의 파악과 개발지구 및 주변지역의 토지이용, 장래발전 잠재력, 도로망패턴, 지형상 제약조건 등을 고려하여 시설의 종류와 규모를 결정한다. 그리고 토지이용, 동선체계, 오픈스페이스계획 등의 다른 부문계획과 시설별 이용패턴 및 이용권 등의 배치조건을 감안하여 시설별로 배치계획을 수립하는 과정을 거치게 된다.

그러나 지구중심시설의 경우 다른 부문계획에 많은 영향을 미치게 되므로 기본구상단계에서 시설배치 및 공간구성에 대해 충분히 검토되어야 한다.

공공·편익시설의 배치유형은 외곽모서리형, 지구중앙배치형, 외곽중앙배치형으로 구분할 수 있다.[2)]

표 24-11 공공·편익시설의 배치유형

유 형	특 성
외곽 모서리 배치	• 개발지구 외곽부에 배치, 주변지역 주민까지 이용 • 외곽 모서리 한 곳에 배치시 보행거리 불균형으로 이용성 저하 • 도달 거리를 고려, 여러 위치에 배치시 시설의 분산에 따른 다른 이용에 불편
지구 중앙배치	• 시설집단화에 따른 이용거리단축, 시설이용효율 증진, 토지이용도 제고 • 외곽도로의 활성화 저하 및 지구내부에 필요이상의 많은 차량동선 유입 초래
외곽 중앙배치	• 지구의 진출입부에 버스정류장, 상업시설 등과 함께 집중 배치하여 이용의 편리성과 지구 내 불필요한 차량 동선 배제 가능 • 영국의 신도시 밀튼킨즈(Milton Keynes)의 계획내용이며 상계동 아파트 단지에 도입 적용

2) 이 장은 지방행정연수원 사이버교재; 모성은·임경수·이성우, 『지역개발론』을 중심으로 정리하였다.

CHAPTER 25

도시재생

도시화의 오랜 역사를 갖고 있는 서구의 경우 산업화 초기의 과밀 · 위생문제와 전후 도시시설의 양적 부족문제가 대두되었다. 이러한 문제에 대처하는 과정에서 파생된 교외화 등 과도한 '탈도시 현상'과, 산업구조의 변화에 따른 '내부도시 쇠퇴화(inner city deterioration)' 문제가 큰 화두로 떠올랐다. 이에 1980년대를 전후하여 그간의 신시가지 개발 등 물리적 개발위주의 정책에서 벗어나 기성시가지의 재생으로 정책기조와 패러다임이 전환되었다. 즉, 과거 도시가 빠른 산업화로 인한 인구집중과 외연적 성장에 치우쳤다면, 앞으로의 도시는 변화된 환경 속에서 도시의 경제와 문화와 사회의 틀을 공유하는 공간으로 재탄생되어야 할 것이다. 여기서 도시재생의 필요성이 한층 더 부각되고 있는 것이다.

1 도시재생의 개념

도시재생이란, 산업구조의 변화 및 신도시 · 신시가지 위주의 도시 확장으로 인하여 상대적으로 낙후된 기존 도시에 새로운 기능을 도입 · 창출함으로써 경제 · 사회 · 물리적으로 부흥시키는 것을 의미한다. 즉 상대적으로 쇠퇴하고 있는 기성시가지 중심의 도시를 물리 · 환경적, 경제적, 생활 · 문화적으로 재활성화 또는 부흥시키는 창조적 작업으로서 도시재개발, 도시재활성화 등을 포함하는 광의의 개념이라고 정의할 수 있다(김창석, 2009).

이러한 도시재생정책은 1970년대 미국에서 시작된 후 1980년대에는 영국에서 그리고 1990년대부터는 일본에서 활성화되었고 우리나라에서도 최근 그 중요성을 인식하기 시작하였다. 우리나라에서는 정책적으로 도시재생사업을 추진하기 위하여 2006년에 국토해양부 산하에 도시재생사업단을 두어 도시재생에 대한 연구 및 토론 그리고 정책개발을 총괄하고 있다.

도시재생은 도시커뮤니티 유지 및 활성화를 위한 과정을 중시하는 활동으로 의사결정시스템과 기존 거주자의 지속적인 생활여건을 확보하기 위한 물리적인 측면, 사회·문화적 기능회복, 도시경제 회복 측면을 동시에 고려하는 통합적 접근방식의 정비개념이다. 이는 기존 지구단위의 국지적인 도시재생사업에서 벗어나 장기적이고 지속가능한 도심재생을 목표로 한다고 할 수 있다.

그림 25-1 포괄적인 도시재생사업 개념

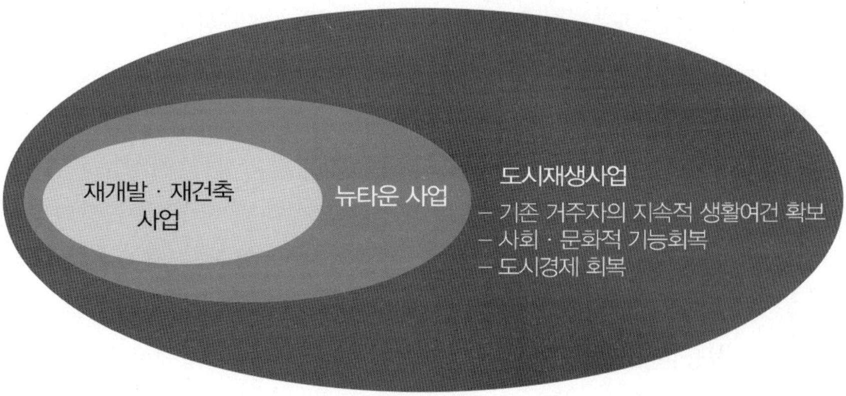

자료: 국토해양부 도시재생사업단

2 도시재생사업의 체계와 현황

(1) 도시재생사업의 체계

우리나라의 도시재생에 관한 주요 법률은 「도시재정비촉진특별법」, 「도시및주거환경정비법」, 「도시개발법」, 「재래시장 육성을 위한 특별법」, 「국토의 계획 및 이용에 관한 법률」 등이 있다.

첫째, 「도시재정비촉진특별법」에 근거한 사업으로서 '도시재정비사업'이 있다.

표 25-1 도시재정비촉진지구의 유형

유 형	내 용
주거지형	노후 · 불량주택과 건축물이 밀집한 지역으로서 주로 주거환경의 개선과 기반시설의 정비가 필요한 지구
중심지형	상업지역 · 공업지역 등으로서 토지의 효율적 이용과 도심 또는 부도심 등의 도시기능의 회복이 필요한 지구
고밀복합형	주요 역세권, 간선도로의 교차지 등 양호한 기반시설을 갖추고 있어 대중교통 이용이 용이한 지역으로서 도심 내 소형주택의 공급 확대, 토지의 고도이용과 건축물의 복합개발이 필요한 지구

도시재정비사업은 도시 낙후지역의 주거환경을 개선하고, 기반 시설을 확충하며, 도시기능의 회복을 목적으로 재정비촉진지구 지정을 통해 생활권단위의 광역적 재정비 촉진을 도모하는 사업이다. 특히 도시재정비사업은 광역적 정비사업을 효율적으로 추진하고자 마련된 것으로 총괄사업관리자를 지정토록 하며, 재정비촉진계획 수립시 기반시설의 설치 및 비용분담계획을 반영하여 광역적 기반시설의 확충과 개선을 도모하고 있다. 이때 기반시설의 확충을 촉진하기 위해 민간투자사업을 통한 기반시설 설치가 가능하며, 기반시설 부지제공에 따른 용적률 완화 혜택 등을 적용하였다. 도시재정비촉진지구의 유형은 특성에 따라 주거지형, 중심지형, 고밀복합형으로 나뉜다.

둘째, 「도시 및 주거환경정비법」에 의한 사업으로는 주거환경개선사업, 주택재개발사업, 주택재건축사업, 도시환경정비사업이 있다. '주거환경개선사업'은 도시저소득주민이 집단으로 거주하는 지역으로서 정비기반시설이 극히 열악하고 노후 · 불량건축물이 과도하게 밀집한 지역에서 주거환경을 개선하기 위하여 시행하는 사업을 말한다. 소위 '뉴타운' 사업으로 불리는 '주택재개발사업'은 정비기반시설이 열악하고 노후 · 불량건축물이 밀집한 지역에서 주거환경을 개선하기 위하여 시행하는 사업이며, '주택재건축사업'은 정비기반시설은 양호하나 노후 · 불량건축물이 밀집한 지역에서 주거환경을 개선하기 위하여 시행하는 사업이다. 또한 도시환경정비사업은 상업지역 · 공업지역 등으로서 토지의 효율적 이용과 도심 또는 부도심 등 도시기능의 회복이나 상권활성화 등이 필요한 지역에서 도시환경을 개선하기 위하여 시행하는 사업을 의미한다.

그림 25-2 「도시재정비촉진특별법」 사업추진 절차

그림 25-3 「도시 및 주거환경정비법」에 의한 정비사업의 절차

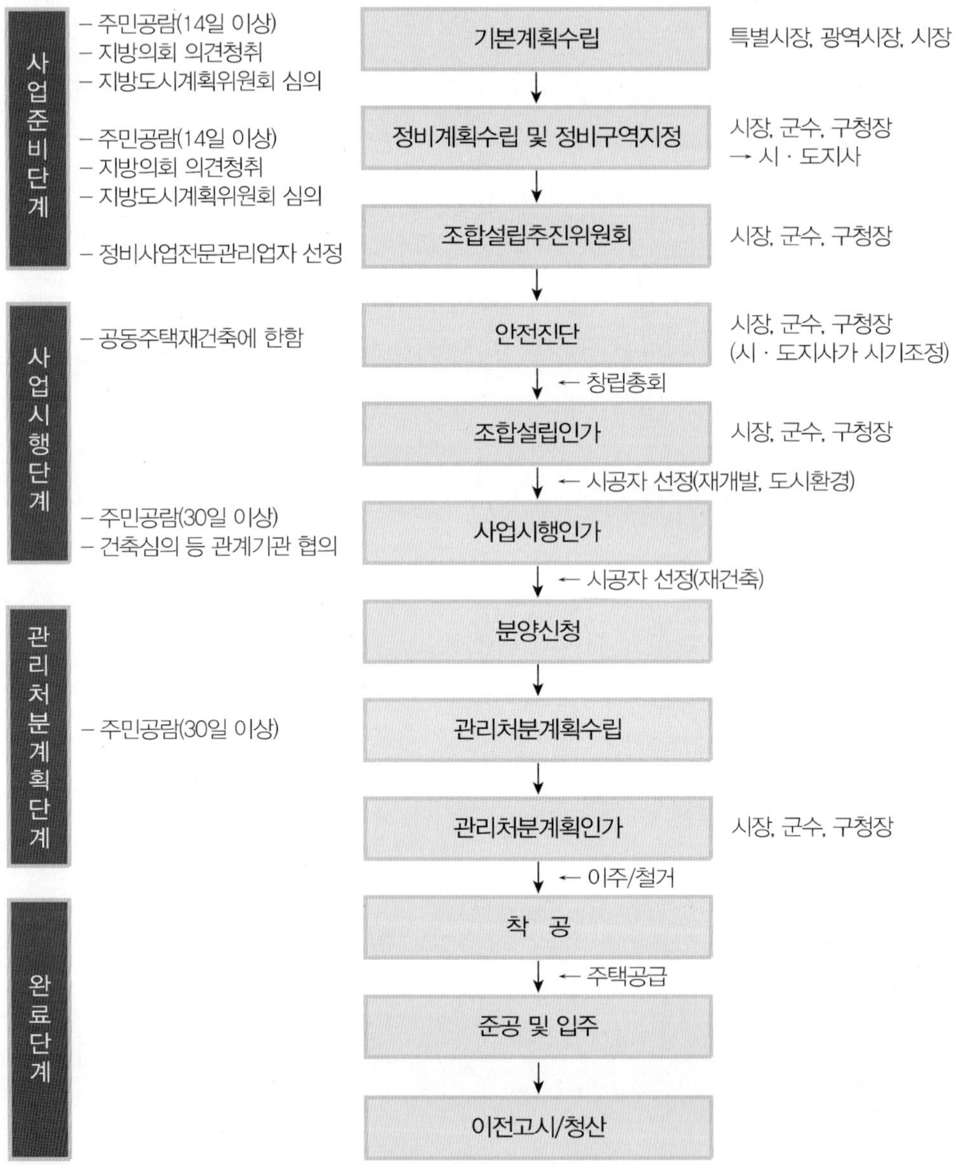

※ 주거환경개선사업의 경우 조합설립, 관리처분계획 절차가 없음

표 25-2 유사 정비사업의 비교

구분	주택재개발사업	주거환경개선사업	주택재건축사업	도시환경정비
근거	도시 및 주거환경정비법(법률 제6852호, 2002. 12. 30)			
대상	• 단독밀집	• 단독밀집	• 공동주택	• 상업 · 공업 지역
목적	• 불량주택 및 공동 시설 정비	• 불량주택 및 공동시설 정비	• 노후 · 불량주택 재건축	• 도심기능 회복
특성	• 도시계획차원	• 재개발사업 완화(달동네)	• 주택공급	• 상업 · 공업 지역 정비
지정요건	• 노후 · 불량주택 밀집된 지역 • 순환 재개발 시행을 위한 순환용 주택건설이 필요한 지역 • 공공시설 정비로 과소토지가 되어 있어 건축대지로서 효용을 다할 수 없게 되는 지역	• 재개발 구역으로서 재개발사업 시행이 불가능한 지역 • 노후 · 불량건축물이 밀집되어 주거지로서 기능을 못하는 지역	• 준공 후 20년(시 · 도의 조례가 20년 이상으로 정하는)이 경과되어 재건축 효용증가가 예상되는 지역 • 건물이 훼손 · 일부 멸실되어 안전사고의 우려가 있는 주택 • 재건축이 불가피하다고 시장 등이 인정하는 주택	• 열악한 상업 · 공업지역으로 도시계획으로 정비가 필요한 지역
시행주체	• 1순위: 토지 등의 소유자, 조합 • 2순위: 시사제 · 주공 · 토공 · 지방공사 • 3순위: 민관합동법인, 부동산신탁회사, 50% 이상 토지소유자로서 주민의 추천을 받은 자	• 시장 · 군수: 기반시설, 공동주택 건설 • 토지 · 건물소유자: 현지개량사업 • 주택공사: 공동주택 건설 및 긴급사업 시행 시	• 재건축조합	-
개발방식	• 철거, 수복, 보전	현지개량 · 공동주택건설	• 철거	-
시행절차	• 기본계획 수립 → 구역지정(정비계획수립) → 추진위원회(안전진단) → 조합설립 → 사업시행인가 → 착공 · 공사 →관리처분계획 → 분양 · 처분	• 재개발 시행 절차에서 조합설립, 관리 처분계획 절차가 없음	• 재개발 시행 절차와 동일	-
사업규모	• 제한없음	• 2,000㎡	• 제한없음	-

주택규모	• 건교부 고시 85㎡ 이하 80% 이상, 임대주택 17% 이상 ※ 수도권제외지역: 50% 범위 내 완화	• 건교부 고시 수도권 과밀억제권역 내 • 85㎡ 이하 90% 이상, 임대주택 20% 이상	• 건교부 고시 60㎡ 이하 20% 이상, 85㎡ 이하 40% 이상, 임대주택은 증가되는 용적률의 25% 이상	-
공급대상	• 토지 · 건물 소유자 • 세입자: 임대주택 • 잔여분: 일반분양	• 토지 · 건물 소유자 • 세입자: 임대주택	• 조합원 • 잔여분: 일반분양	-
세입자 대책	• 세입자용 임대주택 건설 · 공급 • 주거대책비 지급	• 세입자용 임대주택 건설 · 공급 • 주거대책비 지급	• 없음	-
공공지원	• 국가 · 지자체 보조	• 국가 · 지자체 보조	• 없음	-
주민동의	• 조합설립: 토지 · 건물 소유자의 각 4/5 이상 • 시행인가: 정관이 정하는 바에 따라 토지 · 건물소유자의 동의	• 지구지정: 세입자 세대수의 1/2 이상 • 시행자지정: 토지 등 소유자의 2/3 이상	• 재개발 사업과 동일	-
세제지원	• 토지 · 주택 취득시 취득세 · 등록세 비과세	• 대체 부동산 취득시 취득세 · 등록세 면제	• 없음	
토지수용	• 가능	• 가능	• 매도청구가능	

셋째, 「도시개발법」에 의한 도시개발사업은 도시개발구역에서 주거, 상업, 산업, 유통, 정보통신, 생태, 문화, 보건 및 복지 등의 기능이 있는 단지 또는 시가지를 조성하기 위하여 시행하는 사업을 의미한다.

넷째, 「재래시장 육성을 위한 특별법」에 의한 '시장정비사업'이 있다. 시장정비사업은 법에 의한 시장정비사업 시행자가 시장의 현대화를 촉진하기 위하여 상업기반시설 및 「도시 및 주거환경정비법」 제2조제4호의 규정에 의한 정비기반시설을 정비하고, 「유통산업발전법」 제2조제3호의 규정에 의한 대규모점포가 포함된 건축물을 건설하기 위하여 이 법 및 「도시 및 주거환경정비법」 등이 정하는 바에 따라 시장을 정비하는 일체의 행위를 말한다.

다섯째, 「국토의 계획 및 이용에 관한 법률」에 의한 도시계획사업은 도시관리계획을 시행하기 위한 도시계획시설사업, 「도시개발법」에 따른 도시개발사업, 「도시 및 주거환경정비법」에 따른 정비사업을 포함한다.

(2) 도시재생사업의 현황

도시재정비촉진 지구는 서울·경기지역에 편중되어 수도권이 지정된 지구수의 약 72%를 차지하고 있으며, 면적으로는 약 73%를 차지하고 있다. 유형별로는 주거지형이 46곳으로 중심지형의 2배 이상 많았다. 지방의 지정현황은 중소도시보다 지방의 주요 도시에 집중되어 있다.

표 25-3 도시재정비촉진지구 지정현황(2009. 2)

시·도	주거지형		중심지형		주거+중심지형		합계	
	개소	면적	개소	면적	개소	면적	개소	면적
전체	46	57,400	21	14,873	1	846	68	71,119
서울	19	19,675	5	1,884	1	846	25	20,405
인천	1	1,276	3	2,352	-	-	4	3,628
경기	16	23,744	4	4,413	-	-	20	28,157
부산	3	3,703	2	1,732	-	-	5	5,435
대구	1	1,085	-	-	-	-	1	1,085
대전	3	5,819	5	3,635	-	-	8	9,454
경북	1	591	-	-	-	-	1	591
충남	-	-	1	404	-	-	1	404
강원	2	1,507	-	-	-	-	2	1,507
제주	-	-	1	453	-	-	1	453

자료: 국토해양부 도시재생사업단

「도시 및 주거환경 재정비법」에 의한 도시재생사업의 현황을 살펴보면 주택재개발사업이 892건, 주택재건축사업이 3,651건, 주거환경개선사업이 1,118건, 도시개발사업이 211건에 달한다. 도시재생사업으로 공급되는 주택수는 주택재개발사업이 793,685호, 주택재건축사업이 1,182,914호, 주거환경개선사업이 404,458호로 모두 2,381,057호이다.

표 25-4 도시재생사업 추진 현황(2008)

1. 주택재개발사업

구 분	구역수	시행면적(㎡)	철거대상(동)	건립가구(호)
계	892	50,148,091	343,907	793,685
완료	379	16,178,368	140,483	292,288
시행중	179	10,716,326	65,278	166,809
미시행	334	23,253,397	138,146	334,588

2. 주택재건축사업

구 분	조합	기존주택	공급주택
계	3,651	773,866	1,182,914
조합인가	904	213,656	302,013
사업계획승인	1,254	324,916	468,635
준공	1,493	235,294	412,266

3. 주거환경개선사업

구 분	지구수	주택수(호)
지구지정	1,118	404,458
사업시행	461	211,784
사업완료	550	155,974
미시행	105	33,900

4. 도시개발사업

구분	가구수	면적(천㎡)
계	211	95,131
완료	20	7,056
시행중	95	39,425
미착수	86	48,650

3 도시재생사업의 문제점과 발전방안

(1) 도시재생사업의 문제점

1) 지방 중소도시 재생사업 부진

도시재생의 배경은 주로 인구의 과소화, 실업의 증가, 도시의 슬럼화 등이다. 이런 상황을 겪고 있는 지역은 서울 등의 수도권보다 지방이 더 많으나 도시재생사업은 수도권에 집중되어 있어 지방의 도시재생사업은 소외되어 왔다. 게다가 지방정부의 청사 이전이 계속 진행되고 있으나 구도심의 공동화 문제에 대한 연계성과 대안이 없는 '버리고 떠나기식'의 청사이전은 구도심의 커뮤니티 해체를 더욱 가속화시키고 있다.

2) 도시재생사업 개발이익의 사유화

도시재생사업으로 인한 개발이익이 사유화되고 재생사업의 공익성이 부족하다는 점이다. 현재의 도시재생 방식은 외국의 사례와는 달리 공공기관의 조정과 통합 역할없이 민간 건설업자와 지주조합에 의한 수익성 중심의 사업으로 치우쳐 있다. 이는 세입자 주거권 보장 문제, 낮은 원주민 재정착률, 조합과 건설사 간의 공생으로 인한 비리 문제 등 다양한 문제점을 발생시키고 있다.

3) 여타 계획과의 연계성 미흡

도시재생사업이 지구단위로 진행되어 장기적인 도시계획과 조화되지 못하고 아파트 중심의 고밀도 개발로 도시의 경관을 저해하고 있다. 또한 수익성 중심의 민간개발로 학교, 도로 등 공공편익시설의 부족으로 지역 커뮤니티의 갈등을 해소하기보다 양성하는 문제점이 있었다. 이런 식의 개발은 결국 서울 등을 아파트 도시화할 우려가 있다. 즉, 도시재생사업이 전체 도시계획이나 도시의 장기 비전과의 불일치하고 있다는 점을 들 수 있다.

(2) 도시재생사업의 발전방안

1) 지방 중소도시 재생 근거법제의 정비

「도시정비촉진법」은 그 취지가 광역도시의 재생을 위한 것이어서 수도권을 비롯한 대도시 중심으로 재생사업이 편중되어 왔다. 또한 민간주도의 재생사업에서 탈피하여 중소도시가 재생될 수 있는 여건을 마련할 법과 제도의 정비가 필요하다.

2) 민관 협력적 파트너십 구축

외국의 경우처럼 도시재생사업을 전체적으로 계획하고 조율, 조정, 관리할 전담 조직이 필요하다. 이를 통해 지역 커뮤니티와 역사성을 보존하고 주민 갈등을 최소화하며 원활한 사업진행을 통해 과도한 사업비의 지출을 방지하는 등 효율적이고 합리적인 재생사업의 코디네이터가 필요하다. 또한 재정기반이 열악한 지역에 민자 유치를 이끌어 내는데도 적극적인 역할을 하여야 할 것이다.

3) 창조적인 도시재생 방안 마련

아파트 건축 중심의 도시재생에서 탈피하여 다양한 커뮤니티를 반영하는 도시재생 계획과 디자인에 대한 연구가 더욱 심층적으로 진행되어야 한다. 이를 통해 지역별 가이드라인을 설정하여 조화로운 도시개발을 진행하며, 생산시설, 상업시설 등과의 효율적 결합을 통해 지속가능한 도시로 재생할 수 있는 방법과 수단을 마련하여야 한다.

4 사례: 외국의 도시재생 사업

(1) 영국: 런던 도크랜드(Docklands)

1) 도시개요

런던 도심으로부터 동쪽으로 8㎞ 정도 떨어진 템즈강변에 위치한 도크랜드는 1880년대 런던의 항구로 개발되었다. 1960년대까지 유럽의 가장 번성한 상업항구

중의 하나였으며, '영국의 관문'이라고까지 불리던 세계적 항만지역이었다. 그러나 컨테이너 수송 중심의 항만시스템의 변화와 전통적인 굴뚝산업의 쇠퇴 등으로 슬럼화되기 시작하였다.

이를 극복하는 동시에 영국의 국가경쟁력을 강화하기 위하여 옛 항만지역을 1981년부터 신도시로 개발하기 시작하였다. 총면적은 2,200ha로 22만 명의 인구가 거주하며 1천400여개의 국내외 기업이 입주한 국제업무단지로 탈바꿈하여 워터프론트(water front) 개발의 대표적인 성공 사례로 평가받고 있다.

표 25-5 도크랜드 각 지구별 규모 및 특징

지구	규 모	특 징
Surrey Docks	• 82만평	• 상업시설(London Bridge City) • 복합주거시설, 식음/레저 • 주택/마리나 등 각종 해양 • 스포츠시설/박물관/가축농장 등
Wapping	• 54만평	• 세계무역센타, 타워호텔, 백화점, 식당 등 상업지구 • 전통적인 양식의 거리와 건물: 매력적인 상업, 주거지구(사무실, 고급아파트, 마리나) • 주요시설: 런던타워, 월드트레이드 센터, 타워호텔, 대규모 안내소
Isles of Docks	• 59만평	• 숭핵석 재개발 위치로 기업유도조성지구(면세혜택), 국제금융센타(Canary Wharf) 및 주변공간 위락시설 계획 • 다목적 체육관(12,500석 규모의 회의장으로 전용가능) • 호텔(400실/2개소) • 기업체 업무용 빌딩(29개소)
Royal Docks	• Business Park: 10만평 • West Silver Urban Village: 10만평 • Royal University College: 3만평 • Exhibition Center: 10만평	• 런던시티공항을 개발하여 유럽 각 도시와 연계 • 비즈니스 파크(제조시설, 연구소 등), 사무실, 주거시설 • 대학교 • 대규모 체육관, 전시관, 호텔/휴양시설, 스포츠시설 등 • 25,000석의 체육관, 전시관, 쇼핑시설, 호텔 등

자료: 국토해양부 공공기관이전추진단

2) 재생과정

1960년대 이후 2차 산업에서 3차 산업으로의 산업구조 변화, 해운 및 항공운송 시스템의 변화 등으로 도크(dock)가 폐쇄되기 시작하면서 도크랜드는 급속한 쇠퇴를 맞이하였다. 도크의 쇠퇴는 런던동부의 지역경제가 급속히 쇠퇴하고 방치되어 점차 쓰레기가 쌓이고 부랑자가 모여드는 등 런던을 비롯한 영국사회의 심각한 문제로 대두되어 당시의 대처정부는 그 해결책을 찾지 않을 수 없었다.

1981년 법에 의해 런던 도크랜드 개발공사(LDDC, London Docklands Development Corporation)를 설립하고 5,100에이커에 해당하는 런던 도클랜드 개발지역을 지정하고 1998년 해체되기까지 17년 간 도시재생사업을 시행하였다. 그리하여 런던시와 영국정부는 668만평 규모의 국제적인 업무단지를 개발하였다. 런던 도크랜드 개발공사는 도크랜드의 도시재생사업을 다음과 같이 크게 3단계로 나누었다.

가) 제1단계(1981~1986): 재생계획의 설정(Putting Docklands on the map)

먼저 황폐화된 도크들을 메우지 않기로 결정하였다. Isle of Dogs에 개발을 집중하기로 하였으며, 개발지구에 대한 판매 마케팅과 홍보를 하였다. 도크랜드 경전철공사(DLR, Docklands Light Railway)를 설립하고 기반시설 구축 프로그램을 시작하였다.

민간주택시장을 구축하고 Canary Wharf에 대한 거래를 성사시켰으나 지자체와의 갈등을 갖고 있었고 커뮤니티시설에 대한 투자의 한계를 겪었다.

나) 제2단계(1987~1990): 지역사회 기반시설 건설(Building the Community Infrastructure)

지역사회에 1억 파운드의 예산을 지원하였으며, 주택 및 건강·교육·직업훈련시설에 대해 대대적으로 투자하였다. 50명의 커뮤니티 전담반을 구성하였으며, 지역 커뮤니티 단체에 대한 지원이 증가하였다.

LDDC와 지자체가 점차 관계를 개선해 나갔으며, 타워 햄리츠(Tower Hamlets)와의 협약(accord) 및 뉴햄(Newham)과의 양해각서(memorandum)를 체결하여 지역사회와 상호이해를 증진하면서 재생사업을 진행하였다. 또한 기반시설 구축에 지속적으로 투자하였으나 부동산 시장의 경기침체로 주택과 상업시설 개발에 대한 민간투자는 부진하였다.

다) 제3단계(1991~1998): 사업의 균형 유지(The balanced programme)

정부는 LDDC의 권한을 지방정부에 넘겨주는 것을 고려하기 시작하였으며, 지역사회 지출에 고삐를 조이고 협약과 양해각서 체결에 집중하였다.

약 8천 가구의 주택 재생 프로그램을 실시하였고, 부동산 시장이 회복되었으며 Royal Dock에 대한 개발 계획을 발표하였다. 이 시기는 1994년 이후로 LDDC의 역할이 축소되었다.

표 25-6 1981~1997년 17년 간 도크랜드의 재생 전 문제점과 재생 후 성과

재생 당시 상태	재생 후 성과
• 파국상태에 이른 대규모의 실업 • 높은 비율의 공공부분의 토지 • 주택 95%가 영세민 주택(social housing) • 블루칼라 중심 도크랜드와 성장하는 런던 서비스 중심 경제와의 불균형 • 심각한 수준의 버려진 토지에 대한 높은 개발비용과 불확실성 • 정부의 개입시 토지개간, 교통인프라, 기본적인 편의시설에 상당한 수준의 비용 부담 • 대부분 지역이 낙후된 인프라를 가짐 • 런던 다른 지역과 영국 및 국제사회와 전략적 연계성 빈약 • 재개발 경험 부족으로 인한 개발전망의 불확실성 • 이러한 요인들로 인하여 외부의 간섭없이 급격히 침체하는 경기를 되돌리는 것이 불가능	• 2천5백만 제곱피트 상업, 공업 용지 개발 • 1,984에이커의 버려진 땅 재정비 • 24,046호 신규주택 건설 • 2백1십만 명의 관광객 방문(1997년) • 2,700건의 상업거래 성사 • 5개의 건강센터 건설과 6개의 재생 • 8만3천명 거주(1997년 현재) • 11개의 초등학교, 2개의 중학교, 3개의 대학, 9개의 직업교육센터 유치 • 144㎞ 도로 포장 및 개선, 철도 건설 • 94개의 건축, 보전, 조경분야에서 수상 • 85,000개의 새로운 일자리 창출 • 10억8천6백만 파운드의 공공투자 • 77억 파운드의 민자 유치 • 1,066에이커의 재개발지 판매

자료: LDDC, An Overview - London Docklands Development Corporation 1981-1998
LDDC, Final Reports and Financial Statements, 1998

3) 시사점

LDDC(런던도크랜드개발공사)를 통한 정부 주도의 대규모 용도전환 및 개발사업을 통해 런던도심의 부족한 업무시설과 주택난을 해소하고 고용창출로 지역경제를 활성화하는 계기가 되었다.

이는 마스터플랜에 바탕을 두고 LDDC라는 주체 하에 효율적인 추진체계가 구성되어 대규모 슬럼지역임에도 불구하고 집단 재개발을 통해 주거·업무·상업 기능을 이상적으로 결합하여 도시 생산성을 극대화하였다.

또한 과도한 공공재정의 투입을 방지하기 위해 대규모 민간자본을 유치하였으며 완벽한 교통 인프라를 구축하여 민자유치를 더욱 촉진하였다.

LDDC를 매개로 민간과 정부가 협력하고 전통과 현대를 조화시키면서 편리하고 체계적인 교통시스템을 구축하였고 이를 바탕으로 한 토지이용계획을 구상하고 실현함으로써 새로운 도심으로 재탄생 할 수 있었다.

그러나 도크랜드는 정부주도의 부동산 중심의 개발로 인해 개발이익의 많은 부분이 지역사회로 환원되지 못했다는 점, 중앙정부 주도의 개발로 지역자치단체 등과의 갈등 및 고용 등의 지역 현안을 해결하는데 한계가 있었다는 점이 지적되었다.

(2) 미국: 뉴욕 배터리파크 시티(Battery Park City)

1) 도시개요

배터리파크 시티는 뉴욕 맨해튼 남부에 위치하고 있는 도시재생 사업의 모델로 평가되고 있는 곳이다. 도심재개발지 면적은 약 12만 2천여 평으로 주거, 업무, 상업, 환경 기능이 복합적으로 어우러진 곳이다. 허드슨 강변에 위치한 이곳은 도시가 노후화되어 본래의 기능을 상실하고 많은 도시문제가 발생한 지역이었다. 이러한 문제점을 해결하기 위해 뉴욕주정부는 녹지와 공원을 확보하는 동시에 여러 가지 시설을 도입함으로써 도시를 재생시키고자 하였다. 배터리파크 시티의 도시재생사업은 1966년에 재개발지역으로 지정한 후 약 30여 년간 진행되었다.

BPCA(Battery Park City Authority)는 뉴욕주가 설립한 공사로 배터리 파크를 담당하는 기관이며 상업·주거·상점·공원 등의 조화로운 개발과 디자인을 관리하고 있다. 도심공동화 현상에 의한 사회문제를 우려하여 직장과 주택을 인접시켜 개발하였으며, 핵심테마인 금융기능을 위해 부지중심부에 40~50층 높이의 금융센터 4개동으로 구성된 세계금융센터(World Financial Center)를 계획하였다. 금융 빌딩의 딱딱함과 지루함을 없애기 위해 제2센터와 제3센터 사이에 윈터가든(Winter Garden)이라는 실내공원을 배치하였으며, 주거지는 부지의 남쪽에 3개 지역으로 계획하였다. 또한 허드슨강이라는 천연환경과 조화된 야외공원과 산책로를 만들어 입주주민들이 쾌적한 생활을 영위할 수 있도록 계획하였다.

그림 25-4 배터리파크시티 평면도

2) 재생과정

1963년에 뉴욕주지사에 의해 개발계획 창안된 후 계획수행과 관리를 위해 전담조직인 BPCA를 설립하였다. 1969년에 종합개발계획을 발표한 후 1976년에 12만 2천여 평의 토지를 조성하였다. 1979년에 종합계획(Battery Park City Draft Summery Report and 1979 Master Plan)을 1차로 수정하고 1980년부터 본격적인 개발에 착수하였다.

1960년대에 수립된 마스터플랜은 지상의 공원같은 공간을 가지는 보행자 통로와 지하 교통을 통합하는 미래지향적인 조합으로 구성되었다. 1962년부터 1975년 사이에 제안된 마스터플랜은 다양하였다. 그것들은 모두 공통적으로 세 가지의 목표를 가지고 있었는데 첫 번째는 맨해튼 남부의 확장이었다. 그리고 다운타운에 다시 사람들이 살도록 하는 것이었으며, 마지막으로 맨해튼 남부에 좀 더 나무들과 오픈스페이스를 공급하는 것이었다.

당시 록펠러 주지사의 계획이 1970년대 후반의 뉴욕시 경제상황에서 실현될 수 없게 되자 새로운 마스터플랜이 수립되었다. 쿠퍼(Cooper-Eckstut)에 의해 디자인된 1979년 마스터플랜은 뉴욕시 도심의 가로구조의 연장선에서 보았고, 전통적인 뉴욕시의 가장 우수한 근린공간을 통합하고 공원과 공공용지를 포함하는 계획이었다. 몇 년 후에 배터리파크시티는 도시를 향상시키는 많은 혁신적 아이디어의 근원이 되었다. 배터리파크시티가 가지는 콘셉트와 디자인은 많은 수상을 하였으며 도시계획을 배우고자 전 세계에서 많은 방문자들이 찾아올 만큼 매력적이었다.

가) 1962년: 초기 아이디어 … 선박터미널 신도시 건설계획

배터리파크시티의 초기 아이디어들은 쇠락해 가고 있는 허드슨강변의 20개 부두에 의해 촉진되었다. 이 부두들은 1950년대에 지금의 트리베카(Tribeca)로 알려진 지역에 있는 워싱턴시장(Washington Market)의 상품을 다루던 곳이었다. 뉴욕시의 해운국은 그 부두들을 100에이커 트럭 규모의 도크와 창고로 개발하기를 원했다. 선박터미널 위에 전혀 새로운 도시를 세우는 이 계획은 1962년에 제안되었으나 제대로 목적을 달성하지 못했다. 화물을 다루는 공간과 주거공간이 결합된 것은 화물의 선적에 적당하지 않았기 때문이다.

나) 1966년: 해리슨의 부두지역 커뮤니티 디자인

당시의 록펠러(N. Rockefeller) 주지사는 지역사회의 많은 사람들의 주거를 보장하기 위해 부두 위에 건축하는 아이디어를 매우 선호하였다. 록펠러 주지사는 당시에 가장 유명한 건축가 해리슨(W. K. Harrison)에게 허드슨강의 20개 부두 지역에 세워질 수용 가능한 새로운 커뮤니티를 디자인하도록 요청했다. 사람들이 슬럼에서 나와 살기를 원했고 해리슨의 계획은 세입자 주택의 열악한 상황을 고려하였다. 모든 아파트들은 풍부한 일조와 공기를 받도록 하였으며, 아이들이 문제없이 거리에서 놀 수 있도록 하였다. 이 계획에서 가장 중요시된 것은 다른 인종 간 · 소득 간 다양한 사회적 지원 서비스가 있었다는 것이다.

그러나 록펠러의 이 계획은 실패하기 시작하였다. 록펠러는 건축가 혼자만으로는 해결책을 제시할 수 없다는 것을 알았다. 그의 커뮤니티 서비스는 그 계획의 필수적인 부분이었다. 그러나 1962년 제안처럼 다시 목표를 이루지 못했다. 해리

슨의 스타일은 이미 1966년에 식어버린 정통 현대적 코르뷔제[1)]식이었다. 그 계획은 또한 상류층을 견인하지 못했고 지역의 특성을 이끄는 요소가 부족하였다. 그러나 지나치게 정형화된 디자인은 어디에서나 쉽게 복제될 수 있는 커뮤니티 모델을 구축하는데 록펠러의 관심을 유지한 무엇인가가 있었다.

다) 1969년: **베터리파크시티 공식 마스터플랜 완성**

린제이(J. Lindsay) 뉴욕시장은 자신의 전문가(Conklin & Rossant)를 계획에 투입하였다. 시와 주정부 사이에 줄다리기가 계속된 후 시장과 주지사쪽 건축가들 사이에 합의가 되었다. 1968년에 설립된 BPCA의 지원 아래 모든 일이 진행되기 시작하였다.

이러한 협력의 결과로 1969년에 배터리파크시티의 공식적인 마스터플랜이 완성되었다. 그동안 공식적으로 제안된 것 중에서 가장 정교한 도시계획이었다. 그리고 그것은 규모가 큰 지역지구제의 규칙으로 전환되어 시에 채택되었다.

마스터플랜은 도시기능과 어메니티(상점, 식당, 학교, 공원, 환승시설, 교통체계, 공공시설, 공공휴양시설 등)를 가지는 7층 규모의 몰을 포함하도록 하였다. 이 서비스의 핵심 축은 다른 모든 빌딩들과 연결되는 통로로 역할을 했다. 1969년 계획은 도시디자인에 대한 하나의 원칙으로 자리잡아 갔다.

라) 1975년: **계획의 변화와 접근성 강화**

배터리파크시티의 이어진 계획은 전보다 덜 완벽했고, 공표되지 않았으며 공식적이지 않았다. 그리고 훨씬 유연해졌다. 1969년 계획은 천천히 해체되었고 공공기반시설은 포기되었다. 프로젝트는 독립적으로 이윤을 위해 개발하려는 거주자 집단의 분산으로 파괴되었다.

접근성을 강화하기 위해 교외항공노선이 도입되었고 모든 통로를 연결하는 보도를 만들었으며 교통은 지하로 움직였는데 이것은 1960년대 도시기능을 실험한 마지막 힘이었다.

마) 1979년: **새로운 실용주의적 마스터플랜**

1979년의 계획은 1979년 후반의 경기불황을 인식하는 동안 채택되었다. BPCA는 시가 소유하고 있던 매립지를 임대하였다. 그러나 1970년대 개발미진으로 인

---

1) 프랑스의 건축가·이론가(1887~1965)로 본명 장느레(C.E. Jeanneret). 오잔판(A. Ozanfant, 1886~1966)과 함께 퓌리슴의 중심 인물이다. 그의 디자인에는 무테지우스(H. Muthesius,1861~1927 독), 베렌스(P. Behrens, 1868~1940 독)의 영향을 볼 수 있으며, 보편적인 색이나 형의 이론적 고찰을 행하여 기하학적인 조형을 추구하였다.

한 경제적 위기로 인하여 뉴욕도시개발공사가 맡았던 프로젝트를 BPCA가 맡게 되었다. 이것은 BPCA가 빠르게 변화된 상황을 정리할 수 있도록 하게 하였고, 무엇보다도 급진적이고 새로운 계획을 수립하였다.

새로운 마스터플랜은 1970년대 끝에 만연한 실용주의의 결과물이었다. 거리와 보도는 강화되었고 맨해튼 남부의 매립지가 초기에 확장될 때처럼 맨해튼의 가로구조가 연장되었다. 이 전통적인 개발 블록들은 전통적인 건축물들이 만들어지게 했다. 각 블럭들은 시장의 수요에 따라 각기 다른 시간에 다른 개발업자들에게 분배되었다.

상업시설은 남쪽 끝에서 중앙으로 이동하였고 세계무역센터(World Trade Center)에 연계되었다. 계획은 고정된 디자인이 아닌 개발의 뼈대를 강조하여 다양한 이용과 건물들 그리고 공원을 가능하게 했다. 1979년 마스터플랜은 다음과 같이 토지를 할당하였다.

표 25-7 배터리파크시티 마스터플랜의 토지할당

마스터플랜	토지할당
14,000 가구의 주택	42%
상업지구(600백만 평방피트)	9%
녹지(공원, 광장, 산책길 포함)	30%
가로망	19%

마스터플랜은 맨해튼 남부의 가로구조를 배터리파크시티까지 연장하였으며 각 개발구역을 분할하였고 구도심과 재생지역을 연결하였다. 분할된 구역들은 민간개발업자에게 임대되었으며 그들은 배터리파크시티의 특별히 마련된 디자인 가이드라인에 따라 건축하였다. 이러한 가이드라인에 의해 대규모 블럭은 제한되었고 뉴욕시의 오랜 건축물들과 어울리는 다양한 디자인의 건물을 건축하도록 하였다.

BPCA는 모든 건축과 디자인 작업을 검토하였으며, 새로운 개발지역에 대해 마스터플랜에 맞는 디자인 가이드라인을 정하였다. 이를 통해 민간개발업자에게 디자인의 뼈대를 제공하였다.

바) 현재: 도시재생의 성공모델

배터리파크시티는 현재 도시재생의 성공적인 모델로 전 세계의 인정을 받고 있다. BPCA와 민간개발업자 사이의 민·관파트너십을 통해 도시개발의 청사진을 제시하였다.

현재 배터리파크시티는 930만 평방피트의 상업지역이 있으며 720만 평방피트의 주거지역에 9,000명의 인구가 거주하고 있다. 또한 52개의 상점과 서비스시설, 35에이커의 공원, 22개의 식당, 20개의 공공미술작품, 2개의 호텔, 극장, 마리나, 1.2마일의 산책로, 각종 기념관과 박물관 등이 자리하고 있다.

2000년대에 들어서는 태양광을 활용한 지속가능한 도시 개발 정책을 펼치고 있다. 지속가능한 고층의 주거용 빌딩과 상업용 빌딩을 계속 건설하고 있다.

3) 시 사 점

배터리파크시티는 도시를 새롭게 재생하면서도 구도시가 가지고 있는 기능과 전통을 무너뜨리지 않고 연계되는 개발을 장기적으로 해오고 있다. 또한 허드슨강이라는 수변자원을 활용하여 충분한 오픈스페이스를 확보하였고 보행자 중심의 교통체계로 쾌적한 주거환경을 조성하였다.

또한 초기의 갈등을 극복하고 BPCA라는 공공기관 주도하에 민간개발업자와 협력하여 개발을 촉진하되 가이드라인을 제시하여 도시재생의 통일성을 부여하였다. 배터리파크시티가 성공할 수 있었던 가장 큰 요인은 장기적인 마스터플랜 하에 개발을 지속적으로 진행해 왔다는 점이다.

CHAPTER 26

지역사회개발

지역사회개발사업은 1955년 한미합동경제조정관실(OEC)에 근무하던 아담스(L. W. Adams)가 전쟁으로 피폐해진 한국의 농촌 재건을 위하여 UN과 ICA(International Cooperation Administration)가 채택하고 있는 지역사회개발사업의 도입을 권장함에 따라 1958년 국가사업으로 채택되었다. 같은 해 우리 정부는 동 사업의 추진을 위해 지역사회개발위원회규정을 대통령령 제1384호(부흥부, 1958년 9월)로 만들고 이를 적극 추진함으로써 이른바 새마을운동으로까지 승화시키기에 이르렀다.

여기서는 지역사회개발의 대강에 대하여 학습하고 지역사회개발을 성공적으로 이루기 위해서 갖추어야 할 필수 요소인 지역사회지표와 지역공동체 활성화 방안에 대하여 살펴보기로 한다.

1 지역사회개발의 개념과 특성

(1) 지역사회개발의 개념

지역사회는 지리적 접근성(지역성)과 사회적 단일성(공동체의식), 문화적 동일성(공동규범)을 지니는 공동사회적 집단으로서 일반적으로 국가의 영역보다 작은 것은 물론 지역의 범위보다도 작은 의미를 지닌다. 따라서 지역사회개발이란, 일정한 지역의 주민들이 외부기관의 지원 없이 또는 지원 하에 그들의 공동 노력을 통하여 그 지역 주민들의 공통적인 문제와 욕구를 해결하고 충족시킴으로써 지역사회의 발전과 주민생활의 향상 및 국가발전에 기여하는 과정을 말한다.

지역사회개발의 핵심은 첫째, 외부기관의 지원 없이 또는 지원 하에 이루어지는 지역사회 주민들의 공동적인 노력을 의미한다. 둘째, 지역 주민들의 공통문제 및 공통욕구의 해결과 충족을 위하는 것이다. 셋째, 지역사회의 발전과 주민생활의 향상을 추구하는 것이다. 넷째, 국가발전에 기여함을 궁극적 목표로 하는 것이다.

(2) 지역사회개발의 특성

지역사회개발은 다음과 같이 8가지 특성을 가진다.

첫째, 지역사회 단위의 개발이라는 점이다. 개념에서도 살펴본 것이지만, 지역성과 공동체의식과 공동규범이 전제되어야 한다. 지역성은 지리적 접근성을 의미하며, 서로 가까운 곳에서 일상생활을 영위함으로써 공동의식을 갖게 된다. 다음으로 공동체의식은 사회적 단일성을 의미하는 것으로서 지역에 대한 소속감 또는 애향심을 갖는 것이다. 그리고 공동규범은 문화적 동일성을 의미하는 것으로 가치체계와 제도를 바탕으로 질서에서 벗어나는 구성원을 제재하고 지역사회의 안정성을 유지하며, 결속을 강화하는데 활용된다.

둘째, 참여와 협동, 자주와 자조가 전제되어야 한다. 지역사회개발은 주민들의 공통적인 욕구와 이익을 충족시켜주며, 이들을 해결하는데 초점을 두고 있다. 따라서 참여와 협동을 바탕으로 외부기관의 간섭을 배제하고 자주적 내지 자조적으로 수행하는 것이다.

셋째, 낙후된 의식을 계몽하고 교육하는 과정이다. 즉 낙후된 지역의 사회적·경제적인 발전을 가져올 수 있도록 주민을 교육하는 과정인 셈이다.

넷째, 지역사회개발은 후진국 농어촌 지역에서 낙후지역개발을 위해 대부분 추진된다.

다섯째, 경제와 사회 그리고 문화의 다방면에 걸친 종합적 개발사업을 말한다.

여섯째, 해당 지역사회의 인적자원, 물적자원, 사회적자원 등 다양한 요소에 따라 사업의 내용, 방법, 성격 등이 서로 다르다.

일곱째, 역사적으로 우선 실천이 선행되고, 그 후 그것의 성격과 원리가 학문적으로 정리되는 과정을 거쳐 왔다. 따라서 지역사회개발이 학문적·이론적 보다는 실천적인 요소가 강조된 것이다.

여덟째, 지역사회의 모든 자원을 동원하여 집단의 결정이나 행동을 조절, 종합해 나가는 사회적 행동과정이라고 할 수 있다.

(3) 지역사회개발과 지역개발의 차이

이러한 지역사회개발은 개발대상, 개발분야, 개발주체, 개발재원 등 4가지 차원에서 지역개발과 차별화 할 수 있다.

먼저, 개발대상이 다르다. 지역사회개발의 대상범위는 '지역사회'인 반면, 지역개발의 대상범위는 '지역'을 염두에 두고 있다. 즉, 지역사회는 혈연적 · 지연적 관계로 형성된 자연발생적인 공간 범역이기 때문에 현실지향적이고 참여적이며 사회적 측면이 강조된다. 한편, 지역은 동질성 · 결절성을 띠는 범역이기 때문에 목표지향적이고 의도적이며 정책지향적, 행정주도적, 물리적인 측면이 강조된다 하겠다.

둘째, 개발분야가 다르다. 지역사회개발은 환경개선과 인간형태의 개선 등 사회개발에 중점을 두는 반면, 지역개발은 경제개발에 초점을 두고 있다는 데 차이가 존재한다.

셋째, 개발주체가 다르다. 지역사회개발은 지역사회 주민이 개발주체가 되지만, 지역개발은 국가 또는 지방자치단체나 지역주민 등의 참여도 중시된다.

넷째, 개발재원이 다르다. 지역사회개발은 지역사회의 자체 재원과 일부 외부자원이 동원되지만, 지역개발은 국가 또는 지방자치단체의 예산이 주된 재원으로 사용된다.

이와 같이 지역사회개발과 지역개발은 개발대상과 분야, 주체, 재원 측면에서 차이점이 있으나, 양자는 궁극적으로 국가발전을 도모하고 있다는 점에서 결국 하나로 귀결된다. 국가발전은 국토개발, 지역개발, 지역사회개발의 3자의 연계가 잘 이루어질 때 보다 효율적으로 달성되는 것이다.

2 지역사회와 사회개발

일정한 경계가 설정된 영토에서 종교, 가치관, 규범, 언어, 문화 등을 상호 공유하고 특정한 제도와 조직을 형성하여 질서를 유지하고 존속하는 인간집단을 사회라고 한다.

(1) 지역사회(local community)

지역사회는 공동체 또는 커뮤니티(community)라는 말과 동의어로 쓰이는 경우가 많다. 자본주의 사회가 성립되기 이전에는 사회의 지역적 한계를 규정하는 것은 오직 토지소유였다. 봉건사회에서의 영주의 지역지배는 영주의 토지소유에 의해 규정되어 있었던 것이고, 촌락 등 지역사회도 영주적 토지소유 아래에서의 입회지(入會地) 등 토지의 공동이용을 단위로 하여 이루어졌다. 자본주의 사회가 생기면서 폐쇄적인 자급자족적 단위로서의 공동체는 해체되고 자본의 단일지배에 의해 지역성은 급속히 상실되어갔다. 이 같은 상황 아래에서 지역은 정치적 지배의 단위로서만 의미를 가지게 되었고, 지역사회 또는 공동체는 전과 다른 역사적 의미와 내용을 지니게 되었다.

오늘날 주민의 지역적 구분은, 크게는 국가 또는 민족국가의 형태로 나누어지고, 작게는 그 속에서의 행정적 구분, 즉 특별시·광역시·도, 시·군·구[1]의 형태로 나누어진다.

이처럼 현재의 지역사회는 예전과 같은 자생적·자연적 단위가 아니고, 인위적·행정적 단위로 성립되어 있다. 지역사회가 정치단위로서의 의미만을 가지게 되었기 때문에, 지역사회의 문제는 곧 지방자치단체의 문제가 되었으며, 지역주민의 요구도 직접 지방자치단체로 향하는 일이 많아지고 있다.[2]

(2) 사회개발과 경제개발

우리는 흔히 국토개발, 주택개발과 같이 개발이라는 어원을 자주 사용한다. 이렇게 자주 사용되는 개발이란 말에 대한 의미부터 살펴 볼 필요가 있다. 개발과 같은 어원을 가진 발전(development)이란 간단히 말해서 어떤 수준에서 더욱 바람직한 방향으로 변화한 상태나 그와 같이 변화하는 과정을 의미하고, 개발은 그러한 바람직한 변화를 역동적으로 촉진하는 노력 또는 활동을 뜻한다. 이러한 개발의 개념을 바탕으로 사회개발의 개념은 다음과 같다.

---

1) 우리나라의 행정체계는 선거에 의해 단체장이 세워지는 광역자치단체(특별시, 광역시, 도)와 기초자치단체(시, 군, 구), 그리고 행정구역단위(읍면동, 통반리)로 이루어져 있다.

2) 네이버 백과사전 참조.

사회개발이란 어느 사회의 경제·사회·문화적 제조건을 개선하고 사회를 국가발전에 통합시키기 위해 주민과 정부의 노력이 결합되는 과정으로서 경제개발의 추구에 따른 사회적 역기능과 이에 따른 복잡한 사회문제 등을 합리적으로 개선하기 위해 대처해가는 과정이다.

오늘날의 경제발전이 사회의 제반 모순들을 한층 심화시키게 되었고, 이러한 모순은 결국 계속적인 경제발전마저도 위축시키는 결과를 가져오고 있다는 점이 널리 인정되면서 사회개발이 부각되게 된 것이다.

사회개발과 유사한 개념으로 경제개발이란 용어가 있다. 경제개발이란 산업을 일으켜 국가경제를 발전시키는 일로써 국가 내의 미이용자원을 전제로 하고 어떤 명확한 정책적 목표를 내포하고 있는 개념이다. 다시 말하면 국가 내에서 사용되지 않던 인적, 물적 자원을 이용하여 빈곤이라 불리는 국민의 기본적인 문제부터 고차원적인 문화생활에 이르기까지 양적·질적 수준을 향상시키는 것이라 할 수 있다.

이상에서 살펴본 바와 같이 사회개발은 사회문제의 해소, 사회복지의 향상에 바탕을 두고 있다는 점에서 지역사회개발과 이념을 같이 하고 있는 것이다. 그러나 사회개발은 경제개발에 대응하는 요소를 다분히 내포하며 광범위한 사회의 발전을 주로 '국가단위'에서 추진하려고 한 것인데 비하여, 지역사회개발은 일정지역단위를 중심으로 지역사회생활영역 전반에 걸친 경제적, 사회적, 문화적 향상을 꾀하려고 하는 것이다.

그림 26-1 발전과 개발의 개념

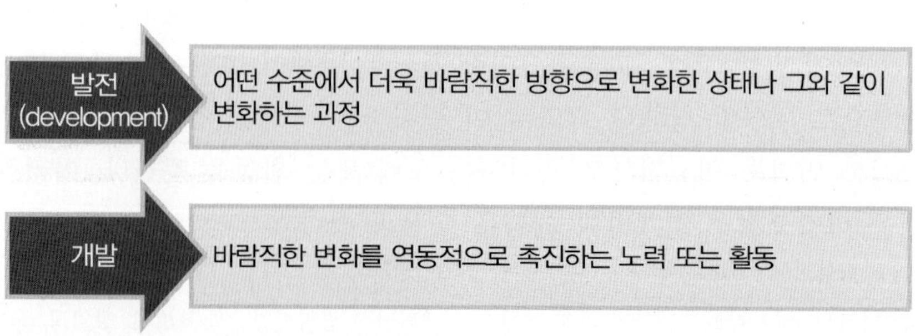

(3) 사회개발의 성격

사회개발은 다음과 같은 두 가지 성격을 내포하고 있다.

첫째, 경제·사회적 발전변화에 대응하는 사전·사후 조정방안이라는 점이다. 즉, 사회개발은 경제개발에 장애가 되는 여러 요소를 사전에 계획적으로 조정하여 필요없는 마찰과 혼란을 방지하여 줌으로써 경제발전의 효과를 증대시켜 국민복지 향상에 기여케 하는 역할을 담당한다.

둘째, 경제·사회의 균형발전을 도모함은 물론, 보다 인간다운 행복한 삶을 실현하기 위한 삶의 장으로서 사회에 대한 포괄적 개선활동을 의미한다. 즉, 경제·사회적 변화에 대처하는 동시에, 앞으로 예상되는 바람직한 경제·사회적 변화를 사회적 측면에서 촉진시키는 방안이기도 하다. 그리하여 사회개발은 경제개발에 따른 제반모순을 해결해 나가려는 소극적인 역할뿐만 아니라 사회변동을 합리적인 방향과 계획적으로 유도하는 적극적 역할을 수행함으로써 경제·사회적 발전의 토대를 구축하는 것이다.

(4) 사회개발의 대상

사회개발의 대상은 선진국이나 후진국을 막론하고 다같이 국가의 중대 관심사가 그 대상으로 되고 있으나, 각 나라의 경제적·사회적 발전 정도에 따라 조금씩 달리 하는 경향이 있다. 선진국과 후진국의 개발대상의 차이를 살펴보면 다음과 같다.

먼저, 선진국의 사회개발 대상이다. 선진국은 고도의 경제성장에 기인하는 사회적 모순, 빈부의 격차, 성도덕의 문란, 청소년의 범죄증가, 조직화된 갱(gang)단, 노사 간의 갈등 등을 사회개발의 대상으로 삼고 그들의 개선에 역점을 두고 있다. 국민의 기본적 생활과 관련된 주거, 활동기반 등의 사회·경제적 문제가 대상이 되던 시기가 지나가고 그러한 것의 해결과 함께 나타난 제반문제들을 다시금 사회개발의 대상으로 삼고 있는 것이다.

반면, 대부분의 후진국들은 국민의 기본 생활과 관련된 기반 조성을 사회개발의 우선적 목표로 하고 있다. 이러한 기반이 조성되려면 먼저 국민이 무지에서 벗어나야 하기 때문에 교육적 기반의 조성이 필요하다. 우리나라의 경제개발 시기에

박정희 대통령이 강조했던 교육의 중요성과 같은 맥락이다. 그래서 후진국들의 사회개발대상의 대부분은 개개인의 창조적 활동을 개발하고 경제적·사회적 나아가 교육적 기반을 조성하는 데 이바지 할 수 있는 사업이나 행정 및 정치제도의 실현을 그 대상으로 하고 있는 것이다.

표 26-1 사회개발 대상의 예

구 분	예
선진국	• 경제적으로 낙후된 지역의 개발 • 경제사회의 불균형 문제 해소 • 정주형태, 혹은 경제활동의 형태에 대한 공간의 재편성 • 급격히 늘어나는 도시인구의 완화 • 도시의 생활환경 개선 • 청소년, 노인 등을 위한 문화공간 개발
후진국	• 국가투자사업의 지역적 통합사업(분산되어 있는 국가투자사업을 통합하여 중앙집권적인 국가투자정책을 펼치기 위함) • 토지자원의 이용 • 대도시와 주변 지역의 성장격차 해소 • 인적 자원의 개발 및 활용 • 농촌과 도시의 이중구조 해소

그러나 선진국과 후진국의 사회개발 대상이 근본적으로 다른 것은 아니다. 선진국과 후진국의 사회개발 대상에 대한 기본적인 배경에는 다음과 같은 공통점이 있다. 사회개발의 대상이 사회문제의 해소, 사회복지의 향상에 바탕을 둔 제반사업 및 정치·행정제도의 실현, 이러한 점이 지역사회개발과 이념을 같이 하고 있는 것이다.

3 지역사회지표와 작성 의의

(1) 사회지표의 개념과 성격

사회지표란 한 사회의 사회적 상태를 총체적이고도 집약적으로 나타내어 생활의 양적인 측면은 물론 질적인 측면까지도 측정함으로써 인간생활의 전반적인 복지정도를 파악할 수 있게 해주는 척도를 말한다. 다시 말해서 사회지표란 한 사회의 주요 생활영역의 조건에 관하여 종합적이고 균형적인 판단을 내릴 수 있게 해주는 직접적이고 규범지향적인 관심의 성격을 가진 통계인 것이다.

그림 26-2 사회지표의 기능

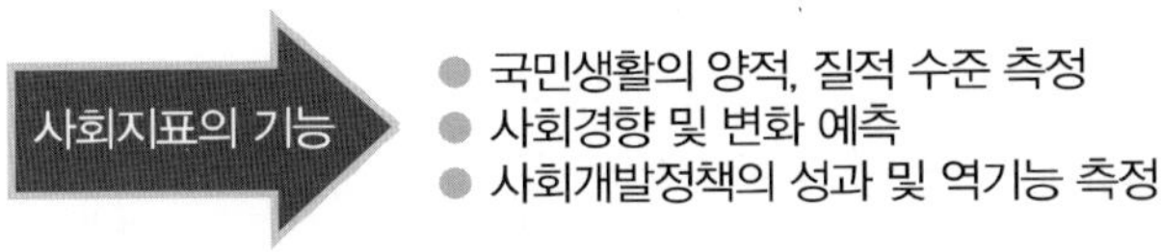

이러한 사회지표는 인본주의적, 규범적, 종합적, 주관적, 산출정보적 성격을 가진다.

첫째, 인본주의적 성격은 사회지표가 인간의 삶의 질에 대한 정보를 중시하기 때문이다. 즉 인간의 주관적 평가를 담은 정보와 산출된 행정서비스에 대한 고객의 만족수준을 나타내는 자료이다. 여기서 인본주의(人本主義)란 인간중심주의를 말한다.

둘째, 규범적 성격을 가진다. 즉, 사회지표는 일차적 서술성을 떠나 '우리가 앞으로 어디로 가야 할 것인가' 방향을 제시하고 특정사회가 지향하고자 하는 가치, 목표에 대한 정보를 내포한다. 여기서 규범적(規範的)이란, 마땅히 따르고 지켜야 할 본보기가 되는 것을 말한다.

셋째, 종합적 성격을 가진다. 사회지표는 사회상태를 종합적으로 파악하도록 체계화되어야 한다. 즉 단편적 지표는 특정집단만의 가치를 강조하게 되어 체계전체로서의 합리성을 저해한다.

넷째, 사회지표는 주관적 성격도 가진다. 사회지표는 객관적 수준 못지않게 주관적 지표도 중시하기 때문이다. 객관적 지표는 사회체제의 산출물에 대한 정보이다. 따라서 객관적 지표는 사회체제 전체적 차원에 관한 정보의 성격을 띤다. 주관적 지표는 사회체제 산출에 대한 개인의 심리적 반응을 서술한다. 따라서 주관적 지표는 개인적 수준의 정보가 많은 비중을 차지한다.

다섯째, 산출정보적 성격을 가진다. 사회지표는 투입보다는 산출, 자원의 배분을 비롯하여 정부가 국민들에게 현실적으로 제공하는 서비스의 질이나 수익자의 만족도와 관련되는 행정의 효과성 분석에 치중한다.

(2) 사회지표의 구성과 작성

1) 개 요

통계청에서 작성하는 '한국의 사회지표'는 「통계법」제4조 제1항 및 제8조 규정에 의해 승인된 일반가공통계로 1979년부터 작성・공표되기 시작하였다.

우선 그 연혁을 살펴보면 1978년 경제기획원 조사통계국과 한국개발연구원이 공동으로 사회지표체계를 수립하였으며, 1979년 경제기획원 조사통계국에서 자료수집한 128개 개별지표를 대상으로 '한국의 사회지표'를 작성하여 처음으로 공표하였다.

이후 급변하는 사회에 부합시키기 위해 1987년에는 지표를 468개로 확대하였고, 사회의 다양화, 정보화, 지방화 추세에 부응하기 위해 1995년에는 지표를 13개 부문 553개로 확대하였다. 그리고 2004년에 13개 부문의 총 486개로 지표를 개편하였다. 현재는 18개 부문 총 485개의 지표를 수록하고 있다.

이러한 '한국의 사회지표'는 국민생활의 수준 측정, 사회상태의 종합적인 측정, 사회변화의 예측, 사회개발정책의 성과 측정을 제시하고 있다.

2) 구성 부문 및 지표

'한국의 사회지표'는 인구, 가구와 가족, 소득・소비, 노동, 교육, 보건, 주거・교통, 정보・통신, 환경, 복지, 문화・여가, 안전, 정부와 사회참여의 13개 부문으로 구성되어 있다. 공표범위는 전국 또는 시・도별로 정해지며 자료들은 13개 부문별로 각 지표의 특성에 맞게 연령별, 지역별, 성별 등으로 나누어 수록되어 있다.

표 26-2 한국의 사회지표를 구성하는 부문 및 주요지표

부 문		주요 지표
1.	인구	총인구, 장래추계인구, 노인인구 및 노령화지수, 기대수명 등
2.	가구와 가족	가구구성, 평균가구원 수, 혼인, 이혼, 첫 자녀 출산연령 등
3.	소득과 소비	국민총소득(GNI), 국내총생산(GDP), 지역내총생산, 조세부담률 등
4.	노동	산업별 주당 근로시간, 월평균 임금, 장애인의무고용현황, 근로여건에 대한 만족도 등
5.	교육	취학률, 진학률, 학교급별 학생 수, 학생의 학교생활 만족도 등
6.	보건	학생의 평균신장, 주요 사망원인, 의료기관 및 의료인력 현황, 주요 만성질환 유병률 등
7.	주거와 교통	주택건설실적, 도시 주택매매 및 전세가격지수, 자동차 등록현황 등
8.	정보와 통신	일반전화, 이동전화 및 초고속인터넷 가입자 수, 전자상거래 규모, 인터넷쇼핑 경험 등
9.	환경	주요도시의 오존(O3) 오염도, 해양오염 사고현황, 산림면적, 환경오염 방지노력 등
10.	복지	건강보험부담액, 기초생활보장 및 의료급여 수급자, 요보호아동 발생현황 등
11.	문화와 여가	신간도서 발행, 영화 상영편수 및 관객 수 등
12.	안전	교통사고 현황, 범죄발생건수, 외국인 범죄자 비율 등
13.	정부와 사회참여	총 공무원 수(정원), 정부세출의 기능별 구성, 지방재정자립도 등

자료: 통계청

3) 작성방법

통계청과 각급 통계작성기관에서 작성한 기존 통계자료를 재분류, 가공하여 지표를 작성하고 있으며, 주관적 의식이나 사회적 관심사에 관한 사항은 통계청의 사회조사를 통해 자료를 수집하여 작성한다.

사회지표는 독립적인 통계 조사를 실시하는 것이 아니라 기존에 있던 자료를 활용하는 것이므로 통계지표 작성시점이나 기간은 목적이나 분야에 따라 상이하다.

(3) 사회지표의 한계

사회지표는 절대적인 것이 아니라 다음과 같이 몇 가지의 한계도 가지고 있다(김영화 외, 1997).

첫째, 사회지표의 가치지향성 문제로써 사회지표가 어떤 소기의 목적에 대한 달성도를 나타내려는 경우, 과연 목적에 대한 합의는 누구의 의견을 바탕으로 이루어졌느냐하는 문제가 발생한다. 우리가 어떤 정책을 수립하는 단계에서는 다양한 의견 속에서 하나의 합의를 도출하는데, 일반적으로 지표의 가치지향 과정은 정치적 결정에 따라 이루어지기 때문이다.

둘째, 사회지표의 계량화 또는 수치화와 관련된 문제로 양적인 측정을 위한 조작화 과정이 얼마나 타당하고 신뢰할 수 있는가 하는 것이다. 과연 지표가 나타내고자 하는 현상을 제대로 반영하고 있는지, 혹 극히 일부만을 나타내거나 상관성이 높은 유사한 다른 현상을 반영하고 있는 것은 아닌지 하는 문제가 제기될 수 있다. 이는 특히 주관적 지표와 같이 계량화하기 어려운 지표일 때 타당성의 문제가 크게 제기될 수 있다.

셋째, 사회지표가 이론에 입각한 체계적인 분석이 아니라, 어떤 특수한 문제의 정책적인 결정과 관련된 정보의 제공으로서 구체적인 요구에 의해 일회적으로 설정된 경우는 자료의 임의성을 피하기 어렵다는 것이다. 정보사용자인 관료나 정치가의 요구에 따라 지표의 방향이 선정되거나 작성될 경우에 지표의 내용이 왜곡되거나 본래의 목적과는 다르게 이용될 수도 있다.

이와 같은 사회지표가 가질 수 있는 한계를 명확히 인식하고 이를 보완할 수 있는 방법들이 점차 늘어날 때에 보다 정확한 사회지표를 설정할 수 있는 가능성이 증가할 것이다.

(4) 지역사회개발과 사회지표의 필요성

지방화시대를 맞이하여 각급 지방자치단체에서는 정책적 목적에 의해 사회지표 작성 붐이 일고 있다. 제대로 된 지역사회개발의 성과를 파악하고 진단하기 위해서는 지역사회지표의 개발과 작성이 필요한 것이다.

따라서 광역자치단체의 경우 서울, 부산, 대구, 울산 등 많은 지자체에서 작성하고 있으며, 통계청에서 작성하고 있는 수준과 거의 유사한 정도로 조사항목과 통계내용의 질이 높아지고 있다. 더욱이 기초자치단체의 경우도 일부 지역들이 나름대로 사회지표를 작성하고 있으며, 매년 통계조사를 실시하는 곳도 있다. 하지만, 4년에 한 번씩 지방자치단체장이 바뀌면서 그 조사항목이 자치단체장의 관심도에 따라 자주 변경되다 보니 시계열성을 확보하지 못하고 있는 단점도 가지고 있다.

4 지역공동체 활성화

(1) 지역공동체의 개념과 의식형성

1) 지역공동체의 개념

지역사회와 공동체는 지역사회의 성립조건인 지리적 근접성, 사회적 상호작용, 공동 유대감의 비중을 어디에 두느냐에 따라 달라질 수 있다. 지역사회가 더 포괄적인 용어이나 지역사회 주민의 공동 유대감이라는 심리적 특성을 강조할 때는 공동체라는 용어가 적합함을 알 수 있다.

즉 지역적 단위로 인식하기보다는 지역주민들의 공동의식, 유대감을 부각시키고자 할 때 지역사회에 공동체라는 말을 덧붙여 사용함으로써 그 특성을 강조할 수 있다.

주거를 기반으로 하는 지역공동체는 역사・문화적 상징을 내포하는 지역문화와 밀접한 관계를 갖게 되며 구성원의 일상적 삶이 구조화되는 장(field)이라는 중요한 의미를 갖는다. 지역공동체는 지리적 영역을 기반으로 하는 정신적 공동체라고 정의될 수 있으며 마을, 촌락, 도시 등 지역적 단위들을 대상으로 하여 일어나는 사회적 관계를 가지는 집단이라고 할 수 있다.

2) 공동체 의식의 형성

공동체 의식은 공동체 구성원들의 사회적인 결속과 관련된 집합의식 또는 그 집단 전체의 공통된 의식을 말한다. 우리나라의 경우에는 혈연과 지연을 중심으로 하여 강한 문화적인 배경 및 언어, 풍습, 생활습관 등이 범사회적 규범으로서 정착되면서 정신적 기초로서 공동체 의식이 형성되었다. 그리고 가족중심의 연대의식과 지역주민 간의 상호 의존성을 바탕으로 한 연대의식을 중요시하였다.

사람들의 공동체 의식의 형성에 관해서는 다양한 이론으로 설명되고 있다.

사회심리학적 접근에서는 지역사회 공동체 의식이 주민들 간의 상호작용을 통하여 형성된다는 전제 하에 인간의 사회화 과정을 통하여 습득되며 인간의 의식은 당초 경험으로부터 시작하여 관념을 형성하고 다음 단계의 구체적인 경험까지를 재구성 할 수 있는 능력을 보유하게 된다는 것이다.

지역사회 운동적 접근에서는 공동체 의식이 지역사회에서 야기되는 문제 또는 그로 인해 파괴되는 지역사회를 새롭게 하려는 자구노력을 통하여 형성된다고 본다. 지역사회에서 발생하는 문제를 스스로 해결할 수 있는 능력을 키우는 학습의 과정으로 보는 것이다.

지역사회 계획적 접근은 물리적, 사회적 환경의 개선 및 조성을 통하여 공동체 의식을 형성하고 촉진할 수 있다고 본다. 계획적 접근을 통하여 공동체 의식을 증진시키는 방안은 물리적인 환경을 개선하여 성취하는 방안과 제도적으로 또는 일정한 프로그램을 운영하여 공동체 의식을 높이는 방안이 모색된다.

(2) 지역공동체 활성화 사례

지역공동체를 활성화한 국내 사례는 서울시 용두동 꽃길만들기 사업, 대구시 삼덕동 3가 골목 가꾸기 사업, 인천시 부평구의 문화의 거리 만들기 사업, 서울 관악구 사당 3동의 양지공원 사업 등이 있다.

외국의 대표적인 사례로는 미국 캘리포나아 데이비스(Davis)시의 엔 스트리트 코하우징(N Street Cohousing)사업과 캘리포니아 새크라멘토(Sacramento)시의 사우스사이드 파크 코하우징(Southside Park Cohousing) 사업 등이 있다.

표 26-3 지역공동체 활성화를 위한 활동 사례 유형(활동 주체와 내용 중심)

활동내용 / 활동주체	공간/시설 만들기	조직/프로그램 만들기	공간/시설+조직/프로그램 만들기
주민들의 자발적인 활동	서울 용두동 꽃길 만들기	부산 금산마을 문화 마을 만들기	서울 관악구 봉천 3동 현대아파트 지하주차장을 주민공간으로 만들기 미국 엔 스트리트 코하우징
주민과 외부 비영리 조직의 지원이 함께하는 활동	서울 수유 6동 극동아파트 녹색아파트 만들기	서울 노원구 중계 주공아파트 녹색아파트 만들기	서울 은평구 녹번동 통학로 만들기

주민과 행정조직이 함께 하는 활동	주민이 뽑은 구청사 건축계획안	서울 동대문구 전농동 차 없는 거리 만들기	인천시 부평구 문화의 거리 조성
주민, 비영리조직, 행정조직이 함께 하는 활동	서울 동작구 사당 3동 양지공원	서울 관악구 신림 7동 난초골 공동체	미국 사우스사이드 파크 코하우징 서울 성동구 금호동 송학마을 친환경 마을 만들기

자료: 이경희(2005)

(3) 지역공동체 활성화 방안

1) 공동체적 가치에 대한 교육과 리더십

일상생활을 통한 공동체적 활동의 과정은 공동체 가치 교육과정이라고 할 수 있다. 기존의 주거지에서의 공유공간의 활용과 공동체적인 마을을 계획하기 위해서는 교육프로그램이 필요하며 이를 조직적으로 준비하고 필요한 시기에 필요한 장소에서 원하는 주민들에게 교육이 이루어져야 한다.

교육에 있어서 리더의 역할은 매우 중요하며 리더는 공동체 생활에 대한 가치관을 가지고 풍부한 생활체험과 교육적인 배경을 가진 사람이다. 따라서 공동체적인 삶을 위한 마을을 계획하고 관리하기 위해서는 이러한 리더의 양성이 필요하다.

2) 의사소통, 정보의 활용

의도적인 공동체의 실현을 위해서는 개인이나 한 조직의 노력으로만 해결되기 어려우므로 다른 조직들과의 관계를 이해하고 협력적인 관계를 유지하기 위하여 효율적인 정보의 활용과 의사소통의 방법을 모색하여야 한다.

3) 공유공간의 계획

개인을 위한 개별적인 공간 외에 공동체가 공동으로 사용할 수 있는 공유공간이 제공되면 주민들은 경제적인 측면에서 자원을 효율적으로 활용할 수 있으며, 주민 간의 사회적인 접촉이 증가되어 상부상조하는 공동체적인 생활이 가능해진다.

4) 소규모의 개발을 통한 주민참여

개발규모를 소규모로 하여 주민의 참여를 반드시 유도할 필요가 있다. 특히 대도시의 개발 가능한 토지의 소멸로 대규모의 토지를 확보하는 것은 점차 어려워지고 있으므로 소규모의 주택단지 개발은 더욱 관심을 끌 것이다.

5) 지역특성에 맞는 프로그램 만들기

대도시, 중소도시, 농촌지역은 지역마다 거주민들의 독특한 요구가 있으며 주민들의 소득수준과 생활양식도 차이를 보이고 있으므로 이러한 특성에 맞는 마을 프로그램을 만들어야 한다.

6) 공동체 마을을 위한 제도적 지원

우선 대규모 단지 개발에 치우친 건설관련 법과 제도의 개선이 필요하다. 공동체적인 생활을 위한 공유공간의 확보를 위해서는 현재의 최소한의 공간 유형과 최소의 설치 면적만을 명시하고 있는 관련 법과 제도만으로는 불완전하다. 따라서 이에 대한 보완이 필요하고 적극적인 계획을 촉진시키기 위한 변혁이 요구된다.

7) 행정적인 지원체계 구축

마을 공동체 구축을 위한 전담부서를 신설하고 지원기금을 확보하며 관련 조례를 정비하여 다양한 지원수단을 개발하도록 한다. 그러나 이러한 지원체계의 구축은 장기간의 노력이 필요하므로 전문가와 시민단체들의 집중적인 노력이 요구된다.[3)]

3) 이 장은 지방행정연수원 사이버교재; 모성은 · 임경수 · 이성우, 『지역개발론』을 중심으로 정리하였다.

PART 4

균형발전과 혁신

CHAPTER 27

균형발전정책

균형발전은 지역발전 정책의 중요한 목표 중에 하나이다. 우리나라의 균형발전정책은 1963년 「국토건설종합계획법」에 따라 수립된 '국토종합계획'으로 거슬러 올라갈 수 있다. 그 후 다양한 정부정책을 통해 균형발전계획을 추진해왔지만 이들 계획은 '국토건설'이라는 하드웨어적 관점 내지 개별 법률적 관점에서 접근한 것이었다. 따라서 국가균형발전정책은 좀 더 엄밀한 관점에서 볼 때, 2003년 「국가균형발전특별법」이 제정되면서 '국가균형'을 중심으로 하는 정책이 본격화된 것으로 볼 수 있다. 여기서는 제1기(참여정부) 국가균형발전정책과 제2기(이명박정부)의 국가균형발전정책을 중심으로 살펴보기로 한다.

1 국가균형발전정책

한국의 균형발전정책은 산업화 과정을 거치면서 참으로 다양하게 변화해 왔다.

1970년대에는 산업화와 경제성장 기조에 따라 '1차 국토종합개발계획(1972~81년)'을 시행하면서 창원과 여천에 중화학공업단지를 조성 및 4대강 유역개발 추진 등 성장거점형 지역발전전략을 추진하였다.

1980년대에는 수도권 과밀화문제가 국가적 현안으로 대두됨에 따라 수도권 분산정책에 따라 주요 인구집중유발시설의 수도권 입지를 억제하는데 목적으로 「수도권 정비계획법」을 시행하였다.

1990년대는 수도권의 과밀문제를 규제적 차원에서 접근하기보다는 지역경제권 육성 등을 통한 지역 간 균형발전으로 패러다임이 전환되기 시작하였다.

2000년대 특히 2003년 참여정부가 출범하면서 역대 어느 정부보다도 균형발전에 대한 의지가 강력하였다. 국정의 중점 과제를 국가균형발전으로 정하고 일관되게 수도권 기능의 분산을 통한 균형정책을 추진하였다.

우리는 본격적 산업화를 시작한 이후 국가주도의 성장거점형 불균형성장 모델을 통해 빠르고도 압축적인 경제성장을 이루어냈다. 그러나 세계경제환경이 급변하면서 노동력과 자본 등 요소투입 위주의 성장모델은 더 이상 작동이 어렵게 되었다. 더욱이 양적 위주의 불균형 성장전략으로 인해 국가시스템 전반에 걸쳐 수많은 문제점이 파생되었다. 특히, 중앙집권체제하에서 수도권은 환경오염, 교통문제, 토지와 주택의 부족 등 과밀(過密)의 폐해에 시달렸다. 그리고 지방은 인구 및 인적 자원, 자본의 유출로 지역 침체에 빠지는 과소(過小)의 문제에 직면하여 국토의 불균형이 심화되었다.

이에 참여정부가 출범하면서 압축적 근대화가 파생시킨 문제점들을 해소하고 사회 전반의 분열을 극복하여, 국가를 '선진화(upgrade Korea)'하고자 정부혁신·과학기술혁신·지역혁신·교육혁신·기업혁신 등 국가대혁신을 추진하였다. 이 같은 국가대혁신을 통해 중앙정부·지자체·민간부문 간의 단절형 사회구조로부터 협력과 경쟁의 수평적인 '네트워크형 사회'로의 전환을 이루어내는 정책을 시행하였다.

특히 중앙집권적인 통제형 사회구조로부터 벗어나 지역사회, 주민과 보다 밀착된 분권형 사회구조로의 이행이 필수적이었다. 급속한 기술변화나 경쟁의 심화

표 27-1 참여정부 국가 5대 부문의 혁신과 주요 추진과제

부 문	추진과제
교육혁신	산업인력 창의적 인력의 양성 및 공급을 위해 교육의 질적 혁신으로, 인적 경쟁력을 강화
과학기술혁신	과학기술기반의 강화를 위한 R&D 투자규모 확대 구조개선 산·학·연 협력 체계 강화
기업혁신	혁신적 기업가 정신 고취 투명하고 공정한 기업경쟁시스템의 구축 기술혁신, 경영혁신 등을 통해 국제경쟁력 강화
정부혁신	일방적이고 하향적인 통치방식의 행정문화를 새로운 거버넌스로 변화시켜 통치와 규율의 대상이었던 국민의 힘과 역량을 극대화
지역혁신	지역의 산·학·연·관의 네트워크화로 지역혁신체계를 구축하고 이를 지역발전과 국가발전의 중심축으로 활용

에 대응하기 위해서는 다양한 경제주체 간의 긴밀한 상호연계와 협력이 중요한데 분권형 사회구조의 이행은 공동학습, 정보교환 등 혁신능력을 배양하고 지역특성에 맞는 전략산업들을 집중 육성함으로써 국가경쟁력을 배가하기 위한 것이었다.

혁신주도형 발전패러다임에 입각하여 대내적 역량을 강화하기 위해 신행정수도 대안, 국가균형발전, 지방분권 등 적극적인 '지방화 전략'을 추진하고, 대외경쟁력 강화를 위한 신수도권 발전정책, 동북아 경제중심, 기술혁신・혁신클러스터 조성 등 세계화 전략을 병행하였다.

제1기 즉, 참여정부의 국가균형발전전략은 지방화를 통한 선진화 전략 즉, 지방을 혁신 주체, 역동적 발전 주체로 육성하여 국가 전체가 잘 살 수 있는 새로운 기반을 마련하는 것이었다. 이를 위해 참여정부는 과거와 같은 개별 부처 중심의 단편적 지원방법이 갖는 한계를 극복하고, 지방이 지니는 복합적 문제를 해소하기 위해 신행정수도 대안, 국가균형발전, 지방분권 등 '종합적 접근'으로 지방화를 추진하였다.

첫째, 신행정수도 대안은 국가균형발전과 신수도권 발전정책, 지방분권 등과 함께 국가혁신과 국토개조의 초석을 마련하는 정책으로 추진되었다. 이를 통해 수도권은 과밀을 해소하고, 규제개혁과 경쟁력 강화를 통해 질적 발전의 계기를 마련하며, 지방은 신행정수도 건설을 계기로 더 많은 자원과 기회가 부여되어 역동적으로 발전할 수 있을 것이라고 판단하였다.

둘째, 국가균형발전은 낙후지역의 개발을 통한 통합적 균형과 지역혁신체계 구축 및 지역전략산업 육성 등을 통한 역동적 균형을 달성하기 위한 정책이었다. 이를 통해 일극 중심 국토구조를 다극 분산형으로 전환하여 국토발전의 잠재력을 극대화하는 것이었다.

셋째, 수직적・집권적・권위적 지배구조의 한계를 극복하고, '분권과 자율'에 기초한 중앙과 지방의 파트너십을 구축하고자 하였다.

참여정부가 추진하였던 국가균형발전정책의 주요 시책과 내용은 <표 27-2>와 같다.

표 27-2 참여정부의 분야별 균형발전 시책과 내용

분야	시 책	내 용
균형정책	신활력지역 낙후지역 발전촉진	· 인구감소율, 주민소득, 지역의 재정력 등을 기준으로 농산어촌형 RIS(지역혁신체계)와 연계해 특별 재정지원 · 지연산업 육성
	낙후지역 SOC 확충	· 네트워크형 국토건설과 전국토의 고속화 · 신행정수도를 중심으로 전국토를 2시간대에 연결
	지역개발 사업	· 5都 2村 사업, 지역문화관광 산업의 진흥 · 1 · 2 · 3차 산업의 혁신 및 융합
	지역특화발전특구 지정 및 활성화	· 낙후지역의 규제완화를 통한 특화발전 촉진 · 특구사업과 5개년 계획의 연계
	혁신도시건설 및 공공기관 지방 이전	· 공공기관을 특화기능군으로 분류하여 지역특성과 연계하여 배치 · 50만평 내외, 인구 2만명 규모의 혁신도시 건설
혁신정책	지역혁신체계 구축 및 혁신역량 강화	· 산 · 학 · 연 · 관의 네트워크킹을 통한 지역혁신협의회, 지역혁신연구회 구성 · 통치에서 협치로의 전환
	지역 인재양성	· 5개년 계획, RIS 구축을 위한 인재양성 사업 · NURI사업,1) 지역인적자원개발, 산업인력양성 등
	신산학협력 활성화	· 산학협력 중심대학 및 지역 R&D 중심대학 육성 · 대학평가제도의 개선 등
	지역전략산업의 육성	· 국가균형발전 5개년계획에 따른 시도별 대전략산업의 선정 및 육성 · 지역산업진흥사업의 지속추진 등
	혁신 클러스터 육성	· 국가공단의 혁신클러스터화 · 대덕 R&D 특구 조성
신수도권 발전정책	규제개혁	· 중복 규제, 불필요한 규제의 정리 · 규제의 효율화를 통한 수도권의 생산성 증진
	과학적 도시관리	· 도시의 기능적 효율성 제고를 통한 삶의 질 향상
	수도권의 경쟁력 증진	· 수도권 시도별 특성화발전 추진
제도 운영	국가균형발전 5개년 계획의 수립 및 추진	· 국가－지방의 파트너십에 입각한 지역발전계획 · 중장기 계획과 특별회계의 연계
	특별회계의 관리	· 지방의 목표지향성과 기획능력 제고, 선택권 확대 · 중앙정부의 고객지향성 증대
	사업평가 및 성과 향상	· 사업 · 예산편성 평가(사전), 실적 평가(사후)

1) 지방대학 혁신역량 강화사업(New University for Regional Innovation)을 줄여서 누리사업(NURI

2 제1기 정책평가와 제2기 정책방향

2009년 4월 국가균형발전특별법 개정법률안이 국회에서 통과됨으로써 이명박 정부의 국가균형발전정책이 본격적으로 추진되기 시작하였다. 새롭게 발표된 제2기 국가균형발전전략[2)]은 기존의 것과 큰 차이가 있는 것이 사실이다. 하지만, 또 많은 사람들은 참여정부의 것과 거의 유사하다고도 한다. 즉, 제2기 국가균형발전 전략에 대한 평가가 엇갈리고 있는 것이다.

(1) 제1기 정책의 평가

세계 각국에서는 '지방의 경쟁력이 곧 국가의 경쟁력'이라고 하면서, 지방의 경쟁력은 지역특성과 창의성 확보가 관건이라고 입을 모으고 있다. 그러나 우리는 세계적 시각보다는 지역이기주의에 승복하고 지역 간 키 맞추기에 급급했던 것이 사실이다. 특히 참여정부의 국가균형발전정책은 수도권의 기능 분산을 중심으로 지방 육성정책을 동시다발적으로 추진하였으나, 그 가시적인 성과는 어느 시점에야 나타날지 궁금하다.

국가균형발전이라는 목표나 취지의 정당성에도 불구하고 추진수단과 추진체계에 의문을 제기하는 사람들이 많을 뿐만 아니라, 실질적인 지방분권이 아닌 강제적인 수도권 분산정책을 통하여 시장기능의 효율성과 지역의 자조적 노력을 저해시켰다는 책임을 벗을 수 없기 때문이다. 특히 행정중심복합도시(행복도시),[3)] 혁신도시의 건설 등은 앞으로 한국지역발전의 역사에서 오랫동안 찬반 논쟁의 대상이 될 것으로 보여진다.

이 밖에도 참여정부의 균형발전정책은 지역 간 재정격차 완화를 목적으로 균특회계를 설치한 부분은 높게 살 수 있으나 실질적인 예산집행의 자율성 확보는

사업)이라고 불렀다. 누리사업은 교육인적자원부(현재, 교육과학기술부)가 대학 교육의 질적 향상과 경쟁력 강화, 지역 간 균형발전을 위한 지방대학 육성을 위해 실시하는 사업이다. 2004년 말부터 2008년까지 5년간 1조 4,200억원이 투입되었다.

2) 균특법개정법률에 의하면 새롭게 만들어진 것을 '지역발전정책'으로 칭하고 있으나, 여기서는 참여정부의 국가균형발전정책과 이명박정부의 지역발전정책을 구분하기 쉽게 하기 위하여, 제1기 및 제2기 국가균형발전정책으로 표현하고자 한다.

3) 세종특별자치시로 도시의 명칭이 개정되었다.

미흡하였다는 평가, 지역 주도의 혁신체계를 강조하였으나 유사·중복사업의 남설 등 부작용을 초래하였다는 평가, 균특회계 도입으로 외형적 틀을 개편하였으나 부처 간·지역 간 할거주의로 인한 폐해는 여전히 지속되었다는 평가를 받고 있다.

하지만 제1기 국가균형발전정책 중 지역발전의 수단으로 지역혁신이라는 개념을 도입한 것이나, 지방의 대학을 지역혁신의 동인으로 파악한 점 그리고 신활력사업 등 낙후지역개발에 있어 소프트웨어적 접근을 시도한 것이 가장 높은 평가를 받고 있다.

(2) 제2기 정책방향 전환

이명박정부가 내놓은 제2기 국가균형발전정책방향은 균형과 분산 위주의 정책에서 상생과 분권 중심으로 그 축이 바뀌었다고 볼 수 있다.[4]

즉, 산술적 균형과 지역안배 위주의 정책 그리고 지나친 평등주의와 획일적 배분정책에서 벗어나 합리적 자원활용시스템을 구축하고 지역의 다양성과 차별성을 인정하는 정책으로 전환하였다. 따라서 중앙정부의 시혜적 지원에서 벗어나 지방주권을 확립하고, 수도권과 비수도권의 소모적 대립에서 생산적 상생관계로 전

그림 27-1 지역발전정책의 비전과 추진전략

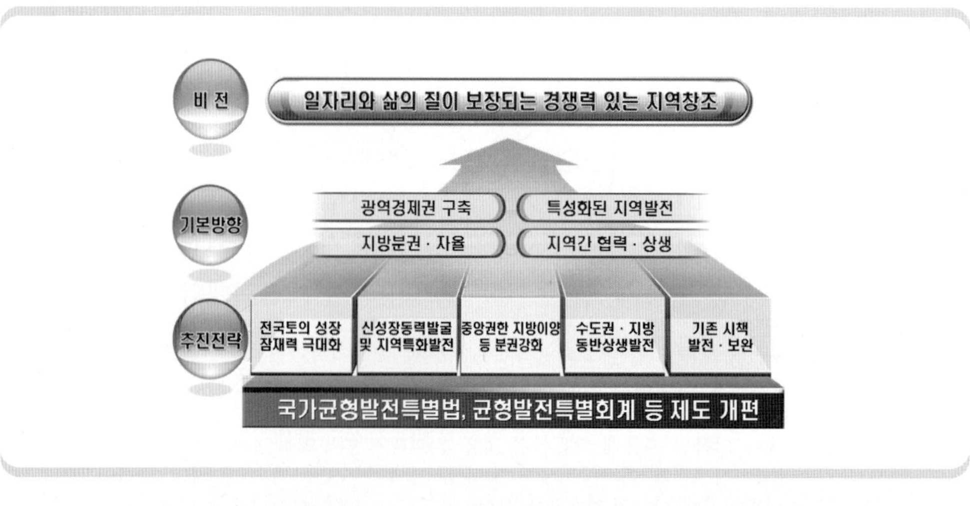

4) 지역발전위원회, 「2008 이명박정부 지역발정정책 연차보고서」, 2008.12., 참조.

환하며, 내국적 균형에서 탈피하여 동북아시대를 향한 열린 지역발전을 도모한다는 방향이었다. 이에 따라 제2기 국가균형발전정책[5]은 '일자리와 삶의 질이 보장되는 경쟁력 있는 지역창조'라는 비전 아래 4대 기본방향과 5대 기본전략을 수립하였다.

'제2기 국가균형발전정책'의 차별성은 [그림 27-1]에 나타난 5대 추진전략을 중심으로 살펴보면 용이해진다.

첫째 전략은, 전국토의 성장잠재력 극대화이다. 전국의 성상 잠재력을 극대화할 수 있도록 3차원적 개발을 추진한다는 것이다. 즉, 기존에는 시・도 또는 행정구역 중심으로 균형발전사업을 추진해 왔으나, 이명박정부에서는 지역발전의 특성상 초광역개발권, 광역경제권, 기초생활권 등으로 나누어 지역발전을 추진한다

그림 27-2 3차원적 국토개발

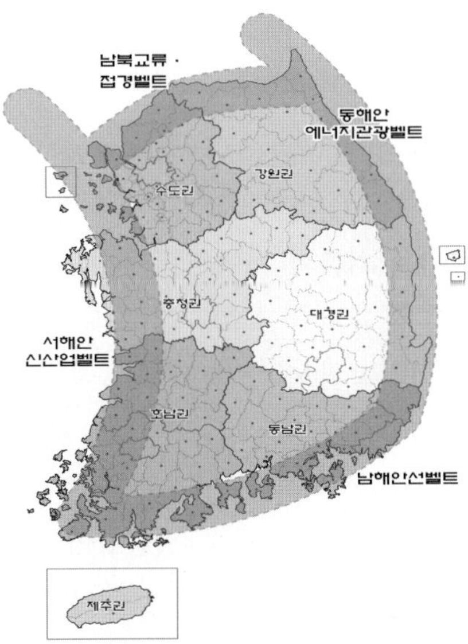

5) 이명박정부가 들어오면서 국가균형발전위원회의 명칭을 지역발전위원회로 개칭하고, 정책의 명칭도 지역발전정책으로 부르고 있으나, 근거법률은 여전히 「국가균형발전특별법」으로 두고 있다. 따라서 이 책에는 일관성을 유지하기 위하여 이명박정부의 지역발전정책을 제2기 국가균형발전정책으로 표현하기로 한다.

는 전략이다. 여기서 초광역개발권은 서해안벨트, 남해안벨트, 동해안벨트 그리고 접경지역벨트 등 4대 벨트로 나누고 있고, 광역경제권은 수도권, 충청권, 호남권, 대경권, 동남권, 제주권, 강원권 등 소위 5+2체제로 나누었다.

둘째 전략은, 신성장동력 발굴 및 지역 특화발전 견인이다. 제1기에서는 시·도별로 3~4개의 성장동력산업을 선정·지원하는 것에 그쳤으나, 제2기에서는 광역경제권별로 새만금, 첨단의료복합산업단지, 국제과학비즈니스벨트, 여수엑스포 등 지역발전을 견인할 수 있는 '선도 프로젝트'를 추진하고 있다.

표 27-3 성장동력산업 육성의 전환

구 분	기 존 ⇨	개 편
▪ 대상지역	시·도단위, 분산투자	5+2 광역경제권, 선택·집중
▪ 지원산업	시·도별 4개, 유사·중복	권역별 1~2개, 특화분야
▪ 사업내용	센터 등 H/W+S/W	R&D, 기업지원 등 S/W

셋째 전략은, 중앙권한 지방이양 등 지방분권의 강화이다. 집행적 성격이 강한 특별지방행정기관을 지방으로 이관하고, 지방분권 자율성 제고 취지에 부합하도록 지방재정 자율성을 제고하기 위해 지역개발관련 국고보조금의 포괄보조금화를 추진한다는 내용이다. 이는 기존의 지역개발사업이 각 부처의 사업별로 분산 지원됨에 따라 유사한 사업이 중복되어 비효율을 초래하는 것을 방지하기 위함이다.

넷째 전략은, 수도권과 지방의 상생발전이다. 지방의 기업유치와 투자확대를 촉진하기 위한 정부지원을 확대하고, 규제완화 등 제도개선을 추진한다. 아울러 지방발전과 연계하여 점진적으로 수도권 규제를 합리화하는 내용도 포함되어 있다. 이는 기존의 수도권규제를 유지하는 것과는 차이를 발견할 수 있다. 다만, 수도권 택지·신도시 개발에 따른 개발이익은 지방으로 환원한다는 보완책도 포함하고 있다.

다섯째 전략은, 기존시책의 발전 보완이다. 혁신도시는 자족기능을 보완하고 중장기적으로 광역경제권과 연계하여 성장거점 도시로 육성하며, 행정중심도시는 정주·자족기능을 조기에 확충하고 대학·첨단기업·연구소 등을 적극 유치한다는 등의 내용이 담겨있다.

그림 27-3 주요 정부출연 연구기관 분원의 특화기술 현황

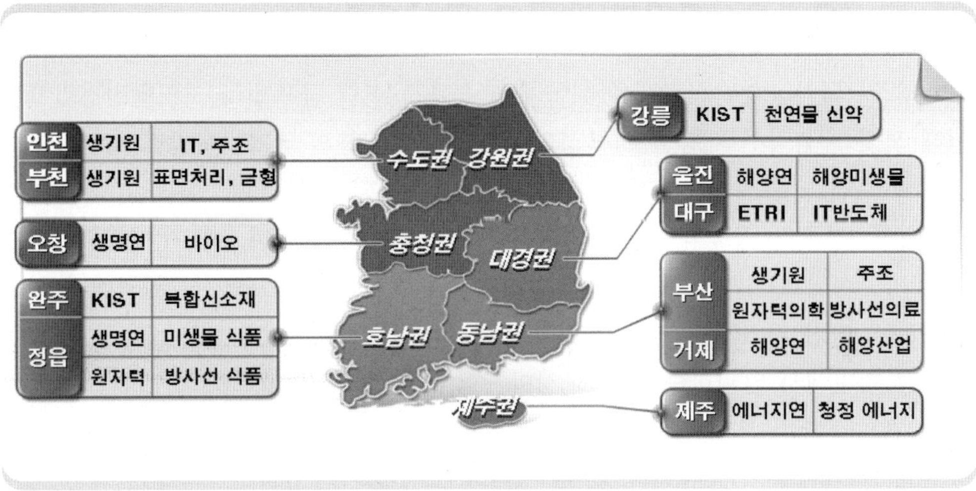

(3) 「균형발전특별법」 개정 내용

2009년 통과된 균특법 개정법률에 의하면, 기존의 국가균형발전전략의 골격이 크게 변화된 것을 찾을 수 있다.

먼저, 위원회와 관련 조직의 명칭을 변경한 것이다. 국가균형발전위원회를 지역발전위원회로 명칭을 변경하였다. 또 국가균형발전기획단은 지역발전기획단으로, 국가균형발전지원단은 지역발전지원단으로 각각 그 명칭을 변경하고, 광역단위의 사업 발굴, 조정, 계획 수립 등을 위한 추진기구로 광역경제권발전위원회 설치 근거를 마련하는 등 새로운 지역발전전략에 맞도록 지역발전 추진기구의 명칭과 추진 체계를 조정하였다(법 제22조부터 28조까지).

다음으로, 회계명칭과 지역개발 예산지원방식의 변경이다. 국가균형발전특별회계의 명칭을 광역·지역발전특별회계로 변경하고, 특별회계 계정의 명칭과 세입·세출의 내용을 정비하여 새로운 지역발전정책의 효과적인 추진을 도모하였다(법 제30조부터 35조까지). 더욱이 정부가 지역개발계정의 세출예산을 편성할 때 그 용도를 포괄적으로 정하여 지원할 수 있는 포괄보조금의 근거를 마련하여 투자의 효율성을 향상시키고 지원을 받는 시·도의 자율적 운영이 가능하도록 하였다(법 제40조).

3 국가균형발전정책의 효율적 추진방향

제2기 국가균형발전정책은 새롭게 모습을 드러낸 균특법과 지역발전전략으로 인해 몇몇 개혁적인 내용들로 구성되었다. 하지만, 향후 국가균형발전정책의 보다 효율적 추진을 위해 몇 가지 추가적 개선이 요구되고 있다.[6]

첫째, 기존의 성공적인 콘텐츠는 유지 · 발전시켜야 한다. 제1기 즉, 참여정부의 국가균형발전정책에 처음 도입한 '지역혁신'이라는 콘셉트는 전 세계에서 성공사례로 알려진 지역개발 전술이다. 더욱이 지방에 도로 · 교량 · 건축물 등 하드웨어적인 개발에서 탈피하는 반면 도시마케팅이나 문화 · 교육프로그램 등 소프트웨어적 개발전략을 도입한 것, 그리고 협치(governance)의 개념을 지역발전전략에 도입한 것은 매우 성공적이라 할 수 있다. 제2기 국가균형발전정책에 있어서는 기존의 이러한 내용을 오히려 강조하는 것이 바람직할 것이다. 이러한 장점을 포괄하는 대표적인 사례로는 '신활력사업'을 들 수 있다. 이는 정부수립 후 지금까지 엄청난 규모의 예산을 투입하였음에도 낙후성을 탈피하지 못한 대부분의 낙후지역에 제시되는 바람직한 솔루션이기도 하다.[7]

둘째, 제2기 국가균형발전정책은 행정체제 및 행정구역개편과 연동시키는 것이 효율적이다. 즉, 기초생활권과 광역경제권 그리고 초광역개발권은 모두 행정구역과 그 수비범위를 달리하고 있다. 따라서 법적 · 행정적 권한과 책임이 미치지 않는 영역에서 과연 얼마나 효율적으로 지역개발이 수행될 수 있을지 의문이다. 따라서 최근에 이루어지는 행정구역개편에 대한 논의는 균특법이 제시하는 지역발전전략에 맞게 이루어져야 할 필요가 있을 것이다. 특히 행정구역개편의 실무를 맡고 있는 행정안전부는 물론 지방분권촉진위원회와 상호 밀접한 연계를 통해 행정구역 개편에 대한 논의를 진행시켜 나가야 할 것이다. 정치적 요인으로 인해 법률개정으로는 앞서 언급한 내용을 수용하는 데 한계가 있을 수 있다. 하지만 시행령 개정을 통해 법률개정시 이루지 못했던 여지를 최대한 넓히는 노력을 기울일

6) 제1기 국가균형발전 정책이 그랬듯이 이명박정부 이후 새정부가 출범할 경우 제2기 국가균형발전 정책의 평가는 새로이 정리될 것이다.

7) 신활력사업은 당초 각 부처별로 추진되는 150여종에 이르는 각종 낙후지역개발시책들을 한데 묶기 위해 만든 사업이었으나, 지금은 농림부로 소관부처가 옮겨가며 농촌소득사업의 일환으로 축소되었다.

수 있을 것이다.

셋째, 제1기 국가균형발전정책의 개선과 차별화가 요구된다. 새롭게 제시된 지역발전정책의 대부분은 기존에 볼 수 없었던 새로운 접근방법임에 틀림없다. 그럼에도 불구하고 많은 사람들은 기존 균형발전전략과의 차별화 내지 개선이 필요하다고 한다. 그것은 수도권 지방분산 및 공공기관의 지방이전을 주요골자로 하는 '혁신도시' 문제 때문이다. 수도권에 있는 공공기관의 지방이전에 대한 경제적 효율성은 물론 객관적 타당성이 부족할 뿐 아니라 해당기관들이 그토록 반대하는 상황에서 강제적 지방이전은 문제점만 심화시킬 뿐이라는 것이다. 그렇다고 부지확보, 설계완료 등 이미 추진되고 있는 정책을 원점으로 되돌릴 수는 없다. 해당지역에서 분명히 납득할 수 있는 대안을 제시하여야 한다. 즉, 객관적인 혁신도시의 보완 및 수정방향을 분명히 제시함으로써 기존 정책의 개선과 차별화를 기해야 할 것이다.[8)]

8) 이 장은 지방행정연수원 사이버교재; 강현수 · 남기범 · 모성은, 『지역혁신발전론』을 중심으로 정리하였다.

CHAPTER 28

광역경제권

글로벌 경쟁체제의 도래로 세계 각국에서는 광역지역 중심으로 경쟁을 도모하는 전략이 실행되고 있다. 이는 세계를 상대로 경쟁하기에 단일 도시의 영역으로는 그 역량이 미흡하다고 판단했기 때문이다. 특히 국가균형발전 프로그램에서는 개별지역 단위보다는 경제권역별로 솔루션을 제시하는 것이 용이한 것이 사실이다. 따라서 제2기 국가균형발전정책에서는 새로운 지역경제권의 개념을 도입하였다. 초광역경제권(초광역개발권)[1], 5+2광역경제권 그리고 기초생활권 등 지역경제권을 3가지로 구분하여 지역발전계획을 수립・추진하고 있다. 여기서는 5+2광역경제권과 초광역경제권을 합쳐 광역경제권으로 다루면서 정부의 계획수립 취지와 계획내용을 살펴보고자 한다.

1 광역경제권의 의의

(1) 광역경제권의 배경과 필요성

20세기 후반 들어 세계화와 지방화의 추세에 따라 기존 대도시를 위주로 신지역주의가 등장하였다. 이에 따라 지역이 정치・행정・사회의 구심점으로 기능하면서 전통적으로 중앙집권적 국가체제를 유지해 왔던 서구의 국가들로부터 지역의 역할이 재인식되고 있다.[2]

오늘날 세계 각국은 지역 경쟁력 확보를 위해 광역화와 분권화를 동시에 추

1) 이명박정부 초기에 지역발전위원회에서는 초광역경제권 또는 초광역개발권이라는 명칭을 혼용하다가 중반 이후에는 초광역개발권이라는 명칭만을 사용하고 있다. 여기서는 참고문헌의 인용 문제 내지 책 편집상 이유로 초광역경제권이라는 명칭을 사용하고자 한다.
2) 서정섭・이삼주, 「광역경제권도입에 따른 재원조달과 운영방안」, 한국지방행정연구원, 2008, p. 6.

진하고 있다. 여기서 광역화는 행정구역 개편 또는 광역경제권 도입을 통해 이루어지고 있다.

표 28-1 주요 국가의 광역화 정책

국 가	광역화 정책
영 국	42개 카운티 → 9개 광역경제권
일 본	47개 도 · 도 · 부 · 현(都 · 道 · 府 · 縣) → 8개 광역지방계획권
독 일	16개주 → 9개주
프랑스	96개 데파르망 → 22개 레지옹 → 6대 광역권

광역경제권의 존재성은 기존의 행정(관할구역)체제 하에서 작동하는 것보다는 경제 · 사회 · 문화적으로 더 큰 영향을 끼치고 있기 때문이다.[3)]

세계화, 개방화, 정보화, 교통의 광역화 및 고속화로 인하여 기존의 행정구역 단위의 경제 · 사회 · 문화 · 행정은 한계를 가지게 되었다. 특히 규모의 경제 측면에서 기존의 행정구역의 범위는 더욱 협소하게 되었다.

세계화 시대에서 지역은 새로운 경제활동의 주체로서 등장하고 있으며, 특히 지역 중에서도 각종 기능과 활동이 집적해 있는 기존의 대도시 및 이를 중심으로 하는 광역권은 이미 국가를 대신하는 새로운 경제주체로 세계무대에 등장하고 있다. 한편 세계화 시대에서 국가가 차지하는 비중은 점차 감소하고 있고, 세계화 시대의 경쟁주체로 도시와 지역이 새로운 공간적 분업의 단위가 되고 있다. 특히, 대도시가 광역화되면서 주변지역 및 중소도시와 '시너지 네트워크'를 구성하면서 보다 경쟁력을 갖춘 경제주체로 인식되고 있다.[4)]

(2) 광역경제권의 개념

1) 광역경제권의 개념 및 유사용어

광역경제권은 세계화의 급진전 속에 글로벌 경쟁의 단위가 '국가'에서 '지역'

3) 안영훈, 「광역경제권의 개념 유형 및 거버넌스 체제」, 한국지방자치학회 춘계학술대회, 2008, p. 6.
4) 서정섭 · 이삼주, 전게서, pp. 10-11.

으로 전환되는 과정에서 지역경쟁력 강화를 위해 도입된 개념이다. 이는 지역 간의 연계 및 협력을 통한 지역경쟁력을 효율적으로 향상시키기 위하여 경제・산업권과 역사・문화적인 동질성 등을 고려하여 설정한 권역을 의미한다.

광역경제권 관련 용어로 '경제권'에 대한 개념이 있다. 산업, 철도, 교통, 커뮤니케이션 등 대도시와 대도시를 포함한 주변 농어촌 지역 등에서 발생하는 모든 경제활동은 직・간접적으로 이들 대도시와 주변지역에 경제적 영향을 미치게 됨으로써 하나의 지방정부 관할 경계구역의 범위를 넘어서 상호간 영향력을 행사하게 된다. 이것이 이러한 영향의 범위를 경제권이라고 한다.[5)]

광역경제권 유사 용어로 '대도시권'(Metropolitan City)이 있다. 이는 도시 주변지역과 교외지역을 형성하는 경계구역이 인접한 지역에 도시정부보다 규모가 작은 기초정부들로 구성되어 있어서 경제, 사회, 문화 등 경제활동과 일상생활의 영향력이 도심지를 넘어 외곽 또는 교외지역의 다른 자치정부의 관할 경계구역에까지 미치는 범위로 규정된 대도시 지역을 의미한다.[6)]

또 다른 유사용어로 '광역행정'이 있다. 광역행정은 둘 이상의 지방자치단체 관할 구역을 거쳐서 공통적 내지 통일적으로 수행되는 행정을 의미한다. 그러나 광역행정은 도시화로 인해 형성된 광역도시권과 연담도시권에서 주로 발생하여 행정에 초점이 있는 반면, 광역경제권은 지역의 경쟁력 확보와 자립적 발전을 위해 산업, R&D, 인프라 등에서 규모의 경제성을 갖도록 광역수준에서 지역의 역량을 결집할 필요성에서 출발하여 행정을 포함한 경제・사회・문화・정치 등 다양한 측면이 포함된다는 점에서 양자 간의 차이가 발견된다.[7)]

그 밖에도 광역경제권과 유사한 용어로 'Capital Region(수도권) 또는 Metropolitan Region(SMR)', 'Mega-City Region 또는 Extended Metropolitan Region(Ginsberg et al., 1991; Douglass, 2000)', 'City-Centred Functional Regions', 'Provincial City Regions', 'City-Region 또는 Functional Economic City' 등이 있다.

「국가균형발전특별법」에서 광역경제권은, 지역 간의 연계 및 협력을 통한 지역경쟁력을 효율적으로 향상시키기 위하여 경제・산업권과 역사・문화적인 동질

5) 안영훈, 전게서, p. 4.
6) 상게서, p. 4.
7) 서정섭・이삼주, 전게서, p. 9.

성 등을 고려하여 설정한 권역으로서 대통령령으로 정하는 지역으로 정의하고 있다. 대통령령으로 정한 지역은 다음 <표 28-2>와 같다.

표 28-2 광역경제권의 범위

5+2 광역경제권	범 위
수도권	서울특별시, 인천광역시, 경기도
충청권	대전광역시, 충청북도, 충청남도
호남권	광주광역시, 전라북도, 전라남도
대경권	대구광역시, 경상북도
동남권	부산광역시, 울산광역시, 경상남도
강원권	강원도
제주권	제주특별자치도

2) 대도시 중심의 광역경제권 형성

도심이 형성되고 도시의 경제적 성과는 점차 관할지역 내에서 대도시권으로 확대된다. 이를 기반으로 한 정책결정은 경제논리 중심으로 이루어지고, 대도시권 중심과 주변지역의 지방자치단체 간 협력체제가 형성되면서 광역경제권을 구축하게 된다. 또한 광역경제권은 국가의 경제정책 대상지역이 되면서 동시에 지역경제 발전 정책의 주체로서 작용하기도 한다. 따라서 관련 지역의 최적의 경제성장을 보장하기 위해서는 강력한 대도시권(City-Regions) 기반이 필수적인 여건이 되어야 하는 것은 부인할 수 없다.[8)]

(3) 제2기 국가균형정책상의 광역경제권

1) 지역경제권 개념의 도입

제2기(이명박정부) 국가균형발전정책은 '기초생활권', '5+2 광역경제권', '4+α 초광역경제권(초광역개발권)' 등 크게 세 가지 지역경제권의 개념을 도입하고 있다. 지역경제권별 발전을 통하여 지역경쟁력을 강화하는 정책의 기본 틀을 정립하고

8) 안영훈, 전게서, p. 6.

자 하였다.

'기초생활권'은 국민이 전국 어느 지역에 살든지 주민의 기본적 삶의 질을 보장하는 정주공간 창출을 목적으로 하는 기초생활계획권이다. 경제적 기반인 소득과 고용은 물론, 삶의 질적 수준을 결정하는 교육, 문화, 의료, 복지, 환경, 교통 등 생활환경 전반에 관한 개선대책을 마련하도록 하고 있다.

'5+2 광역경제권'은 「국가균형발전특별법」에 의거하여 전국을 7개의 광역권으로 나누고 지역의 특성과 여건에 맞는 선도산업, 인재양성, SOC 개발을 추진해 나가는 권역이다. 광역위원회를 통한 지역 거버넌스의 강화를 통해 지역 발전의 동력을 삼고자 하였다.

'4+α 초광역경제권'은 동·서·남해안과 접경지역을 연결하는 광역벨트로서 글로벌시대를 대비하는 중장기 개방형 국토발전전략이다. 이는 미래지향적인 대외 국토전략이며 대내적으로는 광역경제권 간 연계·협력에 기반을 둔 지역 간 상생발전전략이라고 할 수 있다.

표 28-3 전국토의 성장 잠재력 극대화를 위한 3차원적 지역개발 방향

단 계	범 위	개발방향	개발방법
기초생활권	163개 시·군단위	기초 수요의 충족	정주여건 개선, 소득·일자리 창출, 도농통합형 개발, 포괄보조금 지원
광역경제권	5+2 광역경제권	지역경제권의 형성	지역 간 협력사업 발굴 추진, 자율적 추진조직 설치, 재정지원
초광역경제권 (초광역개발권)	3대 해안벨트 및 접경 지역벨트	열린 국토의 구현	국가주도 개발, 국제협력, 민간투자 활용

자료: 안영진, 「신정부 지역발전정책의 의의와 초광역개발권의 위상」

2) 제2기 정책의 기본방향

제2기에서는 '일자리와 삶의 질이 보장되는 경쟁력 있는 지역 창조'를 비전으로 하여 '광역경제권 중심의 열린 국토공간 구축', '특성화된 지역발전', '지역주도적 발전체제로 전환', '지역 동반발전'을 정책의 기본 방향으로 하여 균형발전정책을 펼치고 있다.

표 28-4 제2기 국가균형발전정책(이명박정부의 지역발전정책) 기본 방향

기본 방향	내 용
세계화에 대응하는 광역권경제권 중심의 열린 국토공간 구축	내국적 균형에서 탈피, 세계화에 대응하는 경쟁력 있는 지역 창조
지역의 여건과 특성을 바탕으로 특성화된 지역발전을 추구	지역별 비교우위를 토대로 차별화된 발전전략으로 지역의 잠재력을 확충하고 지역 경쟁을 유도
지방분권 · 자율을 통한 지역주도적 발전체제로 전환	실질적 지방분권, 지역의 자율성과 책임성의 동시 제고를 통해 지역이 주도하고 중앙은 이를 조정하고 지원하는 협력체계를 구축
지역 간 협력과 상생을 통한 동반 발전 추구	수도권과 비수도권 간 및 지역 간 발전적 분업구조 형성과 상호협력을 통해 지역 간 동반 · 상생 발전을 도모

정부는 이를 위해 3차원 지역발전전략을 수립하였다. 그 핵심은 '5+2 광역경제권'을 중심으로 하는 지역정책의 광역화, 삶의 질 중심의 기초생활권 정책을 통한 개방형 국가성장전략이다.

구체적인 실천방안으로는 포괄보조금 등의 지방재정 지원 제도를 개편하고, 광역위원회 등을 통한 지역 거버넌스의 강화, 선도산업 및 인재 육성, 「국가균형발전특별법」의 개정을 통한 광특회계의 도입 등이다.

2 광역경제권의 해외 동향[9)]

(1) 영국 잉글랜드의 9개 광역지역(Region) 형성

영국 잉글랜드의 광역지역은 지역분권화에 의해 국토발전 전략을 추진한 사례로 영국은 1997년부터 잉글랜드 지역을 9대 광역지역(Region)으로 구분하고, 각 지역에 광역의회(Regional Assembly), 중앙정부 지역사무소(GO; Government Office), 그리고 지역경제발전 업무를 수행하는 지역발전기구(RDA; Regional Development Agency)를 설치 · 운영해 오고 있다.

잉글랜드의 9개 광역지역의 형성은 광역지역의 자립적 경제발전을 위한 것으

9) 김광익, "21세기 바람직한 국토발전 전략과 광역경제권 개발의 의의", 「대한지리학회 컨퍼런스 자료집」, 대한지리학회, 2009, pp. 2-8.

로 1964년에 만들어져 운영해온 8개의 경제계획지역에서 기원을 찾을 수 있다. 이를 기초로 인구규모 측면에서 대략 500만 명 정도로 구획하고 있는 것이 특징이다. 이러한 인구규모를 기준으로 광역지역을 구분함에 따라 종전에는 하나의 수도권지역으로 간주되었던 런던을 포함한 동남권(South East)이 3개 지역으로 분할된 것이 특징으로 나타난다.

그림 28-1 주요 국가의 광역 경제권

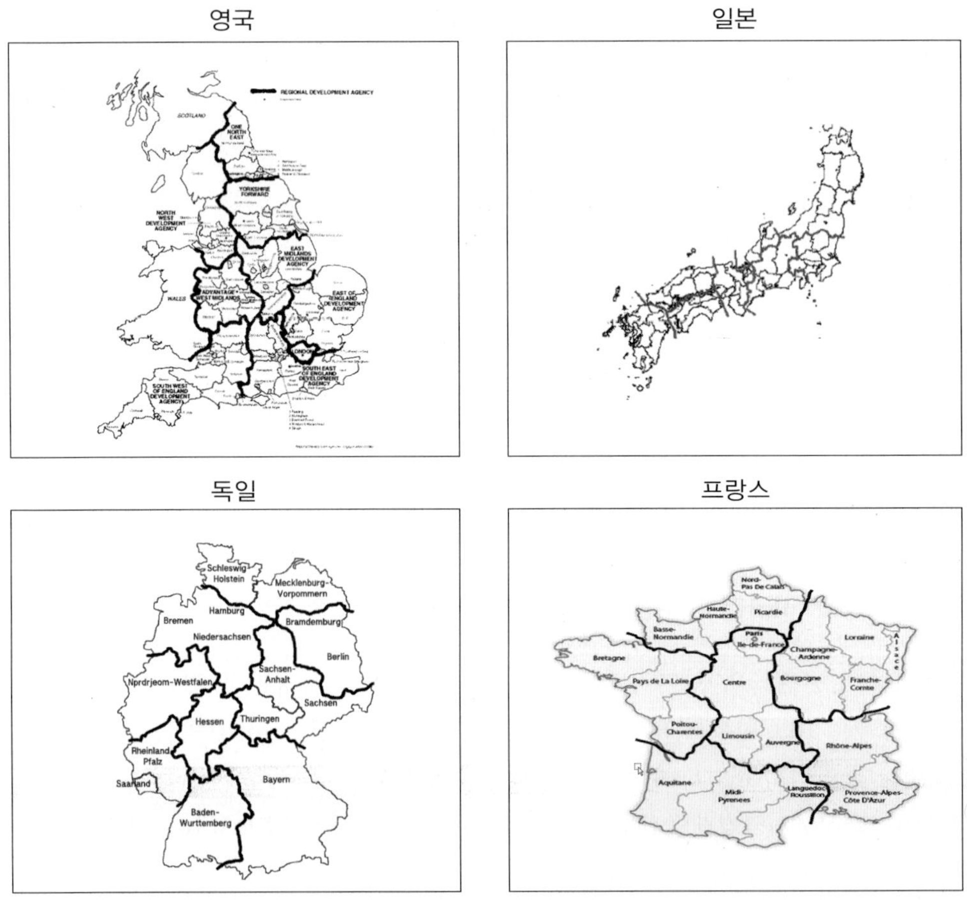

(2) 프랑스의 6대 초광역권

프랑스의 6대 초광역권은 분권화된 광역지역을 넘어서는 국토발전 전략 사례이다. 프랑스는 1982년 지방분권화정책에 의하여 광역지방행정구역이었던 96개 도(Department)를 22개 레지옹(Région)으로 묶어 광역지역을 탄생시켰다. 이후 1999년 「국토정비법」 제정으로 국토발전전략에 변화가 나타나 국토계획을 수립하는 대신 광역지역의 발전전략을 수립하는 것으로 대체되었다. 중앙정부 차원에서는 '2020년 프랑스 장기발전구상'을 통해 22개 레지옹을 6개의 초광역권으로 묶어 지역의 자립적 발전을 도모하는 광역화된 국토발전 전략을 모색하였다.

6개 초광역권은 대규모 강 유역(Seine, Rhone, Garonne, Loire, Meuse)을 지리적 범위로 하고 있는데, 파리분지광역권(Bassin parisien), 동부광역권(Grand Est), 동남광역권(Grand Sud-Est), 서남광역권(Grand Sud-Ouest), 서부광역권(Grand Ouest), 북부광역권(Pays du Nord) 등으로 구분된다.

이들 6개 초광역권에는 권역정비를 위하여 정부부처 간 내지 지방자치단체 간 대표단(MIIAT)을 구성해 권역별 전략보고서를 작성하고 있다. 이는 권역별로 전략적 방향 설정에 관한 것으로, 그것의 목적은 지방자치단체들 및 사회·경제적 관계자들과의 새로운 토론의 장을 열자는 데 있었다. 2004년 5월 MIIAT가 지역 간·유럽 간 협력을 위한 연구 및 개발대표단(MEDCIE)으로 대체되면서 MEDCIE가 지역개발과 관련된 보다 실질적이고 광범위한 연구를 수행하고 있다.

표 28-5 국가별 광역경제권의 권역 설정

국가별	도의 개수	권역재편	평균인구(만명)	인구범위(만명)
영 국	63	9개의 RDA 설치	546	258~808
일 본	47	도주제(9~12)	2,115	300~4,337
프랑스	22	6개 계획권역	982	400~2,000

자료: 서정섭·이삼주(2008), 「광역경제권도입에 따른 재원조달과 운영방안」, 한국지방행정연구원.

(3) 독일의 11개 대도시권역

독일 또한 대도시권 중심의 국토발전 전략을 추진하는 대표적인 사례로 꼽힌다.

독일은 연방정부가 자생적으로 형성된 대도시 중심의 광역경제권 가운데 11개 지역을 대도시권역(Metropolitan Region)으로 지정하여 육성하고 있으며, 장래에는 독일 전역을 포괄하는 10개 정도의 광역경제권으로 형성하려는 구상을 제시하고 있다.

1995년 독일의 연방정부 및 주의 국토 및 지역계획에 관한 실질적 권한을 갖는 '국토 및 지역계획에 관한 관계 장관회의'(Standing Conference of 16 State Ministries Responsible for Spatial Planning)는 독일 전역에 7개 대도시지역(즉, 베를린/브란덴부르크, 함부르크, 라인-루르, 라인-마인, 슈투트가르트, 뮌헨, 할레/라이프치히-작센 삼각지대)을 잠재력을 지닌 '유럽 대도시권역'으로 설정하였다.

이후 대도시권역의 역할과 기능에 대한 정책적 관심이 높아지면서 2005년에는 4개의 대도시권(뉘른베르크, 하노버-브라운슈바이크-괴팅겐, 라인-네카 삼각지대, 브레멘)을 추가로 '유럽 대도시권역'으로 선정하기에 이르렀다. 따라서 현재 독일에서는 총 11개에 달하는 '유럽 대도시권역'을 집중적으로 육성하는 국토발전 전략을 펴게 되었다.

대도시권역의 운영 조직에는 해당 지역의 거의 모든 지방자치단체(광역 자치단체와 기초 자치단체)를 중심으로 재계, 학계, 사회단체 등의 다양한 주체들이 참여하고 있다. 이러한 지역의 협의체는 기존 행정조직을 대신하는 것은 아니지만, 각 주체들의 자발적인 참여를 바탕으로 자율적으로 운영되기 때문에, 다소 느슨한 형태이긴 하지만 결정된 사항은 보통 구속력을 갖고 집행되고 있다.

표 28-6 국가별 광역경제권 재원

구분	영국	일본	프랑스
추진기구	각 RDA	도주제	DIACT
추진기구의 위상	중앙정부 기관	지방자치단체	중앙정부 기관
지방정부와의 관계	별도 존치	동일	별도 존치
재원조달 수단	조세부과 · 징수권 없음 이전재원 지원 기타: 차입(정부보증)	조세부과 · 징수권 부여 이전재원 지원 기타: 지방채 발행 등	조세부과 · 징수권 없음 이전재원 지원
이전재원의 성격	포괄보조금	일반보조금 형평화보조금	매칭펀드

자료: 서정섭 · 이삼주(2008), 「광역경제권도입에 따른 재원조달과 운영방안」, 한국지방행정연구원.

(4) 일본의 8개 광역지방계획권

지역분권화가 진행 중인 일본은 8대 광역지방계획구역의 구축을 주요 내용으로 하는 「국토형성계획법」에 따른 광역지방계획의 수립이 추진 중에 있으며, 이와는 별도로 광역행정구역인 도・도・부・현(都道府縣)의 지방행정체계를 광역행정체계로 확대 개편하는 도주제(道州制)도입 논의가 활발하게 진행 중이다.

광역지방계획은 일본 국토계획의 하나이다. 광역지방계획은 각 권역별로 실치되는 광역지방계획협의회의 협의를 거쳐서 국토교통대신이 결정한다. 광역지방계획협의회의 구성원은 구역 내 도・부・현과 지정도시, 그리고 국가의 지방행정기관으로서 당해 광역지방계획구역의 전부 또는 일부를 관할하는 기관으로 구성된다. 이외에도 필요에 따라서는 광역지방계획구역 내 시(市)・정(丁)・촌(村), 당해 지방계획구역과 인접한 지방공공단체 기타 광역지방계획의 실시에 밀접한 관계가 있는 자를 협의회에 포함시킬 수 있다.

3 5+2 광역경제권

(1) 5+2 광역경제권의 의의

광역경제권은 지역의 경제발전과 경쟁력 제고를 위해 2개 이상의 광역시・도들이 경제활동의 상호연계성과 보완성을 근간으로 하여 통합된 권역으로 세계경제 환경 변화에 능동적으로 대응하여 국가 경쟁력을 제고하는 한편, 대내적으로는 지역 경쟁력 강화를 위해 설정하였다.

광역경제권은 인구, 산업, 인프라, 역사・문화적 동질성, 지역정서 등을 고려하여 16개 시・도를 수도권(서울, 인천, 경기), 충청권(대전, 충남, 충북), 호남권(광주, 전남, 전북), 대경권(대구, 경북), 동남권(부산, 울산, 경남), 강원권, 제주권 등 5+2 권역으로 설정하였다.

그림 28-2 5+2 광역경제권 설정

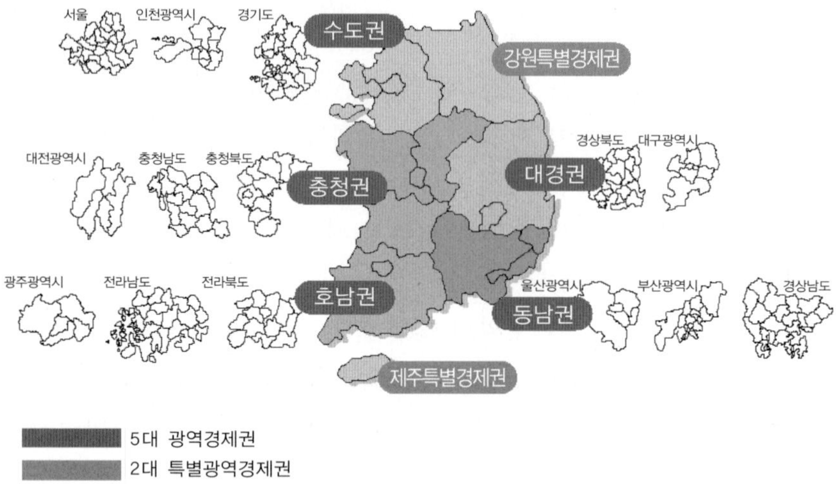

(2) 권역별 공간구상[10)]

1) 수 도 권

수도권 공간 구상은 다핵분산형 공간구조 구축과 연계하여 광역적인 자족생활권을 형성하는데 초점을 맞추었다. 이는 수도권의 광역화, 도시화 추세에 대응하여 광역경제권, 광역생활권 단위 공간구조를 형성하기 위한 것이다.

수도권 내 혼잡과 환경 비용을 저감하기 위해 주요 성장축을 분산 육성하고, 성장축의 교차점에 광역거점도시, 지역거점도시, 부도심 등을 집중 육성하기로 하였다. 각 성장축별로 광역급행철도 등 대중교통 및 환승체계를 구축하여 주요 도시 간 기능연계와 네트워크를 강화하고자 하였다. 서울, 인천, 경기도 내 도(부)심 및 거점도시들의 특성화 개발을 추진하고, 국제업무거점, 산업 및 물류거점, 남북교류거점, 친환경적 레저휴양벨트 등으로 개발한다. 아울러 노후화와 쇠퇴화가 진행 중인 경인지역은 주거재생벨트와 산업·문화 재생벨트로 발전시키고자 한 것이다.

10) 지역발전위원회, 「2008 이명박정부 지역발전정책 연차보고서」, 2008. 12. 참조.

2) 충 청 권

충청권 공간 구상은 과학기술을 통한 새로운 국부 창출을 위해 ‘대한민국 첨단과학기술의 New Heart’를 설정하였다. 이를 중심으로 충청권의 지역 거점들이 광역적으로 연계·협력함으로써 모두 상생 발전한다는 의미에서 5개의 산업발전축을 제시하였다.

권역 내 상생발전을 위한 1허브 5대 산업 발전축에서 허브는 과학기술, 산업, 행정, 문화의 중심거점을 말한다. 첨단부품소재·에너지산업 발전축은 북부지역의 거점산업단지를 연계한 산업벨트, 그린산업 발전축은 남부지역의 지역특화자원 혁신거점을 연계한 산업벨트, 문화·관광산업 발전축은 해양, 백제, 과학, 중원문화를 연계한 산업벨트이다. 또한 메카트로닉스산업 발전축은 서해안지역의 자동차·기계를 연계한 산업벨트, BIGT첨단산업 발전축은 오송 BT, 오창 IT, 음성 GT를 거점으로 대전, 강원, 전북을 연계한 첨단내륙산업벨트이다.

3) 동 남 권

동남권 공간 구상은 통합, 특성화, 거점개발, 초광역연계 등의 기본원칙을 토대로 6대 지역경제권과 3대 광역발전축을 제시하였다. 6대 지역경제권은 부산대도시권(물류, 국제비즈니스, 금융), 울산대도시권(자동차, 조선, 에너지), 진해만 환상도시권(로봇, 기계, 조선·해양플랜트), 내륙성장도시권(나노, 의료·의생명), 사천만 환상도시권(항공우주, 소재), 서북부성장촉진권(녹색생명) 등에 따라 특성화 발전전략을 추진한다.

3대 광역발전축 개발은 지역경제권들을 연결하는 광역인프라 및 산업거점의 성장가능성을 고려하여 내륙발전축, 해양발전축, 낙동강발전축에서 이루어진다.

4) 대 경 권

대경권 공간 구상은 우리나라 녹색성장의 중심지로 도약하기 위하여 4개의 발전축을 설정하였다. 생태환경축은 백두대간을 중심으로 Eco & Biz벨트를, 문화경제축은 낙동강을 중심으로 관광·바이오벨트를, 지식기반축은 구미~대구~포항을 연계한 하이테크·융합벨트를, 해양연계축은 동해안을 중심으로 에너지·과학벨트를 발전시키는 것이다.

공간구상은 경제적·정책적·문화적·지리적 요소를 고려하여 권역 내 최소 50만 명 이상 규모의 하위 경제권을 설정하였다.

낙동강축, 동해안축 등 2대 초광역축과 중추도시권, 첨단산업 도시권, 생태·문화권, 과학·에너지산업권 등 4대 하위 경제권을 설정함으로써 광역경제권 정책에 효과적으로 대응하고 창조적 지역발전을 선도케 하는 내용이다.

5) 호 남 권

호남권 공간 구상은 6개 권역, 4개 축, 4개 벨트의 공간 배치 구상을 제시하였다. 6개 권역은 광주대도시권(중추도시, 문화, R&D 거점), 새만금권(세계경제자유무역거점), 전주광역도시권(전통문화, 과학기술 허브), 지덕권[11](내륙녹색성장거점), 목포광역도시권(대중국교류거점), 광양만광역도시권(동북아 물류허브)별로 특성화 발전을 추진한다.

4개 축은 녹색산업축, 녹색·에너지산업축, 지식·첨단산업축, 전통·기간산업축 등 호남 광역경제권의 산업발전 선도 지역으로 육성한다. 또한 4개 벨트는 서해안신산업관광벨트, 수변생태관광벨트, 내륙청정휴양레저벨트, 남해안문화관광·녹색벨트 등 국제경쟁력을 갖춘 자연·문화자원을 활용하여 글로벌 관광·레저·휴양거점으로 조성한다.

6) 강 원 권

강원권 공간 구상은 수도권배후신기업축, 동해안발전축, 백두대간생태축, 접경지역한민족평화축, 남부권고원관광휴양축 등 5대 축으로 권역을 구분하고 각 축별로 특성화 발전을 추진한다.

수도권배후신기업축은 수도권과 연계된 신산업 거점도시, 의료특구도시 등 다양한 지역발전거점을 조성할 계획이다. 동해안발전축은 환동해 대표 문화·관광거점도시 조성과 외국인투자 유치를 추진한다. 백두대간생태축은 동계올림픽 배후도시를 건설하여 백두대간의 지속가능한 관광을 활성화한다. 접경지역한민족평화축은 DMZ 평화생명지대(PLZ) 광역관광개발을 위한 생태지대를 조성한다. 남부권고원관광휴양축은 탄광지 생활현장 복원 및 4대강 살리기 사업과 연계된 고원관광휴양지대 조성을 추진한다.

---

11) 지덕권은 지리산 덕유산 권역의 약칭이다.

7) 제 주 권

제주권 공간 구상은 사람·상품·자본의 국제적 이동과 기업 활동의 편의가 최대한 보장되는 명실상부한 제주국제자유도시를 조성하는데 역점을 두고 있다. 이를 위하여 영어교육도시중심의 관광·교육·의료축, 서귀포시 중심의 마이스(MICE)산업축, 제주 바이오 사이언스파크 중심의 IT·BT산업축 등 3대 산업발전축을 설정하였다.

관광·교육·의료축은 영어교육도시 내 제주국제역외금융센터 및 내·외국인 지원 인프라를 조성하고, 관광-교육-의료 간 연계를 강화하는 것이다. 마이스(MICE)산업축은 외국 유명 관광호텔학교를 유치하고, 컨벤션지원센터를 혁신도시에 조성하는 것이다.

IT·BT산업축은 벤처종합지원센터-제주대학교-제주 바이오사이언스파크-첨단과학기술단지를 연계하는 IT·BT클러스터를 구축하는 것이다.

(3) 세부사업

1) 선도산업 육성

가) 육성방향

'5+2 광역경제권'별 신성장 선도산업에 지역역량을 집중하여 지속적인 성장과 일자리 창출을 선도하는 대표산업을 육성하고, 전·후방 산업이 동반 발전하여 역내 부가가치 창출을 극대화하며 다른 광역경제권 및 세계시장에서 경쟁·협력하는 개방성을 지향하는 것을 방향으로 하고 있다.

이를 위하여 구체적으로 3년 이내에 글로벌 경쟁력을 갖춘 제품을 개발하고 지역산업 및 기존에 구축된 인프라를 최대한 활용하며 민간이 주도하는 사업을 발굴·추진하도록 하고 있다.

나) 사업의 특성

선도산업 육성사업의 특성은 글로벌경쟁력, 연계협력, 민간주도, 가치창출의 4가지로 함축될 수 있다.

첫째, 유망 상품을 중심으로 글로벌 경쟁력 강화에 주력한다. 이를 위하여 3년 내 글로벌 경쟁력을 갖추기 위한 유망상품, 부품소재, 핵심기술 등의 경쟁력 방향별로 전략방향을 도출한다.

둘째, 광역경제권 및 시·도 간 연계협력을 강화하여 클러스터의 임계규모를 확대하는 것이다. 이를 위하여 선도사업 프로젝트 단위로 통합된 패키지 형태로 사업을 추진한다.

셋째, 기업수요를 근거로 과제를 발굴하고 기업이 주도적으로 상업을 추진해 나가도록 하는 것이다. 기업이 주도적으로 사업을 기획하고 추진하면서 기업, 대학 및 연구기관 등의 혁신주체들이 기능적·공간적 분업을 담당하는 것이다.

넷째, 이미 구축된 인프라를 활용하여 제품개발, 제조 및 서비스 융합, 브랜드 창출, 국제협력 등을 통해 부가가치를 창출하는 소프트 사업위주로 추진한다.

그림 28-3 광역경제권 선도산업 추진체계

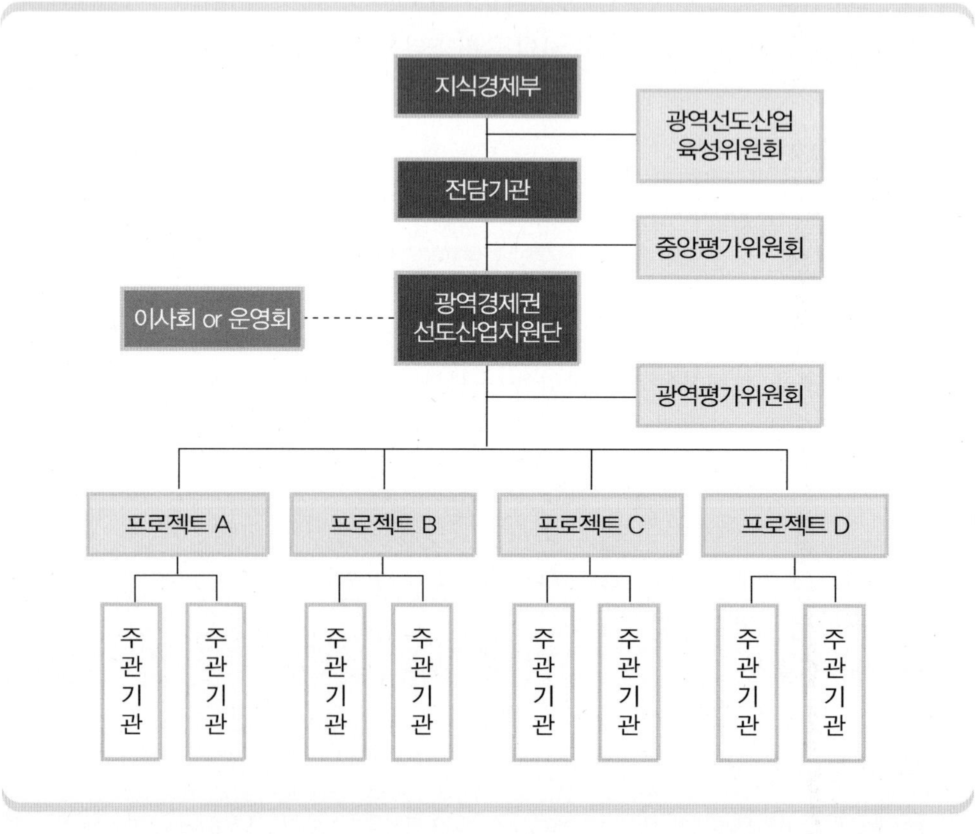

다) 사업의 추진체계 및 예산배정

선도산업 육성 사업은 시・도 간 '나눠 먹기식' 추진을 지양하고 민간위주로 사업을 추진하되, 중앙정부가 가능한 안을 제시하면 지역이 자율적인 판단에 따라 프로젝트별로 기획하고 운영하도록 하고 있다.

이를 위한 추진체를 살펴보면 충청, 호남, 대경, 동남의 4개 권역은 '광역경제권 선도산업 지원단'이라는 별도의 법인 사업단을 구성하고, 2개의 특별경제권(강원, 제주)은 기존조직을 활용한 사업단을 구성하고 있다.

사업예산은 권역별 프로젝트에 대한 평가를 통해 정책 적합성, 사업의 타당성 및 시장성, 파급효과 등에 따라 차등하여 지원하고 있다. 특히 사업성과 및 목표 달성 정도에 따라 인센티브를 지급하여 권역별 경쟁을 유도하고 사업의 효율성을 극대화하고 있다.

라) 권역별 선도산업 내용

광역경제권별 선도산업은 지식정보, 신소재, 의약・바이오, 관광 등으로 요약될 수 있다. 각 선도산업별로 프로젝트를 추진하여 성과목표를 달성하고자 하고 있다.

표 28-7 권역 선도산업

권 역	선도산업	프로젝트	성과목표
수도권	지식정보산업	-	-
충청권	NEW IT	무선통신, 반도체 등	수출 25억불 고용 2,500명
	의약 바이오	신약실용화, 후보물질 등	
호남권	신재생에너지	태양광, 풍력	수출 9억불 고용 3,900명
	친환경부품소재	하이브리드카, LED 등	
동남권	수송기계	그린카, 해양플랜트	수출 12.7억불 고용 4,027명
	융합부품소재	기계부품, 수송부품	
대경권	그린에너지	태양전지, 수소연료전지	수출 10.5억불 고용 4,590명
	IT 융복합	의료기기, 로봇	
강원권	의료융합	의료기기, U-health 등	수출 2.6억불 고용 1,240명
	의료관광	관광객 유치, 의료바이오	
제주권	물산업	먹는 생수, 수치료	수출 3천만불 고용 750명
	관광레저	컨벤션, 인센티브 투어	

광역경제권의 특성과 여건에 맞고, 새로운 성장 동력화가 가능한 1～2개의 선도산업에 역량을 집중 지원하여 대표산업으로 육성하고 지속적인 성장과 일자리를 창출하도록 하고 있다. 이에 대하여 2011년까지 3년 간 총 9천억 원을 투입한다.

2) 30대 SOC 구축 사업

광역권별 선도산업, 인력양성 사업과 더불어 광역경제권 내에 신성장 거점을 육성하고 권역 내·권역 간 접근성 제고를 위한 30개 SOC 사업을 국책사업으로 선정하여 추진하고 있다. 30개 프로젝트는 지역의 우선순위, 국가 상위계획과 정합성, 광역권별 비전과 특화발전 등을 종합적으로 고려하여 선정하였으며, 재정투자·공기업투자·민간자본 등 가용재원을 활용하여 5년 간 50조 원을 투자할 계획이다. 2009년 9월 현재 30개 SOC사업 중 25개 사업이 공사 혹은 설계 중이며, 5개 사업은 예비타당성 조사가 진행 중이다.

광역경제권 선도 프로젝트의 원활한 추진과 권역별 발전 잠재력 확충을 직·간접적으로 지원하기 위해 개발용지 확대, 불합리한 규제를 개선하고 있다. 우선, 개발 가용지의 부족으로 선도 프로젝트 추진에 심각한 애로가 발생하는 경우 기업의 대기수요가 높은 거점지역의 토지이용규제 합리화, 문화재보호구역 축소 등 지역 여건에 맞는 개선 방안을 강구하는 한편, 국가산업단지 추가 지정, 공유수면 매립 등을 통해 산업용지 공급을 확대하고 있다. 또한, 노후화된 산업단지 및 항만에 대해서는 재개발 및 구조고도화 사업을 통해 첨단기술산업 용지를 공급하고 도시재생 및 지역경제 활성화의 거점으로 활용할 방침이다.[12)]

3) 선도산업 인재양성

광역경제권 선도산업 육성사업과 연계하여 지방의 대학이 선도산업 발전에 필요한 우수인재를 양성하여 공급하는 사업으로서 글로벌 경쟁력을 갖춘 광역경제권을 창조하기 위한 것이다.

지방대학, 산업체, 광역협의체, 지역연구소가 선도산업을 매개로 연계하여 지역발전을 위한 인프라를 구축하고 이를 통해 지방대학의 경쟁력도 확보하고자 하는 사업이다. 이 사업은 「국가균형발전특별법」 제12조 및 '지역발전 5개년 계획'

---

12) 최상철·송우경, "이명박정부의 광역경제권 정책방향과 전략", 「지역발전과 광역경제권 전략」, 지역발전위원회, 2009, pp. 151-152.

등에 근거하여 추진한다.

인재양성 사업은 2009년부터 2013년까지 5,000억 원을 총사업비로 하여, 수도권을 제외한 6개 광역경제권의 19개 대학, 20개 센터에 대해 센터당 매년 50억 원 규모의 재정지원을 한다. 이 사업을 통해 선도산업이 필요로 하는 우수인재를 양성·공급함으로써 선도산업의 경쟁력 강화에 기여하고, 선도산업을 매개로 맞춤형 인재양성 기반 및 창의적 교육·연구 시스템을 구축하여 지방대학의 경쟁력 강화에도 기여할 것으로 기대된다.[13)]

4 초광역경제권[14)]

(1) 초광역경제권의 의의

초광역경제권은 동·서·남해안권과 접경지역을 대외개방형 4대 권역으로 설정하여 유라시아와 환태평양을 지향하는 정(井)자형 국토개발축을 제시하고 있으며, 4대 권역과 연계되는 내륙권의 산업·특화자원 등의 초광역적 개발을 촉진하기 위하여 남해안 선벨트, 동해안 에너지관광벨트, 서해안 신산업벨트, 남북교류접경벨트 등 내륙특화벨트를 지정하였다.

초광역경제권 발전정책은 글로벌시대를 대비하는 중장기 개방형 국토발전전략으로서 대외적으로 동북아시대 및 통일에 대비한 미래형 국토전략이며 대내적으로는 광역경제권 간 연계·협력에 기반을 둔 지역 간 상생발전전략이다.

이를 위해 동북아가 초국경적으로 협력하고 개발할 수 있는 기반을 구축하고, 광역경제권 간 기능 연계 및 네트워크를 구축해 신성장축을 구현하며, 하천·산맥 등을 활용하는 국토의 녹색성장 잠재력을 극대화하는 것을 목표로 하고 있다.

(2) 추진주체와 재정지원

초광역경제권 사업은 기본적으로 국가주도로 추진하되 중앙부처, 지자체, 민

13) 상게서, p. 150.

14) 지역발전위원회, 『지도로 보는 이명박정부 지역발전정책』, 2009, pp. 50-51.

그림 28-4 4+α 초광역경제권

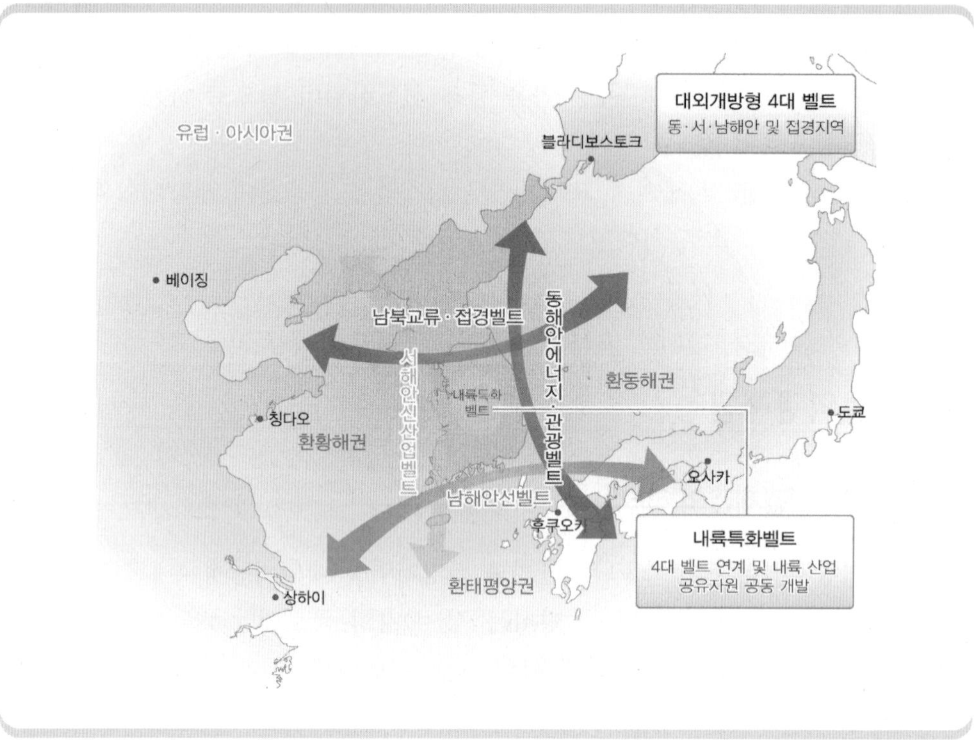

간전문가 등으로 민관협의체를 구성하여 지역과의 긴밀한 협의체계를 구축한다. 이에 대하여 남해안행정협의회, 환황해행정협의회 등 기존 협의회를 활용하는 방안을 검토하였다.

소요재원은 중앙예산과 지방비 등 공공재원과 함께 민간자본을 적극 활용하며, 중앙부처는 교통망, 단지 조성 등 초광역권 인프라 구축에 주력하고 관광 레저 등 수익성 사업은 국내외 민간자본을 적극 유치하여 활용할 계획이다.

(3) 권역별 계획의 내용

초광역경제권은 동해안, 남해안, 서해안 등 3개의 해안축으로 나누어지며 여기에 접경지역이 하나의 내륙축으로 연결되어 총 4개의 축으로 구성된다.

1) 동해안 에너지·관광 벨트

에너지·관광분야에 초점을 둔 동해안 에너지·관광벨트는 에너지 공급 기반시설 확충, LNG 기지 건설 등 국가 에너지 공급 안정화와 연료전지·풍력 등 차세대 그린에너지 산업 육성을 추진한다. 설악-금강권의 자연환경과 경주권의 역사문화자원을 중심으로 국제적 관광거점도 함께 조성된다. 포항-경주-울산을 연결하는 트라이앵글 산업경제권이 구축되고, 양성자가속기 및 방사광가속기에 의한 원천기술기반을 활용하여 신소재·부품산업의 경쟁력도 높이게 된다. 상대적으로 열악한 기간교통망도 크게 개선될 전망이다.

표 28-8 4대 초광역경제권

권 역	발전 비전
남해안 선벨트	수도권에 대응하는 대극(對極) 성장거점을 구축하여 환태평양을 지향하는 기간산업·물류·관광중심지 육성
서해안 신산업벨트	중국 환황해권에 대응하는 차세대 IT, 자동차, 철강, 물류 등 주력산업중심 융합산업 육성
동해안 에너지·관광벨트	신재생에너지 등 에너지클러스터 조성 및 환동해권 관광·레저거점으로 육성
남북교류·접경벨트	평화정착·교류활성화를 위해 남북교류 단지 개발 및 생태 환경자원 보존 등

2) 남해안 선벨트

남해안 선벨트는 동북아 경제·물류거점과 세계적인 해양관광·휴양 기반을 조성함으로써 수도권에 대응하는 국토 남부의 신성장지대 조성을 추진한다.

조선, 석유화학, 기계, 항공우주 등 이미 집적된 기간산업을 초광역적인 협력을 통해서 고부가가치의 미래 신성장산업을 창출하고, 부산·광양항을 동북아 물류중심 항만으로 육성한다. 한려수도권·다도해권·남도문화권 등 주요 거점별로 체류형 휴양·위락단지를 개발하고 요트 등 해양레포츠와 국제 크루즈를 위한 인프라도 조성한다. 특히 남중권은 섬진강을 중심으로 문화예술지대를 조성하여 동서통합의 상징지대로 개발된다. 남해안 선벨트의 기반시설 확충을 위해 남해안 일주 철도가 복선 · 전철화되고, 내륙연계 고속도로 건설로 통합교통 인프라도 구축된다.

3) 서해안 신산업 벨트

서해안 신산업벨트는 지식 · 첨단산업의 융 · 복합벨트 조성에 초점을 둔다. 3개의 경제자유구역(인천, 황해, 새만금)을 활성화하고 이와 연계된 국제비즈니스 핵심거점을 육성한다. 글로벌 경쟁력을 갖춘 디스플레이 산업의 허브를 구축하고 수도권-충남-전북을 잇는 주력산업과 IT산업 간의 융 · 복합 클러스터도 조성한다. 새만금지역을 중심으로 신재생 에너지산업과 식품산업벨트도 함께 조성된다. 서해갯벌 등 생태 및 역사문화자원을 연계하는 글로벌 관광거점이 조성되며, 새만금권에는 명품 해양레저도시가 만들어진다. 서해안 신산업벨트의 기반시설은 인천, 평택 · 당진, 군산 · 새만금 등 주요 물류거점을 연결하는 도로 · 철도망과 연안 초고속 페리 운영 등을 통해 확충된다.

4) 남북교류 · 접경벨트

남북교류 · 접경벨트는 지성학석 위상, 생태의 보고 및 평화의 가치를 발전시켜 우리나라만이 갖는 세계적인 생태 · 평화의 상징공간을 조성한다.

DMZ 생태관광벨트는 희귀생태자원과 문화유산 등을 국내외 협력을 통해 세계 공동의 자산으로 활용하고, 강화 ~ 고성 간 민통선지역을 평화누리길(자전거길)로 연결하는 등 체류형 관광지로 개발한다. 판문점을 중심으로 UN평화회의장 유치 및 생태 · 평화 · 인권 · 분쟁해결 국제전문가를 양성하는 UN평화대학 설립 등을 통해 평화상징공간도 조성한다. 장기적으로는 단절된 기간교통망을 연결하는 동서녹색평화도로, 남북 단절 철도 · 도로 복원 및 TCR · TSR과의 연계, 서해 평화연도교 건설 등을 통해 기반시설도 확충될 계획이다.

표 28-9 초광역경제권(초광역개발권) 중장기 프로젝트 검토 대상 주요 과제(예시)

구 분	사업명(*가나다순)
남해안 선벨트	• 경제자유구역 확대(부산-진해, 광양) • 남서권 해안관광레저 기업도시 활성화(영암-해남) • 남해안 일주 크루즈 관광 및 해양스포츠 거점 개발 • 동서 6축 철도망(목포~순천~진주~마산~부산) 구축 • 부산·울산·경남 맑은 물 공급(수원확보 및 수질개선) 추진 • 제주 휴양형 리조트타운 조성 등
서해안 신산업벨트	• 경제자유구역 조성(서남권) 및 확대(황해) • 광주~완도 고속도로 건설 • 국가식품클러스터 조성 및 활성화 • 남북 2축(서해, 전라축) 철도망 구축 • 새만금 장기 임대산업단지 조성, 태안~당진 고속도로 건설 • 호남고속철도(목포~광주~익산~오송) 완공 시기 조정 등
동해안 에너지·관광벨트	• 관광 R&D 글로벌 파크 조성 • 남북 6축(저진~강릉~포항~울산~부산) 철도망 구축 • 동해안 일주 고속(화)도로 건설 • 동해안권 경제자유구역 조성 • 동해안 에너지·기간산업 클러스터 구축 • 북방교역 전용 국가항만 개발(동해·속초항) 등
남북교류·접경벨트	• 경원선(소요산~신탄리) 복선 전철 구축 • 남북 교류협력지구 조성 • DMZ 한민족평화지대 구축 등
내륙벨트 관련	• 내륙 첨단산업벨트(원주~충주~대전~전주) 구축 • 내륙 첨단과학벨트(광주~대전~대구, R&D특구 연계 구축) • 백두대간 산지관광휴양벨트 구축 • 새만금~전주~무주~대구~포항 내륙연계 고속(화)도로 건설 • 충청내륙 고속화도로 건설(청주~충주~원주) • 충청선 산업철도 건설(조치원~보령), 태생 국가산업단지 조성 등

CHAPTER 29

기초생활권

국가균형발전을 위해서는 광역경제권별 균형발전도 중요하지만, 기초생활권별로도 지역주민에 대한 최소한의 삶의 질이 요구되기에 이르렀다. 더욱이 정부는 지역개발사업 중 유사한 사업군을 하나로 묶어 국가보조금을 지원하는 포괄보조금제도를 만들었으나, 이의 효율적 운용을 위해 시 · 군 · 구 단위로 별도의 계획이 필요하게 되었다. 이에 정부는 「국가균형발전특별법」을 개정하여, 기초생활권계획을 법정자율계획으로 규정하고 전국의 9개 도지역에 속해 있는 163개 시 · 군 · 구가 '기초생활권 5개년 계획'을 수립토록 유도하고 있다.

1 기초생활권의 개념과 정책적 의의

(1) 기초생활권계획의 추진배경

1) 기초생활권의 정의와 여건

'기초생활권'이란 지역 주민의 기본적인 삶의 질 향상을 효율적으로 추진하기 위하여 주민의 일상생활이 이루어지는 기초자치단체 시 · 군 또는 기초생활권계획을 공동으로 수립하는 둘 이상의 시 · 군을 말한다.[1)]

이러한 기초생활권의 유형으로 도시형, 도농연계형, 농산어촌형으로 구분할 수 있다. 도시형은 대도시와 인접해 있거나 자족적 발전이 가능한 도시지역, 도농연계형은 중심도시와 인근 농촌지역의 연계발전이 가능한 시 · 군 지역, 농산어촌형은 도시와 멀리 떨어진 순수한 농산어촌의 군(郡) 지역을 의미한다.

현재 우리의 농산어촌 및 지방 중소도시는 인구감소와 고령화, 소득기반 취

1) 「국가균형발전특별법」 2조 2항.

약, 문화·의료 등 생활여건 부실 등 총체적인 어려움에 직면하고 있다.

67개 군에서 65세 이상이 20%를 초과하는 초고령 사회에 진입한 가운데, 농가소득 감소, 기초생활서비스 부족 등의 문제가 부각되고 있는 실정이다. 실례로 군 지역 GRDP(지역내총생산)는 시 지역의 약 1/6 수준이고 종합병원의 93.6%, 병상 수의 89.5%, 의료 인력의 88% 등 의료서비스가 도시에 집중되어있으며, 상/하수도 보급률(2005년)의 경우 군은 54.7%/36.1%, 도시는 98.1%/89.9%를 나타내고 있다.

또한 지방 중소도시도 인구·정주여건·경제력·재정 등 전반적인 측면에서 쇠퇴하고 있으며, 특히 수도권 중소도시와 상당한 격차가 존재하고 있다.

표 29-1 정주여건 및 경제력 비교

구 분	인구증가율 (2000→2005)	노후주택률 (1984 이전 건축)	사업체 증가율 (2000→2005)	재정자립도 (2007)
전국(수도권 중소도시)	2.30%(16.31%)	20.5%(9.42%)	6.35%(22.75%)	53.6%(48.6%)
지방 중소도시	1.21%	22.7%	4.95%	28.2%

2) 지역개발정책 평가

정부와 지자체는 그동안 각 시·군이 가지고 있는 공간적 특성 및 연계성을 살리지 못하는 개발 사업을 추진해왔다. 그래서 시·군단위별 유사·중복 사업의 백화점식 개발로 규모의 경제, 연계 및 특성화 등 개발시너지 효과가 낮았고 시·군별 분리 개발로 생활권 개념에 따른 도-농 통합적 연계 개발이 곤란하였다. 또한 도로 등 H/W 위주의 사업 추진으로 교육, 의료, 문화 등 주민의 기본적 삶의 질 향상에 미흡하였다.

결국 지역현장에서 지자체가 주도하는 지역개발과 괴리된 중앙 주도의 정책 추진으로 지방의 창의성과 자율성을 제약하게 되었다. 각 부처 지역개발 관련 보조금은 전체 시·군 예산의 10%에 불과하나, 200여 개 사업별로 소액 분산 지원함에 따라 지원효과가 반감되었다.

이에 따라 지역 주민의 삶의 터전이자, 교육, 문화, 복지 등 총체적 삶의 생활공간으로서 기초생활권에 대한 인식과 지역주민이 공감할 수 있는 지역개발정책의 추진이 필요하다는 인식이 확산되기에 이르렀다.

(2) 기초생활권계획의 기본구상

2008년 2월 제17대 대통령직인수위원회는 새로운 정책구상으로 '5+2광역경제권발전전략'을 발표했다. 그리고 「국가균형발전특별법」의 개정을 통하여 기존의 국가균형발전위원회를 지역발전위원회로 명칭을 바꾸고 다양한 지역발전정책을 만들어냈다. 그 중 하나가 기초생활권계획이다.

기초생활권계획의 비전은 전국 어느 지역에 살든지 주민의 기본적 삶의 질을 보장하는 데 두고, 그에 따른 추진전략을 밝히고 있다.

표 29-2 기초생활권계획의 기본구상

비 전	전국 어느 시 · 군에 살든지 주민의 기본적 삶의 질 보장	
추진전략	1. 특성화 · 차별화된 개발	• 도시형 • 도농연계형 • 농산어촌형
	2. 삶의 질/소득 제고	• 교육 · 문화 • 보건복지 · 환경 • 1차 산업 고부가가치화
	3. 차등적인 생활기반 확충	• 농산어촌/도시 • 성장촉진지역 • 특수상황지역
	4. 연계 · 협력 활성화	• 시 · 군 간 공동사업 • 공동계획 수립 · 추진 • 시설 복합화
	5. 제도적 기반 구축	• 지자체 자율 계획 수립 • 포괄보조금 전면 도입 • 성과평가 및 인센티브

1) 기초생활권 유형별 특성화

기초생활권계획은 인구·소득 및 서비스 접근성 등을 기준으로 도시형, 도농연계형, 농산어촌형으로 유형화하고 유형별로 특징적인 개발방향을 제시한다. 그러면 시·군은 지역 실정에 맞는 유형을 자율적으로 선택해 개발을 추진할 수 있다.

첫째, 도시형 기초생활권계획이다. 기초생활권의 유형 중 도시형의 특징은 대도시가 중심도시로 기능하거나 자족적 생활권 형성이 가능하고, 인구의 계속적 증가, 고령화 수준이 낮은 것 등이 특징이다. 더욱이 소득과 일자리가 꾸준히 증가하고 문화, 교육, 의료 등 정주여건이 양호하며, 구도심의 쇠퇴, 일부 도시지역의 주거환경 악화가 문제로 대두되는 여건을 가지고 있다.

이러한 도시형 기초생활권계획의 추진방향은 광역도시권 개발과 구시가지 정비를 중점으로 교외도시화에 따른 주거 및 생산 활동의 확산과 광역도시 계획의 수립 및 도시 개발에 역점을 두고 구도심 재생, 지역산업 첨단화, 전통시장 현대화 등 핵심 사업을 발굴하여 도심지역의 활력을 증진시키는데 역점을 두어야 한다.

둘째, 도농연계형 기초생활권계획이다. 도농연계형의 경우는 인구 감소와 고령화가 지속되고 있고, 소득과 일자리 부족 등 기본적 생활여건이 미흡하다는 특징을 지니고 있다. 도-농 간의 연계 개발이 활성화되지 않아 교육, 의료, 문화 등 생활 여건 격차가 심화되는 현상을 보이기도 한다.

이러한 도농연계형 기초생활권계획의 추진은 중소도시와 농촌지역 도농 통합적 개발에 중점을 두어야한다. 특히 중심도시의 지역경제 및 생활서비스의 거점 기능 강화, 인접 군 지역의 중심도시 서비스(의료 등) 접근성 향상, 농공단지 등의 활용, 농촌산업 활성화 및 농산어촌 거점 개발에 초점을 맞출 필요가 있다.

셋째, 농산어촌형 기초생활권계획이다. 농산어촌형의 경우는 중심도시가 없거나 대도시에서 멀리 떨어진 전형적인 농촌군을 말하며, 정주여건이 열악하고 자족적 생활권의 형성이 곤란하며, 인구가 계속 감소하고 고령화가 매우 심각한 수준이다. 이러한 농산어촌형 기초생활권계획의 추진방향은 인접 군지역 간 통합적인 연계개발에 주안점을 두어야 한다. 그 중에서도 농촌산업 활성화 등을 통해 소득 및 고용기회 다각화, 생산기반시설의 공동개발로 규모의 경제화와 소규모 지역개발 사업의 연계화, 중심 읍·면 육성 및 읍·면 서비스네트워크 강화에 중점을 두어야 한다.

그림 29-1 기초생활권의 유형별 특성화 · 차별화

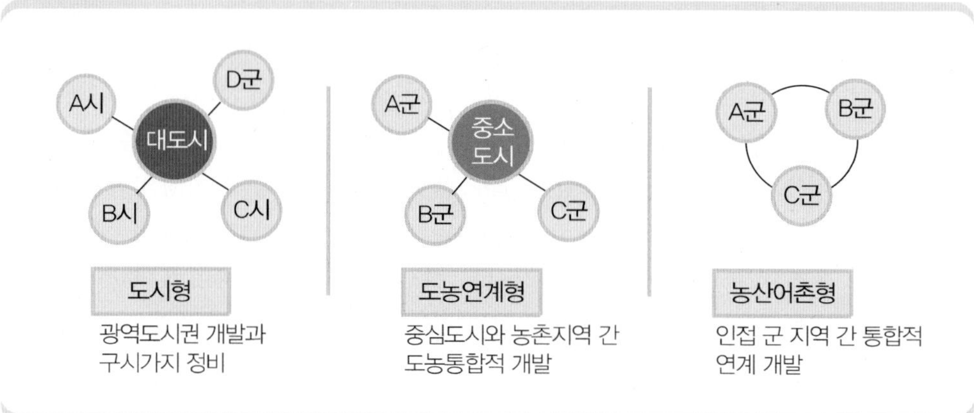

2) 정주공간 형성과 삶의 질 향상

기초생활권계획은 하드웨어 위주 개발을 탈피, 소프트웨어 중심 개발(교육, 의료, 문화, 환경 등)로 주민의 기본적 삶의 질을 향상시키는 데 주안점을 두고 있다.

즉, 교육여건이 불리한 농산어촌 지역 기숙형 공립고 지정 및 육성, 방과 후 학교 운영비 포괄 지원 및 원어민 영어 교육기회 확대, 지역주민을 위한 평생학습도시와 평생학습 중심대학 확대와 같은 지역 교육여건의 개선으로 지방교육을 활성화한다.

공공 보건의료 공급기반을 확충하고, 고객의 특성에 맞는 지역 맞춤형 의료서비스를 제공하며, 노인 · 장애인 · 영유아 등 복지 취약계층 대상 서비스를 확대하거나 주민 체감형 복지서비스 전달체계와 같은 선진형 지방 의료 · 복지 서비스를 확충한다.

공공도서관, 박물관 · 미술관, 문예회관 등 문화 인프라를 확대하고, 전시 · 공연 순회 등 찾아가는 문화 사업을 추진하며, 지역 특성에 맞는 관광자원 개발 및 문화 창조 거점지역을 육성한다. 생활체육공원, 노인건강체육시설 등 생활 밀착형 체육시설 확충과 같은 장벽없이 지역문화 향유 가능한 생활밀착형 지역문화 기반을 확대한다.

또한 농산어촌 상하수도 보급률 및 서비스 제고 등 환경 서비스를 강화하고, 환경자원의 관광산업화 · 에너지자원화를 추진하며, 저탄소 녹색마을의 조성으로 농촌 에너지 자급률 제고와 같은 지역 환경서비스의 품질을 강화하거나 우수 환경자원을 활용한다.

마지막으로 지역특화·향토산업 육성을 통한 소득확대 및 일자리를 창출한다. 그러기 위해 향토기업 집적화, 20년 이상 노후 농공단지 리모델링 및 창업보육 등 입주기업 S/W 지원체계 강화를 통해 농산어촌 산업단지(농공단지)를 지역의 경제 거점으로 육성한다. 농어업인 제조·가공사업의 참여, 농식품 전문투자펀드 확대, 로컬푸드 운동 등 직거래 촉진이나 테마공원 등 인프라를 조성하며 시·군 연계형 광역 체험휴양프로그램 개발 등과 같이 농림어업·향토식품산업·농산어촌형 체험휴양 서비스 산업의 융복합화를 촉진한다. 또 맞춤형 교육, 산업체 인턴십 및 산·학·연 공동 R&D네트워크처럼 농어업인·소상공인 인력양성 및 지역 밀착형 R&D를 강화시킨다.

3) 낙후·소외 지역의 차등적 생활기반 확충

전국 어디든지 최소한의 생활수준(National Minimum)을 보장하기 위해 각 부처의 기초생활기반 확충사업의 통폐합이 필요하다. 농산어촌에서는 마을단위 기초생활 인프라를 완비하는 한편, 중심 읍·면 활성화 등 관련 사업을 연계추진하고 중소도시에서는 주거환경 정비, 구도심 재생 등을 종합 추진하여 대도시와 농산어촌을 연결하는 자립적 지역발전 거점으로 조성하여야 한다. 그리고 산간오지, 도서 등 낙후도가 심한 지역은 '성장촉진지역'으로 지정, 도로 등 기반시설에 대한 차등적 지원이 이루어져야 한다. 낙후도 상위 30% 수준인 시·군을 성장촉진지역으로 지정하여 기반시설을 확충하고 국고보조율을 상향하는 등 혜택을 부여하거나, 급격한 경제·사회적 변동 등 특수한 상황에 처해 있는 지역 접경지역 등에 대해서도 별도의 지원 대책을 강구하여야 한다.

4) 시·군 간 연계협력을 통한 규모의 경제화

기초생활권계획은 지역 간, 산업 간 연계협력을 통해 시너지 효과를 높이는 것은 물론 규모의 경제화를 이룩한다.

문화관광 분야에서는 지역축제 등 지역 문화관광 사업의 연계·협력을 추진하거나 활성화를 도모하고, 농산어촌 산업 분야에서는 농산어촌 간 공동 마케팅을 강화한다. 비선호시설 분야에서는 시·군 간 협력을 통해 공동시설 설치와 함께 시설의 공동이용을 추진하는 등 사업 분야별로 지역 간 연계 · 협력의 촉진으로 개발 시너지 효과를 극대화한다.

더욱이 시 · 군 간 자율 협의를 바탕으로 역사적 · 지리적 특성 등을 고려해 기초생활권 계획을 공동 수립하도록 지원하는 것은 물론, 이들 평가를 통해 모범 사례를 적극 발굴하고 재정적 인센티브를 부여한다.

그림 29-2 기초생활권 시 · 군 간 연계 · 협력 사업

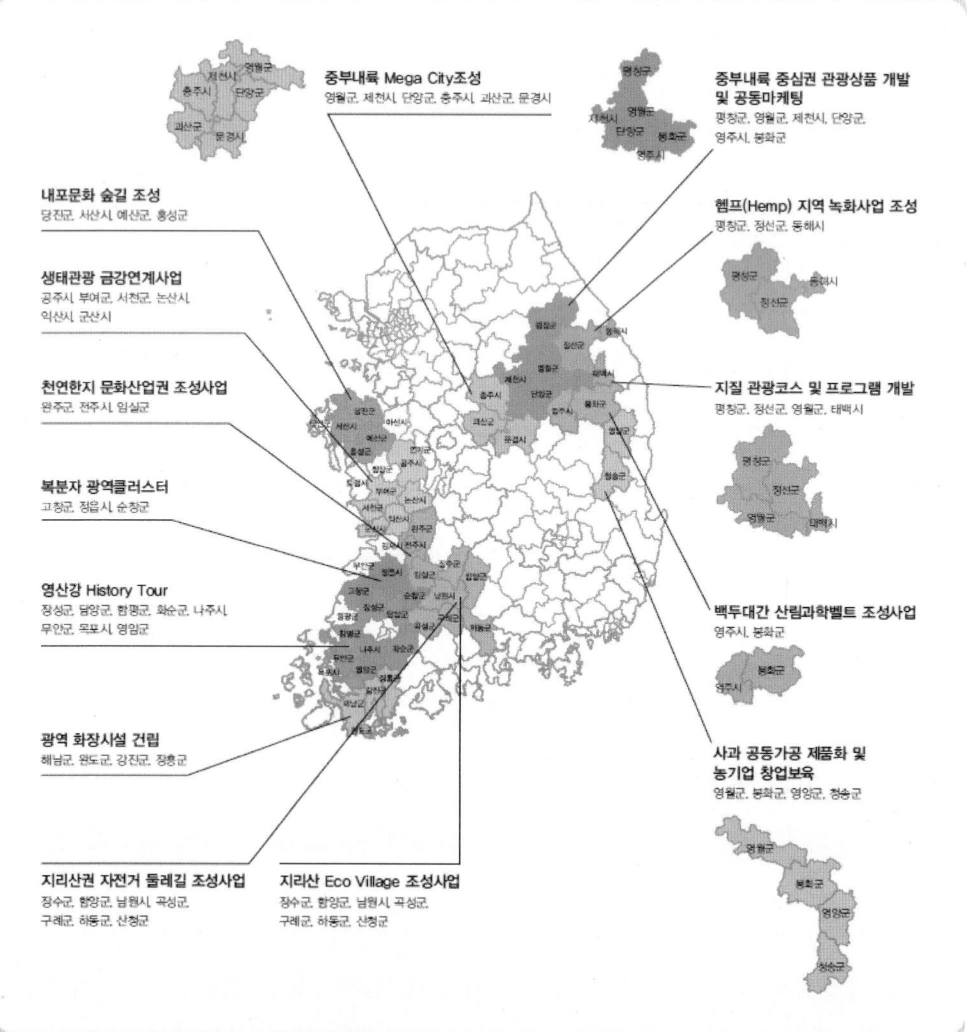

5) 자율성·창의성 강화를 위한 제도적 기반 구축

기초생활권계획은 지역개발의 실제적 투자를 유도하기 위해 지자체가 자율적으로 발전계획을 수립하고, 산업·문화·교육·정주인프라·복지 등 기초생활권을 구성하는 모든 분야를 포함하는 종합계획이다.

또한 포괄보조금제도를 도입함에 따라, 지자체가 직접 예산사업을 설계하여 현행 200여개 기초생활권 개발 관련 사업을 7개 정책군 24개 포괄보조금[2] 사업으로 통합·단순화하는 작업이 이루어졌다. 특히, 부처 간 유사중복, 소액 분산투자 등 문제점이 지적되어온 마을정비, 도로 등 낙후지역개발 사업을 4개 지역포괄보조 사업으로 통폐합하고, 지역이 원하고 필요로 하는 사업을 패키지형으로 직접 설계하고 있다.

표 29-3 기초생활권 발전계획과 재정지원체계

〔기초생활권을 구성하고 모든 분야·사업을 포괄하는 종합 발전계획 수립〕							
7개 정책군 포괄보조사업 (균특회계)							지자체 자체사업 (지방세/교부금)
문화 관광 체육	농림 수산	산업 중소 기업	보건 복지	환경	수자원 교통	기초 생활 기반 확충	일반 행정, 문화 환경, 사회복지, 경제개발

마지막으로 '사전자율, 사후책임' 원칙에 따라 지자체는 재원한도 범위 내에서 세부사업을 기획·추진하고, 중앙은 엄정한 사후 평가를 실시한다.

2) 포괄보조금에 대하여 본 서에서는 별도의 장으로 구성하여 광특회계와 포괄보조금을 보다 자세하게 다루고 있다.

2 기초생활권계획의 수립

(1) 기본방향

기초생활권계획의 기본방향은 첫째, 계획의 자율적 수립을 통한 지역특성화 발전을 지향해야 한다. 기초생활권계획은 자율계획으로서 포괄보조금제도를 활용하여 지역의 필요 시책과 사업을 지역 스스로 자유롭게 구상하여야 하고 지역의 여건과 특성을 고려하여 자율적 의사결정에 따라 차별화된 계획을 수립함으로써 지역특성화 발전을 지향해야 한다.

둘째, 주민의 삶의 질 향상을 위한 종합적 시책을 강구해야 한다. 기초생활권계획은 주민의 삶의 질 향상을 통해 살고 싶은 정주공간 창출을 목적으로 설정하고 있으므로 기초생활권계획에서는 경제적 기반인 소득과 고용은 물론, 삶의 질적 수준을 결정하는 교육, 문화, 의료, 복지, 환경, 교통 등 생활환경 전반에 관한 개선대책을 마련해야 한다.

마지막으로 자립역량과 투자효율성 제고를 위한 지역 간 연계·협력을 활성화시켜야 한다. 지방도시와 농어촌 등 대부분의 기초생활권은 자립적 발전을 위한 인적, 물적 역량이 취약하기 때문에 인접 지역과의 연계·협력을 통해 발전역량을 강화할 필요가 있다. 또 환경시설, 공공시설 등의 지역 간 공동 설치·이용을 활성화함으로써 규모의 경제를 확보하고 한정된 재원의 투자 효율성을 제고해야 한다.

(2) 수립절차 및 방법

1) 계획의 범위

시장·군수 또는 둘 이상의 시장·군수는 해당 지역의 특성 있는 발전과 지역 주민의 삶의 질 향상을 위하여 5년을 단위로 하는 기초생활권 발전계획(이하 '기초생활권계획'이라 한다)을 수립한다. 이 경우 정부와 시·도지사는 수립된 기초생활권계획에 대하여 예산의 범위에서 지원할 수 있다.[3]

3) 「국가균형발전특별법」 제7조의 2 참조.

기초생활권계획은 광역시의 자치구를 제외한 163개 시·군(161개 시·군 기초자치단체와 2개 제주특별자치도 행정시)을 수립대상으로 한다. 그래서 각 시·군은 관할 행정구역을 공간적 범위로 계획을 수립하는데 단, 인접 시·군과 함께 둘 이상의 시·군이 공동으로 계획을 수립하는 경우 및 단독수립 계획에 인접 시·군과의 협력사업이 포함되어 있는 경우에는 해당 권역을 하나의 계획권역으로 간주한다.

이 계획은 문화·관광·체육, 농림수산, 산업·경제, 보건·복지·교육, 환경, 수자원·교통, 기초생활 기반확충 7대 부문을 포함하고 광역·지역발전특별회계 지원 사업 및 이와 연계된 모든 사업을 포함한다. 광역·지역발전특별회계 지역개

그림 29-3 기초생활권계획 수립체계

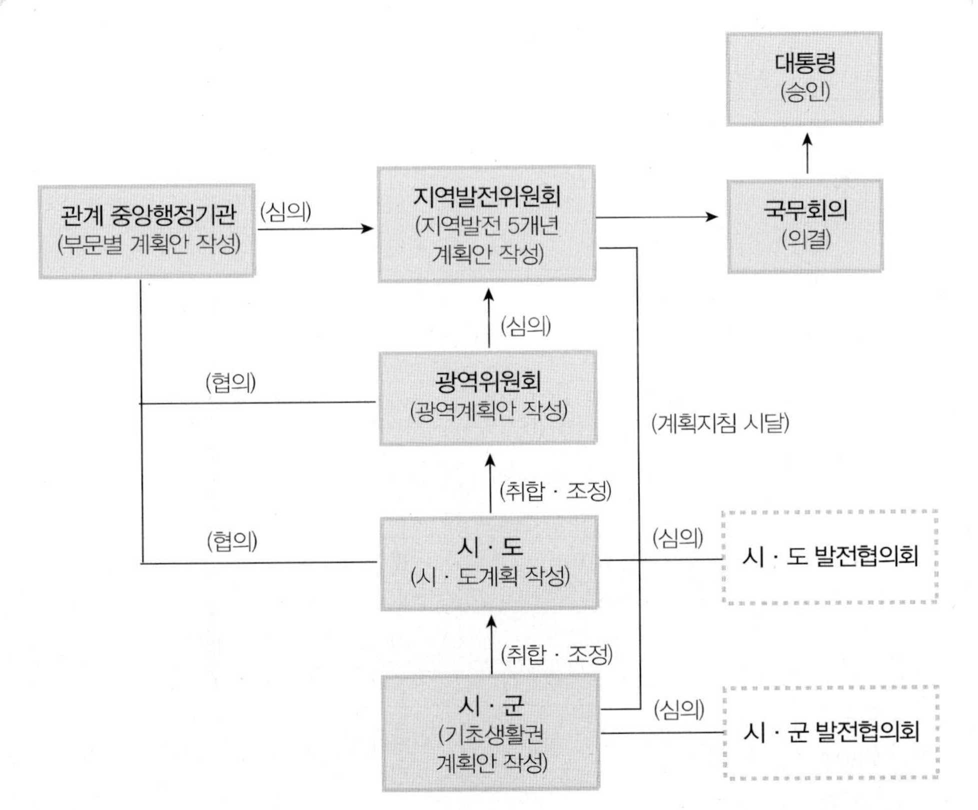

발계정에 포함된 사업(포괄보조 대상 7개 정책군, 24개 사업군에 해당하는 사업), 일반회계(지방비, 교육재정 등)의 재원을 활용하여 추진하는 사업, 비 재정사업으로서 기초생활권 발전을 위해 추진할 사업계획(기초생활권 발전을 위한 규제완화 추진계획, 개별사업 등의 연계 · 협력방안 등), 그 밖에 광역 · 지역발전특별회계 지역개발계정, 일반회계의 재원과 관련하여 기초생활권 발전을 위해 지역에서 추진하고자 하는 사업계획(기업유치전략, 산업단지 조성계획, 기업 활동 규제완화 대책, 성장거점 육성사업 등)이 이에 포함된다. 또한 인접한 시 · 군과 공동으로 추진하는 협력사업의 경우 협력 · 연계사항을 제시한다.

그림 29-4 기초생활권계획의 수립절차

수립절차	주체	내용
계획수립 매뉴얼의 작성 · 송부	지역발전위	• 관련 중앙행정기관의 협조
⇓	➠	• 자치단체 지침 시달, 설명회 개최
기초생활권계획(안) 작성	시장 · 군수	• 기초생활권발전 5개년 계획 및 시행계획(안) 수립
⇓	➠	• 시 · 군 지역발전협의회 심의
시 · 도별 취합 조정 (시 · 도 계획안 작성)	시 · 도지사	• 기초생활권계획(안)의 심의 조정 • 시 · 도 자체사업과 기초생활권 사업을 종합하여 시 · 도 계획 (안) 작성
⇓	➠	• 시 · 도 지역발전협의회 심의
광역경제권별 취합 · 조정 (광역계획 수립)	광역발전위원회	• 시 · 도계획(안)의 심의 · 조정 • 시 · 도 사업과 광역경제권 사업을 종합하여 계획(안) 작성
⇓	➠	• 관련 부처 검토
최종계획안 작성	지역발전위	• 부문별 계획(초광역개발 사업 포함)과 광역계획을 종합하여 지역발전 5개년 계획 작성
⇓		• 지역발전위 본회의 심의
국무회의 의결 및 대통령 승인	정부	• 지역발전 5개년 계획 확정

2) 계획의 수립체계 및 절차

기초생활권계획 수립체계를 살펴보면 지역발전위원회에서 계획의 수립방향을 설정하고, 총괄편을 작성하며, 최종안에 대한 심의를 담당한다. 총괄부처인 행정안전부는 기초생활권계획의 수립 매뉴얼을 작성·통보하고, 설명회 개최 및 계획수립을 지원하게 된다. 기획재정부는 위원회 주관 하에 예산 관련 관계 중앙행정기관 및 시·도와 협의를 하고 관계 중앙행정기관에서는 정책군 내 기초생활권 사업의 운영방침을 수립, 시·도와 협의를 하게 된다.

시·도에서는 기초생활권계획안의 취합 및 조정, 기초생활권계획의 내용에 대한 관계 중앙행정기관과의 협의를 맡고 시·도 지역발전협의회의 심의를 거쳐 계획(안)이 확정된다. 또한 시·군은 기초생활권계획을 수립·작성하여 시·도에 제출하고 시·군 지역발전협의회의 심의를 거쳐 계획(안)을 확정하게 된다.

3) 계획의 수립방법

시·군은 기초생활권별로 도시형, 도농연계형, 농산어촌형 등 지역의 유형을 선택하고 지역여건과 특성을 고려하여 개발유형에 부합하는 발전비전과 목표 및 추진전략을 설정한다. 그리고 시·군별 계획수립 작업반이 주축이 되고 각 사업부서가 참여하여 향후 5년 간 추진할 중점 추진과제를 선정·발굴한다. 이들 추진과제 중 지역 간 공동으로 추진해야 할 사업과 시설 복합화 대상사업을 선정하여 협력사업을 구상한 후 각 추진과제와 세부사업에 대해 우선순위를 검토하고 재원별 투자계획을 수립하게 된다.

또 개발유형의 선택, 발전비전 및 추진전략 수립, 중점 추진과제 구상, 투자계획 수립 등 계획과정의 전 단계를 자율적으로 수립한다. 공청회, 간담회, 워크숍, 설명회 등의 개최를 통해 주민, 기업, 시민단체 등 지역 구성원의 의견을 수렴해야 한다. 이렇게 수립된 계획안에 대해서 '시·군 지역발전협의회'의 심의를 거치는데 지역발전협의회가 구성되지 않은 시·군에서는 별도의 협의회를 구성하여 계획안을 심의하게 된다.

3 기초생활권계획의 발전방향

기초생활권계획의 성공적 시행과 정착을 위해서는 다음과 같은 노력이 필요하다.

(1) 부처별 가이드라인 제시와 포괄보조금제도의 개선

포괄보조금제도 시행의 효율성과 각 사업군 간의 연계·복합화 강화를 위해 각 부처별 가이드라인을 별도로 제시하여 기초생활부문 확충과 전략적(부문별)사업군이 유기적으로 연계될 수 있도록 한다.

그리고 불필요한 사업은 계획에 반영되지 않도록 부처별·사업군별로 제약사업과 사업추진 불가사업에 대한 명확히 제시가 필요하다.

더욱이 포괄보조금제도에 대한 보다 면밀한 분석·연구작업을 통하여 새로운 제도의 추진에 따르는 예상하지 못한 문제점을 사전에 파악하고 이를 방어하고자 하는 노력이 필요하다. 이러한 작업이 선행되지 않고서는 기초생활권계획수립의 당위성이 위협받기 때문이다.

(2) 민간부문과 협력을 통한 자율적 계획의 수립

기존의 업무와 동시에 새로운 제도를 시행하고 이에 따른 시·군종합계획을 공무원이 혼자서 전담하기가 녹록치 않은 현실이다. 특히 연계협력사업의 발굴, 창의적이고 독창적인 사업의 발굴은 더욱 그러하다. 시·군별 자율적 계획을 담당 공무원이 혼자서 수립하기 어려울 경우 지역협력단 및 대학, 연구기관과 협력하여 계획 수립할 수 있도록 해야 한다.

사업군으로 제시되지 않은 기타사업의 경우에는 시·군 담당자가 확인이 가능할 수 있도록 지역발전위원회 중심의 시스템을 구축해야 한다. 사업군의 범위 안에 제시되지 않은 사업의 경우 지역발전위원회에 질의하게 되면 지역발전위원회는 해당부처의 협조를 거쳐 명확한 답변을 제공해야 한다.

시·군·구 협력·연계사업 발굴시 인접 시·군과 연계협력이 가능할 것으로 예상되는 사업은 연계협력으로 간주하여야 하며 사업추진 시 발생하는 문제도 전적으로 해당 지자체의 문제이므로 연계협력사업의 평가 시 타당성만 검토될 수 있도록 한다.

(3) 지역발전위원회 중심의 컨설팅 시스템 구축

컨설팅시스템은 일관된 컨설팅이 필요하므로 지역발전위원회 중심의 컨설팅 체계로 운영되어야 하며, 수시적 컨설팅이 될 수 있도록 온라인상의 컨설팅 시스템을 구축해야 한다. 그리고 보다 적극적인 수시 컨설팅이 가능하도록 컨설턴트들을 대상으로 적정한 예산의 지원이 이루어져야 한다.

더욱이 해당 시·군이 필요하면 해당 시·군에서 컨설턴트를 위촉하여 운영될 수 있도록 자율성을 부여하는 것도 효과적인 방안이 될 수 있다. 이에 대해서는 과거 참여정부 때 성공적으로 운영했던 패밀리닥터제(지역자문관제도)를 원용할 수 있을 것이다. 패밀리닥터제도는 각 시·군이 1인 내지 다수의 패밀리닥터를 위촉하고, 예산을 확보하여 이들에게 충분한 비용을 지불하면서 지역개발에 대하여 상시 자문을 구하는 제도이다.

(4) 여타 지역계획의 정비 및 계획수립 추진동력 확보

현존하는 지역단위 계획은 참으로 다양하다. 기초생활권계획이 당위성을 얻고, 내실적으로 추진되기 위해서는 기존 지역단위 계획들의 정비가 필요하다. 특히 지역개발 중심의 단위계획을 통합하는 작업과 지역비전, 지역발전마스트플랜, 중장기계획을 부문별로 통합하는 방안이 모색되어야 한다.

특히 기초생활권계획이 균특법에 의한 임의적 자율계획으로 되어있으나, 법률개정을 통하여 기초자치단체가 의무적으로 수립해야하는 법정 의무계획으로 바꾸는 작업이 필요하다.

또 계획수립의 추진체계 역시 조정되어야 할 것이다. 지역발전위원회 중심으로 기초생활권계획이 추진되고 있으나 각 부처의 협조가 미흡하고 실효성있는 추진성과를 얻고 있지 못하다. 이에 지방행정조직과의 긴밀한 협조가 가능하고 과거 신활력사업, 소도읍육성사업 등 추진력있는 성과를 이루었던 경험이 있는 행정안전부와 각 부처를 통합할 수 있는 국무총리실 그리고 지역발전의 기획부서인 지역발전위원회가 공동으로 기초생활권계획을 추진하되 지역발전위원회는 보다 발전된 계획의 지침과 매뉴얼 작업에 더욱 시간을 투자하고, 국무총리실은 부처 간의 역할조정과 기능을 평가하며, 행정안전부는 지방의 조직을 관리·평가함으로써 계획수립의 추진동력을 높이고 계획의 질적 수준을 제고할 수 있을 것이다.

CHAPTER 30 지역혁신체계

농경사회와 산업사회에 이어 지식기반사회가 도래하였다. 이로 인해 국가나 지역발전의 동인 또한 기존의 하드웨어 중심에서 소프트웨어 즉, 지식창조로 이동하여 학습을 바탕으로 한 지역주체들의 상호협력이 매우 중요해졌다. 지역발전을 이끌어가는 시스템으로서 지역혁신체계가 중요한 요인으로 떠오른 것이다. 이러한 혁신체계는 경제 분야뿐 아니라 정치, 문화, 사회 등 모든 영역에서 이미 도입되거나 논의되고 있는 실정이다.

1 지역혁신체계의 의의

(1) 지역혁신체계의 개념과 배경

지역혁신체계(Regional Innovation System: RIS)란 지방소재기업 · 지방자치단체 · 지방대학 및 연구기관, NGO, 지방언론 등 지역 내 다양한 혁신주체들이 서로 긴밀하게 협력하고 상호 학습하면서 지속적으로 혁신을 창출하여 지역발전을 도모하는 구조 혹은 체계를 말한다.[1)]

20세기말 특히 21세기에 접어들면서 지역혁신체계가 강조되고 있는 배경은 다음과 같다.

첫째, 지역(regional)의 중요성이 부각되었기 때문이다. 최근 세계화 시대의 경제 영역에서 국가단위보다 지역단위의 경쟁력이 중요해지고 이에 지역의 경쟁력이 곧 국가경쟁력의 요체가 되고 있다. 예를 들면 실리콘밸리의 지역경쟁력이 미국 IT산업의 경쟁력이고, 할리우드의 경쟁력이 미국 영화산업의 경쟁력이 되고

1) 지방혁신인력개발원 사이버강좌『지역혁신발전론』참조.

있다.

둘째, 혁신(innovation)의 중요성이 부각되었기 때문이다. 최근 지식기반경제 시대에 기업 및 산업 경쟁력의 핵심은 바로 끊임없는 혁신의 창출 및 습득 능력에 좌우된다. 즉, 과거에는 노동이나 자본 같은 생산투입요소가 중요했지만, 이제는 연구개발과 지식의 창출·활용 등 혁신이 경쟁력의 가장 중요한 요소가 된다.

셋째, 시스템(system)의 중요성이 부각되기 때문이다. 혁신의 창출·확산은 지역의 환경, 제도, 문화와 같은 시스템적 요소에 의해 좌우된다. 혁신주체 간의 관계가 폐쇄적이고 고립적인 경우보다, 개방적 상호협력적인 경우 혁신의 창출과 확산이 훨씬 용이하다. 따라서 지역혁신 역량은 지역혁신 주체 간에 형성되는 신뢰와 협력관계 여부가 중요하다.

(2) 기존 지역정책의 반성과 지역혁신체계

기존 지역정책은 기업의 실제 필요와는 무관한 정책과 첨단산업에 대한 환상적인 정책이 대다수였다. 그러나 앞으로는 지역혁신체계에 입각한 지역정책이 강조되고 있다. 구체적으로 살펴보면 첫째, 도로나 건물 등 하드웨어 중심의 정책보다는 학습이나 교육 등 소프트웨어 중심의 정책이 강조되어야 한다. 둘째, 지금까지 외부의 기업에 의존하는 지역정책을 펴왔다. 그러나 지역 토착 중소기업을 강조하며, 특히 첨단기술기업이 아닌 중소기업 지원이 강조되어야 한다. 셋째, 지금까지의 공급자위주의 정책에서 벗어나 정책의 대상자인 기업의 요구에 민감하게 반응하는 정책이 강조된다. 넷째, 개별 기업에게만 혜택이 돌아가는 정책보다는 오히려 기업 간, 기업과 대학, 연구소 간의 상호교류를 증대시키는 정책이 강조되고 있다. 이러한 것을 아우르는 지역정책이 바로 지역혁신 내지 지역혁신체계 구축을 통한 지역발전정책이다.

(3) 지역혁신체계 구축의 필요성

지역혁신체계의 필요성은 다음과 같은 곳에서 그 근거를 찾을 수 있다.

첫째, 지식기반경제에서 기업 및 산업 경쟁력의 핵심은 끊임없는 혁신의 창출과 습득 능력에 달려있다는 점이다.

둘째, 혁신은 각 주체들 간의 상호작용 및 학습과정에서 발생하고, 전파되고 습득되어진다. 기업의 혁신은 기업내부 역량도 중요하지만 기업과 기업 간, 기업과 연구소 간, 기업과 공공부문 간의 상호 교류와 밀접한 관계에 의해서 더 쉽게 창출되고 학습된다.

셋째, 혁신체계는 공간영역에 기반을 두고 있다. 이때 공간영역의 단위를 국가에 초점을 맞추면 국가혁신체계가 되고, 지역에 맞추면 지역혁신체계가 된다.

넷째, 최근의 시대적 변화는 경제적 단위로서 국가단위의 중요성이 약화되고 지역단위의 중요성이 강화되는 추세에 있으며, 지역단위의 혁신체계가 중요해지게 된다.

다섯째, 지역발전을 위해서는 지역의 지속적인 혁신능력, 즉 튼튼한 지역혁신체계를 갖추는 것이 필요하며 바로 이것이 지역경쟁력의 핵심이다. 지역경쟁력은 바로 그 지역에 입지한 기업의 경쟁력 그리고 그 지역이 속한 국가의 경쟁력과 불가분의 관계에 있다.

마지막으로, 튼튼한 지역혁신체계를 갖추기 위해서는 지역내부의 각 주체들 간의 긴밀한 협력 네트워크와 상호학습과정이 매우 중요하며, 이는 지역의 고유한 제도적・문화적 분위기에 크게 의존한다.

(4) 지역혁신체계와 지역발전

지역혁신체계는 시스템적 접근을 통해서 지역에 산재해 있는 혁신주체들, 즉 중소기업, 대기업, 연구기관, 대학 및 기술이전센터의 혁신노력을 효과적으로 연계시킨다. 그리고 이들 간에 긴밀한 협력체제를 구축하여 혁신적 지역군집(innovative regional cluster), 제도적 학습기반 구축 및 학습지역 형성으로 혁신의 발생을 용이하게 하는데 기여할 수 있다.[2)]

지역혁신체계 구축의 궁극적 목적은 혁신주체 간 상호작용적 학습의 활성화를 통해 지역의 혁신성과를 제고하고 지역발전을 도모하는 것이다. 따라서 지역혁신정책의 핵심은 지역 내 혁신주체들 간 신뢰기반 형성과 협력네트워크의 구축이라 할 수 있다. 혁신주체들 간의 신뢰 및 네트워크는 근접성(proximity)에 기초하며, 학습활동의 활성화에 기여한다.

2) 권영섭・허은영,「지역 지식기반산업 육성을 위한 잠재력 제고방안 연구」, 국토연구원, 2000, p. 21.

지역 내 혁신주체들 간의 신뢰와 네트워크를 통한 학습과정을 통해 지역 및 기업에는 산업문화, 기업가정신, 기술력, 노하우 등이 축적되고, 이를 통해 지속적인 혁신을 창출함으로써 지역의 경쟁력은 제고된다.

그림 30-1 지역혁신체제 구축을 통한 지역발전 개념도

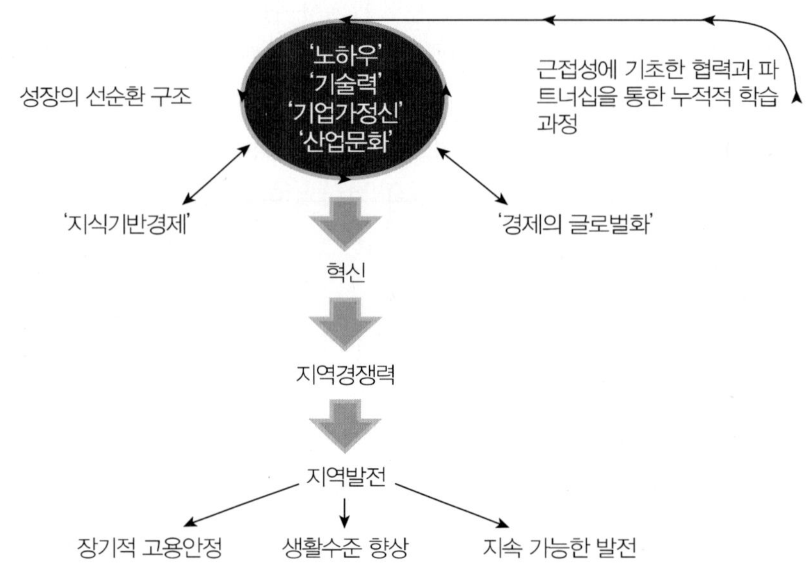

2 지역혁신체계의 유형과 구성

(1) 지역혁신체계의 유형

지역혁신체계의 유형은 그 특징과 여건에 따라 미국형, 일본형, 이태리형으로 구분할 수 있다. 지역혁신체계는 그 지역이 처한 여건과 상황에 따라 유형의 구분이 가능하기 때문이다. 즉, 각 지역은 해당 지역의 특성에 적합한 지역혁신체계를 발전시키는 것이 좋다.

첫째, 미국형은 대학의 혁신창출 능력이 우수하고, 민간부문의 자유로운 기업가 정신이 활발하다. 따라서 대학과 기업 간의 상호협력을 통해 혁신을 확산하는 형태가 많다.

둘째, 일본형은 대기업의 혁신창출 능력이 우수하다. 그리고 대기업과 중소기업의 협력관계가 원만하며, 공공기관의 중소기업 지원정책이 우수하다. 따라서 대기업과 중소기업의 계열협력관계를 통해 혁신확산을 하는 형태가 많다.

셋째, 이태리형은 의류, 가구, 신발 등 고급 패션분야에서 중소기업의 혁신창출능력이 우수하다. 따라서 중소기업들 상호 간의 협력을 통한 혁신확산을 하는 형태가 많다.

(2) 지역혁신체계의 구성요소

지역혁신체계론에 따르면 지역혁신체계는 각 지역마다 특성이 다르지만, 모든 지역에 있어서 기본적인 두 가지 요소가 있다.

첫 번째는 혁신주체이며, 두 번째는 혁신주체들 사이의 관계, 즉 네트워크(연계기능)이다. 혁신주체는 지역기업, 지역대학 및 연구기관, 지역금융기관, 공공기관, 민간기관, NGO, 지역주민으로 구성되며, 혁신주체 간 네트워크(연계기능)는 상호협력 및 학습관계 그리고 지역사회의 신뢰에 의해 이루어진다.

따라서, 지역혁신체계의 구성은 혁신주체들과 연계기능과의 조합을 뜻한다. 이들 조합은 혁신분야별, 혁신주체별, 연계기능별로 구분될 수 있으며, 그 내용은 <표 30-1>과 같다.

표 30-1 지역혁신체계의 주체와 기능

<table>
<tr><th colspan="2" rowspan="2">혁신차원 / 혁신분야</th><th colspan="2">지역혁신체계</th></tr>
<tr><th>혁신주체(Node)</th><th>연계기능(Link)</th></tr>
<tr><td rowspan="2">연구</td><td>기초연구</td><td>• 대학
• 공공 및 민간 연구소</td><td rowspan="2">• 각종 연구회
• 산·학·연 프로그램
• 기술중개
• 기술정보제공
• 기업 간 공동연구
• 기술이전</td></tr>
<tr><td>기술개발</td><td>• 기업연구소
• 기술혁신센터
• 창업보육센터</td></tr>
</table>

<table>
<tr><td colspan="2">생 산</td><td>• 기업(산업군집 형성)</td><td>• 공동생산
• 컨소시엄
• 대 · 중소기업 간 협력
• 창업지원
• 국내외 산업집적지와의 연계</td></tr>
<tr><td rowspan="3">비즈니스지원</td><td>금융</td><td>• 금융기관
• 투자조합</td><td>• 보조금</td></tr>
<tr><td>마케팅
유통</td><td>• 마케팅전문기관
• 물류센터</td><td>• 공동판매장
• 전시장
• 공동브랜드
• 시장정보 제공</td></tr>
<tr><td>경영지원</td><td>• 경영컨설팅
• 각종 협회
• 사업자단체</td><td>• 산업포럼
• 협회 및 조합의 활성화</td></tr>
<tr><td colspan="2">인력 양성</td><td>• 대학
• 각종 교육기관
• 직업훈련기관</td><td>• 산 · 학연계 인력양성 프로그램
• 재교육
• 공동 인력풀</td></tr>
</table>

(3) 지역혁신체계론의 형성

지역혁신은 지방정부 · 대학 · 기업 · NGO · 언론 · 연구소 · 시민사회 등 지역사회의 혁신 주체들이 지역의 연구개발, 생산과정 · 행정제도 개혁 등의 다양한 분야에서 역동적으로 상호 협력하고, 공동학습을 통해 혁신을 이루어내는 지역발전 과정이다. 따라서 지역혁신은 지역사회를 중심으로 한 혁신적 생산체제를 구축하는 것을 의미한다. 여기서 생산체제란 유무형의 투입요소와 산출물을 망라하는 의미이다. 모든 지역사회를 중심으로 한 혁신적 생산체제의 구축 그 자체가 '지역의 지식화 과정'으로 보고 있다.

지역이 스스로 지식을 창출해 내고, 지역의 연구와 학습이 생산체제와 연계되면서 지역혁신이 이루어지며 이는 지역경쟁력 강화에 중요한 요인이 된다. 지역혁신을 이끌어 낼 수 있는 지역의 지식화 과정은 지원 정책과 제도, 의사결정, 생산기반시설 등이 상호 네트워크화되어야 한다. 이러한 지식화 과정이나 지역혁신은 시스템을 통해서 보다 효율적으로 이루어진다.

지역혁신의 시스템을 논의하는 지역혁신체계론은 1990년대 중반 이후 주요 선진국들의 지역발전의 기본 틀로서 광범위하게 적용되고 있다. 특히 지역혁신체계는 진화적 성격을 띠고 있어서 시간의 경과에 따른 지역의 발전경로와 타 지역과 대비한 지역의 기술역량을 설명해주기 때문에, 지역 정책결정자들은 이를 통해 해당 지역이 어떤 방향으로 발전해가야 하는지를 가늠할 수 있다.

지역혁신체계론은 다음과 같은 두 가지 유용성을 지닌다.

첫째, 지역혁신체계론은 각 지역에서 혁신을 지원하는 제도와 하부구조를 효율적으로 구축하는데 기여한다. 혁신 지원을 위한 각종 기구들이 잘 발달되어 있다는 선진 국가에서도 그 지역의 중소기업들이 실질적으로 도움이 된다고 느끼는 지원기구는 소수에 불과하다. 그리고 지원정책이나 제도, 기구, 인원, 시설, 자금 등이 제공된다고 해서 혁신이 저절로 이루어지는 것은 아니다. 지역혁신체계론은 지역이 실제로 그러한 체제를 구축하는데 관심을 가지고 있기 때문에 다른 논의들보다 현실적합성이 높다.

둘째, 지역혁신체계론은 발전지역이나 낙후지역을 가릴 것 없이 모든 지역에 적용 가능하다는 점이다. 얼마 전까지 가장 잘 알려진 지역발전 이론이자 모델이었던 산업지구론[3]의 경우 실리콘 밸리나 제3이태리지역 같이 지역발전에 성공한 소수의 역동적인 소기업 집적지역만을 대상으로 하는 것과 비교된다.

3 지역혁신체계의 모형과 진단

(1) 지역혁신체계의 기본 모형

지역혁신체계에 관한 모형 또는 개념도는 학자에 따라 다르게 제시하고 있다. 하지만, 대부분 어느 일부 측면만 강조하거나 용어에 대한 이해 부족, 상·하위 개념의 혼동, 구성요소 간 관계에 대한 인식 미흡 등으로 체계성과 정합성이 떨어지는 문제를 안고 있다.

지식기반경제시대의 혁신활동이란 곧 지식의 창출, 확산, 적용, 활용에 관한

3) 산업지구론은 비용절감을 위해 분업화를 해야하며 이를 통한 유연화 내지 다품종소량생산으로 규모의 경제를 이겨내는 논리이다. 즉, 분업화를 통해 유연적 네트워크가 형성되며 이는 클러스터 같은 핵심지역기반이 필요하다. 마샬이 말하는 산업지구는 특정장소에 유사한 성격을 지닌 많은 중소기업들이 집적하여 국지화 경제를 이루고 있는 지구를 일컬었다.

일련의 활동을 말한다. 각 지역이 지니는 독특한 지역문화 및 정책에 의해 지역마다 혁신주체의 중요성과 혁신 장애가 상이하게 나타나기 때문에 지역별 혁신활동은 당해 지역의 사회·경제·문화적 배경에 따라 고유한 양상과 특성을 나타내게 된다(Kaufmann and Todtling, 2000).

혁신의 창출은 기업들과 그들의 환경, 즉 고객과 공급자들을 포함하는 핵심연계, 과학기술 하부구조, 금융기관 간의 체제적 상호작용을 동반한다. 따라서 지역혁신체제는 지역의 혁신주체, 이들 간의 네트워크 그리고 이를 강화하는 지역사회의 문화로 구성된다.

기업부문은 지식을 적용·활용하여 상품을 생산·판매함으로써 이윤을 획득하고, 그 과정에서 고용 및 소득창출을 가져온다. 그러나 기업의 혁신활동은 기업내 연구개발 활동을 통해서만 창출되는 것이 아니라 고객과 기업 간, 기업과 연구소 간 다양한 상호 학습과정을 통하여 이루어진다.

기업은 특정 상품의 생산·판매과정에서 투입요소의 기업 간 수급관계를 기반으로 하는 수직적 네트워크, 그리고 동종상품 생산·판매 기업 간의 협력 및 경쟁관계를 기반으로 하는 수평적 네트워크를 필요로 한다.

기술과 숙련노동자의 원천인 연구기관, 교육기관, 기술 및 인력매개기관 등의 지식하부기관은 기업이 필요로 하는 지식의 창출·확산 역할을 수행한다. 특히 현대 화폐경제에서 실물시장경제 주체 간의 각종 거래는 금융부문의 매개없이는 수행될 수 없으므로 지역 금융부문의 역할이 매우 중요하다.

공공매개기관은 혁신활동에 있어서 시장실패의 보정, 혁신관련 규제의 완화와 제도 정비, 혁신기반시설의 정비·확충, 경쟁 전 단계(pre-competitive stage)에서의 기업 혁신활동 활성화와 혁신주체 간의 협력 지원을 위해 필요하다.

동업자조합, 협회 등의 민간매개기관은 협력 및 경쟁 기업과의 네트워크 구축에 중요한 역할을 수행할 뿐만 아니라 공공부문에 대해 기업의 수요에 대응할 수 있는 제도를 구축하거나 규제완화 등을 요구하는데 매개체 역할을 수행한다.

기업 간의 상호협력관계, 지식하부기관의 양과 질, 기업을 지원하는 지원기관(공공기관, 금융기관 등), 지역 내 협력네트워크를 강화하는 지역의 신뢰문화와 지역 내 암묵적 지식의 이동을 촉진하는 노동시장의 이동성 그리고 외부와의 네트워크에 따라 혁신 가능성은 지역마다 상이하게 나타난다.

그림 30-2 지역혁신 체계 구축의 기본모형

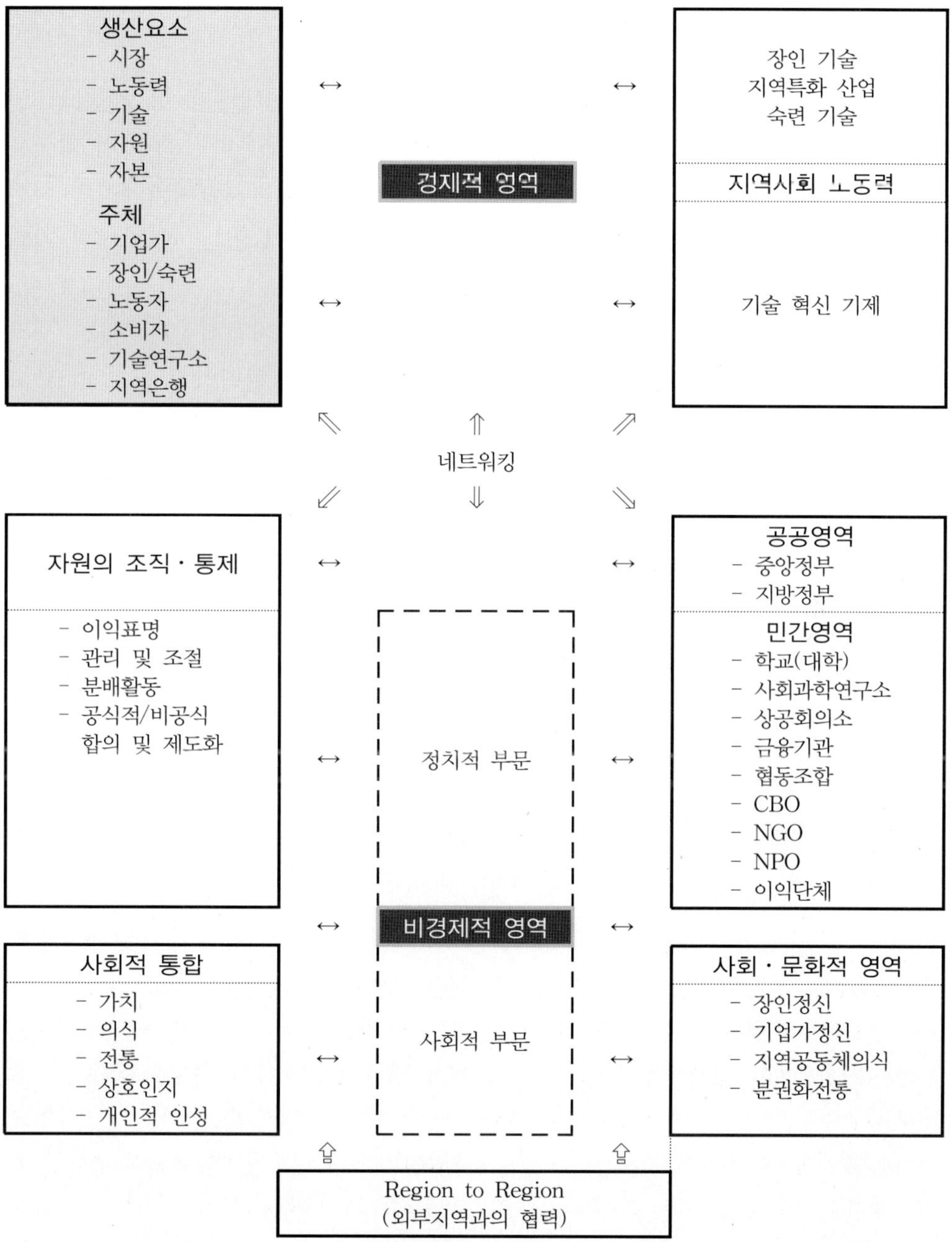

(2) 지역혁신체계의 진단

해당 지역혁신체계가 성공적인지 취약한 것인지에 대한 진단은 지역혁신체계에 대한 일반적인 오류를 바로 잡으면서 시작된다.

첫째, 최첨단 기술수준을 보유한 지역에서만 지역혁신체계가 형성된다고 인식하는 점이다. 하지만 결론적으로 말하자면 첨단기술을 보유하건 못하건 혁신은 가능하다. 예를 들면 미국 실리콘밸리와 같은 세계적인 첨단기술지역에서의 혁신도 중요하지만 우리나라의 고유한 도자기 생산업체가 모여 있는 여주 이천 지역의 도자기 생산과 관련한 혁신도 중요하다.

둘째, 지역에 존재하는 혁신주체가 많을수록 튼튼한 지역혁신체계라고 생각하는 점이다. 아무리 많은 혁신주체나 기관이 있어도 서로 협력하지 않고 따로 고립되어 있거나 지역의 제도와 문화에 통합되어 효율적으로 운영되지 못하면 소용이 없다. 예를 들어 지역에 아주 우수한 대학이 있으나 그 대학의 연구성과가 지역에 도움을 주지 못하면 이는 튼튼한 지역혁신체계를 갖추었다고 할 수 없다.

이러한 지역혁신체계에 대한 몇 가지 오해의 해소와 함께 성공적인 지역혁신체계는 다음과 같은 요건을 갖추어야 한다. 지역에 굳건히 뿌리내린 지원기관, 지역차원의 산업 기술 인력 양성체계, 지방정부의 혁신역량지원도, 지역의 자율성과

표 30-2 성공적 지역혁신체계와 취약한 지역혁신체계 비교

성공적 지역혁신체계	취약한 지역혁신체계
지역에 굳건히 뿌리내린 대학, 연구기관, 금융기관	지역과 유리된 대학, 연구기관, 금융기관
지역차원의 산업, 기술지원 및 인력양성 체계 활성화	지역차원의 산업, 기술지원 및 인력양성 체계 부재
지방정부의 혁신 지원역량 강함 (상담, 지원형 지방정부)	지방정부의 혁신 지원역량 약함 (권위적 지방정부)
분권을 통한 지역의 자율성과 창의성	중앙집권에 따른 지역의 종속성과 수동성
신뢰적, 협력적 지역문화(신뢰적 노사관계)	배타적, 불화적 지역문화(갈등적 노사관계, 기업관계)
외부에 대한 개방성, 변화 지향성	외부에 대한 배타성, 폐쇄성, 현상유지선호
지역 주체들 간의 상호 협력적 네트워크	지역 주체들의 고립 분산
지역차원의 종합적 혁신전략이 존재	지역차원의 종합적 혁신전략 부재

창의성, 신뢰적 · 협력적 지역문화, 개방성과 변화지향성, 혁신주체들 간의 상호 협력적 네트워크, 종합적 혁신전략 존재의 유무가 성공적인 지역혁신체계의 관건이 되는 것이다. <표 30-2>는 성공적인 지역혁신체계의 사례를 비교한 것이다.

4 지역혁신 사례: 독일 바덴뷔르템베르크(Baden-Wűrttemberg)

독일의 바덴뷔르템베르크 주는 지역혁신체계 구축의 대표적 사례로 예시되는 지역이다.[4] 이 지역은 자동차, 기계부문에 관한 한 세계 최고의 경쟁력을 보유한 지역으로 1인당 총생산, 연구개발실적, 기업지원체계 등에서 독일은 물론 EU 내에서도 최고 수준을 자랑하고 있다.

바덴뷔르템베르크 주의 면적은 3만 5,751㎢로 독일에서 세 번째로 큰 연방주로 우리나라 영남지역의 1.1배 정도이다. 인구는 2008년 현재 1,075만 명으로 영남권 인구의 82% 수준이다.

지역내총생산액은 2009년 당해년 가격 기준 3,437억 유로로 독일의 14.3%를 차지하고 있으며, 1인당 총생산액은 31,972유로이다. 1인당 가처분소득은 2008년 기준 20,748유로로서 독일 평균의 109.3%로 독일 내에서 최고의 구매력을 나타내고 있다.

2009년 현재 독일 전체 기업 수의 18.0%, 고용자 수의 20.4%, 해외수출액의 15.5%를 차지하고 있어 독일 발전을 선도하고 있다. 산업구조의 변화추이를 보면 제조업의 비중이 2009년 현재 27.0%로 독일 평균(23%)보다 높고 독일 전체 고용의 13.9%를 차지하고 있다.

기업구조를 보면 메르세데스 벤츠, 보쉬, IBM, 포르쉐 등의 대기업과 수많은 중소기업들 간의 긴밀한 상호작용체계가 형성되어 있다. 중소기업들은 총 사업체 수의 99.8%, 총 취업자 수의 78%를 점하고 있다.

바덴뷔르템베르크 경제의 근간을 이루는 제조업의 업종별 구성비를 보면 기계, 자동차, 금속, 발전기기 등 4대 업종의 비중이 2009년 현재 58.6%에 달하며,

4) 국가균형발전위원회, 『세계속의 지역혁신체계』, 한울, pp. 205-220.

표 30-3 바덴뷔르템베르크의 산업구조(총부가가치 기준)

구 분	1990(%)	2000(%)	2009(%)
농림어업	1.1	1.0	0.7
제조업	36.6	32.6	27.0
전기 · 가스 · 수도업	1.9	1.5	2.2
건설업	5.7	4.8	5.1
상업 · 음식 · 운수업	15.0	14.7	16.0
금융중개업	23.3	28.2	28.1
기타서비스업	16.1	17.0	20.9

자료: Statische Landesamt Baden-Wurttemberg, 『Economic Facts and Figures 2010』, Stuttgart, 2010

표 30-4 바덴뷔르템베르크의 제조업 구조(종사자수 기준)

구 분	2000(%)	2009(%)
기 계	21.2	21.5
완성차조립	17.9	23.0
금속제품	9.7	7.1
발전 및 송배전기기	7.4	7.0
합 계	55.9	58.6
제조업 전체	100.0	100.0

자료: Statische Landesamt Baden-Wurttemberg, 『Economic Facts and Figures 2010』, Stuttgart, 2010

의료 · 측정 · 제어 · 광학제품의 비중도 상대적으로 높은 편이다.

바덴뷔르템베르크의 연구개발 활동도 매우 활발하여 2008년 기준 산업부문 연구개발에 종사하는 인력이 독일 전체의 27.2%를 차지하고 있으며, 특허출원 건수는 32.5%를 차지하고 있다.

(1) 바덴뷔르템베르크의 지역혁신체계의 구조

지식기반경제 하에서의 지역혁신체계는 지식활동의 영역을 기준으로 크게 지식의 창출 및 확산 서브시스템, 지식의 적용 및 활용 서브시스템으로 구분할 수 있다. 또한 지역혁신정책을 수립·추진하면서 혁신 주체들 간의 조정 및 협력을 촉진하는 거버넌스 서브시스템과 혁신활동에 필요불가결한 자금지원을 수행하는 지역금융 서브시스템도 중요한 구성요소이다. 바덴뷔르템베르크는 이러한 지역혁신체계의 모든 서브시스템이 골고루 잘 갖추어진 대표적인 지역으로서 세계적으로 높은 평가를 받고 있다. 바덴뷔르템베르크 지역혁신체계의 전체 구조를 도식화하면 [그림 30-3]과 같다.

(2) 지식활용 서브시스템

1) 기업 간 협력체계

지역혁신체계는 기업혁신 서브시스템과 공적거버넌스 서브시스템으로 나눌 수 있다. 먼저, 기업혁신 서브시스템의 작동유형을 ① 글로벌화지향형, ② 상호작용형, ③ 지역내포형으로 구분하고 다음으로, 공적거버넌스 서브시스템의 작동유형을 ① 공공부문주도형, ② 네트워크형, ③ 자생형으로 각각 구분하였다. 그리고 이들을 결합(기업혁신 3유형×공적거버넌스 3유형)하여 지역혁신체계를 9개 유형으로 나누었다. 이들 지역혁신체계 중 가장 바람직한 유형은 상호작용형·네트워크형이라 하고, 가장 대표적인 예로 바덴뷔르템베르크를 들었다([그림 30-4] 참조).

실제 바덴뷔르템베르크는 숙련된 노동력, 협조적 노사관계, 우수한 연구개발 기반, 주정부 및 연방정부의 산업정책, 은행과 기업 간의 긴밀하고 장기적인 협력 등을 바탕으로 수십 년간 경제적 번영을 구가해왔다.

유연적 전문화(flexible specialization)론에 따르면 지역 내의 강한 협력 및 커뮤니케이션 네트워크는 시너지 효과를 창출하며, 이러한 시너지 효과는 성공적인 산업지구 형성의 중요한 전제조건이다. 쿡을 비롯한 다수의 학자들은 이러한 의미에서의 대표적인 성공사례 지역으로 바덴뷔르템베르크를 들고 있는 것이다(Cooke et al., 2002).

2) 신생기업 지원체계

1980년대 초의 급격한 고용 감소에 따라 주정부와 일부 하위 지방자치단체들은 기술·신기업센터(technology and new business centre)들을 설립하게 되었다.

그림 30-3 바덴뷔르템베르크 지역혁신체계 총괄도

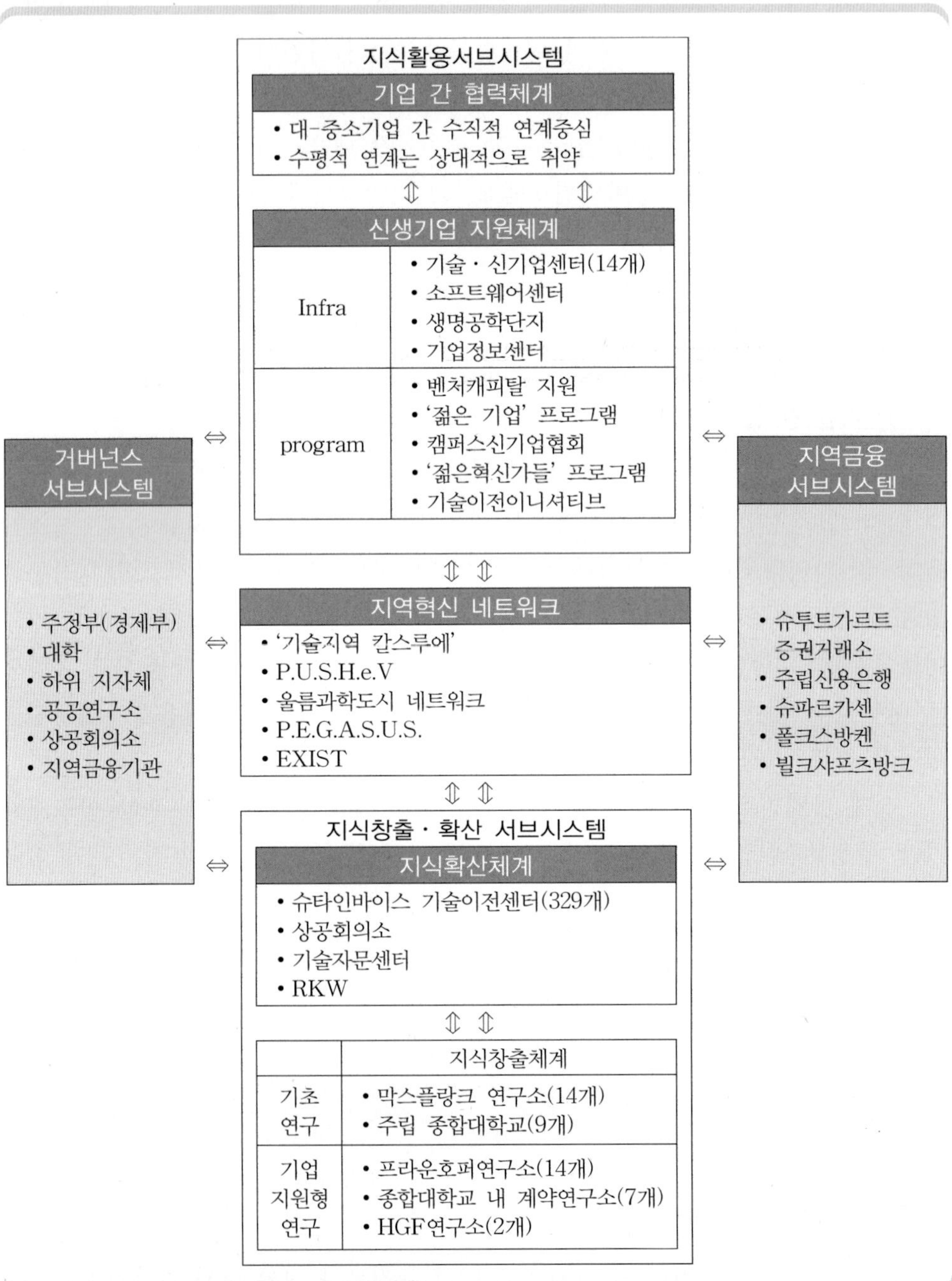

자료: 국가균형발전위원회, 『세계속의 지역혁신체계』

그림 30-4 세계 주요 지역의 지역혁신 체계 유형

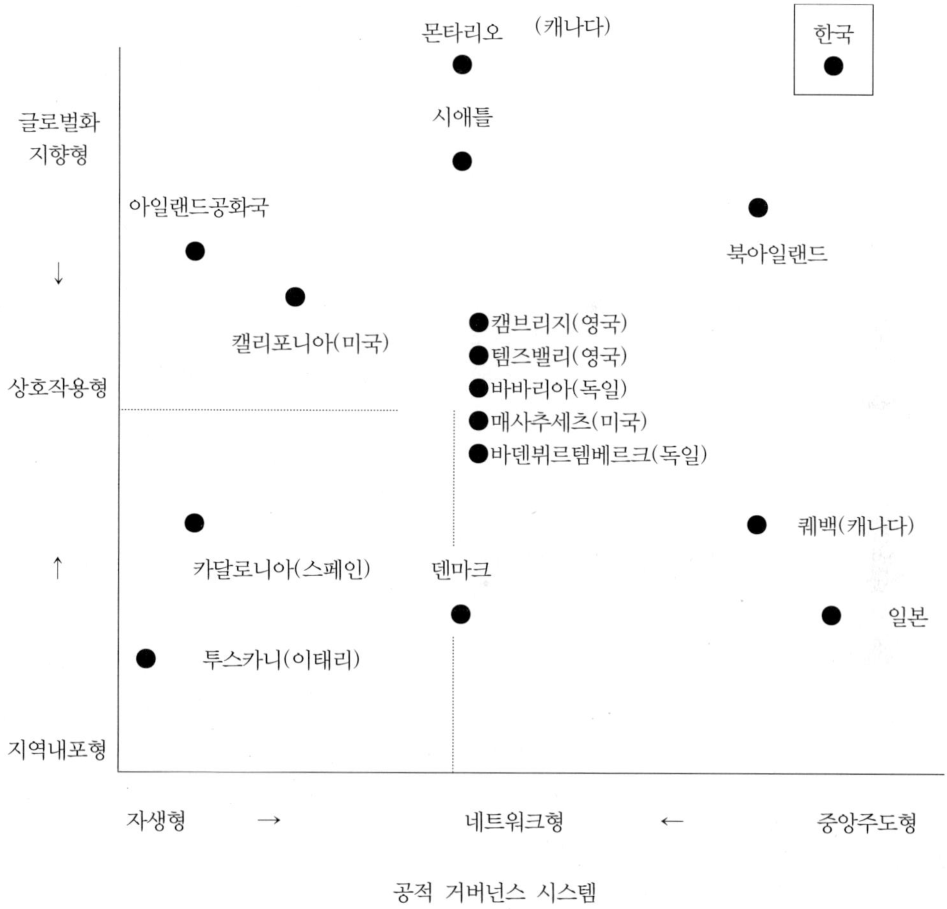

이 기구의 목적은 신생기업들과 신기술을 가진 청년들에게 잘 정비된 창업용 집단입지를 제공함으로써 창업을 원활하게 하는 동시에 기존 기술인프라(정보·통신장비 등)와 조직인프라(타이핑, 시설관리 등)를 효율적으로 활용할 수 있게 하는 것이다.[5] 또한 입주기업 간의 공간적 근접성은 상호 간의 정보교류와 유관기관으로부터의 지원서비스 수혜에 적합한 환경을 제공한다.

5) 우리나라의 창업보육센터와 유사하다.

바덴뷔르템베르크의 기술・신기업센터는 기술 이전기능의 효율적 수행을 위해 대부분 대학교 또는 공공연구소에 근접 입지하고 있다. 이들 중 최근 특히 중요한 역할을 맡고 있는 것은 소프트웨어센터와 생명공학단지이다. 1996년 최초로 설립되기 시작한 소프트웨어센터는 현재 6개가 있다. 생명공학단지는 '2000년 미래산업위원회'의 권고에 의해 프라이부르크(Freiburg), 하이델베르크(Heidelberg), 울름(Ulm), 로이트링엔(Reutlingen) 등지에 조성되어 있다.

기술・신기업센터들은 광범위한 신생기업 네트워크의 구심점 역할을 수행한다. 주 경제부는 이러한 네트워크의 창출과 발전을 위해 다양한 지원조치를 취하고 있다. 그 중 중요한 한 가지는 신생기업의 벤처캐피탈 이용을 지원하는 것이다. 이를 위해 주정부는 위험자본펀드를 조성하고, 동 펀드에 재정자금을 투자하였다. 아울러 슈투트가르트(Stuttgart) 증권거래소에 벤처캐피탈부를 신설하여 신생기업의 재원조달 기반을 강화하였다.

(3) 지식의 창출·확산 서브시스템

바덴뷔르템베르크의 지식창출기구는 크게 세 부문 즉, 대학, 공공연구소, 민간연구소로 나눌 수 있다. 이 중 바덴뷔르템베르크의 혁신체계와 관련하여 주로 강조되는 것은 대학과 공공연구소의 역할이며, 주정부 정책의 초점도 여기에 맞추어져 있다. 대학과 공공연구소는 다시 기초연구중심의 대학 및 공공연구소와 신제품개발 또는 공정개선 등 기업지원형 연구중심의 대학 및 공공연구소로 구분할 수 있다.

바덴뷔르템베르크는 지식・기술이전 부문에서도 다수의 전문기관들이 다양한 프로그램들을 실시하고 있다. 그 중에서도 가장 핵심적인 기관은 주 전역을 포괄하는 슈타인바이스재단(Steinbeis Foundation for Economic Development)이다. 1998년에는 동 재단 업무 중 기술이전 부문을 민영화하면서 100% 민간기업인 슈타인바이스주식회사(Steinbeis Gmbh & Co. for Technology Transfer)가 기술이전 업무를 수행하게 되었다. 이 회사는 바덴뷔르템베르크의 주도인 슈투트가르트에 본사를 두고 있는데, 2003년 5월 현재 464개의 기술이전센터를 보유하고 있으며, 그 중 71%인 329개가 바덴뷔르템베르크에 입지하고 있다.[6] 종업원 수 500인 초

6) 슈타인바이스재단에 관한 더 자세한 내용은 www.steinbeis-mba.de를 참조하기 바란다.

과 대기업의 50% 이상이 동 재단과 협력관계를 맺고 있다.

이들 외에도 바덴뷔르템베르크 상공회의소 및 사업자단체, 기술자문센터, 독일산업합리화 및 혁신센터 등이 중소기업의 기술개발 및 혁신활동 지원을 위한 다양한 프로그램들을 실시하고 있다. 특히 이를 위한 전문가집단, 즉 혁신컨설턴트(innovation consultant) 풀을 구성하여 실질적인 지원업무를 수행하고 있는 점이 주목할 만하다.7)

(4) 지역혁신 네트워크

바덴뷔르템베르크에는 다수의 잘 발달된 지역혁신 네트워크들이 존재한다. 네트워크를 구성하는 기술대학, 연구소, 사업자단체, 지방 정부, 경제진흥기구의 대표자들은 지역산업의 경쟁력 강화를 목표로 적극적인 정보교류 정책을 추진하고 있으며, 노동조합이 동참하는 경우도 많다. 이러한 지역혁신 네트워크들 중 대표적인 것들을 소개하면 다음과 같다.

가장 대표적이고 중요한 네트워크는 '기술 지역 칼스루에(Technology Region Karlsruhe)' 이다. 1984년에 시작되어 3,000여 개의 고급 일자리를 창출한 'Technology Factory Karlsruhe'에 기초하여 기술이전 네트워크의 허브 기구들이 생겨났다. 마지막 두 프로그램은 주 차원에서 뿐만 아니라 국가 차원에서도 새로운 정책수단으로서 큰 영향을 미쳤다.

이 외에도 '슈투트가르트지역 대학 출신 신기업 파트너네트워크(P.U.S.H.e.V.)', '울름 과학도시 네트워크(NEWI)', 아일렌 지역의 'P.E.G.A.S.U.S.' 등 많은 사례가 있다. 또한 연방정부의 생명공학 진흥 프로그램인 'BioRegoi', 연방정부의 대학 내 창업지원 프로그램인 'EXIST' 등을 통한 혁신네트워크 형성도 이루어지고 있다.

(5) 금융지원체계

지역혁신체계의 활성화를 위해서는 창업 및 혁신활동에 대한 은행 및 여타 금융기관의 효율적 자금지원이 필수불가결하다. 바덴뷔르템베르크의 기업들에 대

---

7) 더 자세한 내용은 Wirtschaftsministerium Baden-Wűrttemberg, "Innovation System Baden-Wűrttemberg," Stuttgart, Jan. 2000.을 참조하기 바란다.

한 실태조사 결과 혁신과정의 시작을 위한 지원요청 기구로서 55%가 은행을 들었다는 사실이 이를 말해준다.[8)]

바덴뷔르템베르크는 상당히 독특한 금융시스템을 갖고 있다. 즉 지역토착 금융기관인 주립 슈파르카센(Sparkassen)과 폴크스방켄(Volksbanken)의 비중이 매우 높고, 전국 규모 시중은행의 비중은 상대적으로 매우 낮다는 점이다.[9)] 이러한 특징은 바덴뷔르템베르크 소재 기업들의 자금조달구조에 큰 영향을 미치고 있다.[10)]

하이덴라이히와 크라우스(Heidenreich & Krauss, 1998)는 토착 금융기관의 높은 비중이 과거에는 중소기업에 대한 신속하고도 비관료적인 자금지원으로 지역경제에 유리하게 작용하였지만, 혁신의 중요성이 높아진 최근에는 한계점을 보이고 있다고 한다. 즉 이들 토착 금융기관도 여타 시중은행과 마찬가지로 벤처캐피탈의 공급에 매우 소극적이라는 것이다. 이러한 위험부담검수자본(risk capital)의 수요와 공급 간의 격차는 빌크샤프츠방크(Bűrgschaftsbank)와 바덴뷔르템베르크 중소기업협동조합(Mittelständische Beteiligungsgesellschaft Baden)에 의해 부분적으로 메워질 수 있지만, 그 비중이 워낙 작아 큰 도움이 되지 못하고 있는 실정이다.

요컨대 바덴뷔르템베르크의 금융시스템은 중소기업에 매우 우호적이지만, 혁신지원금융 부문은 상당히 취약하다고 할 수 있다. 지역차원에서든 국가 차원에서든 벤처캐피탈의 공급이 충분히 이루어지지 않고 있으며, 혁신 활성화를 위한 금융지원 수단도 갖추어져 있지 않다고 볼 수 있다.[11)]

8) 그 외의 지원요청대상 기구로는 상공회의소(47%), 기술인회의소(23.2%), 사업자단체(21.0%), 슈타인바이스재단(17.5%)등을 들고 있다. G,Fuchs(2003) 참조.

9) 양대 토착 금융기관은 바덴뷔르템베르크 전체 금융기관 점포수의 90%이상, 기업대출금의 56%(독일 전체평균은 35%) 이상을 점하고 있다. 그 반면 전국규모 시중은행은 기업대출금의 22%(독일 전체평균은 30%)만 점하고 있다. Heisenreich & Krauss(1998) 참조.

10) 이하의 내용은 주로 Heidenreich & Krauss(1998)에 근거하고 있다.

11) 최근 주정부가 직접 투자하여 벤처펀드를 조성하고, 슈투트가르트 증권거래소에 벤처캐피탈부를 신설한 것은 이러한 문제점을 개선하고자 하는 시도라고 할 수 있을 것이다.

CHAPTER 31

산업 클러스터

산업 클러스터는 선진 각국에서 국가경쟁력을 강화하고 미래 성장동력을 창출하는 핵심적 역할을 수행하고 있다. 이에 따라 세계 대부분의 나라들에서 클러스터를 형성하고 활성화하기 위하여 치열한 경쟁을 벌이고 있는 실정이다.

지역혁신체계로서 산업클러스터는 지역전략산업을 중심으로 구성되는 지리적 집적체로 1990년 이후 산업 및 지역 발전에 중요한 수단이자 주체가 되었다. 클러스터는 생산 · 기술 · 정책지원 · 연구 · 개발 · 자본 등이 네트워크로 구성된 집합체로 우리나라의 산업단지보다 규모면에서 더 광역적이고 유기적이며 전문적인 일관체계를 구성하고 있는 복합체라고 할 수 있다. 여기서는 클러스터의 개념과 성공조건 그리고 정책방향에 대하여 정리하고자 한다.

1 클러스터의 개념과 의의

(1) 클러스터의 개념

클러스터(cluster)란 비슷한 업종에 종사하는 기업들이 한 지역에 집중적으로 모여 있는 현상을 의미한다. 그러나 무작정 모여 있는 것만을 의미하는 것은 아니다. 생산과 연구개발, 금융기능은 물론 인력확보나 정보공유 등 네트워크에 중점을 두고 모여 있는 형태이다.[1)]

경제현상으로서 클러스터에 대해서는 지역경제학이나 경제지리학, 지역개발학 등에서 이미 오랫동안 관심을 기울여 온 바 있다. 그런데 최근 세계화와 지식

1) 클러스터에 대해서는 졸저, 『지역경제정책론』, 박영사, 2010. 제16장을 참고하면 보다 자세한 내용을 확인할 수 있다.

기반 경제의 확산 추세 속에서 이 클러스터의 역할이 새롭게 부각되고 있다. 클러스터의 역할이 새롭게 부각되는데 결정적인 기여를 한 학자가 바로 하버드 대학의 포터(M. Porter) 교수이다.

포터 교수는 다음과 같이 클러스터를 정의하고 있다. '클러스터란 특정 업종에 종사하는 상호교류기업, 전문공급업체, 서비스제공업체, 연관산업의 기업 그리고 관련된 제도적 기구들(대학, 상공회의소 등) 이 서로 경쟁하면서 동시에 협조하는 지리적 집적체이다.'[2] 즉 클러스터란 지리적으로 특정 지역에 모여 있는 기업과 기관들이 유사성·보완성으로 서로 상호 연결된 집단을 지칭하는 용어라고 할 수 있다.

(2) 클러스터와 지역 발전

1) 포터(Porter)의 다이아몬드 모델

포터 교수는 세계화 시대에 들어와 경쟁에서 입지의 역할, 즉 지역의 경쟁력이 매우 중요하다는 것을 주장하고 있다. 그는 입지가 경쟁에 미치는 효과, 즉 지역 경쟁력의 원천을 아래 그림과 같이 요소조건, 수요조건, 전략 및 경쟁 여건, 연관산업 및 지원산업이라는 네 개의 주요 항목으로 구성된 그의 독창적인 다이아몬드 모형의 분석틀을 활용하여 설명하고 있다.

2) 지역개발전략으로 도입과 확산

포터 교수의 클러스터 개념은 1990년대 세계 각국 정부의 산업정책 및 지역정책에 큰 영향을 미쳤으며 '클러스터' 개념이 중요한 지역개발 전략으로 도입되는 데 공헌하였다. 특히 세계은행과 OECD 등지에서 많은 연구 보고서가 출간되면서 정책입안가·정부·기업들로부터 많은 관심을 모으게 되었다.

지역 발전을 위해서는 무엇보다도 지역의 산업이 경쟁력을 갖추어야 한다. 지역산업의 경쟁력은 클러스터가 관건이라는 인식이 확산되면서, 세계 각지에서는 특정 산업의 클러스터를 육성하는데 큰 노력을 기울이고 있다.

---

2) M. E. Porter, *The Competitive Advantage of Nations*, New York; The Free Press, 1990.

그림 31-1 포터의 다이아몬드 모델

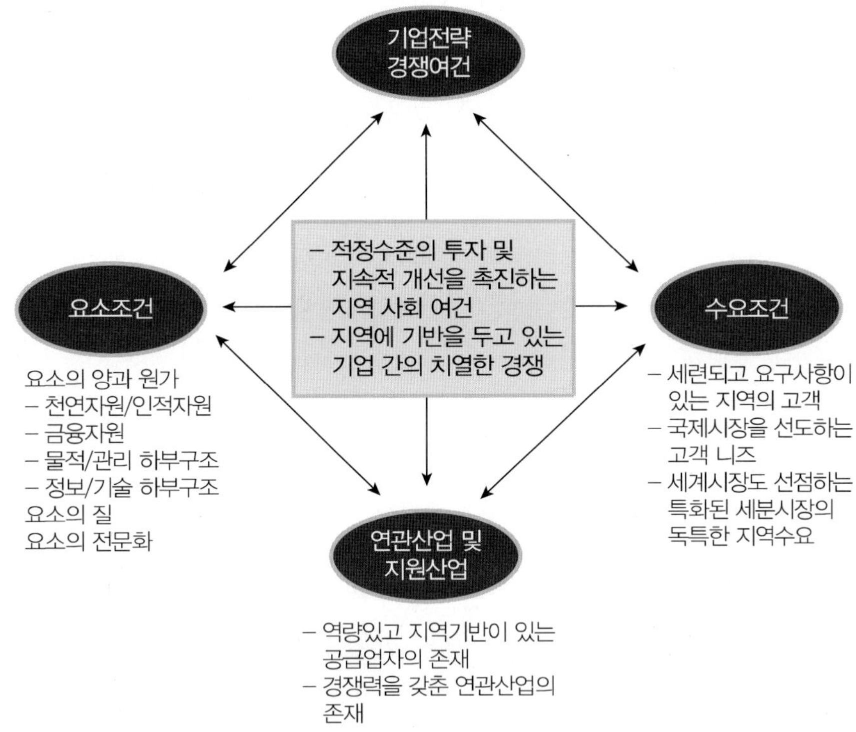

Porter, M.E., *The Competitive Advantage of Nations*, The Free Press, 1990.

(3) 세계의 클러스터 사례

세계적으로 알려진 클러스터는 미국의 실리콘밸리, 할리우드, 일본의 토요타시 등이 있으며 우리나라의 경우 울산, 충무로, 이천과 여주 등이 있다.

미국의 실리콘밸리는 대학주도형으로 세계에서 가장 대표적인 정보통신산업의 클러스터이며, 할리우드는 세계 굴지의 영화사들을 중심으로 영화산업 클러스터를 이루고 있다. 일본의 토요타시의 경우 토요타 자동차를 중심으로 대표적인 자동차산업의 클러스터를 구축하고 있다.

한편, 우리나라의 경우도 울산의 자동차 산업 클러스터, 서울 충무로의 인쇄 및 영화산업 클러스터, 경기도 이천・여주지역의 도자산업 클러스터를 들 수 있다.

표 31-1 클러스터 사례

클러스터		특 징
외국	미국 실리콘밸리	세계에서 대표적인 정보통신산업의 클러스터
	미국 할리우드	세계에서 대표적인 영화산업의 클러스터
	이태리 모데나	패션의류 등 명품 소비재 클러스터
	일본 토요타시	세계에서 대표적인 자동차산업 클러스터
우리나라	울산	국내에서 대표적인 자동차산업 클러스터
	서울 충무로	국내에서 대표적인 인쇄업 및 영화산업 클러스터
	경기도 이천·여주	국내에서 대표적인 도자기 클러스터

2 클러스터의 성공조건

세계의 학자나 연구기관, 그리고 정책 담당자들은 어떻게 하면 클러스터를 발전시킬 수 있을 것인가에 대한 많은 연구를 수행하고 있다. 이러한 연구들에 의해 클러스터의 성공 요인들이 밝혀지고 있다. 그 중 대표적인 영국정부 보고서에 의하면, 높은 수준의 과학기반, 기업가적 문화, 활발한 기업 기반, 핵심인력을 유치할 수 있는 매력적 환경, 자금 조달 능력, 부동산과 인프라스트럭처, 기업 지원서비스와 관련 대기업의 존재, 숙련 노동력, 효율적 네트워크, 정책적 지원 등 10가지 클러스터 발전의 핵심요소를 나열하고 있다.

〈클러스터 발전 핵심요소 10가지(영국 정부보고서, 2004)〉

① 높은 수준의 과학 기반
② 기업가적 문화
③ 활발한 기업 기반
④ 핵심인력을 유치할 수 있는 매력적 환경
⑤ 자금 조달 능력
⑥ 부동산과 인프라스트럭처(infrastructure)
⑦ 기업 지원서비스와 관련 대기업의 존재
⑧ 숙련 노동력
⑨ 효율적 네트워크
⑩ 정책적 지원

(1) 내부적 요소

클러스터 성공을 위한 내부적 요소 중 가장 중요한 세 가지를 꼽으면 다음과 같다.

첫째, 네트워크와 파트너십, 둘째, 혁신기반, 셋째, 기술기반이다.

1) 네트워크와 파트너십

OECD(1996)는 '클러스터 내부에 위치한 많은 소규모 기업들의 성공 열쇠는 바로 공식적·비공식적 네트워크를 활용하여 서로 협력하면서 경쟁력을 향상시키는 것'이라고 밝혔다. 즉, 네트워크와 파트너십은 클러스터의 성공에 매우 중요한 요소이며 특히 암묵적 지식 이전과 관련된 비공식적인 협력 네트워크가 중요하다.

이러한 협력 네트워크를 통해 집단적 학습이 가능하며 지역 차원의 경쟁력 강화가 가능해진다. 특히 비공식적 네트워크가 활발해지면, 그 지역사회가 '지식공동체(knowledge community)'로 발전할 수 있다. 협력 네트워크가 제대로 작동하기 위해서는 네트워크 참여자 간에 신뢰관계에 기초한 진정한 의미의 파트너십이 필요하다. 이러한 네트워크와 파트너십을 잘 갖추는데는 그 지역의 제도나 문화적 특징과 관련이 있으며, 그 지역의 사회적 자본[3](social capital)의 성숙과도 깊은 관련이 있다.

2) 지역 혁신기반

그 다음의 내부적 성공 요인으로 손꼽을 수 있는 것이 우수한 연구개발(R&D) 활동이 뒷받침되는 강력한 지역 혁신기반의 존재이다.

대학은 가장 대표적인 지역 혁신 기반이 될 수 있다. 물론 대학이 그 지역의 혁신과 발전에 있어서 필요충분조건인 것은 아니다. 유명 대학이 없이도 지역 발전에 성공한 사례가 많다. 공공연구기관이나 민간기업 부설연구기관 역시 대표적인 지역혁신기반이다.

3) 지역 기술 및 숙련기반

세 번째 요인은 해당 지역이 강력한 기술 및 숙련 기반을 보유하고 있는지 여

3) 사회적 자본에 대해서는 본서에서 별도의 장으로 다루고 있다.

부이다. 고급기술 노동력이 풍부하고, 노동력 구성이 다양한 지역에서 지역 발전에 성공할 가능성이 높다. 지역 기술 및 숙련 기반을 높이기 위하여 지역 노동력의 교육과 훈련체계를 잘 갖추어야 한다.

4) 기 타

이와 같은 세 가지 요인 외에도 지역 클러스터를 선도하는 대기업의 존재 여부, 지역의 적절한 물리적 하부구조(공항, 도로, 철도, 통신, 주거환경 등), 진취적인 기업가정신, 금융 조달(finance)에 대한 접근성 특히 벤처 기업과 같은 모험적 창업을 뒷받침하는 벤처 캐피탈 등을 성공요인으로 꼽을 수 있다.

(2) 외부적 요소

1) 입지적 요인

그 지역의 입지적 요인이 클러스터의 성공에 매우 중요한 영향을 미친다. 특히 대도시는 기존의 오랜 역사적 산업 전통을 지니고 있을 뿐만 아니라 풍부한 노동력, 높은 수준의 생활환경, 도시화경제 및 집적경제를 누릴 수 있기 때문에 클러스터 발전에 매우 유리하다고 한다.

세계적으로 유명한 금융 및 문화산업 클러스터는 대체로 대도시 내부 도심지역에, 첨단 기술 산업클러스터는 대도시 인근 지역에서 발견되고 있다. 한국, 일본, 영국과 같이 산업의 수도권 집중이 심한 나라에서는 수도권에 근접한 지역일수록 클러스터 발전에 유리하다.

2) 정부의 과감한 지원과 투자

정부의 정책적 지원과 투자 역시 클러스터의 성공에 매우 중요하다. 마르쿠젠(Markusen)이라는 미국 학자의 연구에 따르면, 미국 첨단산업 클러스터의 성공은 그 지역에 대한 국방 분야 투자 덕분이라고 한다. 즉 캘리포니아 실리콘밸리나 보스턴 루트128 지역의 성공의 배경에는 첨단무기 개발을 위한 미국 국방예산의 막대한 투자가 있었다.

프랑스, 일본, 한국, 대만 등은 정부가 나서서 인위적으로 과학단지를 개발하여 혁신 클러스터를 조성하고자 하였다.

3 클러스터 정책의 특징과 교훈

(1) 클러스터 정책의 특징

1) 정책 주체로서 지역의 중요성 강조

클러스터가 입지한 지방자치단체나, 산업관련 주체들의 역할을 강조하는 것이 기존 산업정책과 다른 특징이다. 기존의 산업정책은 산업 그 자체에 중요성을 두어 왔다. 그러나 클러스터는 관련산업은 물론 그 산업을 이루고 있는 지역이나 주체에 무게의 중심을 두고 있다.

2) 협력 네트워크 및 시너지 효과 강조

기업들 간의 협력관계 및 시너지 효과를 강조하며, 민간업계와 공공기관이 생산성 향상과 경쟁력 강화를 위해 상시적으로 건설적인 접촉을 유지하고 있다.

3) 정책의 포괄성·종합성 강조

기존에 각각 흩어져 추진되던 지역개발정책, 과학기술정책 그리고 산업정책, 중소기업 지원 정책들을 모두 포괄하는 종합적인 정책이라는 것을 강조하고 있다.

(2) 클러스터 정책 실패의 유형

1) 지역 현실과 유리된 정책 추진

지역실정을 고려하지 않은 채 위로부터의 획일적 표준적 정책은 실패하기 마련이고, 첨단산업에 대한 환상(high tech fantasies)에서 탈피할 필요가 있다. 즉, 클러스터는 지역의 현실과 정합성을 지녀야 하며, 클러스터의 대상산업은 굳이 첨단산업에 국한할 필요는 없는 것이다.

2) 형식적인 연계나 네트워크

물리적 집적이 기능적 연계를 이루리라는 환상에서 벗어나야 하는데 특정지역에 기능들이 물리적으로 집적되어 있다고 해서 그들 사이에 연계나 혁신의 확산이 저절로 이루어지는 것은 아니다. 시너지 효과를 나타낼 수 있는 여건과 환경을 조성해야 한다.

3) 정책집행 공공부문의 여력부족

모든 지역에 대한 정치적 배려 때문에 투입자원의 분산을 가져오면 실패할 수 있다. 기존 지역 경제주체들의 이해관계에 매몰되어, 쇠퇴 불가피 산업에 대한 '밑 빠진 독에 물 붓기'식 정책 지원이 이루어진다면 실패할 수 있다.

정부 중앙부처 간 할거주의, 칸막이 행정으로 인한 정책의 혼선을 가져오거나 중앙정부와 지방정부 간 역할 분담을 잘하지 못하면 곤란하다. 단기적이고 가시적인 성과에만 집중하여 장기적 시간이 소요되는 토대 구축사업들을 배제하면 실패한다.

(3) 클러스터 정책의 시사점

클러스터 정책의 특징과 실패의 유형을 통해 우리나라 클러스터 정책을 추진하거나 입안할 경우 유의해야할 점은 다음과 같다.

첫째, 산업적 연관성이 없이 단지 여러 공장들이 한 군데만 모여 있는 산업단지를, 서로 연관관계를 가지고 시너지를 낼 수 있는 클러스터로 한 단계 발전시킬 필요가 있다.

둘째, 기존 전통적 산업구조를 국제 경쟁력을 갖춘 지식기반 경제로 한 단계 발전시킬 필요가 있다.

셋째, 지역균형발전 전략의 일환으로 비수도권 지역의 산업 발전을 위한 지역 클러스터의 발전이 필요하다.

넷째, WTO 체제의 영향으로 인하여 정부의 산업부문에 대한 직접적인 지원은 제한되기 때문에 지역 클러스터 육성 정책으로 전환할 필요성이 있다.

(4) 우리나라 클러스터 현황과 정책방향

1) 클러스터의 육성을 위한 노력

참여정부 출범 이후 비수도권 지역의 자생적 산업 발전을 위해 클러스터를 육성하려는 노력을 기울여 왔다. 특히 국제 경쟁력을 갖추고 자체적으로 끊임없이 혁신을 창출하는 혁신 클러스터를 각 지방에 육성하려는 노력을 기울였다.

정부는 <표 31-2>와 같이 창원, 구미, 울산, 반월시화, 광주, 원주, 군산 등 7개 산업단지를 시범적으로 선정하여 R&D 기능을 보완하고 산·학·연 협력을 강화하며 대덕연구단지는 첨단 생산기능을 보완하는 등 전국 각 지역에 혁신클러스터를 조성하고 있다.

표 31-2 전국의 혁신클러스터 시범단지

구 분		비 전	혁신과제
연구단지	대덕	연구개발 클러스터	연구성과 상업화, 산·학 연계 강화
산업단지	창원	첨단기계 클러스터	차세대 핵심기술개발
	구미	디지털 전자산업 선도	디지털전자정보기술 집적지 조성
	울산	자동차 부품 글로벌 공급기지	모듈화·전문화·대형화
	반월시화	첨단부품소재 공급기지	업종별 클러스터 조성
	광주	광산업 클러스터	광기술원 중심 산·학 연계 활성화
	원주	첨단의료기기 산업 거점	의료기기 선도기업 유치
	군산	자동차 부품 생산기지 구축	자동차 부품 구조 고도화

2) 클러스터와 지역 혁신 발전

지역 클러스터는 지역의 혁신적 발전에 있어서 가장 핵심적 구성 요소가 된다. 지역의 혁신적 발전을 위해서는 혁신 네트워크의 구축, 지역산업제도와 사회자본의 축적, 신설기업의 창업을 촉진할 수 있는 벤처생태환경의 조성, 국지적·국제적 네트워크의 구축 등의 기본전략 및 이를 위한 지역산업과 대학 및 연구기관, 벤처자본, 전문 서비스, 기업가 정신의 발로 등이 상호 어우러져야 한다.[4)]

3) 우리나라의 산업클러스터 현황

한국산업단지공단과 산업연구원(2001)에서는 우리나라 각 지역별 클러스터 현황을 분석하기 위하여 전국 252개 시·군·구를 대상으로 지역산업 집적의 형

4) 박삼옥, 「산업군집 형성과 지역산업 발전」, 『세계화와 지역발전』, 한울, 2001.

그림 31-2 지역혁신전략

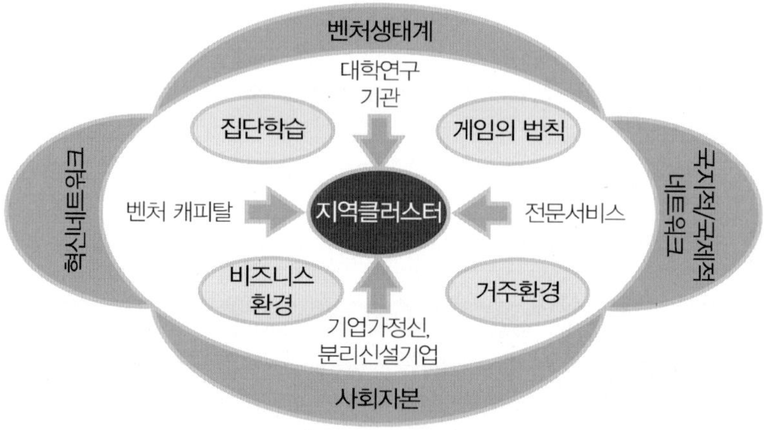

주) 이 그림에서 화살표로 표시한 부분은 혁신클러스터를 조성하기 위하여 적극적으로 참여해야 할 경제주체들이며, 구름처럼 표시한 것은 지역사회에 조성되어야 할 환경 또는 분위기이고, 바깥부분은 혁신클러스터를 조성하기 위한 핵심적인 정책방향 또는 전략이다.

표 31-3 클러스터 평가기준

평가기준	내 용
지역산업집적의 형성정도	지역산업집적의 최소기준으로 1997년 전국 대비 생산액비중과 종사자수 비중이 모두 1% 이상인 시 · 군 · 구
지역산업집적의 생산성	1997년 종사자당 부가가치가 전국 평균 이상인 지역
지역산업집적의 성장성	1995년~1997년 간 산업별 생산액 성장률이 전국 평균 이상인 지역

성정도, 지역산업집적지의 생산성, 지역산업집적지의 성장성을 평가한 바 있다.

<표 31-3>과 같은 평가기준을 기초로 하여 다음과 같은 우리나라 대표 집적지를 구분한 결과 서울의 의류와 소프트웨어, 부산의 신발, 구미와 수원의 전자정보기기, 포항의 철강, 울산의 석유화학과 자동차 및 조선, 대전의 정보통신서비스, 창원의 기계 및 메카트로닉스, 광양의 철강 등을 들 수가 있었다. 이를 시 · 도별로 정리하면 다음과 같다.

표 31-4 우리나라 지역별 대표 집적산업 업종

지역	대표 집적 산업
서 울	의류, 정보통신서비스, 소프트웨어, 문화, 관광
부 산	신발, 정보통신서비스
대 구	섬유
인 천	기계, 자동차, 메카트로, 신소재, 환경
광 주	가전
대 전	정보통신서비스
울 산	석유화학, 자동차, 조선
경 기	기계, 가전, 반도체, 자동차, 전자·정보기기, 메카트로닉스, 정밀화학, 생물, 정밀기기, 정보통신서비스, 문화, 관광
강 원	해당 없음
충 북	반도체, 정밀화학
충 남	석유화학, 정밀기기
전 북	해당 없음
전 남	석유화학, 철강
경 북	섬유, 철강, 가전, 전자·정보기기, 신소재
경 남	기계, 조선, 메카트로닉스, 정밀기기, 항공우주
제 주	관광

자료: 한국산업단지공단·산업연구원(2001)

이러한 산업 집적지역 모두가 연관 산업 간 시너지 효과를 내는 혁신 클러스터의 역할과 기능을 제대로 하고 있는 것은 아니다. 위의 산업 집적지역 중 일부는 단순히 정부정책에 의해서 산업이 한 곳에 모여 있을 뿐 산업클러스터의 기능을 하지 못한다고도 볼 수 있다. 따라서 단순 산업 집적지역을 혁신 클러스터로 전환하는 것이 우리나라 지역 정책의 중요한 방향이다.

4) 산업클러스터 정책방향

우리나라의 산업정책은 단순한 양적 확대에서 벗어나, 혁신클러스터 육성정책으로 전환해야 한다. 이를 위해 무엇보다 지역별 전략산업을 중심으로 집적이 형성된 단지 또는 향후 집적이 기대되는 단지와 같은 경쟁력 있는 산업단지를 혁

신클러스터로 전환시키는 것을 기본 목표로 삼아 다음과 같은 과제들을 추진해야 한다.[5)]

첫째, 공업단지 인근의 대학을 중심으로 산학협력 중심대학을 육성하고, 산학연계를 통한 산업단지 연구개발 지원기능을 대폭 확충해야 한다. 둘째, 전략산업이 집적을 유도할 수 있는 산업단지에 공공기관 지방이전을 연계·추진하여, 이전에 따른 시너지효과를 제고해야 한다. 셋째, 공동연구시설 및 공동연구장비 공급 등 기업 간 협력을 강화하기 위한 제반 인프라를 확충해야 한다. 넷째, 자금지원, 마케팅, 인재채용 등 산업단지 관리기관의 기업 지원서비스 제공을 강화해야 한다.

이상과 같이 정부가 내놓은 네 가지 정책방향보다 더욱 중요한 산업클러스터 정책 발전방안은 정책의 지속성이라고 판단한다. 특히 정권의 교체와 관계없이 산업 경쟁력을 위한 큰 물결인 혁신클러스터 정책은 장기 마스터플랜을 세우고 이를 지속적으로 유지하는 것이 무엇보다 중요한 정책방향이 될 것이다.[6)]

5) 국가균형발전위원회, 『선진국의 혁신 클러스터』, 2005. pp. 58-59.

6) 이 장은 지방행정연수원 사이버교재; 강현수·남기범·모성은, 『지역혁신발전론』을 중심으로 정리하였다.

CHAPTER 32

혁신도시

앞 장에서 살펴본 지역혁신체계와 산업 클러스터의 실제 사례가 바로 혁신도시이다. 이들은 자유시장경제체제 하에서 지역발전은 혁신가 내지 기업가정신으로 무장된 주체들을 중심으로 구축될 때 그 성과를 이룰 수 있다는 사상에서 시작된 것이다. 이러한 혁신도시는 혁신체계와 클러스터를 중심으로 구축되고 있으며 우리나라에서 혁신도시는 아직 초기단계에 있다고 볼 수 있다. 하지만 우리나라의 혁신도시가 성공적으로 건설되기 위해서는 아직 다양한 개선과제들을 내포하고 있음을 기억해야 한다.

1 혁신도시의 배경과 개념

(1) 혁신도시의 배경

세계 각국은 혁신활동과 기업가정신을 유기적으로 결합한 혁신클러스터를 경제의 거점으로 하여 국가경쟁력을 강화하고 있다. 아울러 경쟁의 단위가 국가에서 지역으로 전환됨에 따라 혁신과 창조성으로 특성화된 도시개발을 적극 추진 중이다.

그러나 우리나라의 지방도시들은 혁신과 경쟁력 측면에서 지역발전의 핵심공간으로서 부족한 점이 많다. 대부분의 지방도시는 일자리와 같은 자족기능과 쾌적한 주거환경 및 교육, 정보 등의 인프라가 미흡할 뿐만 아니라, 상대적으로 주거·생활환경이 양호한 기존 신도시들 역시 지역 내 기업, 연구소, 대학 등 혁신주체간에 연계와 협력이 부족하여 지역발전을 견인하는 데 한계를 보이고 있다.

정부가 역점을 두고 추진하는 각종 균형발전정책들이 지역적 공간에서 체계화・조직화되기 위해서는 지방도시의 혁신이 중요하다. 고속철도의 개통과 정보통신 인프라의 확충, 지자체・기업・대학・주민 등 지역혁신주체들의 내생적 발전노력은 지역의 혁신에 좋은 여건을 제공하고 있다.

공공기관의 지방이전을 촉매로 지역전략산업과 연계된 혁신도시를 건설함으로써 지방화 시대의 중심지 및 국내외적 경쟁력을 갖춘 지역 거점으로 육성하고자 하는 것이다.

(2) 혁신도시의 개념과 구성

이러한 혁신도의 비전은 혁신형 국토건설을 통한 국가균형발전의 달성에 있으며, 공공기관 지방이전을 매개로 혁신도시를 건설하여 지역특성화 발전 및 자립형 지방화를 이루고자 한다.

혁신도시는 혁신주체, 혁신활동 지원환경, 인프라로 구성된다. 혁신주체는 특화 기능군으로 묶인 다수의 공공기관, 지역전략산업, 공공기관의 특화기능과 직간접적으로 관련된 기업, 대학, 국책 및 민간연구소 등을 포함하고 있다.

그리고 혁신활동 지원환경은 혁신주체들 간의 유기적인 협력과 네트워킹으로 연구와 생산 등에 있어 혁신의 창출과 확산을 촉진할 수 있는 시설, 조직, 제도적

| 참고 | 혁신도시의 해외사례와 시사점

프랑스 소피아 앙티폴리스(Sophia Antipolis)는 특화산업과 관련된 대학과 공공연구기관을 지방으로 이전하였는데, 특히 국립공과대학, 국립컴퓨터과학연구소, 국립건강의료연구소 등을 유치하였고, 단지 내에 연구소와 기업의 긴밀한 연계와 협력을 통해 세계적 혁신단지로 발전한 성공사례이다.

이외에 유럽, 아시아 등에서 추진하고 있는 사이언스파크, 테크노폴리스, 혁신형 산업단지 등도 혁신도시에 근접하는 형태로 볼 수 있다. 이러한 혁신도시 건설은 다음과 같은 시사점을 가지고 있다.

첫째, 혁신도시는 대부분이 산학연간 긴밀한 연계와 협력체계를 이루는 가운데, 일부 단지에서는 공공기관이 이러한 혁신의 촉매역할을 수행하고 있다는 점이다.

둘째, 혁신도시 건설은 고급기술인력, 벤처자본, 모험적 사고, 양호한 도시 인프라 등을 바탕으로 혁신주체들 사이의 연계와 협력의 활성화를 중시하고 있다.

셋째, 혁신도시에는 기업투자가 필요한데, 이를 위해서는 기업도시와 상호 연계하여 혁신도시를 추진할 필요가 있다.

환경 등을 의미한다.

혁신도시의 여러 활동을 지원하는 인프라는 고속도로·고속철도·공항 등의 교통인프라, 국내외 실시간 정보교류가 가능한 첨단정보통신체계, 지방정책에 필요한 고급·전문인력을 위한 양질의 주거 및 교육·문화·여가시설과 녹지공간 등으로 구성된다.

2 혁신도시의 개발방향과 유형

(1) 혁신도시의 개발방향

1) 개발의 기본방향

혁신도시 개발의 기본방향은 공공기관 지방이전을 계기로, 주요 지역별 특화발전에 의한 자립형 지방화를 촉진하는 것이다.

이를 위하여 첫째, 지역 내 공공기관과 기업·대학·연구소 간의 협력에 기초하되, 주변의 산업단지와 지역혁신체계 등 기존의 지역자원을 활용하여 광역적 지역발전을 선도하도록 하는 것이다. 둘째, 고속철도·고속도로·국제공항 등 교통시설 및 첨단정보통신체계를 구비하여 혁신도시로의 접근성을 높이도록 하는 것이다. 셋째, 공공기관 종사자의 가족이 지방에 정착할 수 있도록 우수한 교육환경과 쾌적하고 질 높은 주거·문화·편익시설을 구비하는 것이다.

2) 혁신도시의 개발구상

혁신도시는 다음과 같은 방향으로 개발하기로 구상하였다. 첫째, 혁신도시는 지역전략산업과 공공기관 특화분야, 지역혁신 자원분포, 개발수요 등을 종합적으로 고려하여 지역특화발전과 지역혁신체계 구축을 촉진할 수 있는 도시개발을 지향한다. 이를 위하여 '제1차 국가균형발전5개년계획'에서 제시된 시·도별 지역전략산업과 연계성이 큰 공공기관을 특화 기능군으로 구분하고 혁신도시로 집단 이전함으로써 지역혁신의 촉매역할을 수행하도록 하는 것이다.

둘째, 혁신도시에는 공공기관·기업·대학 등 구성원들 간의 상호협력과 공동학습이 활발하게 일어날 수 있는 혁신지원시설, 조직, 제도와 같은 혁신환경을 조성한다. 지역특화발전 관련 기능의 유치 및 육성을 위해 지역전략산업 및 공공기관 특화 기능군과 관련한 기업, 대학, 연구소 등을 중점 유치하고 이들에게 관련 인센티브를 고려한다.

셋째, 혁신도시 전체에서 구성원 간의 협력과 교류가 원활하게 이루어질 수 있도록 공간구조와 주거·문화, 교육·교통·통신 등 인프라를 구축한다. 혁신도시 내에 혁신중심지구를 조성하여 각종 교류·협력과 비공식 활동의 장이 될 수 있는 혁신지원센터, 회의시설 등을 배치하고, 복합적 토지이용을 통해 기업, 연구소, 공공기관 사이의 물리적 접근이 용이하도록 한다. 또한 쾌적하고 질 높은 생활환경을 마련하여 고급 인력을 유치할 수 있는 정주여건을 조성하겠다는 구상이다.

(2) 혁신도시의 개발유형과 주체

1) 혁신도시 개발유형

혁신도시는 시·도별 지역혁신체계 및 지역전략산업과 연계하여 지식기반 혁신도시, 바이오 혁신도시, 문화산업 혁신도시 등 산업기능과 성격을 특화하여 다양한 유형으로 개발할 수 있다. 이전지역에 따른 개발유형을 살펴보면, 광역시는 도시인프라를 활용하는 신시가지 또는 재개발방식으로 개발할 수 있고, 도는 중소도시와 기능연계의 신도시 또는 신시가지 방식이 가능하다.

혁신도시 개발유형은 도입기능과 입지 등에 따라 기존도시 활용형(혁신지구)과 독립형 신도시형(혁신도시)으로 구분된다.

첫째, 기존도시 활용형은 기존의 도시 부지를 활용하는 방식에 따라 다시 재개발 방식과 신시가지 방식으로 구분할 수 있다. 재개발방식은 노후화된 주거단지, 산업단지, 이전적지(공장, 대학, 군사시설 등), 역세권 재개발 대상지 등을 리모델링하는 방식으로 대부분 도심인근에 입지한다. 도입기능은 공공기관과 유관기관, 주상복합시설 등으로 최소화 할 수 있으며, 소규모(예: 5~10만평)로 개발이 가능하다. 이에 반해 신시가지 방식은 도시 내부 또는 외곽의 녹지, 나대지, 개발제한구역 조정지역 등 미개발지를 활용하는 방식이다. 미개발지를 활용함에 따라 도입기능은 R&D센터, 도시형 첨단업종, 주거단지 등으로 확대될 수 있으며, 개발면적은 중규모(예: 30~50만평)가 될 것이다.

둘째, 독립형 신도시형(혁신도시)은 기존도시와 공간적으로 분리하여, 기능적

그림 32-1 혁신도시 개발 유형

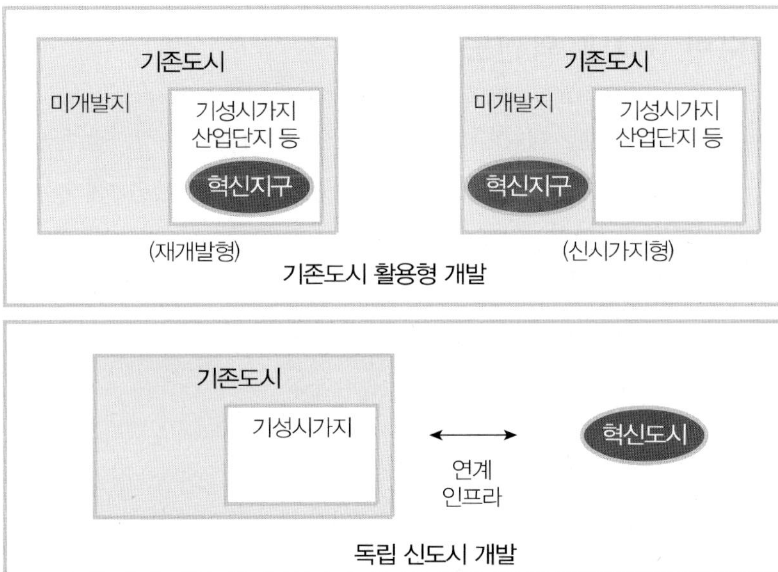

인 독립성을 갖추어 개발하는 방식이다. 도입기능은 공공기관, 상업업무·문화시설, R&D기능, 제조업체, 주거단지, 대학 등에까지 확대된다. 개발면적은 개별수요와 지역여건에 따라 달라질 수 있으나, 다른 방식에 비하면 대규모(예: 50만평 이상) 개발이 예상된다.

2) 혁신도시의 개발주체

혁신도시의 개발주체는 현행법상 중앙정부, 지자체, 민간기업 등이 모두 가능하다. 하지만 혁신도시 건설사업이 정부정책 차원에서 추진되는 점을 감안할 때 공공부문이 주도하는 것이 바람직하다. 다만 혁신도시의 조기건설과 기능활성화 등을 감안하여 필요한 경우에는 다양한 주체의 참여를 허용할 필요가 있다.

그리고 지역여건에 따라 현재 추진 중인 기업도시와 연계하여 민간의 활력과 창의성을 적극적으로 활용할 수 있다. 예를 들면 민간기업이 산업생산시설을 중심으로 개발하는 기업도시에 공공기관을 유치함으로써, 기업도시와 혁신도시를 연계하여 추진할 수도 있을 것이다.

3 우리나라 10대 혁신도시

현재 부산(동삼·문현·센텀·대연), 대구 신서, 울산 우정, 광주·전남, 강원 원주, 충북 진천·음성, 전북 전주·완주, 경북 김천, 경남 진주, 제주 서귀포 지역에 10개의 혁신도시가 건설 중에 있다.[1)]

그림 32-2 혁신도시 위치

1) 국토해양부 혁신도시 홈페이지(innocity.mlmt.go.kr).

(1) 부산 혁신도시

부산혁신도시는 935,000㎡의 면적에 공동주거지, 3개의 기능군(동삼동 매립지, 문현동 금융단지, 센텀시티)으로 이전기관이 배치된다.

'대륙과 해양이 만나는 해양수산, 영화, 금융의 중심'이라는 비전 아래 영상산업군, 금융산업 및 해양수산기능군의 공공기관을 이전하여 영상·영화의 메카이면서 국제행사와 동아시아 교역의 중심도시로 육성된다.

이전대상기관은 한국해양연구원 등 13개 기관이다. 지역연고산업이 수산업이라는 점과 항만·물류 중심지의 특성을 감안하여 해양수산기능군이 이전한다. 이

표 32-1 부산 혁신도시 이전기관과 도시기능

구분	위치	면적(㎡)	이전기관	도시기능
동삼지구 해양수산 클러스터	영도구 동삼동 일원	616,000	한국해양연구원, 한국해양수산개발원, 국립해양조사원, 국립수산물품질검사원	- 해양벨트의 구심적 역할 - 크루즈 터미널, 북항대교 건설로 해양관광의 메카 - 조선 및 해양수산 산·학·연 클러스터
문현지구 금융·기타 클러스터	남구 문현동 일원	102,000	한국자산관리공사, 한국주택금융공사, 한국예탁결제원, 대한주택보증(주), 한국남부발전(주), 한국청소년상담원	- 수도권에 상응하는 제2의 금융중심지 - 업무·문화·주거 등 복합시설이 연계된 새로운 비즈니스 공간 - 증권선물시장 통합계기 본격적인 금융도시 기반 구축
센텀지구 영화·영상 클러스터	해운대구 우동 일원	61,000 (시네포트 단지)	영화진흥위원회, 영상물등급위원회,게임물등급위원회	- 영화·영상산업 및 지식, 정보통신 산업거점 - 다양한 전시·컨벤션 행사로 고급 정보 및 인력 교류 - 인간과 자연, 기술이 조화된 첨단 신도시
대연지구 공동주거지	남구 대연동 (군수사령부 이전부지)	156,000	공동주택 2,300세대, 초등학교(1), 공원 등	- 완충녹지 등 인간과 자연이 함께하는 쾌적한 주거환경 - 도시고속도로, 광안대교 등 교통의 요충지 - 문화회관, 박물관, 해수욕장 등과 인접한 문화생활도시

를 통해 세계적인 항만물류 및 국제적인 수산유통의 거점화로 대륙과 해양을 연결하는 관문으로서의 기능을 강화한다.

또한 한국증권선물거래소, 기술신용보증기금 등 기존에 이미 이전한 금융기관들과 연계하여 수도권에 상응하는 제2의 금융중심지로 육성하기 위해 금융산업 기능군이 이전할 계획이다. 그리고 부산국제영화제 등 지역 내 영화산업기반을 고려하여 영화진흥 관련기관이 이전된다.

2008년 4월에 착공하였으며 2010년 1월 13개 공공기관 이전계획의 승인이 완료되었다.

(2) 대구 신서 혁신도시

대구광역시 동구 신서동 일원의 4,216,000㎡ 부지 위에 2012년까지 이전공공기관과 관련기관 등이 협력을 통해 지속 발전 가능한 미래 혁신도시 건설, 수준 높은 교육, 문화, 주거 등 정주환경과 자족기능을 갖춘 복합 도시 건설을 목표로 혁신도시를 건설한다.

이전대상기관은 11개로 대구·경북권 산업클러스터 중추도시로서의 특성을 감안하여 산업지원 기능군이 이전하게 된다. 이를 계기로 구미, 포항, 울산 등 산업 집적지의 기능을 광역적으로 지원하는 거점도시기능을 강화하고 내륙 산업클러스터의 두뇌기능을 강화한다.

또한 전통적인 교육과 학문의 중심지임을 감안하여 교육·학술기능군이 이전하여 생활권 내에 입지하고 있는 30여 개 대학 간의 학술교류 등을 촉진한다.

표 32-2 대구 신서 혁신도시 이전기관

구 분	이전기관
산업지원 관련기관	산업기술평가관리원, 한국산업단지공단, 신용보증기금
교육학술 관련기관	한국장학재단, 한국사학진흥재단, 교육과학기술연수원, 한국교육학술정보원
기타 기관	한국가스공사, 한국감정원, 중앙신체검사소, 중앙119구조대

그림 32-3 대구신서혁신도시 개발 콘셉트

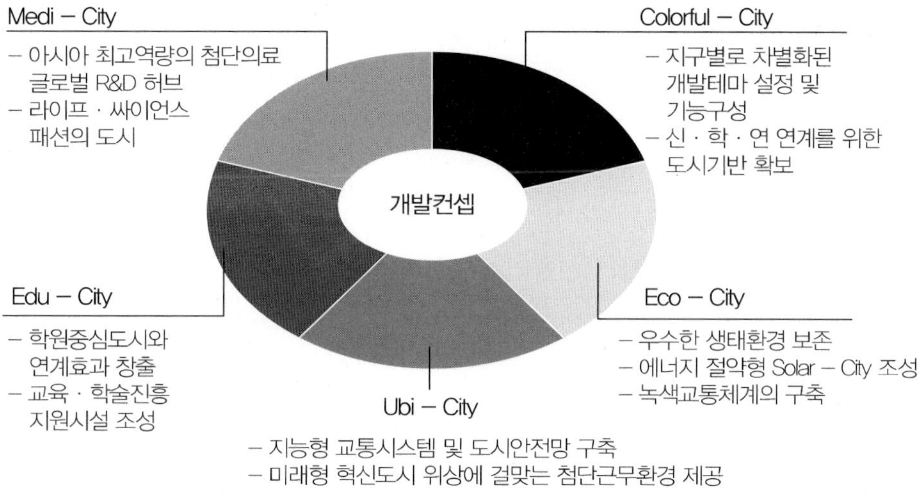

(3) 울산 혁신도시

울산 혁신도시는 울산시 중구 우정동 일원 2,980,000㎡의 부지에 건설되고 있다. '인간과 자연이 함께하는 친환경 첨단 에너지 메카'라는 비전 아래 기존의 공업도시의 기능에 에너지 산업군과 노동·복지기능군이 이전하여 친환경 에너지협력체제를 구축하고, 장기국가에너지 정책의 구심도시로 육성한다.

울산 혁신도시로 이전하는 공공기관은 10개로, 석유정제산업 및 에너지 다소비적인 지역산업구조의 특성을 감안하여 에너지 기능군이 이전된다. 자동차·조선·석유화학 등 제조업 중심의 공업도시에 에너지 관련기능을 보강하여 혁신주도형 성장기반을 구축할 계획이다. 또한 산업도시라는 특성을 감안하여 노동복지기능군이 이전하여 근로자의 복지향상과 고용훈련 등을 통해 삶의 질 향상과 복지여건을 확충한다.

표 32-3 울산 혁신도시 이전기관

구 분	이전기관
에너지산업 관련기관	한국석유공사, 에너지관리공단, 에너지경제연구원, 한국동서발전
노동복지 관련기관	한국산업인력공단, 근로복지공단, 고용노동부고객상담센터, 한국산업안전보건공단
기타 기관	국립방재연구소, 운전면허시험관리단

그림 32-4 울산 혁신도시 혁신클러스터 구축방안

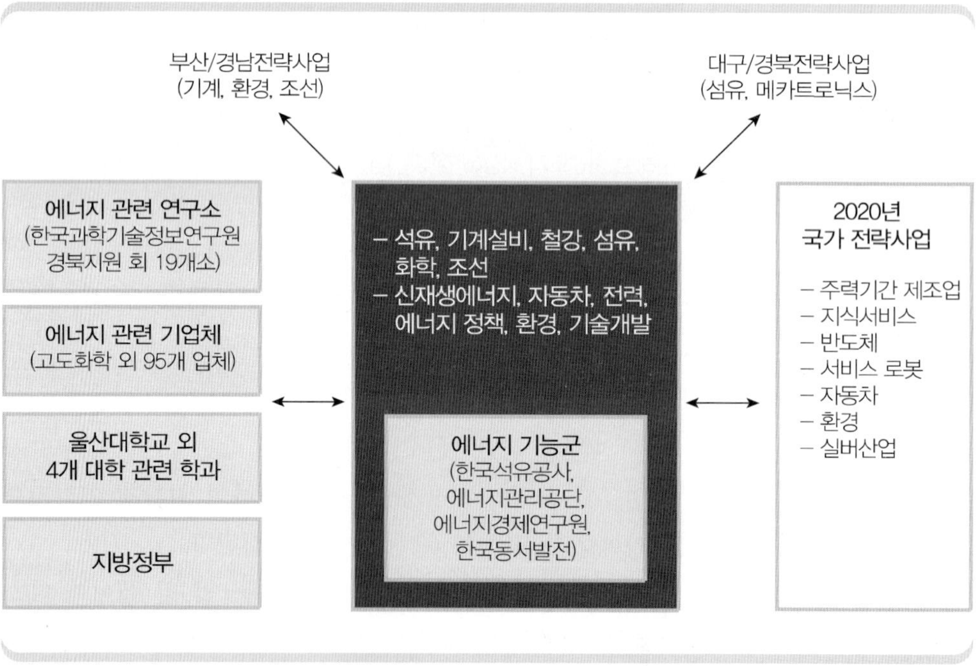

(4) 광주·전남 공동 혁신도시

광주・전남 공동 혁신도시는 전남 나주시 금천지역 일원 730만m²에 입지할 예정이다. '하나로 빛나는 초광역 첨단미래산업 클러스터' 건설을 목표로 시・도가 협력하는 공동 혁신도시로서 국가 에너지산업, 정보통신, 문화예술 산업클러스터를 조성하여 서남 경제권을 아우르는 문화수도로 구축된다.

계획인구는 5만 명으로 자족형 독립신도시로 조성되고 공영개발 방식으로 사업이 추진된다. 주요시설로는 혁신중심지구, 신산업지구, 문화·레저지구, 주거·녹지공간 등이 배치되고 입주기관은 한전 등 17개 공공기관, 연관기업, 연구소, 대학 등이다. 혁신도시에서 종사하는 임직원 4,562명으로 사업비는 약 1조5천~2조5천억 원으로 추정된다.

한전과 한전KPS, 한국전력거래소가 이전하게 될 광주시는 에너지산업 광역클러스터를 형성하여 향후 국가 에너지 산업의 새로운 거점으로 육성할 계획이다. 이를 통해 전력기술 첨단화와 신·재생에너지 등 청정에너지 관련 연구기관 및 기업과 연계를 강화한다.

전라남도에는 정보통신 기능군이 이전하여 광주의 전력산업클러스터 및 영

표 32-4 광주·전남 공동 혁신도시 이전기관

구 분		이전기관
광주	전력산업 기관	한국전력공사, 한전KPS, 전력거래소, 한전KDN
전남	정보통신 관련기관	우정사업정보센터, 한국인터넷진흥원, 전파연구소, 한국전파진흥원
	농업기반 관련기관	한국농어촌공사, 한국농촌경제연구원, 농업연수원
	기타 기관	한국문화예술위원회, 한국콘텐츠진흥원, 농수산물유통공사, 사립학교교직원연금공단

그림 32-5 광주·전남 공동 혁신도시 개발 기본 콘셉트

미래상 ["광주·전남의 미래 원동력"]

개발컨셉: 생명의 도시 Green – Enegypia [에너지=생명, 농업=생명, 환경=생명, 역사와 문화=생명]

개발목표: 광주·전남지역을 견인하는 혁신성장선도도시 **도시발전목표** | 지속가능한 도시, 고품격 인간중심도시 **도시조성목표**

추진전략: [농업, 생물산업 클러스터 | 신재생에너지 클러스터] [순환과 이어짐의 도시 | 환경의 도시 | 통합과 조화의 도시]

상・문화산업과 연계하여 지역의 산업구조를 고도화할 계획이다. 또한 농업 발전 지역이라는 지역적 특성을 배경으로 농업지원 기능군을 이전하여 농업 및 생물산업의 견인차 역할을 수행하고 농업구조를 고도화하고자 한다.

(5) 강원 원주 혁신도시

강원도 원주시 반곡동 일원 360만m^2 부지에 조성되는 원주혁신도시는 세계 속의 생명・건강산업의 수도를 목표로 건설된다.

청정환경과 수려한 자연환경을 바탕으로 의료기기, 바이오, 신소재, 관광산업 등 4대 전략산업을 육성하고, 건강・생명 관련 클러스터를 형성하여 새로운 성장 동력을 창출한다.

이전기관은 한국관광공사 등 13개 기관 4,000명이고 산림항공본부가 개별이전하게 된다. 수용인구는 30,605명(11,771호)으로 이전 공공기관 및 산학연 클러스터 시설, 주거, 교육, 문화・복지・레저 시설 등이 들어서게 된다.

표 32-5 강원 원주 혁신도시 이전기관

구 분	이전기관
관광기능군	한국관광공사, 국립공원관리공단
건강・생명기능군	국민건강보험공단, 건강보험심사평가원, 대한적십자사, 한국보훈복지의료공단
자원개발기능군	한국광물자원공사, 대한석탄공사, 한국광해관리공단
공공서비스 기능군	도로교통공단, 국립과학수사연구소, 한국지방행정연구원

(6) 충북 혁신도시

충북 혁신도시는 충북 진천군 덕산면과 음성군 맹동면 일원 6.924㎢ 부지에 'IT・BT 산업의 테크노폴리스'를 건설하는 것이 목표이다.

오창과학산업단지와 함께 IT와 BT 중심의 정보통신 정책과 인력양성 등을 지원하여 연구개발이 활발한 테크노폴리스를 건설하여 '바이오토피아 충북'을 구현한다.

그림 32-6 원주혁신도시 클러스터 구축 계획

구분	클러스터	중점유치산업	관련 이전기관
A지구	건강생명클러스터	- 첨단의료기기/의료융합산업 - U-Health산업 - 심혈관 및 건강관리 서비스산업 - 생물의약소개 R&D 산업 - BT융합기술 기반산업	국민건강보험공단 건강보험심사평가원 한국보훈복지의료공단 대한적십자사 국립과학수사연구소
B지구	자원개발/에너지 클러스터	- 신소재/나노융합기술산업 - 신재생에너지 기술산업 - 광해방지기술산업	한국광물자원공사 대한석탄공사 한국광해관리공단
C지구	비즈니스 지원 클러스터	- 금융보험관련 서비스업 - 법률 · 회계 · 컨설팅 디자인관련산업	도로교통공단 한국지방행정연구원
D지구	관광문화 클러스터	- 의료관광문화산업 - MICE 관련 산업	한국관광공사 국립공원관리공단

이를 위하여 지역 내 정보통신산업의 성장가능성과 BT산업과의 연계 등을 고려하여 정보통신 기능군이 이전되고 관련 정책 수립 및 인력양성 등을 지원하여 연구개발이 활발한 혁신클러스터로 도약할 계획이다. 그리고 지역 내 우수한

표 32-6 충북 혁신도시 이전기관

구 분	이전기관
정보통신 관련기관	정보통신정책연구원, 정보통신산업진흥원(한국소프트웨어진흥원+한국전자거래진흥원)
인력개발 관련기관	한국교육개발원, 한국교육과정평가원, 중앙공무원교육원, 법무연수원, 한국고용정보원
기타 기관	한국과학기술기획평가원, 한국가스안전공사, 한국소비자원, 기술표준원

표 32-7 충북 혁신도시 건설 구상안

기간	특 징	혁신공간계획
2007 ~ 2012	1단계 태동기 (이전공공기관 정착단계)	- 혁신주체: 산학연관 클러스터 본부로 관주도 - 혁신체계 유형: 혁신기반강화형 혁신체계 - 공간규모: 산업기술단지 규모 - 혁신기능: B · IT지연산업(정밀기기, 정밀화학, 메카트로닉스, 환경산업)/산업기술단지 기능 포함 - 거버넌스: 제한형 - 혁신유형: 정부주도형/지역내포형
2013 ~ 2020	2단계 확장기 (산학연 정착단계)	- 혁신주체: 산학연관 클러스터 본부+지역혁신협의회 관-민 주도 - 혁신체계 유형: 혁신지원확장형 혁신체계 - 공간규모: 테크노폴리스 규모 - 혁신기능: BIT 융합산업(e-learning/U-health 기기/ Bio-Medi 관광문화/교육문화콘텐츠(테크노폴리스 기능 포함) - 거버넌스: 계층형 - 혁신유형: 자생형/글로벌형
2021 ~ 2030	3단계 성숙기 (혁신확산 단계)	- 혁신주체: 산 · 학 연관 클러스터 본부+지역혁신협의회 민간 주도 - 혁신체계 유형: 혁신역량완성형 혁신체계 - 공간규모: 혁신도시 규모 - 혁신기능: BIT산업 스핀오프 활성화(테크노폴리스 기능+혁신촉진 기능 포함) - 거버넌스: 유연적 중첩형 - 혁신유형: 네트워크형/상호작용형

교육 인프라와 타 지역과의 높은 접근성 등을 감안하여 인력개발기능군이 이전하여 인근의 행정중심복합도시에서 발생하는 교육수요에 부응하고자 한다.

(7) 전북 전주·완주 혁신도시

전북 전주·완주 혁신도시는 전주시 만성동과 중동, 완주군 이서면 갈산리와 반교리 일원 9.91㎢의 부지에 '전통과 첨단을 잇는 생물·생명산업의 메카'를 건설하는 것이 목표이다. 전통 농업의 중심지로서 발효식품 등 생물·생명산업 및 국토개발관리군 연구기관들이 모여 국토·도시개발과 농·생명클러스터를 구축하는 것이다.

표 32-8 전북 전주·완주 혁신도시 이전기관

구 분	이전기관
국토개발 관련기관	한국토지주택공사, 대한지적공사
농업생명 관련기관	농촌진흥청, 국립농업과학원, 국립원예특작과학원, 국립식량과학원, 국립축산과학원, 한국농수산대학
기타 기관	한국전기안전공사, 한국식품연구원, 지방행정연수원, 한국간행물윤리위원회

그림 32-7 전북 혁신도시 개발계획

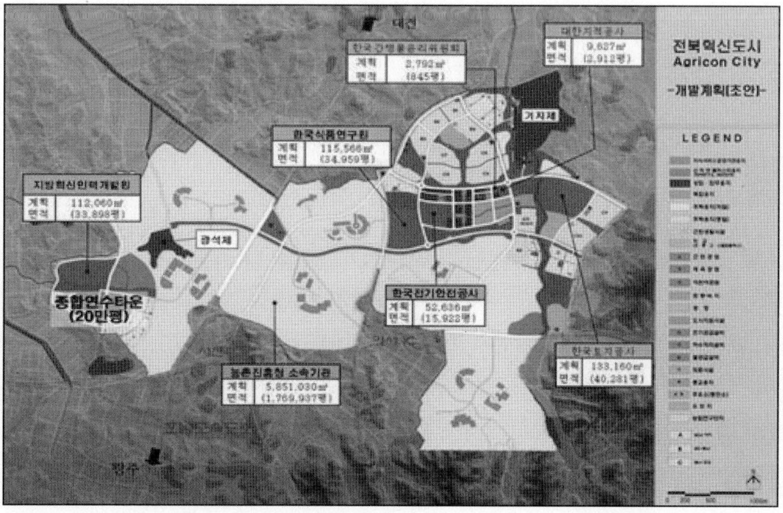

인구 3만 명으로 계획된 전북 전주 · 완주 혁신도시는 대규모 국가산업단지, 행정중심복합도시 등 대형 국책사업 지역과 인접한 지리적 특성을 감안하여 국토개발관리기능군이 이전하여 기존의 대규모 광역개발계획 추진을 촉진하고 지역 내 대학의 특성화 등과 연계하여 새로운 지역개발 모델을 창출한다.

또한 농업 중심지로서의 지역 특성을 반영한 농업지원 기능군을 배치하여 식품 · 생물 · 한방산업을 육성 · 연계해 생물건강 · 생명산업 혁신클러스터의 형성을 촉진한다.

(8) 경북 김천 혁신도시

경북 김천 혁신도시는 김천시 농소면 · 남면 일원 105만평 부지에 '첨단과학기술과 교통의 허브'를 목표로 건설된다. 고속전철, 고속도로와 함께 광역 교통망의 정비와 농업 지원관련기관의 이전으로 물류산업과 농축산부문의 산 · 학 · 연 간 교류를 통해 첨단과학기술과 산업이 공존하는 도시로 육성한다.

사업비 8,500억 원을 투입하여 인구 25,000명의 자족형 도시가 건설된다. 이는 주요 고속도로망과의 연계, 지역 내 도로연장 등 지역특성을 고려하여 도로교통기능군이 배치됨으로써 동서 간 교통축 형성을 주도하고 낙후지역 개발을 촉진하여 교통안전 선진지역으로 육성한다.

또한 농업 특화도를 고려하여 농업지원 기능군을 배치하고 농축산부문 특화산업 성장을 통해 농업 및 연관 산업의 핵심거점으로 발전한다.

표 32-9 경북 김천 혁신도시 이전기관

구 분	이전기관
도로교통 관련기관	한국도로공사, 교통안전공단, 한국건설관리공사
농업지원 관련기관	국립수의과학검역원, 국립농산물품질관리원, 국립식품검역소, 국립종자관리소
기타 기관	한국전력기술, 정보통신부조달사무소, 조달청중앙구매사업단, 대한법률구조공단, 한국법무보호복지공단, 기상통신소

그림 32-8 경북 김천 혁신도시 개발방향

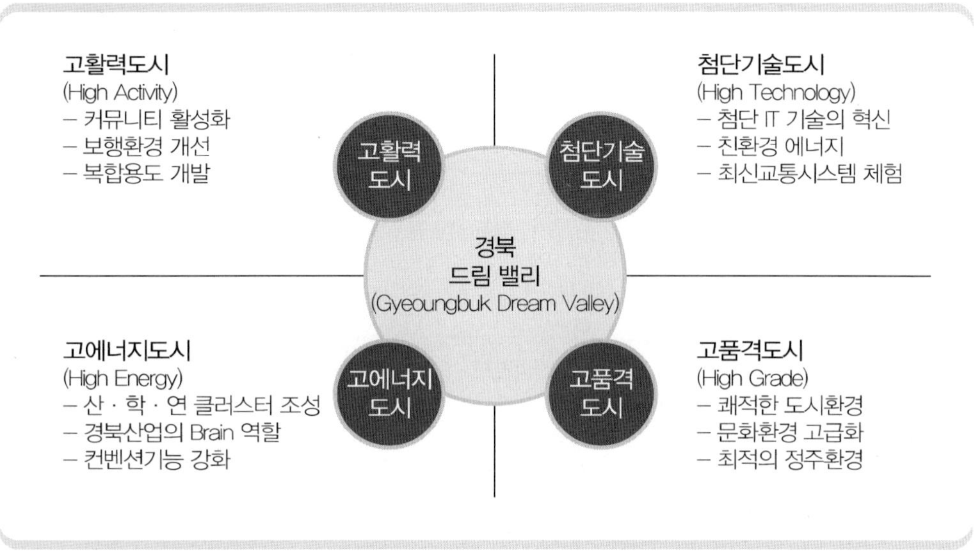

(9) 경남 혁신도시

경남 진주시 문산읍 소문리 일원 4,119,000㎡ 부지에 '한국을 움직이는 메카트로닉스의 거점' 건설이 목표이다.

남해의 유서깊은 관광자원과 우수한 교통여건을 바탕으로 기계, 항공 등 국내 주요기간산업의 핵심인 지능형 로봇산업 클러스터를 구축하여 메카트로닉스의 거점으로 육성한다.

경남 혁신도시에는 12개의 공공기관이 이전하는데 동남권의 주택 건설 수요

표 32-10 경남 혁신도시 이전기관

구 분	이전기관
주택건설 관련기관	한국토지주택공사, 주택관리공단, 한국시설안전공단
산업지원 관련기관	중소기업진흥공단, 한국산업기술시험원, 한국세라믹기술원, 한국전자거래진흥원
기타 기관	국민연금공단, 한국동남발전, 한국승강기안전관리원, 국방품질관리소, 중앙관제분석소

그림 32-9 경남 혁신도시 위치도

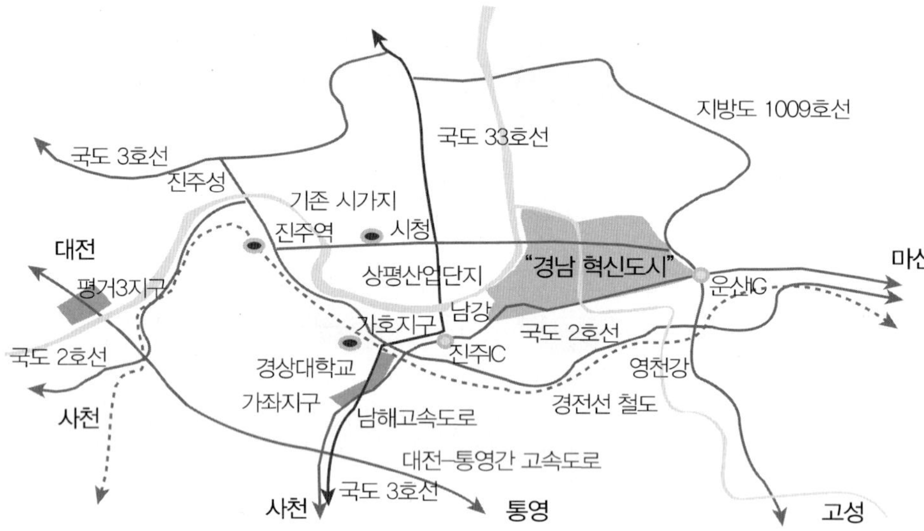

등을 감안하여 주택건설기능군이 이전함으로써 주택자동화 및 방재 기술, 건설중장비 산업과 연계를 촉진하게 된다. 그리고 제조업체 집적지역이라는 특성을 바탕으로 산업지원 기능군이 이전하여 지식기반기계, 항공·우주 등 지역전략산업을 국가성장동력산업으로 육성할 수 있도록 기업에 대한 지원기능을 강화한다.

(10) 제주 서귀포 혁신도시

제주혁신도시는 서귀포시 서호동 일원 1,140,495㎡에 '국제자유도시를 선도하는 국제교류·교육연수도시'로 육성된다. 수용인구는 1,800가구에 5천명이고 헥타르 당 44인으로 쾌적한 정주환경이 조성된다.

특별자치도 시행과 국제자유도시 추진의 강력한 동력으로 교육연수기능 이전에 따르는 교육과 관광이 어우러진 국제교류의 중심이자 교육연수의 메카로 육성한다.

표 32-11 제주 서귀포 혁신도시 이전기관

구 분	이전기관
국제교류 관련기관	한국국제교류재단, 재외동포재단
교육연수 관련기관	국토해양인재개발원, 국세공무원교육원, 한국정보문화진흥원
기술연수 기관	국세청기술연구소, 국립기상연구소
공공업무 기관	공무원연금관리공단, 국세청고객만족센터

그림 32-10 제주 서귀포 혁신도시 공간구조 구상안

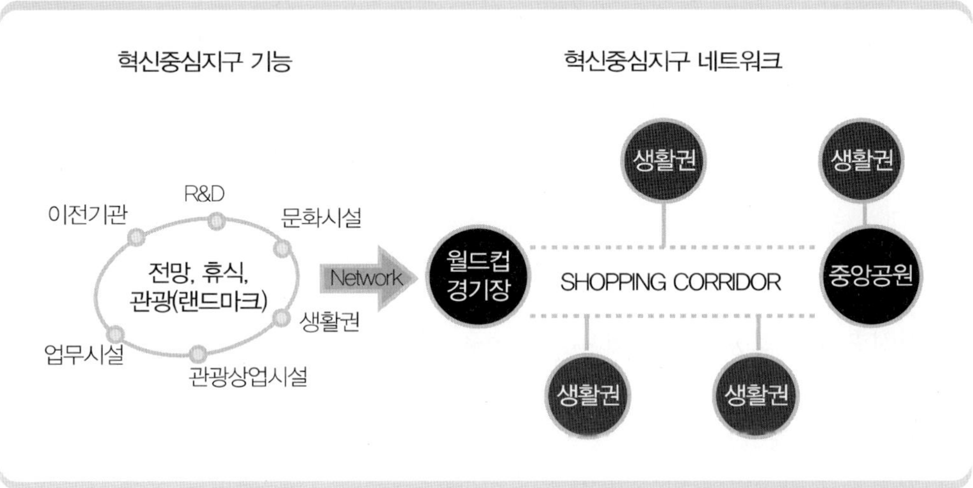

4 우리나라 혁신도시의 과제

지역균형발전의 거점도시로서의 혁신도시는 공공기관의 지방이전 외에도 그 성공을 위해서는 해결하여야 할 과제가 산적해 있다.

(1) 혁신도시와 지역 연계 필요

혁신도시는 지역발전의 거점도시로서 혁신도시의 발전이 이웃한 지역과 연계되어야 한다. 특히 지역의 특화된 산업과 연계될 때 시너지효과가 배가될 수 있다. 혁신도시로 이전하는 공공기관의 특성과 지역이 특화 발전할 수 있는 산업과 인프라가 구축되어 상호 연계하여 지역 발전을 견인할 필요가 있다. 따라서 이를 위한 사업과 재원조달방안 등이 실현가능한 구체적인 계획으로 가시화될 필요가 있다.

(2) 혁신주체들의 유기적 네트워크 구축

혁신도시의 발전주체인 공공기관, 민간기업, 대학, 연구기관 등이 혁신도시에 집적화되어 혁신을 창출하는 새로운 아이디어와 지식이 상호 공유될 필요가 있다. 이를 위해서는 관련된 인재들이 자연스럽게 개방적으로 상호 토론과 공동 연구를 통한 지식공유가 가능하도록 지역사회 분위기 등 지식기반이 조성될 필요가 있다. 이 또한 실제적인 네트워크를 구축할 수 있는 시설, 조직, 제도 등이 마련되어야 하고 재정적 지원이 뒷받침되어야 할 것이다.

(3) 혁신인력의 정착을 위한 정주기반 구축

혁신도시가 성공하기 위해서는 혁신을 주도할 고급인력의 공급이 필요하다. 이를 위해서 인재들이 마음놓고 활동할 수 있도록 주거생활을 뒷받침해 줄 정주여건의 확보가 중요하다.

지역의 특화산업에 맞는 기업 유치전략을 세우고 그에 걸맞는 우수학교 유치 등의 교육인프라 구축, 문화 및 여가 인프라구축, 병원 등 생활편의시설 등을 마련하여 수도권에 거주하려고 하는 고급 인력을 유인할 필요가 있다.

(4) 혁신도시의 대안마련

혁신도시는 지역 간 형평성 차원에서 수도권에 소재한 국가기관 내지 공기업을 전국 10개 혁신도시에 강제 배분하는 형태를 띠지 않을 수 없었다. 이러한 과정 속에서 불합리한 지역배분 즉, 특정지역으로 이전될 경우 그 본연의 기능을 완수할 수 없는 기관들조차 예외없는 원칙에 묶여 그대로 지방이전이 추진된 것이 사실이다. 하지만 이러한 경우 사후적으로나마 본연의 기능을 수행할 수 있도록 대안마련이 필요하다. 예를 들면 전국 단위의 공무원교육시설은 강사진 확보나 교육생의 접근도 확보를 위해 교통의 중심부에 위치하는 것이 필수조건이다. 그러나 몇몇 공무원교육기관은 이러한 기본 입지조건을 무시한 채 혁신도시를 추진함에 따라 다양한 문제가 예상되고 있다. 예를 들면, 국세공무원교육원을 제주도로 이전함에 따라 연인원 2만 명에 달하는 세무공무원들을 바다 건너 제주에서 직무교육을 시키는 꼴이 된다. 이것은 국민의 혈세를 낭비하는 사례가 될 뿐 아니라 혁신도시의 성공을 가로막는 요인이 될 수 있다.[2)]

2) 이 장은 지방행정연수원 사이버교재; 강현수 · 남기범 · 모성은, 『지역혁신발전론』을 중심으로 정리하였다.

CHAPTER 33

외국의 혁신도시

우리나라의 혁신도시 건설은 참여정부 출범과 함께 도입된 새로운 지역발전 정책이었다. 따라서 혁신도시 정책이 착근되지 않은 시점에서 특별한 성공사례를 찾기 어려운 것이 사실이다. 하지만 선진외국의 경우 이미 오래된 역사를 통해 성공적인 사례가 많이 존재하고 있으며, 정착의 단계에 접어든 곳도 발견할 수 있다. 이 장에서는 선진외국의 혁신도시 실제사례를 두 개의 장으로 나누어 살펴보고자 한다.

1 미국: 실리콘 밸리(Silicon Valley)

(1) 실리콘밸리의 위치와 현황

실리콘밸리는 미국 샌프란시스코만 남쪽 40㎞지점에 있는 산타클라라 카운티를 비롯한 여러 개의 행정구역으로 이루어진 연구단지로 약 12억 평 정도의 규모에 250만 명의 인구가 거주하고 있으며, 2002년 기준 135만 개의 일자리가 있다.

실리콘밸리에는 컴퓨터 및 정보통신, 반도체, 장비, 소프트웨어, 바이오, 국방, 항공, 전문서비스 등의 첨단산업체가 군집하고 있으며, 전체 일자리에서 첨단산업이 차지하는 비율은 41%이다. 단순한 공업단지가 아니라, 오랜 기간 동안 형성되고 고도로 발전된 복합적 생산 네트워크의 혁신지역이라고 할 수 있다.

(2) 실리콘밸리의 혁신지역 발전과정

실리콘밸리는 짧은 시간에 이루어진 것이 아니다. 1920년대 스탠포드대학교

그림 33-1 미국 속의 실리콘밸리

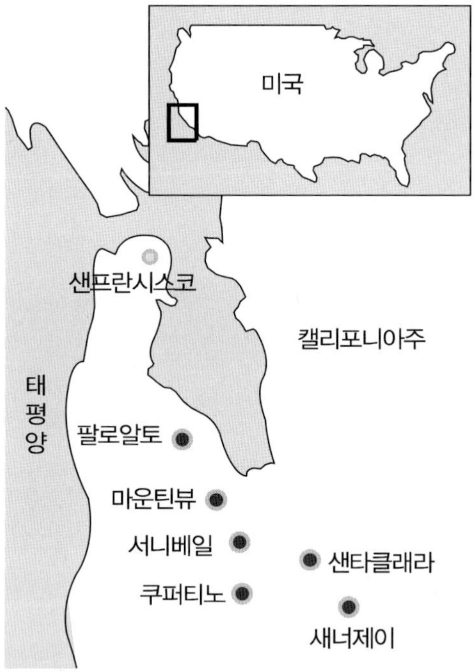

와 기업 간의 산학협력과 대학 구성원의 신규창업(spillover)에서 기원하여 약 80여년의 역사를 가지고 있다. 이러한 실리콘밸리의 발전과정은 태동기, 도약기, 성장기, 지속기 등의 4단계로 구분해서 볼 수 있다.

1) 태동기(1920~40년대)

20세기 초반의 실리콘밸리는 포도, 사과, 자두 등을 생산하는 농촌지역이었다. 하지만 1920년대 스탠포드대학교의 프레드릭 터먼(Frederik Terman)의 리더십과 지도 아래 산·학협동과 제자들의 신규창업이 활발해졌다. 1928년에 리튼엔지리어링연구소와 1938년에 휴렛팩커드사(Hewlett-Packard)가 설립되고 터먼교수는 자금지원, 기술개발지도, 산·학연계 등을 지원하였다. 제2차 세계대전 당시 방공, 항공 등 군수부문의 기술혁신과 전쟁특수가 기업성장의 기반이 되었다.

표 33-1 실리콘밸리의 혁신지역 발전과정

<table>
<tr><th>발전과정</th><th>연 도</th><th>주요기능</th><th>발전요인</th><th>사 례</th></tr>
<tr><td rowspan="2">태동기</td><td rowspan="2">1920 - 40</td><td>연구</td><td>연구역량, 시설, 인재</td><td>스탠포드대학교</td></tr>
<tr><td>산·학협동</td><td>산·학연계</td><td>터먼교수</td></tr>
<tr><td>도약기</td><td>1950 - 60</td><td>산업</td><td>부지, 인프라제공,
기업·기술유치</td><td>스탠포드 산업단지</td></tr>
<tr><td rowspan="2">성장기</td><td rowspan="2">1970 - 80초반</td><td rowspan="2">창업</td><td>벤처기업인</td><td>페어차일드반도체</td></tr>
<tr><td>창업지원시스템</td><td>판매: 공공부문
자금: 벤처캐피탈
경영: 사업서비스
정보: 네트워킹</td></tr>
<tr><td rowspan="2">지속기</td><td rowspan="2">1980중반 - 현재</td><td rowspan="2">클러스터</td><td>외부환경변화 대응</td><td>유연적 생산체제
지역 내 네트워크</td></tr>
<tr><td>산업구조 다양화</td><td>반도체 → 반도체+컴퓨터 → 반도체+컴퓨터+소프트웨어+통신+바이오</td></tr>
</table>

2) 도약기(1950~60년대)

1951년 설립된 스탠포드산업단지(Stanford Industrial Park)가 약 27만평 규모로 조성된 후 81만평으로 확장되었으며, 스탠포드연구단지(Stanford Research Park)로 개칭되었다. 여기에는 1980년대까지 100여 업체가 입주했으며, 산학협동을 촉진하는 계기가 되어 실리콘밸리가 혁신지역으로 성장하는 원동력이 되었다.

1955년 설립된 쇼클리반도체연구소의 트랜지스터 상업화와, 쇼클리(W. B. Shockley)의 제자 8명이 분리창업(spin-off)한 페어차일드(Fairchild)반도체사의 집적회로(IC) 상업화는, 실리콘밸리가 현재의 이름으로 불리게 된 원인이 되었다. 이후 1960년대에는 인텔, 내셔널 반도체사, 시그네틱스, 아멜코, AMD등 지속적인 반도체사의 창업이 이루어졌다. 미국 85개의 주요 반도체 회사 중 절반가량이 페어차일드반도체사에서 분리창업한 기업이었다. 당시 실리콘밸리에서는 기술창업과 분리창업이 보편화되었고, 기업 간 긴밀한 생산 네트워크가 형성되었다.

3) 성장기(1970~80년대 초반)

반도체와 컴퓨터분야 벤처기업들이 스탠포드산업단지 주변으로 급속히 확산되었고, IBM과 제록스사가 지사와 연구소를 설립하였다.

생산은 물론, 부품, 서비스, 벤처캐피탈 업체 간의 네트워크가 형성되었고, 1971년 1월 11일자 '전자신문'에서 실리콘밸리라는 명칭을 사용한 것이 효시가 되었다. 1970년대 말까지 약 3,000여개의 중소규모 첨단기업이 입주하였다.

4) 지속기(1980년대 중반~현재)

1980년대 중반 일본기업의 도전으로 경기침체가 나타나 1990년대부터 생산체계의 유연화, 지역네트워크 구축, 사업다각화 등을 추진하여 재도약하였으며, 인터넷시대를 맞아 멀티미디어산업과 소프트웨어산업을 중심으로 높은 성장을 달성하였다.

(3) 실리콘밸리의 혁신지역 성공요인

1) 산·학협동

스탠포드, 버클리, 새너제이, 산타클라라 대학 등이 신선한 아이디어와 인재를 공급하는 비전제시자의 역할을 하였다. 대학과 연구소 구성원의 창업, 분리신실, 기업파견 등 다양한 산·학연계 프로그램을 가동하였고, 대학과 연구소에서 기업종사자의 교육과 훈련, 협동연구 등을 시행하였다. 또한 대학교수들의 기업자문, 컨설팅, 특강 등을 통해 새로운 지식과 정보를 제공하였다.

2) 경쟁과 협력의 네트워킹

다양한 종류의 대학에서 고급인력으로부터 초급기술자까지 다양한 인재를 양성하였으며, 연구개발과 생산 과정에서 공식·비공식적 정보교환의 창구가 존재하였다.

대기업은 중소기업 벤처기업과 장기적인 협력관계를 유지하되, 대기업은 설계와 최종조립을 담당하고, 나머지는 아웃소싱(outsourcing)하는 수직적 분화(vertical disintegration)가 이루어졌다. 이를 통해 지역이 하나의 기술공동체로서 작동하며, 네트워크를 통해 정보교환, 문제해결, 기술향상, 제품개발능력 등을 향상시켰다. 근접한 곳에 협력기업이 군집하므로 거래비용이 감소하고, 정보교류의 네트워크가 효율적으로 구축되어 창의적이고 전문적인 중소기업이 집적하게 되었다.

3) 산업의 전문화

컴퓨터와 멀티미디어관련 산업으로 특화 발전하였고 이로 인해 지역 내 첨단기업의 다양한 요구를 지원하기 위해 필요한 규모의 경제를 갖추었다. 이를 통해 기업 간 긴밀한 생산네트워킹이 가능해지고, 유기적인 산업생태계가 구축될 수 있었다.

4) 기반시설의 구비

밀도있는 도로망과 두 개의 국제공항과 항만이 인접하고 있고 우수한 정보통신망이 구축되어 있다.

따라서 접근성 높은 효율적 지역 연계성이 특징이다.

5) 쾌적한 지역환경

쾌적한 기후와 아름다운 자연환경을 바탕으로 한 다양한 휴양지와 쾌적한 위락환경이 특징이다. 급속한 부동산값 상승과 높은 물가는 역설적으로 빈민과 우범자들을 몰아내고, 안전하고 쾌적한 주거지를 형성하도록 하였다.

6) 기업서비스와 벤처캐피탈의 발전

실리콘밸리에는 첨단기업뿐만 아니라, 마케팅, 법률, 회계, 광고, 컨설팅회사 등 다양한 기업서비스업체가 밀집하고 있다. 이는 고기술 창업자에게 기초투자비용을 감소시켜주고, 생산의 유연성을 향상시켜 주었다.

또한 미국 전체 벤처캐피탈 투자액의 30~40%가 집중되어 고위험을 가진 전문적인 신생벤처기업이 급속히 성장할 수 있는 발판이 되었다.

7) 혁신지향적 조직문화

실리콘밸리가 성공할 수 있었던 요인 중에 하나는 수평적이고 개방적인 지역 및 조직 문화이다. 기업단위를 넘어선 대화 및 협의·협업이 일반화되어 경쟁은 치열하지만 경쟁 속에서 비공식적 정보교환, 협동작업 등을 통해 시장변화와 기술

변화 등에 대응할 수 있었다.

또한 빈번한 직장이동을 용인하고, 신속한 변신과 인력을 재편하는 문화와 전문기업 간의 약한 연계(weak tie)는 비용을 줄이고 위험을 분산시키는 효과는 물론 연계의 경직성을 완화시켜주었다.

교수가 창업을 결심한 후 대학과 상담하고, 지적소유권을 교섭하고, 기업을 설립하기까지 2개월이면 충분하도록 정책적으로 지원한 점도 성공요인이라고 할 수 있다.

(4) 실리콘밸리 혁신지역의 특성

실리콘밸리는 초기부터 산・학연계에서 시작하였으며, 스탠포드산업단지를 조성하여 전기・전자분야 첨단산업의 군집을 통해 발전할 수 있었다. 이러한 전문기업의 공간적 군집이 생산네트워크의 효율화를 촉진하게 되었다.

분리신설기업과 기술창업을 통해 전문 중소기업과 벤처기업이 계속적으로 집적하여 긴밀한 연구・개발, 생산네트워킹을 형성하였을 뿐만 아니라, 유통, 서비스, 주거, 위락 등 다양한 요소가 고급인력을 실리콘밸리에 정착하게 하였다.

실리콘밸리의 혁신지역화는 장기적으로 형성되고 뿌리내린 것으로서 모방하기가 쉽지 않으며, 실리콘밸리의 발전에 정부의 영향은 크지 않았다. 미국 동부지역에 비해 규제가 적고, 자유분방함과 새로운 시도를 용인해주며, 실패에서 배우는 서부지역의 문화도 중요한 역할을 하였다.

2 이탈리아: 에밀리아-로마냐(Emilia-Romagna)

(1) 에밀리아-로마냐의 위치와 현황

제3이탈리아[1]에서 모데나(Modena)군을 중심으로 한 지역이 에밀리아-로마냐지역이다. 에밀리아-로마냐지역은 성공적인 혁신지역으로 전자, 기계, 섬유, 가구, 도자기 등의 산업이 발전하여 지역총생산이 EU에서 가장 높은 성장률을 보이고 있다.

1) 이탈리아 북부지역은 중소기업의 집중된 산업지구로서 '제3이탈리아'라고 불린다.

그림 33-2 에밀리아-로마냐지역

(2) 에밀리아-로마냐의 혁신지역화

1) 산업의 발전

에밀리아-로마냐 지역은 섬유, 의류, 신발 등 수출지향형 산업이 지역산업의 중심을 이루고 있다. 고용인력의 90% 이상이 50인 이하의 중소기업에 근무하고 있으며, 13개의 특화된 산업지구에 대부분의 산업이 집중되었다.

모데나(Modena)와 레지오 에밀리아(Reggio Emilia)를 중심으로 세라믹제품산업지구 및 농기계산업지구, 신발, 목재생산기계, 실내장식가구, 식료품, 바이오메디칼산업이 중심이 되었다.

2) 기업협의회 형성

다양한 생산단계에 있는 기업이 수직적·수평적 협력과 참여 네트워크를 형

표 33-2 에밀리아-로마냐 지역의 핵심산업

산업부문	지역	고용자수	중소기업 밀도(%)[1)]	지역의존도[2)]
섬유의류	Carpi(MO)	12,692	99.30	높음
신발	Fusignano	666	92.90	높음
신발	S.Mauro Pascoli(FO)	3,000	93.70	높음
모터싸이클	Bologna	2,378	82.90	낮음
세라믹제품	Modena-Reggioemilia	22,000	55.70	높음
포장기계	Bologna	7,140	80.00	낮음
농기계	Modena-Reggioemilia	17,965	85.20	높음
Biomedical 제품	Mirandola(MO)	2,300	85.00	보통
목재생산기계	Rimini	1,345	87.20	낮음
목재생산기계	Carpi(MO)	1,155	77.20	낮음
실내장식가구	Forli	900	97.00	낮음
기계장비	Piacenza	800	20.00	낮음
식료품 제조	Parama	9,239	98.10	보통

주1) 지역생산시스템을 구성하는 전체 기업들 가운데 50인 이하 소기업의 비중.
주2) 50인 이하 소기업에 대한 지역생산시스템의 의존도.
자료: DelNet & ASTER, 2002.

성하여 집단서비스체제에 참여하고 개인 간, 기업 간 정보 공유의 틀을 마련하였다.

3) 지방정부의 적극적인 혁신정책

3단계에 걸친 지방정부의 적극적인 혁신정책은 에밀리아-로마냐 지역이 혁신지역으로 발전하는데 중요한 계기가 되었다.

1단계는 물적기반을 구축하는 단계였다. 이때는 산업단지 등 산업발전에 필요한 물적 인프라를 구축하였다.

2단계는 리얼서비스센터를 설립하는 단계였다. 지방정부와 민간기업이 협동으로 지역개발기구인 'Ervet S.p.A(Emilia-Romagna Valorizzazione Economica Territorio S.p.A)'를 설립한 후 산업별로 세라믹, 섬유, 농기계, 신발・가죽 산업서비스센터 등을 설립하였다.

3단계는 수평적 서비스센터를 설립하는 단계였다. 1980년대에 들어서 기업에 신기술과 혁신지식과 정보제공을 위해 지역기술이전센터(ASTER)를 설립하였다. 이후 품질연구 · 인증센터(CERMET), 산업자동화서비스센터(DEMOCENTER) 등을 설립하였다.

지방정부의 서비스센터는 기술혁신, 새로운 기업의 창업, 품질관리, 수출촉진, 법률자문 등 다양한 분야에서 지역 전반의 혁신체계에 대한 잠재력을 제고하였다.

4) 에르벳(Ervet) 서비스센터

에르벳(Ervet)은 민관합동기구로 에밀리아-로마냐정부가 지분의 80.01%, 금융기관이 18.51%, 상공회의소가 0.92%, 지역산업협회가 0.53%를 소유하고 있다.

지역경제발전 계획을 수립하고 실행하며, 기술과 시장정보를 수집, 가공, 확산하는 동시에 다양한 리얼서비스센터들을 통괄하고 조정한다. 또한 지역의 혁신발전과 인프라 구축을 위한 지원정책을 수립하고, 기업의 생산활동과 연관된 대학, 연구기관들의 네트워킹을 촉진한다. 가치사슬에서 관련된 부문 간의 조정 메커니즘을 구축하여 지역산업의 경쟁력을 제고하였다.

그림 33-3 에밀리아-로마냐 지역의 지역혁신정책 수립과정

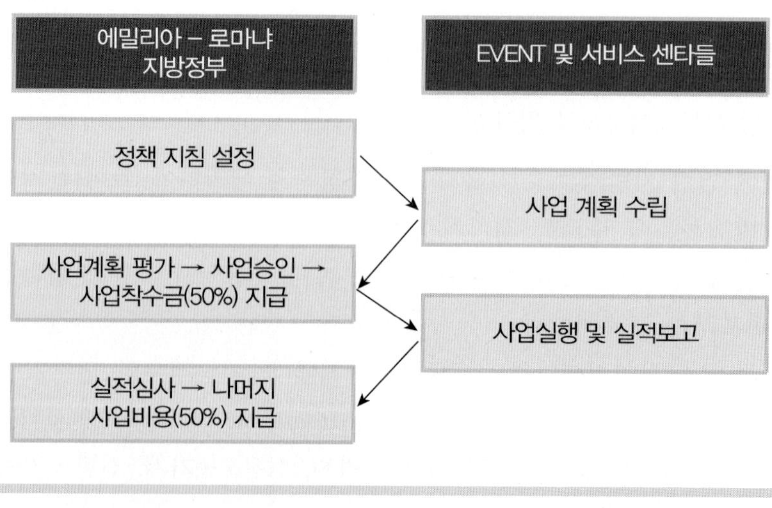

표 33-3 Ervet 시스템의 서비스센터

센터명	활동분야	입 지	설립연도	Ervet 지분	고용
산업별 서비스센터					
CITER	섬유정보센터	Carpi	1980	25.0%	19
CESMA	농기계기술센터	Reggio Emilia	1983	40.0%	7
CERCAL	신발 · 가죽산업지원센터	San Mauro Pascoli	1983	47.0%	6
QUASCO	건설산업연구 · 인증센터	Bologna	1986	44.1%	11
Centro Cenramico	세라믹산업연구 · 시험센터	Bologna/Sassuoio	1976	-	40
범산업적 서비스센터					
ASTER	지역기술이전센터	Bologna	1985	72.9%	31
CERMET	품질연구 · 인증센터	Bologna	1985	32.0%	40
DEMOCENTER	산업자동화서비스센터	Modena	1990	29.2%	-
QUASAP	공공사업 수 · 발주관리센터	Bologna	-	-	-

(3) 에밀리아-로마냐의 혁신지역 성공요인

1) 기업가적 공동체 문화

개인주의적 시민의식보다는 공동체를 강조하는 지역문화로 인해 개별적인 이윤추구보다는 지역 전반에 걸친 정보와 지식의 전달이 이루어지고, 기회와 비용을 집단화하는 메커니즘을 형성하였다.

위기에 집합적으로 대응하고, 공동출자, 시장경향, 관리기술, 정보기술 등에 대한 자문과 정보, 지식을 공유하고 있다.

2) 정부의 지역혁신 촉진자 역할

지방정부가 중소기업을 위한 비즈니스 파크를 조성하고 지원하였으며, 기술인프라와 고급 서비스네트워크를 지원하였다. 그리고 다양한 협회와 기업에 서비스를 제공하는 지역서비스센터에서 리얼 서비스를 제공하고 기술개발과 시장수요를 예측하였다. 전문 직업교육과 금융 · 조세지원 등을 하였으나 관료화되지 않은 점도 지역혁신 시스템 구축에 중요한 요인이었다.

3) 지속적으로 새로운 시스템 창조의 능력

전문화된 기업 사이에 폭넓게 형성된 신뢰구조를 바탕으로 지역 내 정보의 순환을 빠르게 하였고 지식 풀(pool)을 형성하였다. 기술인력 간의 협동 작업을 통해 지식이 암묵적으로 비공식 확산되었으며, 우수한 노동력의 지속적인 교육과 훈련으로 노동력을 충원하는 구조를 형성하였다.

첨단기술보다 다품종 소량전문화를 중심으로 한 생산방식을 통해 디자인과 장인형(匠人型) 산업으로 세계시장에서 경쟁력을 획득하였다.

3 스웨덴: 시스타 사이언스파크(Kista Science-Park)

(1) 스웨덴의 혁신현황

스웨덴은 2010년 기준 인구가 908만 명에 불과하나 1인당 GDP[2)]는 47,667달러를 상회하는 세계 7위의 선진국이다. 경제규모가 작고 부존자원이 열악한 환경 하에서도 국가경쟁력은 세계 2위이다(세계경제포럼, 2010년). 특히 스웨덴의 IT 산업은 수출액이 국가전체 수출액의 20%를 차지하고 있으며 국가경쟁력의 주요 원천산업이다. 2008년 세계경제포럼이 발표한 국가별 통신네트워크 수준(NRI)에서 세계 2위, 영국의 이코노미스트가 분석한 전자상거래 준비도에서는 세계 1위를 차지한 IT강국이다.

또한 스웨덴은 GDP 대비 R&D 투자비율(3.6%, 2007년)은 세계에서 가장 높고, GDP 대비 교육투자 비율도 높은 나라이다.

1990년대 초 심각한 경기침체를 겪은 스웨덴이 1990년대 후반부터 정보 · 통신 · 전기 · 기계산업이 호황을 누리면서 회복세를 나타낸 데에는 시스타 사이언스파크가 중심적인 역할을 하였다. 스웨덴이 유럽에서뿐만 아니라 세계적인 IT 강국으로 손꼽히게 된 데에도 세계 IT시장을 선도하는 시스타가 그 역할을 하였다. 산업 · 연구기능이 집적되어 있는 혁신클러스터인 시스타 사이언스파크는 미국의 실리콘밸리에 이은 세계 2위의 정보기술(IT)산업단지로 유럽 IT 산업의 중심지로

2) GDP는 2009년 기준이다.

그림 33-4 스웨덴 시스타 위치

그림 33-5 시스타 사이언스파크

평가되고 있다.

스톡홀름(Stockholm)시 중심부에서 약 15km 떨어진 시스타 사이언스파크는 총면적이 200만㎡(66만평)로 여기에 700개의 회사가 입주해 있으며 고용인원이 총 2만 7,000명에 달한다. 또한 시스타 사이언스파크의 고용인원 중 2/3가 IT 관련 기업에 고용되어 있는 대표적인 IT 집적지이다. 스웨덴의 대표기업이라 할 수 있는 에릭슨을 포함하여 IBM, 노키아, 컴팩, 모토롤라, 오라클, 시스코, 지멘스, 인텔, SUN 등 세계적인 기업들의 무선통신 연구소가 여기에 입주해 있다.

단지 내 기업들은 350여종 이상의 세계 정상급 기술을 확보하고 있으며 특히 무선 통신 관련 기술은 세계 최고 수준으로 평가되고 있다. 또한 스웨덴 왕립공과대학(KTH)과 스톡홀름대학이 공동으로 운영하고 있는 IT 대학이 입주하고 있어 세계 정상급의 기업들과의 산학연구소의 집적으로 상당한 시너지 효과를 발휘하고 있다. 그리고 스웨덴의 다른 IT 클러스터와의 밀접한 협력과 스톡홀름 광역권 내의 IT 지역(Uppsala 지역의 바이오의학 등)과의 연계를 통해 IT 거점지역으로의 역할을 수행하고 있다. 또한 IT 산업에 집중한 시스타 지역은 지난 20년 간 연평균 7% 이상의 높은 고용 증가세를 유지하고 있다.

그림 33-6 시스타 사이언스파크의 고용 추이

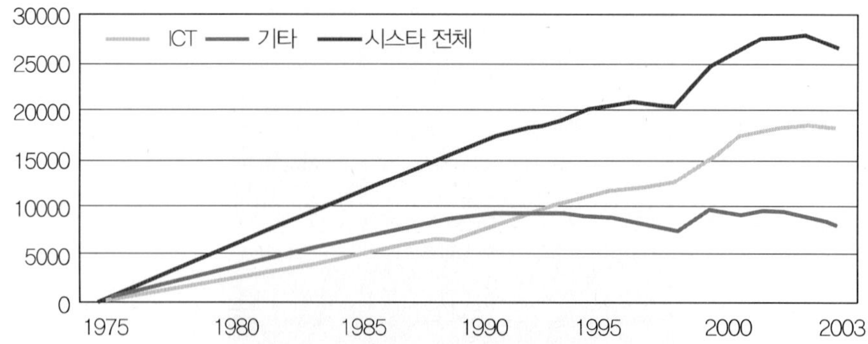

(2) 시스타 사이언스파크의 형성과정

〈자족기능의 신도시 건설〉

- 시스타 사이언스파크의 형성
- 스톡홀름시의 정책
- 1971-73년 스톡홀름 토지 · 기업입지회사(SML)를 설립
- 에릭슨의 직원용 교육센터 설립
- 스톡홀름 정보서비스(SIS) 설립

1991년 에릭슨 반도체 공장의 시스타 지역 유치는 스톡홀름의 경기회복뿐만 아니라 본격적인 IT 도시로의 발전의 계기로 작용하였다. 에릭슨 공장 유치를 계기로 스톡홀름시 정부는 신성장산업으로서 IT 산업을 본격적으로 육성하기 시작하였다. 특히 1993년 새로운 통신법이 스웨덴 국회에서 통과되어 스웨덴 시장의 통신관련 규제가 철폐되면서 국제경쟁력이 더욱 강화되었다. 그리고 1998년에 예상된 EU의 통신규제완화에 대비해 테스트 시장을 찾고 있던 세계적인 대형 통신

그림 33-7 2010년까지 시스타 과학도시로 육성계획

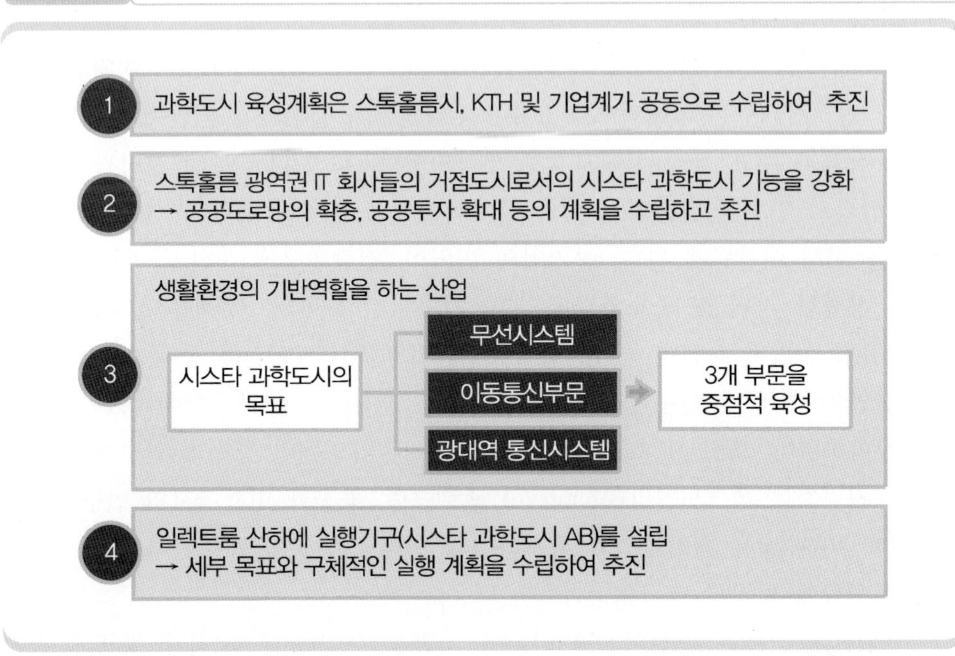

관련 기업들에게 스톡홀름시가 테스트 시장으로서 부각되었다.

또한 스톡홀름시가 통신인프라 구축을 위해 1993년에 설립한 스토캅(Stokab)은 세계적인 이목을 받았으며, 광케이블로 구축된 스토캅의 통신망은 통신비용을 하락시킴으로써 IT 및 미디어 회사들의 경쟁력을 강화하게 되었다.

(3) 시스타의 성공요인

1) 중앙정부와 지방정부의 적극적 역할

북유럽의 다른 나라와 마찬가지로 스웨덴의 경우에도 1980년대에는 공공 R&D 투자를 확대하는 정책을 추진하였다. 특히 IT, 바이오기술 및 신소재부문을 전략산업으로 선정하여 대규모 연구개발 프로그램을 추진하면서 공공투자를 확대하였다. 1980년대에 이루어진 대표적인 R&D 투자 프로그램으로는 1984년부터 시작된 IT 분야에서의 기초연구와 응용연구 지원 프로그램과 1980년대 후반의 IT4 프로그램 등이 있다.

이러한 정책들은 새로운 산업에 대한 대규모 공공 R&D 투자 확대, 연구의 상업화 장려, 공공과 민간에서의 R&D 협력 강화 등을 통해 산업구조를 고도화하는데 초점이 맞추어졌다.

1990년대 초 경기불황으로 인해 실업이 급증하고 재정적자가 확대되고 아울러 국내 정치적으로는 상대적으로 보수・우익정부가 등장하게 되면서 경기회복과 경쟁력 강화가 주요 국정 정책과제로 부각되었다. 특히 IT부문의 성장과 경제의 지식산업화로 인해 첨단산업 중심의 국가혁신체계 구축에 대한 관심이 제고되었다. 이를 위해 시장규제 완화, 공기업의 민영화, 전략연구에 대한 공공투자 확대, 연구의 상업화 지원 및 중소기업에 대한 기술이전 등 각종 정책을 실시하였다.

1991년 설립된 스웨덴 국가산업기술발전위원회(NUTEK)를 통해 전략산업 부문에 산업과 학계 및 연구기관 간의 협력체를 조직하고 연구개발에 대한 재정지원을 강화하였다. 또한 새로운 기술에 기반을 둔 기업들의 창업과 연구결과의 상업화를 지원하는 테크노폴(Technopole) 프로그램, 공공과 민간에서의 연구개발을 촉진하기 위해 젊은 혁신기업과 투자가들의 연례 정기모임을 주관하는 프로그램 등을 실시하였다.

1990년대 말에는 혁신시스템 이론에 기반을 둔 새로운 조직과 정책에 관한 법안이 입안되고 채택되었다. 2000년에는 '산업정책에서의 조직적 쟁점' 법안이 의회를 통과하면서 2001년 국가기술혁신청(VINNOVA[3])이라는 스웨덴의 혁신시스템에 대한 연구개발기구가 설립되었다. 이 기관은 지속가능한 성장을 도모하기 위한 공공연구기반을 제공하고 혁신활동의 여건을 조성하는데 중점을 두었다. 또한 2002년에는 '혁신시스템에서의 연구개발과 협력'이라는 법안을 마련하여 혁신시스템에서의 산・학・연 협력과 기업가정신 고취 및 연구개발의 상업화 등을 지원하였다.

1990년대 후반에는 산업혁신에 있어서의 지역화를 강조하여 지역 고유의 특성을 감안한 지속가능한 성장을 추구하기 위해 1998년 초 '지역정책에 대한 정부법안'을 상정하였다. 또한 2001년 설립된 국가기술혁신청 비노바(VINNOVA)의 주도하에 지역혁신체계를 구축하기 위한 프로그램을 추진하였다.

시스타 사이언스파크의 성공은 중앙정부의 혁신정책과 더불어 스톡홀름시의 적극적인 기업가적 마인드에 따른 기업유치 회사인 SML(Stockholm Mark och Lokaliseringsbolag), 정보서비스 기관인 SIS, 통신인프라 구축 회사인 Stokab의 설립 등이 결정적인 역할을 담당하였다. 스톡홀름시는 시스타지역의 혁신과정에서 적극적 기업가 정신을 발휘함으로써 기업가적인 지역(entrepreneurial region)으로 알려졌다.

2) 산・학협력

산・학・연 협력체제는 지역혁신체계 구축에 있어서 가장 기초적이며 필수적인 요소로 시스타 사이언스파크는 산・학협력체제가 완벽히 이루어지고 있는 대표적인 혁신클러스터이다. 대학에서 배출된 우수인력과 개발된 기초과학 연구가 기업경영에 바로 활용되면서 상호 시너지 효과를 높이는 기반이 만들어지게 되었다.

스웨덴 왕립공과대학이나 스톡홀름대의 역할이 단순히 고급두뇌 양성에만 그친 것이 아니라 이들 대학과 기업체 간의 활발한 산・학협동이 이루어져 많은 기업들이 시스타 사이언스파크로 진출하도록 유도하였다. 세계적인 통신기업인 에릭슨의 GSM, GPRS, 3세대 CDMA 등의 개발은 스웨덴왕립공대와의 기초연구에

3) 위키백과: Vinnova is the Swedish government agency that administers state funding for research and development. The agency's mission as defined by the government is to promote development of efficient and innovative Swedish systems within the areas of technology, transportation, communication and labour.

대한 산・학협력으로 가능하였다. 시스타 중심부에 스톡홀름 대학과 스웨덴왕립공과대학의 전자공학・정보공학・통신시스템 등 IT관련 학과를 모은 IT 대학을 설립하여 산・학협력을 더욱 강화하였다. IT대학의 산업위원회(Industrial Council)에는 R&D를 담당하는 기업체의 임원이 참여하여 산업체의 수요에 바탕을 둔 산・학협동을 공동으로 기획하고 추진하였다.

이 같은 산・학협동으로 에릭슨, 노키아 등 기업체, IT대학 무선통신연구센터 등이 시스타 단지 내 대학의 든든한 후원자가 되었으며, 원천기술개발에 있어 동종업종의 경쟁기업이라 하더라도 함께 힘을 합치는 계기로 작용하게 됨으로써 산・산협력의 시너지효과도 파생시켰다.

시스타는 스웨덴 최고의 명문대학인 스톡홀름대학과 스웨덴왕립공대가 인접지역에 위치해 우수인력의 유치에 유리하며, 고급인력 간의 국제교류 활성화, 시스타 지역 내 기업들의 첨단장비를 사용한 공동연구 및 실험은 살아 있는 지식 습득에 크게 기여하였다. 스웨덴왕립공과대에서 배출된 많은 IT관련 전문인력들이 지역 내 기업연구소의 핵심 연구인력으로 활동하고 있다.

1990년대 중반부터는 대학에서 배출된 인력들이 IT 벤처기업을 설립하였는데, 스피리아(Spirea)는 스웨덴왕립공대 출신 학생들에 의해 설립된 회사로 세계 최초로 블루투스 및 WLAN 라디오용 칩을 개발하였으며, 또한 통신선 제조업체인 알티움(Altium)도 스웨덴왕립공대 출신 학생들이 창업해 성공한 회사이다. 한편으로는 과학기술을 높이 평가하는 스웨덴 사회적 분위기, 높은 교육투자 등도 우수인력 양성에 빼놓을 수 없는 요인으로 작용하였다.

시스타 사이언스파크의 성공은 스톡홀름대학, 스웨덴왕립공과대학, 스톡홀름 중심가의 금융센터와의 근접성 및 알란다 국제공항과의 인접성 등 지리적 이점뿐 아니라 스톡홀름시의 적극적인 지역혁신여건 조성도 혁신클러스터 구축에 기여한 것으로 평가되었다. 시는 녹지공간을 마련하여 쾌적한 주거・연구 환경을 조성하고 문화여건 및 공공도로망을 확충함으로써 기업들이 자신의 분야에서 기술개발에만 몰두해도 성장할 수 있는 여건을 조성하였다.

4 핀란드: 오울루 테크노폴리스(Oulu Technopolis)

(1) 오울루 테크노폴리스의 개요

오울루 테크노폴리스는 90년대 IT혁명에 힘입어 급속하게 성장한 IT클러스터로 헬싱키 북쪽 650km지점에 위치한 지역으로 지역전체의 인구는 20만 명이고, 오울루시는 12만 명에 불과하지만 입주업체는 노키아, 후지쓰, HP, 스펙트라 등 250여 개에 달하고 있다.

그림 33-8 핀란드 오울루의 입지

오울루는 1958년 오울루대학 설립과 1973년 노키아 진출을 계기로 혁신클러스터로 도약하는 계기를 마련하였다. 1974년에는 오울루 지역에 국책연구소인 핀란드기술연구센터의 일부부서를 설립하였다. 오울루 테크노폴리스는 1982년에 설립되었으며 이는 스칸디나비아 5개 국가(스웨덴, 핀란드, 노르웨이, 덴마크, 아이슬란드)에서 가동 중인 65개의 첨단과학단지들 중 최초이며 가장 성공적인 사례 중 하나로 지역전체가 거대한 복합기업체이다.

오울루시는 핀란드에서 두 번째로 큰 오울루대학(University of Oulu)이 1958년에 설립되어 정보통신과 의료 및 바이오 산업부문의 전문인력을 지속적으로 양성해 왔다. 이 밖에도 오울루에는 국공립 연구기관들이 포진하고 있는데 핀란드의 대표적인 미생물연구기관인 비오센터 오울루(Bio-Center Oulu), 정보기술 연구기관인 인포텍 오울루(Infotec Oulu), 빛 변화에 적응하는 인체구조에 관한 연구를 수행하는 툴레연구소(Thule Institute) 등이 위치하고 있다.

약 520만의 인구를 보유한 핀란드는 인구밀도가 매우 낮아 국토의 효율적 관리가 매우 중요해 17세기 초에 전략적으로 오울루시를 건립하고, 이의 지속적 발전을 위해서 핀란드 제2의 대학을 설립하였다. 중앙정부의 대학설립을 바탕으로 한 고급전문 인력양성이 지속적인 지역의 성장과 첨단기술산업 유치를 가능케 하였다.

(2) 오울루 테크노폴리스의 형성과정

오울루 테크노폴리스는 테크노그룹 형태로 조직되어 있으며 현재 핀란드에 존재하는 첨단산업기업체를 지원하는 특화사업체로서 최대의 규모를 보유하고 있다. 2002년 오울루 테크노폴리스에 입주하여 영업활동을 하고 있는 첨단기업체 수는 240여 개에 이르고 있으며 종업원 수는 6,000여 명에 달한다. 이후 오울루 테크노폴리스는 2003년 1월 오타니에미(Otaniemi) 사이언스파크를 인수하여 총 550개의 입주기업과 종업원 8,000명에 이르는 대규모 사이언스파크를 형성함으로써 첨단기업 수만으로 볼 때 유럽 최대의 사이언스파크로 성장하였다.

오울루 테크노폴리스그룹은 모 기업에 해당하는 테크노폴리스 PLC사가 있으며 모기업이 100% 소유권을 보유하고 있는 테크노폴리스 하이테크주식회사와 모기업이 55.7%의 지분을 소유하고 있는 메디폴리스주식회사로 구성되어 있다.

그림 33-9 오울루 테크노폴리스 그룹

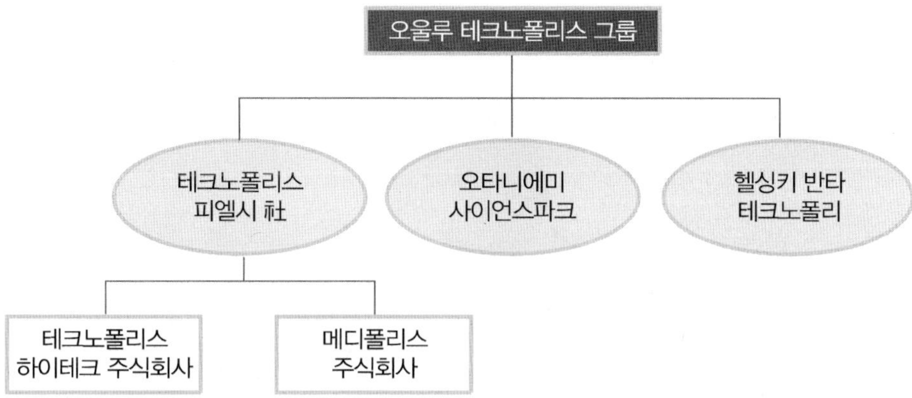

테크노폴리스 PLC사는 입주 첨단기업들이 기술혁신을 원활하게 창출하고 세계시장에 진입할 수 있는 여건을 마련해 주는 지원사업에 주력하였다. 이를 위해서 최첨단 시설을 단지 내에 구축하여 연구개발 활동이 주력인 기업들에게는 생산시설 지원도 시행하였다. 테크노폴리스 PLC사는 보유시설의 임대사업을 중요사업전략으로 시행하고 있으며 전체 테크노폴리스 그룹이 오울루 지방에서 최대의 서비스 기메지의 역할을 수행하였다.

테크노폴리스 PLC사는 타 입주 첨단기업뿐 아니라 연구교육기관 등과의 네트워크를 구축하여 입주 첨단기업들이 이를 활용할 수 있도록 하고 있다. 또한 국제적으로 긍정적인 이미지 구축을 위해서 뉴스미디어와의 관계구축에 중요성을 부여하고, 입주 첨단기업들에게 연구개발 활동을 위한 최적의 환경을 제공하기 위해서 필요시설 임대사업을 수행하고 있다.

오울루 테크노폴리스 내에서 행해지는 모든 비즈니스 관련 서비스는 테크노폴리스 PLC사의 자회사인 테크노폴리스 하이테크주식회사가 전담하고 있다.

메디폴리스는 사업 및 과학단지의 형태를 띠고 있으며 헬스케어 제품개발 및 생산으로 특성화하였다. 메디폴리스는 사업 및 과학단지로서 첨단사유기업, 오울루대학, 오울루대학병원, 카스텔리연구소가 핵심 참여주체이며 이들이 보유하고 있는 기술, 지식 등은 사업을 성공으로 이끄는 기초가 되었다.

그림 33-10 오울루 테크노폴리스의 작동 메커니즘

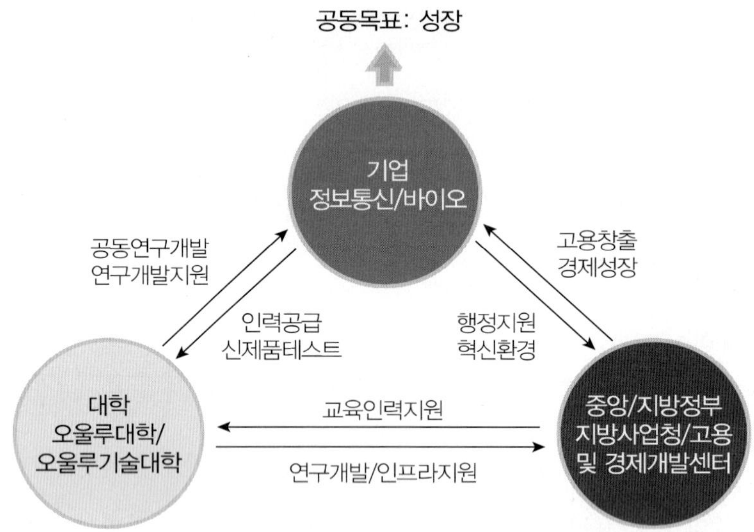

이 밖에도 1997년 이후 오울루 지방 전체를 담당하는 멀티폴리스 네트워크의 일환으로 신설된 이마이크로폴리스주식회사(Ii Micropolis Ltd.)와 파트너십을 구성하여 마이크로폴리스사는 오울루대학, 핀란드기술연구센터, 오울루지역산업센터 등과 유연하게 연계하였다.

(3) 오울루의 성공요인

오울루의 가장 주요한 성공요인은 적은 인구와 중소규모의 국토면적을 감안하여 지역혁신체계 자체보다는 국가혁신체계 강화에 전념하는 등 국가가 적극적 역할을 수행하고 있다는 점이다. 동시에 지역혁신체계 구축을 위해서 대학의 역할을 분명하게 분담하여 지역기업과 29개 전문기술대학의 연계관계를 제도적으로 확립한 점이다.

산업집적지역 형성을 강화하기 위해서 사용된 정책수단이 기술프로그램(technology programmes) 운영으로 이는 특정산업부문과 그 하부구조와의 관계를 연계시켜 지역의 기업들에게 기술혁신 환경을 제공해 주는 역할을 수행하였다. 이후 1990년대 말 기초지식 발전에 전념하는 국가기술프로그램이 산업집적지역에 전파되었다.

기술프로그램 운영주체는 국립기술개발청(TEKES), 기업 그리고 대학들이다. 이들은 전략기술부문을 선정하여 사업환경변화, 연구개발지원 등을 통하여 특정기술부문의 기술혁신능력을 향상시켜 그 파급효과를 극대화하였다. 기술프로그램 운영방향은 국립위원회에 의해서 1990년 기초지식 개발을 위한 국가기술프로그램, 특정산업기술프로그램, 특정기업 혹은 기업집단을 위한 기술프로그램 등 세 가지 형태로 설정되었다.

핀란드 국가혁신 및 지역혁신체계에서 중요한 역할을 수행하는 클러스터 중 하나는 전문기술센터로 2004년 기준 16개의 전문기술센터를 설치하여 운영하고 있으며, 각 지역의 산업집적 역할을 수행하고 있다.

핀란드 과학기술단지는 전문기술센터와 더불어 기술혁신 집적지역을 형성하는 데 매우 중요한 역할을 수행하였다. 즉, 지역혁신체계 구축을 위한 핵심주체들인 기업, 대학, 지방정부의 연계활동을 수행하여 지속적인 기술혁신을 창출할 수 있는 혁신환경을 조성하였다. 1982년 오울루 테크노폴리스를 시작으로 2001년까지 총 22개의 과학기술단지를 건설하였는데 이 중 가장 성공적인 사례로 인정받는 것은 오울루 테크노폴리스와 오타니에미 사이언스파크(Otaniemi Science Park)이다.

오울루 테크노폴리스는 수도 헬싱키에서 650km 떨어진 곳에 건설되었음에도 불구하고 첨단기술을 바탕으로 한 지역발전 전략을 성공적으로 구축하였으며 오울루대학과 다국적 이동통신기업인 노키아(Nokia)의 역할이 절대적이었다.

오타니에미 사이언스파크는 헬싱키 수도권에 위치하고 있으며 핀란드 최고의 공과대학인 헬싱키 공과대학, 핀란드 국립기술센터, 국립기술개발청, 다수의 첨단기업 및 금융기관 등이 밀집되어 첨단기술이 창출되기 이로운 지역에서 시작하였다. 그 결과 오타니에미 사이언스파크는 1987년에 시작된 후발주자이면서도 핀란드 최대 과학기술단지 중 하나로 성장하였다.

2003년 1월 오울루 테크노폴리스는 오타니에미 사이언스파크를 인수하여 고용인수 8,000명에 기업 수 550개로 확대 재편되었다. 이로서 오울루 테크노폴리스는 기업 수 기준으로 유럽에서 최대의 첨단과학기술단지로 성장할 수 있었다.

오울루 테크노폴리스의 산・학・관 연계활동은 설립 초기부터 성공의 가장 중요한 전제조건으로 작용하였다. 즉 중앙정부의 1958년 오울루대학 설립은 지식집약적인 산업구조의 개편을 초래하였고 이러한 배경 하에서 세계 최대 이동통신기업 중 하나인 노키아 이동전화사가 오울루 테크노폴리스에서 생산공장을 가동하고 연구개발 시설을 강화하여 지역산업 고도화에 핵심 역할을 수행하였다.

오울루시의 노키아 입주 유치는 지역산업의 고도화뿐만이 아니라 첨단산업지역이라는 이미지 창출에도 중요한 역할을 수행했으며 이는 관련 첨단기업들의 지속적인 입주에도 결정적인 요소로서 작용하였다. 결과적으로 노키아는 오울루 테크노폴리스에 200여 개에 달하는 정보통신기업 및 연구기관을 창출시키는 핵심적 주체라고 할 수 있다.

(4) 시스타와 오울루 사례의 중요성

국가혁신체계, 지역혁신체계를 언급할 때 국제적으로 빠뜨릴 수 없는 국가가 북유럽지역의 국가들이다. 스웨덴을 포함한 북유럽 국가들은 산업클러스터론(Porter 1990), 국가혁신체계론(Lundvall 1992), 지역혁신체계론(Cooke, 1992) 등에 대한 이론과 개념 정의가 이루어진 1990년대 초 이래 이론과 정책을 접목시키기 위해 많은 노력을 기울여 왔다.

북유럽 국가들은 적극적으로 산업클러스터 활성화 정책을 추진하고 국가적인 차원에서 혁신체계를 구축하기 위한 각종 정책을 수립·시행하였다. 1990년대 이전에도 기술개발과 혁신활동에 대한 이론적 논의가 진행되었듯이 북유럽 국가들은 1980년대에 산업경쟁력 강화를 위한 기술정책의 중요성을 인식하고 새로운 기술에 대한 R&D 지원정책을 실시하였다. 하지만 그동안 R&D 지원에 국한되었던 혁신정책이 혁신체계의 틀을 갖추면서 본격적으로 실시된 것은 1990년대 이후부터이다.

북유럽국가들이 1990년대 이후 산업클러스터 형성과 혁신체계 구축에 적극적이었던 원인은 당시 세계경제환경 변화에 기인한다. 1980년대 말과 1990년 초에 걸쳐 세계적으로 경기불황이 야기되었으며, 냉전의 붕괴와 함께 EU지역의 통합이 급격히 진전되었다. 세계적인 경기불황은 북유럽의 각 나라와 지역들로 하여금 세계경제의 상호 연계성과 국가 및 지역 경쟁력 강화의 중요성을 재인식하게 만들었고 또한 유럽권이 EU의 태동과 함께 단일시장으로 부상하였다. 핀란드와 스웨덴은 1995년 EU에 가입하였는데 이러한 EU 통합으로 새로운 거대 시장이 부상되면서 국가 간, 지역 간 경쟁이 가열되었다. 이에 따라 북유럽 국가들은 국가경쟁력 강화를 위해 자국화폐의 평가절하 등 거시경제정책을 실시함과 아울러 산업클러스터 활성화 등과 같은 혁신정책에 전력을 기울였다.

스웨덴과 핀란드는 여타 북유럽국가들과 달리 대규모 하이테크 기업들이 존재하며 혁신정책과 혁신체계 구축에 있어서도 이들 대기업의 역할이 매우 컸다. 우리나라의 같이 대기업이 경제에서 차지하는 비중이 높은 스웨덴과 핀란드에는 각각 스톡홀름시의 시스타와 오울루 지역에 세계적으로 높이 평가받고 있는 혁신클러스터가 존재하게 되었다.

5 프랑스: 소피아 앙티폴리스 사이언스파크(Sophia Antipolis Science Park)

(1) 소피아 앙티폴리스의 위치와 현황

소피아 앙티폴리스는 프랑스 남부해안의 니스와 깐느의 중간에 위치하고 있다. 소피아 앙티폴리스는 산업과 대학이 없는 지역으로 소위 빈공간(vacant space)에 개발되었으며, 현재는 과학단지나 자연발생적으로 형성된 첨단기술집적지구, 그리고 연구와 기술혁신 및 지역개발이라는 3가지 목표를 추구하는 일본의 테크노폴리스를 종합한 모델로 평가받고 있다.

소피아 앙티폴리스의 총면적은 5,750에이커(약 700만평) 규모이다. 그린벨트 및 공원 등 녹지가 3,750에이커(65%)이며 개발지역은 2,000에이커로 이 중에서 연구개발 및 생산활동 용지가 1,625에이커(28%), 주거 및 레저 용지가 375에이커(7%)를 차지하고 있으며 1,750에이커를 더 조성 중이다.

그림 33-11 소피아 앙티폴리스의 위치

그림 33-12 소피아 앙티폴리스 지도

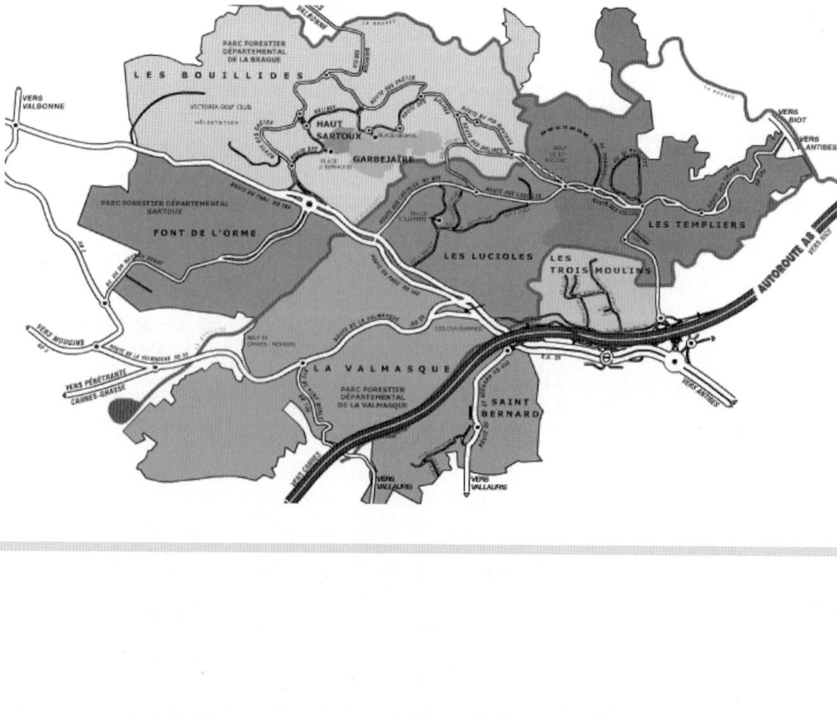

(2) 소피아 앙티폴리스의 혁신지역 발전과정

소피아 앙티폴리스의 개발은 1960년 피에르 라피트(Pierre Laffite)가 '지혜, 과학, 예술 그리고 기술'의 국제적 도시를 만들자는 제안에서 출발하였다. 라피트의 아이디어는 하이테크 기업, 교육훈련기관 및 연구센터 간의 지식과 노하우가 충분히 교류되는 환경을 조성하자는 것이었다.

1972년 국가적 관심 하에 개발에 착수하였으며 1981년 이후 전자산업분야에서의 고도성장을 통해 산업의 지역적 분산이 아닌 지역 자체의 내생적 개발과정 상승효과가 나타나 지역혁신의 모델로 발전하였다.

그림 33-13 소피아 앙티폴리스의 혁신지역 발전과정

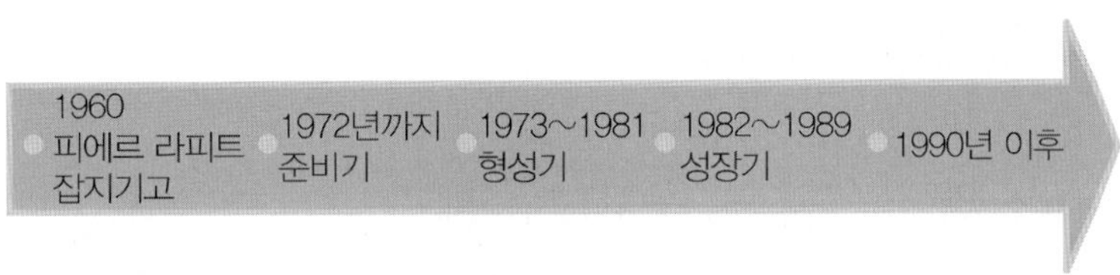

지역자원	세계적인 관광휴양지(국제공항과 지중해)
비전제시자	과학과 문화와 지혜의 신도시 건설(피에르 라피트)
핵심기업	IBM연구소와 텍사스 인스트루먼트사 입지(1962년)
핵심교육 및 연구기관	국립공과대학 및 국가 과학연구소 이전
지방정부	1975년 SYMVAL조직
중앙정부	1982년 지방분권법, 제9차 계획계약(1984-1988)지역 개발사업으로 인정
전국적 인지	1989년 테크노 폴리스의 프랑스 모델
세계적 인지	1998년 뉴스위크 세계10대, 유럽 3대 지식기반선도지역

1) 1970년대: 도입·형성기

1972년 국토계획관련장관회의(CIAT)는 지역경제기반을 다각화하고 고용을 창출하는 소피아 앙티폴리스 첨단산업단지계획을 승인하였고, 국토 및 지역개발청(DATAR)의 적극적인 참여와 지원이 있었다.

1975년 소피아 앙티폴리스 인근 5개의 상공회의소가 연합하여 단지 대표기구인 발본느지구개발시설혼합조합(SYMIVAL, 2002년 SYMISA[4]로 개칭)을 결성하여, 지역의 하부구조를 개발하고 외국투자를 유치하였다.

1977년 이후 IBM 유럽연수원, TI[5], DEC[6] 등 첨단산업이 입주하였으며, 정부의 적극적인 국가균형발전 의지로 에어 프랑스의 컴퓨터센터와 연구소, 프랑스, 국립과학연구센터, 국립데이터처리연구원 등 공공기관의 이전이 대대적으로 전개되었다.

2) 1980년대: 발전기

1982년 정부는 「지방분권법」을 제정하고, SIAM이라는 민관합동의 소피아 앙티폴리스 경영관리기구를 창설하였다.

1988년 소피아 앙티폴리스 단지운영사인 SAEM(Societe Anonyme D' Ecomomicie Mixte)을 창설하여, 단지내 기술혁신과 확산을 지원하였다. 이전까지는 주로 공공기관의 입주가 대부분이었으나, 이때부터 바이오, 정보기술분야의 첨단기업이 입주하기 시작하였다. 특히 지방세 감면혜택과 정보통신 인프라를 구축하면서 세계적인 명성을 획득하였다.

3) 1990년대: 도약기

이제까지 대기업의 입지가 지배적인 소피아 앙티폴리스는 1990년대 들어서 창의적이고 혁신적인 중소기업의 신규창업과 분리신설이 활발해졌다.

지역 내 기업 간 네트워킹을 활발히 하기 위한 협회와 클럽들이 생겨났는데, IMcT는 텔레메틱스[7]와 컴퓨터시스템의 평가 및 연구를 담당하고 단지 내 기업들

4) Syndicat Mixte Sophia-Antipolis.

5) Texas Instruments.

6) Digital Equipment Corporation.

7) 텔레매틱스란 전자통신이라는 'Telecommunication'과 정보과학이라는 의미의 'Informatics'가 결

의 원격통신, 제조기업과 기업서비스업 간의 매개역할을 담당하였다. EUROSUD 155 Club은 프랑스 텔레콤, IMcT, 데이터베이스포럼 등 다양한 연구소와 연계기능을 모아 결성된 클럽이었다. 1993년에는 소피아 앙티폴리스의 규모를 거의 2배로 확장하고 기업유치에 적극적으로 나섰다.

(3) 소피아 앙티폴리스의 혁신지역 성공요인

1) 외생적 지원과 내생적 역동력

소피아 앙티폴리스는 국가적·세계적 대기업이 입지하면서 외생적으로 성장했지만, 현재는 내생적인 지역 역동성을 확보하였다. 대기업이 지속적으로 지식과 기술을 확산하여 지역 역동성을 창출하고 파트너십을 구축하였다. 경제적·지역적 역동성은 신기업과 외부자원에 의해 이루어지지 않고, 내생적 성장과 지역능력의 창출에 기반하였다.

2) 정부의 적극적인 계획과 지원

소피아 앙티폴리스의 기획에서부터 실행, 운영까지 프랑스 정부의 적극적인 지원이 있었으며, 국토 및 지역개발청(DATAR)은 지역계획 보조금과 이전 지원비를 제공하였다. 국가연구개발촉진기구는 기업의 혁신프로젝트를 지원하고, 기술이전을 주도하였으며, 지방정부는 보조금, 법인세 감면, 지역진흥세 면세 등의 세제혜택을 제공하였다.

3) 엄격한 개발원칙의 유지

소피아 앙티폴리스는 전체 면적의 2/3를 녹지로 보전하고 1/3만을 개발하는 원칙을 엄격히 유지하고 있다. 그리고 건물의 건폐율(30%), 고도 제한, 건축 형태, 색조 등도 관리하고 있다.

4) 이업종 교류의 조성 이념

이업종 교류는 같은 장소에 연구소, 대학, 기업, 금융기관 등을 집적시켜 상호

합한 합성어이다. 위치정보시스템, 이동통신, 무선인터넷, 지능형교통시스템 등을 이용하여 차량 안에서 각종 정보를 제공받고 업무를 처리할 수 있는 서비스이다(전황수, 2005.9).

표 33-4 소피아 앙티폴리스의 입주기업에 대한 지원

기 관	내 용
EU	R&D 프로젝트 보조금
프랑스 중앙정부	• DATAR(국토 및 지역개발청) - PAT(국토개발장려금) - 5년 내 10~20개 이상의 일자리를 창출하는 서비스산업에 대하여 7만 프랑 지원 이동보조금 - 파리 지역에서 이주해온 업체가 3년 내에 최소 20개 이상의 일자리를 이전시킬 경우 종업원 1인당 8만 프랑 지원 • ANVAR(연구진흥청) - 혁신 프로젝트에 대한 보조 - 기술이전지원금
레지옹 (광역도)	• 기업창출 및 이전에 대한 보조금 • 개발 및 혁신에 대한 보조금 • 의사결정 보조금 • 수출 보조금 • 산업설비에 대한 보조금 • 기타 경제적 지원
데파르트망(도)	• 광역도의 보조금에 부가하여 기어의 창출 및 발전지원 사업세(우리나라 법인세에 해당) 중 데파르트망 해당부분 50% 감면
시	• 지역 진흥세 면제 • 최소 10개 이상의 일자리를 창출하고 30만 프랑 이상 투자한 업체에 대해 사업세 중 시 해당부분 50% 감면

접촉을 용이하게 함으로써 아이디어의 창출, 기술혁신, 기업설립의 유도와 같은 시너지 효과를 내는 것을 의미한다. 부단한 혁신을 강조하는 이업종교류라는 건설 이념은 산업의 역동성을 강조함으로써 지역의 지속적이며 내생적인 발전을 가능하게 하였다.

연구소뿐만 아니라 생산업체를 유치하여 연구 결과가 즉시 상품화되도록 여건을 조성하였으며, 주요 입주 기관으로는 국제정보연구소, 파리광산공대, 세계연구단지협회 본부가 있고 단지의 국제화를 위해 단지 내에서 불어와 영어를 병용하고 있다.

5) 양호한 입지 여건

니스와 칸느 사이에 있는 프랑스의 라이베리아에 위치하여 온난한 지중해성 기후로 한겨울에도 영상 10°C이상 유지되는 양호한 자연 조건과 세계적인 관광도시 니스(30분 거리)에 인접하여 고급 인력의 정주에 유리한 조건을 갖추고 있다.

지중해 연안의 칸느(15km), 앙티브(8km), 니스(22km)와 내륙의 그라스(16km) 등 4개 도시의 중심에 위치하여 주변의 도시 기능을 활용할 수 있다. 교통 및 통신의 요충지로 니스 국제공항에서 자동차로 20분 거리이며 공항에서 소피아 앙티폴리스 사이에는 매 15분 간격으로 헬리콥터가 운행되고 있다. 따라서 국제적인 접근성이 양호하고 디지털 네트워크, 프랑스 텔레콤 등의 기업이 입주하여 세계 각지와 연결되는 통신서비스를 제공하고 있다.

6) 활발한 인적 교류 및 정보의 공유

각종 민간 및 공공 단체의 설립을 통해 다양한 네트워크를 형성함으로써 인적 교류가 활발하고 분야별 미팅을 통해 정보를 교환하고 애로사항을 상담해 주고 있다.

각종 협회 등도 과학적이고 문화적인 생활의 질을 높여 소피아 앙티폴리스가 활력을 갖는데 기여하고 있으며, 정보 공유가 가능하도록 연구원들이 자신의 컴퓨터 터미널에서 과학 기술 정보와 연구결과에 접근하여 이를 활용할 수 있는 정보통신망(ATM)이 단지 내에 구축되어 있다.

표 33-5 소피아 앙티폴리스의 혁신환경

구분	내용
혁신적 환경요소	• 지역의 외부관계를 통해 기술을 발전시키는 외부기업들 • 소규모 사업단위들이 입지해 온 외부기업들 • 지역 내의 분리신설기업 • 외부에 하청을 통해 발전하는 지역 내의 기업들 • 연구센터와 협회활동을 통해 운영되는 지역 내의 기업들
비혁신적 환경요소	• 단지가 형성되기 전부터 존재해 온 지역 외부의 기업들 • 업무의 일부를 분산화한 외부기업들 • 연구개발기능을 분산화한 외부기업들 • 생산자와 소비자 사이의 매개체 역할을 하는 지역 내의 기업들 • 기술적 서비스를 제공하는 지역 내의 기업들

7) 개발 주체의 국제적인 마케팅 활동

1975년 단지의 개발 속도와 성과가 미흡할 때 SYMISA에 의한 적극적인 외국인 기업 유치 노력으로 IBM의 유럽연수원, 텍사스 인스트루먼트 등이 입주하였다.

외국인 업체를 국가별로 보면 미국과 북미지역이 58개로 가장 많고 유럽지역이 43개로 그 다음을 차지하고 있는데, 이는 소피아 앙티폴리스에 외국인 기업을 유치하려는 노력과 북미업체의 유럽진출을 위한 거점 확보라는 전략이 일치한 결과로 볼 수 있다.[8)]

---

8) 이 장은 지방행정연수원 사이버교재; 강현수 · 남기범 · 모성은, 『지역혁신발전론』을 중심으로 정리하였다.

CHAPTER 34

기업도시

기업도시는 민간기업 중심의 산업복합체를 중심으로 구축되고 있다는 점에서 혁신도시와 다르다. 기업도시의 대표 사례로 굴지의 자동차회사 도요타가 입지하여 형성된 일본의 도요타시를 들 수 있다. 일본의 것과는 다소의 차이가 있으나, 우리나라의 경우 현대중공업과 포스코(POSCO)가 입지함으로써 형성된 울산시와 포항시 등을 국내 대표적 기업도시라 할 수 있겠다.

1 기업도시의 개념과 유형

(1) 기업도시의 개념

기업도시는 민간기업이 주도적으로 개발하는 도시를 말한다. 제조업 · 관광업 등 산업입지와 경제활동을 위해 민간기업 주도로 개발된 도시로서, 산업 · 연구 · 관광 등의 주된 기능과 함께 정주에 필요한 주택 · 교육 · 의료 · 문화 등 자족적 복합기능을 가진 도시이다.

기업도시는 기업이 지닌 자율성과 창의성을 활용하여 민간투자를 촉진하고 지역경제에 기여하려는 목적으로 추진되어 왔다.

(2) 기존 유사개념과의 비교

산업단지란 공장, 지식산업시설, 문화산업시설, 정보통신산업시설, 재활용산업시설, 자원비축시설, 물류시설 등과 이와 관련된 교육 · 연구 · 업무 · 지원 · 정보처리 · 유통시설 및 이들 시설의 기능제고를 위하여 주거 · 문화 · 환경 · 공원녹지 · 의료 · 관광 · 체육 · 복지시설 등을 집단적으로 설치하기 위하여 포괄적 계획에 따라 지정 · 개발되는 일단의 토지를 의미한다.[1] 산업단지의 종류로는 국가산업단지, 일반산업단지, 도시첨단산업단지, 농공단지가 있다. 산업단지라는 용어는 1995년 「산업입지 및 개발에 관한 법률」을 전면 개정하면서 도입되었다. 그 이전에는 단순히 '공업단지'라는 용어가 사용되었다. 산업단지는 단순제조업인 이전의 산업에 필요한 시설 입지로서만의 장소가 아니라, 주거 · 문화 · 의료 · 관광 · 체육 · 휴양시설 · 연구소 · 사무소 등 종업원을 위한 부대시설이 함께 입지하는 다용도의 복합적인 장소로 변화되고 있다.

그러나 기업도시는 산업단지와 차이가 있다. 가장 큰 차이점으로는 기업도시가 민간주도의 개발 방식인데 비하여 산업단지는 국가나 지방자치단체가 주도 하는 공공개발 방식이라는 점이다. 그리고 기업도시는 생산과 주거, 복지가 복합화된 도시의 개념이나 산업단지는 생산에 중점으로 둔 것으로 기업도시에 비해 정주여건이 부족하다.

표 34-1 기업도시와 산업단지의 비교

구 분	기업도시	산업단지
개발 주체	• 민간 원칙 • 민간+공공도 가능	• 공공 원칙 • 민간은 직접사용분에 한해 개발 가능
개발 절차	• 조성+분양 동시진행 (산업입지와 기업투자가 동시 발생)	• 先 개발, 後 입주기업 모집 (산업단지 미분양 빈발)
시행자 요건	• 최소자기자본비율 규정 (총사업비의 20%이상)	• 공공: 없음 • 민간: 직접사용에 한함
단지 규모	• 유형별로 최소규모 규정 (100만평 이상)	• 지방산업단지: 15만㎡ 이상 • 국가산업단지: 없음
소요 기간	• 단기간 개발가능 (기업이 원하는 곳에 직접개발)	• 장기간 소요
생활 여건	• 복합도시로 정주여건 마련 (교육 · 의료 · 문화 등)	• 생산기능 위주 개발로 정주여건 부족

1) 「산업입지 및 개발에 관한 법률」 제2조 참조.

산업단지와 유사한 산업단지혁신클러스터는 생산기능 위주의 산업단지에 연구기능 등을 더하여 산업집적단지를 조성하는 것이다.

한편, 신도시는 대도시 및 수도권 등의 주택난 해결을 위해 공공부문이 주도하여 건설하는 주거활동 중심의 도시이고, 혁신도시는 지방으로 이전하는 공공기관을 수용하기 위해 공공부문 주도로 건설되는 도시이다. 이와 비교할 때 기업도시는 신도시와 혁신도시와는 분명한 차이를 구분할 수 있다.

표 34-2 기업도시와 혁신도시의 비교

구 분	기업도시	혁신도시
개념	민간기업이 주도하여 도시계획, 토지매입, 건설까지 추진하는 자족형 산업도시	공공기관 지방이전에 따라 해당지역을 발전중심지로 육성하는 지역발전중심도시
목적	기업의 투자촉진	지역 특화 및 균형 발전
개발주체	민간기업이 주도하는 것이 원칙이나 민간과 공공의 공동개발도 가능	공공부문이 주도
근거법령	「기업도시개발특별법」	「도시개발법 및 택지개발촉진법」
주무부처	국토해양부(기업복합도시과)	국토해양부(공공기관지방이전추진단)
개발비용(추산)	7~8조원(200~300만평 기준)	4~8조원

(3) 기업도시의 유형

기업도시는 개발 주체에 따라 단일기업주도형, 컨소시엄형, 민관합작형 기업도시로 나눌 수 있고, 개발형태에 따라 완전한 신도시로 개발하는 기업도시, 기존도시를 재개발하는 기업도시가 있다.

일반적으로 기능에 따른 기업도시의 유형은 산업교역형, 지식기반형, 관광레저형 등의 기업도시가 있다.

표 34-3 기업도시의 유형

구분	유 형	내 용
주체	단일기업 주도형	- 1개 대기업이 주도적으로 도시를 개발
	컨소시엄형	- 여러 개의 대기업 또는 대기업과 중소기업이 공동으로 개발
	민관합작형	- 지자체와 기업 및 정부투자기관 등이 공동으로 도시를 개발
기능	산업교역형	- 제조업과 교역 위주의 기업도시 - 각종 공장 등 산업시설, 물류단지, 교역지대 등을 중점적으로 개발하는 기업도시
	지식기반형	- 연구개발 위주의 기업도시 - R&D 분야와 관련한 벤처기업, 연구소, 학교 등이 집적화되어 기초개발과 산업활동 간 유기적인 연계가 일상화되는 기업도시
	관광레저형	- 관광 · 레저 · 문화 위주의 기업도시 - 우수한 자연환경과 관광자원을 살려 관광 · 레저 · 문화 등 서비스 산업 중심으로 개발하는 기업도시
	혁신거점형	- 지방이전 공공기관을 수용하며 지역경제의 성장을 촉진하는 기업도시 - 수도권에서 지방으로 이전하는 공공기관과 유관기업들이 유기적으로 입지하여 지역혁신의 거점으로 개발되는 기업도시

2 우리나라 기업도시의 추진실태

(1) 기업도시 추진현황

2003년 10월 전국경제인연합회(全經聯)에서 기업의 투자의욕 고취와 일자리 창출을 위해 기업도시 개발을 정부에 제안한 후 2004년 6월 특별법 제정을 건의하였다. 이에 정부는 민간기업의 국내투자촉진과 지역발전을 통한 국가균형발전의 견인차로 활용한다는 차원에서 이 제안을 긍정적으로 수용하여 특별법 제정을 추진하였다.

2004년 6월 특별법안을 마련하여 관계기관 · 전문가 등과 협의하고 2004년 12월 국회를 통과하여 시행하게 되었다. 이후 기업도시개발특별법 하위법령에 대한 관계부처 협의 및 입법예고를 거쳐 시행령과 시행규칙을 각각 제정하여 공포하였다.

기업도시 개발업무의 효율적인 추진을 위하여 2005년 3월에 건설교통부 복합도시기획단에 2개과(기업도시기획과 · 지원과), 문화관광부에 관광레저도시추진기획단을 설치하여 전담조직을 신설하였다.

기업도시 시범사업 지역으로 2005년 7월 전남 무안(산업교역형), 충북 충주(지식기반형), 강원 원주(지식기반형), 전북 무주(관광레저형)를 비롯해 2005년 8월 태안(관광레저형)과 영암 · 해남(관광레저형)이 선정되어 사업이 추진 중에 있다.

표 34-4 국내 기업도시 사업개요

형태	지역		면적(㎢)	기간	총사업비(억원)	추진 기업
산업교역형	무안	MECD	15.25	'09~'13	14,538	프라임개발, 쌍용건설, 서우, 한미파슨스
		KCIID	17.73	'08~'12	9,505	광하그룹, 지산그룹(이상 중국), 두산중공업, 벽산건설 등(이상 한국)
지식기반형	충주		7.01	'07~'11	3,714	포스코건설, 포스테이타, 임광토건, 엠코, 동화약품 등
	원주		5.31	'07~'12	6,755	롯데건설, 경남기업, 벽산건설, 하나은행, 메리츠증권, 메리츠종금
관광레저형	무주		7.67	'07~'17	14,171	대한전선
	태안		14.64	'06~'11	72,600	현대건설
	서남해안	삼호	9.19	'09~'25	17,016	대리산업, 삼환기업, 금호산업
		구성	21.87	'09~'20	45,355	보성건설, 송촌종합건설, 금광기업, 남해종합건설
		초송	20.5	'06~'25	38,525	에이스회원권, 아로, 하나은행, 하나대투증권
합계			119.17		221,639	

자료: 전국경제인연합회

그림 34-1 기업도시 추진 절차

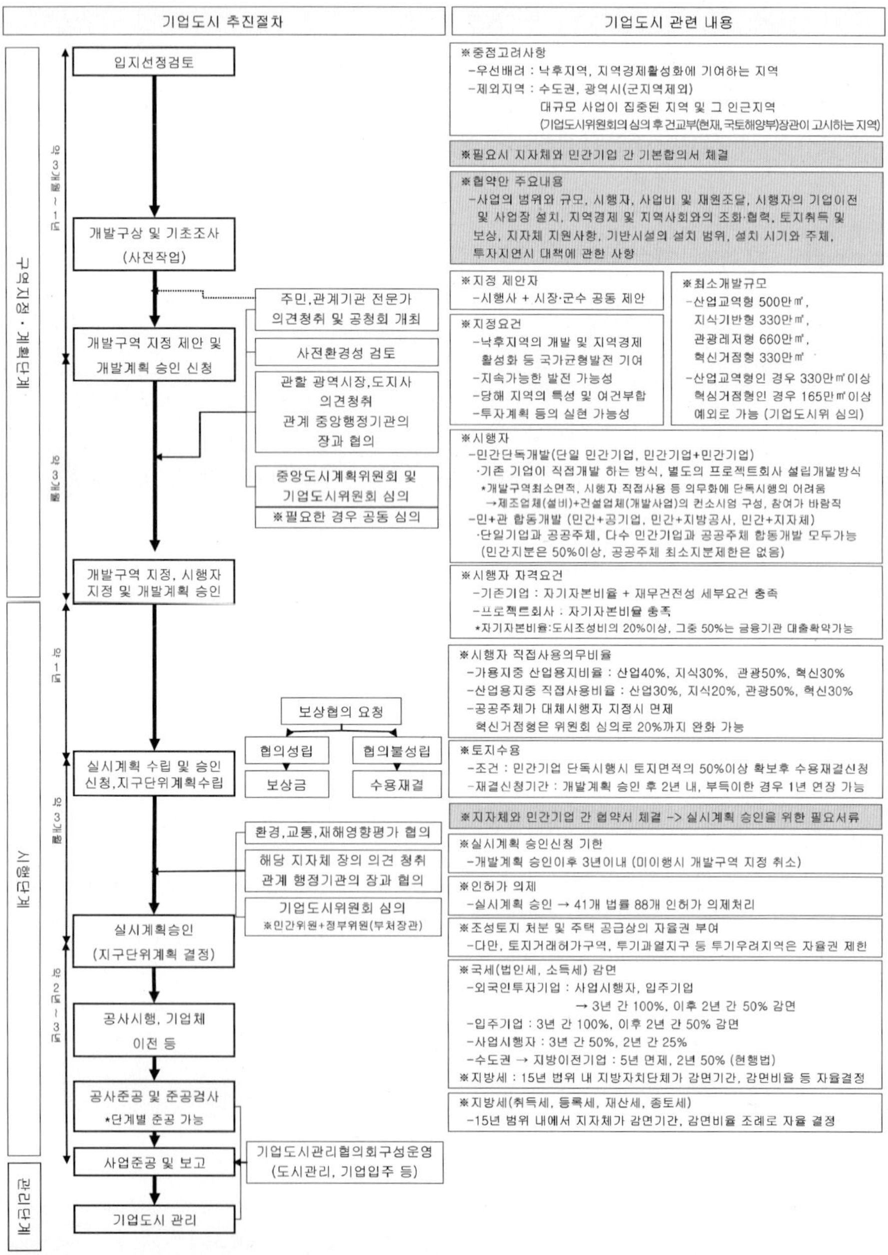

(2) 기업도시의 문제점

세계경제 및 국내 부동산 경기의 침체로 기업도시 개발사업이 지지부진하고 있다. 2005년 시범사업지로 선정된 충주, 원주, 무안, 무주, 태안, 영암해남 등 6곳은 2007~2008년도에 착공되어야 하나 2012년 현재 사업이 본 궤도에 오른 곳은 충주뿐이고, 무주는 아예 지정을 취소했고, 무안은 당초 규모보다 7분의 1로 축소돼 인허가를 다시 받고 있다. 또한 영암해남은 인허가 지연과 농어촌공사와 매립지역에 대한 보상 문제로 갈등을 벌이다 최근에 합의점을 찾았다. 태안은 착공을 했지만 아직 부지 조성 공사가 10%대 초반에 머물 정도로 사업에 진척이 거의 없다. 문화체육관광부는 태안 관광레저형 기업도시 부지조성 공사기간을 2014년 말까지 연장하였지만, 이 기간 동안 1단계 부지 공사를 완료하지 못하면 개발구역 지정을 해제하거나 사업시행자 지정을 취소하는 방안을 추진할 계획이다. 또한 무주군 일대(767만2,000㎡)에서 추진해온 무주 관광레저형 기업도시 조성계획을 취소하고, 무주군 안성면 일원에 지정됐던 무주 관광레저형 기업도시 개발구역 지정을 해제함으로써 지난 2005년부터 추진해온 무주 기업도시가 사업추진 6년여 만에 최종적으로 공식 무산됐다.

기업도시는 지역균형 발전과 기업의 투자활성화를 위해 꼭 필요한 사업이었지만, 기업이 주도하는 사업방식으로 세계경제의 침체에 따른 참여기업의 여건악화로 사업진행이 불투명해지고 있다. 정부는 기본적으로 기업도시는 민간 기업이 주도적으로 시행하는 사업이기 때문에 직접적인 재정지원 할 수 없다는 입장이다.

첫째, 기업도시가 건설되기도 전에 난관에 봉착한 것은 단 몇 개의 민간기업에 사업의 전부를 의존한 것이 가장 큰 문제점으로 볼 수 있다.

둘째, 너무 단기간의 개발방식을 취했다는 점이다. 단기간에 대규모의 개발방식에 의존하는 사업방식이다 보니 대규모 투입자금에 대한 불확실성이 커져 외부환경에 취약한 모습을 드러냈다. 외국 기업도시의 경우 수십년 동안에 걸쳐 형성된 기업도시가 많음에도 불구하고 국내의 기업도시는 신도시를 하나 더 건설하는 수준으로 진행되어 온 것이 사실이다.

셋째, 기업의 자율성을 보장해주지 못했다는 점이다. 기업도시는 민간기업에 자율적인 도시개발권을 주는 동시에 도시기반시설 비용을 부담시켜 기업의 생산·연구개발·유통 시설과 주민의 정주시설을 상호 융합하는 도시를 건설하는 것이었다. 그러나 기업이 원하는 곳에 만들어야 할 기업도시를 정부와 정치권의 의도에 따라 대상지역을 배분한 것이 문제의 본질이라 할 것이다.

3 우리나라 기업도시의 발전방안

현재의 중앙정부가 주도하는 도시발전 정책은 도시의 자생력을 해칠 수 있으므로 지역의 자율성과 결정권을 대거 이양하여 기업도시 개발사업을 새롭게 추진해 나가야 한다. 더욱이 현재의 상황에서는 모든 기업도시 사업을 동시에 추진하는 것보다 종합적인 진단 및 해결방안을 마련하여 가능성 있는 기업도시만을 남기는 구조조정이 필요하다.

즉, 중앙정부의 계획이나 주도가 아닌 기업과 지자체가 공생하는 기업도시의 개발을 위하여 지자체의 책임과 권한을 늘려 자율적·자생적으로 추진할 필요가 있다. 대규모 개발방식에서 탈피하여 현재의 위기를 극복할 수 있는 규모 축소 및 자생력을 키울 수 있도록 사업방향을 전환하고, 중앙정부는 지자체 활동의 투명성과 책임성이 보장되도록 지원하고 감시하는 체계로 정비되어야 한다.

개발사업의 원활한 진행과 기업도시 건설 후 안정적인 발전을 위해서는 현지 주민들의 재정착 여건을 마련해 주는 것도 필요하다. 기업도시의 취지는 기업과 지역의 상생발전이므로 개발지역에 거주하는 기존 지역민이 인근지역에서 재정착하며 기업활동에 임할 수 있는 방안을 마련할 필요가 있다. 이를 통해 기업의 지역 안착, 생산성 향상, 건전한 커뮤니티의 형성 등을 통한 기업이미지 제고 등의 효과를 생각해 볼 수 있다.

4 사례: 외국의 기업도시(일본 도요타시)

(1) 도요타시(豊田市)의 위치와 현황

도요타 클러스터는 나고야시(名古屋市)에서 동쪽으로 20~30㎞ 정도 떨어진 아이치현(愛知縣) 중북부에 위치하고 있다. 이 곳에는 세계적인 자동차기업으로

그림 34-2 도요타시의 위치

발전한 도요타의 본부와 공장의 대부분이 위치하고 있다. 도요타시에는 도요타자동차의 12개 공장, 미쯔비시의 3개 공장, 도요타공업대학 등 45개 대학, 도요타중앙연구소, 부품업체의 연구소 등 약 3,365개의 관련 사업체 및 연구기관이 집적되어 거대한 클러스터를 형성하고 있다.

(2) 도요타 클러스터의 혁신지역 발전과정

도요타시는 아이치현 가운데에 위치한 전통적인 농촌지역으로 19세기 후반부터 20세기 초까지 양잠과 견직공장으로 유명했다. 그 당시 코로모정(擧母町)으로 불리던 이 지역에는 생사(生絲)공장이 많았으나 20세기에 접어들면서 코로모정의 견직산업은 세계적인 수요 감소로 후퇴하기 시작하였다.

자동차산업이 발전하기 시작한 것은 토요타자동차가 1938년 아이치현 코로모시(擧母市)에 본사 공장을 건설하면서부터다. 이후 도요타는 아이치현에 10개의 공장을 집중적으로 건설하였다. 현재 도요타의 14개 공장 가운데 큐슈와 홋카이도

공장을 제외한 12개 공장이 아이치현에 위치하고 있다. 코로모시는 자동차공업을 중심으로 하는 공업도시를 계획하여 부품업체의 공장을 적극적으로 유치하였으며, 1959년에는 도시이름을 '도요타시'로 변경하였다.

1970년대 도요타자동차는 생산과 수출이 지속적으로 증대되었고, 도요타시의 인구도 50% 가량 증가하였다. 1980년대에는 도요타사의 기술과 경쟁력이 세계 최고 수준으로 발전하였다. 그러나 1990년대 발생한 일본 선역의 경기침체로 인해 도요타자동차도 상당한 영향을 받았다. 도요타자동차의 수출은 지속적인 상승세를 나타냈지만 내수시장의 불황은 극복할 수 없었다.

그럼에도 불구하고 도요타사는 연간 700만 대 이상의 자동차를 생산하는 세계 제일의 자동차 기업으로 성장하였다. 1년 간 매출은 약 2,000억 달러로 매출액 기준으로 세계에서 가장 큰 제조업체이다.

(3) 도요타 클러스터의 혁신지역 성공요인

1) 우수한 입지 요건

도요타시는 자동차공업 도시로서 비교적 우수한 입지 및 교통여건을 가시고 있다. 도요타시는 일본 제3위 도시인 나고야시의 동쪽 20~30km 지점에 위치하여 나고야라는 대도시로부터 다양한 편익을 얻고 있으며, 도쿄를 중심으로 하는 수도권과, 오사카를 중심으로 하는 간사이지역 간의 중간에 입지하여 대도시와 고속교통망에 의해 비교적 단시간에 연계된다. 일본의 주요도시와 산업의 축에 위치하고 있어 연구개발 및 원료조달에 유리한 입지조건을 가지고 있다.

또한 나고야항과 나고야 국제공항을 통해 자동차산업에서 요구되는 항만과 공항을 이용하고 있는데, 나고야항은 매우 우수한 항구조건을 갖춘 양항일 뿐 아니라 여타 항구들에 비해 물동량이 적어 자동차를 대량으로 수송하기에 매우 적합하다.

2) 강력한 네트워크 형성

아이치현에는 토요타자동차 및 관련산업 이외에도 토요타공업대학을 포함하는 대학과 시험연구기관, 연구교류시설, 자동차산업 정보관련 기업들도 입지하고 있으며 각 주체들 상호 간에 네트워크를 형성하고 있다.

1943년 토요타사와 부품업체 간 상호우의와 정보교류를 목적으로 협력회를 조직하여 생산일정, 구매정책, 시장상황 등에 대한 의견교환이 이루어져 왔으며, 주제별 소모임, 품질경영에 대한 컨퍼런스가 매년 개최되고 있다.

도요타는 지식 공유 네트워크를 만들기 위하여 ① 공급업자 협회(supplier association), ② 도요타의 운영관리 컨설팅(Toyota's operations management consulting division), ③ 자발적인 작은 학습 팀(voluntary small group learning team-jishuken) 또는 하위 네트워크 포럼(sub-network forum), ④ 기업 간 종업원 이동(interfirm employee transfer) 등의 제도를 시행하였다. 이를 통해 네트워크의 아이덴티티를 창조하였고, 네트워크 구성원 간 지식이전을 촉진시켰다.

도요타사는 자신의 노하우를 부품공급업자들과 같이 공유하여 장기적으로 신뢰를 통한 강력한 네트워크를 형성하여 결과적으로 도요타사 및 지역전체의 경쟁력 강화를 통해 지역의 혁신과 발전을 가져올 수 있었다.

3) 지역적 산업 전문화

도요타시에서 고용된 대부분의 인력은 자동차 관련 산업에 종사하고 있다. 생산액에 있어서도 자동차 부문이 도요타시 총생산액의 약 90%를 차지하고 있다. 화학·고무산업 등의 다른 산업도 도요타자동차의 타이어를 만드는 공장이 생산액의 상당부분을 차지하고 있다. 이처럼 도요타시에 있어서 산업생산액의 거의 대부분이 자동차 관련 산업이라고 할 수 있다.

도요타시의 자동차산업 전문화는 도요타사가 일찍이 '유연적 생산체제'를 구축하고 세계 최고의 산업경쟁력을 갖는데 크게 기여해 왔다. 특정 지역에 관련 업체들이 모임으로써 수많은 부품업체들 간의 연계가 보다 효율화되었고 기술적인 학습효과도 거둘 수 있었으며 도요타만이 아닌 부품업체들의 경쟁력도 강화될 수 있었다.

CHAPTER 35

지역전략 · 연고 · 선도산업

지역전략산업은 지역발전과 국가균형발전에 기여도가 높은 지역의 산업으로 지역혁신체계 구축에 중심적 역할을 하거나, 지역의 혁신역량을 효율적으로 활용할 수 있는 산업을 말한다. 한편 지역연고산업은 지역전략산업과는 차이가 있으나 지역의 환경과 역사성 및 특성을 기반으로 하는 산업으로서 지역고용 및 경제적 파급효과와 브랜드가치를 고려하여 타 지역에 비해 차별성과 경쟁력을 갖춘 산업을 말한다.

여기서는 국가균형발전 및 지역혁신정책분야에서 다루고 있는 지역전략산업과 지역연고산업 그리고 지역선도산업[1]에 대하여 살펴보고자 한다.[2]

1 지역산업과 지원정책

(1) 우리나라 지역산업 실태

우리나라의 지방경제는 중앙 또는 수도권 집중현상으로 인하여 취약한 구조를 지니고 있다. 특히 지방의 경제기반이 취약하고, 생산요소가 상대적으로 부족한 것이 사실이다. 즉, 지방에는 시장 접근도와 수송비 등 입지적 요인으로 인하여 경제를 영위해 나갈 자본과 기술과 인재가 부족하게 되었다. 이로 인해 지역산업은 다음과 같은 어려움을 내포하고 있다. 첫째, 노동력과 자본 등 요소투입형 발전전략을 통해 혁신이 미흡한 경제구조를 가지고 있다. 둘째, 대기업과 중소기

1) 참여정부 때에는 지역전략산업과 지역연고산업이라는 개념을 주로 사용해 왔다. 하지만 이명박 정부가 출범한 후에는 이들 개념보다는 지역선도산업이라는 개념을 사용하고 있다.

2) 지역전략산업 및 지연산업의 유사 개념으로 사용되고 있는 지역특화산업, 향토산업 등에 대해서는 졸저 지역경제정책론(박영사)을 참고하기 바란다.

업, 노동자와 사용자 등 경제주체 간의 대립이 심화되었다. 셋째, 이로 인해 지역산업의 경쟁력이 약화되어 지역경제의 쇠퇴요인이 되고 있다.

이와 같은 지역산업의 애로로 인해 지방에서는 고유의 역사 · 문화 · 자연적 특성에 적합한 산업이 발전하고 유지되어 왔다. 그 중 가장 대표적인 것이 지역특화산업이다. 정부는 상대적으로 경쟁력 있는 산업들을 지정하고 정책적으로 지원해 왔다.

(2) 부처별 지역산업 지원정책

IMF 외환위기 이후 수도권과 지방의 총량경제력 격차가 더욱 확대되는 추세를 보여왔다. 이에 정부는 지역산업의 전반적인 붕괴위기에 대한 대책으로 정부 각 부처별로 다양한 지역산업 회생방안을 마련하고 이를 추진해왔다.

그동안 추진되어 온 각 부처별 사업을 살펴보면 먼저 지식경제부는 대구의 섬유산업을 시작으로 부산 신발산업, 광주 광산업, 경남 기계산업 등 4개의 지역산업에 대한 진흥사업을 추진해왔다. 그리고 행정안전부는 지역특화산업 기반구축과 지방산업 인프라구축을 위해 지자체에 교부금을 지원하고, 창업보육센터설치지원 등 유망산업의 창업여건 조성에 주력하였다. 정보통신부[3]는 소프트타운 및 소프트웨어 지원센터 등을 지원해왔고, 문화관광체육부는 지역문화산업클러스터, 중소기업청은 벤처기업촉진지구, 농림수산식품부는 농촌특산단지 육성 및 농공단지 조성, 과기부는 지역협력연구센터 사업 등을 추진해 왔다. 그러나 이 같은 정부의 다각적인 노력에도 불구하고 지역산업은 회생의 기색을 보이지 못하고 있다.

(3) 지역산업진흥 정책의 과제

지역산업진흥을 위하여 지난 십수 년간 엄청난 규모의 국비가 지원되어, 지역산업 기반구축, 지역산업 기술개발, 전략산업기획단 운영 등의 사업이 추진되었다. 지역산업진흥사업은 그 나름대로 많은 성과가 있었지만 개선해야 할 점도 있다.[4]

---

3) 이명박정부 출범과 함께 정부조직 개편으로 정보통신부와 과학기술부는 폐지되었다. 그 중 정보통신부의 기능은 행정안전부, 지식경제부, 방송통신위원회, 문화관광부 등 4개 부처로 이관되었다.

4) 김선배, "광역경제권 시대의 지역산업 육성전략과 과제", 「KIET 산업경제」 2010년 2월호, 산업연구원, 2010, pp. 28-29.

첫째, 너무 세분화된 지역범위 설정으로 사업 추진체계 및 사업의 비효율성 문제가 나타나고 있다. 실제로 산업클러스터의 지역적 연계범위가 광역 시·도 행정구역 경계를 넘어서 형성되어 있음에도 불구하고, 광역 시·도별로 자기완결적인 생산체제 및 혁신체제를 구축하는 것은 국가적 차원에서 자원낭비를 초래할 우려가 크다.

둘째, 공급자 중심의 정책이라는 점이다. 시장수요를 반영하는 지역산업의 효율적 육성의 관점보다는 사업을 주관할 기관의 관점에서 사업이 기획되거나 경제외적 논리의 개입으로 경제적 타당성이 높은 신규사업의 발굴이 미흡하다. 또한, 인프라 구축·활용에 대한 중앙의 조정역할이 미비하여 많은 혁신 관련 인프라가 구축되었음에도 불구하고 전국 또는 광역차원에서의 활용은 제대로 이루어지지 못했다.

셋째, 지역 사업주체의 자율과 책임성 확보가 미흡하다. 중앙정부에서 지역의 산업 및 혁신 여건상의 차이를 고려하지 않은 획일적 운영모델을 적용하고, 중앙정부와 지자체가 지나치게 사업에 간섭하며, 경직된 행정절차와 과도한 평가로 인한 행정적 낭비가 지역특화센터 등 지역의 사업주체의 자율성을 막고 사업 전체의 효율성을 저해하는 주된 원인이 되고 있다.

넷째, 경제적 합리성이 부족하다는 점이다. 충분한 사전기획을 거치지 않은 상태에서 사업을 착수하여 경제적 합리성이 부족한 실정이다. 더욱이, 지역전략산업 선정에 불합리성이 존재한다는 점이다. 전략산업을 선정하는데 있어 기존 지역기반산업을 선정하거나, 유망성과 지원의 용이성을 내세워 기반도 갖추지 못한 상태에서 인기산업 중심으로 추진되어 온 것이 사실이다.

2 지역전략산업 지원방안

이에 참여정부는 지역산업의 발전을 위해 기존의 정책과는 새로운 각도에서 지역전략산업 육성을 추진하였다.

(1) 지역전략산업의 정의

지역전략산업은 지역발전과 국가균형발전에 기여도가 높은 지역의 산업으로서, 전국의 시 · 도지사가 관계 중앙행정기관의 장, 관할 시장 · 군수 · 구청장과 협의하여 선정한 산업을 가리킨다.[5)]

여기에는 국가의 성장잠재력과 경제성장에의 기여도가 높은 산업, 지역혁신체계의 구축 및 활성화에 중심적 역할을 하는 산업, 지역의 혁신역량을 효율적으로 활용할 수 있는 산업 등이 포함된다.

(2) 전략산업의 기준 및 선정

'국가균형발전 5개년 계획'에 의거 지역전략산업을 선정한 선정기준과 시 · 도별 지역전략산업 선정 결과는 다음과 같다.

지역전략산업의 선정은 지역별 비교우위 및 경쟁력을 고려하여 선정하되, 지역의 산업기반, 혁신여건, 지역의 육성의지를 반영하고 산업집적 활성화 기본계획과 연계하여 선정한다. 아울러 기존 주력사업의 고도화 및 차세대 성장동력산업과의 적절한 조화를 이루도록 한다.

지역전략산업의 주요특징을 보면, 우선 전국적으로 볼 때 전체 45%가 미래신산업 등 차세대 성장동력 산업과 연계되어 있다는 점을 들 수 있다. 이에 비해 서울 · 부산 · 인천 · 대전 · 전남 · 제주지역에서는 동북아 허브 등 대외 지향적 발전전략을 제시하고 있고, 강원 · 전남 · 제주지역에서는 자연경관 및 어메니티 자원 활용에 중점을 두고 있다. 한편 부산 · 울산 · 경남 · 경북 등 동남권 지역에서는 기존 제조업에 대하여 지식기반 주력산업 고도화에 중점을 두고 있다는 특징을 들 수 있다.

시 · 도별로 전략산업을 선정한 결과 바이오(또는 생물)산업과 전자 · 정보 · 통신산업은 각각 12개 지자체, 10개 지자체가 전략산업으로 중복 선정되었다. 이에 중복된 산업은 지역별로 차별화하되, 지역의 여건 등을 고려하여 <표>와 같이 세부 중점분야를 차별화하였다.

---

5) 「국가균형발전특별법」 제2조 '지역전략산업' 조문(2009년 4월 개정) 참조.

표 35-1 중복된 전략산업과 지역별 중점분야

중복 전략산업	지역별 중점분야
바이오산업	서울(바이오 신약의료), 대구(바이오신소재), 대전(바이오 의약), 경기(바이오 의약), 강원(실버 · 청정해양), 충북(바이오신약 · 장기), 충남(농축산), 전북(발효산업), 전남(농업 · 해양식품), 경북(생물한방 · 해양생명), 경남(생물화학소재 · 의료), 제주(건강 · 뷰티)
전자정보산업	대구(모바일), 광주(광전자), 충남(디스플레이), 경북(디스플레이), 충북(반도체 · 2차전지)
정보통신산업	서울(멀티미디어), 인천(S/W산업), 대전(통신기기), 경기(IT부품소재), 충북(이동통신)

(3) 지역전략산업의 육성방향

1) 초광역 클러스터를 통한 지역연계 발전

인접 광역지자체 간 산업별 · 기능별 초광역클러스터를 형성하여 특성화 발전의 상호 시너지효과를 도모해야 한다. 즉, 광역지자체 간 유사한 업종에서의 인력 및 기술개발, 생산기반 구축 등 기능별 역할분담과 협력이 필요하다.

우선, 서울 · 인천 · 경기 등 수도권은 지식산업 클러스터를 집중적으로 조성하여 동북아와 지방을 연결하는 전략적 중심지로 자리매김시켜야 할 것이다.

둘째, 대전 · 충북 · 충남 등 충청권 3개 지역은 앞으로 국가의 중추지역으로서의 역할과 위상이 높아질 것이다. 이에 따라 정치 행정기능과 핵심산업 기능을 잘 결합시킴으로써 신산업 중심지로 탈바꿈해 나가야 할 것이다. 특히 동북아 최고의 연구개발 기능을 활용해 이를 사업화함으로써 최첨단의 혁신클러스터를 적극적으로 조성해나가야 한다.

셋째, 광주 · 전북 · 전남 등 호남권은 광산업, 문화관광산업, 생물산업 등 신지식기반 첨단산업 중심의 핵심 전략산업을 특성화하여 친환경적 산업화의 기반을 구축해야 할 것이다.

넷째, 부산 · 대구 · 울산 · 경북 · 경남 등 영남권지역은 최근 중국의 부상에 따른 산업 경쟁력 약화, 주력기간산업의 고도화와 신성장동력 발굴 실패 등의 요인으로 새로운 문제점에 봉착하고 있다. 이에 주력산업의 고도화 및 신성장동력 발굴 등이 시급한 과제이다.

마지막으로 강원 · 제주지역은 소득향상에 따른 환경과 문화, 삶의 질을 중시하는 패러다임의 변화 등 여건변화와 함께 새로운 발전가능성을 구체화해야 할 것이다.

표 35-2 초광역클러스터 형성(예시)

초광역클러스터	내 용
부산 · 경남 · 울산 부품소재산업	부산의 항만물류 인프라를 활용하고 창원국가산업단지, 녹산국가산업단지, 울산오토밸리 등과 연계하여 기계 · 자동차 · 조선산업을 지원할 부품 · 소재산업 초광역클러스터 형성
대구 · 경북 전자정보기기산업	대구경북과학기술연구원(설립예정)을 중심으로 대구테크노폴리스, 구미국가산업단지, 칠곡「경북하이테크빌리지」등과 연계하여 대구-칠곡-구미를 잇는 IT산업 클러스터 형성
대전 · 충청권 바이오산업	대전(생물의약), 오송(보건의료), 제천(한의약), 논산(동물자원), 영동(기능성식품)으로 바이오클러스터를 형성하여 각각 R&D, 인력양성, 지원 인프라 구축 등 바이오산업 발전 여건을 조성
광주 · 전남북 부품 · 소재산업	광주와 전남북 전략산업에 포함되어 있는 첨단부품소재, 신소재, 자동차 · 전자 · 조선관련 부품산업 간의 연계를 통해 초광역클러스터를 형성하고 기능별 협력을 강화

2) 산학협력 및 지역기술혁신체계 구축 지원

지역전략산업이 발전되기 위해서는 무엇보다 산 · 학협력이 활성화되어야 한다. 이를 위해 산 · 학협력의 모범사례를 확산시키며, 대학보유 기술의 이전을 촉진하기 위한 기술이전 전담조직을 설피하고 그 활동을 지원할 필요가 있다. 또한 정부 · 대학 · 산업체 · 연구소 등 각 주체별로 협력 및 연계 활성화를 위한 자발적인 유인체계를 구축하는 방안도 모색해야 한다.

또한 참여정부의 지역전략산업 발전정책이 효과적으로 추진되기 위해서는 기술혁신기관의 지속적인 확대 및 상호 연계방안 마련이 시급하다. 우선 현재 8개소인 테크노파크를 전국으로 확대하고, 지역혁신역량 강화를 위한 소프트웨어적인 경비를 지원할 필요가 있다. 이렇게 함으로써 연구개발 → 시험생산 → 상업생산 → 마케팅의 선순환적 구조를 구축할 수 있게 될 것이다.

뿐만 아니라 개별 부처별로 산발적으로 추진되고 있는 이들 기술혁신기관들에 대한 종합적인 연계방안을 강구해야 할 것이다. 또한 지방의 기술개발활동을 촉진하기 위해 국가 R&D 예산의 지방비율을 높여야 한다.

3) 문화관광자원 활용을 통한 지역전략산업 육성

지역의 특성화된 문화관광자원의 산업화는 지역산업 육성에 있어서 중요한 요소이다. 특히 디지털 시대의 미디어 융합이 급격히 진행되고 여가시간 증대 및 문화소비 확대로 멀티미디어 콘텐츠 수요가 폭발적으로 증가하면서 문화예술, 이미지, 창의력이 기반이 되는 문화콘텐츠가 지식정보사회의 핵심영역으로 부상하고 있다.

관광산업의 지역전략산업화도 지역의 발전 및 특성화 발전에서 매우 중요한 요소로 인식된다. 따라서 정부는 자립형 지역개발의 핵심과제로 관광자원의 산업화를 설정하고 있다.

그림 35-1 지역혁신발전5개년 상의 전략산업

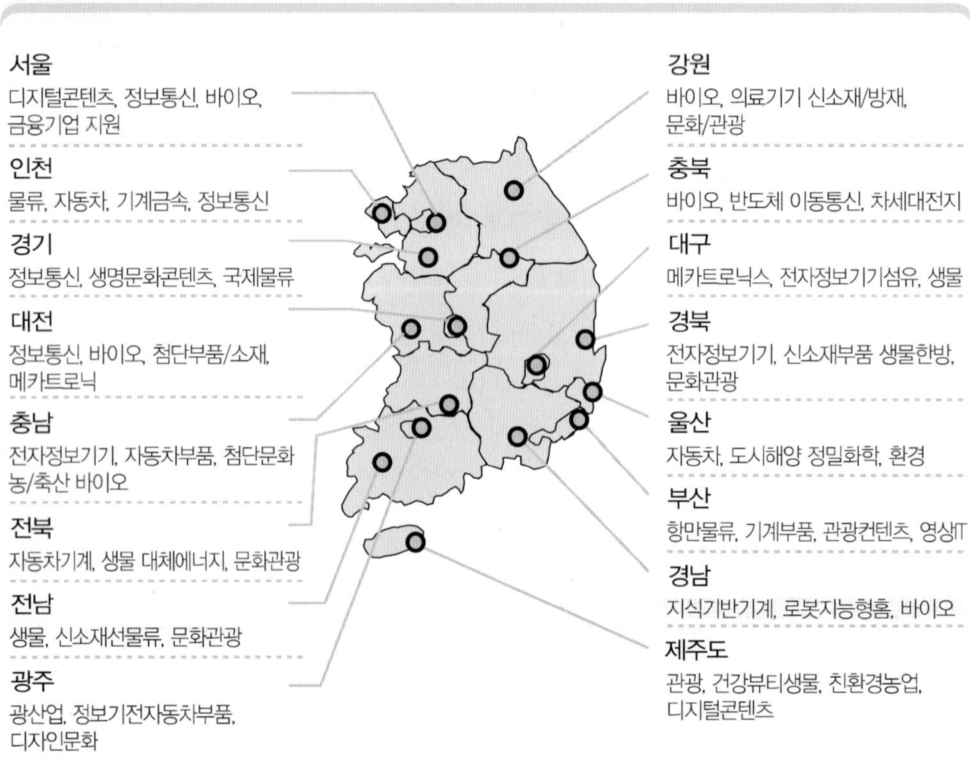

3 지역연고산업 지원방안

(1) 시·도별 각 10개 연고산업 선정

시 · 도별 4개의 지역전략산업 이외에도 참여정부는 세계 틈새시장을 겨냥하여 지역별 10개 내외의 지역연고산업(지연산업)을 선정하였다. 지역연고산업의 선정기준은 지역적으로 다소 차이가 있기는 하지만 그 차이는 대동소이한 것으로 나타났다.

일반적으로 지역연고산업의 선정기준은 지역전략산업으로 선정되지 않았으나, 지역경제발전에 기여가 높은 산업이나 지속적인 성장이 예상되는 산업, 생활환경의 기반 역할을 하는 산업을 중심으로 선정하였다.

그리고 지역의 역사성과 특성으로 부각시킬 수 있는 사업들을 중심으로 지역고용 및 경제적 파급효과와 상품브랜드가치의 성장성을 고려하여 타지역에 비해 차별성과 경쟁력을 갖춘 산업을 지연산업으로 선정하였다. 뿐만 아니라 지역특화상품의 자생력, 경쟁력 강화와 지역주민의 소득수준 제고, 지역차원의 개발과 환경보존의 조화 가능성, 민간부문의 적극성과 창조적 참여 정도, 도내 불균형의 시정 가능성을 기준으로도 지연산업을 선정하였다.

이들 지역연고산업을 유형별로 살펴보면 식품관련 산업의 비중이 가장 높으며, 다음으로 관광, 문화, 농림어업(축산포함) 및 섬유산업의 비중이 높게 나타났다.

(2) 광역-기초 간 협의를 통한 육성전략 도출

시 · 도별 10개의 연고산업을 선정하는 단계는 물론 산업의 장단기 발전전략을 마련하는 단계에서도 광역-기초 간 긴밀한 협의가 필요하다. 더욱이 연고산업의 관리단계에서는 더욱 기초자치단체의 주도적이고 적극적인 참여가 필요하다. 따라서 광역지자체는 기초지자체와의 협의를 통해 혁신중심의 지역연고산업 육성전략을 마련하고 있다.

그림 35-2 지역연고산업 현황

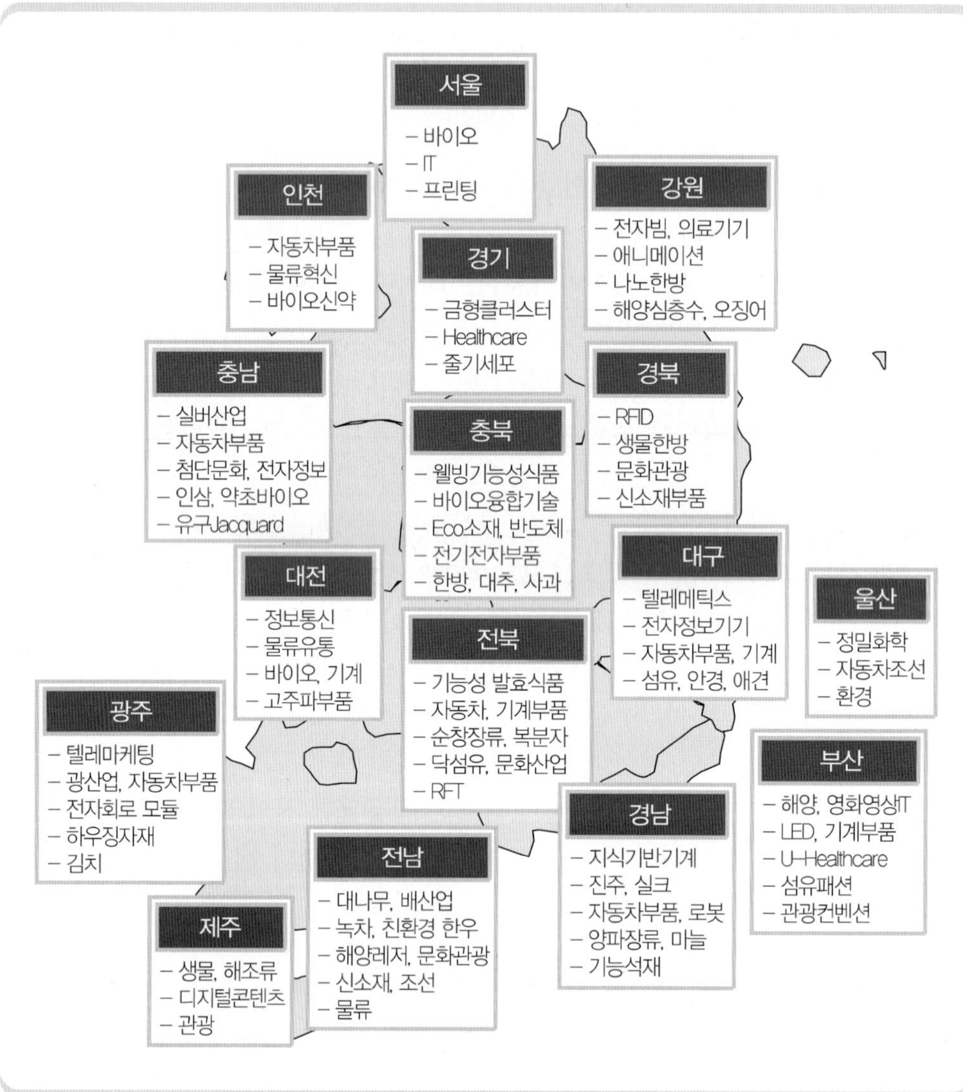

자료: 지식경제부

(3) 주민 주도의 내발적 지역혁신 발전전략 추진

지역연고산업은 지역특화발전특구와의 연계를 통해 지역주민 주도의 내생적 지역혁신 발전전략으로 추진할 필요가 있다.

표 35-3 지역연고산업 육성전략(예시)

육성전략	내 용
전북은 순창장류산업을 지역특화형 혁신클러스터 구축을 통해 육성	• 장류식품 및 발효식품관련 인프라 구축과 장류기업과 원료생산 농가 간 계열화, 장류기업 유치 및 창업 활성화를 통한 집적화 도모 • 장류 연구개발 네트워크구축을 통해 장류의 응용 및 상품화 연구를 통한 제품개발
충남은 금산 인삼 · 약초산업을 실버산업으로 확장	• 금산 지역의 풍부한 한약재 생산자원을 활용한 인삼 · 약초 바이오산업과 IT기술을 융합한 실버바이오산업으로 육성 • 인삼 · 약초 및 건강식품의 품질, 약리효능보증 등 인삼 · 약초 바이오식품의 품질 인증시스템 구축 • 인삼 · 약초산업의 종주지로서 재배 → 가공 → 마케팅 및 한방연관 산업 전 분야를 담당할 수 있는 인삼 · 약초 원스톱 서비스 전문거점단지 구축
경기도는 전국 최고의 도자산업 집적지인 이천을 세계적으로 경쟁력있는 도자산업클러스터로 육성	• 도자특구지정으로 지역특화산업육성 기반조성 • 도자타운 조성으로 관광명소화 해외 관광객 유치 • 마케팅 및 판매장 확보로 안정적인 도자산업 육성 • 국제화시대 일본, 중국 등과 경쟁할 수 있는 민족상품 개발

그리고 기초지자체 단위의 지역혁신체계(예: 마을발전 종합시스템)를 구축하여 경쟁력있는 지역상품을 개발하되, 농산어촌지역의 어메니티를 활용하여 지역 문화를 창출하고 이를 상품화하는 등 지역의 고유자원을 활용하여 경쟁력있는 지역상품을 개발하는 전략을 추진해야한다.

4 지역선도산업 지원방안

우리나라에서는 1998년부터 지역산업을 전략적으로 육성하는 정책이 시작되어, 수도권을 제외한 광역 시 · 도를 대상으로 전략산업 중심의 지역산업 육성정책이 추진되어 왔다. 그러나 시 · 도단위의 지역전략산업 육성정책은 일정한 한계를 노정시켰다. 정부는 이를 극복하기 위해 '5+2 광역경제권' 기반의 지역산업정책으로 전환하였다. 이는 광역경제권을 중심으로 '지역선도산업'을 전략적으로 육성하고 연계하는 것이다.

(1) 지역선도산업의 의의

지역선도산업은 '지역발전 및 국가경쟁력 향상에 기여도가 높은 광역경제권의 산업으로서 균특법 제11조 제1항에 따라 선정된 산업'을 말한다.[6)]

이명박정부는 경제활동 범위의 세계화, 세계 각국의 지역정책 광역화 추세에 대응하기 위하여 지역정책을 '5+2 광역경제권' 중심으로 전환하였다. 수도권을 제외한 지방 13개 시 · 도에 지역산업을 발전시키기 위해 1999년 이후 2007년까지 약 2.3조 원을 지원하였으나, 지역산업의 성장동력화에는 미흡하였다. 이는 시 · 도 단위의 개별적 사업 추진, 전략산업 간 중복 등으로 인해 한정된 자원의 비효율적 배분을 초래하였기 때문이다. 또한 시설 · 장비 등 하드웨어 구축에 치중하였으며, 기 구축된 인프라 간 연계 활용 및 민간 기업의 참여가 부진하였다. 하드웨어사업의 비중은 부산 · 대구 · 광주 · 경남에 약 30%, 기타 시 · 도는 70%에 달했으며, 2004년부터 2007년까지의 지원대상은 대학 · 연구소에 약 50%, 지자체 등에 38%이었으나 기에는 불과 약 12% 정도에 그쳤다.

이에 5+2 광역경제권의 특성과 여건에 맞고, 새로운 성장동력화가 가능한 1~2개 '신성장 선도산업'에 역량을 집중 지원하여 지속적인 성장과 일사리를 창출하고, R&D부터 생산 · 판매에 이르는 전 · 후방산업을 동반 발전시킬 필요가 있다. 또한 권역 내 부가가치 창출을 극대화하는 동시에, 타 권역 및 세계시장과 경쟁 · 협력해야 한다. 즉, 개방경제 하에서 지역발전을 견인하는 지역선도산업을 육성할 필요가 있는 것이다.

표 35-4 선도사업 프로젝트 참여현황

<table>
<tr><th rowspan="2">구 분</th><th rowspan="2">과제수</th><th colspan="7">참여기관</th></tr>
<tr><th>기관수</th><th colspan="2">대기업</th><th colspan="2">중소중견기업</th><th colspan="2">비영리기관</th></tr>
<tr><td>R&D과제</td><td>241개</td><td>630개</td><td colspan="2">11%</td><td colspan="2">77%</td><td colspan="2">12%</td></tr>
<tr><td rowspan="2">비R&D과제</td><td rowspan="2">69개</td><td rowspan="2">182개</td><td>대학</td><td colspan="2">연구소</td><td colspan="2">테크노파크</td><td>기타</td></tr>
<tr><td>26%</td><td colspan="2">27%</td><td colspan="2">27%</td><td>19%</td></tr>
</table>

6) 「국가균형발전특별법」 제2조.

그림 35-3 광역경제권별 지역선도산업

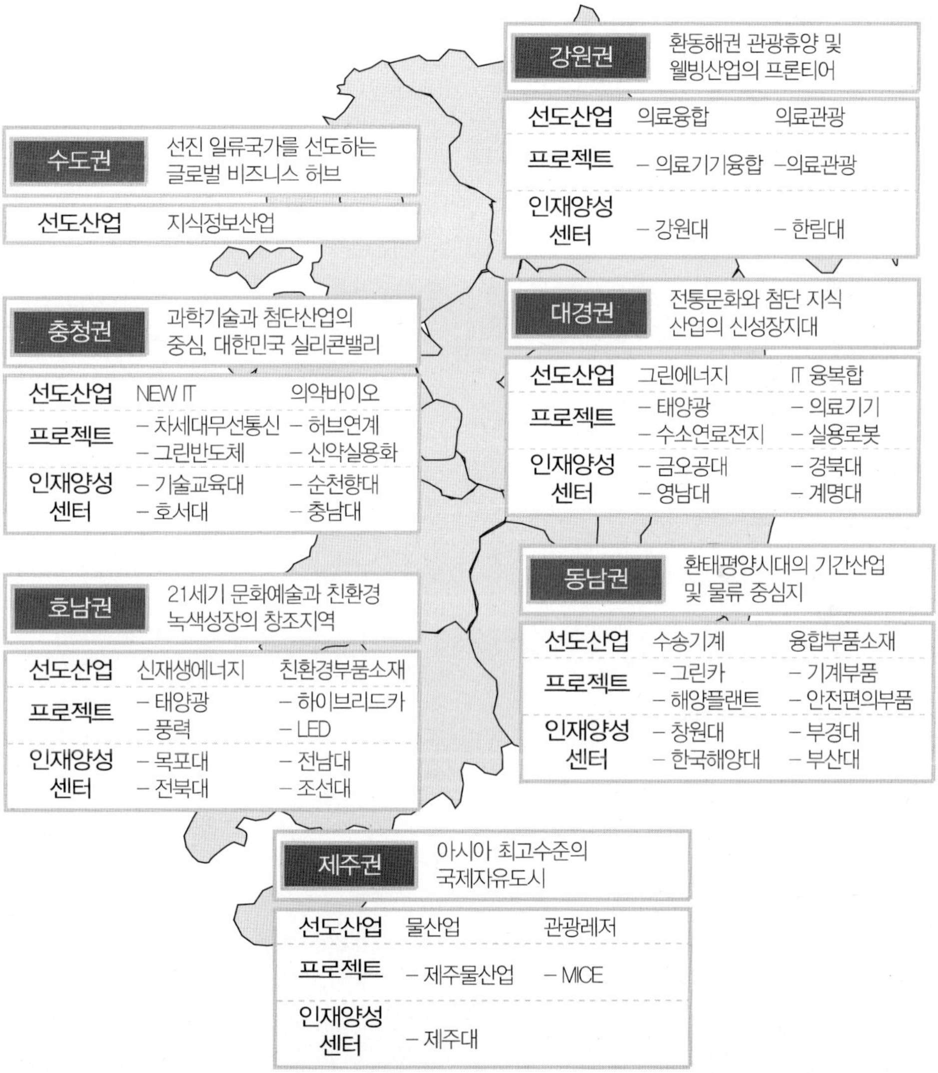

표 35-5 권역별 선도산업 및 프로젝트 개요

구분 권역	선도산업	프로젝트명	주요 내용
호남	신재생 에너지	동북아 태양광산업 클러스터 조성사업	• 고효율 태양전지 소재 개발 • 태양전지용 잉곳 · 웨이퍼 제조장비 등
		서남해안 풍력산업 허브구축사업	• 서해 적응형 풍력발전시스템 기술개발 • Gearless 풍력발전기용 동기발전기 개발 등
	친환경 부품소재	친환경 광기술기반 융합부품 · 소재 육성 사업	• 광기술 기반 융합조선기자재 부품 개발 • LED조명 및 시스템 개발
		고효율 · 저공해 · 친환경 하이브리드 자동차 부품소재산업 육성사업	• 친환경 전기자동차 부품소재 개발 및 상용화 • 친환경 초경량 부품소재 개발 등
충청	의약 바이오	기업맞춤형 의약바이오 허브 연계 사업	• 전임상 후보물질 개발 및 지원 • 신약제품화 지원 등
		첨단 신약 및 의료소재 실용화 지원사업	• 임상/인허가를 목표로 하는 의약품 개발 • 첨단 의약 바이오 소재 실용화 등
	뉴IT	차세대 무선통신 단말기 부품소재 경쟁력 강화사업	• 단말기용 디스플레이 • 초소형 정보저장 부품 등
		IT 기반의 그린 반도체산업 성장 거점화사업	• 실리콘 태양전지 셀/모듈 및 제조장비 • 에너지 절감형 반도체
동남	수송기계	그린카 오토벨트 구축사업	• 그린카 모듈부품 • 고안전 경량부품 개발 등
		해양플랜트 글로벌 허브 구축사업	• Seawater Lift Pump 기술개발 • Fuel Gas Compressor 기술개발 등
	융합 부품소재	기계기반 융합부품소재 진흥사업	• 친환경 LNG 가스터빈연소기 • 초대형 CNG 저장 모듈 등 개발 등
		수송기계 안전편의부품소재 허브 구축사업	• 차량안전성 측정 모듈 • 주변상황 감응식 제어 모듈 등
대경	IT 융복합	IT융합 의료기기 글로벌 경쟁력 강화사업	• 영상진단기기, 신체기능회복기기 • 모바일-헬스케어 기기 등
		IT융합 실용로봇 글로벌 경쟁력 강화사업	• 제조지원 서비스 로봇 • 전문서비스 로봇 등
	그린 에너지	태양광 부품소재 글로벌 경쟁력 강화사업	• 결정질 Si 태양전지 • 화합물박막 태양전지 등
		수소 · 연료전지 글로벌 허브 구축사업	• 발전용 용융탄산염 연료전지 • 평판형 고체산화물 연료전지 등

강원	의료융합	Bio-Medical 융복합산업의 글로벌 기술사업화 허브	• 천연물 제제 및 IT융복합 의료기기 개발지원 • 영상진단기기 개발 등
	의료관광	동북아 의료관광거점 구축 사업	• 의료관광 코디네이터 양성 • 거점병원 지원 등
제주	물산업	제주워터 글로벌 브랜드 기반구축	• 먹는샘물, 기능성 음료 수출 산업화 • 水치료 프로그램 등
	관광레저	리조트 기반형 MICE 산업 선진화 전략	• MICE 유치 및 상품개발 • MICE산업 종합지원 시스템 구축 등

(2) 광역경제권별 지역선도산업

광역경제권 선도산업 육성사업은 시 · 도 단위의 지역 칸막이를 없애고 광역경제권 단위로 선도산업을 육성함으로써 지역산업의 경쟁력을 강화하는 사업이다.

지역선도산업 육성을 위해 2009년 시 · 도 간 합의를 통해 3년 내 사업화가 가능한 20개 프로젝트를 선정하였으며, 2010년 기준 553개 기업과 대학 · 출연연 등 비영리기관을 포함하여 총 812개 기관이 총 310개 과제에 참여하고 있다.

권역별 선도산업은 호남권의 신재생에너지 · 친환경부품소재, 충청권의 의약바이오 · 뉴IT, 동남권의 수송기계 · 융합부품소재, 대경권의 IT융복합 · 그린에너지, 강원권의 의료융합 · 의료관광, 제주권의 물산업 · 관광레저 등이다.

(3) 지역선도산업 지원내용

1) 지원규모

지역산업진흥을 위해 2008년부터 2012년까지 5년 간 총 5.5조 원이 투자된다. 광역권 사업예산은 2009년 2,017억 원에서 2012년에는 5,000억 원 수준으로 확대되고, 광역권 중심 지역정책을 중점 지원하기 위해 광역경제권 선도산업에 대한 투자를 매년 1천억 원 이상 확대한다.

또한, 산업단지를 대상으로 산 · 학 · 연 간 유기적인 연계 · 협력시스템을 구축하는 산업단지 클러스터 사업에 예산을 투입하여 5+2 광역체제로 개편하여 사업성과의 확산을 촉진한다.

2) 사업 내용

선도산업을 육성하되 하드웨어(H/W) 구축은 지양하며 광역 R&D, 인력양성, 투자유치, 국제협력 등 기업활동에 실질적 도움이 되는 기능을 중점적으로 지원하고, 이미 구축된 시설・장비 간에 상호 연계 및 활용도를 제고한다.

기존 시・도 중심의 정책을 유사・중복사업으로 통폐합하는 동시에 지역의 자율성・책임성을 강화하여 내실화를 추진한다. 또한 지역전략산업진흥사업은 지역 여건과 특성에 맞는 '지역 자율형' 기획방식을 도입하여 지역 간 연계 및 인프라 활용도를 제고할 수 있도록 개편을 추진한다.

하드웨어 사업 위주의 지역혁신센터(RIC) 조성사업은 패키지 형태(H/W+S/W)의 지역특화산업 육성사업으로 흡수하며, 이를 위해 지역특화자원을 활용하는 S/W사업 공모과제를 통해 이미 구축된 하드웨어를 활용하는 데 집중한다.

3) 추진방식과 정책 간 연계

지역선도산업은 광역권의 자율적 합의와 주도적 역할을 존중하고, 광역권의 경계를 넘는 권역 간 협력 사업에 인센티브를 부여한다. 별도의 추진기구 설치를 지양하되, 필요시 민간참여 기업형 조직을 적극적으로 활용한다.

광역권이 선도산업의 기업활동에 최적지가 될 수 있도록 정책역량을 결집하고 연계를 추진하기 위하여 도로 등 인프라, 산업인력 양성, 선도산업별 특성에 맞는 규제특례 등도 관계부처와 협조하여 적극 추진한다. 또한 지역선도산업 등을 중점 육성하는 것과 동시에 기존 시・도 중심의 지역전략 사업을 지속적으로 지원한다.

(4) 선도산업 인재양성 사업 추진

선도산업 인재양성 사업은 광역경제권 신성장 선도산업 육성 계획과 연계하여, 지방대학이 선도산업 발전에 필요한 우수인재를 양성・공급할 수 있도록 지원하는 사업이다.

이를 통해 세계적으로 경쟁력 있는 광역경제권 창조에 기여하고, 지방대학・산업체・지역연구소・지방자치단체가 연계되어 맞춤형 인재양성 기반 및 기업 기반의 창의적 교육 · 연구시스템을 구축하고 지방대학의 경쟁력을 제고시키는 것이다.

선정된 대학의 '선도산업 인재양성센터'를 통해 선도산업분야에 필요한 우수 인재 양성을 위한 교육 및 연구프로그램을 개발하여 우수 모델을 확산하고, 특히 미취업 졸업생 재교육 및 산업체 인턴 지원을 강화하여 인력을 필요로 하는 산업 현장과 즉시 연계할 수 있는 다양한 프로그램을 활성화함으로써 지역 청년실업 해소에도 기여한다.

정부의 광역경제권 신성장 선도산업 육성 계획과 연계하여 지방대학이 선도

표 35-6 광역경제권 선도산업 인재양성사업 대학(센터) 지정 현황

대학명	광역권	선도산업	센 터
강원대	강원권	의료융합	강원의료융합프론티어인력양성센터
경북대	대경권	IT융복합	IT융복합글로벌인재양성센터
계명대	대경권	IT융복합	광역선도 IT융복합 의료기기 실무형 인재양성센터
금오공대	대경권	그린에너지	그린에너지시스템인재양성센터
목포대	호남권	신재생에너지	해상풍력 중심 신재생 에너지 인재양성센터
부경대	동남권	융합부품소재	수송기계 안전편의 융합 부품소재 인재양성센터
부산대	동남권	융합부품소재	기계기반융합부품소재 인재양성센터
순천향대	충청권	의약바이오	SCH 의약바이오 인재양성센터
영남대	대경권	그린에너지	대경 광역경제권 그린에너지 선도산업 인재양성센터
전남대	호남권	친환경부품소재	친환경 광기술기반 융합부품 · 소재산업 인재양성센터
전북대	호남권	신재생에너지	신 · 재생에너지산업인재양성센터
제주대	제주권	관광레저	관광 · 레저 선도산업 인력양성센터
제주대	제주권	물산업	제주 물 산업 인재양성센터
조선대	호남권	친환경부품소재	친환경자동차기반부품소재인재양성센터
창원대	동남권	수송기계	녹색기술기반해양플랜트 인재양성센터
충남대	충청권	의약바이오	충남대학교의약바이오인재양성센터
한국기술교육대	충청권	New IT	E2-반도체 · 디스플레이 장비 인재양성센터
한국해양대	동남권	수송기계	글로벌 선도 해양플랜트 인재양성센터
한림대	강원권	의료관광	한림대학교 의료관광인재양성센터
호서대	충청권	New IT	충청권 New IT 선도인재양성센터

산업 발전에 필요한 우수 인재를 양성·공급함으로써 경쟁력 있는 광역경제권 창조에 기여하도록 한다.

사업기간은 2009년~2013년(3년+2년)으로 3년 간 운영성과를 평가하여 우수 대학은 2년 간 추가 지원한다. 사업비는 5년 간 총 5,000억 원으로 선도산업별로 1~2개 대학(총 20개 내외)에 센터당 연간 50억 원 내외를 지원한다.

지원교육과정은 학부과정, 대학원 과정, 미취업 졸업자 지원과정으로 선도산업과 직접 관련한 분야의 학부과정 및 대학원 과정을 지원하되, 대학원 과정의 경우 학부과정과 팀을 이뤄 참여하는 경우에 한하여 포함시킨다. 센터 참여 학부과정 및 석사과정의 미취업 졸업자에 대한 재교육 및 산업체 인턴 연수 과정도 지원한다.

인재양성 사업은 2010년 기준 6개 광역경제권 12개의 선도산업에 총 19개 대학(20센터)이 선정되어 있다.[7)]

7) 이 장은 지방행정연수원 사이버교재; 강현수·남기범·모성은, 『지역혁신발전론』을 중심으로 정리하였다.

CHAPTER 36

지역특화발전특구

지역이 중앙정부에 의존하지 않고 고유한 특성을 살려 다른 지역과 차별화된 성장을 할 수 있도록 지역에 가해진 각종 규제들을 풀어주는 제도가 지역특화발전특구이다. 이는 기존의 예산지원 중심의 지역개발 정책에서 벗어나 지역 스스로 사업을 실행하고 책임지는 풍토를 만들어 내고자 여러 규제를 풀어줌으로써 지역의 자율성을 강조하는 제도라고 할 수 있다.

1 지역특구의 개념과 의의

(1) 지역특화발전특구의 개념

지역특화발전특구제란 지역경제활성화를 위하여 지역특성에 따라 규제를 차등 적용하는 제도이다. 즉, 전국에 걸쳐 획일적으로 적용되는 각종 규제를 지역특성에 맞게 완화하거나 규제권한을 지방자치단체에 이양해 줌으로써 각 지역이 특색 있게 발전할 수 있도록 제도적으로 뒷받침하고 지역경제의 활성화를 도모하는 것이다.

즉, 지역특화발전특구제(이하 지역특구)는 지자체가 지역특성을 반영한 특구사업과 규제특례를 제안하고, 중앙정부는 이를 검토하여 수용 가능한 규제를 완화해 주는 제도이다.

(2) 추진배경: 지방특화 발전과 규제완화

그동안의 지역경제발전대책은 중앙정부 주도로 추진되어 왔기 때문에 지역별 특성에 맞는 발전전략이 부재하였다. 이는 모든 지역에 있어 산업단지, 농공단지, 관광지 등을 획일적으로 균등 개발하는 전략으로 인하여 중복투자와 사회적 낭비를 초래하였던 것이다.[1)]

따라서 21세기 세계화·지방화 시대를 맞아 지역경제 활성화를 위해서는 지방 스스로가 다른 지역과 차별화된 특화발전전략을 선택하도록 하는 것은 물론, 자치단체 간 선의의 경쟁과 시장원리를 정착시켜 그 결과에 대해서도 지방이 책임지는 풍토를 조성하는 것이다.

자율성과 창의력을 바탕으로 기업가적 투자 마인드를 이용, 각 지역의 특화된 발전을 도모해야 하는 것이다. 이를 실현하기 위해서는 경제규제를 획기적으로 완화함으로써 지방경제 발전의 새로운 동기를 창출하는 것이 필요하다는 결론에 이르렀다.

더욱이 지금까지 추진해온 전국을 대상으로 한 일률적인 규제개혁은 자치단체별로 수많은 개별적인 수요를 반영하기 어려웠다. 따라서 지방화시대에 맞춰 '규제도 지역특성에 따라 다를 수 있다'는 새로운 접근을 통해, 지역별 개성을 살릴 핵심규제를 개혁할 필요가 있는 것이다.

(3) 추진경과

지역특구제의 추진 경과를 보면, 「지역특화발전특구에 대한 규제특례법」이 2004년 3월 2일 국회 본회의를 통과하여 3월 22일 공포되었고, 6개월의 준비기간을 거쳐 2004년 9월 22일부터 시행되었다.

2004년 11월에는 특구기획단이 설치되었다. 특구기획단은 「지역특화발전특구에 대한 규제특례법」에 의거, '지역특구위원회'의 사무국 기능을 수행하는 조직으로 지역특구위원회가 수행하는 특구지정 등의 심의·의결기능을 보좌한다. 또한 특구기획단은 지역특구가 효과적인 지역발전 수단이 될 수 있도록 제도를 유지·발전시키는 업무를 하기 때문에 지방자치단체의 특구 구상단계에서부터 적극적인 자문역할과 각종 지원 업무를 수행하고 있다.

특구기획단은 특구지정을 계획 중인 지방자치단체에 대해 적극적인 컨설팅을 실시함으로써 특구지정이 원활히 추진되도록 지원하였다. 그 결과 2004년 말부터

1) 모성은, 『지역경제정책론』, 박영사, 2010, p. 134.

2005년까지 총 42개의 특구가 지정되었다.

규제특례 확대, 특구지정 절차 간소화 등 지역특구제도 운영과정에서 나타난 문제점을 보완하기 위해서 지역특구법 개정안을 제출하여 2006년 10월에 국회 본회의를 통과하게 되어 규제특례가 초기 69개에서 97개로 확대되었고, 토지이용계획이 수반되는 특구의 경우 '선 특구지정, 후 토지이용계획 승인'이라는 절차를 활용할 수 있게 되었다.

2006년에는 전국의 지방자치단체가 한자리에 모인 지역특구박람회를 경상북도와 대구광역시 주관으로 개최하였다. 2007년에는 인센티브 제공이 지방자치단체 간 선의의 경쟁을 유도하고 성과창출에 기여할 수 있다는 인식하에 지역특구 성과포상금 제도를 도입하였다.

지역특구의 산업화 흐름은 2008년 더욱 강화되었다. 2008년 2월 정부조직 개편 결과 지역특구 업무가 경제 전반을 기획·조정하는 재정경제부에서 산업분야 총괄부서이면서 국가균형발전특별회계의 총괄부서인 지식경제부로 이관됨에 따라 기업유치를 통한 지역특화사업의 산업화에 더욱 강한 힘이 실리게 되었다.

2008년 9월 발표된 정부의 5+2 광역경제권 활성화 전략은 지역 특구를 통한 맞춤형 규제완화로 대응할 것을 천명하고 있어 앞으로 지역특구제도는 지역개발은 물론 규제완화를 위한 핵심적인 제도적 인프라로 정착될 것으로 기대된다.

2 지역특구의 주요 특징

(1) 지자체 중심의 자율적 특화발전

지역특구로 지정되기 위해서 지방자치단체는 지역 고유의 지리적·문화적·산업적 특성을 살려 다른 지역과 차별되는 창의적인 아이디어가 가미된 지역특화사업과 재원조달 계획을 수립하여 중앙정부에 특구지정을 신청하여야 한다. 이에 중앙정부는 특구계획에 대한 타당성과 규제특례 적용의 적절성을 판단하여 특화사업이 추진될 수 있도록 지원한다.

따라서 특구계획 수립에서부터 사업집행은 물론 나아가 사업성과에 이르기까지 지방자치단체에 폭넓은 자율과 책임이 주어진다.

(2) 규제특례의 선택적 적용

지역특구제는 과거의 일률적이고 획일적인 규제에서 탈피하여 지역 여건에 맞는 규제특례를 제공함으로써 지방자치단체가 이전에는 자율적으로 추진하기 어려웠던 사업들을 추진할 수 있도록 지원하는 것이다. 또한 민간사업자 및 지역주민 등의 참여를 적극 유인함으로써 특화사업의 범위를 확대시키고 지속가능한 발전을 도모할 수도 있다.

(3) 직접적인 재정·세제지원은 배제

현행 지역발전 관련제도 중 유일하게 직접적인 재정이나 세제지원이 없는 제도이므로 지방자치단체는 특화사업을 추진하기 위해 국비, 자체 재원, 민자 또는 지역주민의 자부담 등을 통해 필요한 재원을 독자적으로 조달해야만 한다.

이를 통하여 직접적인 재정지원에 필연적으로 수반되는 정부의 통제와 간섭이 불필요하게 되고 지방자치단체의 자율성이 최대한 보장될 뿐 아니라 민간자본의 적극적인 유치를 통해 지역의 장기발전을 도모할 수 있다.

(4) 공간적·시간적 제한없는 사업 추진

지역특구제는 추진주체, 사업내용, 대상지역, 추진기간 등 각종 제약으로부터 자유롭게 추진될 수 있다. 기초지방자치단체가 원칙이나, 광역기관인 시·도 또는 타 시·군·구와의 공동 추진도 가능하여 지방자치단체 간 경쟁은 물론 협력과 상생의 기반을 제공하고 있으며, 지역의 특화발전에 기여할 수 있는 사업이라면 어떤 내용이든지 가능하다. 또한 특화사업의 성격상 일정기간 동안 추진되는 사업도 있는 반면, 계속사업으로 추진될 수도 있다.

(5) 특구지정을 위한 일괄협의 지원

지역특구제는 그간 지방자치단체가 사업추진을 위하여 중앙부처와 개별적으로 협의하던 절차를 특구기획단이 단일창구가 되어 일괄협의(One-Stop Service)

표 36-1 기존 지역개발제도와 지역특구제도의 차이점

구 분	지역특구 제도	기존 지역개발 제도
목적	지역의 특색있는 발전을 통한 지방경제 활성화(특색있는 지방=세계화)	국가경제 활성화 및 대외 경쟁력 강화
법적근거	지역특구에 대한 규제특례법	각 개별 지원법 * 경제자유구역법, 관광진흥법 등
추진주체	지방정부 중심 * 지방이 모든 사업내용을 구상하고, 국가는 규제특례 혜택만 부여	중앙정부 중심 * 국가가 대상지역·사업, 부동산 공급 등 주요사항을 결정
사업내용	제한 없음 * 교육·의료등 S/W적 지식산업도 가능	관계부처 소관분야 또는 토지이용 사업 * 건설·관광 등 H/W적 개발사업
재정지원	없음 * 다만, 재정지원을 배제하는 것은 아님	있음(국가의 예산 지원)
세제지원	없음	있음(예외 있음)
규제적용	지방이 규제혜택 선택(지역별 규제 차등) 규제 강화도 가능	동일한 내용의 규제혜택 부여 규제완화·폐지 유형
사업성패 책임	지방정부	주로 중앙정부
규제 인허가	특화사업관련 인허가를 특구 신청 시 함께 신청하여 One-stop으로 일괄처리 지원	인허가 관련 모든 기관으로부터 별도 인허가를 받아야 함

가 가능하도록 지원한다. 이러한 일괄협의를 통해 특화사업의 신속한 추진을 도모하고 있다.

3 지역특구 지정절차

지역특구의 추진주체는 기초지방자치단체가 원칙이며, 광역지방자치단체 또는 타 기초지방자치단체와의 공동추진도 가능하다.

지역의 특화발전에 기여할 수 있는 사업이라면 어떤 형태든지 지역특구로 추진이 가능하고 대상지역은 전국 지방자치단체 내 어느 지역도 가능하다. 경제자유구역, 기업도시, 관광지구 등에도 지정이 가능하며, 1개 기초자치단체 내에서는 최대 3개까지 지역특구를 지정·운영할 수 있다.

명칭의 사용에 있어서 '○○관광특구' 사용은 금지되고 있으며, 이는 지역특구법 제정 당시 관광특구와의 혼돈을 사전에 막기 위해 마련된 것이다.

(1) 지정 신청절차

지역특구로 지정되기 위해서는 기초지방자치단체의 장이 지역의 중장기 발전전략에 따라 특화사업 기본계획을 수립하고, 이를 구체화하기 위한 특구계획안을 마련하여야 한다. 특구계획안에는 특화사업 세부내용 및 특화사업자, 대상지역, 규제특례 내용과 적용범위, 재원조달방안, 부동산가격 안정방안 및 사전 환경성검토 협의내용 등이 포함되어야 한다. 특히, 토지이용 규제특례를 포함하는 특구계획은 난개발, 환경오염 및 부동산 가격 급등 등 특화사업 추진으로 인한 부작용에 대한 대처방안이 포함되어야 한다.

특구계획안이 수립되면 이에 대해 지역주민과 지방의회의 의견을 청취하여 지식경제부 특구기획단에 특구지정을 신청하여야 한다.

지방자치단체의 장은 특구계획 중 민자 유치가 필요한 특화사업이 포함되어 있는 경우, 특구지징 신청 이진에 특화사업을 수행할 사업자를 지정하여야 히는 것이 원칙이나, '선 특구지정, 후 특화사업자 지정' 제도를 활용하여 특구지정 이후에 특화사업자를 지정할 수 있다. 또한 토지이용 규제특례를 포함하는 경우에도 '선 특구지정, 후 토지이용계획 승인' 제도를 활용할 수 있다.

(2) 특구 지정 및 사후관리

지역특구 지정은 지방자치단체의 신청에 따라 관계부처 협의 및 실무위원회 검토, 지역특구위원회 심의・의결을 거쳐 지식경제부장관이 지정・고시한다.

지역특구위원회(위원장: 지식경제부장관)는 지방자치단체가 신청한 특구계획안에 대해 90일 이내에 심의하여 특구지정 여부를 결정하는데, 신청된 특구계획의 실행가능성, 특화사업에 대한 국내외 수요전망, 해당 지역의 특화발전에 부합하는지 여부, 규제특례 적용 필요성 등을 종합적으로 검토하게 된다.

2004년 11월에 발족한 지역특화발전특구기획단은 지역특구위원회를 보좌하는 사무국 기능과 지방자치단체에 대한 특구계획 수립・운영 자문역할을 병행 수

그림 36-1 특구지정 신청을 위한 흐름도

지역특화발전특구계획안 주요내용 공고

(공고기간: 20일 이상)

← 공고 시 특화사업자 지정신청, 공청회 개최, 열람 및 주민의견제출 등과 관련된 사항도 함께 공고할 수 있음

지역특화발전특구계획안 열람 및 주민 의견청취

(열람기간: 특구계획안 공고일부터 6일 경과 후)

← 열람기간 내에 주민 등은 특구계획안에 대한 의견 제출 가능

공 청 회

(개최 14일전까지 공청회 개최 공고)

← 특구계획안 공고기간의 후반부 이후에 하는 것이 바람직

지방의회 의견 청취

(상기절차 진행 후가 바람직)

← 법률상 시기 제한은 없으나 성격상 특구계획안 공고, 주민의견 청취 및 공청회 개최 후가 바람직

특화사업자 지정

(특화사업자 지정 신청 후부터 30일 내 결정)

※ 민자유치를 위해 필요한 경우 특구지정 이후 선정 가능(특구계획변경)

← 결정 후 신청자 모두에게 즉시 통보

← 5일 내 자치단체 공보에 공고

※ 특화사업 시행 희망자는 특구계획안 공고 이후에 특화사업자 지정신청 가능

시 · 군 · 구 도시계획위원회 심의

(상기 절차 진행 후)

← 특구토지이용계획을 수립하는 경우에 한함

지역특화발전특구 지정 신청

(상기 절차 진행 후 지경부장관에게 신청)

그림 36-2 특구 지정 및 사후관리 흐름도

특구지정 신청 및 특구계획 제출

지자체 → 특구위원회(위원장: 지식경제부장관)

← 지식경제부는 특구계획에 대해 관계행정기관과 협의
← 실무위원회 및 특구위원회 심의・의결

특구계획 승인 및 특구 지정

특구위원회 (위원장: 지식경제부장관)

← 지식경제부장관이 특구계획 승인 및 특구 지정 관보고시
← 특구계획 승인을 얻으면 토지관련 허가 등을 받은 것으로 의제
← 토지이용계획을 특구지정 후 1년 이내 제출 후 승인을 얻을 수 있음
← 특구지정 후 특화사업자를 지정할 수 있음

특구 운영

지자체

← 지자체는 특구 운영성과보고서를 특구위원회에 제출

특구운영 성과평가

지식경제부

← 지자체가 제출한 특구운영 성과보고서를 토대로 성과평가를 실시
← 특구별 성과보고서 및 종합평가보고서 작성

특구운영 성과평가 결과보고, 권고조치 또는 특구지정 해제

특구위원회(집행: 지식경제부)

← 특구계획 변경 등 특구별 권고조치 및 제도개선 사항을 법령 등에 반영
← 법령 위반, 특구목적 달성이 불가능한 특구 등은 특구위원회의 심의・의결을 거쳐 특구 지정을 해제

특구운영 상시점검

지식경제부

행하고 있다.

지방자치단체는 지식경제부장관의 특구지정 고시가 완료되면 특구계획에 따라 자율적으로 특구운영을 할 수 있으며, 특구운영 과정에서 주변여건의 변화로 인해 당초 특구계획대로 운영하기 어려운 경우에는 특구계획 변경 승인을 지식경제부장관에게 신청하여야 한다.

지역특구의 사후관리는 지역특구 운영성과 평가를 통해 이행한다. 특구를 운영하는 지방자치단체는 매년 1월 말까지 전년도 특구운영에 대한 성과보고서를 특구위원회에 제출하여야 하며, 제출 대상은 전년도 6월까지 지정된 특구이다. 이 보고서에는 당해 연도 특구운영의 성과 및 이에 대한 지방자치단체장의 평가내용, 지역주민 등의 의견과 지역경제에 미친 효과 및 특구운영에 대한 건의사항 등이 포함되어야 한다.

지식경제부는 지방자치단체가 제출한 성과보고서를 토대로 특구운영 성과에 대한 평가를 실시함으로써 특구운영 현황을 점검하고, 필요한 경우 특구계획 변경을 권고하거나 지역특구위원회에 직권으로 특구지정 해제안건을 상정하기도 한다. 또한, 모범특구를 선정하여 성과포상금 지급 등 정부포상을 실시하고, 그 사례를 전국에 전파함으로써 특구운영의 내실화를 도모하고 있다. 또한 특구운영 성과평가를 통해 제도개선 사항들을 발굴하여 법령 개정에 반영하거나 제도운영에 직접 반영하고 있다.

(3) 지역특구의 지정현황

2010년 11월 현재 111개 지자체에 143곳의 지역특구가 지정되어 있다. 지역별로는 전남이 27곳으로 가장 많고 경북이 24곳, 충남이 16곳, 충북이 14곳 등이다.

유형별로는 향토자원진흥특구가 60곳, 관광·레포츠특구가 36, 교육특구 20곳, 산업·연구개발특구 14곳, 유통·물류특구 9곳, 의료·사회복지특구 4곳이다.

2004년 12월 30일 6개 특구를 최초 지정한 후, 2005년에 34개, 2006년 31개, 2007년 25개, 2008년 22개, 2009년 14개, 2010년 10개를 지정하였다. 2004년 12월 최초 특구지정 이후 현재까지 총 41건의 특구계획 변경이 승인되었다. 이 중 28건은 지역특구위원회 심의를 거쳐 변경되었으며, 나머지 13건은 장관승인으로 변경되었다. 연도별로는 2005년 2건, 2006년 2건, 2007년 4건, 2008년 13건, 2009년 9

표 36-2 지역특구의 지역별 · 유형별 현황('10.11월 기준)

지역별 \ 유형별	계	향토자원진흥	관광 · 레포츠	교육	산업 · 연구	유통 · 물류	의료 · 복지
전 남(16)	27	14	7	6	–	–	–
경 북(20)	24	13	4	2	1	4	–
충 남(12)	16	9	1	4	1	1	–
충 북(10)	14	8	4	–	1	1	–
전 북(9)	13	4	3	–	2	1	3
경 남(10)	12	4	3	3	2	–	–
경 기(8)	9	3	3	1	2	–	–
강 원(8)	8	1	4	–	3	–	1
서 울(5)	5	–	1	3	–	1	–
부 산(4)	4	1	3	–	–	–	–
인 천(3)	3	1	1	1	–	–	–
대 구(2)	3	–	–	–	2	1	–
울 산(2)	2	1	1	–	–	–	–
제 주(2)	2	1	1	–	–	–	–
계(111)*	143	60	36	20	14	9	4

표 36-3 연도별 특구지정 실적

지정년도	계	향토자원진흥	관광 · 레포츠	교육	산업 · 연구	유통 · 물류	의료 · 복지
2010	11	6	3	2	–	–	–
2009	14	7	5	1	1	–	–
2008	22	7	9	4	1	–	1
2007	25	11	5	4	5	–	–
2006	31	16	5	3	3	3	1
2005	34	12	7	5	3	5	2
2004	6	1	2	1	1	1	–
계	143	60	36	20	14	9	4

건, 2010년 11건 등 최근 들어 특구계획 변경이 늘어나는 추세에 있다.

제도 초기에는 지역특산물을 소재로 한 향토자원진흥특구가 상대적으로 많이 지정되었으나, 최근에는 관광 · 레포츠 및 산업 · R&D 관련 특구도 많이 지정되고 있다.

4 주요 규제특례의 내용

(1) 일반적 규제특례 사항

일반규제특례는 다른 법의 규제내용에도 불구하고 지역의 특성을 고려하여 근거법보다 규제를 완화하거나 경우에 따라 강화할 수 있는 것을 말한다.

규제특례는 자치단체의 규제특례 요구에 따른 지역특구법상 상향식(bottom-up) 규제완화 외에도 중앙정부 차원의 토지규제개혁 등 추진에 따른 하향식(top-down) 규제완화 작업이 동시에 추진되고 있다. 반면에, 개별법상 규제특례는 규제완화 뿐 아니라 특화사업 추진을 위해 필요한 경우 규제강화도 포함하고 있다.

초 · 중등교육법, 출입국관리법, 농지법, 약사법, 도로법, 건축법 등 34개 법률 56개 규제특례 중 필요한 특례를 신청하면 특구지정과 함께 규제특례의 적용이 가능하다. 규제특례는 근거법보다 완화하는 것이 주이나 도로통행제한 규제와 같이 규제를 강화하는 것도 가능하다.

표 36-4 분야별 규제특례 현황

계	국토 도시	농지 산림	도로 교통	교육	보건 의료	산업 경쟁	출입국	국유재산 공유재산	기타
56	6	8	2	6	2	3	2	4	23

표 36-5 특구토지이용계획에 따라 일괄처리되는 토지규제

법 률	토지규제
「초지법」	제23조에 따른 초지의 전용허가
「산지관리법」	제14조에 따른 산지전용허가 및 같은 법 제15조에 따른 산지전용신고
「산림자원의 조성 및 관리에 관한 법률」	제36조제1항 · 제4항에 따른 입목벌채 등의 허가 · 신고 및 변경
「산림보호법」	제9조제1항 및 제2항제1호 · 제2호에 따른 산림보호구역(산림유전자원보호구역은 제외한다)에서의 행위의 허가 · 신고
「농지법」	제34조에 따른 농지의 전용허가 또는 협의
「농어촌정비법」	제23조에 따른 농업생산기반시설의 목적 외 사용승인 및 같은 법 제82조에 따른 농어촌 관광휴양단지 사업계획의 승인
「하천법」	제30조에 따른 하천공사의 허가, 같은 법 제33조에 따른 하천의 점용허가 및 같은 법 제50조에 따른 하천수의 사용허가
「공유수면관리법」	제5조에 따른 공유수면의 점용 · 사용허가 및 같은 법 제8조에 따른 실시계획의 승인
「공유수면매립법」	제9조에 따른 공유수면매립의 면허 및 같은 법 제38조 · 제38조의2에 따른 협의 · 승인
「국토의 계획 및 이용에 관한 법률」	제56조에 따른 개발행위의 허가, 같은 법 제86조에 따른 도시계획시설사업 시행자의 지정 및 같은 법 제118조에 따른 토지거래계약의 허가
「도로법」	제34조에 따른 비관리청의 공사시행 허가, 같은 법 제38조에 따른 도로의 점용 허가 및 같은 법 제88조에 따른 도로노선의 폐지 · 변경 승인
「사도법」	제4조에 따른 사도(私道)의 개설허가
「관광진흥법」	제54조에 따른 관광지 · 관광단지 조성계획의 승인 및 같은 법 제55조에 따른 조성사업 시행의 허가
「산업입지 및 개발에 관한 법률」	제19조에 따른 농공단지개발실시계획의 승인
「국유재산법」	제30조에 따른 사용의 허가
「체육시설의 설치 · 이용에 관한 법률」	제12조에 따른 사업계획의 승인
「수도법」	제17조 · 제49조 및 제50조에 따른 수도사업의 인가
「하수도법」	제16조에 따른 공공하수도에 관한 공사 또는 유지의 허가
「사방사업법」	제14조에 따른 벌채 등의 허가 및 같은 법 제20조에 따른 사방지(砂防地) 지정의 해제
「소하천정비법」	제14조에 따른 소하천 점용 등의 허가

(2) 토지이용에 관한 규제특례 사항

특화사업의 수행을 위해 택지, 산업단지, 건축물 건립 등을 위하여 토지이용이 필요한 경우, 종전에는 개별법에 근거한 각종 인·허가를 별도로 받아야 했으나, 지역특구 지정 신청시 농지·산지·초지의 전용, 사도개설 허가 등과 같은 16개 법률 33개의 인·허가나 지구 지정에 대하여 원스톱 행정처리를 제공한다.

특구지정 신청시 인·허가에 필요한 서류를 첨부하는 경우 기획재정부에서 개별 협의를 일괄하여 진행하고, 지정과 동시에 인·허가된 것으로 의제 처리된다.

지역특구법상 토지규제특례는 인·허가 폐지가 아니라 특구계획 승인시 인·허가를 받은 것으로 의제하여 절차간소화에 중점을 두고 있다.

한편, 토지규제특례가 난개발·환경오염 및 부동산 가격 불안을 초래하지 않도록 사전 환경성 검토협의실시 등 제도적 장치를 마련하고 있다.

(3) 권한 이양에 관한 특례

관광·레저업의 육성이나 축제 등의 원활한 진행을 위하여 신속한 추진이 필요한 경우를 대비하여 상급기관이 가지고 있는 각종 행정권한을 특구지자체 장에게 위임하거나 규제내용을 정할 수 있도록 허용하고 있다.

〈권한위임 대상 8개 행정사항〉

1. 등록체육시설업에 대한 사업계획 승인 및 등록
2. 골프장 시설의 농약잔류량 검사 수행
3. 가축도축 및 조리·판매 허용 (농림부장관)
4. 집유업·유가공업 영업허가권 (시·도지사)
5. 식품 표시내용을 별도 규정
6. 영업시간 별도 규정
7. 자동차 운행제한

CHAPTER 37

신활력사업

그동안의 지역개발정책 중 상당 부분이 낙후지역 개발에 초점이 맞추어져 있다. 참여정부 시절 균형발전 측면에서 처음 도입된 신활력사업도 낙후지역 개발정책 중에 하나였다. 기존의 낙후지역 개발 사업들이 시설물의 설치 등 하드웨어 중심의 사업에 치우쳐 있는 것에 반해, 신활력사업은 인재양성, 향토자원, 관광자원 등을 활용한 소프트웨어에 중심을 두고 있는 점에서 큰 의미를 찾을 수 있다.

1 신활력사업의 의의

(1) 배경 및 추진개요

1970년대 압축적인 경제성장 과정에서 채택한 수도권 중심의 성장거점 개발정책은 고도의 경제성장이라는 성과와 함께, 지역 간 불균형에 따른 각종 폐해를 양산하게 되었다. 국민통합과 국가경쟁력 제고를 위해서는 이같은 폐해와 문제의 근본적인 해결책이 요구되었다. 특히 예전부터 시행되고 있는 각종 낙후지역 개발사업은 생활환경의 개선, 문화복지시설의 증대 등 적지 않은 정책적 성과를 나타냈음에도, 낙후지역의 장기적 자립발전기반 마련이라는 근본적인 정책목표를 달성하는 데에는 미흡하였다. 이러한 자성에서부터 참여정부는 국가균형발전정책의 일환으로 신활력사업을 새롭게 추진하게 되었다. 신활력사업은 낙후지역발전정책의 일환으로, 지난 30여 년 동안 근대화 · 산업화 · 도시화 과정에서 소외된 낙후지역을 생동감 넘치는 활력지역으로 변모시켜 전국이 골고루 잘사는 균형발전사회를 실현하기 위해 2005년부터 처음 시작되었다.[1)]

1) 국가균형발전위원회, 「2008년도 국가균형발전계획에 관한 연차보고서」, 2008, p. 200.

(2) 정책비전과 목표

정부는 균형발전정책 인프라의 기반이 되는 기본법으로 「국가균형발전특별법」을 제정하였다. 정책추진기구로서 범정부차원의 균형발전정책을 기획하고 부처간 조정 기능을 담당하는 국가균형발전위원회를 설치하는 것을 비롯하여, 지방화

표 37-1 기존 낙후지역정책과 신활력사업의 차이점

구 분	기존정책	신활력사업
사업성격	• H/W 분야 일변도 • SOC, 생활 · 환경기반시설	• S/W 분야 중심(S/W부문 비율이 사업비 총액의 50% 이상 되도록 강제적 유도) • 지역혁신역량 강화
사업내용	• 도로 확 · 포장 및 상하수도 등 생활기반시설 및 환경개선 • 마을회관 등 문화복지시설 • 생산기반조성	• 향토자원 육성 • 농촌관광산업 • 인재육성 • 주민의 삶의 질 향상 등 • 대전제는 지역경제활성화 및 선택과 집중에 초점
추진주체	• 관주도(Government)	• 민 · 관 · 학 합동(Governance)
사업계획 수립방식	• 단위사업계획 • 중앙부처에 의한 계획수립(하향식) • 지역특수성 미반영 • 주민의견 수렴과정 미약 • 사업계획에 대한 타당성 평가 부재	• 중기사업계획＋연차별시행계획 수립 • 지자체의 자율적 계획수립(상향식) • 지역혁신협의회 및 공청회 등을 통한 의견수렴(지역특성 및 지역니즈 반영) • 사업계획 평가(1단계 사업의 경우 중앙단위 2회, 광역단위 1회 이상 평가절차 거침)
사업평가체계	• 사업실적 평가는 예산심의 외 별도절차 부재	• 사업실적 평가는 다면 평가체계 구축 • 중앙 심사위원단을 통해 연차별 및 중기별로 평가, 인센티브 부여 • 시 · 군별 자문위원(Family Doctor)을 통한 상시적 자문 · 평가체계 구축 • 지역에 따라 지역혁신협의회의 (비)정기적 심사 절차 확립재정지원
재정지원	• 사업량에 따라 지원 • 세부사업단위별 지원	• 낙후도에 따른 지역별 차등지원(3등급으로 구분) • 신활력사업 전체에 대한 포괄지원 • 성과에 따른 인센티브 추가지원
선정지역범위	• 지구/읍 · 면 단위	• 시 · 군 단위

자료: 이원섭(2004), 행정안전부(2004) 등을 참고하여 재구성.

정책의 기조를 소극적 정책으로부터 적극적 정책으로 전환하기 위한 선도 사업들을 기획 · 추진해 왔다. 그 대표적 사업의 하나가 낙후지역으로 꼽히는 전국 70개 농산어촌 지역 시 · 군의 자립적 발전을 위한 기초역량 배양에 초점을 둔 신활력사업이다.

신활력사업은 중앙정부 주도의 하향식(top-down)으로 추진되어 온 기존의 낙후지역 지원사업과 달리 지역이 자율적으로 사업을 기획, 선정하여 발전역량을 배양해나가는 상향식(bottom-up) 사업추진방식을 채택하고 있다.[2)]

신활력사업은 바로 이러한 참여적 방법론으로 지역혁신을 위한 기초역량을 강화하는 데 주된 목적이 있다. 더불어 이것은 더 많은 자율과 지방의 요구를 토대로 하면서 1980년대 이후 현재에 이르기까지 미국, 유럽, 일본 등 여러 선진국이 보편적으로 채택하고 있는 내생적 지역발전전략을 우리 실정에 맞게 적용하려는 노력의 결과물이라는 점도 유념할 필요가 있다.[3)]

기존의 지역개발방식과는 다른 방식으로 설계된 신활력사업은 무엇보다도 지자체를 비롯한 지역사회의 폭넓은 참여를 바탕으로 창의적이고 실속 있는 합의를 이루는 과정이 가장 중요하다. '지역의 문제와 그 해결방식은 지역이 가장 잘 알고 있다.'는 것이 신활력사업의 가장 중요한 기본명제이기 때문이다. 아울러 오늘날의 급속한 경제 · 사회 · 지식의 변화 속도와 지역사회의 인재부족 현상을 감안할 때 사업의 구상과 기획단계에서부터 전문지식과 경험을 갖춘 지역 내외 전문가들의 참여가 필수적이다. 이러한 점을 고려하여 신활력사업은 각 지역의 사업기획 · 실행 · 평가과정에 상시적으로 참여하며 교육과 컨설팅을 담당하는 지역혁신자문관(Family Doctor, FD)을 위촉하여 활용할 것을 권장해왔다. 지역혁신자문관(FD)은 각 지역의 실정에 맞는 지역혁신체계를 형성하고 지역 활성화를 위한 선도 프로그램이 제대로 정착될 수 있도록 조언하고 협력하는 중간매개자(mediator), 촉진자(facilitator), 조정자(coordinator)라는 복합적 역할을 담당한다.[4)]

2) 김영정 · 송미령 · 김현호 · 모성은, 『신활력사업』(국가균형발전위원회 균형발전 정책교본), 2007, pp. 28-29.
3) 상게서, pp. 29-30.
4) 상게서, pp. 30-31.

그림 37-1 신활력지역정책 비전[5)]

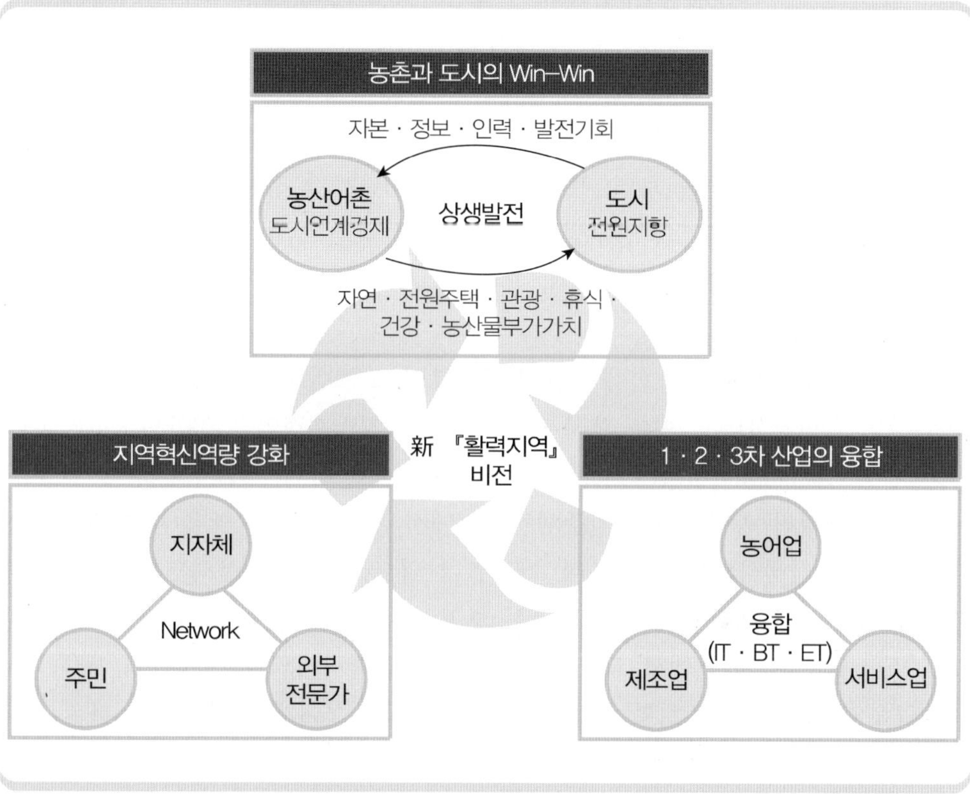

2 신활력지역의 선정과 지원시책

(1) 신활력지역 선정

신활력지역의 선정은 「국가균형발전특별법」 제2조 및 동법시행령 제2조에 의거 행안부장관이 신활력지역을 매 3년마다 선정 · 고시하도록 하여 2004년도 처음 70개 시 · 군지역을 선정하였다.[6)]

5) 상게서, p. 30.

6) 신활력사업은 처음에 행안부에서 담당하다가 제2기 사업기간부터 농림부로 이관되었다. 이 과정에서 기존 농림부가 추진해 오던 농촌활력증진계획의 일부분으로 포함되어 부속사업으로 추진됨에 따라 신활력사업의 당초 취지가 대부분 퇴색된 것으로 회자되고 있다.

신활력지역은 산업쇠퇴, 인구감소 등으로 소외되고 경제기반이 부족하여 활력이 없을 뿐 아니라 재정이 취약하여 발전지역에 비해 경쟁력이 떨어지는 낙후지역의 기초자치단체를 대상으로 선정하였다.

신활력지역의 선정은 크게 인구, 산업·경제, 재정 등 세 가지 측면을 고려하였다.

첫째, 인구적 측면을 보면, 1970년부터 2000년까지 선형 인구변화율과 2003년 말 주민등록인구 기준의 인구밀도를 기준으로 하였고, 이의 자료로는 통계청의 인구주택총조사 자료와 행자부(현재, 행정안전부)의 2003년 말 주민등록인구 현황 자료를 이용하였다.

둘째, 산업·경제적 측면에서는 2000년부터 2002년 간의 평균 소득세할 주민세를 근거로 산정하였고, 이는 행자부가 발간하는 지방재정연감 2001년도부터 2003년도의 자료를 이용하였다.

셋째, 재정적 측면에서는 기준재정수입에서 기준재정수요액을 나눈 재정력지수를 근거로 산정하되 2000년부터 2002년 간의 평균치를 적용하였다. 이는 행자부의 2002년부터 2004년까지 재정분석 보고서 자료를 이용하였다.

이들 세 가지 측면에서 각 지표를 근거로 신활력지역을 선정하되, 균특회계 지원규모와 외국의 지원현황 등을 고려하여 전국의 234개 자치단체중 하위 30% 즉, 70개 시군을 선정하였다.

다만, 이들 선정지표의 분야별 가중치는 동일하게 적용하였고, 인구적 측면에서 30년 간의 인구변화율과 인구밀도의 가중치 적용도 50:50으로 동일하게 적용하였다. 종합지수 산정식을 정리하면 다음과 같다.

> * 종합지수 I={Z(인구변화)+Z(인구밀도)/2}+Z(재정력지수)+Z(소득세할주민세)
> 여기서 종합지수계산식은 각 지표의 절대값을 정규분포화하여 오차를 최소화하기 위해 Z-Score로 환산하여 분석하였다.

신활력지역은 전술한 산정기준과 공식에 의거 전국 234개 시·군·구 중에서 하위 70개 지역을 선정하였다. 이들 신활력지역의 전체인구는 3,566,299명으로 전국 인구(48,386,993명)의 7.4%에 이르는 것으로 나타났다. 그러나, 신활력지역의 면적은 전국토 면적(99,600.9㎢)에 48.8%(48,605.4㎢)에 달하는 것을 나타났다.[7)]

7) 일본의 경우 시정촌수의 37.6%가 해당되고, 국토면적의 49.3%, 인구의 5.9%가 낙후지역에 해당된다.

표 37-2 신활력지역(낙후지역) 선정 현황

광역	시·군 수	시·군 현황
계	70	6시 64군
인천	2	옹진군, 강화군
강원	12	화천군, 양구군, 인제군, 영월군, 정선군, 양양군, 고성군, 홍천군, 태백시, 횡성군, 평창군, 철원군
충북	5	보은군, 괴산군, 영동군, 증평군, 단양군
충남	3	청양군, 금산군, 부여군
전북	9	진안군, 임실군, 순창군, 무주군, 장수군, 고창군, 부안군, 남원시, 김제시
전남	17	곡성군, 신안군, 구례군, 보성군, 장흥군, 강진군, 진도군, 고흥군, 완도군, 담양군, 해남군, 함평군, 화순군, 무안군, 장성군, 나주시, 영암군
경북	13	군위군, 청송군, 영양군, 봉화군, 울릉군, 영덕군, 예천군, 의성군, 청도군, 성주군, 상주시, 문경시, 고령군
경남	9	의령군, 함양군, 산청군, 합천군, 남해군, 거창군, 하동군, 창녕군, 고성군

한편, 신활력지역의 인구밀도는 전국평균에 15.1%에 불과하고, 재정력지수는 전국평균에 36.2%, 소득세할 주민세는 2.5%에 불과한 것으로 나타났다.

인구변화는 지난 30년 간 여타지역이 연평균 2.86%증가한데 비해 신활력지역의 경우는 연평균 1.92%씩 감소한 것으로 나타났다.

표 37-3 신활력지역과 여타지역과의 비

구 분	시·군·구 수	면적 (㎢)	인구 (명)	인구변화율 (%)	인구밀도 (명/㎢)	재정력 지수	소득세할 주민세 (백만원)
전국	234 (100)	99,600.9 (100)	48,386,993 (100)	평균 1.62 (100)	평균 484 (100)	평균 37.42 (100)	총2,129,531 (100)
신활력지역	70 (29.9)	48,605.4 (48.8)	3,566,299 (7.4)	-1.92 (-118.8)	73 (15.1)	13.56 (36.2)	54,256 (2.5)
여타지역	167 (70.1)	50,995.5 (51.2)	44,820,694 (92.6)	2.86 (176.8)	876 (180.9)	47.60 (127.2)	2,075,275 (97.5)

( )는 백분율임

그림 37-2 신활력지역 선정지도

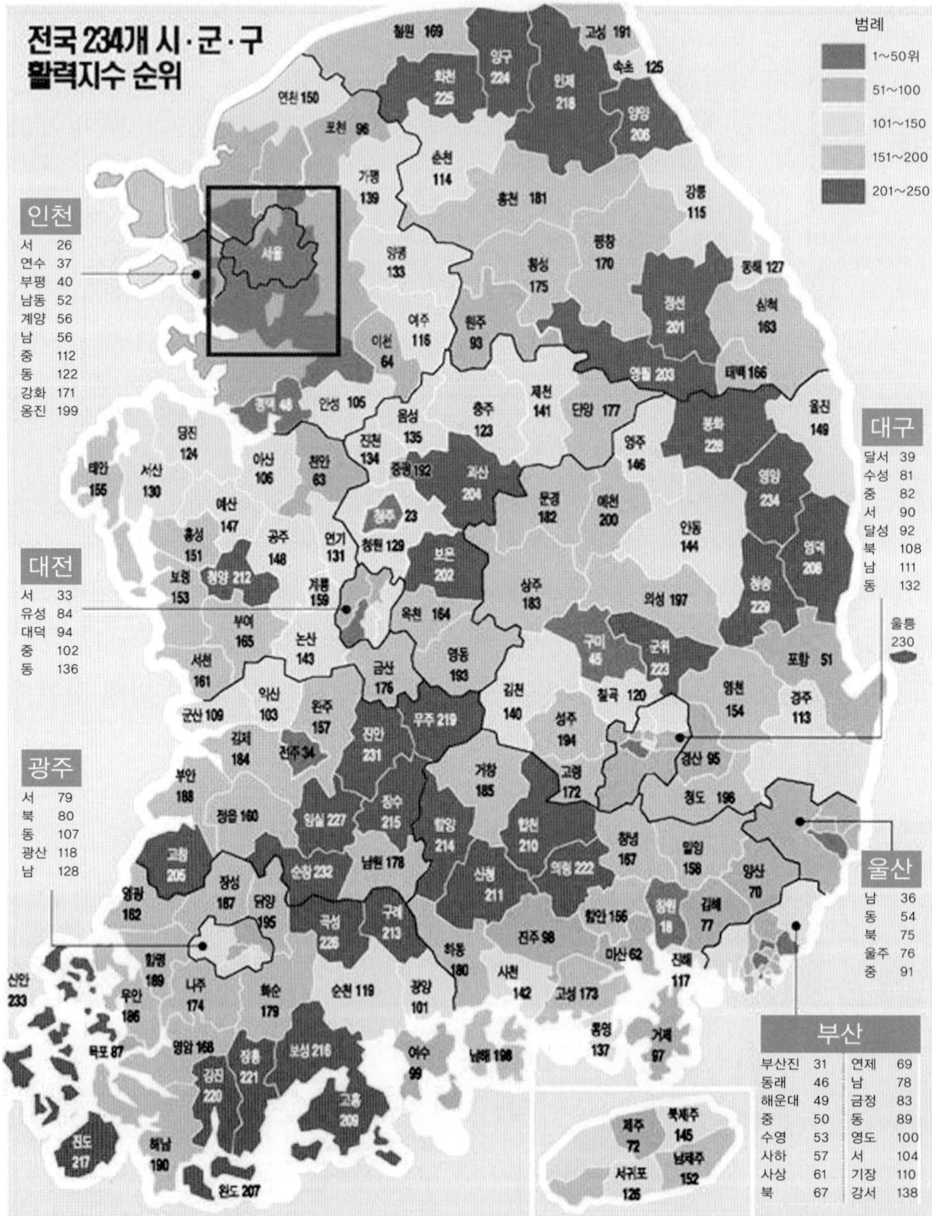

자료: 조선일보 기사(윤정호, 2004.09.25)

<표 37-3>은 인구, 재정력지수, 소득세할 주민세 수준을 신활력지역과 여타 지역을 비교하고 있다.

(2) 신활력지역에 대한 지원

1) 지원목표

정부가 70개 시・군지역을 신활력지역으로 선정・지원한 목적은 기존 낙후지역개발 시책의 문제점을 보완하고, 낙후지역의 혁신발전역량을 제고함으로써 지역간 개발격차 해소는 물론, 국토의 균형발전을 도모하기 위함이다. 즉, 농산어촌형 지역혁신체계(RIS)를 구축하여 지역주민의 자발적인 참여와 노력을 통해 지역의 혁신적인 발전역량을 새롭게 정립해나가기 위한 계기를 마련할 목적으로 지원하는 것이다.

2) 지원범위 및 방법

이를 위해 정부는 2005년부터 매년 국가재정의 범위 내에서 가능한 최대로 지원하되, 1차 지정시 3년 간 지원하고, 최대 3차에 걸쳐 9년 간 지원할 수 있도록 하였다. 단, 이들 지역을 3년마다 평가하여 대상지역을 재선정하고, 단계적으로 축소해나간다. 또 이들 지역에 대한 지원은 낙후도를 감안하여 차등지원하고, '낙후지역 졸업제도'를 도입하여 조기 졸업지역에 인센티브를 부여한다. 지원 첫해인 2005년에는 국가균형발전특별회계 중 지역개발사업 계정에서 총 2,000억 원의 규모를 지원하되, 신활력 지자체별로 낙후정도에 따라 20～30억 원씩 지원하였다.

3 신활력사업 사례

(1) 융·복합화 유형과 사례

1) 1.5차 산업: 1차+2차 산업의 융·복합화

1차 생산품에 다른 공업적 요소를 포함하여 가공함으로써 새로운 고부가가치 제품을 만들어내는 활동을 말한다. 농산물 생산만으로는 소득 증대의 한계에 이른

시점에서 매우 중요한 소득 증대 전략이다. 생산-가공을 연계하고 현대적인 관리 시스템을 도입, 고부가가치를 창출한다.[8]

가) 옥천농협 농산물가공[9]

충북 옥천군 평산리에 위치한 옥천 농산물가공단지는 1+2차, 1차 생산+제조업의 형태이며, 2006년 매출은 96억 9,100만 원으로 전년 대비 8.4%, 순이익도 1억 8,200만 원으로 전년 대비 56% 증가하여 8년째 흑자를 기록하고 있다.

1994년 건립한 농산물 가공공장은 인근에서 연간 800톤의 포도와 산딸기, 배, 복숭아 등을 사들여 주스, 잼 등으로 가공한다. 특히 포도씨앗에서 노화방지 효과가 있는 '프로안토시아닌(pro-anthocyanins)' 성분을 추출하여 첨가한 포도원액은 웰빙 바람을 타고 2006년에 13억 4,000만 원이 넘는 판매고를 기록, 조합 최고의 효자 품목으로 자리를 굳히고 있다.

해외시장도 공략하여 2006년 미국에 6,000 달러어치를 시범 수출했고 대만 수출선도 뚫었다. 남양유업 등 4개 대기업과 OEM 계약을 맺어 13억 8,000만 원의 수수료도 벌어들였다.

나) 신기술벤처기업 감나루[10]

전남 함평군 신광년 삼덕리에 위치한 벤처기업 (주)감나루는 연간 1,600톤 가공·저장 규모와 연간 16억 원 규모의 매출(2004년)을 올렸다. 함평 감은 영양가가 풍부함에도 떫은맛을 없앨 경우 물렁해져 유통이 어려웠는데 원자력발전소 엔지니어로서 축적한 기술과 지식을 적용, 인체에 무해한 떫은맛 제거기술을 개발하여 떫은맛을 없앤(농업과 공학의 접목) 단단하면서도 영양이 풍부한 새로운 감, '대봉'을 만들어 내고 있다. 급랭 시에도 감이 물렁물렁해지지 않는 점을 이용, 개당 300원 정도인 떫은 감을 아이스홍시로 만들어 3,000원에 판매함으로써 아이스크림 시장에도 진출, 고부가가치를 실현하였다.

다) 장수한우 Brand Power 클러스터[11]

장수한우만의 차별화된 우수혈통 보전 및 기술개발, D/B 구축을 통하여 장수한우를 개량하고, 안정적인 밑소 확보 및 생산 이력제 실시로 소비자의 신뢰도를

---

8) 김영정·송미령·김현호·모성은, 전게서, p. 124.

9) 상게서, p. 125.

10) 상게서, p. 125.

11) 이동필 외 3명, 「신활력지역 지원사업 평가·성과측정을 위한 지표개발 및 향토산업 육성을 위한 체계적 지원방안·평가지표 개발」, 한국농촌경제연구원, 2007.12., pp. 71-73.

향상시켰다. 또한 한우농가에 대해 전문적인 교육을 실시하여 전문리더 양성 및 혁신체계를 구축하여 고부가가치산업으로 육성, 선진국형 축산업 실현을 사업의 목적으로 하였다. 이 사업의 일환으로 '장수한우클러스터사업단' 설치 · 운영 및 네트워킹, 장수한우유전자뱅크 구축, 생산이력관리, 친환경 순환농업모델 구축, R&D 및 유통 마케팅사업 등을 진행하고 있다. 장수군의 한우사육은 2004년 1,605 농가 14,307두에서 2006년 말 1,734 농가 19,756두로 약 38%의 증가를 보이고 있다. 이에 따른 한우농가의 소득은 2003년 133억 원에서 2006년 247억 원으로 성장하였다.

라) 지리산 청정 희망프로젝트: 친환경 한방·약초산업 육성

경남 산청군은 친환경 한방 · 약초산업 육성을 통해 2006년 기준으로 1,000명의 고용창출, 150억 원 매출액, 1,000명의 관광객을 유치하였고 기술혁신 연구개발, 우량약초 생산기반 마련, 약초 체험장 및 민자유치, 브랜드개발 유통 · 판매를 이루었다. 이를 바탕으로 5개 권역 자생약초 및 재배현황을 조사하여 10개 품목의 유망 전략약초를 선정하고 3건의 특허출원을 하였다. 더욱이 경남생약조합을 설립하였고 14개사와 생산유통협약을 체결하였으며 산청한방약초 축제를 개최하고 있다.

2) 4차 산업: 1차+3차 산업의 융·복합화[12)]

4차 산업화 전략은 농업(1차 산업)에 관광 또는 서비스 산업(3차 산업)을 결합시켜 농업과 서비스의 융합 효과를 극대화하는 것을 지칭한다. 이러한 전략 개념에 따르면 농업은 단순히 생산자 중심의 '농업' 그 자체에서 끝나는 것이 아니라 관광이나 경관 조성 등 소비자들에게 유 · 무형의 만족감이나 문화적 체험을 제공하는 서비스의 개념과 긴밀하게 연관되어 고부가가치 복합산업으로 발전한다. 이러한 단계에 진입하면 농업은 생산 중심으로부터 서비스 중심으로 그 개념이 전환되고, 고도의 서비스 산업으로 탈바꿈될 수 있는 것이다.

4차 산업은 농업(1차 산업)에 관광 또는 서비스 산업(3차 산업)을 결합시켜 새로운 부가가치를 창출하며, 농촌에 남아 있는 소박한 인정, 전통문화, 자연경관 등이 도시민들의 여가 욕구를 충족시킬 수 있다는 점에서 출발한다. 농촌의 성격이 농업생산 공간에서 휴양 · 레저 공간으로 변화되면서 농촌 관광에 대한 관심이 높

12) 김영정 · 송미령 · 김현호 · 모성은, 전게서, pp. 129-133.

그림 37-3 농업개념의 변화

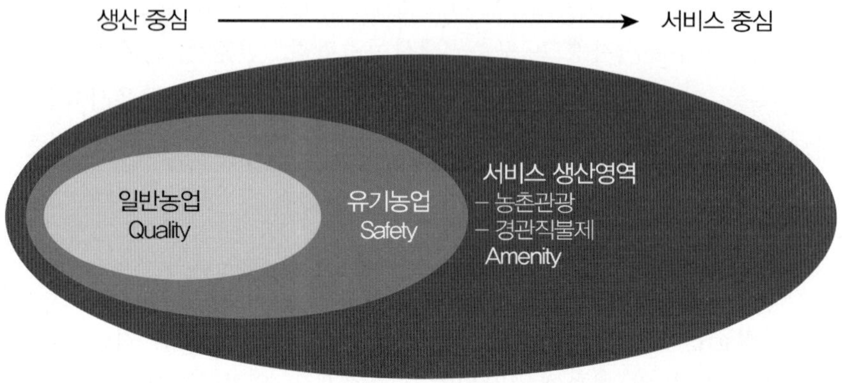

아지고 있고, 성공사례들이 출현하고 있다. 정부에서도 이러한 사업방식의 잠재력과 중요성을 인식하고 농림부 등을 중심으로 산업 융·복합화를 위한 다양한 지원시책을 펴고 있으며, 전국적으로 약 400개의 마을이 참여하고 있다.

가) 농업과 문화의 접목, '허브아일랜드'

경기도 포천시 신북면 삼정리에 위치한 허브아일랜드는 재배면적 1만 평, 매장 1만 평, 가공농가 20호, 재배농가 5호의 규모로서 연간매출 16억 원, 당기순이익 1억 원('04년)을 올리고 있다. 허브아일랜드의 사장은 과거 한국은행 근무, 토털레저회사, 커피숍 체인점 경영 등 경험과 노하우를 활용하였다. 그리고 허브 가공, 꽃꽂이, 세공 관련 28개 자격증을 습득하여 해당 기술을 허브 상품 개발에 적용하여 2,000여 종의 제품을 개발하였다. 숙박하며 허브를 체험하는 서비스, 피로 회복, 아토피 치료 등 주제별로 새로운 상품을 개발하는 데 주력하였으며, 허브커피, 허브마사지 등 다양한 서비스를 통해 허브 문화를 확산시키고자 노력하였다.

나) 함평나비축제

전라남도 함평군의 함평나비축제는 나비의 청정 이미지를 지역농산물을 접목시켜 25억 원에 달하는 직접소득과 총 102억 원에 달하는 직·간접 효과(2004년)를 거두고 있는 지역축제이다.

함평군은 군민의 71%가 1차 산업에 종사하는 전형적인 농촌지역으로 획기적인 농가소득 증대방안이 필요하여 다른 지역보다 잘 보존된 환경을 이용하였다. 친환경농산물을 생산하여 높은 가격으로 판매함으로써 농가소득을 향상하기 위해 나비의 신선한 이미지를 친환경과 접목시켜 살아있는 나비를 주제로 축제를 개최하였다.

나비의 신선한 이미지를 매개로 환경, 문화, 관광, 경제가 결합된 지역축제라는 틀을 바탕으로 관광객을 만족시키는 것은 물론, 지역주민의 화합을 도모하고자 축제 프로그램이 진행되어 왔다. 함평나비축제는 외래 관광객 유치, 지역이미지 제고를 통한 지역경제 활성화 등으로 문화관광부의 문화관광축제로 지정되었다.

축제프로그램은 생태체험 학습장과 친환경농업 체험장, 전통놀이, 문화예술한마당 등으로 구성되어 있으며, 1,000만 평에 이르는 유채꽃밭과 유휴농지 24만 평을 활용한 자운영 꽃밭을 설치하는 등 오염되지 않은 자연생태계를 활용한 친환경 농업과 고부가가치 농산품을 알리는데 힘써 왔다.

3) 6차 산업: 1차+2차+3차 산업의 융·복합화[13)]

1차 산업에 특산물가공(2차 산업)과 관광 프로그램 등 각종 서비스(3차 산업)를 결합시켜 산업의 융합 효과를 최대한으로 활용하는 전략이 6차 산업 개념이다. 1·2·3차 산업을 융합시킨 이러한 사업전략이 자리잡게 되면 농업은 융합산업의 토대를 제공하는 핵심소재산업으로 전환될 수 있다. 이로부터 파생되는 가공품 생산과 서비스는 농촌의 경제활동 전반에 걸쳐 내포적 성장의 긴밀한 연결고리가 되어 지역경제활동의 생태계를 만들어내게 된다.

가) 임실치즈밸리

임실군은 13,340가구에 인구 3만 4,000명이 거주하는 전라북도의 조그만 낙후지역이었다. 벨기에에서 파견된 지정환 신부가 임실성당 주임 신부로 오면서 1964년 국내 처음으로 치즈공장을 만들면서 40년 역사를 가진 한국 치즈의 원조가 되었다.

임실에서는 1차 산업인 낙농업과 2차 산업인 고품질 유제품의 생산, 유통, 3차 산업인 체험관광을 연계하여 6차 산업을 만들어가고 있다. 그 결과 2005~2006년 사이에 유가공업체의 매출액은 임실치즈농협이 102억 원에서 130억 원, (주)숲골유가공은 30억 원에서 50억 원으로 증가하였다. 목장유가공장 1개소가 설

13) 상게서, pp. 134-135.

립되었으며 임실치즈의 수급 확대로 쌀 소비량 증가와 우유 생산 증가는 물론, 치즈 소비가 150톤에서 400톤으로 증가하였다. 또한 치즈피자 가맹점은 60개에서 190개로 늘어났으며, 체험관광객 수는 1,700명에서 8,000명으로 증가했고, 관광수입도 1,000만 원에서 1억 8,000만 원으로 확대되었다.

나) 보성녹차

전라남도 보성군은 전국 녹차 생산량의 46%를 차지하는 명실상부한 최대의 녹차 생산지로서 2,246억 원에 달하는 소득 증대 효과를 거두고 있다. 보성군은 녹차 재배를 위한 최적의 자연요건을 갖춘 지역이지만, 1990년대까지는 수요 부진으로 별다른 주목을 받지 못하던 중 보성녹차를 지역주력산업으로 선정하고 대학과 연구소, 생산자 단체가 함께 모여 지역혁신역량(RIS)을 강화하고 유기적인 협력체계를 만들게 되었다. 이를 바탕으로 녹차를 테마로 한 다양한 개발전략이 수립되었으며, 녹차 재배의 과학화를 이루고 재배면적을 확대하였다.

녹차밭을 관광자원으로 활용하여 영화, 드라마, CF촬영지로 각광받게 되었고, 1985년 시작한 차문화 축제(보성다향제)에 찻잎 따기, 한중일 차문화 비교 등 다채로운 행사를 마련하여 외국인 관광객을 포함해 100만 명이 참가하는 축제로 발전시켰다. 뿐만 아니라 녹차의 약리작용에 대한 홍보도 강화하여 재배(1차)+가공(2차)+관광(3차)이 하나로 합쳐진 '복합 6차 사업'으로 발전할 수 있는 발판을 만든 대표적인 사례라 할 수 있다.

(2) 고도화 사례

1) 대규모화·기업화 사례(익산 닥나무 섬유산업)[14]

익산시는 닥나무 식재에서부터 펄프제조, 섬유제품화, 마케팅에 이르기까지 1차 산업부터 3차 산업을 연계한 '닥섬유 산업화 클러스터 구축'을 추진하고 있다. 익산시는 닥(나무) 섬유제품 생산을 위해 파일럿 규모 생산방식을 구축하였다. 닥섬유 원사 및 직물 시제품을 개발하고 지역업체인 쌍영방적(주)에 기술이전을 하여 원사대량생산체계를 갖추었다. 이 사업은 한국니트산업연구원을 주관으로 하여 전라북도, 익산시, 전북대, 군장대, 호원대, 전북발전연구원, 섬유 및 한지업체 등이 참여하였다.

14) 상게서, p. 136.

또한 기술개발, 기업 지원, 전문인력 양성, 네트워크 구축, 마케팅 등 주요사업에 총 42억 원(국비 30억, 지방비 7.5억, 기타 4.5억)의 예산을 투자하였다. 이러한 지역산업 활성화 전략은 닥나무 식재부터(1차), 섬유 및 한지 제조(2차), 패션디자인 및 마케팅(3차) 등 섬유제품 생산 전 과정에 대한 클러스터를 구축하고 있다.

2) 정보화 사례(제주 양식지능화 시스템)[15)]

제주도는 정보통신부가 국가기관과 지자체 등을 대상으로 공모한 '2006 전자태그(RFID) 및 유비쿼터스 센서 네트워크(USN) 시범사업'에 RFID/USN을 활용한 양식지능화시스템개발(U-Fishfarm)을 제안하여 사업자로 최종 선정되었다. 이에 따라 RFID를 활용한 먹이공급체계 및 배송정보 시스템, USN을 활용한 지능형수조 센서시스템, 모바일 양식재난 시스템 등의 구축에 IT 신기술을 활용하고, 양식장 환경을 실시간으로 모니터링해서 재해나 질병을 예방하고 최적의 사육환경을 조성하였다.

이는 그동안 교통, 관광, 문화 분야에 치중되어온 유비쿼터스 시범사업이 수산업 분야에 도입됨으로써 1차 산업의 경쟁력을 강화하는데 상당한 도움이 될 수 있다는 것을 보여 준 사례이다.

표 37-4 신활력사업 유형별 사례

유 형		사 례
융·복합화	1.5차 산업 사례	옥천농협농산물가공, 신기술벤처기업 (주)감나루, 장수한우 브랜드파워 클러스터, 지리산 한방약초산업
	4차 산업 사례	허브아일랜드, 함평나비축제,
	6차 산업 사례	임실치즈밸리, 보성녹차
고도화	대규모화·기업화 사례	익산 닥나무 섬유산업
	정보화 사례	제주 양식지능화 시스템

15) 상게서, p. 137.

4 신활력사업의 성과

우리나라의 농어촌지역 발전정책의 역사를 볼 때 신활력사업은 낙후지역 발전정책의 패러다임을 전환시킨 획기적인 정책적 시도로 볼 수 있다. 신활력사업이 추구한 사업의 가치와 목표, 추진 체계 등은 기존의 낙후지역 개발사업과 확연히 구분되는 여러 가지 혁신적 시도들을 담고 있다.

지자체 스스로 한 번도 시도해보지 않았던 자체 발전계획을 수립하도록 함으로써 지역의 기획역량을 강화하였다. 또한 물적 인프라나 융자, 보조금 등 단순하고 수동적인 사업관행을 과감히 탈피하여 가시적으로 드러나지 않지만, 지속가능한 지역발전의 핵심요소인 지역주민의 혁신역량을 일깨우고, 주변환경이나 인적자원 등과의 개방된 협력체계구축을 시도한 것은 새로운 실험이었다.

신활력사업을 통해 만들어진 다양한 형태의 성공 사례들과 실험적인 노력들은 지역에 새로운 '이야기'들을 만들어내는 데 크게 기여하였고, 주목할 만한 성공사례들이 속속 등장하면서 낙후지역의 잠재력과 가능성이 새롭게 부각되는 계기를 제공하였다. 또한 신활력사업의 추진과정에서 발굴된 지역인재와 그들의 지식, 기업가 정신, 지자체와 주민을 비롯한 다양한 주체들 간에 형성된 인적 네트워크와 사회적 관계, 무엇보다 과감한 실험정신의 성공을 통한 자신감의 배양은 앞으로 신활력사업의 원활한 수행을 위한 소중한 자산으로 전환될 것이다.[16)]

(1) 개발사업의 소프트웨어적 접근

신활력사업은 도로·제방건설, 하수도개선, 지붕개량 등 하드웨어 사업이 아니라 지역혁신 리더양성, 교육·학습시스템 도입, 혁신역량 구축 등 소프트웨어 사업을 강조하는 점에서 기존의 낙후지역개발 사업과 큰 차이가 있다.

소프트웨어는 하드웨어와 독립적으로 작동할 수 없으므로 하드웨어 사업의 효율성과 통합성을 높여주는 기능을 요구하며 이를 통해 모든 지역개발 사업 전체의 효과성과 효율성을 높이고 있다.

16) 박준식, 「제1기 신활력사업에 대한 평가와 발전방향」, 제4회 대한민국 지역혁신박람회 신활력사업 컨퍼런스, 2007, pp. 15-16.

(2) 사업선정의 자율성과 향토성

신활력지역의 특성에 적합한 잠재된 성장동력 내지 사업테마를 발굴하여 이를 집중 공략함으로써 지역의 성장을 견인토록 하는 것은 신활력사업의 성공을 위한 가장 중요한 요소이다. 가급적 다른 지역에서 따라하거나 모방할 수 없는 해당 지역만의 특별한 사업 테마를 선정할 것을 권장하고 있다.

더욱이, 신활력지역의 사업테마는 민주적인 의견수렴 과정을 통해 주민들로부터 다양한 아이템이 발굴되었고, 지역의 자율적 의사결정 구조에 의해 최종 사업으로 결정되었다.

(3) 사업 간·지역 간 연계성

사업의 소프트웨어적 특성 때문에 신활력사업은 인프라 구축에 중점을 둔 기존 하드웨어 사업과의 연계를 통해서, 그리고 동일 혹은 유사한 주제의 사업을 수행하는 지역 간 연계에 의해 상호 시너지 효과를 창출하고 있다. 또 1차 산품에 소프트 자원, 즉 기술이나 지식을 가미하여 부가가치가 더 높은 1.5차, 2.5차, 4차, 6차 산업(예: 재배+가공+관광이벤트) 부문으로의 융·복합적 발전을 통해 이루어진다. 이 과정에서 지역자원을 특성화·고급화하고 기술화·기계화·대형화를 통해 이를 뒷받침해나가는 일반적 발전과정을 거치게 된다.[17)]

(4) 혁신리더의 육성과 학습 시스템

신활력사업의 궁극적 목적은 낙후지역의 자립적 발전과 혁신역량을 배양하여 모두가 함께 잘사는 균형발전 사회를 만들어가는 데 있다. 이 과정이 순조롭게 이루어지기 위해서는 정책의 궁극적 수혜대상인 주민들에 대한 교육과 자발적 학습을 활성화하는 것이 특히 중요하다. 이를 위해서는 주민들이 함께 참여하는 다양한 형태의 교육 프로그램들이 제공되어야 한다.

신활력사업에서 교육이 중시되어야 하는 또 하나의 이유는 주민들의 학습능력을 향상시키고, 혁신주체들을 육성하는데 교육이 중요하기 때문이다. 그러한 의

17) 김영정·송미령·김현호·모성은, 전게서, p. 118.

미에서 볼 때 지속적인 교육과 학습은 신활력사업의 성과를 관리하는 핵심요소이다.

(5) 지역혁신 자문관(패밀리닥터) 제도

신활력사업은 지역의 혁신을 일으키는 사업이다. 하지만 지역의 인재가 부족하여 어디서부터 그 혁신의 불씨를 일으킬지가 가장 큰 고민거리였다. 따라서 신활력사업에서는 전국의 지역경제 및 지역개발 분야 교수, 연구원 등 사계 전문가를 동원하여 지방자치단체별로 지역혁신 자문관(패밀리닥터)으로 위촉하고 그로 하여금 사업계획의 수립과 사업추진과 관련한 일련의 과정을 지원하기로 하였다.

이러한 지역혁신 자문관제도는 중앙정부 예산을 통해 특정 낙후지역에 대하여 전담 컨설팅을 제도적으로 지원한 시책으로서 다양한 성과와 수범사례를 양산하기에 이르렀다.

CHAPTER 38

살기좋은 지역만들기

과거 산업화를 중심으로 양적 성장을 추구하였던 지역발전은 세계화·통합화·지역화로 인해 그 한계에 부딪히게 되었다. 오히려 양적 성장보다는 지역 주민의 삶의 질을 향상시키는 지역개발이 요구되기 시작하였다. '살기좋은 지역만들기'는 지역민의 삶의 질을 개선하기 위해 정주환경을 구성하는 '공간의 질'과 '삶의 질'을 동시에 제고하는 새로운 지역의 창조사업으로 전개되었다.

1 '살기좋은 지역만들기' 배경과 목표

(1) 추진배경

'살기좋은 지역만들기' 사업은 국제적 요인과 국내적 요인이 상호 복합적으로 작용하여 추진하게 된 것이다.[1)]

국제적 요인은 세계화 추세로 인해 영토 내 경제활동에 대한 국가의 조절능력이 약화됨에 따라 상대적으로 지역발전에 대한 지역의 자기책임성 증가에 기인한다. 현대사회에서는 양질의 생활환경이나 삶의 질이 지역발전을 가져오는 요인이라고 인식하고 세계 대부분의 지역들이 삶의 질 향상을 위해 노력을 하고 있다. 특히 문화, 어메니티(amenity) 등 양호한 삶의 질 요소를 지닌 지역은 지식 노동자의 창조적 생산활동에 중요한 인프라가 되고 있다. 이는 결국 거시적으로는 글로벌 경제의 도래에 따라 지역 경쟁력의 요체가 삶의 질 요소로 바뀌고 있는 것이다.

국내적으로는 우리사회의 발전궤적에서 변화가 요청되고 있다는 것이다. 그

1) 김현호, 「살기좋은 지역만들기의 실천과제」, 한국도시행정학회·충남발전연구원 공동학술세미나, 2007, pp. 1-4.

것은 지난 30여 년간의 압축성장 과정에서 등한시했던 '질적 발전'을 도모할 시기가 되었기 때문이다. 개발연대에 이룬 압축성장의 과정에서 '삶의 질'은 관심 밖의 일이었다. 그러다보니 우리나라는 도시나 농촌, 발전지역이나 낙후지역 모두 삶의 질이 열악한 수준에 머무를 수밖에 없었다. 그러나 이제 양적 성장에서 질적 성장을 심화시키지 않으면 지역주민의 행복은 물론이고 지역 및 국가의 경쟁력도 향상시킬 수 없는 상황이 벌어지고 있다. 이런 이유 등으로 우리의 열악한 삶의 질을 더 이상 방치하기 어렵다는 인식이 증가하고 있다. 또 지방자치가 심화됨에 따라 주민의식이 신장되면서 지역문제를 스스로 해결하고자 하는 욕구가 증대되고 있는 점도 '살기좋은 지역만들기'가 주목받는 이유 중 하나가 되고 있다.[2) 즉, 과거의 수동적이고 행정 의존적인 태도에서 벗어나 능동적이고 직접적인 참여를 통한 문제해결 의식이 증가하고 있다.

(2) 정책목표와 과제

1) 비전과 목표[3)]

새로운 지역의 창조 즉, 정주환경을 구성하는 '공간의 질'과 인간생활의 수준을 의미하는 '삶의 질'을 동시에 제고하는 것을 '살기좋은 지역만들기'라고 할 수 있다. 공간의 질은 주거, 녹지, 기업 등의 삶터, 놀이터, 일터가 쾌적하고 경쟁력 있는 공간으로 변화되는 것을 의미한다. 그리고 삶의 질은 이러한 공간을 이용하는 지역주민들이 풍부한 문화생활을 누릴 수 있는 환경을 의미한다. 따라서 '살기좋은 지역만들기'의 3대 목표를 '아름다운 지역공동체', '쾌적한 지역공동체', '특색있는 지역공동체'로 설정하여 삶의 질을 향상시킬 수 있는 공동체 복원을 우선적으로 추진한다.

---

2) '살기좋은 지역만들기' 시책 추진은 민선4기 지방자치제 실시와 시기적 정합성도 부인할 수 없다. 민선 4기를 시작한 지방자치단체장들의 의식 즉, 지역주민에게 '일하는 단체장', '능력있는 단체장'을 홍보하고픈 욕구도 '살기좋은 지역만들기'의 관심을 불러일으킨 또 하나의 요소가 되었다.

3) 류중석 외 4명, 『살기좋은 지역만들기』, 국가균형발전위원회, 2007, p. 18.

그림 38-1 살기좋은 지역만들기의 비전과 목표

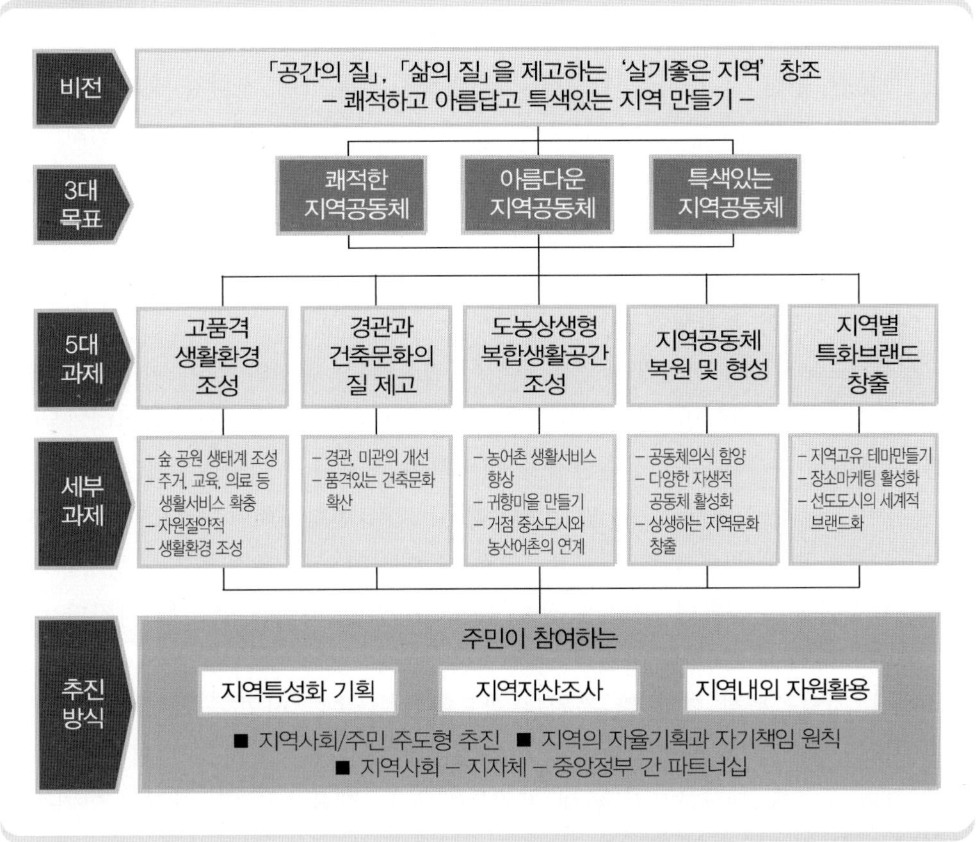

2) 주요 정책과제[4)]

가) 공간의 질 제고

'살기좋은 지역만들기'의 첫 번째 정책과제는 공간의 질 제고이다. 공간의 질 제고는 획일적인 도시경관을 지향하고 수준높은 건축물들이 건설될 수 있도록 환경을 조성하여 건축문화를 한 단계 높이는 과제이다. 도시경관 계획을 수립하여 시가지 경관, 하천변 경관, 산악경관 등을 보전하고 미술관, 박물관, 공연장 등 문화시설을 확충하여 문화예술 활동을 진작시키는 것도 한 방안이다.

4) 상게서, pp. 19-22.

나) 삶의 질 제고

'살기좋은 지역만들기'의 두 번째 정책과제는 삶의 질 제고이다. 삶의 질 제고를 위해서는 급속한 도시화과정에서 훼손되었던 자연환경을 복원하여 거주지 주변에 충분한 공원 및 녹지를 확충하고 생태계를 복원하여 친환경 생활환경을 조성한다. 특히 주거, 교육, 의료, 교통 등 생활서비스 수준을 향상시키기 위하여 최저주거수준을 보장하고 주거수요에 부응하는 다양한 주택을 공급한다. 또한 미래지향적인 교육환경을 조성하고 의료, 건강, 복지서비스를 확대하도록 하며 무엇보다도 지역단위의 문화공간 창출에 역점을 두어 품격 있는 생활이 가능하도록 한다.

다) 도농상생형 복합생활공간 조성

셋째, 도농상생형 복합생활공간 조성이 필요하다. 현재와 같이 인구가 도시로 몰려 도시는 집중으로 인한 경쟁력을 상실하고 농촌은 인구감소로 쇠퇴해가는 악순환 구조에서 농촌지역의 정주환경을 정비하여 대도시의 인구집중을 완화하면서도 농촌이 나름대로 살아갈 수 있는 선순환 구조로 변화시켜야 한다. 이러한 변화가 가능하기 위해서는 농촌의 교육, 의료, 문화서비스를 우선적으로 향상시키고 복합생활공간을 조성하여 생활의 질을 높일 수 있는 여건을 조성해 나간다.

라) 지역공동체 형성 및 복원

넷째, 지역공동체 형성 및 복원이 필요하다. 급속한 산업화 과정에서 파괴되었던 지역공동체를 복원하기 위해서 다양한 마을행사를 지원하고 지역 내에서 주민들 간의 교류를 활성화하기 위해 자원봉사프로그램을 만들며, 사회적 약자들을 돌보기 위한 공공지원을 확충한다.

마) 지역별 특화브랜드 창출

마지막으로, 지역별 특화브랜드 창출이 필요하다. 살기좋은 지역이 되기 위해서는 각 지역별로 독특한 문화가 바탕이 되는 지역특화 브랜드를 창출하여 이를 도시마케팅의 자원으로 활용해야 한다. 지역고유의 브랜드는 지역산업에도 적용하여 도시의 가치를 높이고 주민소득 향상에도 기여할 수 있도록 한다. 아울러 오늘날의 급속한 경제 · 사회 · 지식의 변화 속도와 지역사회의 인재부족현상을 감안할 때 사업의 구상과 기획단계에서부터 전문지식과 경험을 갖춘 지역내외 전문가들의 참여가 필수적이다.

(3) 종전 지역개발정책과의 차별성

새마을 운동 이후 지역개발 정책은 국가경제의 효율성을 위한 거점개발 정책이었다. 이는 1970년대의 '제1차 국토종합개발계획' 수립 이후 제2차 및 제3차 국토종합개발계획 수립에 이르기까지 명목적으로는 국토의 균형개발과 형평성의 논리를 내세우고 있었으나 실제는 경제적 효율성을 강조하는 개발 위주 및 양적성장 위주의 정책이었다.

'살기좋은 지역만들기' 정책은 질적성장 즉 주민의 삶의 질에 관심을 갖는 지역개발정책이라는 곳에서 기존의 정책과 가장 큰 차이를 찾을 수 있다. 우선 추진전략에 있어서 각 지역이 세계적인 도시들과 경쟁할 수 있도록 지역혁신을 기반으로 한 개발전략을 수립하도록 하였다는 점이다. 또 과거의 물량위주의 투입보다 혁신역량을 강화하는 정책을 추진함으로써 투입된 재원의 효용성을 극대화하여 궁극적으로는 자생적인 지역발전 체계를 갖출 수 있도록 하였다는 점이 큰 차이점이라고 할 수 있다. 추진방식에 있어서의 차이점은 지역사회와 주민들이 주체가 되어 추진한다는 점에서 상향식 추진방식을 원칙으로 하고 있으며, 해당 지역에서 필요로 하는 사업들을 자율적으로 기획하고 자기책임의 원칙 하에서 추진함으로써 보다 책임감 있는 사업추진을 기대할 수 있다는 점이다.[5)]

2 '살기좋은 지역만들기' 추진 현황

(1) 사업추진의 기본원칙

'살기좋은 지역만들기'는 참여주체인 중앙정부, 지방자치단체 그리고 지역사회가 상호 역할을 분담하면서 협력적 파트너십을 구축하는 것을 원칙으로 한다. 이는 지역의 자율기획과 자기책임 원칙하에 지역이 주도적으로 사업을 추진함을 의미한다.

중앙정부는 지원자로서 지역의 사업추진을 제도적·행정적으로 지원하고, 부처 간 정책조정 및 협력체계를 구축·운영하는 역할을 한다. 또 정부는 도시-농촌-

5) 상게서, pp. 22-24.

섬 등 지역유형별로 지원정책의 내용과 선도사례를 제시하여 지역이 사업기획에 활동하도록 지원하고 기존에 추진 중인 사업예산을 '살기좋은 지역만들기'의 새로운 정책기조에 맞게 재조정하는 역할을 한다.

지방자치단체는 지역여건에 맞는 사업을 주민참여를 통해 기획·추진하면서, 마을만들기 센터 설립 및 운영, 조례정비 등 지역사회활동을 지원하는 역할을 담당한다.

지역사회와 지역주민은 지역생활의 개선사항을 제안하고 지역사업의 기획과 추진에 적극적으로 참여하는 역할을 한다. 이는 지역주민의 주도적 참여하에 주민의 제안과 요구사항을 반영함으로써 지방의 특성과 여건에 맞는 사업을 기획·집행하는 데 중요한 기여를 한다.

(2) 사업유형 선정 및 기획

'살기좋은 지역만들기'는 2006년 당시 교육부, 행자부, 건교부, 해수부, 농림부, 문화부, 환경부, 보건복지부 등 정부 8개 부처에서 총 96개의 지원과제를 1차적으로 발굴하였다. 이 중 예산사업이 71개이고 비예산사업이 25개에 날한다. 유형별로는 도시가 26개, 농촌이 39개, 섬이 1개, 공통과제가 30개로 구분된다.

표 38-1 살기좋은 지역만들기 정책과제

5대 과제분야	주요 지원정책 과제
공간의 질 제고	건축문화 선진화, 농어촌 경관보존과 어메니티 자원화 등 6개 과제
삶의 질 제고	생활친화적 문화공간 조성, 건강도시, 지역문화서비스센터 등 31개 과제
도농상생형 복합생활공간 조성	도시민 이주단계별 지원체계 정비, 다양한 수요맞춤형 정주공간 조성 등 36개 과제
지역공동체 형성 및 복원	주민참여형 자치센터 활성화, 방과후 학교 공동체 형성 등 11개 과제
지역별 특화브랜드 창출	시·군단위 공동마케팅조직 육성, 자연자산 생태관광자원화 등 12개 과제

(3) 사업의 추진 및 관리

선정된 과제를 효율적으로 추진하기 위해 정부는 지원체계를 수립하였다. 우선, 2006년 6월 16일 국가균형발전위원회의 규정을 개정하여 살기좋은 지역만들기 특별위원회 설치규정을 마련하였다. 규정에 의하면 위원회는 관계 장관 및 위원장 14인, 연구원장 6인, 민간위원 10인 등 총 31명으로 구성하며 실무지원단으로 행자부(현재, 행정안전부)에 지역균형발전지원본부를 설치하도록 하였다. 또한 각 부처에는 기존 사업정책 조정 및 지원을 위한 실무위원회를 구성하였다.

(4) 부처별 사업추진

1) 행정자치부

행정자치부는 2006년 말부터 '살기좋은 지역만들기' 사업을 시작했다. 이는 쾌적한 지역공동체, 아름다운 지역공동체, 특색있는 지역공동체라는 목표 달성을 위해 5개 과제를 설정하고 그에 따른 관련사업을 추진하는 내용이었다. 행정자치부의 '살기좋은 지역만들기' 사업은 지역주도·주민주도의 원칙과 지역의 자율기획·자기책임 원칙을 견지하도록 하였다.

'살기좋은 지역만들기'의 계획수립도 각 지역의 지자체와 주민이 협력하여 자율적으로 기획하고 지자체의 책임 하에 수행되었다. 기본적으로 이 사업의 추진방식은 지방자치단체, 지역사회, 중앙정부 사이의 협력적 파트너십 구조 즉, 협치 방식의 큰 틀 속에서 수행되도록 하였다.

2006년 3월 28일 국정과제회의에서 국가균형발전위원회가 '살기좋은 지역만들기' 비전과 과제 등 정책구상을 발표한 이래 행정자치부에서 2006년 8월 8일 '살기좋은 지역만들기' 추진계획을 확정하였다. 행정자치부가 제시한 '살기좋은 지역만들기' 지역모델은 <표 38-2>와 같이 9가지 모델로 구분할 수 있다.

2) 건설교통부

건설교통부(현재, 국토해양부)는 '살고싶은 도시만들기 추진계획'을 수립하였다. 우선 시기별로는 3단계로 나누어 단계적으로 추진하는데, 2006년 말까지를 1단계, 2007년을 2단계, 2008년 이후를 3단계로 설정하였다. 추진체계로는 지자체,

표 38-2 '살기좋은 지역만들기' 9개 모델

기본모델	주요 내용	특화형 예시
① 산업형	- 지역소재 산업 지원을 통한 마을조성 · 발전 - 지역고유산업, 기술, 인력이 소재한 지역	향토산업형 외부기업유치형 등
② 교육형	- 교육특화를 통한 커뮤니티 강화 - 교육기관과 지역사회의 유대관계가 구축된 지역	학교교육형 평생학습형
③ 정보형	- 정보서비스를 활용한 정보형 마을 조성 - 정보 인프라가 구축되고 정보 컨텐츠가 풍부한 지역	정보마을형 U-village형 등
④ 생태형	- 양질의 환경 및 생태를 자원으로 정주여건 조성 - 생태 환경적 요소를 보유한 지역	수변공간형 녹색교통형 등
⑤ 전통형	- 고유한 전통과 역사를 보존하고 활용한 공간창조 - 역사적 자원을 구비한 지역	전통마을형 전통시장형 등
⑥ 문화형	- 문화예술 진흥을 통한 지역의 특화발전 - 다양한 문화, 인물, 시설 등이 풍부한 지역	문화예술지향형 문화산업창출형 등
⑦ 관광형	- 관광자원 개발을 통한 주민복리증진 - 독특한 관광자원과 매력이 소재한 지역	스포츠형 가족리조트형 등
⑧ 건강형	- 건강시설 및 문화조성을 통한 지역재창조 - 운동, 영양, 휴식을 충족시킬 수 있는 지역	건강장수형 휴양형 등
⑨ 가족형	- 보육, 요양, 돌봄 등을 중심으로 한 여건조성 - 가족친화시설 확보가 용이한 지역	돌봄네트워크형 등

※ 자료: 이재하(2006), 「살기좋은 지역만들기 정책과 그 개선방향」

연구원, 학회, 시민단체 뿐만 아니라 주택공사, 토지공사 등 정부투자기관 등과 협력 및 역할 분담체계를 구축하여 추진하기로 하였다.

건교부는 2007년 3월 20일 살고싶은 도시만들기 위원회를 개최하여 시범도시 및 시범마을사업에 대한 선정을 완료하였다. 시범도시 사업과 관련해서 '경관미관형'으로 경기 안산시(광덕로 · 철도변 테마공원 조성사업)와 광주 광산구(맛 · 멋의 남도 난장 송정골)를 선정하였고, '도시정비형'으로 강원 속초시(Sorak Maple Town조성)와 충남 서천군(봄의 도시 서천만들기)을 선정하였으며, '정보과학형'으로 인천 남구(로보트 컴플렉스 존 첨단 과학문화도시 건설) 등 5개 도시를 선정하였다. 그리고 이들 5개 도시에 대해서는 평가결과 총 80억 원을 지원하였다.

3) 기타 중앙부처

행정자치부와 건설교통부 이외에도 여타 부처에서는 '살기좋은 지역만들기' 사업을 부처별 업무특성과 연관시켜 추진하였다. 농림부는 농촌만들기, 해양수산부는 섬·어촌만들기 등이 그것이다.

3 '살기좋은 지역만들기'사례

(1) 남해군 '참 좋은 물건(勿巾)마을'

1) 여건분석 및 주요내용

남해군 삼동면 물건리[6]는 방조림과 해안경관 등의 자연자원이 우수하고 독일인마을, 전통문화예술촌, 해오름예술촌 등의 관광인프라가 구비되어 있다.[7] 인구현황에 있어서도 전체 556명 중 20~59세의 주민이 절반 이상으로 타 마을에 비해 장점이 많고 무엇보다 지역주민·관계기관·전문가·시민단체가 한 마음이 되어 자발적으로 '살기좋은 물건마을 만들기'의 필요성을 인지하여 사업을 추진하였다.

이에 따라 의료 및 교육·체육시설 등을 도입하여 실질적인 삶의 질을 향상시키고, 계획수립과정에서 자치단체가 대상 지역주민 및 지역전문가들과 공동으로 계획을 기획하고 시행하는 등 민·관의 협력파트너십을 발휘, 일자리창출과 소득증대 등의 경제 활성화를 위한 실천적 로드맵을 제시하였다.

보물섬 남해의 '참 좋은 물건마을' 만들기는 지역의 생태환경을 보존·관리·활용함으로써 아름답고 쾌적한 환경을 조성하여 지역의 삶의 질을 향상시키는 생태형과 관광자원 개발을 통해 지역활성화·주민복리 증진·관광레저 등 관련 산업을 육성시키는 관광형을 혼합한 기타혼합형을 목표로 하고 있다.

남해군은 마을 자체 재원 및 군비를 충분히 확보하였으며, 민간자본으로 제2 방조림 조성을 위한 마을기금을 조성하여 특산품 판매수익의 일정비율을 기금으로 활용한다는 계획이었다. 또한 마을 동향인(同鄕人)에 대하여 발전기부금 유치

---

6) 마을이 한자의 말물(勿)자 모양을 닮아서 '물건리'가 되었다.

7) 마상열, 「살기좋은 지역만들기 세부추진전략 수립」, 경남발전연구원, 2007, pp. 57-58.

표 38-3 남해군의 대상지 선정기준

기준	내 용
적합성	지역발전의 비전 및 목표가 적합한지 검토
연계성	남해와 관련된 중앙부처 패키지 사업 · 지역특구사업 · 관광종합개발사업 등을 검토
차별성	대상지가 갖고 있는 브랜드 가치 평가
지역역량	지역 주민의 추진능력 및 참여성 · 자체 재원 확보정도 등을 평가
파급성	타 지역으로의 파급성 예측
전문성	전문가 지원체계 확보 및 주변 고등교육기관과의 연계성 검토

와 마을도서관 도서기증 사업을 진행하였다.

원예촌 조성을 위한 양해각서(MOU)를 체결하여 (주)예원의 140억원을 확보하였다, 마리나 사업을 위하여 지역사업체와 양해각서를 체결하고, 발생수익의 일정비율을 '참 좋은 물건마을 만들기' 사업재원으로 활용하고 일정비율의 지역주민 고용을 의무화하여 투자의 실효성과 지역경제 활성화를 도모하였다. 또한 행안부 지침 및 군계획에 따라 시 · 군 · 구 전담조직 정비 및 업무조정을 정비하였다.

2) 추진체계 및 기대효과

추진체계의 기본방향으로 지역발전을 위한 다양한 아이디어를 수렴할 수 있는 시스템을 지향하고, 주민참여의 확대와 관심 유발을 통해 지역 거버넌스의 형성과 발전을 위한 지원체계를 구축하며, 지속적인 모니터링을 통한 이미지 개선을 목표로 하였다.[8)]

사업추진에 대한 주민들의 참여의지 측면에서 '살기좋은 지역만들기 추진위원회'를 통한 지역주민과 관련 산업주체 및 전문가 간의 협의 채널이 활성화되어 있는 등 주민들의 의지가 높아 자생적인 향후 추진계획의 명료성과 실효성이 높은 것으로 평가되었다.

정량적 파급효과로는 지역주민들의 관광소득기반 확대로 인한 관광수입증가, 물건마을 가치상승으로 인한 특산물과 체험상품의 브랜드 가치증가, 새로 조성하는 원예마을을 통한 인구증가 효과, 물건마을 브랜드 강화로 인한 타 지역의 브랜

8) 상계서, pp. 58-59.

드가치 동반 상승 등을 들고 있다.

또한 정성적 파급효과로는 물건어부방조림과 몽돌해안을 정비하여 자연경관을 십분 활용한 지역이미지 제고 및 관광경쟁력 확보, 지역 내 위락·휴양공간의 확충 및 체험관광프로그램의 개발 등으로 인한 지역주민의 삶의 질 향상과 소득증대, 기존생태자연환경의 정비 및 문화시설 개선에 의한 물건마을 환경개선, 주민건강센터와 체험문화센터 등으로 인한 지역 정주의식 고양과 인구증가를 예상하였다.

그림 38-2 참 좋은 물건마을 만들기 추진위원회

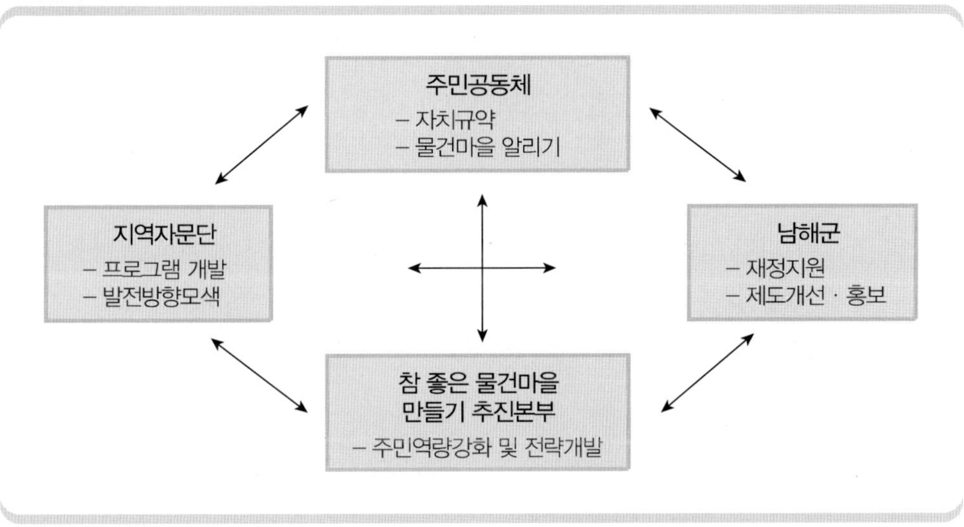

(2) 함양군 전통마을 '서락원'

1) 여건분석 및 주요내용

함양은 '좌 안동 우 함양'으로 일컬어지는 서원문화로 지역적 브랜드 이미지를 보유하고 있으며, 지역 고유의 전통을 이어나가고자 지역 내 유·무형 자원의 보전 및 활용을 위한 노력이 계속되고 있다.[9]

정여창[10] 선생의 후손이 500여 년 역사의 전통명주인 솔송주를 상품화한 제

9) 상게서, pp. 59-62.

10) 정여창은 연산군을 가르치던 스승이었으며, 김굉필, 조광조, 이언적, 이황과 함께 조선시대 '동방의

조업체 (주)명가원을 설립하여 생산・판매하고 있으며, '살기좋은 지역만들기'에 포함되어야 할 기반시설의 대부분이 충족되어 있는 우수한 조건을 갖추고 있다.

사업대상지인 함양군 지곡・수동면(개평・창평・효리・남계마을)은 함양군의 동부에 위치하고 오른쪽으로 거창군 및 산청군과 인접하고 있다. 예로부터 명현석학이 많이 배출된 선비의 고장으로 개평문화마을의 정여창 고택을 비롯하여 청계・남계서원・구천서원・정자 등의 역사・문화적 자원이 매우 풍부하며, 산지로 둘러싸인 평야지대로 산과 평야・강이 조화를 이룬 양호한 자연조건을 지니고 있다. 또한 농업 및 전통자원을 활용한 1・3차 산업 융합을 통한 도농교류 및 농촌관광으로 활성화할 가능성이 많은 지역이다.

지역의 잠재 가치를 활용한 주민 삶의 질 향상과 더불어 지역 전통 자원 및 문화의 보전과 활용을 통하여 지역 자긍심을 고취시키고, 과거의 교육・인재 양성 기관으로서 서원의 기능과 문화가 지역주민과 상생할 수 있는 계획의 수립이 필요하였다.

이를 배경으로 ① 마을의 자연 및 주거환경과 경관 가꾸기를 통하여 쾌적한 공간을 만들어 나감으로써 공간의 질을 높여 현 세대가 살기 좋은 전통마을 어메니티를 창출하고, ② 미래세대를 위한 정주공간 정비 및 소득기반 조성을 통하여 지역경제를 활성화시키며, ③ 전통마을 주민으로서의 자긍심과 공동체 의식 함양을 목표로 하고 있다.

세부 추진계획으로는 첫째, 전통마을 환경정비를 위하여 다음 사업을 추진한다. 개평마을 어귀에 상징적이고 랜드마크적인 공간으로 기존의 행정기능과 주민복지 및 광장기능, 마을방문객을 위한 안내기능이 복합된 '지곡면사무소 리모델링 사업', 또한 노후가옥을 체험시설 등으로 정비하여 전통가옥과 조화를 이루는 전통공간을 조성하는 '마을 내 노후가옥 정비 및 활용사업', 옥계천을 자연형 하천형태로 복계하고 마을길과의 경계에 생울타리를 식재하여 주민이동 편의 및 안전성을 강화하는 '마을 길 및 소하천 정비사업', 전통환경을 고수하는 '마을 전통환경 지킴이 사업' 등이 그것이다.

둘째, 전통마을 주민 삶의 질 향상을 위한 사업으로는 '건강혁신마을 사업', '주민 여가활동 프로그램 운영사업', '전통마을 공동체 복원 및 운영사업', '주민역

오현'으로 꼽힌다.

표 38-4 전통마을 지킴이 운동

구 분	지킴이 활동	대상자원
자연환경분야	마을 내 쓰레기 줍기 · 하천정화활동 · 하천 생태환경 조사(녹색대학) · 수목생리 조사 및 보호	남강 · 옥계천 · 개평리 소나무를 비롯한 마을 내 수목 · 마을길 등
전통건조물분야	고택 청소 · 경미한 보수	남계 · 청계 · 구천서원, 개평마을 내 정여창 고택을 비롯한 전통 건조물
전통문화분야	마을 역사와 전통문화 강연 · 전통문화 체험 활동	각 서원 배향인물에 대한 역사적 의의 · 전통한옥 구조 및 보전방안 · 개평마을 전통염색문화 · 전통음식(솔송주 · 떡 · 다식 · 곶감)

그림 38-3 전통마을 운영회(가칭) 구성 및 역할

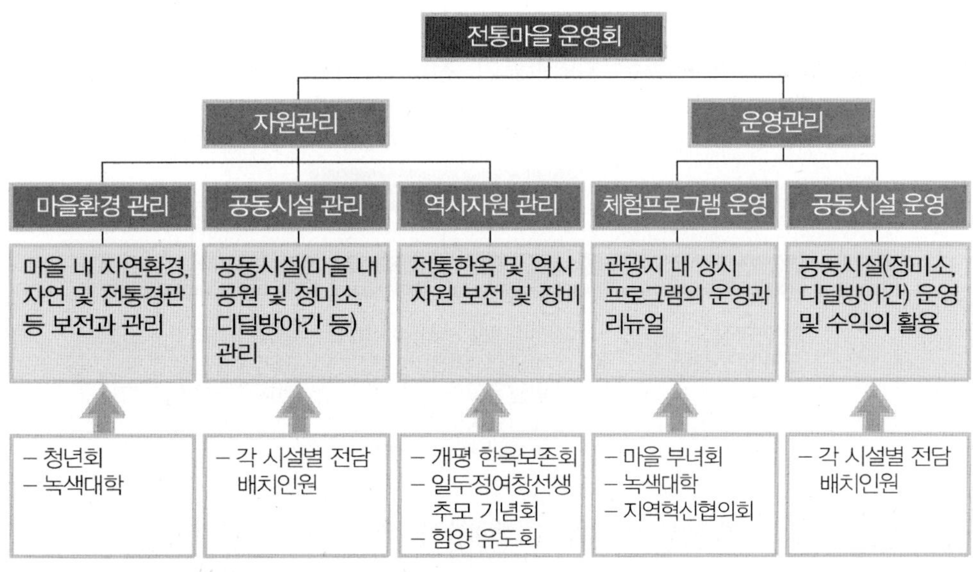

량강화 교육사업'이 있다. 이는 건강 · 여가 · 공동체 · 교육을 위한 프로그램 도입 등 모두 소프트웨어적 사업인 것이 특징이다. 특히, '전통마을 운영회(가칭)'는 마을환경을 관리하고 공동시설을 관리 및 운영하며, 원활한 주민 참여를 유도하고 있다.

셋째, '한옥문화 체험관 조성', '솔송주 명품화', '서원문화 관광지조성 · 문화체험 프로그램', '대표 브랜드 개발' 등 농업과 전통문화 융합을 통한 소득창출을 위한 사업이다. 사업의 특징으로는 하드웨어적인 공간조성뿐만 아니라 체험프로그램이나 지역대표 브랜드 개발 등의 소프트웨어적인 요소도 적절히 연계 · 융합시키며 전통문화 · 전통마을이라는 컨셉에 부합한다는 점이다.

2) 추진체계 및 기대효과[11)]

함양군은 '살기좋은 지역만들기'의 원활한 추진을 위해 행정, 주민, 자문단으로 구성된 전담조직을 구성하였다. 행정부문은 '살기좋은 지역만들기'와 관련하여 주민과의 유기적인 관계를 형성하여 주민들의 애로사항을 접수 및 해결하고, 사업수행에 따른 기술적 · 행정적 · 재정적 지원을 담당한다.

주민들은 '살기좋은 지역만들기' 핵심주체로서 기존에 형성된 조직을 활용하

그림 38-4 함양군 '살기좋은 지역만들기' 전담조직(TFT) 구성도

살기좋은 지역만들기 TFT

구분	행정	주민	자문단
구성원	행정과장 균형발전담당	전통마을 관리 · 운영회 일두선생추모기념회 함양우도회 개평한옥보존회 녹색대학(시민단체)	함양군 지역혁신협의회 지역계획전문가 전통문화관련전문가
역할 및 기능	– 사업수행에 따른 기술적 행정적, 재정적 지원 – 주민들 애로접수 및 해결	– 전통마을 자원관리 – 공동시설 및 프로그램운영	– 개발계획 자문 – 축제/이벤트 평가 및 자문 – 문화재보호활동 자문

11) 마상열, 전게서, pp. 63-64.

여 전통마을 지원관리 및 공동시설운영과 프로그램운영을 담당한다.

자문단의 구성은 함양군 지역혁신협의회 및 대학교수 · 지역개발전문가, 전통문화관련전문가로 구성하였으며, '살기좋은 지역만들기' 계획에 대한 자문 및 향후 축제 및 이벤트에 대한 평가를 담당하고 문화재보호활동 등의 자문을 담당한다.

사업의 기대효과로는 경제적으로 시설조성에 따른 관광수요를 각 시설별로 추정했으며(총 63,839명/년), 시설 · 프로그램별 및 농 · 특산물 판매수입의 예상치(총 745,170천원)도 산출하고 있다. 또한 가구별 평균소늑에서 지역에 관광객 유입으로 인한 관광수입의 증가분을 가구 수로 나누어 가구당 평균 소득증가(24,508천원)를 예측하였다. 또 개평마을 내 폐 · 공가를 정비한 후 이를 활용하여 24명의 귀촌인구가 발생할 것으로 예상되었다.

4 '살기좋은 지역만들기' 발전방향

(1) 통합관리체계 구축

'살기좋은 지역만들기'는 인간 정주생활과 관련된 종합적인 성격의 사업이다. 특정분야의 시설 설치나 개선을 목적으로 하는 사업이 아니라, 거주·근로·여가 등 삶의 필수기능을 충족시키기 위한 삶터·공동체·사람·의식 만들기가 복합된 종합적 성격을 띤 사업이다. 따라서 사업추진에 대한 다양한 지역 구성원의 협력과 참여가 요구될 뿐 아니라 이를 지원하는 중앙정부도 관련된 주체의 협력적·포괄적 접근이 필요하다. 그러나 현재는 부처별로 사업공간을 분할하여 경쟁적으로 '살기좋은 지역만들기' 사업을 추진하는 방식을 취하고 있다. 또한 지역의 공간적 위계에 따라 사업부처가 뒤늦게 변경됨으로써 일부 지방자치단체에서는 공모신청 주관부처를 변경해야 하는 등의 혼란이 발생하기도 하였다.[12)]

'지역분할 및 경쟁방식'의 사업추진을 통해 해당 지역에 대한 사업을 각자 자기 부처 고유의 사업으로 인식하고 있어, 지역만들기에서 요청되는 관련 부처별 정책패키지 지원이 이루어지기 어려운 실정이다. 이 같은 문제를 해결하고 정책추진 및 지원의 포괄성을 보다 강화하기 위해서는 지역만들기에 대한 '통합적 관리

12) 김현호, 전게서, pp. 18-19.

체계'의 구축이 필요하다. 이 체계의 장점은 현재의 분할적·경쟁적 사업방식을 지양하고 부처의 전문성을 살린 협력을 강화하고, 패키지 정책을 지원함으로써 사업의 실효성을 보다 극대화시킬 수 있는 것이다.

(2) 실현 가능한 계획의 수립

'살기좋은 지역만들기'의 실천성을 제고하기 위해서는 실현 가능한 계획을 수립하는 것이 가장 중요하다. 실현 가능한 계획을 수립하기 위해서는 계획수립을 위한 접근방법을 개선할 필요가 있다.

우선, 외형적인 포장 중심의 계획보다는 지역특성에 부합하는 계획내용을 중심으로 사업계획을 수립해야한다. '살기좋은 지역만들기'는 상향식 공모제를 도입하고 있어 다른 지역과의 경쟁이 불가피하다. 이로 인해 사업의 실현 가능성보다 사업 선정 자체를 더욱 중요하게 생각해 외형적인 포장 중심의 사업계획을 수립할 가능성이 높다.

또한, 이러한 방식에서는 계획수립 단계부터 지역이 원하는 진정한 의미의 상향적 계획수립이라기보나는 중앙이 원하는 개발모델 · 평가기준과 같은 정책방향에 맞춰가는 계획으로 변질될 가능성도 있다(이재하, 2006). 하지만, 본 사업이 지향하는 목적이 주민의 실질적인 삶의 질을 향상시키는 것임을 고려한다면, 거창한 사업계획보다는 소박할지라도 지역주민의 삶의 질 향상에 필요한 사업계획을 수립해야 한다.

이와 함께 각 지역이 자율적으로 주민이 원하는 계획을 수립하고, 정부는 단지 계획의 집행과정에 필요한 행 · 재정 지원을 중심으로 하는 전형적인 상향적 추진방식으로의 정책전환이 뒷받침되어야 한다.[13)]

(3) 도농(都農) 상생적 접근

우리의 농촌은 날로 황폐화되고 있다. 우리의 농촌은 그동안 추진되어 온 도시중심의 공업화로 대규모의 향도이촌을 낳았고 그 결과 농촌의 정주인구는 심각

13) 김정연 · 윤갑식, 「살기좋은 지역만들기의 실천성 제고방안 - 소도읍 육성사업 추진경험을 중심으로」, 한국도시행정학회 · 충남발전연구원 공동학술세미나, 2007, p. 12.

한 수준으로 감소되었다. 여기에 날로 더해가는 공동화 · 부녀화 · 고령화는 우리 농촌의 정주기반을 뿌리째 흔들고 있다. 이대로라면 우리의 농촌은 머지않아 그 정주기반이 송두리째 무너질 것으로 염려된다.

우리의 농촌을 살릴 방법을 고안해야 하고 농촌을 살릴 특단의 조치가 필요하다. 그것은 우리의 농촌을 환경파괴와 고밀도와 같은 각종 도시문제로 시달리는 대도시의 대체 거주공간으로 개발하는 것이다.

도시의 희망은 농촌에 있다. 농촌으로 도시문제를 풀어야 한다. 정주기반을 잃은 농촌은 도시생활에 찌들은 도시민들에게 쾌적하고 넉넉한 거주공간을 제공할 수 있을 때 다시 살아날 수 있다. 따라서 '살기좋은 지역 만들기'는 도시와 농촌이 같이 갈 때 성공할 수 있다. 그것은 도시도 살고 농촌도 살 수 있는 상생방법이다. 즉 우리의 '살기좋은 지역 만들기'는 도시와 농촌이 다 같이 살기좋은 지역이 될 수 있는 도농 상생적 접근이 될 때 가능하다고 하겠다.[14)]

(4) 주민중심의 접근

'살기좋은 지역만들기'는 두말할 것도 없이 주민이 중심이 되어 이웃 간에 정을 나누는 살기좋은 지역을 만드는 것이다. 살기좋은 지역의 주인은 주민이고 정이 넘치는 지역이다. 주민이 주인이 되는 살기좋은 지역만들기는 주민이 주체가 되어 만들어질 때 가능하다.

따라서 주민의 참여가 담보가 되어 주민이 주도하여 만들어 갈 때 그 지역은 그야말로 '주민의, 주민에 의한, 주민을 위한' 살기좋은 지역이 될 것이다. 주민의 발전이 없는 장소적 발전은 그 의미가 없다. 주민의 자발적이고 적극적인 참여를 끌어내기 위해서는 살기좋은 지역의 공간적 범위가 주민이 정을 나누고 하나로 묶을 수 있는 '우리 마을'이라는 공간 범위의 설정이 '살기좋은 지역만들기' 사업 성공을 좌우하는 필요조건의 하나라는 사실을 간과해서는 안될 것이다.[15)]

---

14) 김태명, 「살기좋은 지역만들기 정책적 특성과 성공조건」, 한국지역개발학회, 2006, p. 6.
15) 상게서, p. 6.

(5) 차별적인 경제적 자립지역

우리가 만드는 살기좋은 지역은 그 지역의 독특한 지리적 위치에서 주어진 자연자원과 문화자원을 이용하여 타 지역과 다른 그 지역만의 독특한 개성적이고 차별적인 지역이어야 한다. 그리고 살기좋은 지역은 주민들에게 지속적으로 소득을 증대시킬 수 있는 소득 기반을 제공하지 않는다면 '살기좋은 지역만들기'는 허상일 수밖에 없다. 안정적으로 소득을 뒷받침해주지 못하는 어떠한 지역도 주민에게 안정적인 정착의지를 제공할 수 없다.[16)]

최근 들어 그 지역만이 갖는 독특한 자연자원과 문화자원을 상품화하여 판매함으로써 지역의 소득을 창출하는 장소마케팅(Place Marketing)이 지역경제를 활성화하기 위한 전략으로 활용되고 있다. 따라서 우리가 만들고자 하는 '살기좋은 지역'도 그 지역의 독특한 자연 문화 자원을 상품화하여 판매함으로써 주민의 안정적인 소득기반을 창출하고 지역경제를 발전시킬 수 있는 경제적으로 자립된 경쟁력 있는 주거공간이 되어야 한다.

16) 상게서, p. 7.

CHAPTER 39

창조지역

산업화 시대를 지나면서 점차 쇠락의 길을 걷고 있는 도시들이 새로운 도시 부흥의 경쟁력을 창조성에서 찾고 있다. 자연자원이나 시장접근성, 노동력 등에 기초한 과거 도시와는 달리 창조적 인재 또는 창조적 시민에 의한 창조산업을 토대로 하는 창조도시가 새로운 도시(지역)재생의 패러다임이 되고 있다. 성냥갑 같은 아파트만이 재개발 또는 재건축의 대안으로 여겨지고 있는 우리나라의 도시재생에 있어 창조도시는 시사하는 바가 크다고 할 수 있다. 따라서 우리나라에서도 제2기 국가균형발전정책[1]에서 창조도시의 개념을 도입, 지역적 차원에서 '창조지역' 정책을 펴고 있다.

1 창조도시의 의의

(1) 창조도시의 배경과 정의

산업사회에서 지식정보사회로 이동하면서 인간의 창조성이 도시성장의 핵으로 주목받기 시작하였다. 탈산업화와 탈물질적 가치체계가 확산되면서 선진국들은 노동집약적인 산업에서 첨단제조업까지 신흥공업국가와 개발도상국에 그 자리를 내주었다. 이들 선진국들이 낭만이 아닌 생존이라는 필연성을 가지고 중앙정부와 지방정부가 창조도시 창조산업 등에 대한 정책을 채택하므로 창조성이라는 개념이 주목을 받고 있는 것이다.[2]

1) 이 책에서는 정책구분의 편의상 참여정부의 국가균형발전정책을 '제1기 국가균형발전정책'이라고 칭하고, 이명박정부에서 추진하는 내용을 '제2기 국가균형발전정책'이라고 부르고 있다.
2) 이희연, "창조도시: 개념과 전략", 「국토」 통권 332호, 국토연구원, 2008, pp. 6-7.

창조도시가 등장하게 된 시발점은 도시의 생존과 경쟁력 향상을 위한 정책적 목적으로 가지고 영국정부가 1998년에 발의한 '창조산업 전략보고서(the creative industries mapping document)'가 발간되면서 부터이다. 학술적으로는 도시혁신이론가인 찰스 랜드리(Charles Landry)가 창조도시론을 주창한 1990년대 후반부터 등장하기 시작하여 2000년대 들어서면서 폭넓게 논의되기 시작했다.

창조지역의 정의에 관해서는 다양한 의견이 있으나 주로 창조도시로 정의되고 있는데, 이미 인구의 90% 이상이 도시에 살고 있는 우리나라의 경우에는 창조도시를 포괄하는 창조지역으로 개념을 정리하고 있다.[3] 창조도시의 개념을 살펴보면 창조도시란 시민의 활발한 창조활동에 의해 첨단적인 예술과 풍부한 생활문화가 길러지고 혁신적인 산업을 진흥하는 창조적인 장소가 풍부한 도시라고 할 수 있다.

제인 제이콥스(Jane Jacobs)는 포스트 포디즘(Post Fordism: 유연생산체제) 시대를 맞이하여 유연하면서도 혁신적인 자기조절능력에 기반한 도시경제 시스템을 갖춘 도시로 정의하였고, 찰스 랜드리(Charles Landry)는 도시가 직면하는 각종 문제들을 창조적으로 해결할 수 있는 역량을 갖춘 도시 또는 예술과 문화가 지닌 창조력에 착안하여 자유롭게 창조적인 문화 활동을 영위할 수 있도록 문화적 인프라가 갖추어진 도시로 정의하였다.

리처드 플로리다(R. Florida)는 창조계층이 원하는 환경을 체계적으로 갖춘 도시로, 사사키(Sasaki)는 인간이 자유롭게 창조활동을 함으로써 문화와 산업의 창조성이 풍부한 동시에 탈 대량생산의 혁신적이면서도 유연한 도시경제시스템을 갖춘 도시로 정의하였다.

국내에서는 지역의 정체성을 대변하며 지속적인 영감을 주는 재화를 일상적인 삶 속에서 생산·유통·학습하는 시스템을 갖춘 도시로 정의[4]하였으며, 창조적 인재가 창조성을 발휘할 수 있는 환경을 갖춘 도시[5]라고 말할 수 있다.

이상에서 정리한 창조도시의 개념을 정리하여 보면 창조지역(도시)란 창조활동을 통해 산업을 혁신하고 지역문제를 스스로 해결하는 유연한 경제시스템을 가지는 지역으로 정의할 수 있겠다.

---

3) 지역발전위원회, 「창조지역 가이드」, 2010, p. 24.

4) 임상오 · 전영철, "창조 도시 담론의 쟁점과 재정학적 시사점", 「재정정책논집」 제11집 제3호, 한국재정정책학회, 2009, pp. 157-190.

5) 이희연, 전게서, p. 7.

(2) 창조도시의 필요성

우리나라에서는 서울시가 '창의도시', '문화수도'로 발전하기 위한 각종 사업을 진행하는 등 각 지역이 활발하게 움직이고 있으나 구체적인 성과는 물론 각 지역의 특성에 맞는 창조도시는 정립되지 못하고 있는 실정이다. 그러면 창조지역 정책은 왜 필요한지, 창조지역 정책을 왜 추진하는지 그 필요성은 다음과 같이 요약할 수 있다.

우선, 변화하는 시대적 요구에 대응, 지역시책이 획일적 · 전례답습적 사업추진 관행을 극복하고, 지자체의 자구적 · 창조적 노력의 점화가 필요하기 때문이다. 다음으로 지역발전을 하나의 잣대로 비교하는 갈등적 지역주의를 극복하고, 차별화된 잣대로 발전을 모색하는 생산적 지역주의 창조가 요구된다. 특히 지방정주시대를 대비하여 지역의 자존심과 정체성을 고양하여, 살고 싶은 마음이 생겨나게 할 수 있는 감성적인 콘텐츠를 개발할 수 있기 때문이다. 마지막으로, 관주도에서 시민사회와의 협력적 · 융복합적 지역개발의 도입과 활성화가 요구되기 때문이다.

2 창조도시의 기본요소와 특징

창조도시가 가지는 구성요소는 무엇이며 그 특징은 무엇인지 즉, 어떤 것들을 가지고 있을 때 창조도시라고 할 수 있는지 살펴보자.

(1) 창조도시의 구성요소

창조도시의 구성요소로 기술(Technology), 인재(Talent), 관용(Tolerance)의 3T를 기본적 요소로 보고 있다.[6] 기술적 인프라(Technology)를 잘 갖추고, 다양한 문화를 인정하고 수용하는 분위기(Tolerance)가 넘쳐나야 비로소 인재(Talent)를 자석처럼 끌어모을 수 있다는 것이다. 특히 다양한 인재들이 창조도시에 모여들어 자유롭게 창조성을 발휘할 수 있도록 하는 문화적 다양성을 인정하는 관용

6) 리처드 플로리다(R. Florida)의 견해이다.

이 가장 중요하다고 보았다.

창조도시를 이루는 요소의 또 다른 관점은 창조계급과 창조산업으로 보는 것이다. 물론 창조도시의 기본 요소에 대한 시각은 다양할 수 있으므로 명확히 구분되어지는 것은 아닐 것이다. 먼저, 창조계급은 과학자, 기술자, 건축가, 디자이너, 작가, 예술가, 음악가 그밖에 창조성을 중요한 업무요소로 활용하고 있는 이들을 칭하는 개념으로 자유와 개성을 중시하고 억압과 속박에 저항하며 고액의 보수보다 삶의 질을 더 원하는 특징을 가지고 있다.

플로리다는 계층을 창조계층, 노동자 계층, 서비스 계층, 농업으로 나누고 창조계층을 순수 창조의 핵과 창조적 전문가로 구분하였다.

표 39-1 창조계층의 구분(Florida)

<table>
<tr><th colspan="2">계 급</th><th>직 업</th></tr>
<tr><td rowspan="2">창조계층
(creative class)</td><td>순수 창조의 핵
(super-creative class)</td><td>- 컴퓨터와 수학관련 직업
- 건축과 공학 직업
- 생명, 물리과학, 사회과학직업
- 교육, 훈련, 사서직업
- 미술, 디자인, 연예, 오락, 스포츠미디어 직업</td></tr>
<tr><td>창조적 전문가
(creative professional)</td><td>- 관리직업
- 사업과 재정운영 직업
- 법률에 관한 직업
- 건강관리 개업의와 전문직업
- 고소득의 판매와 판매관리 직업</td></tr>
<tr><td colspan="2">노동자 계층(working class)</td><td>- 건설, 설치, 보수, 수선직업
- 생산직업, 운송과 원료 이송직업</td></tr>
<tr><td colspan="2">서비스 계층(service class)</td><td>- 건강관리 보조직업
- 식품준비와 식품서비스 관련 직업
- 건물과 정원청소 및 관리 직업
- 개인보호와 서비스 직업
- 저급의 판매와 관련 직업
- 사무실과 행정 보조 직업
- 공동체와 사회봉사 직업
- 보호 서비스 직업</td></tr>
<tr><td colspan="2">농업(agriculture)</td><td>- 농업, 어업, 임업</td></tr>
</table>

자료: Florida(2002), 지역발전위원회(2010), 『창조지역 가이드』에서 재인용

한편, 창조산업은 문화유산과 소프트웨어, 패션, 디자인, 출판, 음악, 미술, 게임, 애니메이션, 축제 등 독창적 아이디어와 콘텐츠에 바탕을 둔 산업을 지칭하는 개념이다. 영국의 문화미디어스포츠성에서는 창조산업을 개인의 창조성, 스킬, 재능을 원천으로 하여 지적재산권의 활용을 통해 부와 고용을 창조할 가능성을 가진 산업으로 정의하였으며 이러한 정의를 근거로 예술문화산업을 재분류하였다. 구체적으로 음악, 무대예술, 영상・영화, 디자이너・패션, 디자인, 수공예품, 미술품・앤티크시장, 건축, 텔레비전・라디오, 출판, 광고, 게임소프트 및 컴퓨터소프트웨어와 관련되는 각 산업이 창조산업으로 분류된다.

창조산업의 특성을 산업적 측면에서 살펴보면 다음과 같다. 우선 고부가가치 산업이며 소수 기업이 시장을 지배하는 과점산업의 특성을 갖고 있으면서도 최근 독립 프로듀서나 중소기업에 의한 수평적 네트워크로 질적 변화를 겪고 있다. 그리고 종사자들이 자발적인 동기에 입각한 생산 활동을 중시하여 금전적인 보상에 민감하게 반응하는 일반 산업의 인력과 차별성을 갖는다. 또한 창조산업은 지리적・공간적으로 집중하는 경향을 갖고 있다. 뮤지컬은 뉴욕, 패션은 밀라노로 집중하는 것이 그 예다.[7]

(2) 창조도시의 특성

이러한 기본요소로 구성되는 창조도시는 몇 가지의 특징을 가지게 된다. 첫째, 창조계층과 잠재적 창조계층이 능력을 발휘하고 사회적 문제에 유연하게 대처할 수 있는 풍부한 자기혁신능력을 갖추고 있다는 점이다. 대량생산시스템의 한계를 장인기업의 집적이라는 새로운 생산체계로 극복한 이탈리아의 베네치아와 볼로냐의 경우가 좋은 사례이다.

둘째, 창조적 인력을 육성할 수 있는 각종 교육・연구기관이 풍부하고, 인재들이 창조성을 발휘할 수 있는 극장, 미술관, 박물관, 문화시설 등이 잘 갖추어져 있으며, 창조적 비즈니스를 위한 지원체계가 구비되어 있다.

셋째, 창조산업이 발전하면서 지역주민이 누리는 생활의 질이 개선된다. 창조도시의 본질은 문화를 통한 창조산업과 도시재생이 바탕을 이룬다. 이를 통해 지

7) 임상오, "창조도시 진흥을 위한 창조산업 활성화 전략", 「국토」 통권 322호, 국토연구원, 2008, pp. 20-21.

역사회를 바탕으로 하는 문화상품 등의 창조적 상품이 제공되고 어메니티가 개선되며, 아름다운 도시환경이 보존되고 지역의 일자리가 보장되는 등 지역주민의 삶은 개선되며 창조도시가 지향하는 중요한 목표가 될 수 있다.

넷째, 창조도시는 사람 중심의 네트워크와 거버넌스의 형성으로 시민자치가 발달하게 된다. 시민은 생산과 소비의 주체로 예술문화 창조의 중심에 위치하여 시민주도로 기존의 문화예술 자원을 발전시키게 되며 세계화가 가져오는 부의 측면을 완화하기 위한 인류보편의 가치있는 행동을 중요시 한다.

3 우리나라 창조지역 정책

(1) 창조지역 정책의 배경과 개념

우리나라의 창조지역 정책은 MB정부와 함께 지역발전위원회가 출범하면서 앞서 정리한 창조도시의 개념을 도입, 지역차원에서 확산시킨 정책이다. 창조지역 정책의 추진목표는 지자체의 지나친 중앙 의존을 탈피하고 지역의 내발적 · 자생적 발전을 기획하고 확산하는 데 있다. 이를 위해 유사 · 중복 사업의 추진을 지양하고 지방자체단체 간 창조성에 기반한 지역발전 경쟁을 유도한다. 구체적인 실현 방향은 창조지역 사업을 발굴하여 육성하는 것이다.

창조지역 사업이란 창조성을 기반으로 다른 지역과 차별성이 있는 사업을 통해 지역의 잠재능력과 정체성을 찾고 경제적 · 사회적 · 문화적 가치를 새롭게 창출하는 지역사업을 말한다. 이는 새로우면서 차별성이 있고 독특한 창조적 아이디어를 지역개발에 적용시킨 일체의 지역개발 사업을 포함한다.

창조지역 사업은 우선 창의적인 지역개발 노력에 대한 지원체계를 확충 · 개선하고 기초지방자치단체 중심의 사업을 발굴하고 인정해나가면서 점차 광역지역 단위로 확대한다. 사업의 자율성을 보장하기 위해 광특회계의 포괄보조금 가이드라인을 활용하고 사업에 걸림돌이 되는 각종 규제를 완화해 나가는 방향을 잡고 있다.

그림 39-1 북쪽의 천사

※ 자료: http://blog.naver.com/aquaism1/48774959

(2) 창조지역 형성을 위한 핵심요소

지역발전위원회는 한국의 창조지역 형성을 위한 핵심요소로서 소통 중심의 네트워크, 문화와 환경의 소프트파워, 거버넌스형 도시디자인 등 3가지를 들고 있다.[8]

첫째, 소통 중심의 네트워크이다. 지난 '국가의 세기'가 영토성에 기반을 둔 냉전의 시대였다면, 이제 시작하는 '도시의 세기'는 네트워크에 기초한 탈냉전의 시대이다. 영토의 벽을 넘어설 때 즉, 네트워크로 공간을 관찰할 때 비로소 국가가 아니라 도시가 보이는 것이다. 네트워크 우위의 발상은 창조도시로 나아가는 데 조타수 역할을 한다. 창의와 혁신이 기존의 틀을 깨는 데서 나오듯이, 도시의 창조성이나 도시의 혁신 역시 공간의 운용과 관리에 관한 영토 관념을 깰 때 시작된다.

둘째, 문화와 환경의 소프트파워이다. 창조지역의 본질은 문화이다. 창조지역

8) 지역발전위원회, 전게서, pp. 55-59.

의 수단으로서 문화에 대한 접근법은 크게 산업 관점과 도시재생 관점으로 나눌 수 있다. 전자가 경제적 가치를 제고하기 위해 문화의 발전과 창조환경의 정비를 추구한다면, 후자는 지역의 문화적 가치를 재평가함으로써 도시의 재생을 추구하는 것이다. 특히 창조도시는 환경도시를 일컫는데, 이는 편리성을 지나치게 추구함으로써 나타난 공해와 자연 파괴로부터 공간의 생태적 건강을 회복하여 삶의 질을 보장할 수 있는 도시를 의미한다. 여기서 도시의 정체성 회복을 위해 편리성과 심미성을 넘어 환경성과 문화성을 조화시키는 것을 어메니티라 할 수 있다.

셋째, 거버넌스형 도시디자인이다. 도시의 디자인은 도시를 구성하는 제반 요소들 간의 상관관계를 유기적으로 고려해야 한다는 점에서 각 섹터가 참여하는 일종의 거버넌스형 디자인으로 전환될 필요가 있다. 거버넌스형 디자인은 도시의 디자인 과정에서 도시 구성원의 욕구를 조직하고 형상화할 뿐만 아니라 그 과정이 공공영역을 창출하는 거버넌스 구축으로 이어진다는 점에서 기왕의 도시계획과는 근본적으로 다르다.

(3) 한국적 창조지역 모델

한국적 창조지역의 모델은 크게 지역성과 자발성, 한국적 고유성, 문화적 관점 등 3가지 조건을 갖추어야 한다.[9] 첫째, 창조지역은 행정과 중앙중심의 사고에

표 39-2 창조지역 모델: 유형과 분류기준

유 형		분류기준
창조자원(콘텐츠)		자연자원 / 역사문화자원 / 특화자원 / 문화예술인프라
창조산업 · 기업	산업	문화예술 / 민속전통 / 지식정보 / 환경생태
	기업	1인창조기업, SOHO, CB / 조합, 주민주식회사, 사회적 기업 등
창조공간	지역 내	근린생활구역을 기초
	지역 전체	시 · 군 · 구 단위 지역전체를 대상
	지역 간	광역경제권 내 또는 광역경제권 간 초광역 공간 기반(권역, 벨트, 네트워크)
지역특성		(중소)도시 / 농산어촌 / 도농연계(통합)

9) 상게서, pp. 195-197.

그림 39-2 창조지역 모델: 분류기준과 유형

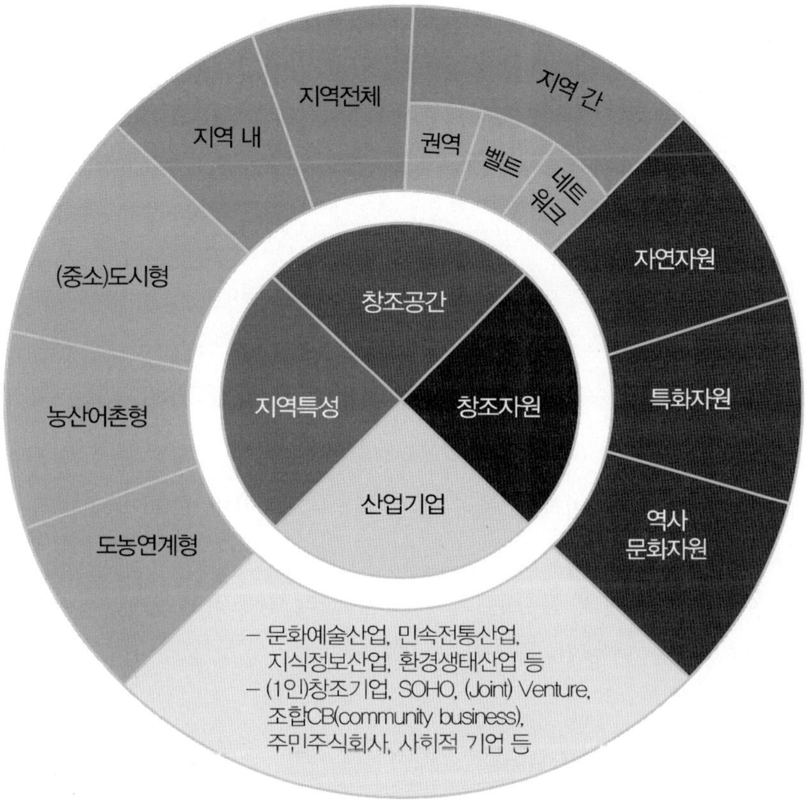

자료: 지역발전위원회(2010), 『창조지역 가이드』, p. 207.

서 탈피하여 지역성과 자발성에 기초한 상향식 모델이어야 한다. 즉, 지역의 특성을 고려한 내생적 발전전략에 기초하여 지역경제를 지속적으로 활성화시키고, 지역민의 자긍심을 고취시켜 호응을 유도할 수 있어야 한다. 둘째, 한국적 창조지역 모델이 실천 가능한 것이 되려면, 해외 사례와의 근본적 차이를 인식하고 한국적 특성을 고려해야 한다. 실제 우리나라는 외국과 본질적으로 상이한 역사적 · 사회적 · 문화적 발전과정을 경험했기에 선진 사회의 사회를 변용하여 적용해야 한다. 셋째, 내용적으로는 하드웨어적 발전 논리에서 탈피하고, 지역발전 정책의 핵심가치로서 문화적 관점을 재정립해야 한다. 즉, 문화적 발전전략은 지역발전정책의

표 39-3 창조자원(콘텐츠) 형태에 따른 모델

모 델	활용형	사업예시
자연자원 활용모델	환경생태적 활용형	생태갤러리, 해상공원
	문화관광적 활용형	산책로조성, 생태축제
전통민속자원 활용모델	원형복원 및 보존형	역사문화유산복원, 전통문화마을
	축제 및 전시콘텐츠 활용형	국제음악제, 문화유산박물관
지역특화생산물 활용모델	문화관광 자원형	문화박람회, 전통문화체험단지
	지역산업 연계형	한지산업, 연근산업
문화예술인프라 활용모델	소프트인프라 활용형	인물콘텐츠발굴, 체험프로그램개발
	문화시설 활용형	복합문화공간조성, 문학관조성
	문화산업 연계형	문화특구조성, 영상산업단지

자료: 지역발전위원회(2010), 『창조지역 가이드』, p. 207.

일부분이 아니라 지역의 미래를 좌우하는 핵심 요소이며 발전정책의 출발점임을 새롭게 인식해야 한다.

한편, 창조지역 모델의 분류는 그 기준에 따라 창조자원(콘텐츠), 창조산업, 창조공간, 지역특성 등 다양한 유형이 존재한다.

(4) 창조지역의 활성화 방안

창조지역 사업을 활성화하기 위하여 지자체의 창조과정을 지원하는 데 주안점을 두고 부처별 지원과 협조로 6가지 전략을 구사하고 있다.

첫째, 창조리더 양성을 위한 교육과 컨설팅 사업이다. 창조적인 마인드를 가진 지역의 리더를 양성하고 기존의 조합, 부녀회, 귀농인력을 활용하여 쇠퇴하고 있는 지역공동체를 재건하고 자립의식을 제고하는 것이다. 민간이 주도한 자생조직이나 자생 프로그램과 공조하여 시 · 군 단위 교육프로그램을 기존 민간의 자생적인 프로그램에 위탁 · 운영하도록 함으로써 내생적 지역발전 역량을 제고하는 것이다.

둘째, 창조산업을 육성하기 위해 시장경쟁력과 성장잠재력이 있는 특화자원을 발굴하여 창조리더의 주관 하에 지역주민과 지자체 등이 연계 · 협력하여 비즈니스화 하는 것이다.

셋째, 성공사례를 일반화하여 모델을 제시하는 것보다 성공과 실패 사례를 지속적으로 공유함으로써 지역 간 선의의 경쟁을 유도하고 지역별 창조리더 양성 시 학습 콘텐츠로 활용하는 것이다.

넷째, 지역의 창조과정에서 나타날 수 있는 각종 규제를 완화하고 제도를 개선하는 것이다. 발전적으로는 법·제도적 보완장치를 마련하여 창조인프라를 조성한다.

다섯째, 창조리더를 중심으로 제반 이해관계집단을 연계한 창조네트워크를 형성하여 민간, 기업, 연구소, 지방정부 및 중앙정부를 망라한 R&D, 홍보·마케팅, 관광객 유입, 창조자원 융·복합 등 사업 전반의 네트워크를 통해 사업을 추진하도록 한다.

여섯째, 창조자본의 축적을 위해 창조자본에 대한 개념을 정립하고 이를 지역 실정에 맞게 지표화해서 지역의 성장 잠재력을 파악하는 것이다. 창조자본을 정량 및 정성 지표로 구성하고 데이터를 축적하여 지역발전 정책에 입체적으로 접근하고 지역의 창조결과물을 브랜드화하며 마케팅에 활용한다. 정량지표는 창조산업 규모, 창조기업 수, 지역발전 기여도, 인구증가율 등이며 정성지표는 소속감·정체성·연대의식 향상 정도, 지속가능성, 지역브랜드 형성 정도 등을 포함한다.

(5) 창조지역 추진의 기대효과

창조지역의 기대효과로는 지역재생 효과, 지역경제 활성화 효과, 사회통합 효과, 상향식 문화콘텐츠 발굴 효과 등 크게 4가지 측면에서 살펴볼 수 있다.[10)]

첫째, 지역재생 효과이다. 창조지역을 통한 지역재생은 단순히 겉모습을 바꾸는 외면적 움직임이 아니고 문화와 예술을 접목시킴으로써 지역민의 유대감 형성과 공동체 구축, 지역의 자부심과 긍지의 제고 등 내면적 효과를 유발하여 경제적 차원으로 승화시키는 특성이 있다. 창조도시는 문화도시, 생태도시, 자족도시, 첨단도시 등의 형태로 나타날 수 있는데 이들 모두 지역이 사회경제적인 활력을 되찾고 다양하고 조화로운 도시환경을 조성하는 공통의 목표를 가지게 된다.

둘째, 지역경제 활성화 효과이다. 창조지역의 경제적 원동력이 되는 창조산업

---

10) 상게서, pp. 46-47.

은 창조도시를 문화도시에서 머무르지 않게 하는 것으로 그것이 창출하는 경제적 효과는 무한하다. 경제적 효과는 산업 내 경제성, 문화적 경제성, 지속적 경제성 또는 잠재적 경제성 등으로 나타나는데 이러한 경제적 효과를 바탕으로 창조지역의 지역주민들은 지역 내에서 창조하고 소비하고 나누고 즐기면서 상호관계를 증진시켜 연쇄적으로 다른 분야에도 긍정적 영향을 준다.

셋째, 사회통합에 기여하는 효과이다. 창조지역의 전략적 중요성은 사회적 차원에서도 찾을 수 있다. 창조도시의 지역주민들은 지역 내에서 창조하고, 소비하고, 나누고, 즐기면서 상호관계를 증진시킨다. 주민들은 다양한 정보기술을 이용하여 주체적으로 지역행정에 관여한다. 창조도시 내부의 긍정적 분위기는 지역 내부에서뿐만 아니라, 지역주민과 관광객의 통합도 촉진하며, 넓게 확대할 경우 지구촌의 사회통합에도 기여할 수 있다.

넷째, 상향식 문화콘텐츠의 발굴 효과이다. 지역 정체성을 내포하는 창조도시는 자생적 도시문화 콘텐츠의 가치를 발굴할 수 있다.

4 사례: 외국의 창조도시

(1) 영국 게이츠헤드(Gateshead)

게이츠헤드 시는 잉글랜드 북동부의 타인강[11]을 사이에 두고 뉴캐슬과 마주하고 있는 소도시이다. 게이츠헤드는 1970년대 광산 폐쇄 정책으로 주요 산업이었던 석탄산업과 철강산업이 무너지고, 조선·기계 등 다른 산업에서도 아시아에 밀리면서 1980년대에 들어서 몰락하였다.

그 후 1990년 개최한 '국제가든페스티벌'을 성공적으로 개최하면서 문화로 도시를 재생하고자 하였으며, 이를 알릴 상징물이 필요하다는 판단 아래 150억 원가량 들어가는 대규모 공공미술 프로젝트를 추진하였다. 공공미술 프로젝트를 통해 1998년 완성된 '북쪽의 천사'는 높이 20m, 가로 54m, 무게 208톤에 이르는 작품으로 한 해 15만 명이 찾는 공공미술의 대명사가 되었다.

11) 타인강(Tyne R.)은 영국 잉글랜드 북부를 흐르는 강으로서 길이는 56km에 달한다. 노스타인강을 합하면 128km, 사우스타인강을 합하면 110km에 이른다.

그림 39-3 게이츠헤드시의 대표적인 문화인프라

발틱미술관

밀레니엄 브릿지

세이지음악당

※ 자료: www.gateshead-quays.com

게이츠헤드 시의 인구는 20만 명에 불과하지만 풍부한 문화 인프라를 보유하고 있다. 타인강변을 따라 세계적 수준의 음악당인 '세이지 게이츠헤드(The Sage Gateshead)'와 최첨단 현대미술을 소개하는 '발틱현대미술관(BALTIC Centre for Contemporary Art)'이 나란히 위치하고 있다. 세이지 음악당은 영국의 대표적인 건축가 노먼 포스터가 설계한 것으로 애벌레 혹은 땅콩, 소라 모양의 독특한 외관으로 유명하다. 2004년 건립한 세이지 음악당은 한 해 70만 명의 방문객이 찾는다.

2008년 개관한 발틱현대미술관은 1982년 문을 닫았지만 철거 비용이 없어 방치돼 있던 옛 제분소를 리모델링한 것으로 매년 40만 명의 관람객이 찾아오고 있다. 세이지음악당과 발틱현대미술관 사이에는 또 하나의 명물이 자리하고 있는데 뉴캐슬과 게이츠헤드를 연결하는 보행자 전용 다리인 '게이츠헤드 밀레니엄 브리지'이다. 2002년 건설된 이 다리는 타인강 주위의 아름다운 풍경과 각종 문화시설을 바라볼 수 있으며, 배가 지나갈 때는 눈꺼풀을 올리듯 다리 상판을 접어 올려 볼거리를 제공한다. '윙크하는 눈(winking eye)'이라는 별명을 가진 이 다리가 천천히 접히는 장면은 게이츠헤드를 찾은 관광객의 중요한 볼거리 중에 하나가 되었다. 그러나 게이츠헤드시의 문화시설이 단순히 관광객만을 끌어들이는 것은 아니다. 오히려 지역주민의 문화활동과 소통의 장으로 더욱 중요한 역할을 하고 있다.

세이지 음악당에서는 음악교사들이 지역의 각 학교를 찾아가 같은 노래를 파트별로 6개월 동안 가르친 후 3,000명이 모여 한꺼번에 합창을 하는 '빅 싱(Big Sing)' 행사가 개최되고, 지역 노인들이 오페라 아리아를 부르는 프로그램도 있다.

세이지 음악당 중심에 자리하고 있는 25개의 연습실이 지역의 음악교육을 담당하는 역할을 하고 있을 정도로 지역사회의 문화 창달에 기여하고 있다. 발틱현대미술관 역시 주민의 미술교육 프로그램용으로 쓰고 있고 지역 주민의 참여로 이뤄지는 미술 작업도 적극적으로 진행하고 있다.

게이츠헤드 시는 탄광촌의 지역주민들에게 다양한 이벤트와 교육, 홍보를 통해 도시가 새롭게 창조되는 과정을 공개하고 주민들의 문화적 요구를 수용하여 장기적 계획 하에 단계적으로 창조도시로 변모해 왔다. 또한 공공미술 프로젝트에 주민들의 의견과 창의성을 전적으로 반영하여 시 당국과 주민들이 협력하는 모습을 나타냈다. 그리고 게이츠헤드 시는 인근의 뉴캐슬과의 협력을 통해 공동 홍보와 마케팅을 펼쳐 시너지 효과를 낼 수 있었다.

게이츠헤드 시가 창조도시로 거듭날 수 있었던 것은 우선 도시재생 프로젝트의 성공에서 그 요인을 찾을 수 있다. 공공미술 프로젝트 추진하여 시각적·문화적 변화를 지역주민들에게 홍보하였고, 고정관념을 깬 디자인의 밀레니엄 브리지를 개통하여 볼거리를 만들었다. 그리고 철거하려던 제분소를 발틱현대미술관으로 리모델링하고 세이지음악당을 개관하여 지역주민의 문화교육의 장으로 사용하였다는 점이다.

또 다른 성공요인은 철저히 지역주민을 우선하였다는 점이다. 관광객을 끌어들이기 위한 사업을 구상하기보다 지역주민이 살만한 도시를 조성하기 위하여 주민의 의견을 듣고 주민의 창조성과 상상력이 발휘되도록 하였으며, 정책집행에 대한 끊임없는 홍보와 교육 그리고 설득을 통해 지역사회의 공감대를 형성하였다.

(2) 일본 가나자와(金澤)

가나자와 시는 일본 혼슈(本州)의 중앙부에 위치한 이시카와 현(石川 縣)의 현청 소재지이다. 2010년 1월 기준, 인구는 458,000명으로 이시카와 현뿐만 아니라 호쿠리쿠(北陸) 지방(도야마 현, 이시카와 현)의 경제와 문화의 중심지이다. 가나자와 시는 17세기부터 19세기 후반에 걸쳐 성을 중심으로 형성된 대규모 상공업 중심지였으며 연간 700만 명 이상의 관광객들이 찾아오는 관광도시이다.

가나자와는 에도 시대 이후 전쟁을 벌이는 대신 학문과 예술을 장려한 봉건 영주에 의해 전통 공예와 다도 등 격조높은 문화를 꽃피우며 번성했다. 특히 400

그림 39-4 창조도시에 등록된 가나자와 시

자료: www.kanazawa-tourism.com

여년 간 내란이나 지진, 전쟁 등으로 큰 피해를 입은 적이 없어 옛 건축물과 거리 등이 잘 보존돼있어 '작은 교토'로 불린다. 이것이 가나자와 문화창조도시로 발전하게 된 밑거름이다.

가나자와 시는 2009년 6월 유네스코의 '창조도시 네트워크'에 등록되었다. 이 네크워크는 창조적·문화적인 산업을 육성하고 있는 세계 각 도시의 국제적인 제휴·상호교류를 유네스코가 지원하고 있는 제도이다. 크라프트와 포크아트, 디자인, 영화, 식문화, 문학, 음악, 미디어아트의 7가지 분야 중 가나자와 시는 크라프트와 포크아트의 분야에 등록되었다.

가나자와에서는 마에다가(家) 시대부터 이어져 내려온 전통공예와 새로운 창작활동이 활발하여 관광명소를 방문하여 창작활동 장소를 견학하고 공예 체험을 할 수 있는 '크래프트 투어리즘' 관광코스로 활용하고 있다.

가나자와는 문화자원을 경제에 초점을 맞춰 수익을 얻는 것보다 지역주민의 삶을 문화적으로 변화시키고 개선시키는 것에 중점을 두었다. 문화예술이 지역주민의 삶의 질을 향상시키고, 문화예술가에 대한 지원이 지역경제를 활성화하였다.

가나자와의 문화의 힘은 전통문화에 대한 새로운 해석과 이를 바탕으로 하는 창조와 혁신에 있다. 전통을 이해하고 이를 새롭게 재창조하는 것에 대한 지역사회의 공감대가 충분히 형성되어 있다.

원래 방직공장이었던 재해대피소를 문화예술공간으로 재구성한 시민예술촌을 누구나 제한없이 사용할 수 있게 한 점이나, 우타쓰야마 공예공방에 35세 미만의 젊고 유망한 작가들을 초청하여 한 달에 10만 엔의 생활비를 지원해 주는 제도 등을 통해 시민뿐만 아니라 전국 및 해외 작가들이 가나자와 시에 정착하도록 하여 공예산업을 발전시키고 있다.

가나자와는 일본 전체 생산량의 99%를 차지하는 금박공예를 비롯해 독특한 기모노 염색법인 가가유젠, 칠기, 도자기 등이 고루 발달한 전통공예의 도시이다. 공예전문인력 양성소인 우타쓰야마 공예공방은 공예도시 가나자와를 든든히 떠받치는 힘이다.

가나자와를 찾아오는 관광객은 한 해 700만 명에 이른다. 이는 문화적 전통을 바탕으로 일상 속에서 자연스럽게 예술을 즐기는 시민들을 문화정책의 중심에 놓은 가나자와 시의 저력이라고 할 수 있다.

가나자와 시민들은 최소한 1~2개씩의 예술 활동을 위한 문화 커뮤니티 활동을 통해 내재되어 있는 예술적 수준이 매우 높다. 시민들의 문화예술 활동을 위한 시민예술촌, 창작의 숲, 우타쓰야마 공예공방 등의 시설들은 워낙 저렴한 이용료 때문에 재정적으로 적자를 내고 있다. 그러나 가나자와 시는 문화는 단기간에 성과를 낼 수 있는 분야가 아니라는 인식 아래 가나자와 시의 개성을 찾는 것에서 발전이 가능하다고 보고 문화예술에 예산을 아낌없이 투입하고 있다.

그림 39-5 문화창조도시의 사례

스페인 빌바오

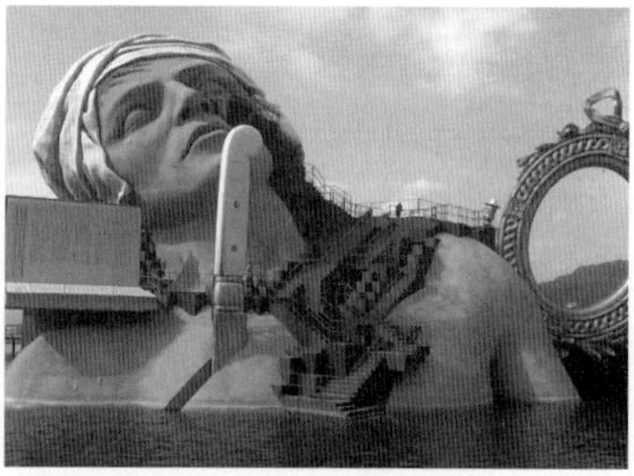

오스트리아 브레겐츠

CHAPTER 40

광특회계와 포괄보조금

정부는 광역경제권 및 지역발전정책의 효과적인 추진을 위해 기존의 국가균형발전특별회계(균특회계)를 개편하여 광역 · 지역발전특별회계(광특회계)를 설치하였다. 특히 지역개발사업의 중복방지 및 지방의 자율성을 보장하기 위하여 포괄보조금제도를 신설하였다. 이는 일반보조금과 특정보조금의 중간적 성격을 지니는 보조금 형태로, 재원의 사용범위나 사용용도 등에 있어서 상당히 포괄적이고 융통성 있는 보조금을 의미한다. 이 장에서는 광특회계와 포괄보조금에 대하여 살펴보기로 한다.

1 광역 · 지역발전특별회계

(1) 광특회계의 의의

1) 광특회계의 배경

광역 · 지역발전특별회계(광특회계)의 전신은 국가균형발전특별회계(균특회계)이다. 따라서 균특회계를 살펴보면 광특회계가 어떻게 설치되었는지를 쉽게 이해할 수 있다.

균특회계는 여러 부처가 다수의 회계를 통해 분산 추진하고 있는 균형발전 관련 사업을 하나의 특별회계로 통합하여 국가균형발전정책을 재정적으로 뒷받침하기 위하여 설치되었다. 이는 예산을 일괄하여 패키지로 지원하고 지역이 자체 우선순위에 따라 원하는 사업을 선택, 추진하도록 하여 중복투자를 축소하고 투자효율을 제고하는 데 그 목적이 있었다.

균특회계의 세입은 기획재정부 소관의 주세와 일반회계 · 특별회계 전입금 및 국토해양부 소관 각종 부담금 등으로 구성된다. 또한 세출은 그 기능과 성격에 따라 지역개발사업계정, 지역혁신사업계정, 제주특별자치도계정으로 구성되어 있다.

균특회계의 특징은 예산 편성시 각 지역에 지출한도(ceiling)를 사전에 통보하고 그 한도 내에서 사업 우선순위 등 지자체 특성을 반영하여 자율적으로 예산편성안을 제출하도록 함으로써 시·도의 조정권한을 강화하는 한편, 부처의 조정권한은 축소하는 것에 있다. 또한 일반 국고보조금과 달리 사후정산제를 배제하여 예산 집행상 특례도 부여하였다. 이러한 특징은 국기균형발전사업의 체계적인 추진과 아울러 지방자치시대에 걸맞게 지자체의 자율성을 존중하였다는 데 그 의의가 있다.[1]

그러나 균특회계는 다음과 같은 한계를 가지고 있었다.[2]

첫째, 국가균형발전과 관련되는 사업들을 모두 포괄하지 못하고 국가균형발전에 관계없는 사업도 다수 포함되어 있었으며 보조금제도 특성 측면에서 일반적인 국고보조금제도와 큰 차이가 없었다.

둘째, 한정된 재원을 가지고 많은 수의 사업을 선정하는 체계로 운영되어 자율적 재정운영에 한계가 있었으며, 지자체의 자율편성 기간이 지나치게 짧고 예산안의 심의과성에서 우선순위나 사업규모가 조정되는 폭이 너무 컸다.

셋째, 자율편성사업의 한도액을 설정하는 배분공식에 지역의 낙후정도를 반영하는 변수가 충분히 반영되지 못하여 경제·사회적 낙후 정도를 충분히 반영하지 않은 채 자금을 배정하는 경향이 있었다.

넷째, 기존의 국고보조금사업을 단순히 취합해 놓은 것에 불과한 경우가 많았고, 다수의 소규모 사업으로 구성되어 있어 부처 및 사업 간 연계가 부족하였다. 또한 종합적이고 객관적인 평가 및 사후관리체계가 미흡하였다.

마지막으로, 행정구역 단위의 분산투자로 지역 간 나눠주기식 재원배분 논란, 중앙부처의 지나친 간섭으로 지자체의 자율성 훼손, 복잡한 예산편성 절차, 지역 간 유사·중복 사업 추진으로 효율성 저하 등의 문제점이 있었다.

2) 광특회계 설치의 의의

정부는 새로운 지역발전정책의 효과적인 추진을 위하여 국가균형발전특별회

1) 국가균형발전위원회, 「2008년도 국가균형발전계획에 관한 연차보고서」, 2008, p. 63.
2) 대구경북발전연구원, 「국가균형발전특별회계의 운영실태와 개선방안」, 2008, pp. 49-72.

계(균특회계)를 개편 · 정비하여 광역 · 지역발전특별회계(광특회계)를 설치하였다.[3)]

신지역발전정책의 체계적 지원을 위하여 '광역화 · 효율화 · 자율화'를 개선하는 방향으로 균특회계를 개편, 광특회계를 설치한 것이다. 종전 행정구역 단위로 분산투자, 재정자원의 획일적 안배 등의 문제점을 해소하고 지역 간 연계 · 협력을 촉진하기 위한 사업의 재편과 함께 광역 · 지역발전특별회계를 설치하였다.

광특회계는 ① 특별회계 명칭을 국가균형발전특별회계에서 광역·지역발전특별회계로 변경하였으며, ② 특별회계 계정을 '지역개발사업계성'은 '지역개발계성'으로, '지역혁신사업계정'은 '광역발전계정'으로 변경하였다. ③ 지역의 자율성을 제고하기 위하여 지역개발사업계정 기준 140개 내외 세부사업을 20여개 사업군으로 통합하여 포괄보조금을 도입하였고, ④ 기업유치 등 지자체의 지역발전 노력이 지방재정 확충과 연계될 수 있도록 지역발전인센티브제도를 도입하였다.

(2) 광특회계의 구조

1) 광특회계의 사업 구분

광특회계는 3개 계정에 6개 사업군으로 구성되어 있다. 3개 계정은 '지역개발계정', '광역발전계정', '제주특별자치도계정'이다. 지역개발계정은 시 · 도자율편성사업과 시 · 군 · 구자율편성사업으로 2개의 사업군으로 구성되었고, 광역발전계정은 부처편성사업 즉, 1개의 사업군이 있으며, 제주특별자치도계정에는 시 · 도자율편성사업, 특별지방행정기관이관사무, 부처편성사업 등 3개의 사업군으로 구성되

표 40-1 2010년 광특회계 편성체계

<table>
<tr><th colspan="2">계정 / 편성방식</th><th>지역개발계정</th><th>광역발전계정</th><th>제주특별자치도계정</th></tr>
<tr><td rowspan="2">지자체 자율 편성</td><td>시 · 도</td><td>시 · 도자율편성사업</td><td>-</td><td rowspan="2">* 시 · 도자율편성사업
* 기초생활권 기반구축사업 등 포함 특별지방행정기관이관사무수행경비</td></tr>
<tr><td>시 · 군 · 구</td><td>시 · 군 · 구자율편성사업</td><td>-</td></tr>
<tr><td colspan="2">부처편성</td><td>-</td><td>부처편성사업</td><td>부처편성사업</td></tr>
</table>

3) 특별회계의 명칭과 내용 등은 개편하였으나, 이의 근거법인 「국가균형발전특별법」의 명칭은 그대로 두고 있다.

어 전체 광특회계는 총 6개의 사업군을 이루고 있다.

가) 지역개발계정의 시·도 자율편성사업

지역의 일반적 개발사업으로 각 시·도가 신청한도 내에서 자율적으로 예산을 편성한다.

나) 지역개발계정의 시·군·구 자율편성사업

성장촉진지역 등 기초생활권 관련 기반구축사업으로, 해당 시·군·구가 신청한도(계속소요) 내에서 자율적으로 예산을 편성한다. 단, 2010년 신규소요는 부처가 직접 편성한다.

다) 광역발전계정의 부처편성사업

광역경제권 지원을 위한 시·도 간 연계산업, 개발제한구역 관리 등 국가적 고려가 우선인 사업으로, 각 부처가 지역발전계획 및 중장기 투자계획 등에 의거 지자체 요구 등을 받아 직접 예산을 편성한다.

라) 제주특별자치도계정의 자율편성사업

제주계정 대상사업 중 부처편성사업을 제외한 사업으로 제주특별자치도가 사업군별 신청한도 내에서 자율적으로 편성한다.

마) 제주특별자치도계정의 부처편성사업

예산신청 및 편성절차는 광역계정의 부처편성사업과 동일하다.

2) 기본 구조상의 특징

범국가적인 통합 관리가 필요한 사업은 타회계로, 광역 연계투자를 통해 효율화가 가능한 사업은 광특회계로 이관하였다. 그리고 지역계정은 시·도 및 시·군·구 자율편성사업으로 구성하고, 광역계정은 부처편성사업으로 구성하였다.

광특회계 안에서도 지자체 자율성이 요구되는 사업은 지역계정, 광역성이 요구되는 사업은 광역계정에 포함시켰으며, 제주계정의 경우, 종전 시도자율편성사업과 균형발전기반지원사업 간 칸막이를 제거하여 재정운용의 자율성을 제고하였다.

(3) 광특회계의 대상사업

광특회계는 3개의 계정으로 구성되어 있는데, 그 계정별 내용과 대상사업은 다음과 같다.

표 40-2 균특회계와 광특회계의 구조 비교

구 분	균특회계	광특회계
지역개발계정	① 시・도자율편성사업 ② 시・군・구자율편성사업 ③ 부처편성사업	① 시・도자율편성사업 ② 시・군・구자율편성사업
광역발전계정	④ 부처편성사업	③ 부처편성사업
제주특별자치도계정	⑤ 시・도자율편성사업 ⑥ 균형발전기반지원사업 ⑦ 특행기관 이관사무 ⑧ 부처편성사업	④ 시・도자율편성사업 (기초생활권 사업 포함) ⑤ 특행기관 이관사무 ⑥ 부처편성사업

1) 지역개발계정

지역개발계정은 크게 시・도자율편성사업과 시・군・구자율편성사업으로 나누어지고 이는 다시 24개의 포괄보조사업으로 나누어진다.

총 24개 포괄보조사업 중 19개 사업은 시・도자율로 편성하되, 시・도는 신청한도 내에서 19개 포괄보조사업 중에서 선택하여 재원을 배분한다. 시・도가 자율로 편성하는 19개 사업의 내역은 <표 40-3>과 같다.

포괄보조사업 중 낙후지역개발 등과 관련된 5개 사업은 시・군・구가 자율적으로 편성하여 운영하되, 시・군・구는 신청한도 내에서 해당 지역별 기초생활권 개발사업을 선택한다. 시・군・구가 자율적으로 편성 운영하는 5개 사업은 성장촉진지역개발사업, 특수상황지역개발사업, 도시활력증진지역개발사업, 일반농산어촌개발사업, 도서지역식수원개발사업이다.

「국가균형발전특별법」 제34조 제2항에서 정한 지역개발계정의 대상사업은 다음과 같다.

① 지방자치단체의 다음 각 호의 사업에 대한 보조
  - 성장촉진지역, 특수상황지역, 농산어촌 등의 개발사업으로서 다음 각각의 사항을 통합하여 실시하는 기초생활권 생활기반의 확충과 관련한 사업
  - 지역사회기반시설의 확충 및 개선 관련 사업
  - 지역의 문화・예술・체육 및 관광자원의 개발 및 확충 관련 사업
  - 지역의 물류・유통기반 확충 등 산업기반 조성 등에 관한 사업
  - 지역의 특성있는 향토자원의 개발 및 활용에 관한 사업 등

표 40-3 포괄보조금사업 지원대상

구분	부처	포괄보조 사업명	사업재편 이전 세부사업
시도 자율 편성 사업 19개	문화부	① 문화시설 확충 및 운영	· 박물관, 문예회관 등(18개)
		② 관광자원 개발	· 문화도시, 관광지 개발(8개)
		③ 체육진흥시설 지원	· 운동장, 수영장 등(11개)
		④ 지역문화산업 육성지원	· 문화콘텐츠센터 등(8개)
	문화재청	⑤ 문화유산 관광자원화	· 지역문화유산개발 등(5개)
	농림부	⑥ 농어촌자원복합산업화지원	· 도농교류활성화 등(13개)
		⑦ 농어업기반정비	· 밭기반 정비 등(13개)
	농진청	⑧ 지역농촌지도사업 활성화	· 농촌지도기반 조성 등(5개)
	산림청	⑨ 산림경영자원 육성	· 임산물 수출촉진 등(3개)
		⑩ 산림휴양 · 녹색공간조성	· 휴양림, 수목원 등(4개)
	지경부	⑪ 지역특성화산업 육성	· 섬유패션산업 등(10개)
	중기청	⑫ 전통시장 및 중소유통물류 기반 지원	· 전통시장 시설현대화 등(2개)
	복지부	⑬ 청소년시설 확충	· 공부방, 수련시설 등(2개)
	환경부	⑭ 상수도시설 확충 및 관리	· 생활용수공급 등(4개)
		⑮ 자연환경 보전 및 관리	· 자연환경보전 등(2개)
	국토부	⑯ 해양 및 수자원 관리	· 연안정비 등(3개)
		⑰ 대중교통 지원	· 물류단지 지원 등(5개)
		⑱ 민자유치접속도로 지원	· 가덕대교 건설 등(6개)
		⑲ 지역거점 조성지원	· 국민임대산단 조성 등(2개)
시군구 자율 편성 사업 5개	국토부	⑳ 성장촉진지역 개발	· 개촉지구 지원 등(3개)
	행안부	㉑ 특수상황지역 개발	· 접경지역 지원 등(15개)
	국토부	㉒ 도시활력증진지역 개발	· 주거환경 개선 등(16개)
	농림부	㉓ 일반농산어촌 개발	· 전원마을 조성 등(15개)
	환경부	㉔ 도서지역식수원 개발	· 도서지역 식수원 개발(1개)

② 지역발전을 촉진하기 위한 조사 · 연구사업에 필요한 경비

③ 「공공자금관리기금법」에 따른 공공자금관리기금으로부터의 예수금의 원리금 상환

- 「도서개발 촉진법」에 따른 도서 개발에 관한 사항
- 「지방소도읍육성 지원법」에 따른 지방소도읍 육성에 관한 사항
- 「접경지역지원법」에 따른 접경지역 개발에 관한 사항
- 「농어촌정비법」에 따른 농어촌생활환경 정비, 전원마을 조성, 농촌농업생활용수 개발에 관한 사항
- 「농림어업인 삶의 질 향상 및 농산어촌지역 개발촉진에 관한 특별법」에 따른 농산어촌 개발에 관한 사항
- 「어촌 · 어항법」에 따른 어촌 개발에 관한 사항
- 「지역균형개발 및 지방중소기업 육성에 관한 법률」에 따른 개발촉진지구 개발에 관한 사항
- 「도시 및 주거환경정비법」에 따른 도시환경 개선에 관한 사항
- 「산림기본법」과 「임업 및 산촌 진흥촉진에 관한 법률」에 따른 산촌 개발에 관한 사항
- 「수도법」에 따른 지방상수도 개발에 관한 사항

④ 일시차입금의 원리금 상환

⑤ 계정의 관리 · 운영에 필요한 경비

⑥ 회계의 광역발전계정 및 제주특별자치도계정으로의 전출금

⑦ 국가 및 지방자치단체가 지역발전을 위하여 시행하는 지역개발사업에의 자금의 융자 등 필요한 경비의 지원

2) 광역발전계정

한편, 광역발전계정은 부처편성사업으로만 이루어져 있는데 「국가균형발전특별법」 제35조 제2항에서 광역발전계정의 사업을 자세히 정하고 있다.

① 광역경제권 활성화 및 지역경쟁력 강화를 위한 교통 · 물류망 확충 관련 사업에 대한 출연 · 보조 또는 융자

② 광역경제권 지역선도산업 및 지역전략산업의 육성과 투자 및 고용창출 촉진에 관련된 사업에 대한 출연 · 보조 또는 융자

③ 광역경제권에 속한 지방대학의 경쟁력 향상 및 지역인적자원의 개발 관련 사업에 대한 출연 · 보조 또는 융자

④ 광역경제권의 과학기술의 진흥 및 특성화 관련 사업에 대한 출연 · 보조 또는 융자

⑤ 공공기관 · 기업 및 대학 등 인구집중유발시설의 지방이전에 관한 사업에 대한 융자 등 필요한 경비의 지원

⑥ 광역경제권에 속한 관광자원의 육성 촉진 및 문화 · 체육활동 지원 등에

대한 출연 · 보조 또는 융자

⑦ 광역경제권의 주요 성장거점에 대한 출연 · 보조 또는 융자

⑧ 관련 법령에 따라 지방으로 이관되는 특별지방행정기관의 이관사무 수행에 필요한 경비

⑨ 「개발제한구역의 지정 및 관리에 관한 특별조치법」 제26조 제2항에 따른 사업에 필요한 경비

⑩ 광역경제권 활성화와 지역경쟁력 강화를 위한 조사 · 연구사업에 필요한 경비

⑪ 「공공자금관리기금법」에 따른 공공자금관리기금으로부터의 예수금의 원리금 상환

⑫ 제33조 제1항에 따른 소속 재산의 관리 · 운영에 필요한 경비

⑬ 일시차입금의 원리금 상환

⑭ 계정의 관리 · 운영에 필요한 경비

⑮ 회계의 지역개발계정 및 제주특별자치도계정으로의 전출금

⑯ 그 밖의 광역경제권 중심의 지역발전에 관한 사업의 시행에 필요한 자금의 융자 등 필요한 경비의 지원

3) 제주특별자치도계정

제주특별자치도계정은 「국가균형발전특별법」 제35조의2 제2항에서 다음과 같이 모두 5가지 사업으로 정하고 있다.

① 제주특별자치도에 대한 다음 각 목의 출연 · 보조 또는 융자 등

- 지역개발계정의 지원대상인 지방자치단체 사업에 대한 보조 및 국가 및 지방자치단체가 지역발전을 위하여 시행하는 지역개발사업에의 자금의 융자 등 필요한 경비의 지원
- 광역발전계정에서 지원되는 사업에 대한 출연 · 보조 또는 융자(단, 특별지방행정기관의 이관사무수행에 필요한 경비는 제외)
- 「개발제한구역의 지정 및 관리에 관한 특별조치법」 제26조 제2항에 따른 사업에 필요한 경비, 광역경제권 활성화와 지역경쟁력 강화를 위한 조사 · 연구사업에 필요한 경비, 그 밖에 광역경제권 중심의 지역발전에 관한 사업의 시행에 필요한 자금의 융자 등 필요한 경비의 지원 등

② 「제주특별자치도 설치 및 국제자유도시 조성을 위한 특별법」에 따라 이관되는 특별지방행정기관 이관사무의 수행에 필요한 경비와 자치경찰로 이체(移替)되는 경찰인력에 대한 인건비 상당액 및 그 운영비 일부
③ 일시차입금의 원리금 상환
④ 회계의 지역개발계정 및 광역발전계정으로의 전출금
⑤ 그 밖의 계정의 관리와 운영에 필요한 경비

4) 지원 제외사업

균특법 시행령(§36 별표)에 지원 제외 대상으로 규정된 사업 및 지방사무로 전환된 사업(「보조금의 예산 및 관리에 관한 법률 시행령」 제4조 [별표1의2]에 규정된 사업)은 지원에서 제외된다.

표 40-4 균특법 시행령((§36 별표)에서 정한 지원 제외 대상 사업

대상사업	내 용
일반여권발급 등 국가를 대신하여 지방자치단체가 수행하는 사무에 대한 보조사업	
초·중등 교육지원을 위하여 교육자치단체에 지원하는 보조사업	• 만 5세아 무상교육보육비 지원 • 장애아교육 지원 등
농어업인에 대한 직불제도와 관련한 다음의 보조사업	• 논농업직접지불 • 친환경직접지불 • 환경친화형양식어업직접지불 등
취약계층에 대한 복지지원과 관련한 다음의 보조사업	• 장애수당·장애아동부양수당 지원 • 저소득모자·부자가정 지원 • 국민기초생활보장수급자 생계급여·교육급여·의료급여 등
수질·대기오염 방지, 폐기물 처리 등 환경개선과 관련 보조사업	• 상수원보호구역주민 지원 • 공단폐수종말처리시설 건설 • 농어촌폐기물종합처리시설 건설 등
에너지정책의 수행과 관련한 다음의 보조사업	• 지역에너지개발 • 석탄비축 및 진흥지구개발 지원 • 광산지역 공해방지시설 및 장비 등
그 밖에 국가의 정책목표 달성을 위하여 기획재정부장관이 매년 예산안편성지침에서 명시하거나 예산으로 정하는 사업	

(4) 광특회계의 운영방향

1) 광역경제권 추진 뒷받침

균특회계에서 행정구역 단위의 분산투자로 지자체 간 소모적인 재원확보 경쟁만 유발시켰으나 이것을 광역경제권 중심으로 전환하여 시·도 간 연계투자를 활성화하고자 하였다. 시도단위 전략산업을 광역경제권 선도산업으로 전환하여 지역 간 시너지 효과와 규모의 경제 효과를 발생시키고자 한 것이 그 예이다.

2) 사업의 투자효율성 제고

기존에 사업 간 유사·중복 및 균특회계 성격·취지에 부합하지 않는 일부 사업이 포함된 것에 대한 비판이 제기되었다. 이에 유사사업을 통폐합하여 200여개의 세부사업을 24개 포괄보조사업으로 조정하였으며 광특회계 성격에 부합하도록 회계·계정 간에 사업을 이관하였다.

이를 통해 낙후지역사업은 4대 기초생활권(일반농산어촌지역, 성장촉진지역, 특수상황지역, 도시생활환경개선지역) 사업 등으로 통폐합하였다.

3) 지자체의 자율성 확대

기존에 예산 편성시 사업별 세부 내역까지 심사받는 등 사업설계에 있어 지자체의 자율성이 제약된 문제점을 극복하기 위하여 포괄보조금제도를 도입한 것이다. 즉, 시·도별 재원 한도 내에서 지자체가 자율적으로 세부내역을 설계·집행할 수 있도록 하였다.

이를 위하여 지자체 신청사업에 대한 행정안전부, 지역발전위원회의 사전심사 절차를 폐지하여 예산편성 절차도 간소화하였다.

4) 재원 배분의 실효성·합리성 제고

기존에는 모델을 통해 시·도별 기본한도를 부여하고 있으나, 균특회계 신설 이전의 과거 실적치에 크게 좌우되고 재원의 효율적·전략적 운영에 대한 유인은 부족한 측면이 있었다. 이를 한도 배분시 지자체의 지역발전 노력 및 성과 등과 연동된 재원비중을 단계적으로 확대하였다.

5) 지자체의 재정운영 책임성 제고

상습적인 예산 이월 등에 따른 집행부진 등 지자체의 재정운영 책임성 미흡에 대한 비판이 제기되었다. 이에 집행가능한 사업위주로 예산을 편성하도록 최대 이월 가능기간을 2회계 연도로 제한하는 등 제도적 통제장치를 마련하였다.

포괄보조금제도를 도입하여 예산편성 과정에 대한 사전적 간섭을 최소화하고 사후적 평가를 강화하는 것으로 방향을 변경하였다.

2 포괄보조금

(1) 포괄보조금의 개념

포괄보조금(block grants)이란, 일반보조금과 특정보조금의 중간적 성격을 지니는 형태로서 재원의 사용범위나 사용용도 등에 있어 상당히 포괄적이고 융통성 있는 보조금을 의미한다. 포괄보조금은 대상사업 범위와 사용용도에 있어서 느슨하게 제한을 가하되, 자치단체에 정책선호와 중앙정부의 정책선호의 접점을 찾도록 포괄보조 대상사업을 열거해주는 방식을 취한다.[4)]

「국가균형발전특별법」에서 정부는 지역개발계정의 세출예산을 편성할 때 각 시·도별로 세출예산의 용도를 포괄적으로 정한 보조금, 즉 포괄보조금으로 편성하여 지원하도록 규정하고 있으며, 정부가 포괄보조금으로 편성한 사업에 대하여 관계 중앙행정기관의 장이 예산을 교부할 때에는 해당 사업 내에 수개의 세부내역을 구분하여서는 아니된다고 규정하고 있다.

「국가균형발전특별법」의 규정에 따라 재원용도를 포괄적으로 지정하고 시도별로 부여된 한도 내에서 자체 실정에 맞는 사업을 자율적으로 기획·설계할 수 있게 되었다. 이때 종전 균특회계상 지역계정의 200여 개 세부사업 리스트에 포함되어 있지 않아도 포괄보조사업 목적에 부합하는 경우 지자체 자율적으로 발굴하여 예산신청이 가능하다.

---

4) 조기현, 「포괄보조금제도의 효율적 추진방안」, 2009 지역발전 국제컨퍼런스, 한국지역개발학회, 2009, p. 40.

(2) 포괄보조금의 기능

포괄보조금은 일반정액보조금과 특정보조금의 중간적 성격으로 재원의 사용 범위나 용도 등에서 융통성을 부여한 보조금으로 볼 수 있다.

포괄보조금은 기술적으로 ① 유사 사업을 사업군(Block)으로 통합하여 예산 배분의 효율성을 도모하며, ② 사업군 내부에서는 자율적인 예산편성・집행을 허용함으로써 자치단체의 자율성을 확대하고, ③ 공식으로 산정・배분하여 예산배분의 투명성을 개선하도록 설계・운영한다. 자치단체의 자율성 측면에서 포괄보조금은 특정보조금에 비해 효과적이다.[5)]

(3) 포괄보조금의 사업군 및 대상

포괄보조금이 지원되는 사업군은 시・군이 편성하는 기초생활권 종합개발사업군과 시・도가 편성하는 기타사업군으로 구성된다. 기초생활권 종합개발사업군은 기초생활권 대상지역별 종합개발사업으로 구성되어 있으며 기준보조율은 50~100%이다. 성장촉진지역의 경우 100% 포괄보조금이 지원된다.

표 40-5 포괄보조금의 사업군

분 야	부 처	포괄보조 사업명	기준보조율
기초생활권 종합개발 (시・군 편성)	국토부	성장촉진지역 개발	100%
		도심재생지역 개발	50%
	행안부	특수상황지역 개발	70%
	농식품부	일반농산어촌 기초생활권종합개발	70%
기타사업군 (시・도 편성)	농식품부	농어촌자원 복합산업화지원	50%
		농어업기반 정비	80%
	농진청	지역농촌지도사업 활성화	50%
	산림청	산림경영자원 육성	80%
		산림휴양・녹색공간조성	50%

5) 상게서, p. 41.

포괄보조금제도 도입에 앞서 200여 개 달하였던 유사·중복사업을 대폭 통합하여 사업군으로 재편하고 이를 포괄보조금으로 운영함으로써 지방재정의 자율성 확대를 도모하였다. 특히 종전에 농림수산식품부, 행안부 등 5개 부처가 분산·추진한 15개 낙후지역 개발사업에 대한 대대적인 정비를 추진하였다.

포괄보조금 대상 사업은 지역종합개발사업 정비를 토대로 지역개발계정을 24개 사업군으로 구성하였는데 이 중 19개 사업군은 시·도 자율편성사업이며 5개 사업군은 시·군·구 자율편성사업이다.

19개 시·도 자율편성사업은 각 시·도가 신청한도 내에서 자율적으로 예산을 신청하며, 포괄보조사업 목적에 부합하는 범위에서 사업의 세부내역을 자율적으로 기획·설계할 수 있다.

포괄보조금은 지방비부담을 요구하는 매칭형 포괄보조금이며 계속사업은 종전 국고보조율, 신규사업은 통합보조율을 적용한다.

5개 시·군·구 자율편성사업은 소관 부처를 지정하여 사업지침과 사후관리 등의 제한적인 역할만 부여하되, 기초단체는 예산편성 및 사업선택의 자율권을 부여하였다. 도시활력증진지역과 성장촉진지역은 국토부, 일반 농산어촌지역은 농식품부, 특수상황지역은 행안부가 역할을 분담한다.

〈포괄보조사업 목적에 부합하는 사업〉

① 기초생활권 기반확충사업: 도서개발사업, 소도읍사업, 접경지역사업, 농어촌생활환경·전원마을조성·농촌농업생활용수개발, 어촌개발, 개촉지구사업, 도시환경개선사업, 산촌개발사업, 지방상수도
② 지역사회기반시설 확충·개선
③ 지역의 문화·예술·체육·관광 개발·확충
④ 지역의 물류·유통기반 확충 등 산업기반조성
⑤ 향토자원 개발 및 활용
⑥ 지역발전 관련 조사·연구, 원리금 상환(공적기금, 일시차입) 등

(4) 포괄보조금제도의 운영체계

행정안전부 및 지역발전위원회의 사전 검토 절차를 폐지하여 예산신청 절차를 간소화하였다. 지자체별 포괄보조금 한도액(ceiling)은 종전에 착수한 계속사업 기준으로 산정한다. 자치단체는 한도액 범위 내에서 계속사업과 포괄보조 목적에 부합하는 신규사업에 한하여 신청 가능하다. 따라서, 예산신청 절차는 신규사업

여부, 소관 부처 가이드라인 및 포괄보조 목적의 부합성을 기준으로 달리한다. 자치단체는 포괄보조사업 중 신규소요에 대해서는 예산 신청에 앞서 다음 사항을 사전에 점검해야 한다. 사전점검 절차를 이행하지 못한 사업은 신청할 수 없도록 하고 있다.[6]

표 40-6 사전점검 사항

점검 분야	내 용
광특회계 지원대상 사업인지 여부	• 광특회계 포괄보조사업의 목적에 부합하는지 여부 • 광특회계 제외대상 사업(지방이양사무 등) 여부
투자효율성 측면에서 타당한지 여부	• 다른 사업과의 유사·중복적인 설계 여부 • 사업의 타당성을 객관적으로 검증하는 사전절차 이행 여부
현재 추진할 시급성 및 집행 가능성	• 현재 추진해야 할 시급성 • 세부적인 집행계획의 마련 여부 등 집행 가능성
물량 및 단가의 적정성	• 현재의 사업수행 방식의 적정성, 투입비용 대비 효율성

1) 포괄보조금 예산신청 절차[7]

가) 시·도자율편성사업(지역개발계정, 제주특별자치도계정)

시·도지사는 5월 31일까지 예산신청서를 관계 중앙행정기관의 장에게 제출한다.

시·도지사는 관할 시·군·구의 신청, 지방비 부담능력 및 시·도 발전계획 등을 토대로 시장·군수·구청장의 의견을 수렴하여 예산신청서를 작성하여 시·도별 신청한도 내에서 종합 조정하여 각 부처에 예산을 신청한다.

시·도별 신청한도 내에서 19개 포괄보조사업 중 선택하고 재원을 배분하게 된다.

중앙행정기관의 장은 광역·지역발전특별회계의 예산안을 6월 30일까지 기획재정부장관에게 제출하는데 시·도의 예산신청서를 종합하여 예산요구서를 작성하되, 시·도의 신청금액을 조정하지 않고 요구내용의 적정성, 조정방향 등에 대한 검토의견을 제출한다.

6) 상계서, pp. 46-49.
7) 기획재정부, 「광역·지역발전특별회계 예산안 작성 세부지침」, 2009.

나) 시·군·구 자율편성사업 예산신청 절차(지역개발계정)

시 · 도지사는 5월31일까지 예산신청서를 작성하여 관계 중앙행정기관의 장에게 제출하는데, 시 · 군 · 구는 계속소요에 대해 신청한도 내에서 자율적으로 편성하여 시 · 도에 신청한다.

시 · 도지사는 기초자치단체장의 예산신청 내용을 조정하지 않고 종합하여 예산신청서를 작성한다.

중앙행정기관의 장은 광역 · 지역발전특별회계의 예산안을 6월 30일까지 기획재정부장관에게 제출하는데 계속소요 사업에 대해서는 지자체 신청금액을 조정하지 않고 요구내용의 적정성, 조정방향 등에 대한 검토의견을 제출하고, 신규소요 사업에 대해서는 부처별 지출한도 내에서 지자체 신청내용을 고려하여 적정 소요를 요구한다.

2) 성장촉진지역에 대한 재정지원체계[8)]

포괄보조금은 원칙적으로 지방비 부담을 요구하는 대응보조금으로 운용한다. 자치단체가 부담하는 지방비는 계속소요 사업의 경우 완료시까지 종전의 국고보조율을 적용하고, 신규소요는 다음의 통합보조율체계에서 지방비 부담이 이루어진다.

성장촉진지역은 도시활력증진지역 혹은 농산어촌지역에 포함되는 시 · 군 중에서 지정하므로 도시활력증진지역 및 농산어촌지역 포괄보조사업을 기본적으로 신청할 수 있다.

여기에 성장촉진지역은 도로, 상수도 등 기반시설사업을 추가적으로 지원한다. 즉, 성장촉진지역으로 지정된 시 · 군은 기반시설사업 계획서를 작성하여 주관부처인 국토해양부에 신청하면, 사업의 우선순위, 타당성 등을 종합적으로 검토하여 추가 예산을 지원한다. 이때 추가 예산은 성장촉진지역의 통합보조율을 적용, 100% 국비 지원이 된다.

아울러 시 · 도는 시 · 도 자율편성사업을 추진할 때 성장촉진지역을 우선적으로 배려하여야 하며 중앙정부는 국고보조율을 10%P 인상한다.

---

8) 조기현, 전게서, pp. 49-50.

그림 40-1 성장촉진지역에 대한 재정지원체계

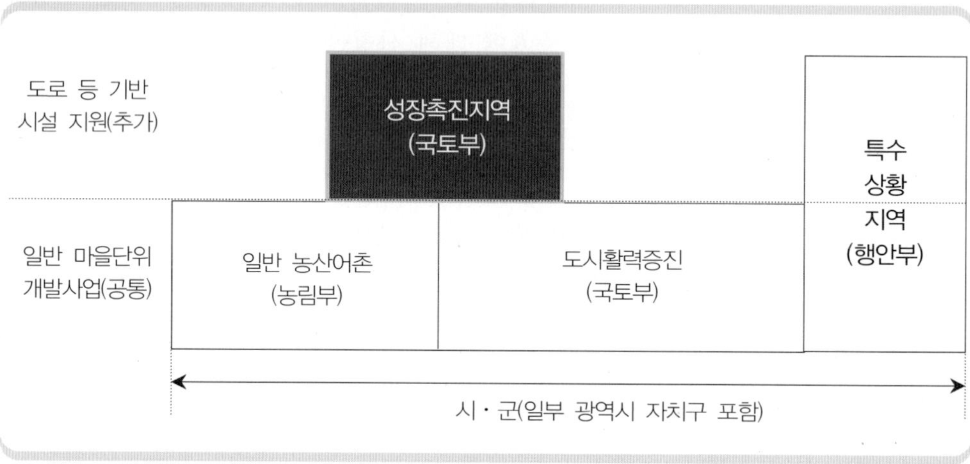

3) 포괄보조사업별 목적 및 보조율 준수

포괄보조금은 포괄보조사업의 목적 및 취지에 부합하지 않거나 지원 제외사업은 신청을 할 수 없다.

표 40-7 포괄보조사업별 통합 보조율

포괄보조 사업명	보조율	포괄보조 사업명	보조율
① 문화시설 확충 및 운영	40%	⑬ 민자유치접속도로 지원	100%
② 관광자원 개발	50%	⑭ 지역거점 조성지원	100%
③ 체육진흥시설 지원	30%	⑮ 문화유산 관광자원화	50%
④ 지역문화산업 육성 지원	50%	⑯ 지역농촌지도사업 활성화	50%
⑤ 농어촌자원 복합산업화 지원	50%	⑰ 산림경영자원 육성	80%
⑥ 농어업 기반정비	80%	⑱ 산림휴양 · 녹색공간 조성	50%
⑦ 지역특성화산업 육성 지원	50%	⑲ 전통시장 및 중소유통물류기반 조성	60%
⑧ 청소년시설 확충	30~88%	⑳ 성장촉진지역 개발	100%
⑨ 상수도시설 확충 및 관리	70%	㉑ 특수상황지역 개발	70%
⑩ 자연환경 보전 및 관리	50%	㉒ 도심활력증진지역 개발	50%
⑪ 해양 및 수자원 관리	50%	㉓ 일반농산어촌 개발	70%
⑫ 대중교통 지원	90%	㉔ 도서지역식수원 개발	70%

포괄보조사업에 대해서는 종전 정액지원 사업을 제외하고는 원칙적으로 통합보조율이 적용된다.

신규소요에 대해서는 통합보조율을 적용하되, 기존에 추진하던 계속소요에 대해서는 사업 완료시까지 종전 보조율을 적용하고, 다만, 통합보조율 적용이 곤란한 신규소요의 경우 예산안 편성과정에서 협의·조정하게 된다.

4) 포괄보조금 인센티브제도

포괄보조금은 ① 연계·협력사업, ② 시·군·구 자구노력에 대하여 인센티브를 제공하도록 운용할 방침이다.

먼저, 시·군 간 연계·협력사업 및 복합시설에 대해서는 예산신청한도 범위 내에서 통합보조율을 10%P 인상한다. 또한, 둘 이상의 시·군이 관할 구역에 효과가 미치는 신규 사업을 공동으로 추진하면 우선권을 주는 방안도 검토하고 있다.

자치단체의 자구노력에 대해서도 인센티브를 제공하는데 이를 위하여 지역개발계정사업의 평가체계를 지역발전위원회로 집중·통합함으로써 평가체계의 객관성과 체계성을 개선하였다. 평가 결과 우수 자치단체에 대한 인센티브도 대폭 확대할 예정이며, 반대로 성과부진 사업은 전년대비 10% 이상 세출구조조정 의무이행을 요구할 방침이다.[9)]

3 광특회계와 포괄보조금의 과제

(1) 재정의 효율성 및 자율성 제고

균특회계 운영 이래 부처 및 사업 간 유사성, 중복성의 문제는 끊임없이 제기되었다. 따라서 무엇보다 광특회계 포괄보조금 사업과 타 회계 사업 간의 유사중복 사례를 통·폐합하여 재정의 효율성을 높여야 한다. 현재 수립되고 있으나 상호 연계성을 가져야 함에도 불구하고 그렇지 못한 계획들은 통합 및 조정되어 향후 진행될 신규사업들은 계획 및 예산 등이 연계되어 행·재정운용의 효율성을 제고할 필요가 있다.

---

9) 조기현, 전게서, p. 50.

광특회계로 개편되면서 자치단체가 세출한도 내에서 자율적으로 세부내역을 설계하고 집행할 수 있도록 예산편성절차가 간소화되었다. 그러나 아직도 지자체의 자율성을 제한하는 불합리한 포괄보조사업의 지침을 개선하여 지자체 여건에 맞는 사업을 추진할 수 있도록 기반을 강화해야 한다.

(2) 재정운용의 역량 강화

광특회계와 포괄보조금은 지역발전의 지속가능한 실현을 위한 재정적인 기초이다. 이러한 기초를 더욱 튼튼히 하기 위해서는 제도의 취지에 맞는 중앙정부의 정책관리 기반을 더욱 공고히 하고 이를 실행해 나가는 지자체 공무원의 역량을 강화할 필요가 있다. 특히 재정운용의 자율성과 효율성을 통해 지역발전을 위한 여러 사업을 추진하는 것은 과거의 재정운용 방식과 역량만으로는 한계를 가질 수밖에 없다. 따라서 지역 공무원들의 충분한 정책 이해도와 운용능력이 필수적이다. 따라서 공무원들에 대한 철저한 역량강화 프로그램을 지속적으로 실시할 필요가 있다.

(3) 중앙과 지방의 신뢰관계 구축

중앙정부는 합리적인 지침을 제시해야 하고, 지자체는 이러한 지침에 따라 정해진 한도 내에서 적절한 사업을 선택하기 위해 노력함으로써 중앙정부와 지자체 간에 신뢰관계를 형성하여야 한다.

이를 위하여 우선 사업에 대한 신뢰할만한 과학적 평가가 진행될 필요가 있다. 사업의 단계별 평가, 누적 평가, 단기적 사업성과 평가, 장기적 비전 및 파급효과 평가 등을 객관적으로 실시하여 지역발전사업에 대한 종합적인 평가가 이루어지도록 하여야 한다.

중앙정부-지자체-전문가 간의 네트워크를 통해 정보를 교류하고 활발한 의사소통이 이루어지고, 이를 통해 정책의 성과와 개선점 등을 고용하는 분위기를 조성할 필요가 있다.

또한 부처에서 예시하는 내역사업에서 탈피하여 지역의 자율성과 지역특화를 강화하도록 내역사업 외에 지역의 창의성, 자율성 등을 실질적으로 구현할 수 있도록 사업계정을 추가하거나 사업 간 예산 경계를 어느 정도는 완화하는 정책방향의 조정이 필요하다.

PART 5 녹색성장과 지역발전

CHAPTER 41

녹색성장의 기초

심각한 기후변화와 에너지 문제를 동시에 해결하고, 기후변화에 따른 국가적 위기를 성장동력의 기회로 삼기 위하여 2008년 새로운 국가비전으로 '저탄소 녹색성장(Low Carbon, Green Growth)'이 제시되었다.[1] 녹색성장이란 기후변화로 상징되는 환경위기와 고유가로 대표되는 자원위기를 극복하고, 녹색기술과 에너지 산업을 성장동력으로 하는 국가 성장전략을 말한다. 녹색성장은 이 시대의 새로운 화두이며, 정부의 정책방향을 함축한 것으로서 이 장에서는 녹색성장의 개념과 관련 용어에 대해 살펴보기로 한다.

1 녹색성장 추진배경

(1) 기후변화와 환경위기

우리는 지금 인간에 의한 인위적 온실가스 배출량 증가로 전 지구적인 환경위기에 직면해 있다. 세계적으로 온실가스는 1970년 대비 약 70% 증가하였으며 특히 이산화탄소는 약 80% 증가하였다. 화석연료의 사용 증가로 인해 대기 중 온실가스 농도가 높아지고 지구의 평균기온이 상승하고 있다. 현재와 같이 화석연료를 지속적으로 사용하면 금세기말 해수면은 59cm 상승할 것으로 전망되며, 해수면 상승에 따른 저지대 침수 · 홍수 · 가뭄 등으로 사망자가 증가하고, 질병을 매개하는 생물체가 확산되며 취약계층과 저위도, 저개발 국가에 피해가 집중될 것으

1) 이명박 대통령은 2008년 광복절 60주년 경축사에서 새로운 60년의 국가비전으로 이를 밝혔으며, 광복절 경축사 이전에 G8확대정상회의('08. 7 일본)에서 국제사회의 기후변화대응 노력에 적극적으로 동참하겠다는 의지를 천명한 바 있다.

로 예상하고 있다.

IPCC [Intergovernmental Panel on Climate Change] 4차 보고서(2007.5)
- 2100년, 최대 6.4℃, 해수면 59㎝ 상승 예상
- 3℃ 상승 시 1천 5백만 명 홍수
- 5℃ 상승 시 뉴욕, 도쿄 등 침수
※ IPCC: 기후 변화와 관련된 전 지구적 위험을 평가하고 국제적 대책을 마련하기 위해 세계기상기구(WMO)와 유엔환경계획(UNEP)이 공동으로 설립한 유엔 산하 국제 협의체

(2) 기후변화에 범지구적 대처

전 지구적 기후변화에 대처하기 위하여 리우세계환경정상회의(1992)에서 선진국과 개발도상국 간 차별화된 온실가스 감축부담 의무를 원칙으로 하는 기후변화협약이 채택되었으며, 1997년 12월 11일 제3차 기후변화 당사국총회(COP3)에서 2008~2012년 간 구속력 있는 온실가스 감축을 명문화한 교토의정서를 채택하게 되었다.

선진국들은 제1차 공약기간(2008~2012년)이후에는 중국, 인도 등 선발개도국에 대해서도 구속력 있는 감축목표를 부여하기를 희망하고 있다. 선발개도국의 참여방안으로 온실가스 배출을 철강 시멘트 등 부문별로 감축하는 방식(sectoral approach)을 주장하고 있으며 우리나라도 2012년 이후에는 감축대상국에 포함된다.

한편 유엔에서도 기후변화문제를 최우선 아젠다로 정하고 UN 최초로 안보리에서 80개국 정상이 참석한 가운데 회의를 개최하고 기후변화를 논의하기도 하였으며(2007년 9월), '발리로드맵'채택(2007년 12월)으로 2012년 이후의 기후변화 체제에 대한 협상을 본격적으로 추진하고 있다.

(3) 자원위기와 탄소배출 증가

석유와 석탄 등 화석연료의 고갈은 이미 오래 전부터 예견되어 온 일이다. 유가와 석탄 가격이 불과 얼마 전에 비해 2배 이상 오르는 등 국제에너지 가격이 초급등세를 유지하고 있는 것도 이와 무관하지 않다. 연구기관에서는 원유의 가채년수(可採年數)가 39년으로 2047년경 고갈될 것이라는 전망을 내놓고 있다.

우리나라는 세계 10대 에너지 소비국이다. 2009년 국제에너지기구(IEA) 통계에 따르면, 우리나라의 연간 이산화탄소 배출량은 2007년 기준으로 4억8,870만 톤이며 세계 9위 수준이다. 경제협력개발기구(OECD) 국가 중에서는 6위이다. 중국이 세계에서 가장 많은 60억2,790만 톤의 이산화탄소를 배출했고, 2위는 미국(57억6,730만 톤)이었으며 러시아, 인도, 일본, 독일, 캐나다, 영국 등이 뒤를 이었다. 최근 18년 간(1990~2007년) 탄소배출량을 살펴보면 한국의 증가율은 113%로 OECD 국가 중 최고였다. 세계 평균 탄소배출량 증가율(38.7%)에 비해 3배 높은 수준이다.

한국의 1인당 연간 이산화탄소 배출량은 10.1톤으로 2006년보다 2계단 높은 23위로 올라섰다. OECD 내 순위에서도 11위에서 9위로 높아졌다. 분야별로는 한국에서 발전분야 이산화탄소 배출 규모가 전체의 36.9%를 차지해 가장 컸고 제조와 건설, 교통분야에서도 이산화탄소가 많이 배출됐다.

2 녹색성장의 개념과 필요성

(1) 녹색성장의 개념

지금까지의 경제성장이 에너지고갈과 환경파괴의 부작용을 발생시켰다면, 녹색성장은 온실가스로 인한 환경오염을 줄여 지속 가능한 성장을 추구하는 것이다. 다시 말해 녹색성장은 녹색기술과 청정에너지로 신성장동력과 일자리를 창출하여 경제산업구조를 비롯한 삶의 양식을 저탄소·친환경으로 전환하려는 국가발전전략이다. 녹색성장은 환경과 경제의 상충관계에서 탈피하여 양자의 시너지를 극대화하는 것으로 에너지·환경문제뿐만 아니라 일자리와 성장동력 확충, 기업경쟁력과 국토개조 및 생활혁명을 포괄하는 종합적 국가비전이다.

전 세계적으로 기존의 개발·성장위주의 국가발전전략을 대체하는 새로운 국가발전 패러다임으로 녹색성장의 개념이 제안되고 있으며, 범지구적 기후변화대응 노력에 동참하고 녹색성장을 통한 저탄소 사회를 구현함을 목적으로 하는 성장개념으로 'Low Carbon, Green Growth'로 표현하기도 한다.

이는 경제성장시 온실가스배출 및 환경훼손을 동반하던 기존의 경제구조에서 경제성장시에도 온실가스배출을 증가시키지 않고 환경지속성을 향상시키며, 기후

그림 41-1 녹색성장의 개념

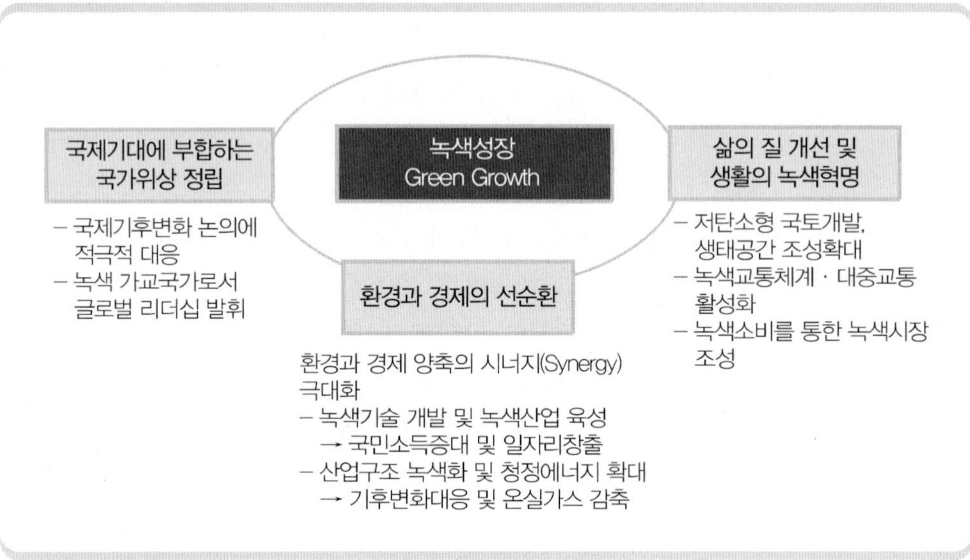

자료: 녹색성장위원회

친화산업을 신성장동력으로 육성한다. 또한 국민의 삶의 질을 제고하고 환경을 개선하며 기후변화에 대처하기 위한 국제사회의 노력에 선도적으로 나아가는 것을 목표로 한다.

(2) 녹색성장의 필요성

세계는 지금 고유가로 대표되는 자원위기와 기후변화로 인한 환경위기에 동시 직면하고 있다. 화석연료 사용증가로 지구의 평균 기온 및 해수면 상승으로 전세계 평균 기온이 지난 100년(1906~2005) 간 0.74℃ 상승하였고, 현재와 같이 화석연료 사용 시, 금세기말 평균기온 6.4℃, 해수면이 59㎝나 상승할 전망이다. 기후변화에 따라 2℃ 상승만으로 15~40%의 동 · 식물종이 멸종하고, 3~4℃ 상승 시 약 2억 명 이상이 이주가 필요할 것으로 예측하고 있다. 또한, 가뭄, 홍수, 폭염 등 이상기후로 인명 · 재산의 피해가 심각해지고 있다. 2003년 유럽 폭염으로 약 3만 5천명의 인명 피해를 입었고, 2005년 허리케인 카트리나로 11조 원의 피해액이 발생하였다.

또한, 현재와 같은 에너지 다소비체제가 지속될 경우 기후변화로 인한 경제적 손실이 매년 세계 GDP의 5~20%에 달할 전망이다(2006, Stern Review). 또한 우리나라는 세계 10대 에너지소비국으로서 총에너지의 97%를 해외 수입에 의존(2007년 에너지수입액 950 억불: 전체수입액의 26.2%)하고 있으며 이는 부존자원이 거의 없으면서 전체 수입액의 1/4이 넘는다.

이러한 상황에서 국제유가의 급등・급락[2]은 국내경제를 뒤흔들고 있다. 유가 10% 상승시 GDP 증가율 0.35%p 하락, 물가 0.23%p 상승, 기업의 영업이익률 0.2%p가 하락할 것으로 전망되어 향후 석유자원의 고갈 가능성을 고려할 때 과도한 화석연료의존에서 시급히 탈피할 필요가 있다.

이와 같이 자원고갈 및 에너지가격의 급등에 따라 기존의 자원 및 에너지의 대량 투입에 의존하는 '요소투입' 위주의 경제구조는 환경적인 측면에서 바람직하지 않을 뿐만 아니라 경제적 측면에서도 한계에 도달함으로써 녹색성장은 불가피한 선택이 될 수밖에 없다. 지구온난화가 진행될수록 저탄소 경제로 자발적으로 이행하지 않더라도, 국제규제를 통해 강제될 가능성이 매우 높으며, 지구온난화로 인한 부정적인 영향이 현실화됨에 따라 인류생존 및 경제성장을 위해서도 온실가스 감축에 대한 국제적 공조 및 규제는 이루어질 것으로 내다본다.

경쟁 선진국은 자원의 효율적 이용과 환경오염의 최소화에 국력을 집중하고 녹색기술 육성 및 환경규제를 통한 녹색산업을 새로운 성장엔진으로 활용하는 전략을 채택하는 등 발빠르게 대응하고 있다. 미국의 오바마 대통령은 향후 10년 간 신재생에너지에 1,500억 달러를 투자하여 500만 개의 신규 일자리를 창출하겠다고 선언하였으며, 영국은 2008년에 '그린혁명계획'을 수립하고, 2020년까지 신재생에너지 분야에 207조 원을 투자할 예정이며, 일본은 환경을 경제성장과 국가공헌의 엔진으로 활용하여 세계 환경시장 진출과 경제 활성화 전략을 추진(환경・에너지 Top Runner 구상, Cool Earth 등)할 계획이다. 지금 세계는 자원・환경위기의 시대를 맞아 '저탄소 녹색성장'이 미래 국가경쟁력의 핵심으로 본격 대두되고 있는 것이 현실이다.

또한, 미국의 서브프라임 모기지로 촉발된 미국, EU, 중국 등 전 세계적 경기침체 영향으로 인해 우리 경제도 당분간 어려울 것으로 전망된다. 이로 인해 우리 경제의 한계를 극복하는 새로운 발전전략 도입이 시급한 실정이며, 포스트-교토 체제 진전에 따라 선진국을 중심으로 온실가스 감축을 통한 저탄소형 산업구조

2) 국제유가의 급격한 변화: (2000년 초반) 20$/b → (2008년 7월)140.7$/b → (2009년 2월) 42$/b

전환이 최대 현안과제로 부각되고 있다. 더욱이 탄소배출권 거래, 신재생에너지, 친환경 재료・소재 등 녹색시장(Green Ocean)이 급속히 성장할 것으로 예측된다. 따라서 지금은 에너지・환경문제에 선제적 대응을 통한 미래 경쟁력의 확보가 절실히 필요하게 되었다.

3 녹색성장 관련용어[3)]

• 저탄소

저탄소란 화석연료(化石燃料)에 대한 의존도를 낮추고 청정에너지의 사용 및 보급을 확대하며 녹색기술 연구개발, 탄소흡수원 확충 등을 통하여 온실가스를 적정수준 이하로 줄이는 것을 말한다.

• 녹색성장

녹색성장이란 에너지와 자원을 절약하고 효율적으로 사용하여 기후변화와 환경훼손을 줄이고 청정에너지와 녹색기술의 연구개발을 통하여 새로운 성장동력을

그림 41-2 저탄소 녹색성장 패러다임

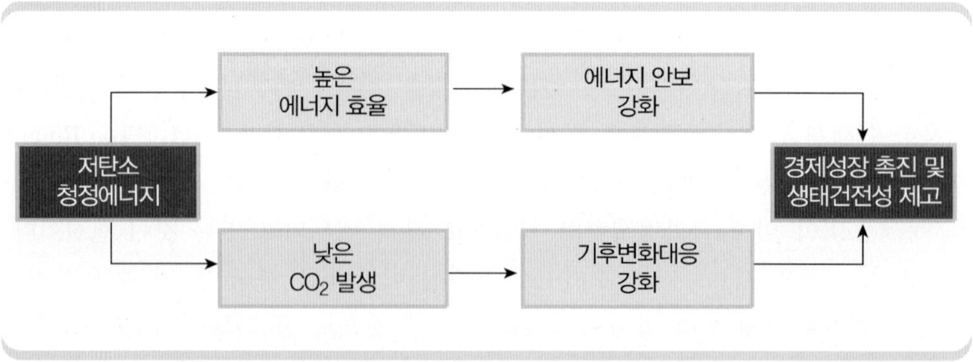

3) 용어정리는 현재 출간된 다양한 용어집을 참고하였다. 그 중 녹색성장위원회와 행정안전부 자료를 많이 활용하였다. 행정안전부 중앙공무원교육원, 『녹색성장은 선진일류국가를 위한 초석입니다』, 녹색성장강의교재, 2009, pp. 123-146.

확보하며 새로운 일자리를 창출해 나가는 등 경제와 환경이 조화를 이루는 성장을 말한다.

• 녹색기술

녹색기술이란 온실가스 감축기술, 에너지 이용 효율화 기술, 청정생산기술, 청정에너지 기술, 자원순환 및 친환경 기술(관련 융합기술을 포함) 등 사회·경제 활동의 전 과정에 걸쳐 에너지와 자원을 절약하고 효율적으로 사용하여 온실가스 및 오염물질의 배출을 최소화하는 기술을 말한다.

• 녹색산업

녹색산업이란 경제·금융·건설·교통물류·농림수산·관광 등 경제활동 전반에 걸쳐 에너지와 자원의 효율을 높이고 환경을 개선할 수 있는 재화(財貨)의 생산 및 서비스의 제공 등을 통하여 저탄소 녹색성장을 이루기 위한 모든 산업을 말한다.

• 녹색제품

녹색제품이란 에너지·자원의 투입과 온실가스 및 오염물질의 발생을 최소화하는 제품을 말한다. 즉, 녹색제품은 기존의 제품이 제공하는 것보다 현저하게 환경과 사회에 공헌도가 있는 물리적 대상물 내지 서비스라 할 수 있다. 녹색제품은 제품을 구성하는 원재료 공정 등 모든 측면을 고려하여야 한다. 따라서 녹색제품은 내구력이 있고, 중독성은 없으며, 재활용된 재료로 만들어지고, 최소한의 재료로 포장된다.

• 녹색생활

녹색생활이란 기후변화의 심각성을 인식하고 일상생활에서 에너지를 절약하여 온실가스와 오염물질의 발생을 최소화하는 생활을 말한다.

• 녹색정보화

녹색정보화란 환경을 의미하는 녹색과 정보화의 합성어로, 적극적인 IT 활용을 통해 정보자원을 효율적으로 활용하는 새로운 정보화 패러다임을 말한다.

녹색정보화는 저탄소 녹색성장의 핵심기반으로 등장하였고, 미국, 영국, 일본 등 선진국은 전력 시스템 지능화 등 IT를 핵심기반으로 추진하고 있다. 한국도 탄소 절감효과가 큰 정보화 프로젝트를 추진하기 위하여 정보자원 녹색화, 그린오피스, 빌딩 에너지관리 시스템, 온라인 민원 서비스 확대 등 녹색정보화 전략을 추진하고 있다.

• 녹색관광

관광은 에너지 다소비 산업이며, 기후변화에 민감하고, 기후변화에 의하여 관광자원이 영향을 받는다. 관광객이 이용하는 교통시설과 숙박시설, 관광시설 및 관광활동은 다량의 온실가스를 배출한다. 또 임야, 농경지 등 녹지면적을 감소시켜 지구 생태계의 탄소흡수능력을 저하시킴으로써 지구온난화를 유발한다.

이에 지속가능한 관광개발과 친환경적 관광운영으로 관광의 생태 가치를 높이는 것을 녹색관광이라 한다. 생활수준의 향상으로 관광 수요는 급증하고 있으므로, 녹색관광을 새로운 성장동력으로 인식하고 전략적으로 육성해야 한다. 생태적으로 우수한 지역을 발굴하여, 지역경제 활성화에 기여하고, 친환경 프로그램을 추진하는 것이다.

• 녹색경영

녹색경영이란 기업이 경영활동에서 자원과 에너지를 절약하고 효율적으로 이용하며 온실가스 배출 및 환경오염의 발생을 최소화하면서 사회적·윤리적 책임을 다하는 경영을 말한다.

• 지속가능발전

지속가능성이란 현재 세대의 필요를 충족시키기 위하여 미래 세대가 사용할 경제 · 사회 · 환경 등의 자원을 낭비하거나 여건을 저하(低下)시키지 아니하고 서로 조화와 균형을 이루는 것을 말한다.

'지속가능발전'이란 지속가능성에 기초하여 경제의 성장, 사회의 안정과 통합 및 환경의 보전이 균형을 이루는 발전을 말한다.

• 온실가스

온실가스란 이산화탄소(CO_2), 메탄(CH_4), 아산화질소(N_2O), 수소불화탄소(HFCs), 과불화탄소(PFCs), 육불화황(SF6) 등 적외선 복사열을 흡수하거나 재방출하여 온실효과를 유발하는 대기 중의 가스 상태 물질을 말한다.

• 지구온난화

지구온난화란 사람의 활동에 수반하여 발생하는 온실가스가 대기 중에 축적되어 온실가스 농도를 증가시킴으로써 지구 전체적으로 지표 및 대기의 온도가 추가적으로 상승하는 현상을 말한다.

지난 100년 간 전 세계 평균 기온이 0.75℃ 상승하였으며, 이 기간 중 1960~2005년에만 0.6℃나 상승하였고, 금세기 말에는 최대 6.4℃가 상승할 것으로 예상되고 있다.

• 기후변화

기후변화란 사람의 활동으로 인하여 온실가스의 농도가 변함으로써 상당 기간 관찰되어 온 자연적인 기후변동에 추가적으로 일어나는 기후체계의 변화를 말한다.

기후변화는 자연적 요인과 인위적 요인에 의하여 기후 시스템이 점차 변화하는 것으로서 환경위기로 나타나고 있는 기후변화는 전 세계적으로 인류 생존에 위협적 요소로 대두되고 있다. 자연적 요인은 지구궤도 요인과 화산분출, 해수의 순환 변화 등이다. 한편 인위적 요인은 인구증가와 산업화, 삼림의 황폐화, 도시개발에 따른 자연환경의 훼손과 화석연료의 과다 사용 등을 들 수 있다.

• 자원순환

자원순환이란 환경정책상의 목적을 달성하기 위하여 필요한 범위 안에서 폐기물의 발생을 억제하고 발생된 폐기물을 적정하게 재활용 또는 처리하는 등 자원의 순환과정을 환경친화적으로 이용 · 관리하는 것을 말한다.

• 신·재생 에너지

신에너지 및 재생에너지(이하 '신 · 재생에너지'라 함)는 기존의 화석연료를 변환시켜 이용하거나 햇빛 · 물 · 지열 · 강수 · 생물유기체 등을 포함하는 재생가능한 에너지를 변환시켜 이용하는 에너지로서 다음 어느 하나에 해당하는 것을 말한다.

> 태양에너지, 바이오에너지, 풍력, 수력, 연료전지, 석탄을 액화 · 가스화한 에너지 및 중질잔사유(重質殘渣油)를 가스화한 에너지, 해양에너지, 폐기물에너지, 지열에너지, 수소에너지, 그 밖에 석유 · 석탄 · 원자력 또는 천연가스가 아닌 에너지(신에너지 및 재생에너지 개발 · 이용 · 보급 촉진법 제2조)

• 폐기물 에너지

폐기물 에너지는 사업장과 가정에서 발생되는 가연성 폐기물을 처리하여 얻어지는 연료와 이를 연소시켜 발생되는 에너지를 의미한다. 폐기물 고형연료, 고분자 폐기물의 열분해 연료유, 가연성 폐기물의 가스화 연료, 소각열 등이 있다.

• 해양 에너지

해양 에너지는 조력발전, 파력발전, 온도차발전으로 나뉜다. 한국의 서해안은 조석간만의 차가 크고, 수심이 얕으며, 해안선의 굴곡이 심해 조력발전의 훌륭한 입지 조건을 지니고 있다. 동해안은 압사하는 파도 에너지를 원동기의 구동력으로 변환하여 발전하는 파력발전으로 적당하다.

• 바이오 에너지

바이오 에너지는 식물을 활용한 새로운 에너지원으로 식물의 지방성분을 이

그림 41-3 폐기물에너지화 추진목표(환경부)

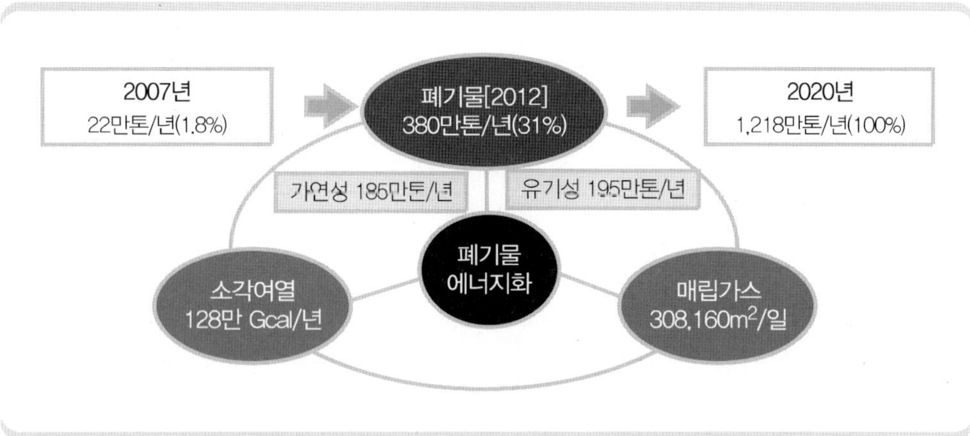

용하거나 당 성분을 이용한다. 석유엔진을 개조하여 폐식용유 등의 식물성 기름을 연료로 사용하거나, 식물의 섬유소를 당으로 만들어 여기서 에탄올을 뽑아내어 연료로 활용한다.

• 풍력 에너지

풍력 에너지란 공기의 유동을 가진 운동 에너지의 공기역학적 에너지의 특성을 이용하여 회전자를 회전시켜 기계적 에너지로 변환시킨 것이다. 풍력발전의 세부기술은 시스템기술, 단지개발기술, 운영 및 연계기술로 분류하며, 현재까지 개발된 신재생 에너지원 중 가장 경제성이 높은 것으로 알려져 있다.

• 태양 에너지

태양 에너지는 태양광과 태양열 에너지를 전기 에너지로 변환시키는 것을 말한다.

태양광은 반도체가 가지는 광전효과를 이용해 태양빛의 에너지를 직접 전기 에너지로 변환시키는 방법을 취한다. 반면에 태양열 에너지는 태양열 가열기를 통해 물을 가열하고 뜨거운 불을 만들어냄으로써 일차적으로 온수 및 냉난방에 활용이 가능하며, 물을 끓일 때 발생하는 증기를 활용하여 전기를 생산하기도 한다.

• 지열 에너지

지열 에너지란 지구 내부에서 표면을 거쳐 외부로 나오는 열을 이용한 에너지를 말한다. 지구는 중심부로 갈수록 온도가 높아져 지구 중심부의 온도는 4,000℃에 달한다. 이러한 지열은 열전도에 의해서나 가스, 온수 및 화산분출 등에 의해 유출되는데, 그 양은 지역적으로 크게 다르다. 지열 에너지는 재생이 불가능한 에너지원이지만 지구 자체가 가지고 있는 에너지이므로 굴착하는 깊이에 따라 잠재력은 무한하다고 볼 수 있다.

• 수소연료전지

수소연료전지는 수소와 공기 중의 산소를 직접 전기화학 반응시킴으로써 바로 전기를 생산하는 방법이다. 즉, 연료전지는 수소와 공기가 전기화학적으로 반응하면 전기와 물이 생성되는 원리를 이용하는데, 이 과정에서 기존의 연료는 배기가스를 발생시키는 반면, 수소 연료전지는 물이 발생하여 공해를 일으키지 않고, 연료를 전기 에너지로 변환하는 효율이 50%이상, 종합효율이 70~80% 정도에 이르러 높은 에너지 효율을 보인다.

수소전지는 수송용 연료전지와 가정과 상업용 연료전지, 발전용 연료전지, 휴대용 연료전지, 고체산화물 연료전지로 나눌 수 있다.

• 에너지 자립도

에너지 자립도란 국내 총소비에너지량에 대하여 신・재생에너지 등 국내 생산에너지량 및 우리나라가 국외에서 개발(지분 취득을 포함)한 에너지량을 합한 양이 차지하는 비율을 말한다.

• 기후변화 협약

기후변화 협약은 1992년 6월에 개최된 유엔환경개발회의에서 채택되었고, 한국은 1993년 12월에 가입하였다. 그러나 이 협약은 지구온난화의 주요원인인 오존가스 배출억제를 규정하고 있으나 강제적인 구속력은 없다.

• 배출권거래 제도

배출권거래 제도는 온실가스 감축 목표를 초과 달성한 참여자가, 목표에 미달한 타 참여자에게 잉여분을 판매할 수 있도록 한 제도로서 환경문제를 해결하기 위한 경제적 유인제도이다. 배출권거래 제도는 오염행위와 관련된 권리를 비교 가능한 정량적 개념으로 정의하고 거래를 허용하는 제도이다.

그림 41-4 탄소배출권 거래시장의 운영 메커니즘

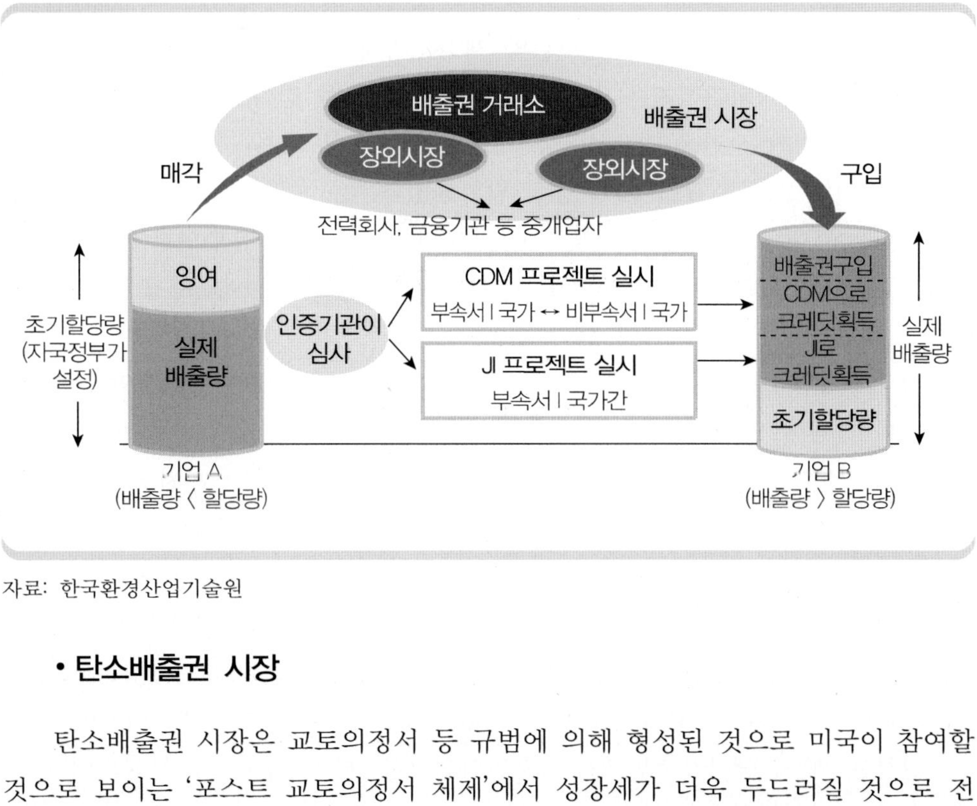

자료: 한국환경산업기술원

• 탄소배출권 시장

탄소배출권 시장은 교토의정서 등 규범에 의해 형성된 것으로 미국이 참여할 것으로 보이는 '포스트 교토의정서 체제'에서 성장세가 더욱 두드러질 것으로 전망되며, '할당베이스 시장'과 '프로젝트베이스 시장'으로 대별된다.

여기선 '할당베이스(allowance-based) 시장'은 기업별로 온실가스 배출허용량이 할당되면, 할당량 대비잉여분 및 부족분을 거래하는 것을 의미하고, '프로젝트베이스(project-based) 시장'은 온실가스 감축 프로젝트를 실시해 거둔 성과에 따라 획득한 배출권을 거래하는 것으로 CDM과 JI가 대표적인 사례이다. 'CDM

(Clean Development Mechanism)'는 선진국 기업이 개발도상국의 온실가스 감축사업에서 획득한 배출권을 자신의 할당목표를 충족하는데 사용하는 제도를 말하고, 'JI(Joint Implementation)'는 기술력 차이가 있는 선진국 간에 온실가스 감축사업을 통해 배출권을 획득하는 제도를 의미한다.

• 교토의정서(Kyoto protocol)

교토의정서는 지구온난화 규제 및 방지의 국제협약인 기후변화협약의 구체적 이행 방안으로서 선진국의 온실가스 감축 목표치를 규정하고 있으며. 1997년 12월 일본 교토에서 개최된 기후변화협약 제3차 당사국총회에서 채택되었다.

의정서가 채택되기까지는 온실가스의 감축 목표와 감축 일정, 개발도상국의 참여 문제에 대한 선진국 간, 선진국-개발도상국 간의 의견 차이로 심한 대립을 겪기도 했지만 2005년 2월 16일 공식 발효되었다.

의무이행 대상국은 오스트레일리아, 캐나다, 미국, 일본, 유럽연합(EU) 회원국 등 총 38개국이며 각국은 2008~2012년 사이에 온실가스 총배출량을 1990년 수준보다 평균 5.2% 감축하여야 한다.

각국의 감축 목표량은 −8~+10%로 차별화하였고 1990년 이후의 토지 이용변화와 산림에 의한 온실가스 제거를 의무이행 당사국의 감축량에 포함하도록 하였다. 그 예로 유럽연합 −8%, 일본 −6%의 온실가스를 2012년까지 줄여야 한다.

의무이행 당사국의 감축 이행시 신축성을 허용하기 위하여 배출권거래(Emission Trading), 공동이행(Joint Implementation), 청정개발체제(Clean Development Mechanism) 등의 제도를 도입하였으며, 1998년 11월 부에노스아이레스에서 개최된 제4차 당사국총회에서는 신축적인 제도운용과 관련한 작업을 2000년까지 완료한다는 부에노스아이레스 행동계획(Buenos Aires Plan of Action)이 채택되었다.

한국은 제3차 당사국총회에서 기후변화협약상 개발도상국으로 분류되어 의무대상국에서 제외되었으나, 몇몇 선진국들은 감축목표 합의를 명분으로 한국, 멕시코 등을 선진국과 같이 2008년부터 자발적인 의무부담을 할 것을 요구하였고, 제4차 당사국총회 기간에 아르헨티나, 카자흐스탄 등 일부 개발도상국은 자발적으로 의무를 부담할 것을 선언하였다. 미국은 전 세계 이산화탄소배출량의 28%를 차지하고 있지만, 자국의 산업보호를 위해 2001년 3월 탈퇴하였다.

• 발리 로드맵(Bali Roadmap)

2007년 12월 인도네시아 발리에서 열린 UN 기후변화협약 당사국 총회에서 결정된 협약이다. 교토의정서는 39개국의 선진국이 온실가스를 의무적으로 감축해야 하는 것을 선언했고 그 유효기간은 2012년에 끝나는데 2012년 이후 협상의 가장 큰 쟁점이었던 미국과 개도국의 참여 계기를 마련하여 전 세계가 온실가스 감축을 위해 힘을 합하기로 한 데 그 의미가 있다. 그러나 미국의 반대로 장기목표 설정에 실패하였고, 개도국에게 주어진 '감축행동'은 정량적 목표 설정과 목표의 지속적 달성을 담보할 수 없다는 한계가 있다.

• 플러그인 하이브리드카(Plug-in Hybrid Car)

플러그인이란 가정용 플러그에 전기코드를 꼽아 배터리를 충전할 수 있다는 의미이다. 한마디로 플러그인 하이브리드카는 100% 배터리와 모터로 움직이는 전기차에 가깝다고 볼 수 있다.

플러그인 하이브리드카의 주 동력원은 배터리로 내연기관 엔진이나 수소연료전지 등이 보조 동력원의 역할을 하면서 배터리 충전량이 적을 때 배터리를 재충전해주는 역할을 담당한다. 이는 가정 내 전원을 통해 재충전이 가능하며, 전기만으로도 약 50km 주행이 가능하다.

• 탄소 라벨링(Carbon Label)

탄소 라벨링(Carbon Label)이란 제품 전 과정에서 발생하는 CO_2 총배출량을 나타낸 탄소발자국(Carbon Footprint)을 제품에 라벨형태로 표기하는 제도를 말한다.

• 그린 스토어(Green store)

정부가 추진하는 '지식 · 혁신주도형 녹색성장 산업발전전략'의 하나로 친환경 상품 구매, 친환경 매장, 친환경물류 관리 선도기업에 대한 인증제도를 의미한다.

그림 41-5 탄소성적표지

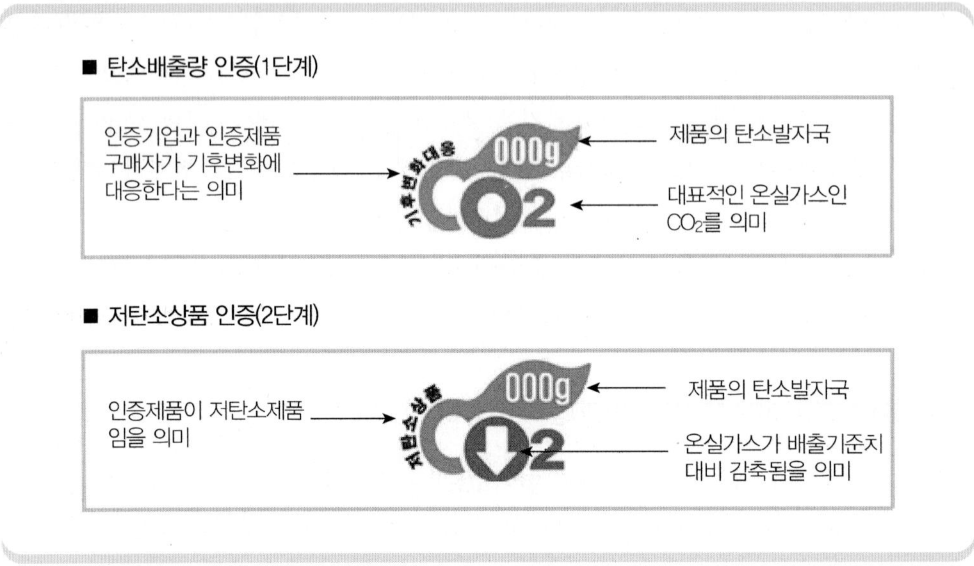

자료: 한국환경산업기술원

• 탄소마일리지

개인 또는 법인에 대해 전기, 수도, 가스 등의 에너지 표준사용 기준량을 정해 놓고 그보다 적게 쓰면 절약한 양 만큼 마일리지를 지급하는 제도이다. 강남구 등에서 시행되고 있으며 이를 통해 실질적인 에너지 절약 및 온실가스 배출량 감축에 기여할 것으로 기대된다.

• 탄소발자국(carbon footprint)

개인이 얼마나 탄소에너지에 의존적인지를 알 수 있도록 지표로 만들어 둔 것이 탄소발자국(carbon footprint)이다. 즉, 탄소발자국이란, 인간이 상품의 생산·소비를 통해 직간접적으로 방출하는 이산화탄소의 총량을 의미한다. 서울 시내 25km를 자전거로 출퇴근할 경우 탄소가 배출되지 않지만, 지하철은 0.04kg, 버스는 0.69kg, 승용차는 5.25kg을 배출한다.

• 그린 홈(green home)

에너지 소비를 줄이고 사용하는 에너지도 탄소가 배출되지 않는 청정에너지를 이용하며, 친환경적으로 건설되어 지구환경에 미치는 부정적 영향을 최소화하면서 인간이 쾌적하고 편리하게 거주할 수 있는 주택을 그린 홈(green home)이라고 한다.

그림 41-6 그린 홈 개념도

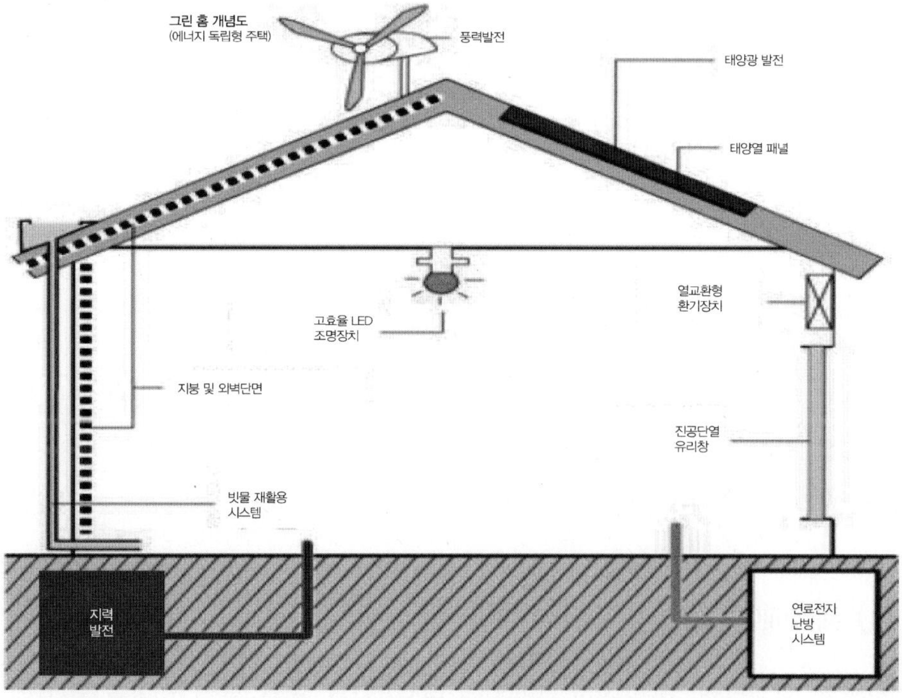

CHAPTER 42

녹색성장의 세계 동향

지구촌 곳곳에 '녹색 혁명' 열풍이 불고 있다. '환경이 돈'이 되는 녹색 문명의 시대에 세계 각국이 녹색시장을 먼저 선점하려 하고 있고, 이러한 변화에 어떻게 대응하느냐에 따라 국가적 위상이 좌우될 수 있다. 이에 우리나라의 녹색성장 정책을 어떻게 발전시켜야 하는지 그 방향을 가늠하기 위해 이 장에서는 미국・영국・일본・독일 등 선진 외국에서는 녹색성장 정책을 어떻게 추진하는지 살펴보고자 한다.

1 미국의 신에너지 정책

미국은 '신에너지 정책'을 일자리창출을 위한 주요정책으로 인식하고 있다. 대외의존도를 줄여 에너지 독립을 실현하겠다는 전략적 인식을 가지고, 국제사회에서 에너지정책을 선도하는 역할을 수행하고 있다.

(1) 재생에너지산업과 일자리 창출

미국은 신에너지 정책(New America Energy)을 통한 일자리 창출을 위해 10년 간 1,500억불 투자를 통한 500만 개 일자리 창출을 목표로 하고 있다.

재생에너지 산업(특히 바이오연료 생산)을 촉진하기 위해 재생연료기준(RFS: Renewable Fuel Standard) 도입을 법제화하였으며, 바이오에탄올뿐만 아니라 바이오디젤, 에탄올 등 생산 증가를 위해 2015년 신규차량의 50%이상은 '85% 바이오에탄올' 또는 '바이오디젤' 사용을 의무화하고 있다.

(2) 신에너지 기술개발

바이오 등 화석연료를 대체할 새로운 에너지산업의 육성과 미래의 에너지 기술개발을 위해 과학 및 기초연구에 투자를 확대하고, 청정석탄(Clean Coal) 기술개발 및 보급을 목표로 하고 있다.

이를 위해 2009년 마련된 미국의 경기부양법에서는 에너지 기술개발에 82억 달러 투자를 계획하고 있으며 그 내용은 <표 42-1>과 같다.

표 42-1 2009 경기부양법의 에너지 기술개발 지원 계획

구분	지원 프로그램	억불	비 고
보조	바이오매스, 지열 등 재생에너지를 비롯, 응용 R&D, 데모 및 배치 활동 지원	25	
	국책연구소를 포함한 에너지부 과학국(Office of Science) 재원 공급	20	실험실 투자(16억불) ARPA-E(4억불)
	화석연료 R&D 프로그램	34	
	국방부 대상 재생에너지 및 에너지 효율성 증가 R&D, 테스트 및 평가	3	
계		82	

(3) 전기자동차 개발

미국은 자동차산업을 혁신시킬 새로운 고급배터리 개발과 2015년까지 백만 대의 하이브리드 차량 보급을 목표로 하고 있다.

이를 위해 경기부양법에서는 전기자동차 개발에 51억 달러를 지원할 계획이고, 이 중 고급배터리 개발지원에 가장 많은 자금을 배정하고 있다. 또한, '연료효율적 첨단자동차(ATVM)'개발을 지원하기 위해 생산시설을 구축한지 20년 이상된 자동차 및 자동차 부품기업을 대상으로 생산설비 재구축 및 확장을 위한 금융지원을 하고 있다.

(4) 에너지 효율 향상

가장 값싸고 청정하며 신속한 에너지 효율 향상에 총력을 기울여 2030년까지 에너지 효율 50% 향상과 매년 고효율 주택 100만 채 보급을 목표로 하고 있다.

이를 위해 「경기부양법」에서는 에너지 효율성제고에 직접보조 및 감세지원을 추진하고 있으며, 가전제품 에너지 효율기준(Appliance Energy Efficiency)을 조기 공표, 1975년(14개), 1992년(12개), 2005년(16개)에 이어 2009년 9개 제품을 추가 지정하였다.

전구의 에너지 효율(Lighting Energy Efficiency) 제고를 위하여 일반 백열등, 형광등의 에너지 효율을 재검토하여 교체사업을 추진 중이며, 할로겐 램프는 150~500와트에서 운영되도록 효율 기준을 제정하였다.

(5) 에너지 자립도 제고

10년 내 중동과 베네수엘라에서 수입되는 원유를 하루 280만 배럴로 대체하고 2030년까지 원유소비량을 최소 35% 감소하는 정책목표를 수립하였다.

연안대륙붕(OCS) 내 석유시추 허용에는 매우 신중한 입장을 보이며, 신규 원전 개설에 대해 아직 확실한 입장을 정하지 않은 상태로 오바마 행정부는 원자력발전 확대의 필요성은 일부 인정하나 폐기물의 안전 저장문제에 대한 선해결이 필요하다는 입장을 취하고 있다.

(6) 기후변화정책

전국단위 배출권거래제(Cap-and-trade System) 실시를 통해 온실가스를 2050년까지 1990년 대비 80% 감축하고, 글로벌 기후변화문제 대처에 미국이 선도적 역할 수행을 목표로 하고 있다.

이를 위해 온실가스배출권거래제 실시, 자동차연비기준 제고, 첨단자동차 생산 및 세제감면 확대, 저탄소연료기군 채택, 신규빌딩 탄소배출 전면억제 및 에너지 효율향상 등 다음과 같은 주요 실천계획을 제시하고 있다.

표 42-2 기후변화 대처를 위한 주요 실천계획

구 분	내 용
온실가스배출권 거래제 실시	2050년 글로벌 저탄소 에너지 시장(연간 5천억불 규모)출연에 대응
자동차연비(CAFE)기준 제고	2007년 에너지독립안보법에 따라 CAFE기준이 겔런당 35마일로 40% 상향조정
첨단자동차(FFV, Flexible Fuel Vehicle) 생산 및 세제감면 확대	2015년까지 전기자동차 1백만 대 가동목표 및 전기자동차 구입시 소비자에 7천불 세금감면 혜택
저탄소연료기준(Low Carbon Fuel Standard) 채택	공급업체들이 연료탄소비율을 2015년까지 5%, 2020년까지 10%감축
신규빌딩 탄소배출 전면억제 및 에너지 효율 향상	매년 고효율 주택 100만 채 건설 공급
미국이 국제적으로 기후변화에 선도하는 역할 수행	G8+온실가스 최대배출 5개국(중국, 인도, 브라질, 멕시코, 남아공) 동참 요구

2 영국의 그린혁명

영국은 2007년에 10만호 규모의 탄소제로도시 건설을 선언하고, 2008년 6월에는 '그린혁명'을 발표하였으며 이어 10월에 에너지기후변화부를 설지하였다. 동시에 온실가스 감축목표를 세계 최초로 법으로 규정하여 2050년까지 1990년의 80% 수준으로 배출량을 감축할 계획이다.

(1) 그린혁명계획

'그린혁명계획'은 2050년 3조 달러 이상의 부가가치를 창출하고, 2천 500만 명의 고용이 예상되는 환경시장을 선점해 영국기업의 점유율을 확대하고 자국 내에서는 저탄소사회를 건설하여 자국 기업의 기술력을 축적하고, 자금 및 기술지원, 국제협약 등을 통해 타국의 저탄소사회로의 이행을 유도 또는 강제함으로써 영국기업의 시장기회를 확대하겠다는 전략이 내재되었다.

〈그린혁명계획 주요내용〉

① 2020년 전체 전력생산량의 15%를 신재생에너지로 공급 ② 풍력발전으로 국가 전체 전력생산의 1/3을 충당, 최고 기술국으로 도약 ③ 바이오 에너지(6%) 및 원전 에너지(20%) 생산 비율을 대폭 확대

(2) 기후변화법 제정

영국에서는 2008년 10월 세계 최초로 「기후변화법」을 제정하였고, 이산화탄소 배출 감축을 위해 5년 단위의 탄소예산을 짜고 이산화탄소 감축 감시 및 관리를 강화해 기업들의 녹색산업 투자와 상품개발을 유도하는 데 초점을 두고 있다.

(3) 탄소제로 도시(Zero Carbon City) 건설사업

영국 바라트사는 2008년 5월 탄소제로주택의 양산모델을 출시하여 2011년까지 브리스톨(Bristol) 지역에 모두 200채의 주택건설을 추진 중이고, 영국 정부는 '반소제로주택' 프로세트를 통해 2016년부터 보든 신규 주택에 대해 탄소배출량을 제한할 방침이다.

(4) 이산화탄소(CO_2) 저감 기술 개발

영국의 물리・과학연구원은 33만 달러의 연구자금을 투자해 2008년 4월부터 CO_2로 메탄올을 생산하는 광촉매 기술개발 프로젝트를 추진 중이며, BP(British Petroleum)사는 2008년 초 에너지・바이오 사이언스 연구소를 개설해 미국의 UC 버클리, 일리노이 대학, 로렌스 버클리 국립연구소와 공동으로 CO_2 저감 기술개발 등에 향후 10년 간 5천억 원을 투자할 계획이다.

(5) 풍력분야 집중

영국은 유럽에서 풍력발전을 하기 가장 좋은 자연 조건을 갖추고 있어, 영국 정부는 이를 활용해 규모와 시장성 확보에 유리한 해상 풍력을 중심으로 빠르게 발전 설비를 증설하고 있다. 2001년 첫 해상풍력발전소 가동을 시작으로 현재 모두 7개의 해상 풍력 발전단지가 운영되고 있으며, 2020년까지 7000기의 대형 풍력 발전기를 국내외에 설치할 계획이다.

3 일본의 저탄소 사회

일본은 저탄소 사회정책을 통해 성장동력을 확보하기 위해 일본의 강점인 자원절약기술을 발전시켜 일본기업에게 기회를 증대시키고 있다.

2008년 8월 '후쿠다 비전'으로 불리는 '아시아 경제-환경 공동체 구상'을 발표하여 기술혁신, 제도개선, 지자체주도, 시민참여를 통해 2020년까지 탄소배출량을 14%로 감축하고 2050년까지 60~80%를 감축할 계획이다.

(1) 후쿠다 비전(2008년 6월)

미국·영국 등 주요 이산화탄소배출국에는 교토의정서 수준의 감축의무 요구에 따라 환경세, 탄소배출량표시제 등을 도입해 사회전반에 탄소저감 분위기를 확산시키고 있다.

개도국 에너지·환경시장 선점을 위한 자금·기술지원 확대차원에서 2008년 5월 '기후변동대책 엔차관'을 신설해 아시아와 중남미 국가의 대체 에너지 개발과 발전효율 개선 및 산림 조성에 자금을 지원하기로 하였다.

아시아 지역에 대해서는 '클린 아시아 이니셔티브(2008년 6월)'를 통해 중국, 인도 등과의 에너지 협력을 강화하며 환경 기술과 시장을 선도할 계획이다.

〈후쿠다 비전의 주요 내용〉

① 2050년까지 이산화탄소 배출량을 현재 대비 60~80% 감축
② 단기목표로 2010년까지 탄소가스 배출을 6% 저감
• 원자력 비중 확대, 자동차 연비 개선, 에너지 절약형 주택 건설 의무화 등 추진
③ 중기목표로 2020년까지 탄소가스 배출을 현재 대비 14% 감축
• 고효율 조명·하이브리드카 보급 확대 등 촉진
④ 미국, 영국 등과 함께 개도국 지원에 최대 12억 달러 투입
⑤ 2009년 환경세를 포함한 환경친화적 세제 개편 및 탄소배출시장 시범 운영

(2) 쿨 어스(Cool Earth) 에너지혁신 기술계획(2008년 5월)

태양광 발전 등 21개 탄소 저감기술을 확보하기 위해 태양광 발전을 집중보급하고, 하이브리드카 생산, 원가 절감, 차세대 원자로 수출 등을 상용화할 계획이다.

표 42-3 쿨 어스 21개 핵심 기술

구 분	위 치
발전 · 송전	고효율 천연가스 발전, 고효율 석탄화력 발전, 초전도 송전, 탄소 포집 · 저장, 태양광 발전, 차세대 원자로
교통	지능형 교통 시스템, 하이브리드카, 연료전지차, 바이오 연료
산업	탄소저감 제철 공정, 탄소저감 제조 · 가공 기술
민생	에너지 절약 주택, 고효율 조명, 에너지 관리, 연료 전지, 저전력 IT기기, 고효율 열펌프
기타	고성능 전력 장치, 파워 일렉트로닉스, 수소 생산 · 저장 및 수송

(3) 탄소배출권 상품화: 산림인증제도(2009년 3월)

산림의 이산화탄소(CO_2) 흡수량과 생물 다양성 수준을 인정하는 산림인증제도를 시행하고 있다. 이 제도는 온실가스인 이산화탄소(CO_2) 흡수량과 생식하는 생물의 다양성 보전 레벨이 일정기준 이상인 삼림을 인증하고, 산림의 생물다양성에 대하여 기준을 책정하여 인증을 수행하는 최초의 시도이다.

이 제도는 이산화탄소 흡수량에 따라 크레디트(쿠폰)가 발행 · 판매되고, 그 판매 수입이 산림정비에 사용되는 것으로, 인공림의 관리와 생물다양성 유지가 양립하는 것을 목표로 하고 있다. 인증을 받은 산림은 이산화탄소 흡수량 1톤당 연간 1,000엔의 크레디트를 발행할 수 있으며, 기업 · 단체 · 개인 등에 크레디트를 판매하여 얻은 자금은 간벌(間伐)작업 등 삼림정비에 사용된다.

이를 통해 기업은 사회공헌 활동으로서 크레디트를 구입한 것을 환경 보고서 등에 기재할 수 있고, 개인에게는 지구온난화 방지에 대한 관심을 제고하게 된다.

4 독일의 신재생에너지법

독일은 녹색기술을 물과 자원순환을 포함하는 광범위한 것으로 해석하여 2001년에 「신재생에너지법」을 제정하였다. 그리고 신재생에너지의 비율을 2004년 3.8%에서 2007년 6.7%로 상승시키고자 하였으며, 2007년 3월에는 아우토반에 속도제한을 시행하였다.

(1) 신재생에너지법(EEG) 제정

독일 정부는 풍력과 태양광, 바이오매스 등을 활용해 전기를 생산할 경우에 해당 지역 전력회사들이 2024년까지 의무적으로 전기를 매입하도록 하는 「신재생에너지법」을 제정하였다.

(2) 신재생에너지 활용

정부 청사건물의 난방과 전력은 모두 신재생에너지로 충당하도록 하였고, 일반 국민들이 신재생에너지설비를 설치할 때에는 설치금 전액을 연 2~4%의 저리

표 42-4 신재생 에너지 활용의 효과

구 분	내 용
신재생에너지 생산량 증가	• 1990~1999년 연평균 5.7% 성장에 그쳤던 신재생에너지 생산이 2000~2007년 연평균 14.1%로 2배 이상 성장세를 보임 • 신재생에너지의 사용 확대로 2007년 온실가스를 1억 1,500만 톤 절감하여 기준연도 대비 온실가스를 15% 감축
수출량 증가	• 신재생에너지 분야에서 독일은 내수시장 확대를 기반으로 높은 생산성을 유지함으로써 세계 시장점유율을 높이고 있음(실제로 높은 인건비 등에도 불구하고 태양광 설치비용은 경쟁국 대비 20% 가량 낮은 수준)
중소기업 활성	• 독일의 신재생에너지 기업들은 대부분이 중소기업(정부지원에 발 빠르게 대응한 중소기업들이 시장을 선점)이며, 이들 중소기업들이 각 지역의 제도에 맞추어 지역별 전력회사와 직접적으로 연계하여 설비를 제공

로 융자 지원한다.

(3) 온실가스 절감

독일은 온실가스를 감축하기 위해 다음과 같이 8대 중점 추진과제를 선정하고 있다.

① 전기절약, ② 신규 발전소 건설, ③ 신재생에너지 비중 확대, ④ 열병합발전 비중 확대, ⑤ 난방시스템 개선, ⑥ 재생에너지를 통한 난방공급, ⑦ 소송부문의 에너지 소비절약, ⑧ 운송수단 체계의 전환 등이 그것이며, 각 추진과제별 목표와 기대효과는 <표 42-5>와 같다.

표 42-5 온실가스 절감 8개 중점 추진과제의 목표 및 기대효과

추진과제	목표 및 기대효과
전기절약	• 에너지 효율이 높은 장비 및 가전기기 사용으로 연간 전기소비량의 11% 감축
신규 발전소 건설	• 석탄 발전설비 7% 효율 향상 및 석탄을 천연가스로 교체함으로써 감축 • 천연가스 발전비중을 30%까지 증대하여, 이를 촉진하기 위한 제도적 지원 강화
신재생에너지 비중을 총 발전량의 26% 확대	• 풍력 및 바이오매스 발전을 증대 • 2020년 연료별 발전량 비율 목표(석탄 32%, 천연가스 30%, 재생에너지 26%, 우라늄 6%, 기타 6%)
열병합발전 비중 확대	• 2020년까지 현재보다 2배 증가를 목표 - 수요자와 공급자 연계 및 생산 지원을 위한 제도적 지원 강화
난방시스템 개선	• 열 절약의 핵심으로서 건물 에너지 효율 개선과 열병합 발전 등 효율적인 난방시스템 구축 추진 • 성공적인 효과를 얻기 위해서는 보다 엄격한 에너지 절약 조례 마련, 지속적인 모니터링을 추진
재생에너지를 통한 난방공급	• 바이오매스, 태양열에너지, 지열에너지 비율을 6%에서 12%로 확대 추진 • 가정/상업/서비스 부문에서 6만톤 CO_2 감축
수송부문의 에너지 소비 절약	• 기술적인 방법(자동차 연비 개선, 배기량 감소, 경차 사용 등)과 운전자의 연료소비 절약습관화 등으로 2020년 연료 소비의 40%까지 감축 추진
운송수단체계의 전환 (도로이동 → 철도, 수로)	• 도로건설보다 철도 및 내륙수로 확장을 통한 교통효율 개선 • 철도비중 확대(1999년 16.5% → 2020년 25%)를 통해 CO_2 감축

CHAPTER 43

녹색성장 국가전략

저탄소 녹색성장이라는 새로운 국가비전에 따라 정부는 '녹색성장 국가전략 및 5개년 계획'을 수립하였다. 이 장에서는 녹색성장 국가전략 내용을 3대 전략과 10대 정책방향 중심으로 학습하고자 한다. 우선, 녹색성장 국가전략의 개요에 대하여 살펴본 후, 녹색성장 3대 전략에 대하여 분야별로 정리하고자 한다. 녹색성장 3대 전략은 기후변화 대응 및 에너지 자립, 신성장동력 창출, 삶의 질 개선과 국가위상 강화 등으로 이루어져 있다.

1 녹색성장 국가전략의 개요

(1) 추진괴정 및 의의

2008년 8월 이명박 대통령에 의해 '저탄소 녹색성장전략'이 제시된 이후, 기후변화 대응 기본계획을 비롯한 분야별 계획이 수립되었다. 이어서 정부의 '저탄소 녹색성장 기본법안'의 확정과 녹색성장위원회의 출범을 시작으로 2009년 3월에 '녹색성장 국가전략 및 5개년 계획'의 수립이 본격화되었다.

이에 공공과 민간이 참여한 가운데 논의를 거쳐 2009년 7월 14일 국무회의에서 '녹색성장 국가전략 및 5개년 계획'을 최종 의결했다. 그동안 지자체협의회를 통한 의견수렴, NGO 간담회, 민간협의회, 분과위원회, 중앙부처의 의견수렴과 대국민공청회를 통한 민·관·학 등 각계의 의견수렴 절차를 거쳤다.

본 계획은 저탄소 녹색성장과 관련한 최상위 국가계획으로서 국가 정책의 기본방향을 제시하고 있다. 2020년까지 세계 7대, 2050년까지 세계 5대 녹색강국 진입을 비전으로 하고 기후변화 적응 및 에너지 자립국가 구현, 신성장동력 창출, 삶의 질 개선과 국가위상 강화를 3대 전략으로 정하고 10대 정책방향을 결정하였다.

특히 본 계획은 연도별 달성목표, 투자계획, 수행주체 등 실행방안을 구체화한 계획으로서 정부는 물론 시민단체, 민간전문가 등 국민참여형 국가계획이라는 점에서 그 의의를 찾을 수 있다.

(2) 녹색성장 3대 전략과 4대 요소

정부는 '녹색성장을 통한 깨끗하고 풍요로운 미래 건설'을 비전으로, ① 기후변화 대응 및 에너지 자립, ② 신성장동력 창출, ③ 삶의 질 개선과 국가위상 강화 등 3대 전략을 제시하고, 이러한 전략을 달성하기 위한 방법으로 10대 정책방향을 제시하고 있다.

우선, '기후변화 대응 및 에너지 자립 전략'에서는 효율적인 온실가스 감축, 탈석유·에너지 자립 강화, 기후변화 적응 역량 강화를 추진한다.

다음으로, '신성장동력 창출 전략'에서는 녹색기술 및 성장동력화, 산업의 녹색화 및 녹색산업 육성, 산업구조의 고도화, 녹색경제 기반 조성을 추진한다.

마지막으로, '삶의 질 개선과 국가위상 강화 전략'에서는 녹색국토·교통의 조성, 생활의 녹색혁명, 세계적인 녹색성장 모범 국가 구현을 추진한다.

녹색성장은 다음과 같은 4대 요소를 바탕으로 에너지와 환경, 일자리와 성장동력, 국토개조 및 생활혁명 등 전 분야를 포괄하는 신발전 패러다임이라 할 수 있다.

첫째, 견실한 성장을 하되 자원사용을 최소화한다.

둘째, 동일한 자원을 사용하되 환경오염을 최소화한다.

셋째, 녹색기술과 청정에너지를 신성장동력으로 개발하고, 에너지 저소비형 산업 중심으로 산업구조를 개편한다.

넷째, 경제구조와 삶의 방식을 저탄소 친환경으로 전환하여 삶의 질을 획기적으로 향상시키는 생활 전반의 혁명을 제시한다.

의식주와 사고방식 등 모든 분야에서 저탄소 기준을 맞춘 생활혁명이 요구된다. 생활 속에서 자원의 효율성과 순환성을 높이면서 저탄소 녹색생활을 정착시켜야 한다.

그림 43-1 녹색성장 3대 전략과 10대 정책방향의 관계

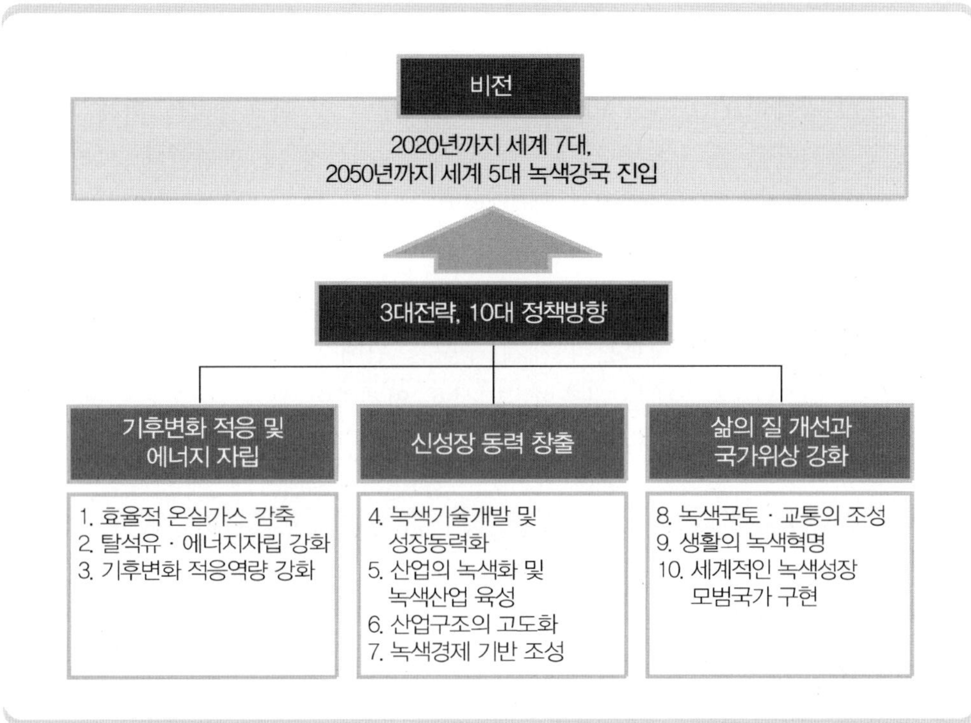

자료: 녹색성장위원회

2 [전략1] 기후변화 대응 및 에너지 자립

(1) 효율적인 온실가스 감축

1) 온실가스 감축목표 설정 및 부문별 감축전략 추진

온실가스 감축 잠재량과 비용편익을 분석하고 사회적 합의를 통해 국가 중장기 감축목표 설정 및 발표 배출권 거래제, 자동차 온실가스 배출기준 도입 등 건물, 교통, 산업 부문별 감축 목표 이행을 위한 비용 효율적인 감축전략 수립 및 감축을 추진한다.

(2009년)국가 중장기 온실가스 감축 목표 설정 → (이후) 부문별 감축 전략 수립 및 감축 추진

2) 탄소정보공개 확대

탄소정보공개지표(Carbon Visibility Index) 개발 및 목표관리를 위해 제품·서비스, 가정·건물 등 부문별 탄소정보 공개 목표 설정 및 관리한다. 그리고 이를 위해 2010년 탄소정보공개지표 개발 이후 부문별 목표관리를 추진한다.

배출권 거래제, 자동차 온실가스 배출기준 도입 등 건물, 교통, 산업 부문별 감축 목표 이행을 위한 비용 효율적인 감축전략 수립 및 감축을 추진한다.

국가 온실가스 종합 정보관리 체계 구축을 위해 국제적 수준의 국가·지자체·기업별 배출통계시스템을 구축한 후 상호 연계하여 국가 온실가스 정보관리 체계를 구축한다.

온실가스관리시스템: (2009년)제도마련 → (2010년)종합관리시스템 구축 추진

3) 탄소 순환 운동과 탄소 흡수원 확대

탄소를 덜 쓰고(Reduce), 다시 쓰고(Reuse), 달리 잘 쓰는(Recycle) 탄소순환운동을 통해 탄소순환율을 제고한다. 그리고 숲가꾸기, 유휴토지 조림과 습지 조성 등을 통해 탄소 흡수원 확대 및 연안 해역에 대규모 바다 숲을 조성한다.

* 산림의 탄소 저장량: (2009년)1,452 → (2013년)1,613백만tCO_2 * 바다 숲 조성: (2009년)100 → (2013년)9,500ha

4) 북한 산림 복구 지원 등 그린 한반도 구현

남북관계 등을 고려, 국제기구와의 협력을 통해 황폐화된 북한산림의 복구를 단계적으로 지원하고 남북 간 신재생 등 에너지분야 협력기반 조성 및 남북 공용하천의 자연재해 공동 대응체계를 구축한다.

그림 43-2 온실가스감축 주요 지표별 목표수준

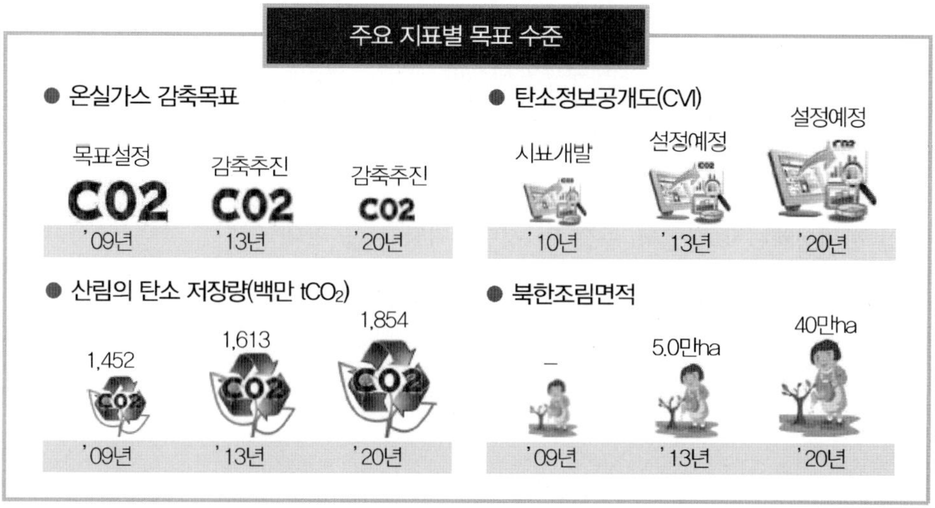

자료: 녹색성장위원회

(2) 탈석유·에너지 자립 강화

1) 에너지 저소비·고효율 사회 구축

최적의 기술획득전략 마련 및 통합형 R&D프로그램 추진, R&D 실증, 보급정책 전주기적 지원체계를 마련한다. 그리고 부문별 에너지 수요관리 혁신을 통한 에너지 절감방안으로 산업부문에서는 에너지다소비업종 맞춤형 시책(NA, EMS 등) 추진, 수송부문에서는 연비기준 강화, 에너지다소비 운수업체 신고제 도입, 건축물부문에서는 집단에너지 보급 확대, 건축물 설계기준 강화를 추진한다.

자원별 수요관리 강화 및 에너지효율 향상 의무화제도 도입 등 에너지 공급사업자에 대한 수요관리를 추진하고 고효율기기의 시장전환 및 보급을 촉진한다.

* 저효율기기 시장퇴출(2013년까지 백열전구 퇴출)
* 에너지효율목표 관리제 도입(2010년)

원가주의·전압별 요금체계 등 에너지가격의 합리적 개편을 추진하고 기존 전력망(발전→송배전→판매)에 정보기술(IT)을 접목, 에너지효율을 최적화할 수 있는 지능형 전력망 구축을 추진한다.

* (전력)전압별 요금체계 전환, (천연가스)수요패턴별 적정요금제 도입
* 에너지원단위: (2009년)0.317 → (2013년)0.290toe/천$
* (2020년)소비자측 지능화 → (2030년)전체 전력망 지능화

2) 신재생에너지 산업화 촉진 및 청정에너지 보급 확대

대형 풍력 상용화발전단지, 석탄가스화복합발전(IGCC) 실증 플랜트 조성 등 신재생에너지 표준화·인증제도 강화 및 실증·시범단지를 조성하고 태양광, 풍력, 연료전지, 석탄가스화복합발전(IGCC)의 4대 중점분야 수출산업화 전략을 수립한다.

신재생에너지 공급 의무화제도(RPS: Renewable energy Portfolio Standard, RFS: Renewable Fuel Standard 등) 도입을 위해 2012년 의무비율을 설정(3%)하고, 2020년까시 10%까시 상향 적용한다.

기술개발 진행에 따라 보급사업 규모 및 시기를 조정하여 기술 국산화 지원 및 국내제품의 시장점유율을 확대한다.

버려지는 폐자원의 청정에너지로의 전환 및 보급 확대를 위해 고형연료 생산시설, 유기성폐자원 바이오가스화 시설 확대 추진한다.

가정·건물·도시에 신재생에너지 보급 확대 방안으로 그린홈 100만호 사업을 추진하고 소규모 독립적 마을단위로 신재생에너지 보급방안으로 신재생에너지 우수마을(200개), 저탄소 녹색마을(600개) 조성, 신재생에너지보급율(2009년 2.7%→ 2013년 3.7%)증진을 추진한다.

3) 원자력 역할 강화 및 원전수출 강국으로의 도약

탈 화석연료 및 CO_2 감축을 위한 원전 발전비중의 확대방안으로 원자력발전 설비 비중을 현재 26%에서 2013년 27%로 증진하고 핵심·원천기술 자립화 및 원전 수출 추진을 위해 원전기술 발전방안을 통한 미자립 핵심·원천기술 국산화, 수출 유망국가별 맞춤형 마케팅 전략을 통한 원전수출을 중점 추진한다.

4) 해외자원개발 역량 확충

자원개발 전문기업 육성 및 해외 M&A를 통해 대형화하고 국가별 특성을 고려하여 유형별 에너지자원 협력전략 및 금융지원 방안을 수립한다. 중앙아시아는 패키지, 아프리카 ODA(Official Development Assistance), 중남미는 고위급 자원외교를 추진하고 석유가스 자주 개발율을 현재 7.4%에서 2013년 20%로 증진한다.

그림 43-3 탈석유 · 에너지자립강화 주요 지표별 목표 수준

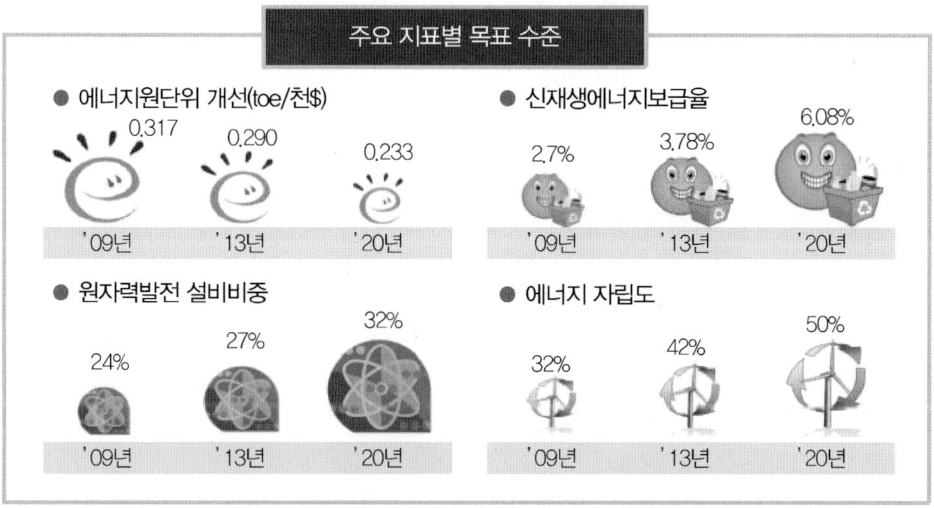

자료: 녹색성장위원회

(3) 기후변화 적응역량 강화

1) 기후변화예측 등 조기대응체계 구축

기후변화감시 및 예측능력 향상을 통한 정보 신뢰성을 향상시키고 지역별 · 부문별 상세 기후변화 예측정보 제공을 위해 웹 기반의 정보제공시스템을 이용한 국가 기후변화 시나리오 제공을 통해 기후변화 적응정책 수립을 지원한다.

2) 기후변화 대응 국민건강관리 강화

기후변화가 국민 건강에 미치는 영향에 대한 체계적 모니터링 및 분석을 강화하여 조기경보체계를 구축 마련하고 기후환경변화 대응 단계별·유형별 건강정책을 추진한다. 이를 위해 2009년 전염병, 대기오염, 폭염, 기상재해 등 유형별 대응전략 수립, 해외유입 신종전염병 토착화 방지 모니터링 및 백신·치료제를 개발한다.

3) 안정적 식량수급체계 구축

기후변화로 인한 식량위기 대처기술을 개발하고 식량안보체계 확립을 위한 국내역량 강화 및 국제협력을 통한 안정적 식량수급체계 구축을 위해 친환경농산물 생산비율을 현재 4.5 %에서 2013년 10% 증가를 목표로 하고 작물별 재배적지 선정, 재해적응 농·수산자원 품종을 개발한다.

4) 깨끗한 물의 안정적 공급

안전하고 깨끗한 물 환경 조성 및 생태계를 보호하고 효율적 물 사용을 위한 수요관리 강화 및 안정적 물 공급을 위한 기반 강화를 위해 고품질 상수원 확보차원에서 4대강 본류 수질을 2012년까지 2급수로 개선하고 수자원 확보를 현재 186억㎥에서 200억㎥으로 확대한다.

5) 기후친화적인 해양이용 및 관리

해수면·해수온 상승 등의 감시·예측에 따른 통합 연안관리 전략을 추진하고 해양에너지·자원 및 해양공간 활용 등 해양이용률 극대화를 위해 해수면상승 관련 침식 및 범람 등 연안변화 저감방안 마련과 연안 취약성 평가면적을 2013년 800㎢를 목표로 한다.

6) 재해 사전예방을 위한 기준 및 시스템 구축

극한 이상기상 발생에 대비한 재해예방사업 추진과 기능 중심의 복구에서 생태 복원 및 자연환경 여건을 고려한 친환경 복구체계로 전환하기 위해 기후변화 대응 방재기준을 재설정하고 자연재해보험 활성화를 추진한다.

7) 산림생태계 건전성 제고 등 지속가능한 산림경영 추진

녹색공간 확충 및 건강성 증진을 통한 기후변화대응 및 녹색웰빙 기반 확충을 위해 리기다소나무림 갱신면적을 현재 10천ha에서 2013년 18천ha로 확대한다. 숲 가꾸기를 통한 산림의 녹색 댐 기능 증진 등 산불, 산사태, 산림병해충 등의 산림재해 예방 인프라 구축 및 대응시스템을 강화한다.

그림 43-4 기후변화 적응역량 강화 주요 지표별 목표 수준

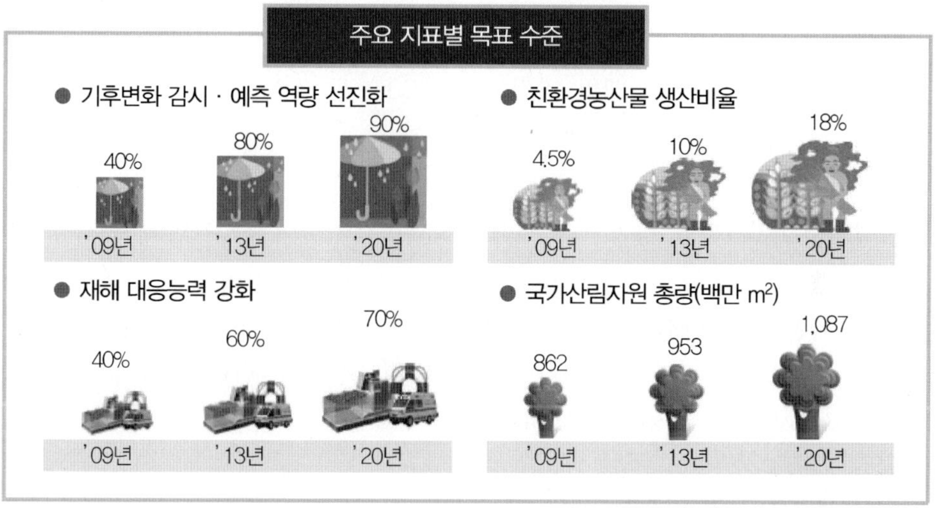

자료: 녹색성장위원회

3 [전략2] 신성장동력 창출

(1) 녹색기술개발 및 성장동력화

1) 녹색기술개발 투자의 전략적 확대

정부 R&D 투자 중 녹색 R&D 비중을 2008년 약 15%수준에서 2013년까지

20%수준으로 확대하기 위해 녹색기술개발분야를 현재 16%에서 2013년 20%까지 확대한다. 또 기술수준과 상용화 시점 등을 고려하여 투자방향을 제시한다.

기초・원천연구와 응용개발에 대한 균형적 녹색기술연구개발 강화를 위한 'Green Tech Initiative'를 추진한다. 기존 국가연구개발사업 및 기술개발지원제도의 녹색화를 위해 R&D과제 선정시 기술녹색도(Degree of Greening)[1]를 고려한다.

2) 녹색기술개발체계 강화

녹색기술 R&D 종합조정체계 구축을 통한 효율성 극대화를 위해 녹색위와 국과위를 연계하여 종합조정 역할 체계를 구축하고 전략분야별로 정부와 민간의 기술개발 역할을 분담한다.

녹색기술 R&D거점 조성차원에서 녹색기술 연구개발에 필요한 대형 인프라와 연계하여 녹색기술 연구개발 거점(Green Core)을 조성한다.

3) 녹색 신기술 실용화

녹색기술 R&D사업 성과관리 체계 강화, 녹색기술이전・사업화 촉진을 위한 맞춤형 패키지 지원 등 기반을 강화하기 위해 녹색기술 지식재산 강소기업을 육성하고 지재권법률상담실 운영 등 특허분쟁 대응 체계를 구축한다.

녹색 신기술・신제품 인증제도 도입, 정책자금 지원, 인력 지원 등의 실용화를 위한 전략적 지원 체계를 구축한다.

4) 녹색기술・산업 인프라 구축

'Green TCS[2] System 구축 프로그램' 계획을 수립하고 세계적 수준의 녹색기술 정보체계를 구축한다.

5) 녹색기술개발 국제협력 활성화

선진국 소재 세계적 녹색기술 연구기관과의 공동연구, 다자간 국제공동연구 프로그램 참여를 확대 추진하고 우수 녹색기술인력 활용 및 교류 확대를 위한 기반 구축을 위해 해외 녹색기술인력 유치에 2009년 25명에서 2013년 100명으로 확

---

1) 녹색도는 해당기술의 저탄소사회 패러다임에의 적합성 정도를 비교하는 척도이다.

2) TCS: Testing, Certification, Standard.

대한다.

6) 녹색기술산업의 성장동력화

중점 녹색기술산업의 핵심원천 및 상용화기술 조기 확보를 위해 신재생에너지분야에서 고효율 태양전지 개발, 해양바이오연료를 실용화하고 탄소저감분야에서 CO_2 포집·자원화, 상용·연구용 원전 조기개발, 에너지기반부문에서 스마트그리드, 차세대 이차전지, 그린 IT분야에서 그린PC, TV, 서버를 추진한다.

국제표준, 제품인증 기준, 구매의무제 등을 통한 초기시장 창출을 위해 신재생에너지분야에서 에너지공급자의 신재생에너지 공급의무할당제를 도입하고 LED 응용분야에서 다양한 LED제품의 표준 및 인증제정, 건축법규 등에 반영한다.

기술개발, 민간투자, 시장창출 등을 저해하는 규제 및 법·제도를 합리적으로 개선하기 위해서 고도물처리산업부문에서 하·폐수 처리수 재이용 관련 법·제도를 개선, 그린수송시스템부문에서 그린카, 레저선박산업 육성을 위한 제도 개선을 추진한다.

(2) 산업의 녹색화 및 녹색산업 육성

1) 주력산업 녹색전환 촉진 및 녹색경영체제 확산

R&D, 설비투자 지원 확대 등을 통한 주력산업의 녹색화를 위해 철강분야에서 Strip Casting 등 신공정, 초경량·고효율 철강소재, 섬유분야에서 탄소섬유 등 초경량 복합소재, 폐자원 활용 그린섬유, 석유화학분야에서 폐열, 공정부산물 활용 P2P 공정, 저탄소 원료대체, 조선분야에서 해저 CCS플랜트, 연료절감형 선형 및 친환경 추진 장치 등을 주력산업으로 추진한다.

녹색경영 인증, 녹색경영 우수기업 발굴, 인센티브 확대 등을 통한 녹색경영을 확산하기 위해 녹색경영 기준·지수개발 및 가이드라인을 보급한다.

유망 녹색 프로젝트 발굴·지원, 해외 우수기업 M&A 지원, 녹색산업 수출상담회 개최 등 녹색제품 해외진출을 지원하고 해외유망 글로벌 선도기업의 국내투자를 유도하며, 조세감면·입지 등 외국인 투자 인센티브를 개편한다.

2) 자원순환형 경제·산업 구조 구축

자원순환기본법 제정, 통합 자원순환 관리체계 구축 등 자원순환·생산성 제고 기반을 구축하고 폐기물 수거체계 규모의 경제성 확보, 재활용 제품 유통구조 선진화와 수요기반 확충 등 시장주도 자원순환을 활성화한다.

생활폐기물에서 고가·희귀금속을 추출하는 도시광업 활성화를 위해 휴대폰 등 폐전자제품 회수 의무화를 강화하고 폐금속자원 추출·회수관련 R&D지원을 2009년 90억 원에서 2013년 375억 원으로 확대한다.

건설폐기물에서 생산한 순환골재·순환골재 재활용품 보급 확대 및 고품질 순환골재 생산·사용 인프라를 구축하기 위해 순환골재 의무사용 비율을 2009년 15%에서 2013년 20%로 확대한다.

3) 녹색 중소·벤처기업 육성을 통한 중소기업 녹색역량 강화

중소기업 녹색도 진단·컨설팅, 녹색정보망 구축 및 그린팩토리 사업추진 등 중소기업 녹색화를 촉진하고 대·중소기업 그린파트너십 확산을 통해 중소기업 녹색역량 제고 및 공급망의 녹색화를 확대한다. 이를 위해 그린파트너십 참여기업을 2009년 685개에서 2013년 1,500개로 확대한다.

투자유치 조건부 및 구매조건부 R&D지원규모 확대, 녹색제품 공공구매 확대, 녹색중소기업 전용 펀드 조성, 정책자금·신용보증을 확대 및 우대하고 녹색중소·벤처기업에 대한 R&D, 인력, 판로, 수출 등 각종 시책을 종합적·체계적으로 지원한다.

4) 지식주도형 녹색클러스터 구축

신재생에너지 통합실증단지형 클러스터, R&D 거점형 클러스터, 녹색부품소재 클러스터 등 녹색 산업 유형 및 지역특성을 고려하여 녹색산업 집적 현황, 입지여건 및 지역의 혁신역량 등을 토대로 산·학·연 협력과 혁신이 선순환되는 녹색클러스터를 조성한다.

산업단지를 녹색화하는 그린 산업단지 사업 확대를 위해 산업단지 내 폐에너지 및 부산물의 순환망을 구축하여 외부 투입을 최소화, 자원 및 에너지를 자급자족할 수 있는 시스템 구축, IT기술을 활용한 폐자원관리, 에너지·자원의 순환경로 파악 및 최적화 경로 제공, 오염물질 자동관리가 가능한 시스템을 구축한다.

(3) 산업구조의 고도화

1) 첨단융합산업 육성

방송통신산업부문에서는 IPTV, DMB, WiBro 등 방송통신 신규서비스 활성화를 위한 통합법제 마련, 광대역통합망 구축, 방송의 전환 및 방통콘텐츠 지원, 차세대 IPTV 및 4G 이동통신 등 차세대 방통분야 원천기술개발 지원을 확대하고 국제표준을 선도한다.

IT융합시스템부문에서는 IT산업과 자동차, 건설 등 주력산업과의 IT융합 거점을 확충하고 RFID의 선도적 수요를 창출한다. 이를 위해 선진국 대비 IT융합 기술수준을 2008년 70%에서 2013년 90~100%로 증진시켜 RFID/USN분야 세계 3위권으로 진입한다.

차세대 반도체 부품·소재·장비의 국산화율 제고, 차세대 디스플레이 전주기 지원체계 구축을 위해 차세대 반도체·디스플레이 및 관련장비 상용화 기술개발을 중점 추진한다.

로봇 응용분야에서는 로봇랜드 등 정부주도의 로봇수요 창출 및 로봇 실증·체험 확대를 통한 민간수요를 확산시키고 부품국산화, 기반기술·표준 보급 및 확산으로 로봇산업 기반 강화를 추진한다. 이를 위해 세계 로봇시장 점유율을 2008년 8.9%에서 2013년 13.3%로 확대하고 석박사급 로봇 전문인력 양성에 2009년 320명에서 2013년 3,000명을 목표로 한다.

신소재·나노부문에서 글로벌 리딩(GL) 신소재 및 나노융합 혁신제품 개발과 신소재나노 전문인력 양성 및 표준화 추진체계를 구축한다. 이를 위해 2015년까지 6개 소재 원천기술개발로 GL(Global Leading)소재를 20개 창출하고 나노융합 혁신제품 창출은 2011년 10개, 2015년 30개를 목표로 한다.

바이오제약·의료기기부문에서 바이오 항체치료제, 줄기세포·유전자치료제 개발 및 바이오시밀러 대량생산 체제를 구축하고, 첨단의료기기 개발, 디지털병원 개발 및 전략적 수출지원을 추진한다. 이를 위해 치료제 개발 및 임상시험을 완료하고 3개국 이상의 병원에 수출한다.

식품산업부문에서 국가 식품클러스터 조성, 세계 김치연구소 설립 및 한식세계화 사업을 추진하고 3대 중점분야를 핵심기술개발로 선정하여 집중 투자한다. 미래유망소재·식품, BT·NT·IT 등 융합기술, 식품안전기술, 한식세계화를 위한 인바운드(Inbound) 전략(전문인력양성 등)과 해외진출확대(식문화 홍보 등)를 도모하는 아웃바운드(Outbound) 전략을 수행한다.

2) 고부가 서비스산업 육성

글로벌 의료서비스부문에서 해외환자 유치를 위한 제도개선 및 U-헬스 활성화 기반을 마련하고 비자제도, 의료기관 인증제 도입, 유치업자 범위확대(보험회사 포함) 및 의료사고 배상책임보험 등을 유도하며 U-헬스 활성화를 위한 의료법, 약사법 등 정비 및 U-헬스 시스템 및 서비스를 개발한다.

교육서비스부문에서 외국교육기관·유학생 유치를 위한 제도정비, U-러닝 관련법 전면개정 및 ODA와 연계한 해외진출을 지원한다. 이를 위해 외국인 유학생을 2013년 10만 명 유치하고 U-러닝 이용률을 2009년 45%에서 2013년 65%로 확대한다.

콘텐츠·SW부문에서 핵심콘텐츠 기술개발, 투자활성화 유도, 사업자 간 공정거래 환경조성, 저작권 보호강화 및 SW 융합기술 개발을 강화한다.

MICE·관광부문에서는 복합단지 조성 등 고부가 MICE[3]관광 지원 확대 및 문화관광·쇼핑관광 등 융합관광을 활성화한다.

MICE시설 확충, 쇼핑·숙박 등 연계시설의 집적화, 대표 전시회·국제회의 육성 및 MICE·관광상품 개발 여건을 조성한다.

(4) 녹색경제 기반 조성

1) 배출권 거래제도 도입 및 탄소시장 활성화 추진

거래제 운영방식, 구성 요소별 주관기관 등 배출권거래제 기본추진 계획을 마련한다. 배출권거래제 시행에 필요한 배출권거래제법 제정 추진, 국제협상 추이 등을 고려, 시범사업 실시 및 본격 도입, 탄소 전문금융기관 설립 및 해외 배출권 사업(CDM 등) 지원을 추진한다.

3) MICE: Meeting, Incentive travel, Convention, Exhibition.

2) 녹색기술·산업에 대한 정책자금 지원 확대

국책은행 및 모태펀드 지원, 민관 매칭펀드 조성 등 녹색기업에 대한 여신 및 투자를 확대하고 녹색기업에 대한 정책보증 확대 및 우대, 녹색기술·산업의 해외 수출 촉진을 위한 수출보험을 지원한다.

3) 녹색경영·산업 주가지수를 개발, 녹색기업 투자 촉진

유가증권·코스닥 유망 녹색기업을 대상으로 주가지수를 개발하고 녹색금융 투자업 육성 및 녹색기업 분석평가체계를 강화한다.

4) 녹색경영 정보를 공개, 금융기관 정보활용 유도

기업의 상장·경영공시 여건 등에 ESG(Environmental, Social, Governance)요소 반영을 검토하여 기업의 환경정보 및 해외 금융상품정보 지원 체계를 구축한다.

5) One-Stop 종합 녹색은행 설립 검토

탄소배출권 및 녹색산업의 사업개발자금 지원, 수출금융, 환율헷지, 보증 등 종합 녹색금융 서비스를 제공한다.

6) 친환경적 세제 개편

에너지·자동차 관련 세제를 환경 친화적 세제로 개편하고 친환경상품, 친환경자동차 등에 대한 세제 지원을 확충한다. 이를 위해 환경마크·GR마크 등 친환경상품에 대한 세제 지원방안을 검토한다.

7) 녹색상품 생산 구매촉진 제도 마련

자동차 연비기준, 온실가스 배출허용 기준 도입 및 기업의 온실가스 감축활동에 대한 인센티브를 제공한다. 생산·운반·사용·폐기 등 전 과정에서의 CO_2 발생량을 표기하는 탄소라벨링 인증제품의 점진적 확대를 추진하며 에너지소비제품 온실가스 배출량 표시 및 건물 에너지 효율을 평가하는 녹색건축물 등급·인증제 도입을 추진한다.

8) 기초에너지 안정적 사용 지원

저소득층 거주 주택의 냉・난방 효율을 제고함으로써 에너지비용의 근원적 절감을 지원하고 사회복지시설의 노후화된 에너지 설비를 신재생에너지 설비로 개체하는 등 환경친화적 개・보수를 지원한다. 또 에너지빈곤 개념 및 에너지빈곤층 선정기준 확립 등을 통한 에너지복지 사각지대를 해소한다(에너지빈곤가구 비중: 2009년 7.3% → 2013년 5.0%).

9) 적극적 녹색일자리 창출 및 녹색기술자격제 도입

신규 녹색일자리 창출을 위해 Green 사회적 기업을 2009년 40개에서 2013년 300개로 확대하고 그린자격증 도입 및 녹색노동시장 정보체계화를 통한 고용 원활화를 도모한다.

10) 핵심 녹색인재 육성

대학・출연 공동 연구센터, 녹색기술 분야 선도 연구센터 등을 육성・지원하고 기후변화 대응, 신재생 에너지 등 녹색기술・산업 분야 특성화 대학원을 육성 지원함으로써 고급인력을 양성한다.

4 [전략-3] 삶의 질 개선과 국가위상 강화

(1) 녹색국토·교통의 조성

1) 신(新)그랜드 녹색 국토공간 구축

환경과 경제가 함께하는 자원순환형 녹색국토 가치를 정립하고, 4대강・새만금・연안지역 등 녹색 지역거점을 확대한다.

초광역 자원순환형 지역개발을 추진하고, 한국형 녹색도시개념을 정립, 기존 도심 재생 및 탄소중립형 신도시로 개발한다.

국토공간의 기후변화 대응능력 강화로 안전한 녹색국토를 구현하기 위해 탄소흡수원 가치가 높은 산림, 도시숲, 농지, 수자원, 해양을 적극 보전한다.

2) 생태공간의 양적·질적 도모

국내 및 국제보호지역(람사르 습지, 습지보호지역 등)을 확대하고 이를 위해 람사르 등록 습지를 2009년 13개에서 2013년 17개로 확대한다.

복개·훼손하천 복원, 시민참여 기반의 저탄소 녹색림 조성, 도시생태 네트워크 구축으로 생활체감형 생태공간을 주성한다. 이를 위해 녹색림을 2009년 1,800ha에서 2013년 2,500ha로, 생태하천비율을 2009년 60%에서 2013년 70%로 확대한다.

생태현황지도 등 정보기반 마련, 계획기법·제도 개선 등 생태공간 확충을 위한 기반을 구축한다.

3) 녹색건축물 확대

에너지효율등급 및 친환경건축물 인증제 적용대상 확대, 전문가 양성 등 녹색건축물 활성화 기반을 조성한다. 이를 위해 일정규모 이상 건축물의 허가 또는 매매계약시 에너지효율등급 인증서 첨부 의무화 방안을 강구한다.

에너지 절약 설계기준을 단계적으로 강화하고, 금융·세제 지원 등 인센티브 제공으로 자발적 확산을 유도하고 단독·공동주택 등 주거용 건물, 비주거용 건물별 설계기준을 마련한다.

공동주택, 공공청사, 학교, 복지시설 등을 녹색건축물로 조성하기 위해 신재생에너지 설비를 지원하는 그린홈사업 100만호와 녹색건축물 시범사례로 그린오피스 마스터플랜을 마련한다.

4) 녹색교통체계 구축

고속철도 조기 개통, 철도 복선화 및 전철화, 연안수운 활성화 등을 통해 친환경 녹색교통수단의 이용률을 제고한다. 이를 위해 철도 여객수송 분담률을 2009년 18%에서 2013년 22%로 증가시키고 연안해운 화물수송 분담률을 2009년 18%에서 2013년 22%로 확대한다.

교통수요관리, 환승·연계시스템 강화, 지능형 교통체계(ITS) 고도화 등 대중교통 이용을 활성화한다. 저탄소 그린포트 구축, 물류공동화, 녹색물류인증제 도입 등 물류비 절감 도모 및 녹색물류산업의 경쟁력을 강화한다.

5) 자전거 이용 활성화

자전거의 위상을 교통수단의 하나로 확립하고, 자전거 이용 문화 확산 기반을 마련한다. 자전거 교통수단 분담률을 2009년 1.5%에서 2013년 5% 목표로 한다.

공공임대자전거 도입, 대중교통 연계시스템 구축 등으로 언제 어디서나(Ubiquitous) 자전거 이용이 가능한 여건을 구축하고 도시 내 자전거 전용도로 확충 및 유럽 그린웨이(Green way) 수준의 전국 자전거 도로 네트워크를 구축한다. 이를 위해 전국 자전거 도로 네트워크로 2009년~2018년까지 총 3,114km를 건설하며 4대강 주변을 따라 1,728km의 자전거 도로를 건설한다.

(2) 생활의 녹색혁명

1) 녹색교육 및 녹색시민 양성 기반 구축

녹색성장 개념정립 및 녹색시민 양성을 위한 로드맵을 수립하고 국민의 녹색생활 실천 유도를 위한 교육자료 및 프로그램을 개발・보급한다.

性・직업군・연령・지역별로 차별화된 교육자료를 개발・보급하고, 녹색생활 자가진단 인식 가이드라인을 개발・시스템화하며, 제도・비제도권 교육 내에서의 녹색성장교육을 강화한다.

2) 녹색생활의 실천 확산

녹색생활 지표(Green Life Style Index)를 개발하여 모니터링하고 범국가적인 대국민 통합 캠페인의 브랜드화 및 중장기 통합 홍보 캠페인을 전개한다.

기업의 사회적 마케팅(Social Marketing) 지원사업을 추진하고 녹색 마케팅 상담 지원창구를 마련한다. 각 분야별 저명인사를 활용, 그린스타트 네트워크 강화 등 녹색생활 캠페인을 전개한다.

녹색생활 우수 실천집단(학교, 기업, 단체 등)에 대해 포상하고 기후적응형 복장운동, 온실가스 줄이기 실천 캠페인을 추진한다.

탄소포인트제 등 인센티브 제도를 확대하여 2020년까지 총인구 및 가구의 약 10%를 녹색시민 및 녹색가정으로 육성한다.

3) 녹색소비 활성화

공공부문 저탄소 녹색제품 의무구매 대상기관 및 품목을 확대하고 의무구매 대상기관을 중앙정부 · 지자체 · 공공기관 이외에도 지자체 출연 의료법인 등도 포함한다.

녹색구메 참여기업에 대한 인센티브 강화와 수범사례 전파 등 탄소라벨링 인증 제품 및 녹색구매 협약기업을 확대한다.

그린스토어 인증제 도입 및 전국규모 그린유통망을 확충하고 현행 친환경상품 판매장소 설치 · 운영 의무제에 따른 친환경 상품 매장을 그린스토어 인증제로 개편 운영한다.

4) 녹색마을 조성 및 운동 전개

녹색마을은 마을단위의 공간에서 마을 주민들이 함께 자발적으로 녹색생활을 실천하여 저탄소 녹색성장을 유도하는 기초생활권 중심의 공간적, 실천적 생활로 저탄소 녹색마을 모델을 개발 · 보급한다.

전국 지자체 거점별 녹색마을센터를 확충하고 마을단위의 녹색생활 전략수립 및 실천의 총거점이 될 녹색마을센터를 설립 · 확충한다.

지역주민, 관, 기업 등이 함께 자발적으로 참여하여 만들어가는 상향식(Bottom-Up) 녹색마을 운동을 전개한다.

5) 생태관광 활성화

한국을 대표하는 자원유형별 10대 생태관광 모델 개발 및 시범사업을 추진하고 인프라, 소프트웨어, 홍보 등 총체적 지원을 실시한다.

문화생태 탐방로, 산림문화체험 숲길, 치유의 숲 등 조성 확대를 통해 친환경적 생태관광 기반시설을 확충한다.

체류형 저탄소 · 생태관광 상품 개발을 위해 슬로시티, 백두대간, 보호지역 등을 연계한 생태관광상품 개발과 국내 · 외 관광객의 5%를 생태관광객으로 전환할 것으로 추진한다. 생태관광 전문인력 양성 및 지속가능 관광인증제도를 시행한다.

(3) 세계적인 녹색성장 모범국가 구현

1) 글로벌 녹색성장 실현에 협력하는 국가

기후변화 협상에서 선진국과 개도국의 가교역할을 할 수 있는 공통의 비전 및 건설적 대안을 제시하고 NAMA[4] Registry, NAMA Crediting 제도 설립시 적극 참여한다.

G8, 기후변화 주요국 포럼(MEF), OECD 등 국제적 기후변화 대응 및 녹색성장 논의에 적극 참여한다. 그리고 국제 기술협력 전략 로드맵에 따른 다자간 기술 협력체 참여 활성화 및 국제기구 활동 전문가 육성과 기술협력에 있어 지역중심 블록화 추세에 부응한 한·중·일 녹색기술 협력을 강화한다.

2) 녹색성장 모범으로 인정받는 국가

통합적 관리체계 및 DB 구축 운영을 통해 녹색성장 관련 주요 국제지수로 개선한다. 이에 따라 환경성과지수(EPI)는 2009년 51위에서 2013년 30위를 목표로 한다.

UN협약의 당사국 총회 및 주요 정상급 회의를 유치하여 개최국으로서의 위상 및 이미지를 제고한다. 그리고 기존 역량있는 전시회 중심의 통합 및 협업으로 녹색성장 관련 아시아 대표 전시회를 육성하며 해외 봉사단의 녹색 봉사활동 강화 등 인적자원을 활용한 국제 환경문제 기여를 확대한다.

3) 개도국의 녹색성장을 도와주는 국가

동아시아 기후 파트너십을 통해 개도국의 기후변화 적응을 지원하고 개도국의 온실가스 감축 능력 배양 및 감축사업 종합 사전 타당성 평가체계 구축을 통한 감축을 지원한다.

녹색 ODA 규모 확대 및 UN 지구환경기금(GEF) 등 다자 국제기구를 통한 공여를 확대[5]하고 글로벌 이슈 해결 및 녹색시장 창출을 위한 녹색기술을 개도국에 확산시킨다.

---

4) NAMA: Nationally Appropriate Mitigation Action – 자발적 중기감축 목표 제시 및 국가 목표 관리 추진.

5) GEF 공여도(공여액 ÷ GEF 목표액): 2009년 0.23% → 2013년 0.25%

4) 녹색성장 모델을 보여주는 국가: Green Hub Korea

녹색성장 표본도시, 녹색 산업클러스터, 녹색 경제자유구역 등 녹색기술과 시스템이 집약된 생활 및 산업·무역의 녹색성장 쇼케이스를 조성한다.

기후변화 분야의 국제기구를 창설 유치하여 아시아지역 기후변화 선도센터로 육성하고 이에 따라 아시아 산림녹화를 주도하는 AFoCO(아시아산림협력기구) 창설과 APCC(APEC 기후센터)를 아시아 기후변화 중심센터로 육성한다. 또 세계적 연구기관의 전략적 유치, 기술인재 유입과 활용 촉진을 통한 녹색기술 및 정책의 허브를 구축한다.

CHAPTER 44

녹색뉴딜정책

뉴딜(New Deal)은 트럼프의 카드를 새로 나누어 준다는 뜻으로, 1930년대 대공황을 극복하기 위해 미국의 루즈벨트 대통령이 사용한 경기부양책이다. 우리 정부의 녹색뉴딜정책은 녹색기반위에서 경제위기를 극복하고 성장기반을 유지하기 위해 창조된 사업이다. 즉, 녹색(Green)과 뉴딜(New Deal)을 함께 추진함으로써 잠재적 성장동력을 확충하고, 일자리 창출을 도모하기 위한 것이다.

1 녹색뉴딜사업의 의의

(1) 녹색뉴딜사업의 필요성

녹색뉴딜사업은 2009년 대통령 신년연설에 발맞추어 정부차원의 '일자리 창출을 위한 녹색뉴딜사업 추진방안'을 발표[1]하면서 시작되었다. 이러한 녹색뉴딜사업은 각 사업 간의 연계성 확보방안 및 중복투자를 방지하기 위한 전략적 실천방안 마련이 필요하며, 무엇보다도 국민들이 체감할 수 있는 정책이 되도록 해야 한다는 중요성을 띄고 있다.

2008년 이후 한국경제는 대내외 경제위기로 실물부분 위축이 빠르게 진행되었다. 그리고 금융의 자금중개기능이 약화되고 금리 등 통화정책 수단이 제약되는 상황이었다. 이때 뉴딜 등 재정정책의 적극적 역할을 통한 일자리 창출과 성장동력 확충이 긴요하게 되었다.

더욱이 미개척분야인 저탄소 친환경 자원절약 관련 사업을 추진하여 새로운 성장동력을 발굴함으로써 성장기반을 구축하는 것이 급선무였다. 위기관리를 위

1) 녹색뉴딜사업은 2009년 1월 6일 발표되었다.

해 단기적인 재정확대가 불가피한 상황에서, 중장기적으로 성장동력을 확보할 수 있는 사업에 대한 투자야말로 상생(WIN-WIN)하는 전략으로서 필요를 느낀 것이다. 더욱이 당시의 위기는 버블을 통한 양적 성장추구가 원인이었다. 따라서 위기 이후 지속성장을 위해서는 질적 성장으로 패러다임을 전환할 필요가 생긴 것이다.

(2) 녹색뉴딜사업의 목적

녹색뉴딜은 신성장동력 사업과 녹색기술 R&D를 연계·추진함으로써 공공부문 R&D와 함께 세제지원, 제도개선, 인력양성 등 성장동력별로 차별화하고, 민간의 R&D 투자 등 적극적인 참여를 유도해 나가는 사업이다. 이는 단기 일자리 창출과 시장창출 기반조성 역할을 하고, 저탄소화와 녹색산업화에 기여하여 환경보호와 경제성장이 선순환되는 녹색성장의 전략적 구심점이 되는 역할을 하게 된다.

녹색뉴딜사업은 녹색경제로의 이행을 촉진하고 성장과 일자리를 창출할 수 있는 사업을 중점으로 선정하여 한국형 '뉴딜'과 신성장동력 중 녹색 연관성과 성장·일자리 창출의 효과가 큰 사업, 여타 녹색 사업 중 일자리 창출 효과가 큰 사업을 중심으로 구성하였다. 뉴딜 사업이 일자리 창출용 대규모 공공투자사업이라는 점을 감안하여 공공투자사업 중심으로 선정하였다. 이는 저탄소, 친환경, 자원절약 등 녹색성장전략에 고용 및 잠재적 성장동력 창출의 뉴딜정책 융합을 통한 시너지 효과의 극대화로 잠재적 성장동력뿐만 아니라 일자리 창출 등 구체적 성과를 얻을 수 있는 정책으로 승화·발전시키고자 하는 것이다.

(3) 녹색뉴딜의 포괄범위

녹색경제로의 이행을 촉진하고 성장과 일자리를 창출할 수 있는 사업을 중점 선정하고 ① 에너지 절약, 자원재활용 및 청정 에너지 개발 등 자원절감형 경제 구축 사업, ② 녹색 교통망 구축, 맑은 물 공급 등 편리하고 쾌적한 생활환경 및 삶의 질을 높이기 위한 사업, ③ 탄소 저감, 수자원 확보 등 지구 장래와 차세대 안전을 위한 선제적·예방적 사업, ④ 산업·정보 인프라 구축, 기술개발 등 미래 대비와 에너지 효율을 높이기 위해 필수적인 사업을 범위로 한다.

녹색뉴딜사업과 신성장동력사업과의 관계는 그림과 같다.

그림 44-1 녹색 뉴딜사업의 신성장동력 사업

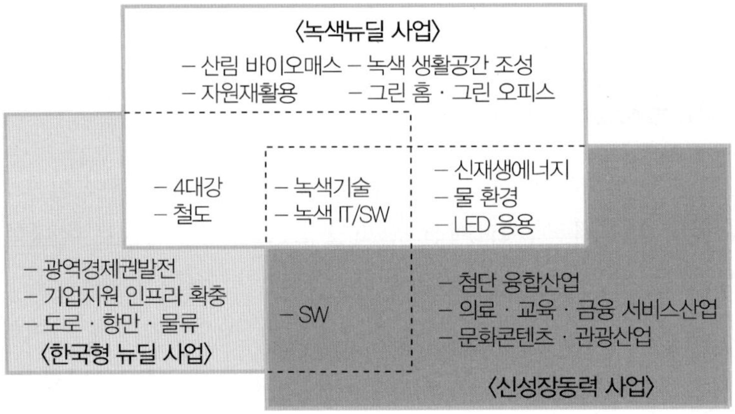

(4) 녹색뉴딜사업의 추진 목표 및 전략

녹색뉴딜사업은 단기적으로 경기침체에 대응하고 장기적으로는 중장기 성장 동력 확보를 목표로 한다.

이는 다시 세 가지 주력 분야로 구분할 수 있다. 친환경SOC 분야에서는 4대강 살리기, 녹색 교통망 구축, 녹색국가 정보인프라를 구축하는 것이며, 저탄소·고효율 산업기술 분야에는 대체수자원 및 중소댐 구축, 그린카·청정에너지, 자원재활용을 확대하는 것이고, 친환경 및 녹색생활 분야에서는 산림 바이오매스, 그린홈·빌딩, 녹색생활공간 조성 사업을 핵심적으로 추진하는 것이다.

녹색뉴딜사업을 실현하기 위한 핵심 추진전략을 살펴보면 다음과 같다.

우선, 선택과 집중을 통한 일자리 창출 효과 극대화를 위해 성장 및 일자리 파급효과가 큰 핵심사업을 중점적으로 추진하면서 관련 사업과의 연계로 시너지 효과를 이끌어낸다.

또, 중앙과 지방정부, 기업과 민간이 효율적 역할 분담을 한다. 즉, 정부는

그림 44-2 녹색뉴딜사업의 추진 목표 및 전략

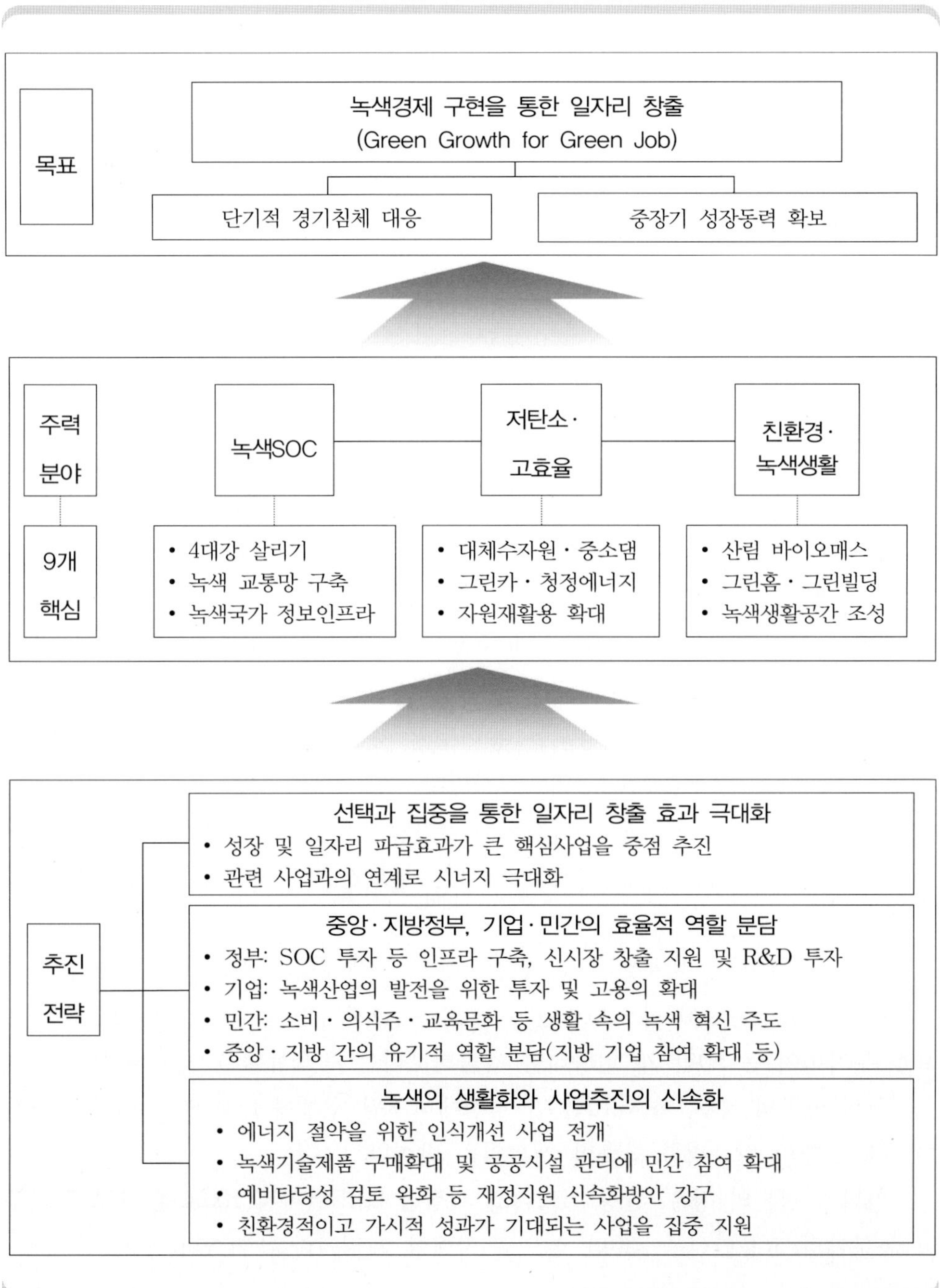

SOC 투자 등 인프라 구축과 신시장 창출 지원 및 R&D 투자를 담당하고, 기업은 녹색산업의 발전을 위한 투자 및 고용을 확대하며, 민간은 소비・의식주・교육문화 등 생활 속의 녹색 혁신 주도, 중앙・지방간의 유기적 역할 분담(지방 기업 참여 확대 등)을 통하여 뉴딜 사업을 성공적으로 추진해 나가는 전략이다.

특히, 녹색의 생활화와 사업추진의 신속화를 위해 에너지 절약을 위한 인식개선 사업을 전개하고, 녹색기술제품 구매확대 및 공공시설 관리에 민간 참여를 확대하는 한편, 예비타당성 검토 완화 등 재정지원 신속화 방안을 강구하고, 친환경적이고 가시적 성과가 기대되는 사업을 집중 지원하는 전략이다.

2 선진국의 녹색뉴딜 정책

녹색뉴딜 정책은 2008년 7월 영국 NEF(The New Economics Foundation)가 'A Green New Deal' 보고서에서 "세계가 금융위기, 기후위기, 에너지위기 등 삼중고에 직면하고 있다"고 지적하고, 그 해결책으로 '녹색뉴딜'을 제시하면서 확산되기 시작했다. NEF는 영국 정부에 대해 탄소세 부과와 함께 신재생에너지 개발, 에너지효율 향상 등 녹색성장산업에 집중 투자할 것을 제안하였다. 이후 녹색뉴딜은 유엔 및 각국에서 널리 사용되는 용어로써 지속가능한 새로운 방식을 활용해 경기부양을 하자는 개념으로 자리매김하였다.

영국은 2005년에 저탄소 녹색경제를 국가발전전략으로 채택하고 최근(2009년 1월)에는 일자리 16만 개를 목표로 학교재건, 철도건설 등의 그린뉴딜사업을 발표하였다.

이에 우리나라를 비롯한 주요 선진국들도 녹색뉴딜 계획을 발표하였다.

우선 프랑스는 2007년~2020년 중 철도, 에너지 절약형 건물 등에 4,000억 유로를 투자하여 총 50만 개 일자리를 창출하겠다는 녹색뉴딜을 발표하였다.

한편 미국의 경우, 향후 10년 간 청정에너지원 개발에 1,500억 달러를 투자하여 500만 개의 일자리를 창출할 계획임을 밝혔다.

가까운 일본의 경우, 환경 비즈니스 시장을 2015년까지 100조엔 규모로 키우고 동분야의 고용인력을 220만 명으로 확대할 계획이라고 밝혔다.

표 44-1 주요국가의 녹색뉴딜 정책

국가	주요내용
영국	• 2008~2020년까지 녹색산업에 100억 파운드 투입 • 철도노선 확대, 노후 학교 및 병원의 디지털 인프라 구축 등 친환경 SOC 투자, 풍력 및 조력발전, 전기자동차 개발 등 • 일자리 16만 개 창출
프랑스	• 2007~2020년 중 철도, 에너지 절약형 건물 등에 4,000억 유로 투자 • 50만 개 일자리 창출
미국	• 2009~2010년 중 친환경 SOC 투자 및 녹색산업 육성 등 7,890억 달러 규모의 경기부양 예산 확정 집행 • 수자원 보호, 홍수방지 및 환경복원 등 290억 달러 투자 • 녹색기술개발, 공공건물 에너지 효율화 등 녹색산업 육성 540억 달러 투자 • 2009~2018년 중 그리타, 그린 홈, 청정에너지원 개발 등에 1,500억 달러 투자 • 자국 내 제조업 부흥, 미국에너지 안보보장을 통해 고소득 일자리 500만 개 창출 계획
일본	• 2015년까지 녹색산업 시장규모를 100조 엔 수준으로 확대할 계획 • 환경 비즈니스 시장에서 220만 명의 고용인력을 확대 계획
한국	• 2009~2012년 중 4대강 살리기, 녹색교통망 구축, 신재생에너지 등에 50조원 투자, 96만 개의 일자리 창출

3 녹색뉴딜 세부 사업

녹색뉴딜은 녹색경제로의 이행을 촉진하고 성장과 일자리를 창출할 수 있는 사업의 포괄범위를 다음과 같이 결정하였다. ① 에너지 절약, 자원재활용 및 청정에너지 개발 등 자원절감형 경제 구축 사업, ② 녹색교통망 구축, 맑은 물 공급 등 편리하고 쾌적한 생활환경 및 삶의 질 향상, ③ 탄소 저감, 수자원 확보 등 지구 장래와 차세대안전을 위한 선제적·예방적 사업, ④ 산업·정보 인프라 구축, 기술개발 등 미래대비와 에너지 효율을 높일 수 있는 필수적인 사업이다.

녹색뉴딜 사업은 <표 44-2>와 같이 9대 핵심사업과 27개의 연계사업으로 구성하고 2009~2012년까지 총 50조 원을 투입하여 36개의 녹색뉴딜사업을 추진함으로써 약 96만 개의 일자리 창출을 목표로 하였다.

표 44-2 녹색뉴딜 세부사업

9대 핵심사업	27개 연계사업
1. 4대강 살리기 및 주변정비사업	• 재해위험지구 정비 • 클린코리아 • 수변구역 녹색화
2. 녹색교통망 구축	• 환승시설 • 대도시권 간선급행버스체계 구축 • 전국 자전거 네트워크 구축
3. 녹색국가 정보 인프라 구축	• 국가 건물에너지 통합관리시스템 구축 • 전자문서 이용 활성화 • 도로기반지하시설물 전산화 사업
4. 대체수자원 확보 및 친환경 중소댐 건설	• 댐건설업 해외진출 • 해수담수화 기술개발 • 하수처리수 재이용
5. 그린카·청정에너지 보급	• 플러그인 하이브리드차 독자기술력 조기확보 • 바이오에탄올 기술개발 • 바이오에탄올(E5)과 바이오-ETBE(에틸 t-부틸 에테르) 시범 보급
6. 자원 재활용 확대	• 바이오 매스 • 가축분뇨 자원화 • 매립지 정비 개발
7. 산림 바이오매스 이용 활성화	• 산림재해 예방 및 훼손산림 복원 • 산림바이오매스 활용 • 농·어촌 테마공원 조성
8. 에너지절약형 홈·오피스 및 그린스쿨 확산	• 공공부문 LED 교체 • 그린 IT 기술 테스트베드 구축 • 그린홈 닥터 양성
9. 쾌적한 녹색 생활공간의 조성	• 건물 녹화 • 에코로드 조성 • 유휴시설 재활용

(1) 4대강 살리기 및 주변 정비사업

4대강 살리기 및 주변 정비사업은 수해 예방, 수자원 확보, 수질 개선 및 녹색 생활공간의 창조 등 4대강을 지역경제 활성화와 국가발전의 거점으로 활용하는 사업이다. 이는 홍수예방을 위한 하천제방 단면확대, 중소규모댐, 홍수조절지 건

표 44-3 4대강 살리기 및 주변 정비사업

사업분류	사업내용
핵심사업	• 4대강 살리기
연계사업(3)	• 재해위험지구 정비 - 상습침수지구 정비 등
	• 클린코리아 - 방치쓰레기 처리, 전국토의 청결화
	• 수변구역 녹색화

설, 농업용 저수지 정비 등과 둔치의 계단식 정비 및 다양한 활용방안 강구, 자전거길 설치와 연계사업으로 재해위험지구 정비, 클린코리아, 수변구역 녹색화사업 추진 등으로 총 18조원 투입, 총 28만 개의 일자리 창출을 기대하고 있다.

(2) 녹색교통망 구축

녹색교통망 구축은 자전거, 철도 등 저탄소 교통수단에 대한 투자확대와 대중교통과 다중이용시설을 연계・발전시켜 대중교통의 이용 활성화를 도모하는 사업이다. 철도 등 녹색교통망 투자확대를 위하여 경부・호남고속철도 조기 개통 등을 추진하고 연계사업으로 환승시설 구축, 간선급행버스체계 구축, 전국 자전거도로 네트워크 구축 등 사업추진으로 총 11조 원 규모 투입, 16만 개의 일자리 창출의 기대효과가 전망된다.

(3) 녹색국가 정보 인프라 구축

미래 녹색국가 실현의 근간을 이루는 국토・에너지・수자원・건물 등 각종 기본정보를 체계적으로 일원화하는 국가공간정보 통합체계를 구축하는 사업이다. 개별 유사정보DB 시스템을 국가GIS구축사업과 연계하여 지리정보, 공간정보의 일체화를 조성하고, 연계사업으로 국가 건물에너지통합관리시스템 구축, 전자문서 이용활성화, 도로기반지하시설물 전산화 사업을 추진함으로써 총 7천억 원 투입, 2만 개의 일자리 창출의 효과를 유발할 것으로 예상된다.

표 44-4 녹색교통망 구축

사업분류	사업내용
핵심사업	• 철도 등 저탄소 녹색교통에 대한 투자 확대 - 경부고속철도(1992-2010): 서울~부산(418.7km) 간, 2시간 10분 소요 - 호남고속철도(2006-2017): 서울~목포(352.2km) 간, 1시간 55분 소요
연계사업(3)	• 환승시설 - 대도시권 주요 교통 연결지점에 승용차와 대중교통 간의 환승시설을 구축 - 향후 환승시설과 컨벤션센터 등 다중이용시설과의 연계 · 개발 검토 (사례: 서울역 중심의 전시 · 컨벤션센터 유치 등 고밀도 개발 계획)
	• 대도시권 간선급행버스체계(BRT: Bus Rapid Transit) 구축
	• 전국 자전거 네트워크 구축 - 대도시 권역 내 자전거 급행전용도로 시범사업 추진 - 4대강 제방에 '녹색 자전거 길' 조성 사업, 창원 · 전주 등 지자체의 기존 자전거 도로 사업 등과도 연계 추진

표 44-5 녹색국가 정보 인프라 구축

사업분류	사업내용
핵심사업	• 지리정보와 공간정보의 일치화 - 서로 다른 시스템상의 정보를 교환 · 활용할 수 있는 국가공간정보 기반시스템을 개발 - 국토부의 토지관련 정보, 행안부의 행정주제 정보(ex: 부동산 관련 정보) 등 부처별 정보를 통합 DB로 구축
연계사업(3)	• 국가 건물에너지 통합관리 시스템 구축 - 건물부문 온실가스 통계 마련 및 CO_2 감축정책에 활용하는 국가 건물에너지 통합관리시스템 구축
	• 전자문서 이용 활성화 - 종이생산에 따른 CO_2배출을 저감하고 Paperless Korea를 구현하기 위해 전자문서 이용 활성화
	• 도로기반지하시설물 전산화 사업 - 지하 시설물의 효율적인 관리를 위한 도로기반 지하시설물 전산화

(4) 대체 수자원 확보 및 친환경 중소댐 건설

우수(雨水) 등 대체수자원을 우선 확보하고, 지역별 특성을 고려한 친환경 중

표 44-6 대체 수자원 확보 및 친환경 중소댐 건설

사업분류	사업내용
핵심사업	• 우수 등 대체 수자원과 중소댐 건설 - 홍수피해 예방 및 우수 재활용을 위한 우수유출 저감 시설 설치 - 지역적 물 부족 해소 및 홍수피해 경감을 위한 친환경·맞춤형 중소댐 건설 * 화북댐, 부항댐, 성덕댐, 군남홍수조절지, 한탄강홍수조절댐
연계사업(3)	• 댐건설업 해외진출 - 최근 투자수요가 급증하고 있는 해외의 댐 개발 및 광역상수도 사업에 적극 진출
	• 해수담수화 기술개발 - 해수담수화 핵심기술 개발, 건설소재·기기의 국산화로 관련 산업의 경쟁력 확보
	• 하수처리수 재이용 - 고도공정처리 도입을 통해 수질이 양호한 하수처리수를 공업용수 등으로 재이용

표 44-7 그린카·청정에너지 보급

사업분류	사업내용
핵심사업	• 그린카 및 청정에너지 보급 확대 - 저탄소·고에너지 효율 차량 중심으로 세계시장이 변화함에 따라 친환경차 개발·보급을 위한 투자 확대 * 하이브리드·수소연료 전지, 저공해 자동차, 천연가스(CNG) 버스 * 친환경차 보급 확대 추진: ('09년) 3만대 → ('12년) 6만 8,100대 - 태양열, 지열, 풍력 등 신재생에너지를 일반 가정으로 확대보급(지경부)
연계사업(3)	• 플러그인 하이브리드차 독자기술력 조기 확보 - 플러그인 하이브리드차(PHEV)용 에너지 저장시스템 개발 등 그린카 독자기술력 조기확보
	• 바이오에탄올 기술개발 - 바이오에탄올*(E3, E5) 연료유의 차량에 미치는 영향 평가 및 대응기술 개발
	• 바이오에탄올(E5)과 바이오-ETBE(에틸 t-부틸 에테르) 시범 보급

※ 바이오에탄올은 밀·옥수수 등 작물을 발효시켜 차량 등의 연료첨가제로 사용하는 바이오 연료로서, 첨가비율에 따라 고농도(E10이상), 저농도(E10이하)로 구분

소댐 건설 등을 통해 기상이변과 물 부족 시대에 선제적으로 대비하는 사업이다. 우수 등 대체 수자원 확보와 친환경·맞춤형 중소댐을 건설하고 연계사업으로 댐 건설업 해외진출, 해수담수화 산업, 하수처리수 재이용 등 사업추진으로 총 2조 원 투입, 3만 개의 일자리 창출을 유도한다.

(5) 그린카·청정에너지 보급

저탄소 · 에너지 고효율화 사업을 선도적으로 추진함으로써 자동차 및 에너지 산업의 경쟁력을 확보하는 사업이다. 그린카 및 청정에너지 보급 확대를 추진하고 연계사업으로 플러그인 하이브리드카 독자기술력 조기확보, 바이오 에탄올 기술 개발 및 시범보급 추진에 총 2조 원 투입, 총 1.5만 개의 일자리 창출 효과가 기대된다.

(6) 자원 재활용 확대

기후변화, 자원위기에 대응하기 위하여 폐기물자원, 바이오매스, 가축분뇨 등 폐자원의 에너지화 투자를 확대하는 사업이다. 바이오매스 에너지화, 가축분뇨 자원화, 매립지 정비 · 개발 등의 연계사업 추진으로 총 3조 원을 투입, 5만 개의 일자리 창출 기대효과를 유발한다.

표 44-8 자원 재활용 확대

사업분류	사업내용
핵심사업	• 폐기물 재활용 투자확대 - 폐기물 고형 연료화시설(RDF: Refuse Derived Fuel) 20개, 바이오가스화 23개 등 총 57개의 폐기물 에너지화 시설 설치 - 매립장 27개, 소각여열 회수시설 42개소 확충 · 시설 보완 - 전국 10대 권역별 '환경 · 에너지타운' 건설과 연계하여, 장기적으로 태양광, 바이오매스 에너지화 시설로 확대
연계사업(3)	• 바이오매스 - 초본계 · 해양계 등 바이오매스 에너지화
	• 가축분뇨 자원화 - 바이오매스 활용을 위한 생산기반 구축 및 가축분뇨 자원화 촉진에 필요한 공동자원화시설 설치
	• 매립지 정비 개발 - 사용종료매립지를 택지, 산업용지 등으로 재개발하는 매립지 정비 및 개발

(7) 산림 바이오매스 이용 활성화

탄소 흡수원 확대 조성을 통하여 기후변화에 대응하면서 녹색 일자리 창출 및 산림 가치의 증진을 도모하는 사업이다. 핵심사업으로 산림의 기능 개선과 경제성을 제고하고 연계사업인 산림 바이오매스 활용, 산림재해예방 및 훼손산림 복원, 농어촌 테마공원 조성 추진으로 총 3조 원 투입, 23만 개의 일자리 창출의 기대효과가 전망된다.

표 44-9 산림 바이오매스 이용 활성화

사업분류	사업내용
핵심사업	• 산림기능의 개선과 경제성 제고 - 산림의 탄소흡수원 기능 증진과 산림자원의 경제적 이용 확대를 위한 숲 가꾸기 및 산물 수집을 확대 * 숲가꾸기 면적 확대: 235(2009년) → 340천ha(2012년) * 산물수집 확대: 76(2009년) → 150천ha(2012년) - 산촌지역을 중심으로 '산림탄소순환마을' 조성 * 산림탄소순환마을 조성: 4개소(2010년) → 16개소(2012년)
연계사업(3)	• 산림재해 예방 및 훼손산림 복원 - 산불, 병해충 방제 등 산림 재해예방 및 훼손산림 복원
	• 산림바이오매스 활용 - 화석연료 대체 및 기후변화에 대응하기 위한 산림바이오매스 활용시설 지원
	• 농·어촌 테마공원 조성 - 농산어촌의 자연·문화·사회자원을 토대로 다양한 형태의 테마공원 조성

(8) 에너지 절약형 홈·오피스 및 그린스쿨 확산

공공부문을 중심으로 에너지 고효율·친환경 건물을 확대 보급하여 향후 민간차원의 운동으로 확산될 수 있는 기반을 마련하는 사업이다. 핵심사업으로 에너지 절약형 주택·오피스 건설기술 개발 및 그린 홈 200만 호 공급, 학교 내 에너지 절약형, 친환경 자재사용과 녹지공간, 빗물 이용시설 등을 추진하고 연계사업인 공공부문 LED 교체, 그린 IT 기술 테스트베드 구축, '그린홈 닥터' 양성을 위하여 총 9조 원을 투입하고 총 15만 개의 일자리 창출이 기대된다.

표 44-10 에너지 절약형 홈 · 오피스 및 그린스쿨 확산

사업분류	사업내용
핵심사업	• 그린 홈 · 오피스 및 그린스쿨 사업 - (그린 홈 · 오피스) 에너지 절약형 주택 · 오피스 건설기술 개발 및 그린 홈 200만 호 건설 · 공급 * 개별 주택 내 태양열 온수기, 히트펌프, 이중창 설치 및 빌딩단열, 주택 철거시 발생되는 건축 폐자재 재활용 제고 등 - (그린 스쿨) 학교内 에너지 절약형 · 친환경 자재사용과 녹지공간 · 빗물 이용시설 등을 조성 * 에너지 절약형 창호교체, 석면함유 텍스 교체, 친환경 페인트 도색, 친환경 · 고효율 조명기기 교체 등
연계사업(3)	• 공공부문 LED 교체 - 2012년까지 공공시설 조명의 20%를 LED 조명으로 교체
	• 그린 IT 기술 테스트베드 구축 - 솔라셀, 배터리, 홈 네트워크 등을 그린 홈 · 빌딩에 적용하여 그린 IT 기술 테스트베드 구축
	• 그린홈 닥터 양성 - 에너지 절약형 주택 · 건물로의 전환을 컨설팅 해주는 '그린홈 닥터' 양성

(9) 쾌적한 녹색 생활공간의 조성

국토 · 도시 공간구조를 탄소저감형으로 개편하고, 개발 및 운영비용을 절감할 수 있는 도심 재생사업 등 중장기사업 발굴을 목적으로 한다. 주요사업으로 마을 및 도심 구간을 흐르는 하천(eco-river)을 복원하고 연계사업으로 건물 녹화, 친환경 도로 조성(eco-road), 유휴시설을 생활밀착형 문화공간으로 활용하는 등 총 6천억 원 투입, 1만5천 개의 일자리 창출 효과가 기대된다.

표 44-11 쾌적한 녹색 생활공간의 조성

사업분류	사업내용
핵심사업	• 마을 및 도심구간을 흐르는 하천복원 - 지방의 도시하천을 친환경 생태하천으로 복원 * '살아있는 강길 100 프로젝트'(콘크리트 제방 → 친수공간 재개발, 예: 안양 학의천), '청계천+20 프로젝트'(도시건천 · 복개하천 → 친수공간 복원, 예: 서울 청계천) 등 지자체 사업과 연계 · 추진 - 하천의 치수기능 유지 및 복원을 위한 녹색기술 개발
연계사업(3)	• 건물 녹화 - 도시 열섬효과 완화, 에너지 절감 및 녹지공간 확대를 위한 건축물 옥상 및 벽면 녹화 사업
	• 에코로드 조성 - 도로(CO_2 배출량의 27%)의 환경오염을 최소화하는 친환경 도로(eco-road) 조성
	• 유휴시설 재활용 - 폐교 등 지역의 소규모 유휴시설을 지자체 주도의 생활밀착형 문화공간으로 활용 * 4대강 유역의 유 · 무형 전통문화 자원을 발굴 · 관광자원화 하는 사업과 연계 추진

CHAPTER 45

탄소시장과 탄소거래

탄소시장은 궁극적으로 시장메커니즘을 이용하여 탄소감축을 가장 효과적으로 달성하자는 데 있다. 따라서 탄소거래제도의 핵심은 시장기능의 확보이다. 배출권거래제도는 온실가스 배출자가 배출 감소를 위하여 기술개발에 의하든지, 생산을 감축시키든지 간에 배출량을 일정기준 이하로 감소시키는 부분에 대해서 권리를 인정하는 개념으로부터 출발한다.

1 탄소시장의 이해

(1) 탄소시장 성립

교토의정서는 온실가스를 의무적으로 줄여야 할 나라를 정하고, 2008~2012년 사이에 온실가스 총배출량을 1990년 수준보다 평균 5.2% 감축하도록 했다. 해당국은 온실가스 감축을 위한 조치를 취해야 하며, 에너지효율 향상, 온실가스의 흡수원 및 저장원 보호, 신・재생에너지 개발・연구 등도 여기에 포함된다. 단, 감축의무를 자국 내에서만 이행하는 데는 한계가 있음을 인정하여 배출권거래(ET, Emission Trading), 청정개발체제(CDM, Clean Development Mechanism), 공동이행(JI, Joint Implementation) 등 교토메커니즘(flexibility mechanism: 유연체제)을 도입하였다.

이러한 과정 속에서 2002년 영국에서 최초로 탄소배출권을 사고팔 수 있는 시장이 개설되었다. 그 후 2005년 네덜란드 암스테르담에 유럽기후거래소(ECX, European Climate exchange)가 개설되었고 오스트리아, 미국 시카고 등 기후거래소의 개설이 점차 증가하고 있다.

표 45-1 교토메커니즘

구 분	내 용
배출권거래(ET)	• 감축의무가 있는 선진국 간에 배출쿼터의 거래를 허용하는 제도 - '배출권 거래제도'는 온실가스 감축목표를 초과 달성한 참여자가, 목표에 미달한 타 참여자에게 잉여분을 판매할 수 있도록 하는 제도로 환경 문제를 해결하기 위한 경제적 유인제도
청정개발체제(CDM)	• 선진국이 개도국에 투자하여 획득한 온실가스 감축량을 투자국 감축량으로 인정하는 제도
공동이행(JI)	• 선진국 A가 선진국 B에 투자하여 획득한 온실가스 감축량을 A국 배출 저감실적으로 인정하는 제도

이와 같이 배출권을 거래하는 탄소시장에서는 에너지소비 기업, 배출권 지원 서비스 기업 등이 온실가스 할당량 대비 잉여분 및 부족분을 거래한다. 기본적으로는 탄소배출권을 거래하는 시장이지만, 관련 사업 전반을 포괄하는 광의의 시장 개념으로도 쓰인다.

(2) 탄소시장의 개념

화석연료의 주성분은 탄소와 수소이며, 화석연료가 연소할 때 발생하는 이산화탄소(CO_2)가 지구온난화를 일으키는 온실가스이다. 온실가스 감축 의무를 부여받은 선진국은 저렴한 비용으로 감축목표를 달성하기 위하여 개도국에서 CDM사업으로 발생하는 탄소배출권을 구입하고 있다. 이와 같이 온실가스배출권을 사고파는 배출권거래시장을 '탄소시장'이라 부른다.

탄소시장은 온실가스를 배출할 수 있는 권한, 즉 탄소배출권을 상품화해 거래하는 시장을 말하는데 세계적 헤지펀드 회사인 맨그룹(Man Group)은 탄소시장을 '새로운 놀이터'라고 명명하였다. 기업은 조기에 탄소시장에 진출하는 것이 바람직하다. 이는 탄소시장 내 기업 간 경쟁이 치열해지고 프로젝트도 비용대비 수익성이 큰 것부터 소진될 가능성이 커서 참여가 늦을수록 불리해지기 때문이다.

탄소시장은 2004년 이후 급성장세를 보여 2006년 거래 규모가 301억 달러를 기록하였다. 더욱이 2010년에는 1,500억 달러에 이르러 탄소배출권 거래 시장에 국내 금융기관 진출이 시급하다는 의견이 설득력을 얻고 있다. 탄소시장이 부상하는 3대 요인은 온실가스 규제의 본격화, 유럽 배출권시장의 활성화, 개도국의 CDM프로젝트 본격가동에 따른 것이며 중국, 인도, 브라질과 같은 온실가스 대량 배출국의 적극참여에 기인한다.

교토유연성체계는 교토의정서 체결시 도입된 시장메커니즘으로 청정개발체계(CDM), 공동이행(JI), 배출권거래(ET)가 도입되고 EU에서 2005년 1월에 유럽배출권거래제(EU-ETS)가 도입되면서 탄소시장이 탄생하게 되었다.

탄소시장은 '할당베이스시장'과 '프로젝트베이스시장'으로 대별된다. 할당베이스시장은 의무감축국에서 기업별로 온실가스 배출 허용량이 할당되면 할당량 대비 잉여분 및 부족분을 상호 거래하는 시장이다. 한편 프로젝트베이스시장은 개도국에서 배출량감축 프로젝트를 실시해 거둔 성과에 따라 획득한 크레딧(Credit)을 배출권 형태로 거래하는 개념으로 크레딧은 유효성심사 및 인증을 거친 후에야 비로소 발생하게 된다. 유럽에서 배출권을 할당받은 기업은 매년 CO_2배출량보고서를 작성 공개해야 하며 허위로 작성한 것이 드러나면 배출권 판매가 금지된다.

2006년 세계탄소시장 규모는 300억 달러 규모로 성장하였는데 탄소시장의 부상은 온실가스규제의 본격화, EU배출권 시장의 활성화, 청정개발체제 프로젝트의 본격가동 등에 기인한다. 특히 2005년 1월 출범한 EU배출권 시장은 역외국의 참여가 확산되고 있는 가운데, EU, 미국, 호주 등 지역별로 분리된 탄소시장의 상호 연계에도 진전될 전망이다.

(3) 탄소시장 운영 메커니즘

탄소시장에서는 온실가스 감축사업 등록을 한 업체가 공급자(판매자)가 되고, 전력회사, 지역난방공사와 수자원공사 등 에너지 관련 공기업 등이 수요자(소비자)가 된다. 즉, 감축사업 등록을 하여 감축사업을 추진한 기업은 인증기관의 검증을 통해 감축실적을 인정(배출권)받아 그 권리를 판매할 수 있고, 전력회사 등 정부와 신재생에너지 공급협약을 맺은 공기업이 신재생에너지 공급량을 충족하지 못해 온실가스 발생이 기준량을 초과할 경우 배출권을 구매하는 것이다.

그림 45-1 글로벌 탄소시장의 기본구조와 주요구성원

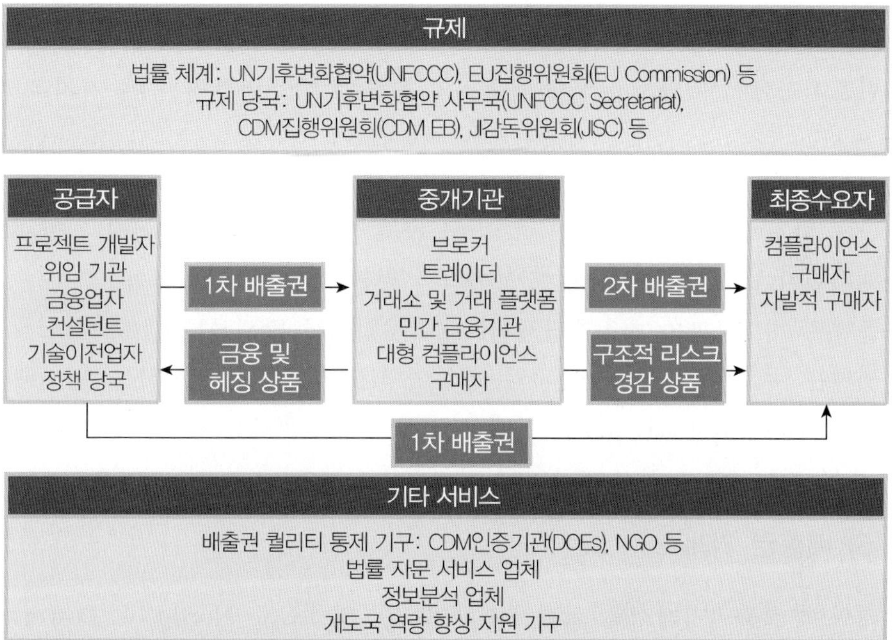

주: 컴플라이언스(Compliance) 구매란 온실가스 감축 의무국의 배출원들이 온실가스 감축 의무 이행을 위해 배출권을 구매하는 경우를 의미하며, 자발적 구매는 법규제상 감축의무가 없음에도 불구하고 CSR 등의 목적으로 배출권을 구매하는 경우임.
자료: World Bank, State and Trend of the Carbon Market 2008

자료: 수출보험 통권150호(2008년 7/8월)

〈배출권 획득 사례〉

일본의 마루베니社는 중국의 수력발전사업을 통해 연간 1,200만톤 분의 배출권을 획득했다. 미쓰이물산은 중국의 사천성 탄광에 가스발전기를 설치해 메탄가스를 회수하여, 연간 60만 톤의 온실가스 배출권을 얻었다. 또 미쓰비시중공업은 불가리아 흑해 연안에 풍력발전소 35기를 설치하여 탄소배출권을 획득하였고, 세계 최초로 탄소배출권을 담보로 융자를 받았다.

우리나라의 사례도 있다. 한국수자원공사는 2006년 6월에 세계 최대 시화호 조력발전소 건설로 연간 31만톤 규모의 CDM 사업을 UN에 등록하였다. 한솔홈데코는 호주와 뉴질랜드의 조림사업으로 배출권을 확보하였고, 포스코는 철 생산 과정에서 나오는 이산화탄소 저감설비를 CDM사업으로 등록하여 향후 10년 간 850억 원 정도의 이익을 예상하고 있다.

(4) 배출권의 종류

EU 탄소시장은 청정개발체제(CDM)사업과 2008년부터는 공동이행(JI)사업에서 발생하는 크레디트를 각 기업들이 사용할 수 있도록 허용하고 있다. 이에 따라 EU 탄소시장에서 거래되는 탄소배출권의 종류는 2008년부터는 세 가지로 구별된다.

첫째로 EU 탄소시장에서 거래되는 배출권은 EUAs로서 이는 EU기업들이 할당받은 탄소배출량을 감축하는 경우 이 감축 분을 시장에서 매각하여 발생하는 탄소배출권이다. 교토의정서 체제 하에서는 이를 AAU라고 부른다.

둘째로 개도국과의 청정개발체제(CDM)사업에서 발생하는 CERs이다.

셋째는 주로 동구권국가들과의 공동이행(JI)으로부터 발생하는 탄소배출권 ERUs로 2008년부터 EU 탄소시장에서 거래가 인정된다.

(5) 배출권 거래소

지역별 배출권거래소를 살펴보면 유럽지역의 ECX, Nordpool, Powernext, EEX, EXAA 등이 있고 기타지역으로는 캐나다 온실가스거래소(GHG Exchange), 미국 시카고기후거래소(CCE), 호주 뉴사우스웨일즈거래소 등이 있다. 배출권거래소 거래량의 70~80%는 유럽기후거래소(ECX: Europe Climate Exchange)에서 이루어지는데 이 중 중국에서 발생되는 CERs가 대략 41.2%를 차지하고 있다. EU 지역의 배출권거래소별 거래량을 살펴보면 EUAs 거래량의 절반가량이 6개 거래소에서 이루어지고 나머지는 장외시장(OTC: Over The Counter)에서 거래되고 있다.

탄소배출권 거래는 현재 유럽연합 탄소시장, 시카고 시장, 호주 뉴사우스웨일즈주 시장, 캐나다 등지에서 이루어지고 있다. 한편 중국은 전 세계 CDM사업의 절반 정도를 시행하고 있어 거대한 탄소시장의 하나로 부상하고 있다.

2 탄소시장 동향

(1) EU 기업의 배출감축 의무

EU 기업들은 배출할당량을 넘어 온실가스를 방출하는 경우, 탄소배출권을 시장에서 구매해 균형을 맞추어야 한다. 반대로 배출을 감축한 기업은 감축분을 탄소배출권으로 시장에서 팔 수 있다. 이런 방식으로 기업들을 전체적으로 볼 때는 시장원리에 따라 효과적으로 탄소배출을 감축하는 효과가 발생한다. EU의 배출권 거래시장(ETS)은 2005~2007년을 제1차 운영기간으로 하였으며, 2008~2012년을 제2차 운영기간으로 하고 있다. 제1차 운영기간 중 EU 탄소시장은 EU 전체 중 약 45% 탄소를 배출하고 있는 1만 1,500개 사업체를 대상으로 하는데, 에너지, 철강, 시멘트, 금속, 비금속산업, 석재, 목재분야 기업들이 대상이었다.

산림의 경우는 아직 EU 탄소시장 대상에 포함되지 않았으며, 2012년 이후 포함을 검토하고 있다. EU 탄소시장 하에서 각 기업들은 매년 연말에 탄소배출 목표달성 여부를 신고해야 한다. 신고는 독립기관의 엄격한 감시와 보고 절차를 거친다. 이후 감축분이 확인된 기업은 다음 해에 감축분을 시장에서 판매한다. 만약에 감축에 실패하고 다른 배출권도 구입하지 않아 감축목표량을 채우지 못한 기업에 대해서는 벌과금이 부과된다.

2007년까지는 톤당 40유로의 벌과금이 부과되었지만, 2008년부터는 톤당 100유로로 인상되었다. 아울러 감축을 달성하지 못한 회사는 이름이 공개되며, 다음 해에 과대배출 분만큼 탄소배출권을 구입해 반드시 해소해야 하는 등 엄격한 제재를 받는다.

제2차 운영기간(2008~2012년) 중에는 EU 탄소시장의 거래대상 범위가 확대된다. 첫째는 공동이행사업으로부터 발생하는 배출권인 ERU가 2008년부터 거래대상에 포함되었다. 둘째는 항공(aviation)분야로, 오는 2011년 유럽 국내 간 항공편을 필두로 2012년부터는 유럽에 도착하거나 출발하는 모든 항공편이 일정한 탄소 감축의무를 부여받고 탄소시장에서 거래된다. 전문가들은 항공편의 탄소시장 거래대상 편입으로 연간 1,000~1,200만 배출권의 추가 수요가 발생할 것으로 예측하고 있다.

(2) EU 탄소시장

EU 탄소시장은 이산화탄소배출 총량한도 설정방식(Cap and Trade System)으로 운영된다. 총량한도 설정은 각 국가마다 배출 총량한도를 정하고 이를 감축해가는 방식으로 이루어진다. EU는 교토의정서에서 유럽연합 전체로 1990년 대비 8%가 감축된 이산화탄소 배출한도를 가지고 있다.

EU는 주어진 배출한도 내에서 부담분배협정(Burden Sharing Agreement)을 맺어 15개 회원국들에게 각각 배출쿼터를 배분하였다. 이에 회원국들은 배당받은 쿼터 내에서 또다시 자국 주요 국내 기업들에게 탄소배출 할당량을 분배하였다

회원국들은 이러한 내용을 담은 국가별 탄소감축계획서(NAP)를 작성하여 EU에 제출·승인을 받고, EU 주요기업들에게 배당된 탄소배출 할당량은 EU 탄소시장에 전자 등록된다. EU 탄소시장에 기재되는 배출권의 단위는 허용량(allowance)이라고 부르며, 1허용량은 1이산화탄소톤(CO_2 ton)과 같다. EU 탄소시장에서의 거래는 선물거래, 현물거래가 모두 이루어진다. 중개브로커를 통한 거래가 주류지만 거래 당사자 간의 직접거래도 가능하다.

EU 탄소시장은 전산망으로는 EU 탄소시장 하나로만 존재하지만, 오프라인 상에서는 네덜란드, 영국, 독일, 프랑스, 스페인, 오스트리아, 노르웨이 등 7곳 이상의 거래소에서 거래가 이루어지고 있다. 이 중 거래규모가 큰 시장은 네덜란드 암스테르담에 소재한 유럽기후거래소(ECX)이다.

EU 탄소시장은 국제적으로 처음 본격 시도된 탄소시장으로 경험축적에 많은 기여를 했다는 평가를 받고 있다. 또한 시장원리를 도입, 자원의 효과적 배분을 통해 연간 30억 유로 안팎에서 EU의 배출감축 목표달성을 가능하도록 도와주고 있으며, EU 국내총생산의 0.1% 수준이다. 만약에 EU 탄소시장 거래제도가 없을 경우 비용은 2배 이상 증가할 것으로 추정되고 있다.

EU 탄소시장은 유엔 자료교환표준시스템에 따라 모든 배출권 거래를 각 회원국 명의의 계좌 하에 전자 등록하여 관리하고 있다. 이러한 탄소시장의 전자 등록제도는 2008년 말부터 교토의정서 체제 하에서 운영되는 국제온실가스 배출권 거래 자료기록체계(ITL)에 연계되어 있으며, EU 탄소시장은 국제 탄소시장의 중심으로 부상하였다.

(3) 미국 및 일본시장

미국정부는 교토의정서를 거부하고 있으나 미국 상품선물거래위원회(CFTC)의 승인을 받아 시카고탄소시장(CCX) 내 기후선물거래소에서 선물계약을 거래하고 있다. 시카고탄소시장은 2003년부터 미국 기업들 간에 자발적으로 형성된 탄소배출권 거래시장으로서 시카고탄소시장에는 기본배출량을 정하고 2010년까지 6% 줄일 수 있는 기업이 회원으로 가입된다. 감축약속은 법적으로 구속력이 있으며 현재 회원사로 참가하는 미국 기업 수는 237개이며 뉴욕 배출권 거래소와 동북부 배출권 거래소 개설이 예정되어 있다.

일본의 경우는 글로벌 금융센터로서 동경의 국제경쟁력 강화를 위해 증권, 금융선물, 금속 및 농산물 선물을 통합하는 종합거래소 설립을 모색하고 있다. 현재 이 종합거래소에서 신상품으로 배출권 거래시장 도입을 고려하고 있다. 한편, 2008년부터 탄소배출권 거래는 각국의 온실가스 감축 등록소(National Registry)를 거쳐 유엔 기후변화협약 사무국에 설치된 국제 전자거래시스템(ITL)에 거래가 등록되고 확인할 수 있다.

(4) 국내 탄소시장

우리나라는 교토의정서상 의무감축국이 아니므로 아직 할당량 기반의 배출권 거래시장은 형성되지 않았으며, 녹색성장기본법안에 배출권거래제 도입근거조항을 삽입한 정도이다. 현재 우리나라 기업은 국내외 CDM 사업에서 발생한 배출권을 선진국에 판매하는 형태로 프로젝트 탄소시장에 참여하고 있다.

2005년 3월 울산화학 HFC 분해사업을 시작으로 2009년 4월부터 현재까지 국내외 기업에 의해 국내에서 추진되고 있는 CDM 사업은 약 60여 개(이 중 UN 등록 26)이고, 국내 기업의 해외 추진사업은 약 20여 개다. 2007년 정부는 기업의 자발적 감축 실적에 대해 국내 배출권 KCER(Korea Certified Emission Reduction)을 발급하고, 이를 정부가 구매하는 제도를 도입했으며, 한국투신운용에서 총 1억 달러 규모의 탄소펀드 2종을 출시했다.

또한 탄소배출권 거래를 전문으로 하는 한국탄소금융이 설립되어 활동 중이다. 향후 국제적인 온실가스 규제는 기업 비용 증가의 요인인 동시에 새로운 성장동력의 기회가 될 것이다. 신재생에너지, 에너지 효율 개선, 탄소배출 저감시설 등과 관련한 사업기회 뿐 아니라, 배출권거래를 통한 전매차익 등 금융상의 사업기회도 확대되고 있다.

본격적으로 국내 탄소시장을 활성화 하기 위해 2010년 1월부터 탄소배출권거래제 시범사업이 개시되었다. 환경부는 서울특별시 등 14개 광역자치단체, 환경친

표 45-2 탄소배출권거래제 시범사업 개요

구 분	내 용
추진배경 · 목적	• 온실가스 배출권거래제도 본격 도입이전 사전 경험 축적(「저탄소 녹색성장기본법」§46: 총량제한 배출권거래제 등의 도입) • 자발적 '온실가스 조기감축실적(Early Action)'인정기반 마련(「저탄소 녹색성장기본법」§43: 온실가스 감축의 조기행동 촉진)
추진근거	• '기후변화대응 종합기본계획'('08.9.19) 및 환경부 업무보고('08.12.24) • 「대기환경보전법」 제11조 및 제81조 - 지역단위 온실가스 배출권거래제 시범사업 운영규정('09.11.16, 환경부 고시 2009년-259호)
추진경과	• 환성부 배출권거래제 시범사업 추진계획(안) 보고('09.5.6) • 세부운영계획 · 운영규정(안) 마련 및 인프라 구축(~'09.11) • 지역별 순회설명회 개최 및 참여자모집('09.8.26~'09.10말)
참여자	• 사업장: 29개 사업장(환경친화기업 등) • 대형건물: 169개 지점(신세계 이마트(주) 등 3개 업체) • 공공기관: 446개 기관(서울, 부산, 대구, 인천, 광주, 울산, 대전, 경기, 강원, 충남, 전북, 전남, 경남, 제주)
주요 협력 분야	• (공통사항) 본 제도 도입에 대비, 제도개선 및 시행착오 방지를 위한 상호 정보교류 활성화, 홍보실시 등 • (환경부) 시범사업 활성화 · 온실가스 감축목표 달성을 위한 제도적 · 기술적 · 재정적 지원(조기감축실적 인정, 보조금지원, 교육 등) • (참여자) 연차별 온실가스 감축목표 달성을 위한 자체계획 수립 및 이행, 배출권 거래시장 참여, 시범사업 활성화 등
환경부 시범사업 주요 내용	• 참여대상: 사업장(환경친화기업 등), 대형빌딩, 공공기관(지자체) 등(자발적) • 감축목표: 시범사업기간('10~'12) 기준배출량('05~'07 평균) 대비 △1%~△2% • 실적확인: 제3자 검증기관을 활용한 배출량 검증 및 등록(환관공) • 거 래: 한국거래소(KRX) 활용, 배출권 단기 선물 거래(금융위 협의) • 인센티브: 검증비용 지원, 조기감축실적 인정, 국고보조('10년 13.5억) 등 • 페 널 티: 별도 페널티 없음

자료: 환경부

화기업협의회, 한국체인스토어협회 공동으로 2009년 12월 탄소배출권거래제도 시범사업 협약(MOU)을 체결하였다.

우리 기업들도 온실가스 감축 노력 외에 CDM 사업이나 탄소펀드 등에 보다 관심을 가지고 탄소시장의 노하우를 습득할 필요가 있다. 아울러 탄소시장의 향방에 영향을 미치는 Post-2012 협상, 미국의 온실가스 감축 정책, EU의 CDM 배출권의 사용 인정 한도 축소 움직임 등에 대한 동향 파악이 필요하다.

3 탄소시장 정책의 과제

국내에서의 탄소시장 추진은 다양한 이유로 애로가 나타나고 있다.

우선, 산업계의 반발 등 이해관계에 다른 입장 차이로 지지부진하고 있는 탄소배출권거래제 관련법을 제정하고, 배출권거래소의 설립 등 제도기반을 구축할 필요가 있다. 정부는 오는 2015년 1월 시행을 목표로 온실가스 배출권거래제 관련 법안을 제정하기로 하였으나 산업계가 생산비용 상승을 이유로 하고 있어 이에 대한 조정과 결단이 필요하다.

다음으로 탄소배출권에 대한 법적 개념을 정립하고 제도적 기반을 마련해야 한다. 아직 탄소배출권의 법적 성질에 대하여 권리성을 인정하는 견해와 그렇지 않은 견해가 있다. 그리고 탄소배출권을 금융상품, 무형자산, 일반상품 등으로 파악하는 등의 견해가 있다. 따라서 탄소배출권을 투자대상 자산으로 볼 수 있는지, 탄소배출권 거래를 은행, 보험회사 등의 금융기관의 업무로 볼 수 있는지에 대한 법적 개념이 정립되어 있지 않다.

특히, 탄소배출권 거래제도를 단계적으로 도입하여 점진적으로 적용 대상을 확대할 필요가 있다. 이를 위해서 우선 탄소관련 금융기관, 금융상품 개발, 개도국 탄소 배출권 사업을 수행하는 개발기관·투자기관 등의 전문기관 및 전문회사의 설립 및 운용을 적극적으로 지원하고, 전문자격제도를 도입하는 등 시장이 활성화 될 수 있는 여건을 만들어야 한다.

또, 탄소배출권 거래소 설립은 빠를수록 좋다. 정부는 온실가스 저감목표를 명확히 설정한 후, 정치적 의사결정을 통해 총량제한(Cap)을 하여 탄소배출권의 거래를 시작하여야 한다. 탄소배출권거래제가 도입되기 이전이라도 배출권과 관련된 파생상품의 시장거래를 우선 시행하고 제도적 기반이 마련된 후 단계적으로 탄소거래 시장을 활성화 할 필요가 있다.

마지막으로, 탄소배출권 거래제도에 대한 국민적 이해가 매우 부족한 현실이므로 다양한 대국민 홍보와 교육 프로그램을 마련하여 국민적 공감대를 형성해 나가는 것이 무엇보다도 중요한 과제라고 할 수 있다.

CHAPTER 46

지자체 녹색성장 실천전략

녹색성장은 정부가 도입한 국가정책이지만 정부의 노력만으로 성공할 수 없다. 그것이 전국적으로 전파·확산되려면 지방자치단체를 통해 수행되어야 한다. 즉, 지방자치단체가 능동적·개별적으로 녹색성장전략을 추진해야 보다 성공적인 녹생성장의 결실을 거둘 수 있는 것이다. 여기서는 지방자치단체의 녹색성장 실천전략을 살펴보기로 한다.

1 지자체의 역할과 프로세스

(1) 녹색성장에 대한 지자체의 역할

녹색성장에 대한 지방자치단체의 역할을 크게 네 가지로 구분할 수 있다.

첫째, 에너지 소비의 주체이자 온실가스의 주요 배출원으로서 역할이다. 따라서 지자체 보유 건물, 설비, 도로조명, 차량의 에너지 소비를 절감하는 것은 물론, 메탄 주요 발생지인 하수처리장이나 폐기물 매립지 등을 소유 운영하고 있으므로 메탄을 포집·활용함으로써 온실가스 저감을 추진한다. 둘째, 에너지 생산과 배분의 주체로서의 역할이다. 전기, 가스, 수도 등 자원을 공급하는 경우 에너지 효율 향상과 신·재생에너지 보급을 확대해야 한다. 셋째, 규제자와 개발 주체로서의 역할이다. 지자체의 주요 업무인 토지이용 계획의 수립, 각종 개발사업 시행 및 수송체계 조직의 주체로서 의사결정과정에서 친기후적 요소를 고려해야 하고 건축물규정, 자동차 주차, 교통관리 등과 같은 다양한 온실가스 감축을 위한 규제수단을 보유하고 있어야 한다. 넷째, 녹색성장 촉진자(홍보 및 교육)로서의 역할이다. 시민·기업·공공기관 등 에너지 최종 소비자들에게 정보 제공, 동기 부여 등을 통해 소비 양식 변화를 유도해야 한다.

저탄소 녹색성장에 대한 지방자치단체 역할을 규정하는 법적근거는 「저탄소녹색성장기본법」에서 찾을 수 있다. 「저탄소녹색성장기본법」 제5조에서는 녹색성장을 위한 지방자치단체의 책무가 규정되어 있다. 그 내용을 정리하면 크게 네 가지로 구분할 수 있다.

첫째, 지방자치단체는 저탄소 녹색성장 실현을 위한 국가시책에 적극 협력하여야 한다. 둘째, 지방자치단체는 저탄소 녹색성장대책을 수립·시행할 때 해당 지방자치단체의 지역적 특성과 여건을 고려하여야 한다. 셋째, 지방자치단체는 관할구역 내에서의 각종 계획 수립과 사업의 집행과정에서 그 계획과 사업이 저탄소 녹색성장에 미치는 영향을 종합적으로 고려하고, 지역주민에게 저탄소 녹색성장에 대한 교육과 홍보를 강화하여야 한다. 넷째, 지방자치단체는 관할구역 내의 사업자, 주민 및 민간단체의 저탄소 녹색성장을 위한 활동을 장려하기 위하여 정보 제공, 재정 지원 등 필요한 조치를 강구하여야 한다.

더욱이, 「저탄소녹색성장기본법」 제11조에서 시·도지사는 해당 지방자치단체의 저탄소 녹색성장을 촉진하기 위하여 대통령령으로 정하는 바에 따라 녹색성장국가전략과 조화를 이루는 지방녹색성장 추진계획을 수립·시행하여야 한다고 명시하고 있다. 중앙정부차원에서 녹색성장 5개년 계획을 수립하지만, 이처럼 지자체도 반드시 지역의 실정, 여건, 현실에 맞는 시도별 계획을 수립하도록 하고 있다.

다음으로 기본법(제50조 제5항)에서는 지방자치단체가 국가의 지속가능발전 기본계획과 조화를 이루며 해당 지방자치단체의 지역적 특성과 여건을 고려한 지방의 지속가능발전 기본계획을 지방추진계획에 포함하여 수립·시행하도록 하고 있다.

(2) 지자체의 녹색성장 실천 프로세스

지자체 기후변화대응 프로세스는 크게 저감과 적응으로 구분되며, 각각은 Measure(측정), Plan(계획), Action(실천), Monitoring(평가)의 4단계로 진행된다.

그림 46-1 지자체 기후변화대응 프로세스

	Measure	Plan	Action	Monitoring
저감	•배출량 산정 •배출량 예측 •저감 잠재량 산정	•목표 설정 •로드맵 수립 •저감 대책 수립	•저감 프로그램 운영	•프로그램 운영 실적 평가
적응	•기후변화 예측 •취약성 평가	•적응 대책 수립 •로드맵 수립	•적응 프로그램 운영	•프로그램 운영 실적 평가

자료: 환경부(2008), 「지자체 기후변화대응 업무안내서」

1) 기후변화 영향 검토

지방의 녹색성장 실천을 위해서 지자체는 우선, 기후변화 영향대상과 영향정도를 파악해야 한다. 예를 들면 아열대 환경으로의 전환시 현재 지자체에서 재배하는 작물의 변화가 예상되고 이에 따른 지자체 주요산업 패턴이 어떻게 변화되는지에 대한 분석이 선행되어야 한다. 이를 위해 학계 및 연구기관과 협력체계를 구축하여 해당 지자체의 기후 변화 영향자료와 대응방안을 구축해야 한다.

2) 온실가스 배출원 및 배출통계 및 리스트 구축

지자체에 어떠한 기후변화 영향이 있는지를 조사했다면, 두 번째는 기후변화에 영향을 미치는 영향인자와 강도에 대한 검토가 필요하다. 이를 위해 우선은 파악이 용이한 점오염원(Point Source)을 중심으로 배출원과 배출량을 도출해 본다. 그리고 점차 비점오염원으로의 조사대상을 확대하여 지자체 내에서 온실가스가 발생하는 모든 배출원을 규명하고, 더 나아가 현환경이 지속됨을 가정한 미래 배출량 추이를 도출해야 한다.

3) 저감방안 마련

지자체에서 수행 가능한 온실가스 저감방안은 어떤 것이 있는지 도출하기 위

그림 46-2 사과재배지역 북상 예상도

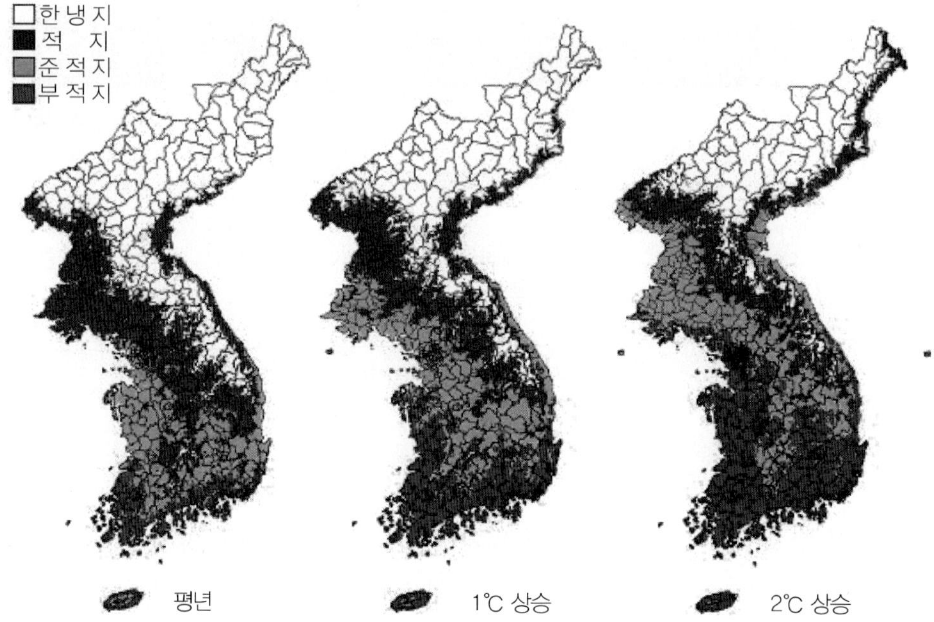

해 지자체에 속한 기업들로부터 저감방안에 대한 자료를 확보하고, 지자체 차원에서 추진 가능한 프로그램들을 도출해 보아야 한다. 이러한 저감방안 외에 CDM,[1] JI,[2] Carbon Fund[3] 등을 포함한 외부 저감방안에 대한 검토도 실시해 본다. 지자체가 수행할 수 있는 모든 저감방안이 도출되며 이를 비용편익을 고려하여 우선순위에 입각하여 목록화를 실시한다. 그리고 우선순위에 따른 계획에 따라 어떻게 추진하는 것이 가장 효과적인지를 도출한다. 이러한 작업을 거치게 되면 향후 연

1) CDM(청정개발체제, Clean Development Mechanism): 의무 감축국이 비 의무 감축국에게 기술과 자본을 제공 후 감축실적을 획득(보장)하는 체제
2) JI(공동이행제도, Joint Implementation): 의무 감축국 간 기술, 자본 등을 공유, 감축실적을 분할하는 체제
3) Carbon Fund(탄소펀드)는 교토의정서 발효 이후 선진 각국의 주요 정책과제가 된 청정에너지개발체제(CDM)를 금융투자의 방식으로 해결하는 도구이다. 금융시장에서 투자자로부터 자금을 조달해 펀드를 만든 뒤, 이 투자금을 온실가스 저감사업에 투자하고 여기서 발생하는 수익을 투자자들에게 돌려주는 것으로 주수익원은 온실가스 저감사업 결과 발생한 온실가스 배출권의 판매이다.

도별 정량적 온실가스 저감 가능량이 도출되게 된다. 이에 따라 저감사업을 추진할 수 있게 된다.

4) 완화를 고려한 적응방안 마련

앞선 단계까지가 국제협상 동향과 관계없이 지자체 입장에서 수행해야 하는 정책들이다. 지금까지 기술한 사항들이 구축되었을 때 비로소 국가와의 협상은 물론 효율적이고 피해와 비용의 최소화를 위한 기반을 갖추었다고 볼 수 있다.

2 지자체의 전략과 실천방안

(1) 가정·상업·공공 부문

가정・상업・공공부문 온실가스 감축은 크게 에너지 공급 측면에서의 친환경 에너지 보급과 에너지 수요관리 측면에서 에너지 이용의 효율화/절약을 통한 온

그림 46-3 가정・상업・공공(건물)부문 온실가스 감축 접근방법

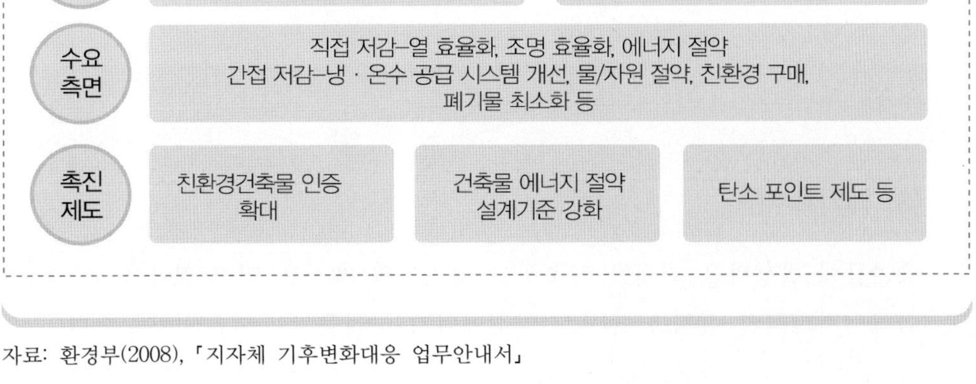

자료: 환경부(2008), 「지자체 기후변화대응 업무안내서」

실가스 저감제도로 나눌 수 있다.

(2) 수송(교통)부문

수송부문 온실가스 감축은 공급측면, 수요측면, 촉진제도측면에서 접근이 가능하다. 공급측면에서 CNG, 하이브리드, 수소연료전지차, 전기자동차 등 친환경 자동차 보급, 노후차량 폐차 유도, 바이오디젤 등 친환경연료 보급, 수요측면에서 공회전 방지장치 부착, 에코드라이빙 생활화, 자전거 이용 활성화, 촉진제도측면에서 환경지역(LEZ) 운영, 혼잡통행료 시행, 교통유발부담금 제도 개선, 지능형 교통체계 구축, 환승편의시설 확충 등을 추진할 수 있다.

그림 46-4 수송부문 온실가스 감축

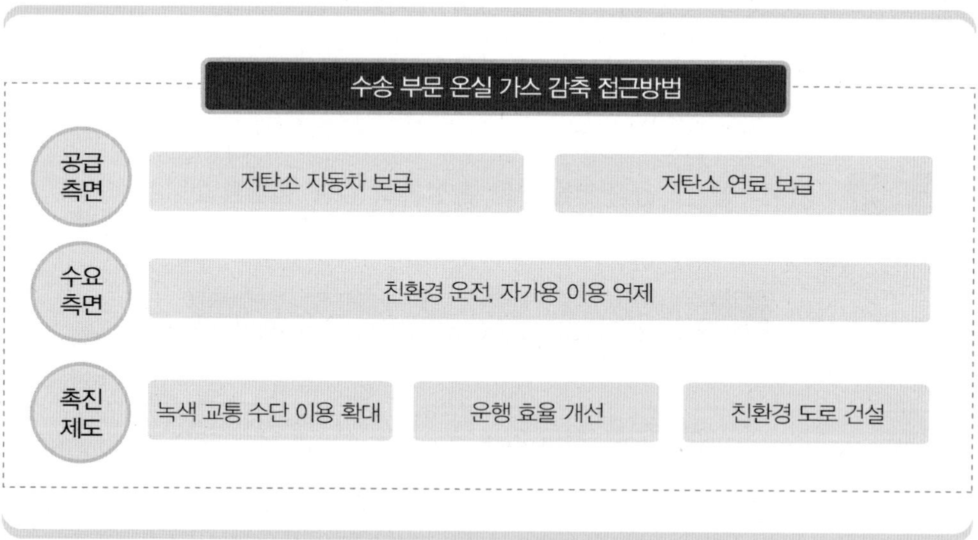

자료: 환경부(2008), 「지자체 기후변화대응 업무안내서」

(3) 폐기물부문

폐기물의 발생량을 최대한 감축하고 폐기물의 재사용 및 재활용을 촉진하며 폐기물에너지화시설 설치를 통한 친환경에너지 공급을 적극 추진해야 한다.

그림 46-5 폐기물부문 온실가스 감축

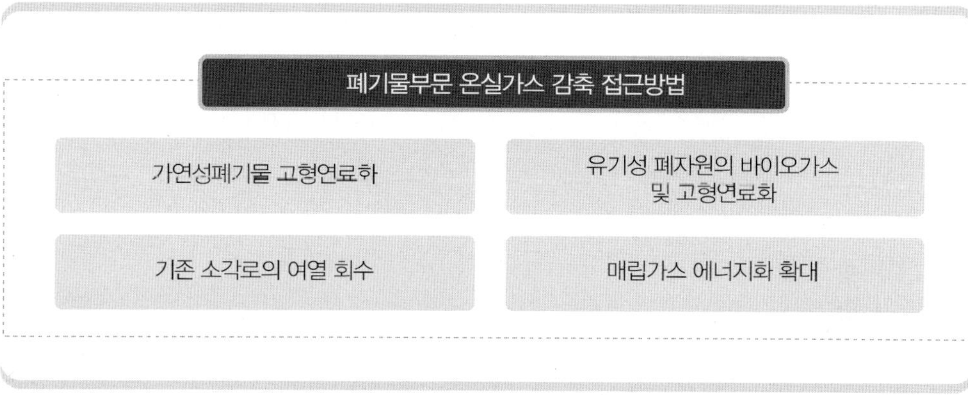

자료: 환경부(2008), 「지자체 기후변화대응 업무안내서」

그림 46-6 농축산부문 온실가스 감축

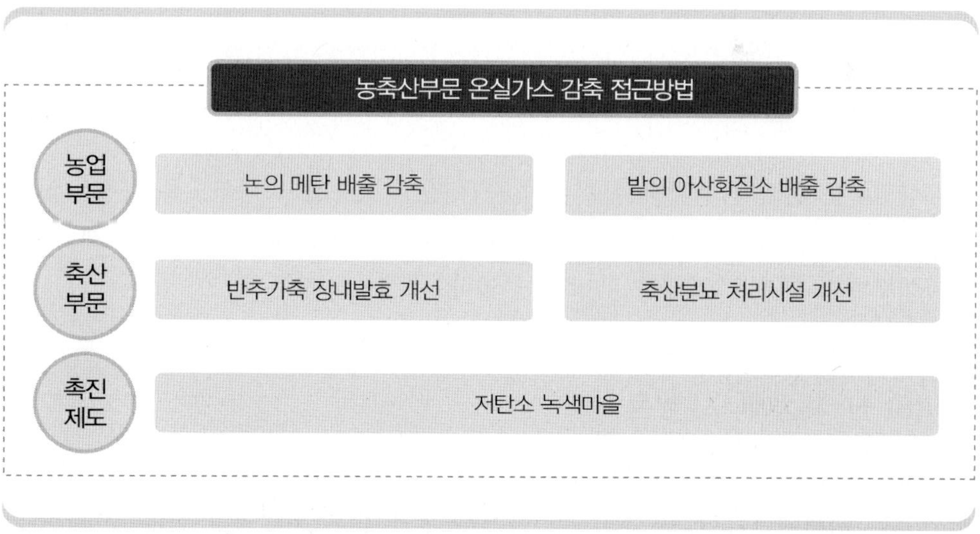

자료: 환경부(2008), 「지자체 기후변화대응 업무안내서」

(4) 농축산부문

농업부문과 축산부문으로 구분하면, 농업부문은 논에서의 메탄 배출 감축, 밭의 이산화질소 배출 감축이 가능하다. 한편 축산부문은 반추가축 장내발효 개선을

그림 46-7 산림부문 온실가스 감축

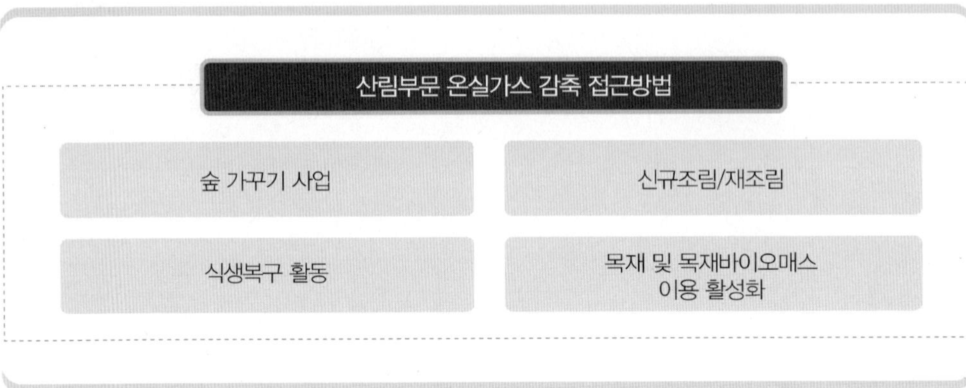

자료: 환경부(2008), 「지자체 기후변화대응 업무안내서」

통한 메탄 배출 감축과 축산분뇨 처리시설 개선을 통한 메탄과 아산화질소 배출 감축이 가능하다.

(5) 산림부문

산림부문 온실가스 감축은 기존의 숲을 탄소 흡수를 확대하도록 가꾸는 방법과 숲을 새롭게 조성하는 방법, 도심지역 등에 식생을 조성하는 방법, 목재 및 목재바이오매스 이용을 확대하는 방법이 있다.

(6) 신·재생에너지 부문

지방자치단체가 신·재생에너지시설 등 설치시 100~70% 이내 보조가 가능하고 신·재생에너지 시설, 홍보 및 타당성 조사 등을 지원하고 있다. 이에 따라 신·재생에너지로 필요한 에너지를 자급자족하는 약 50호 규모의 환경친화적인 시범마을(Green Village)을 광주, 대구, 울산, 강원, 제주 등 12개 시, 도에 지정, 조성하고 있다.

2009년 3월부터 증·개축 건축물까지 포함하여 공공기관이 신축하는 연면적 3,000㎡ 이상의 건축물에 대해 건축 공사비의 5% 이상을 신·재생에너지 설비

설치에 사용토록 의무화하고 있다.

(7) 청정개발 체제(CDM) 부문

청정개발 체제(CDM: Clean Development Mechanism)는 선진국이 개도국에서 온실가스 저감 사업을 수행하여 발생한 저감분(CERs: Certified Emission Reductions)을 선진국의 저감실적으로 인정하는 제도이다.

개도국에서 벌어지는 모든 온실가스 저감 사업은 원칙적으로 CDM 사업 대상이 되나 원자력은 제외된다. 단, 직접 온실가스 저감만 해당되어 전기사용 절약은 CDM 사업에 해당되지 않는다.

온실가스를 감축할 수 있지만, 추가적 비용 발생 또는 보급이 어려운 사업이 해당되고 제도적·법적 의무사항에 속하는 사업은 제외되며 현재까지는 매립지 가스 회수 및 활용 사업이 대부분을 차지하였다.

타 신·재생에너지 사업, 폐기물 에너지화 사업, 서울시와 같은 수송 분야에서의 CDM 사업도 추진이 가능하다.

(8) 저탄소 생활문화 홍보부문

기존 기후변화 대응 홍보활동 평가 및 홍보환경을 분석하여 해당 지자체 및 지역 시민단체, 대학 등 유관단체의 기후변환 관련 캠페인 리뷰를 실시하고 지역 미디어(신문, 방송 등) 기후변화 관련 보도행태를 파악하며 연령별·계층별 홍보전략을 추진해야 한다.

3 지자체별 시책 사례

정부의 녹색성장정책에 따라 각급 지방자치단체에서는 나름대로의 녹색성장 전략을 추진하고 있다. 여기서는 주요 특·광역시의 시책사례를 중심으로 살펴보고자 한다.

(1) 서울: 건물에너지합리화사업(BRP) 및 신재생에너지 보급 확대

서울은 에너지 이용량의 60%를 차지하고 생애비용 중 운영비용이 83%나 되는 기존건물의 에너지 효율제고 사업을 기후변화대응의 핵심사업으로 추진한다.

건물에너지 진단을 통해 에너지 손실과 비효율, 낭비 요인을 파악하고, 건물 개조를 통해 단열, 창호, 냉난방, 조명, 공조시스템 등을 개선하여 에너지 절약 및 온실가스 감축을 도모하고, 공공부문의 선도적 추진으로 민간부문 확산을 유도하는 사업이다.

2009년까지의 추진현황을 살펴보면, 지금까지 공공부문 BRP를 추진 중에 있으며, 시청사, 사업소에 대한 BRP를 확대 시행해 35개소는 완료하였고, 10개소는 추진 중에 있다. 또 기후변화기금으로 민간건물 BRP 사업비를 융자 지원하고 있다. 매년 300억 원 규모로 연 3%, 8년 상환조건 하에 건물당 일반 BRP 5억 원, 리모델링연계 BRP 10억 원을 지원하고 있다.

앞으로도 서울시는 녹색건물 조성을 위한 제도적 기반 구축 측면에서 도시계획, 건축심의시 에너지전문가 참여 등 기후에너지 관점을 반영하고, 건물에너지관리시스템(BEMS)을 도입하는 한편, 2030년까지 기존건물 10,000동(면적 2천㎡이상 건물의 70%)에 대하여 BRP를 추진한다. 그래서 행정기관, 학교(초 · 중 · 고 · 대) 등 공공부문 기존건물 100% BRP를 완료하며, 민간건물 참여를 위해서는 인센티브 단계를 거쳐 장기적으로 모든 건물의 BRP를 의무화한다.

한편, 서울시는 서울형 신재생에너지 수소연료전지를 선도적으로 보급하고, 에너지 복지와 연계하여 저소득층 이용시설에 그린에너지 보급을 추진하며, 공공시설의 선도적 이용 및 대규모 시설의 민자유치를 확대 추진한다.

지금까지 추진현황을 보면, 노원열병합발전소 등지에 수소연료전지발전 시설을 설치했고, 시청 업무용 SUV차량 운행, 월드컵공원 내 셔틀버스 운행 등 수소 연료전지차량 시범운행을 추진하고 있다. 더욱이 임대주택 및 복지시설에 사회취약계층 그린에너지 보급을 확대하고 있다. 또, 공공시설 58개소(시청사, 사업소, 자치구 등)에 태양광, 태양열, 지열, 풍력 등 신재생에너지를 지속적으로 보급하고 있다.

(2) 부산: 해상풍력단지 조성 및 생활폐기물 연료화

저탄소 녹색성장 첨단도시 건설을 목표로 하는 부산시는 2009년 하반기 부산시 온실가스 중기 감축목표를 설정하고 대대적인 감축을 선언했다. 저탄소 녹색성장 첨단도시 건설을 위해 '저탄소 경제 · 사회의 구현', '녹색 기술 · 산업의 신성장동력화', '생활의 녹색화'를 실천하기 위한 17개 핵심과제를 제시했다.

부산시는 청정에너지원을 확보하고 안정적인 전력생산 · 공급으로 에너지 자립도 향상에 기여함은 물론, 풍력발전 연관 산업의 육성을 통한 지역경제 발전을 견인하기 위하여 대단위 해상풍력발전단지를 조성하고 있다.

부산시는 해상풍력단지 조성을 통한 신재생 에너지 창출 필요성을 인식하고 2006년부터 민간업체와 해상풍력개발을 지속적으로 협의해 왔다. 2006년 3월 부산시 해상풍력자원조사를 위한 MOU를 체결했고, 2007년 9월에는 부산 목도 등지에 기상탑을 설치(2개소)하기도 했다. 그리고 풍력자원이 풍부하고 소음민원 발생이 최소화될 곳으로 부산시 사하구 목도 해상지역에 2009년부터 2012년까지 3년 간 총사업비 957억 원을 들여, 부산광역시와 한국남부발전(주)이 공동으로 20MW (2.5MW×8기), 예상발전량 69천Mwh/년 되는 해상풍력발전단지를 조성한다.

생활폐기물의 에너지화로 전력생산 및 고철판매 등 수익을 지속적으로 창출하고, 폐기물 처리의 자원순환형 구조로 전환시켜 에너지자립에 기여할 목적으로 생활폐기물 연료화 및 발전시설 건립을 추진하고 있다.

매립 · 소각위주의 폐기물 처리를 자원재활용 순환형 구조로 전환하여 유효자원을 최대한 이용하기 위해 부산시 강서구 생곡동 부산환경자원공원 인근에 생활폐기물을 연료로 하는 발전시설을 건립하고 있다. 이는 2008년~2012년 간 총사업비 2,146억 원을 들여 민간투자사업방식으로 폐기물연료화 900톤/일, 전용보일러 500톤/일 규모의 발전시설이다.

(3) 대구: 매립가스 청정개발체제(CDM) 사업추진

대구시는 매립가스 자원화를 통해 획득한 온실가스 감축실적을 UN 기후변화협약에 CDM사업으로 등록을 추진하고 있다. 이는 모니터링 실적 검증과 감축량에 대한 UN 인증을 통해 경제적 부가가치를 창출하고 국제적인 녹색성장 선도도시 이미지를 향상시키고자 하는 노력이다.

즉, 기후변화협약('92.6) 및 교토의정서 발효('05.2)를 근거로, 2007. 8. 19일 대구 방천리 매립가스 CDM사업(온실가스 감축 예상량: 연간 405천 CO_2톤)을 UN기후변화협약(UNFCCC)에 등록했다.

그 후, 1단계 모니터링 실적 UNFCCC 현장 실사(2008. 6)가 있었고, 탄소배출권(CERs) UN 인증을 요청했으며(2009. 8. 13), 2단계 모니터링 실적 검증(한국품질재단: 2009. 9)을 실시한 바 있다.

(4) 인천: 신·재생에너지(해양에너지) 보급 및 기반 구축

인천시는 신 · 재생에너지 마스턴플랜 5개년 보급계획을 수립, 2013년까지 보급률 5%를 달성한다. 시는 우선 40만 가구가 사용할 에너지를 생산하는 강화조력발전소를 차질없이 진행하고 있다. 무의도 서쪽 해상풍력발전단지와 인천 연안의 조류발전소도 추진되며, 일반 주택에 태양광, 태양열, 지열, 소형풍력 등을 설치하는 '그린홈 100만 호' 사업도 진행한다.

인천시는 미활용 자연에너지 활용방안 강구 등 지역에너지 보급 활성화를 위하여 지역 특성을 활용한 해양에너지 개발 등 신 · 재생에너지 보급 확대를 추진하고 있다.

특히 인천시는 성장 동력화가 필요한 9대 분야를 선정하여 중점 육성하고 재원확충, 전문인력 및 규제개선 등 인프라 구축 지원을 하고 있다. 또 시장창출을 통한 산업화추진 등을 통한 자원의 효율적 이용과 환경오염을 최소화하는 녹색산업 · 녹색 기술을 새로운 성장 동력화로 집중시키고 있다.

이를 위해 인천환경관리공단(승기하수처리장)에 총사업비 571백만 원(국비 400, 지방비 171)을 들여 하수 · 해수이용 냉 · 난방시설을 설치하고, 남동정수사업소(110kw)에 사업비 1,023백만 원(국비 614, 지방비 409)을 들여 태양광 및 소수력 발전소를 건설하였다. 또 시 본청, 사업소, 군 · 구에 대기전력 절전제어장치를 보급하고, 에너지 다소비 산업체에 대한 자발적 협약을 추진하고 있다.

(5) 광주: 1000만그루 나무심기와 자전거 이용

2008년 전국 최초로 탄소은행제도를 도입한 광주광역시는 기후변화에 대응하기 위한 저탄소 시범도시 조성, 푸른광주 가꾸기, 맑고 깨끗한 수질 및 생활환경 관리, 품격 있고 아름다운 도시환경 조성 등 4가지를 기조로 그린성장계획을 추진하고 있다. 오는 2015년까지 온실가스 661톤을 줄이고 1000만 그루 나무심기, 광주천 영산강 황룡강의 자연친화적 개발 등을 추진하는 한편 영산강 수질을 개선해 나간다.

광주시는 자동차를 대체하여 수송수단으로 이용하므로 환경오염, 에너지 고갈, 교통체증에 대처하고, 주민의 생활편익 및 건강증진, 건전한 여가 활동 공간 마련을 위하여 자전거 이용 활성화 사업을 추진하고 있다. 광주 서창~나주 자전거도로를 연결하는 자전거 네트워크 시범사업을 추진하고, 자전거 기반시설 확충 및 보강, 공공자전거 운영 확대(660대 ⇒ 1,552대), 자전거 이용 활성화 및 저변 확대를 위한 범시민 홍보행사 등을 추진하고 있다.

(6) 대전: 숲의 도시 '그린시티' 조성

대전시는 지구 온난화로 인한 열섬 효과 완화 및 대기 오염공기 희석으로 맑은 공기를 공급하고, 도시 생활권 주변의 공원·녹지 공간 확충으로 시민휴식 공간을 제공하는 것은 물론, 녹지 공간 확충과 녹지량을 증가시켜 온실가스 흡수량 증대시키는 숲의 도시 '그린시티' 조성사업을 추진하고 있다.

2007년부터 2020년까지 14년 간 3,000만 그루 나무심기 사업, 도심지 녹색 숲 조성 등 2개 분야에 총사업비 5,956억 원을 투자하기로 하였다. 2009년 6월말 현재 530만 그루를 식재 완료하였고, UNEP에서 나무심기 기여도 국내 1위 인정, 기후중립네트워크 가입(2009. 2), 2009년 환경부 조사결과 '대도시중 가장 조용한 도시'로 선정된 바 있다.

앞으로 대전시는 2010년~2020년까지 12년 간 2,400만 그루 식수를 통해 도시 전체 '숲' 공간화를 이룩할 계획이다.

그림 46-8 대전광역시 녹색성장 추진시책 주요 지표 추이

	2006년	2015년	2020년
주요(성과) 지표 추이	• 도심권 녹지율 10.9% • 도심 기온조절 (7~8월 평균 25.14℃)	• 도심권 녹지율 13.9% • 도심 기온조절 (7~8월 평균 24.49℃)	• 도심권 녹지율 15.7% • 도심 기온조절 (7~8월 평균 24.14℃)

(7) 울산: '에코폴리스 울산' 추진

울산시는 친환경 에너지 절약형 혁신도시 조성을 모토로 하고 '2004에코폴리스 울산 선언'을 바탕으로 그린에너지 폴리스(Green Energy Polis)를 조성할 계획이다. 이를 위해 녹색생태도시・자원순환형도시・신재생에너지도시 등 3대 기본 방향을 정했다. 신재생에너지도시를 위해서는 솔라파크 조성, 환경공생단지 조성, 집단에너지 공급, 신재생에너시 5%확보에 박차를 가한다는 계획이다.

참고문헌

(단행본)

강인성, 『협력적 행정서비스 전달을 위한 광역행정체제 연구』, 한국지방행정연구원, 2007

고성보, 『21세기를 대비한 지식기반산업의 구축방안』, 제주발전연구원, 1999

곽종무, 『프로젝트 파이낸싱의 환위험 관리방안』, 대구경북연구원, 1999

권영섭 · 허은영, 『지역 지식기반산업 육성을 위한 잠재력 제고방안 연구』, 국토연구원, 2000

권오혁 외, 『산업경쟁력 강화를 위한 도시 간 협력체제 구축방안』, 한국지방행정연구원, 1998

권형신 · 이상용 · 이재성, 『한국의 지방재정』, 해남, 2006

김경묵 · 김연성 역, 『마이클 포터의 경쟁론』, 21세기북스, 2001

김도균, 『스포츠 비즈니스』 오성출판사, 2000

김명현 · 유지태, 『지방자치단체간 협력에 의한 사무처리제도의 개선방향』, 한국법제연구원, 2000

김범식 외, 『광주 전남지역의특화산업 분석과 육성방안』, 삼성경제연구소, 1996

김병호, 『금융론』, 박영사, 1991

김선기, 『지역일자리창출정책방향 - 선진국의 공동체 일자리 창출정책』, 한국지방행정연구원, 2010

김영정 · 송미령 · 김현호 · 모성은, 『신활력사업』, 국가균형발전위원회, 2007

김용웅, 『지역개발론』, 법문사, 2000

김재홍 · 김태일, 『공공부문의 효율성 평가와 측정』, 집문당, 2001

김철 · 신해룡 공저, 『지방재정학』, 세명서관, 1990

김현호 · 오은주, 『어메니티를 활용한 지역발전 방안』, 한국지방행정연구원, 2007

류중석 외 4명, 『살기좋은 지역만들기』, 국가균형발전위원회, 2007

마상열, 『살기좋은 지역만들기 세부추진전략 수립』, 경남발전연구원, 2007

모성은, 『지역경제정책론』, 박영사, 2010

———, 『지역경제론』, 지방행정연수원, 1999

박동규, 『프로젝트 파이낸싱의 개념과 실제』, 명경사, 2007

복득규 외, 『클러스터』, 삼성경제연구소, 2003
서태양, 『관광학원론』, 법문사, 1996
송미령 외, 『포괄보조금 제도 운영의 실태와 개선방향』, 한국농촌경제연구원, 2011
송병록 · 주재홍, 『민간투자사업 업무수행 일반지침 수립』, 국토연구원, 2004
심우배 외, 『재해에 안전한 도시조성을 위한 방재도시계획 수립방안 연구』, 국토연구원, 2008
안광호 외, 『전략적 브랜드 관리』, 학현사, 1999
오상봉 외 , 『지식기반산업의 발전전략』, 산업연구원, 1999
오연천, 『지방재정론』, 박영사, 1987
오정환, 『관광사업개론』, 기문사, 1995
옥동석 외, 『민간투자법 이후의 민자유치 개선과제』, 한국건설산업연구원, 2000
오은주 외, 『지역간 경제협력의 실태분석과 활성화 방안』, 한국지방행정연구원, 2008
이동원 · 정갑영 외, 『제3의자본 사회적 자본은 어떻게 증진되는가?』, 삼성경제연구소, 2009
이동필 외 3명, 『신활력지역 지원사업 평가 · 성과측정을 위한 지표개발 및 향토산업 육성을 위한 체계적 지원방안 · 평가지표 개발』, 한국농촌경제연구원, 2007
이병기 · 김건위, 『지방자치단체의 u-City 추진전략과 과제』, 한국지방행정연구원, 2007
이상직 외, 『관광산업의 발전방안』, 산업연구원, 2000
이창균 · 하능식, 『지방자치단체 재정효율성 제고방안』, 한국지방행정연구원, 2008
전병유 · 김혜원, 『디지털경제와 일자리창출』, 한국노동연구원, 2003
조상필, 『농촌 어메니티를 활용한 농촌 활성화 방안』, 광주전남발전연구원, 2004
조창현 외, 『한국지방자치의 쟁점과 과제』, 문원, 1995
주성수, 『글로벌 가버넌스와 NGO』, 아르케, 2001
주재복 · 한부영, 『갈등유형별 협력적 로컬 거버넌스의 구축방안』, 한국지방행정연구원, 2006
천대윤, 『갈등관리와 협상전략론』, 선학사, 2005
최병선, 『정부규제론』, 법문사, 1998
하성규, 『주택정책론』, 박영사, 1999
한표환, 『광역개발사업의 효율적 추진을 위한 자치단체 간 협력방안』, 한국지방행정연구원, 1997
허재완 외, 『한국지역경제론』, 법문사, 1998

홍경희, 『도시지리학』, 법문사, 1993

(논문)

강기춘, 「지역금융의 역할」, 『제주대 제주리뷰(제3권)』, 제주대학교, 1997

강순희, 「상반기 노동시장 평가와 하반기 전망」, 『분기별 노동동향 분석』, 한국노동연구원, 2000

강양석 · 김현주, 「도시성장과 재해방지」, 『도시정보』 통권 279호, 대한국토 · 도시계획학회, 2005

계기석 · 전영옥, 「자족적 신도시 개발을 위한 기업의 참여방안 연구」, 국토연구원, 2004.

권오혁, 「유연적 생산의 공간적 거점으로서 신산업지구」, 『국토계획』, 1995

———, 「이탈리아의 디자인형 산업클러스터 카르피와 사수올로」, 『클러스터』, 2003

김광익, 「21세기 바람직한 국토발전 전략과 광역경제권 개발의 의의」, 『대한지리학회 컨퍼런스 자료집』, 대한지리학회, 2009

김균태, 「u-City 활성화를 위한 제언」, 『건설관리』 제10권 제1호 통권 제47호, 한국건설관리학회, 2009

김동주, 「사회간접자본시설에 대한 민간투자제도 및 투자 활성화 방안」, 『2000중견간부양성과정 교재』, 지방행정연수원, 2000

김병동, 「첨단산업의 현주소와 우리의 과제 - 바이오 녹색혁명에 적극적으로 참여해야」, 『전경련(2001년 3월호)』, 전국경제인연합회, 2001

김병철, 「강원도 지역축제의 활성화 방안 연구」, 『연구보고 98-R-03』, 강원개발연구원, 1998

김복환 · 구지희 · 곽인영, 「지속가능한 u-City 운영을 위한 선순환 u-City 모델의 개발방향 연구」, 『한국공간정보시스템학회논문집』, 제11권 제1호, 2009.9

김봉원, 「공원녹지의 계획과 설계」, 『그린조경학』(한국환경과학회), 문운당

김상준, 「부르디외, 콜만, 퍼트남의 사회적 자본 개념 비판」, 『한국사회학 제38집 6호, 2004

김선기, 「지방자치단체의 국제화 방향과 과제 - 지방자치단체의 통상교류 과제와 추진방향」, 『'94연구과제보고서』, 한국지방자치단체국제교류재단, 1994

김선배, 「광역경제권 시대의 지역산업 육성전략과 과제」, 『KIET 산업경제』 2010년 2월호, 산업연구원, 2010

김세훈 · 김환철, 「로컬거버넌스 형식의 영향요인 연구」, 한국거버넌스학회 춘계학술대회, 2007

김영모, 「지역불균형 개발에 관한 이론적 배경」, 『지역연구』, 단국대학교 지역연구소, 1987

김용웅 · 차미숙, 「지역개발정책의 이론과 실제」, 국토개발연구원, 1998

김재갑, 「지방자치단체의 경영수익사업추진현황과 발전방안」, 『2001년 지방 재정관리자과정 직무교과교재』, 지방행정연수원, 2001

김정렬, 「정부의 미래와 거버넌스: 신공공관리와 네트워크」, 『한국행정학보』, 제34권 제1호, 2001

김정연 · 윤갑식, 「살기좋은 지역만들기의 실천성 제고방안 - 소도읍 육성사업 추진경험을 중심으로」, 한국도시행정학회 · 충남발전연구원 공동학술세미나, 2007

김종기, 「우리나라의 첨단산업의 실태와 지역적 발전여건」, 『도시문제』, 지방행정공제회, 1987

김종순, 「지역경제와 지방재정력 강화」, 『지방자치연구(통권7호)』, 한국지방자치학회, 1992

김준기, 「비영리부문의 성장과 정부와의 관계에 관한 연구」, 한국행정학회, 2000

김현소, 「지방화시대, 시민단체의 필요성과 과제」, 『자치공론(1999.8월호)』, 한국자치개발연구원, 1999

김현호, 「살기좋은 지역만들기의 실천과제」, 한국도시행정학회 · 충남발전연구원 공동학술세미나, 2007

남기헌, 이장희, 「우리나라 제3섹터 운영실태에 관한 연구」, 『지역개발연구(제5집)』, 충청전문대학 지역개발연구소, 1995

노대명, 「사회적일자리 창출의 쟁점과 과제」, 『국제노동브리프』, 2004

노병수 · 곽종무, 「공생적 마케팅을 통한 지역 공동브랜드 활성화 방안」, 『정책연구보고서 99-07』, 1999

라미경, 「거버넌스, NGO, 그리고 지역사회」, 『한국거버넌스학회보』 제13권 제3호, 2006

모성은, 「지방의 민자사업 활성화 전략」, 『지방자치』, 현대사회연구소, 2000.12

모성은, 「실업종합대책과 실업이론」, 『지방행정연수』, 지방행정연수원, 1998

———, 「경기도 전자정보통신(IT)산업의 혁신방안」, 『한국의 지역전략산업』, 국가균형위원회, 2004

———, 「경기지역 산업클러스터에 관한 탐색적연구」, 『지역혁신세미나 및 경기지역 사회연구회 창립총회』, 경기시민사회포럼, 2004

박삼옥, 「산업군집 형성과 지역산업 발전」, 『세계화와 지역발전』, 한울, 2001

박원석, 「지역금융의 활성화와 지역경제」, 『전환기의 지역경제정책』, 삼성경제연구소, 1998

박정원·유응교, 「일반주거지역의 세대밀도 유도방안에 관한 연구」, 『전북대 공학연구(제28권)』, 1997

박종찬, 「지자체간 협력을 통한 지역경제 활성화 방안연구」, 『2005 경기도 정책세미나 지방화 시대의 상생발전전략』, 2005

박준식, 「제1기 신활력사업에 대한 평가와 발전방향」, 제4회 대한민국 지역혁신박람회 신활력사업 컨퍼런스, 2007

박희봉, 「시민참여와 로컬 거버넌스」, 『한국정책과학학회보』 제10권 제2호, 2006

사득한, 「정부간 관계(IGR)변화와 지방정부간의 환경협력방안」, 『한국지방 자치학회보』, 제14권, 제1호(통권 37호), 2002

서정섭·이삼주, 「광역경제권도입에 따른 재원조달과 운영방안」, 한국지방행정연구원, 2008

서태성, 「지역발전과 주민참여형 거버넌스체제 구축방안」, 『월간국토』, 제252호, 2002

성도현, 「신도시개발에 있어서 u-City 적용에 관한 연구: 화성동탄 신도시 사례를 중심으로」, 경원대학교 대학원 지역개발학과, 2009

송기동, 「과학기술을 통한 지역혁신기반 구축」, 『나라경제(제111호)』, 한국개발연구원 부설 경제정보센터, 2000

송병록, 「민간투자제도 및 사업추진실무」, 『2000지역개발정책과정 직무교과교재Ⅱ』, 지방행정연수원, 2000

안영진, 「신정부 지역발전정책의 의의와 초광역개발권의 위상」, 대한지리학회, 2009

안영훈, 「광역경제권의 개념 유형 및 거버넌스 체제」, 한국지방자치학회 춘계학술대회, 2008

유팔무, 「비정부 사회운동단체(NGO)의 역사와 사회적 역할: 시민운동과 정부와의 관계를 중심으로」, 『동서연구(10권 2호)』, 동서문제연구원, 1998

원열, 「지역 특화발전 특구 제도의 바람직한 방향」, 『도시행정학보(17권 2호)』, 2004

이병태, 「지역계획에 관한 이론적 고찰」, 『진주실업전문대학논문집』, 제7집, 진주실업전문대학, 1987

이상준 외, 「충청남도 소도읍육성사업의 특성」, 『대한건축학회지회총연합회 학술발표대회논문집』 제1권1호, 2005

이상호 외, 「유시티 전략의 경향, 철학, 비전, 개념 특성에 관한 비교 연구」, 『국토계획』 제44권 제2호, 대한국토 · 도시계획학회, 2009

이성우, 「지역 NGO의 자치단체 정책과정 참여에 관한 연구」, 『제20기 고급간부과정 연구논문집』, 지방행정연수원, 2000

이재원, 「소기업네트워크의 경쟁력, 제3이탈리아」, 권오혁 엮음, 『신산업지구』, 도서출판 한울, 2000

이종화, 「지자체간 협력 · 제휴 유형과 정책적 과제」, 『도시문제(8월호)』, 대한지방행정공제회, 2001

이준화, 「21세기 지역관광산업의 활성화방안」, 『제19기 고급간부과정 연구논문(III)』, 지방행정연수원, 1999

이홍재 외, 「지식기반경제 발전을 위한 문화산업 활성화」, 『정책과제99-17』, 한국문화정책개발원, 1999

이희연, 「창조도시: 개념과 전략」, 『국토』 통권332호, 국토연구원, 2008

이현섭, 「최근 해외 Project Finance 동향 및 주요 자금조달 유형」, 『수은조사월보』, 한국수출입은행, 1998

임상오, 「창조도시 진흥을 위한 창조산업 활성화 전략」, 『국토』 통권322호, 국토연구원, 2008

임상오 · 전영철, 「창조 도시 담론의 쟁점과 재정학적 시사점」, 『재정정책논집』 제11집 제3호, 한국재정정책학회, 2009

임성일, 「지방재정의 압박과 지역경제 활성화」, 『국토(2001년 3월호)』, 국토연구원, 2001

임인규, 「지방자치단체의 통상진흥 전략」, 『여성간부양성과정 교재 2000-24』, 국가전문행정연수원, 2000

전영평, 「지방정부의 거버넌스 모형 구축」, 『서울대 행정논총』 제41권 제1호, 서울대학교 행정대학원

정진상, 「지역특화발전특구 제도와 지역발전 잠재력」, 『지방자치(통권203호)』, 2005

조기현, 「포괄보조금제도의 효율적 추진방안」, 『2009 지역발전 국제컨퍼런스』, 한국지역개발학회, 2009

조석주 외, 「지역NGO의 지방자치단체 정책참여 방안」, 『연구보고서 2000-03(제330

권)』, 한국지방행정연구원, 2000
조영삼, 「한국형 벤처기업의 육성전략」, 『경기21세기(통권 제17호)』, 경기개발연구원, 1998
지경용 · 김문구 · 박종현, 「u-Health 수요전망과 시장개발방향」, 『IITA주간기술동향 1232호』, 2006
최병선, 「국제화와 정부역할의 재조정: 정부패러다임의 전환을 중심으로」, 『행정논총(제33권 제2호)』, 1995
최상철 · 송우경, 「이명박정부의 광역경제권 정책방향과 전략」, 『지역발전과 광역경제권 전략』, 지역발전위원회, 2009
한종희, 「공적 영역에서의 저신뢰 요인 연구」, 『건국정치학회보』 제17집, 건국정치학회, 2004
한준, 「사회적 자본의 국제비교」, 『THE HRD REVIEW』 10권3호, 한국직업능력개발원, 2007

(간행물)

경기도, 『지방자치단체간 협력활성화 방안 연구』, 1999
광주전남발전연구원, 『향토산업 육성방안』, 2004
국가균형발전위원회, 『세계속의 지역혁신체계』, 한울, 2004
—————————, 「세계적도자산업 클러스터를 꿈꾸며」, 『이제는 지역이다』, 2004
—————————, 『세계의 지역혁신체계』, 2004
—————————, 『한국의 지역전략산업』, 2004
—————————, 『선진국의 혁신 클러스터』, 2005
—————————, 『2008년도 국가균형발전계획에 관한 연차보고서』, 2008
국토해양부, 『고시 제2009-368호』, 2009
기획재정부, 『광역 · 지역발전특별회계 예산안 작성 세부지침』, 2009
기획재정부, 『시사경제용어사전』, 2010
대구경북발전연구원, 『국가균형발전특별회계의 운영실태와 개선방안』, 2008
대한국토도시계획학회, 『도시계획론』, 보성각, 2002
도로교통공단 교통사고종합분석센터, 『2010 OECD회원국 교통사고 비교』, 2010
산업연구원, 『권역별 지역별 산업발전 비전과 특화산업 진흥전략』, 1999
산업연구원 첨단기술산업분과위원회, 『2000년대 첨단기술산업의 비전과 발전과제』,

1994
소방방재청, 『2009 재해연보』, 2010
지역발전위원회, 『2008 이명박정부 지역발정정책 연차보고서』, 2008.12
─────────, 『지도로 보는 이명박정부 지역발전정책』, 2009
─────────, 『창조지역 가이드』, 2010
한국개발연구원, 『지식기반경제발전 종합계획』, 1999
한국은행, 『알기쉬운 경제지표해설』, 1995
한국지역개발학회 교재편찬위원회, 『지역개발학원론』, 법문사, 1998
한국토지공사외, 『성남판교 u-City 구축방안 연구보고서』, 2006
한국토지주택공사, 『2008 주택도시통계편람』, 2009
행정안전부, 『고시 제2009-24호』, 2009
행정안전부 중앙공무원교육원, 『녹색성장은 선진일류국가를 위한 초석입니다.』, 녹색성장강의교재, 2009
환경부, 『지자체 기후변화대응 업무안내서』, 2008

(외국문헌)

Abowd, John M, "The Entry and Exit of Workers and The Growth of Employment: An Analysis of French Establishments", The Review of Economics and Statics, Vol 81, No.2, 1999 (May): 170.

Allaart, Piet and Marian De Voogd-Hamelink, "Employer-Worker Separations, Internal Mobility of Workers, and Job Dynamics: Evidence for the Netherlands 1988-1998", OSA-Workin Gpaper, 2001(September)

Baldwin, John, "A Comparison of Job Creation and Job Destruction in Canada and The United states", The Review of Economics and Statics, Vol. 80, No.3, 1998(August): 347

Barnes, Matthew and Jonathan Haskel, "Job Creation, job Destruction and small Firms: Evidence for the UK", 2001(June)

Bourdieu, Pierre, "The Forms of Capital", 『HandbookofTheoryandResearchfor theSociologyof Education』 Westport, CT: Greenwood Press, 1986

Charles Gore, Region in Question-Space, Development Theory and Regional Policy, Methuen, London, 1984

E. M. Hoover, The Location of Economic Activity, New York, McGraw-Hill, 1963

Garibaldi, Pietro, "The Asymmetric Effects of Monetary policy on Job Creation and Destruction", International Monetary fund. Staff Papers-International Monetary Fund, Vol.44, No.4, 1997(December): 557-584

Getz, Donald. Festivals, Special Events and Tourism. N.Y.: Van Nostrand Reinhold, 1991

John Glasson, An Introduction to Regional Planning(2nd ed.), London, Hutchinson, 1978

Lal, Deepak, "Why Growth Rates Differ: The Political Economy of Social Capability in 21 Developing Countries", UCLA Working Paper No. 642, 1991

LDDC, 「An Overview - London Docklands Development Corporation 1981-1998」, 1998

LDDC, 「Final Reports and Financial Statements」, 1998

McCall, C. H. Local Government Cooperative Service Provision, Office of the State Comptroller, State of New York, 1994

M. E. Porter, The Competitive Advantage of Nations, New York; The Free Press, 1990

OECD, 「Boosting Innovation: The Cluster Approach」, Paris: OECD, 1999.

P. Hirst and J. Zeitlin, Flexible specialization: Theory and evidence in the analysis of industrial change, 1997

Porter, M., "The Cluster of Innovation: Regional Foundation of U.S. Compititiveness", National Clusters of Innovation Meeting, Washinton DC, 2001

Porter, M., The Compititive Advantage of Nations, NY: Free Press, 1990

Porter, M., "Clusters and the New Economies of Competition", Harvard Business Review, Nov-Dec. Vol. 76, No. 6, 1998

Richard, Greg. Cultural Tourism in Europe. CAB Inernational, 1996

Roger, David. L. and David A. Whetten, Interorganization Coordination: Theory, Research, and Implementation. Ames: Iowa State University Press. 1982

Samolyk K. A., "Banking conditions and regional economic performance:

Evidence of regional credit channel", Journaln of Monetary Economics, 1994, p. 34.

Sergio Boisier, 'Growth Poles; Are the Dead,' National Development and Regional Policy, edited by Ed.B.Prantalla, Maruzan Asia, 1981

Stuttgart, "Statische Landesamt Baden-Wurttemberg", Economic Facts and Figures 2010, 2010

Winston, C., "Economic Deregulation: Days of Reckoning for Microeconomists", Journal of Economic Literature, Sep., 1993

World Bank. 『Where Is the Wealth of Nations』. Washington D. C.: World Bank, 2006

World Bank. 2008. State and Trends of the Carbon Market 2008.

찾아보기

[편저자 소개]

모성은(牟聖恩) 교수는 행정안전부 지방행정연수원 교수로 근무하며 지역발전 및 지역경제 분야 강의를 하고 있다. 그는 대학과 대학원에서 지역개발과 지역경제를 공부하고 경제학 박사학위를 취득했다. 그리고 지역경제학회, 지역개발학회, 지방자치학회, 국토 및 도시계획학회 등에서 학술활동하면서 현재는 한국지역경제학회 학회장을 맡고 있다. 모 교수는 또 총리실, 행안부, 국토부, 농림부, 문화부, 고용부 등 중앙부처는 물론 경기도 강원도, 충청남북도, 경상북도 등 각급 지방자치단체 지역발전·지역경제 분야의 자문교수로 활동하고 있다. 그는 대통령소속 지역발전위원회 전문위원과 지방분권촉진위원회 실무위원을 맡았고, 대한민국 정부포장, 대통령표창, 국무총리표창, 부총리표창, 장관표창 등을 받았다. 그의 대표적인 저서로서는 「지역경제정책론」(박영사), 「혁신 지역경제의 동력」(학림사), 「한국의 지역전략산업」(국가균형발전위원회, 공저) 등이 있다.

지역발전정책론

2012년 8월 25일 초판인쇄
2012년 8월 30일 초판발행

편저자 모 성 은
발행인 안 종 만
발행처 (주)박영사
서울특별시 종로구 평동 13-31번지
전화 (733) 6771 FAX (736) 4818
등록 1959. 3. 11. 제300-1959-1호(倫)

www.pybook.co.kr e-mail: pys@pybook.co.kr

정 가 35,000원 ISBN 978-89-6454-299-6